AMERICA
论美国
in the
WORLD

美国外交及外交政策史

*A History of
U.S. Diplomacy and Foreign Policy*

解读手册

中信出版集团 | 北京

《论美国》

推荐语

陶文钊 | 中国社会科学院荣誉学部委员，中美关系史研究会会长

这是一本非同寻常的美国外交通史著作。作者在多届共和党政府中担任要职，深谙美国政府的运作，对美国政治、经济、外交各方面都有丰富的知识和切身的体会。作者视野开阔，对两个半世纪来美国各个历史时期外交的政策和实践、成就和经验、错误和教训做了深刻的反思和精要的阐述，还与相当多的美国外交史专家进行了反复切磋，实属难能可贵。

袁明 | 北京大学燕京学堂名誉院长、国际关系学院教授，第九、十、十一届全国政协委员并外事委员会委员，中国人民外交学会理事

这本书的作者兼具外交实务参与者、政策制定者及思考者的几重身份。这部著作生动讲述了重大外交事件背后的精彩故事，并通过梳理美国两百余年的外交实践，揭示了其全球战略中理想主义与现实主义的复杂互动，提炼出美国外交的精神传统。这本书无疑将成为理解美国对外政策演进逻辑的重要参考文献，其中所讲述的区域安全、规则制定、科技竞争等方面的历史，都具有很强的现实意义。

王缉思 | 北京大学国际战略研究院创始院长、国际关系学院教授

佐利克是美国外交界的"多面手"。他的工作经历覆盖了外交、商业、国际组织、战略智库和大学等领域。这部力作从丰富的个人体

验中提炼出思想精华，同时具有广阔深厚的大历史观。对比近年来美国政治、经济、外交的乱象，以及美国治国传统所受到的前所未有的冲击，佐利克的观点更是难得的警示。

倪峰 | 中国社会科学院美国研究所所长，中华美国学会会长

国人大都是通过"负责任的利益攸关方"（Responsible Stakeholder）这一提法了解佐利克先生的。他曾在小布什政府及国际机构中担任要职，是美国资深政治家、外交家和国际经济专家。这本书是一位横跨政府、国际组织和私营部门，履历丰富的学者型官员基于自身职业生涯对于美国外交历史的再认识和再思考。作者以不同阶段重要历史人物的思想和活动为牵引，试图以自身的理解来勾画出200多年来美国与世界互动的基本轨迹。通过对历史事件的精心剪裁和深入分析，以及信手拈来、夹叙夹议的春秋笔法，这一基本轨迹可以说跃然纸上，这就是美国外交政策长期在"干预主义"与"孤立主义"之间摇摆，这种周期性波动根植于美国的历史传统与价值观的内在矛盾。佐利克先生21世纪初在共和党政府中担任高官时，共和党政府采取的是激进的对外干涉主义，再对比当下共和党政府的做法，可以说是"冰火两重天"。这也从一个侧面印证了佐利克先生在书中的观察。因此，这本书对于我们从大历史的视角深入了解美国的外交政策具有重要的参考价值。

王帆 | 外交学院教授，中华美国学会副会长

这本书详细描述了美国自 19 世纪以来外交的重大事件和历程，介绍了美国由一个奉行孤立主义的弱国成长为世界霸主的外交历程。书中对美国立国以来的外交史进行了深刻的历史回顾与反思，其中不乏独特的见地。这是美国资深高级外交官对美国外交的感悟与洞见，同时也充分体现了作为美国学者对美国外交的历史纵深观察。书中许多见解有利于我们更深入地了解美国当代外交的历史源起。这本书对美国走向全球的历程描写尤其深刻，对于那些人们耳熟能详的事件，比如美国对外关税出台的过程、杜鲁门主义、马歇尔计划的推出过程、尼克松访华等的论述有力地丰富和补充了以往其他著作的观点。这本书并不是一个高官对自我经历的简单回顾，或人云亦云重复人所共知的外交史实的作品，也不是为美国外交赞美和辩解的作品，而是相对客观地评述美国外交之作，是一部有研究深度的学术专著，值得一阅。

吴心伯 | 复旦大学特聘教授、国际问题研究院院长、美国研究中心主任，中华美国学会副会长，中国亚洲太平洋学会副会长

作为一位学者型的前政要，佐利克对美国外交深入的思考、独特的观察以及生动的亲身经历提高了这本书的可读性，赋予其不同于一般外交史著作的风格。他对不同总统外交理念与风格的概括精准而深刻，引人入胜。当然，作者对一系列人和事的褒贬反映了其个人的理念和偏好，读者不必赞成他对所有问题的看法。重要的是，在美国民粹主义抬头、经济民族主义和外交单边主义大行其道的背景下，这本书有助于我们理解当下美国外交转型的深刻意义。

高飞 | 外交学院外交学系教授，中国外交史学会副会长

"历史是国家的记忆"，《论美国》一书从历史视角为理解美国外交搭建了一个思维框架。佐利克以"实用主义"来定义美国外交，并提出"五个传统"来解释美国外交的周期性和摇摆效应。这种长历史视角的动态分析无疑是世界百年大变局下理解美国对外战略调整的有力工具，也为世人更好判断美国外交的未来走向提供了有益借鉴。

王鸿刚 | 中国现代国际关系研究院副院长、研究员

研究美国，看透美国，是加速演进的世界变局中各国战略学术界，特别是中国战略学术界愈加重要和愈加紧迫的工作任务。当我们去探究美国从何处来、向何处去这样的大问题时，显然必须研究其与外部世界的关系结构。佐利克的《论美国》值得一读。这是一本论述美国外交政策史的书，是一本局内人撰写的专业性作品，它聚焦美国，聚焦外交，梳理历史，深挖规律，学术价值是显而易见的。作者的许多观点，对我们看清当前美国的内外战略也是有所帮助的。

王栋 | 北京大学国际关系学院长聘正教授、中外人文交流研究基地执行主任

在历史的长河中，美国外交政策始终是一个充满悖论的谜题：它以孤立主义立国却终成全球秩序的塑造者，标榜理想主义却深谙权力博弈之道，宣称"天定命运"却屡屡陷入现实主义的权衡。究竟何为美国外交的基因？罗伯特·佐利克的《论美国》以创新性的叙事重构，

为这一永恒之问提供了突破性的答案。在逆全球化加剧、民粹主义崛起、中美战略博弈加剧、全球系统不确定性显著增强的当下,《论美国》或可为我们理解美国外交中的"反常"逻辑、中美关系乃至全球秩序的走向提供历史的镜鉴。

刘德斌 | 吉林大学历史学与国际关系学教授、国际关系研究所所长

罗伯特·佐利克的《论美国》格调清新,叙事生动,不仅描绘了美国外交及外交政策的历史演进,而且也把美国立国之后国际关系史的发展变化,特别是大国博弈的精彩画面展示出来了。书中既有精辟的历史阐释,也有深刻的现实分析,是一部难得的历史与国际关系研究佳作!这在美国外交政策正在"转轨"的今天,具有超强的学术价值和现实意义。亨利·基辛格的《大外交》激励了佐利克撰述本书的计划,但佐利克已经超越了基辛格的欧洲经验和欧洲视角,攀上了美国外交家思考和阐释美国与世界关系的新高峰,非常值得一读。

夏立平 | 同济大学中国战略研究院副院长、政治与国际关系学院创始院长

这本书的作者以"俱往矣"的气概,在对前人成果进行批判吸收的基础上,采取了一个不同于以往的思路,即实用主义的路径来总结美国外交及外交政策的经验教训。这本书善讲故事,把许多美国重大外交历史事件以细节生动的故事形式讲述,读起来引人入胜、欲罢不能。全书的最有价值之处在于对大量史实进行研究的基础上精心梳理总结出"美国与世界接触过程"中的五个传统。

刘国柱 | 浙江大学求是智库教授

在美国外交团队长期任职的经历，使佐利克对美国外交决策有着更为独特的理解，佐利克还将这种独特的理解用于对"国家记忆"之一——美国外交史的解读，给世人奉献了一部非传统的外交史著作。他山之石可以攻玉，佐利克的《论美国》或许可以为中国的美国外交史研究打开一扇窗。

韩召颖 | 南开大学图书馆馆长、周恩来政府管理学院教授

罗伯特·佐利克选择20多位美国建国以来对美国外交产生重要影响的政治家，以深邃宏阔的历史视野展现了近250年美国对外政策演变，并凭借其丰富的长期政府工作经验，从美国政治、外交实践参与者的视角，独具慧眼地提出了自己所提炼的美国外交中长期形成的五大传统。贯穿全书，佐利克特别强调了国内政治和历史经验对美国对外政策决策的重要影响，以及不同时期美国政府以实用主义的务实态度处理国家对外关系和应对来自世界上的各种挑战。该书有助于我们更好地理解和认识当前美国的对外政策，尤其是当下中美关系。

王联合 | 上海外国语大学国际关系与公共事务学院教授

美国外交及外交政策是一个老生常谈却又常说常新的话题。《论美国》一书围绕美国历史人物构建时代坐标，以恢宏的视角、纵贯历史的笔触和幽默的文字，生动叙述了美国自独立战争至20世纪90年代

初冷战结束的200多年外交发展演变历程，并精心勾画出美国在与世界纵横捭阖的接触过程中积淀而成的五个传统。这本书的作者罗伯特·佐利克曾任美国常务副国务卿和世界银行行长，拥有丰富的一线外交实践经验，他对美国外交的全局性观察和解读不失为国际政治理论与外交实务的完美结合。无论是对于国际研究专业从业人员，还是初窥堂奥的国际外交史爱好者，《论美国》都是一部值得静心阅读和思考的美国外交史力作。

刁大明 | 中国人民大学国际关系学院教授、外交学系系主任、美国研究中心副主任

作为当今美国战略界仍具有较大影响力的资深外交官，罗伯特·佐利克超过二十年的政治生涯是从美国财政部而非国务院开始的。白宫、财政部、国务院、贸易代表办公室甚至是房利美，最终再到世界银行，佐利克可谓谙熟美国重大内外政策的"全能大师"，也以实用主义著称。作为副国务卿，佐利克其时提出的"负责任的利益攸关方"概念至今仍被认为是美国战略界提出的难得的具有务实色彩的对华战略定位。在《论美国》一书中，佐利克笔下的美国外交联动内外；不但有狭义的外交，还有广义的对外政策；不但有主义、政策与战略，而且有作为美国外交官的一个个政治人物；用历史细节与思想演变串联起一部美国与世界互动的全景式画卷。基于对两百多年历史的梳理与探究，从国内政治与对外政策的实用主义导向出发，佐利克在这本书中明确提炼出美国外交与对外政策的五个传统。这五个传统强调了美国自身的国家特性，兼顾了美国经济发展与地缘政治需求，突出了

美国国内因素的支撑以及美国自身持续变化的未完成态，为全世界进一步有效理解当前美国对外政策的表达与选择提供了非常有力的理论依据，有助于读懂当今美国乃至世界的巨变。

钟飞腾 | 中国社会科学院亚太与全球战略研究院研究员，中国社会科学院大学教授

罗伯特·佐利克因其20年前提出"负责任的利益攸关方"概念而在中美关系史上留下印记。从世界银行行长卸任后任职于哈佛大学，佐利克完成了自20世纪末就开始探寻的美国外交史大作。《论美国》一书，实际上是佐利克在精心挑选专家论述的基础上，辅之以局内人视角，构建了理解美国自建国以来在世界事务中成功之道的五维认知框架，即确立在北美的主导地位、利用好国际贸易科技和经济体系、领导联盟、获得公众和国会支持、发扬美国对世界的特殊使命。总的来看，佐利克总结了一种实用主义的美国外交哲学，在实力基础上，因时、因势调整外交。

张杨 | 复旦大学历史学系教授

罗伯特·佐利克以其丰富的外交经验和深刻的历史洞察，再现了美国外交史上的关键人物和历史事件，该书看似在剖析美国外交决策中的现实主义与理想主义，实则是在探讨战略视野和实用主义是如何纳入外交决策和实际行动的。这本书是理解美国外交传统、今日现实及未来挑战的必读之作。

姚昱 ｜ 华东师范大学历史学系教授

当前国际局势变幻莫测，其中尤为关键的是美国对外政策及美国对华政策晦暗不明。但目前有关美国外交史的论著却益发稀少，令公众难以理解美国对外政策的脉络和走向。佐利克作为美国资深政界人士，尤其是美国对华政策设计的重要参与者，对美国外交演进的理解和对美国对华政策的认知自有其独特之处。作者按照其总结出的美国外交政策五大决定要素（北美关切、科技贸易、同盟关系、公众互动、国家实验），对美国近250年外交政策的演进进行了别具一格但又言简意赅的解读，并对中美关系的变化予以了持续讨论。该书思考深刻但又内容简洁，格局恢宏但又不失重点，是系统了解美国外交政策过去、当下和未来的极好读物。

陈波 ｜ 华东师范大学历史学系教授

佐利克的《论美国》以重要人物为线索，既呈现决策的政治过程，又兼顾外交的思想传统，特别是关注到科学技术在其中扮演的角色。整部书见事见人、有表有里，从外交史的角度给我们讲述了美国何以成为美国。

约瑟夫·S. 奈 | 哈佛大学肯尼迪政府学院教授

这本书从一个明智而务实的实践者的角度讲述了美国外交政策历史的非凡成就。一本好书。

格雷厄姆·艾利森 | 哈佛大学肯尼迪政府学院教授

罗伯特·佐利克以实践者的独特见解，带领读者了解从富兰克林到特朗普的美国独特治国之道的引人入胜的故事——为当今对领导力、谈判和外交感兴趣的任何人提供了清晰的分析和实践课程。

尼尔·弗格森 | 哈佛大学历史系教授

一部好读且富有洞察力的美国外交政策史。

安德鲁·罗伯茨 | 历史作家，英国上议院议员，《拿破仑大帝》《丘吉尔传》作者

这本书深入研究了美国在世界上所扮演的角色，其文笔优美，时而激情澎湃，是世界顶级决策者之一数十年深刻思考的产物。罗伯特·佐利克的内幕知识与敏锐的历史洞察力相结合，形成了一部令人信服的论著，能够在未来数十年中引导美国的方向。

沃尔特·艾萨克森 | 知名传记作家，《基辛格传》《史蒂夫·乔布斯传》作者

这本书内容广博而深刻，它将重振外交历史学。罗伯特·佐利克强调了从本杰明·富兰克林到老布什的美国人的务实本能，以及技术和贸易在扩大美国影响力方面发挥的关键作用。除了是一部引人入胜的历史叙述之外，这本书还为理解美国在当今世界所扮演的角色提供了一个很好的框架。

马德琳·奥尔布赖特 | 美国前国务卿

《论美国》是一部易于理解且引人入胜的美国外交史，由美国最聪明、最有能力的外交政策从业者之一撰写。罗伯特·佐利克比大多数人更清楚美国的命运与世界其他地区是多么不可分割，这本书的每一页都闪耀着恰逢其时的经验教训。

詹姆斯·A.贝克三世 | 美国前国务卿、财政部前部长

很少有人像罗伯特·佐利克那样了解或熟练运用治国之道。他的新书《论美国》审视了美国外交的历史，以及美国外交官对务实结果而非理论方法的重视。当我们进入未来不确定的多极世界之际，佐利克雄辩地说明，这一传统对于美国保持其在世界舞台上的地位至关重要。

小亨利·M. 保尔森 | 美国财政部前部长

佐利克完成了几乎不可能完成的任务——他写了一部开创性的、富有洞察力的、有趣的著作，吸引了学者和普通读者。《论美国》为理解美国的历史提供了一个新的框架。美国的外交政策，充满了迷人的小插曲，反映出这个国家的实用主义和创新精神。

戴维·彼得雷乌斯 | 美国中央情报局前局长

从本杰明·富兰克林作为美国第一位外交官出访巴黎，到近年来动荡的经历，这本书对美国在世界上的作用进行了精辟的回顾，对自美国成立以来发展的传统进行了周密的反思，并对未来的可能性进行了极佳的判断。

威廉·伯恩斯 | 卡内基国际和平基金会主席、美国前副国务卿

一位杰出的美国政治家对美国外交及其实践者和传统进行了精湛的考察。这本书充满了丰富的叙述和敏锐的洞察力，是在更复杂、更拥挤和更具竞争力的国际环境中驾驭美国外交之船的重要指南。

《论美国》专文解读

研究美国，看透美国

王鸿刚
中国现代国际关系研究院副院长、研究员

感谢中信出版集团的信任，邀我为这本书撰写书评，让我得以先睹为快，又敦促我做更多思考。这里简要分享一些读后感，供各位读者参考。

为何值得一读

研究美国，看透美国，是加速演进的世界变局中各国战略学术界，特别是中国战略学术界愈加重要和愈加紧迫的工作任务。要做深做透对美研究，至少有两种基本路径。一是好好研究美国内政，搞清楚其内部各类行为主体和各种复杂矛盾，从而更好地把握美国发展的内部动力学；二是好好研究美国外交，也就是它同外部世界的关系，以及它处理这种关系的方式方法。

无论是研究美国内政还是美国外交，或者是开展其他领域研究乃至搞好各方面工作，都不能就事论事、从表象到表象；必须注重把握事物发展的逻辑根源、历史起源以及一以贯之的深层规律，基于深厚的历史视野和宽广的全局眼光来看待形势和谋划工作。特别是，当我们工作节奏越来越快、强度越来越大、要求越来越高的时候，更要平心静气、戒"焦"戒躁，要扭住重点，花点时间读书特别是读读历史，多做些由表及里的功夫，这样才能做个不惑之人。

就此而言，佐利克的《论美国》值得一读。这是一本论述美国外交政策史的书，是一本局内人撰写的专业性作品，它聚焦美国，聚焦外交，梳理历史，深挖规律，学术价值是显而易见的，读完不会觉得白白浪费时间。

一些基本信息

为让各位读者能够更快进入此书勾勒的场域之中，一些基本信息还是值得交代的。

关于书名。此书英文版的书名直译是《世界中的美国——美国的外交与对外政策史》，看起来多少带点儿书卷气，不太容易留下印象；中文版书名定为《论美国》，这样就显得更特别、更大气了。不仅让人一下子想起基辛格十几年前的巨作《论中国》，也更直接体现出作者的研究雄心。或许有人会问，这样的大题目能罩得住书中的具体内容吗？我最初也有这种疑虑。不过细细品来，标题倒也贴切。如果说人的本质属性是社会关系的总和，国家何尝不是如此？当我们去探究美国从何处来、向何处去这样的大问题时，显然必须研究其与外部世界的关系结构。

关于作者。这本书的作者罗伯特·佐利克，很多中国人对他并不陌生。"负责任的利益攸关方"——这在中美关系中是一个十分重要的概念主张——就是他在2005年担任小布什政府的副国务卿时提出来的。他曾经服务过里根、老布什、小布什等多位总统，除外交部门的工作经验外，佐利克还担任过白宫副幕僚长、美国贸易代表、世界银行行长等职务，在高盛集团等机构工作过，也曾潜心在学术机构和智库做过研究。可以说，佐利克是一个政商学经历都相当丰富的局内人，这样的人写出来的东西理应引起更多重视。

关于基调。佐利克在书中传递的明确信息是，"实用主义"是美国外交的基调，也是他研究美国外交时遵循的基本原则。该书序言中谈到，美国外交的传统从来都不是基于某种预设前提、理论框架或是受特定意识形态驱动，而是坚持实用主义哲学，注重客观实际和政策实效，不玩虚的。"实用主义哲学家和外交家都是'工具论者'：他们从问题入手，从经验出发，并将手段和目的匹配起来，从而'解决问题'。"（序言第xii页）我想点评的是，且不论美国外交是不是始终坚持实用主义，但佐利克注重把美国外交政策背后的哲学底蕴提炼出来，这是需要功力的。

关于框架。全书正文分五部分，大致以时间排序，却没有记流水账，对历史上各届政府外交政策的描述也没有平均用力，而是立足美国发展的不同阶段，以重要历史人物的思想和活动为牵引，择要论述不同时代美国对自身与世界关系的认识和处理方式。这样的框架安排能很好地把重点突出出来。在第五部分的后记，作者又对克林顿、小布什、奥巴马和特朗普政府一任的外交政策进行了简要点评，从而使此书具有更强的当下感。

关于特色。突出的特色是故事性强。这样一本颇有厚度的书，之所以读起来不费劲儿，是因为通篇都是由故事组成的。这些故事的选取非常走心。凭借对美国外交的深刻理解和对历史资料的大量掌握，并借助一系列顶级外交史学家的帮助，作者能够以点带面、以小见大，以小故事串起大历史，并常常夹叙夹议、借古论今。另外还有一些故事是与中国密切相关的，也值得细细品读。

五个外交传统

美国外交的五个传统，书的开头直接道明，书的结尾落脚于此，全书述评也始终依此展开。这是全书的主线与灵魂。作者在书中强烈暗示，这五个外交传统或说"指导美国的愿景"，从美国建国之初就已形成并贯穿于200多年外交实践，它不仅是评判历史的标准，更是预测未来的框架——"这五个传统组合在一起，就是一个理解美国在世界上所扮演角色的思考框架"（第597页）——这对我们看清世界变局中的美国走向是很有参考价值的。为便于理解和紧扣当下关切，我不拘泥于书中原话，而是按个人理解略加改造发挥，将这五个外交传统概括为"五个始终注重"，并略做分析点评。

一是始终注重经营北美"基本盘"。佐利克在书中强调，大国都重视经营周边，美国也不例外。无论是在建国之初还是成为全球霸主后，美国始终没有放松对北美的经济与安全整合。"在21世纪，美国应该把北美洲看成自己的大陆基本盘。基本盘越强大，就越有利于美国在全球范围内扩展自己的权力。美国的视野应该包括这三个国家内的5亿人民。"（第601页）这一点很重要。循着这样的逻辑，我们就不难理解，为什么第二任特朗普政府一开始就提出要"吞并"加拿大、更名"墨西哥湾"、收回巴拿马运河、收购格陵兰岛了。这显然是在为新一轮更为激烈持久的大国博弈做巩固周边的工作。当然，特朗普如此露骨的企图及过分的做法能否成功，则另当别论。

二是始终注重参与和控制国际贸易。佐利克在书中强调，美国人不仅把贸易视作一种获取经济收益的形式，更认为贸易新规则可以改变国际体系，因而始终主张国际自由贸易，并将推进自由贸易作为美国外交政策的重要内容。按我个人对美国外交史的理解，佐利克的这些话只说对了一半。真正的美国贸易政策其实是国内奉行保护主义、对外倡导"门户开放""机会均等"；美国确实重视利用贸易方式来塑造全球经济与安全关系，但在建国以来近250年的历史中，美国全面开放国内市场的时间并不长。如今"美国人需要再次决定他们想要的是什么样的国际贸易、科技和经济体系"（第606页）。佐利克警告，"如果美国割断与传统经济和安全机制的联系，其后果将是代价惨重且危险的"（第606页）。当特朗普在第二任期进一步挥舞关税大棒、推进"脱钩断链"时，佐利克的这一警告可谓大有深意。

三是始终注重在结盟中保持自主。佐利克在书中强调，美国人高度重视独立自主，并不喜欢同外国结盟，只是从20世纪中期开始为赢得对苏冷战才逐步建立起遍布全球的同盟网络。这种同盟网络对美国有好处，也有坏处；冷战结束后，美国越发感到为维系同盟而付出的成本和做出的承诺太多太重了。佐利克主张美国"最明智的路线"是坚持"实用的美国式现实主义"、"调整并升级同盟秩序"；但他也确实设想了美国放弃同盟体系的可能性及其后果——"更像是1900年的列强争霸格局","这样一个多极化系统可以通过互相平衡的联盟来寻求安全稳定";"经济和其他方面的关系很有可能将更依赖于交易而非既定的规则"(第609页)。应该说,在特朗普第二任期内,美国必然本着"美国优先"原则大幅调整同盟秩序,以增强所谓的自主性与灵活性。美国同盟体系到底如何发展,是个值得研究的重要问题。

四是始终注重争取国内民意支持。佐利克在书中强调,外交政策与国内政治紧密相关,外交政策要体现国内民意,国内民意将决定外交方向。两者结合得好,外交就会成功;两者结合不好,外交就会失败。同时,民众和国会对外交的态度,既是客观现实,也有可塑造性,因此"美国最成功的政治家可以读懂并塑造公众的意愿"(第610页)。我感觉,关于民意与外交相互关系的基本原理,佐利克说的是明白的;但在读懂当前美国真实民意方面,佐利克则有点吃不准。他既看到了民众仍想维持美国全球领导地位的一面,又捕捉到民众疲惫、挫败和不自信的一面。因此他的建议是:未来的美国总统"需要教育公众,告诉他们美国在世界上扮演的是什么角色"(第637页)。特朗普第二次当选总统,美国民意和美国外交政策都在发生重大变化,两者如何互动,值得密切关注。

五是始终注重引领世界秩序变革。同其他超大规模国家一样,美国具有改变自己就能改变世界的力量和意图。佐利克在书中强调,即便是在建国之初,美国的"国父们"就意识到,"一旦他们的共和国实验成功,那么就有可能改变当时存在的帝国秩序","让世界重新开始"(序言第xix页)。美国在不同的发展阶段,确实对当时国际秩序演进产生了重大影响；落脚到当前现实，佐利克提到，"美国人现在又在对如何让国家实验和国际目标同步起来的问题展开辩论"（序言第 xx 页）。佐利克断定，美国当下盛行的民族主义与国际主义并不矛盾，美国仍然具有通过改变自己进而改变世界的机遇。应该说，佐利克的这一观点，对我们准确把握特朗普第二任期的内外总体战略也是有所帮助的。

我们的任务

佐利克的《论美国》一书，为我们研究美国、看透美国提供了参考。当然，对书中"以美国为中心"的方法论局限，我们也要心中有数。更何况，世界变局加速演进，各方面情况如此复杂，美国的走向也不是一本书就能说明白的。

按照我个人的方法论偏好，我其实更倾向于将美国的本质属性和发展演进置于世界现代化的整体进程和深刻复杂互动的世界体系中加以考察。说到这里，我想对《论美国》这个中文书名再说两句。我第一眼看到《论美国》这个中文书名时，虽说没生出什么妒忌，却也在内心深处感到一丝紧迫。我们或许可以接受基辛格写《论中国》，以他人为镜反观我们自身；但《论美国》这本书，其实更应由中国人来写。中国的战略学术界特别是对美研究界需要有更强的紧迫感，加快构建出"中国特色的美国学"，以作为中国自主知识体系的重要组成部分。

让我们一起努力。

理解外交在美国崛起中的作用：经验与思考

——评罗伯特·佐利克的《论美国》

俞建拖

中国发展研究基金会副秘书长

2020年8月，罗伯特·佐利克出版了他的 *America in the World*（直译为《世界中的美国》）。佐利克的政务生涯跨越六个总统任期，是美国许多重大对外关系决策的亲历者和局内人，因此这本书一经出版，就以其深刻洞察得到美国外交与政策界、国际关系学界以及主流媒体的广泛关注和赞誉。通过这本书，我们可以总结出成功的外交政策对美国崛起成为全球性大国的一些重要经验。在中美关系成为当今世界最重要的双边关系的今天，理解美国外交政策制定的特点，处理好当前和今后的中美关系，对于全球的和平稳定具有重要的意义。欣闻这本书由中信出版集团以《论美国：美国外交及外交政策史》为名出版了中文版，我非常乐意向国内政策研究者以及公众做推荐。

一、实用主义视角下的美国外交政策

佐利克曾在美国联邦政府多个部门担任要职，履历横跨政、商、学三界。他曾担任美国财政部部长顾问、国务院顾问、白宫办公厅副主任、美国贸易代表和常务副国务卿,并曾出任世界银行行长;他因其卓越贡献获得美国财政部的最高荣誉"亚历山大·汉密尔顿奖"、美国国务院的最高荣誉"杰出服务奖"以及德国政府颁发的高级骑士十字勋章。在他的职业生涯中,曾作为美国政府高级代表参与了两德统一谈判、北美自由贸易区谈判、中国加入世界贸易组织谈判、世界贸易组织多哈回合谈判,也是中美战略对话的发起者之一。他所参与并发挥积极作用的这些重大事件,在很大程度上塑造了过去三十年全球政治经济格局的基本样貌。此外,佐利克还担任过高盛集团国际副总裁。佐利克曾获得哈佛大学法学院的法学博士学位和肯尼迪政府管理学院的公共政策硕士学位,在卸任世界银行行长职务后,他选择回到哈佛大学从事国际关系的教学和研究工作,担任肯尼迪政府学院贝尔弗科学与国际事务中心的高级研究员。这样独特的经历,使这本关于美国外交和对外政策历史的全景式著作既具有完整宏阔的架构,同时也提供了容易被教条化的国际关系理论研究所忽略的重要历史事实和细节;不仅有作为局内人对外交决策逻辑的体察,也有立足历史和全局对政策得失的精到评论。

佐利克写这本书不仅是为了对美国外交史做一般性回顾,我想他还有更大的雄心,即为美国外交政策提供一个基于实用主义的解释框架。作者在开篇序言中就明确表示,他并不认同亨利·基辛格和乔治·凯南等人从现实主义传统出发对美国外交政策"十字军式理想主义"的批评,也不赞同 W. A. 威廉斯以"帝国主义经济扩张"解释外交政策逻辑的修正主义观点。事实上,他对所有将美国外交政策的理解套在理论框框中的做法都颇感犹疑。美国有久远的实用主义实践传统和哲学根基，不论是美国国父们立国之初的建政安排和内外政策选择，还是后来威廉·詹姆斯、约翰·杜威所倡导并盛行一时的实用主义哲学，都反映出这一点。正如佐利克所言："美国外交的实用主义一直都专注于在特定的事务上取得结果，而不是应用某种理论。"

佐利克对成功的实用主义外交以及外交领导人作了阐释性描述。从历史上看，成功的实用主义领导人会考虑一切可用的手段以取得目标成果。他们立足现实，善于抓住有利时机，享受智力上的交锋但又避免沉湎于不实用的论辩，承认谈判的必要性并可以接受不完美的结果，愿意抱着乐观的精神不断尝试。实用主义与远见卓识并不矛盾，外交政策制定者可以追求创新和激动人心的思想，但在将这些想法付诸实施时又必须保有灵活性和现实可行性。此外，实用主义领导人还要懂得在诸多复杂事务中辗转腾挪，合理配置资源，以求妥善的解决方案和实施路径。

作者对成功的实用主义外交描述，也许隐含了一个更重要的目标：为美国外交的成功正名。在引言中，他提到了俾斯麦的"上帝总是偏爱傻瓜和美国"以及基辛格的"（在19世纪）美国的外交政策就是不要外交政策"，但佐利克认为美国的外交政策实践中包含着有价值的洞见和思想，隐约也表达了这层意思。

二、美国外交的五大传统与成功经验

《论美国》这本书主要回顾了美国从1789年到冷战结束的两百年外交史。全书共5篇18章，除了最后一章总结美国外交的五大传统外，其他章节都是以各个时期塑造外交政策的关键人物为中心展开的。从美国政府权力结构的首席架构师、首任财政部长和真正意义上的首位国务活动家亚历山大·汉密尔顿开始，到未来主义者托马斯·杰斐逊、鼓吹美利坚太平洋帝国的威廉·西沃德、提出"门户开放"政策的海约翰，再到复兴主义者罗纳德·里根和任期内结束冷战的老布什，这种以人物为中心、结合大量历史事实和细节的叙述方式十分引人入胜。

作者对老布什之后的历任总统，包括克林顿、小布什、奥巴马和特朗普的外交政策只有简略叙述和评论。这种取舍的原因不难猜度，或许一些历史细节还未到可以解密的时候，或是牵涉太多还在世的大量人和事，或是一些政策的得失现在还未到可以评价的时候。但无论如何，在纷繁复杂的历史经纬中，这本书对历史事件、关键人物和事实的选择可谓举重若轻，对关键决策者在重要历史时点上的考量洞若观火，使得这本体系庞大、厚重的学术著作却具有少见的澄澈感，为读者提供了很好的阅读体验。

要对全书内容进行全面的介绍和评论是不现实的，更多内涵需要读者自己去发现，但这里很有必要介绍作者概括的具有基石性质的美国外交五大传统，这也是作者试图对外传递的关键信息。**第一，以北美大陆为根基**。和亚洲以及欧洲的大国不同，美国赢得了对自身所处大陆的控制权。北美大陆决定了这个国家的地理区位、规模、边界、人口、共和国的性质、安全、经济以及与周边邻国的关系，美国始终将之作为力量的基础。**第二，重视贸易、跨国主义、科技联系**。从北美十三州在英国治下为了贸易自由争取独立，到提出"门户开放"政策，美国对外的贸易、金融以及科技关系对美国经济、政治以及安全有重要的意义,并为未来的国际秩序与伙伴关系奠定基础。**第三,盟友关系以及国际秩序**。美国对结盟的态度有一个转变的过程,在新的现实中需要对结盟的成本和收益进行再评估,以更好地发挥盟友的作用。**第四,引领和反映公众态度**。外交领导人要善于考虑和运用影响外交政策基础的政治因素,要重视国会对外交的影响并在其中找到盟友和支持者。**第五,目标高远**。美国立国及其对国际秩序的主张带有启蒙主义的色彩,"美国的国家主义和国际主义就是同一枚硬币的两面"。

这五个方面与其说是传统,在我看来,更像是作者心目中美国外交政策得以成功的关键经验或者基本原则。"传统"更像是看待一个客观形成的历史遗产,而"经验"或者"原则"则多了个人主观的判断。任何对于美国外交政策史不陌生的人,恐怕很难将这五个传统的任何一个排除出去,但是在这个清单里面增加新的传统或者原则,我想是可能的。

我个人愿意在美国外交的成功经验中加上几条:

第一,处理好与大国的关系,度过共和国需要保护的幼年期。美国依靠法美同盟以及法国的大力援助,才在1783年赢得第一次独立战争的胜利。在赢得独立地位后,美国先是在1788年与法国签订《美法同盟条约》,但在1794年就与英国签订了《杰伊条约》,这在当时被视为对法国的背刺,而拿破仑上台后,迫于政治方面的需要又签订了《美法新约》。两国没有最终走向兵戎相见,这需要高超的外交手段。在独立战争时,美国也通过外交遏止了境外大国对内政的干预。

第二,利用大国对抗积极扩大自身的利益。在大国对抗激烈无暇顾及美洲的时候,埋头发展自身的力量,并把力量延展到中美洲地区,门罗主义宣称的"美洲是美洲人的美洲",就是这种愿景和现实的直白表达。美国在各域外大国之间左右逢源,将英国对欧洲的"离岸均衡"升级为全球层面的"离岸均衡",利用对抗方作为杠杆,赢得回报丰厚的超级交易,购买路易斯安那、佛罗里达以及阿拉斯加都是典型的案例。在自身力量相对弱小、利益主要集中在本土的时候,美国保持了外交的独立并避免与个别大国过深的利益纠缠,同时又从各方对美国的物资需求和贷款需求中受益。

第三,积极和适时运用军事力量扩大领土和国际影响力。自其立国以来,美国参与战争的次数超过了同时期任何其他大国。美国不轻易进入与其他大国的战争,但是涉及核心利益时,也会毫不犹豫地使用军事手段,譬如与英国的第二次独立战争,彻底巩固了北部边界和安全态势。对于明显偏弱的对手,美国则利用自身不对称的实力优势,发动了对印第安人和墨西哥的战争,巧取豪夺了大量土地。两次世界大战中,随着国力的提升以及海外利益的积累,美国在战争前期承担了交战各方最终贷款人的角色,又在关键时刻介入战争,赢得战争的胜利。但是,除了两次大战,美国军事力量运用一旦超出北美大陆范围,通常也会遭受沉重的打击,在朝鲜、越南、伊拉克以及阿富汗均是如此。

第四,适度领先时代的价值取向以及务实的工作。美国的建立在很大程度上也是由追求自由、平等、独立的理想驱动的。因此,无论是共和制政府和三权分立的架构设计,还是宪法及其修正案的制定,或是"门户开放"政策的提出,很多都领先于时代,但同时又不脱离时代太远,实用主义哲学在权衡中一再发挥作用。一战后,威尔逊充满理想主义的"十四点原则"遭遇挫败，国际列强和国内公众都抵制美国重塑国际秩序的努力。到二战结束后，美国人已经意识到无论如何都不可能置身事外，也汲取了一战后的教训，因此选择更积极的参与并在新秩序构建中发挥了主导性的作用。战后体系的建立，加上核平衡的威慑，确保避免全球大国之间的热战。

第五，通过总体式外交从全球政治经济文化联系中汲取力量。美国独立后前150年的外交被认为是"孤立主义"路线，但是这种孤立主义是局部的，如避免与其他国家结成联盟或者直接介入其他大国的事务中。但在更广泛的领域，美国从一开始就着眼于强化与世界其他地区的联系，并从这种联系中扩大力量并提升影响力。在政治观念方面，尽管继承了一些英国的制度模式，但美国也深受法国的影响，并且一直与其保持积极的互动。在文化方面，美国从不讳言自己对欧洲优秀文明的继承并以此为傲，自视为"山巅之城"。作为移民国家，美国也不断强化在其他国家社会层面的联系。在贸易和金融方面，美国在立国之初就有目的地加强与其他国家的联系，积极推动商业在全球的扩展，将之视为美国力量的重要源泉。从执行层面看，很多不同性质的机构都在外交中发挥重要作用，包括行政部门、国会、军队、商界、传教团和其他非营利组织等，远不止于国务院。

如果我的猜测没有错，即作者确实希望通过这本书为美国外交政策的成功辩护的话，我是非常支持他的努力的。低估美国历史上外交的成功及其在美国崛起成为全球性大国中的作用，可能会带来严重的后果。俾斯麦的那句名言广为流传，但包含着很强的误导性。美国独立的时候，仅有东部十三州，英国、法国、西班牙在北美大陆的势力纵横交错，新生的共和国不是力量绝对占优的一方，法美联盟的牢固性也并不像人们想象的那样。从华盛顿宣誓就任总统时偏居北美一隅到富兰克林·罗斯福时代开始执国际秩序之牛耳，再到冷战结束形成国际秩序的单极格局，就全球影响力而言，美国无疑是非常成功的。这种成功不是偶然的，也没有哪种偶然能够持续两百年；不能把美国的成功全归于地理上的幸运，当时并不只美国独享北美大陆在地理上的便利。从独立战争开始，美国的命运就与全球大国之间的博弈紧密相连，因此外交注定要在其中发挥关键作用。在二战后美国成为全球秩序重要的主导国后，外交政策的影响就更加突出了。

三、美国的新问题：如何定义自身在21世纪的成功？

冷战结束后，随着苏联的崩塌，美国成为全球体系中独大的一极。"历史的终结"就是在这样背景下产生的。从20世纪90年代开始，这种单极格局带来的心理上的傲慢和狂欢愈演愈烈，"舍我其谁""予取予夺"的心态，使得美国在塑造全球愿景的过程中失却了任何意义上的审慎和谦卑，这样的情绪最终也主导了美国的对外政策。直到2008年全球金融危机的爆发以及伊拉克战争、阿富汗战争的草率收场，美国发现不仅国内问题和矛盾重重，而且世界其他部分的演进也自有逻辑。这样的反差引发了一种应激性的恐慌，也是外交上开始进退失据的源泉。把中国作为最大的竞争对手并试图予以遏制，就是这种应激性反应的突出例子。个人有自我保护的本能，国家亦然，在外部塑造一个敌对角色，把过错归咎于他人，是一个廉价（但通常不正确）的策略。

在质疑这种策略的合理性之前，更值得提出的问题是，如何定义美国在21世纪的成功？这种成功取决于美国如何看待以及解决自身存在的问题以及世界存在的问题。正如佐利克在书中所阐述的，在美国外交中，如何处理国内问题和国际问题总是相互关联的。解决好国内的问题同时解决世界面临的问题，是美国赢得和保持全球领导力的关键。

如果说美国在21世纪的成功是维护和强化单极格局，维持对全球体系的影响力，那么其外交政策的重点将是防止出现任何可能挑战自身影响力的国家。但是，这种努力在短期可能收到一定的效果，在长期将是徒劳无功之路。美国能否维护单极地位最多是一个美国问题，而不是世界问题，这种努力能得到多少国家的支持，存在巨大的疑问。狭隘地打压其他可能挑战自身地位的力量，却不管这个力量的来源以及性质，那么美国很有可能走向过去成功的反面，削弱自身的力量之基。此外，过度把政策目标放在外部，忽略了解决美国自身面临的诸多问题，如社会贫富分化、族群分裂、气候变化风险、产业竞争力下降、政府债务高企、与其他国家过度的安全捆绑等，那么美国的实力将会进一步被虚耗。

如果美国能够在21世纪能够建立一个政策议程，提出解决自身问题以及世界共性问题的新方案，那么美国延续其在20世纪积极影响的可能性会大很多，不仅可以得到更多其他国家的支持，而且与其他大国的合作可能性会大很多。美国仍是全球经济、金融、科技、军事实力最强大的国家，与其他国家的合作将进一步提升美国的实力，并通过恰当的力量运用延续对全球秩序的影响力。在这种情况下，美国的外交政策可以更加有所作为，而不是倒退回19世纪的欧洲的那种权谋外交，重拾黎塞留、梅特涅和俾斯麦的牙慧。

外交是政治的延续。就美国的政治现实来看，美国的外交政策越来越有可能走向一条看似容易，但是前景晦暗的狭隘的大国对抗之路。当下美国决策和战略界所描绘和构建的中国叙事，似乎意在复制当年与苏联冷战的模式，甚至有人煞有其事地写了21世纪版的"长电报"，想要重复凯南故事，这种行为无异于邯郸学步、刻舟求剑。但是，中国的发展不是基于军事征服和殖民掠夺，也不是靠对人民自由的压制和剥夺，而是靠融入全球体系，强化与世界各国的经济联系，不断发展科技力量，持续提升社会的流动性以及人民的发展能力和水平。这并不是说中国的发展和政策选择不存在问题和挑战，事实上，中国在不少领域的发展水平相比发达国家仍然较低，国内的发展还存在许多不平衡、不协调、不可持续的问题。中国愿意成为全球体系中负责任的利益攸关方和重要的建设者，但是在对外政策的选择上也是从干中学，一边试错一边优化。

我非常同意佐利克对美国当下执迷于在各类议题上与中国对抗的思考和批判，用"冷战"或"新冷战"来定义中美关系未来是草率而不负责任的。佐利克对当前美国对华政策的思考以及建立合作性、建设性双边关系的呼吁，是基于对美国两百年来成功外交经验的历史总结，反映出一种难得的历史理性。他的声音值得中美两国更多人去听到，希望更多读者从中得到启发。

美国外交的实用主义路径

——《论美国》导读

王栋

北京大学国际关系学院长聘正教授、
中外人文交流研究基地执行主任

在历史的长河中，美国外交政策始终是一个充满悖论的谜题：它以孤立主义立国却终成全球秩序的塑造者，标榜理想主义却深谙权力博弈之道，宣称"天定命运"却屡屡陷入现实主义的权衡。这种矛盾性不仅困扰着外部世界的观察者，也让美国人自身在历史的不同节点上反复追问——究竟何为美国外交的基因？罗伯特·佐利克的《论美国》以创新性的叙事重构，为这一永恒之问提供了突破性的答案。作为美国前常务副国务卿、世界银行前行长，罗伯特·佐利克亲历里根、老布什、克林顿、小布什和奥巴马时期的美国外交历程，以政策实践者与历史学者的双重智慧另辟蹊径地提出美国外交的实用主义路径，将外交定义为一种解决问题而做出的现实努力，即"专注于在特定的事务上取得结果，而不是应用某种理论"。不同于基辛格所著《大外交》对于欧洲均势传统的推崇，佐利克选择扎根美国本土视角，以丰富的一二手史料刻画实用主义哲学对美国外交历程的根本影响。佐利克认为，以实用主义为哲学根基，美国在政治实践中形成了五大外交事务的实践传统，包括北美大陆传统，科技、贸易、跨国主义传统，同盟体系传统，国内政治（公众和国会）传统，以及"天定命运"传统。通过系统梳理1775年至今的美国外交史，佐利克将实用主义哲学与五大外交传统融合于历代美国政治家的人物刻画中，为读者呈现了一部兼具史学厚度与现实洞察的权威著作。

一、独特视角：实用主义外交的深度剖析

佐利克认为，长期以来，美国外交史学界长期围绕美国外交路线的理想主义与现实主义、扩张主义与孤立主义争论不休，试图以一种原则和一种理论解释复杂、动态、多变的美国外交现实。有鉴于此，《论美国》的核心观点围绕美国实用主义外交展开，佐利克认为美国外交并非遵循单一理论，"实用主义者承认机遇和偶然事件的强大作用，并且重视事件进程对实际选择的塑造作用，他们以动态和多元的视角解释世界"。从美国建国初期本杰明·富兰克林的外交实践，到不同历史时期众多外交决策者的行动，都体现了这一理念。这种实用主义外交在诸多关键事件中发挥了重要作用。例如，富兰克林出使法国时，巧妙地利用法国与英国的矛盾，通过灵活的外交手段，成功争取到法国的支持，为美国独立战争的胜利奠定了基础。托马斯·杰斐逊对路易斯安那的购买是实用主义外交的典型案例。当时，法国对路易斯安那的控制威胁到美国的西部扩张和商业利益。杰斐逊政府通过外交谈判，以相对较低的价格购买了这片广袤的土地，使美国领土面积大幅增加。这一决策不仅解决了美国当时面临的地缘政治问题，还

为美国未来的发展提供了广阔的空间。即便是威尔逊这样的学者型总统，其在尝试建立国际联盟的过程中也展现出了一种"建立在其对政治经验的评估基础之上的渐进主义"。这种基于实际利益考量的外交行动，充分体现了实用主义外交的特点。

二、历史脉络：美国外交发展的人物景观

鉴于美国后修正主义史学研究对于种族、性别、宗教和意识形态等要素的过度关注，以及现有外交史研究对二战及冷战史的过度聚焦，佐利克采取"问题导向""案例导向"的叙事策略，着重阐释政治精英的外交事件决策历程。序言从美国第一个外交官本杰明·富兰克林写起，介绍美国外交历史的实用主义线索和五大传统。全书共包括五个主要部分。第一部分详细阐释亚历山大·汉密尔顿、托马斯·杰斐逊、约翰·昆西·亚当斯和亨利·克莱、亚伯拉罕·林肯和威廉·西沃德如何一步步建立财政体系、扩张美国大陆领土、制定美国的中立原则。第二部分重点介绍海约翰、西奥多·罗斯福、伍德罗·威尔逊如何在 19 世纪末 20 世纪初推动美国通过"门户开放"政策、战争调停、参与"一战"逐渐介入全球秩序。第三部分着重刻画查尔斯·埃文斯·休斯、伊莱休·鲁特、科德尔·赫尔的国际主义思想与实用主义实践如何成功实行军备控制、推行国际法、推动互惠贸易。第四部分以群像式的写作方法，叙述冷战期间政治家们建立同盟新秩序的过程，从杜鲁门、威廉·克莱顿、乔治·马歇尔等人在冷战初期构建同盟体系，到范内瓦·布什的科技立国理念影响美国外交，到约翰·肯

尼迪应对古巴导弹危机、林登·约翰逊从越南战争的失败中吸取教训，到尼克松和亨利·基辛格基于现实主义考量开启中美关系正常化道路，再到里根以经济和军事行动全球复兴美国的民主。第五部分结合作者的亲身经历介绍老布什如何推动美国以同盟领袖身份领导冷战终结后的国际秩序，再次呼应美国外交的五个传统。在书的末尾，佐利克提出，未来的美国外交应当继续在实用主义的历史精神上，吸收美国历代外交家的政治经验，发挥美国实验型国家的传统，尝试任何可以奏效的外交方法。正如托克维尔所提出的："美国的伟大之处不在于它比其他国家高明，而在于它的纠错能力。"

《论美国》一书的精华在于，佐利克以其独特经历为历史解读注入罕见的实操智慧，在分析亨利·克莱的"美国体系"时，不局限于关税政策的经济效应，而是揭示其如何塑造了跨大西洋贸易的话语权；在解读科德尔·赫尔的互惠贸易协议时，突显其作为金融武器的地缘功能。这种将经济政策置于大战略光谱中的能力，使得这本书在众多外交史著作中卓尔不群。

三、传统影响：五大传统塑造美国外交

在撰述过程中，佐利克试图在实用主义基础上提出具备美国本土特色的五大外交传统分析框架。第一，美国的外交传统始于北美洲，正是对北美大陆的高度关注，使得美国曾经多次与英帝国、法帝国、西班牙帝国、俄罗斯帝国以及原住民展开战斗和谈判，从法国手中购买路易斯安那，从俄国手中获取阿拉斯加，与加拿大和墨西哥争夺领

土，试图将加勒比海变为自己的内海，在冷战期间与苏联在古巴对峙，签署《北美自由贸易协定》以试图推动墨西哥的民主化。第二，美国拥有悠久的贸易、跨国主义与科技传统，汉密尔顿用贸易规章和海关收入激活他的新经济体系，威尔逊把他对中立性的维护建立在美国的贸易权利基础之上，赫尔致力于构建非歧视、无条件最惠国待遇的国际贸易体系，范内瓦·布什依靠美国私营部门的创新能力和跨国主义搭建全球领先的科技体系。第三，美国的同盟体系传统是其霸权的重要支柱，尤其在冷战时期，美国彻底摆脱了过去的孤立主义路径，通过建立北约、搭建亚太轴辐体系、成立东南亚条约组织和中央条约组织，缔造影响全球的同盟体系。第四，美国外交传统中始终包含公众舆论和国会政治的考量。在购买路易斯安那、南北战争、参与两次世界大战、开启冷战等重大节点事件中，政治家总需要考虑公众的支持，受国会议员的掣肘，政府也会通过宣传和舆论引导，争取公众对其外交政策的支持。第五，"天定命运"传统。美国外交中的民族主义与国际主义，根源在于美国的"天定命运"观。所谓的"天定命运"观基于基督教宗教观念，认为美国人是上帝的选民，命中注定肩负拯救世界之重任，应向全球输出美国的自由民主价值观。"天定命运"观也深刻影响了美国外交传统中的自由国际主义理念。

"历史是国家的记忆。"至今，美国外交的实用主义精神、五大外交传统、外交家的历史实践智慧仍然影响着美国的现实政治。例如，2025年特朗普再次当选总统就任之后拟议的"格陵兰岛收购计划"与"巴拿马运河主权主张"，虽然看似令人大跌眼镜，却也正是对19世纪大陆政策的遥相呼应。这种外交行为的深层逻辑，恰恰印证了西沃德1867年试图从丹麦手中购得格陵兰岛的地缘野心，以及西奥多·罗斯福1903年策动巴拿马独立以控制运河的战略传统，特朗普看似无常的外交行动本质上是美国外交中北美大陆传统的复古再现。又如，美国当代所谓"基于规则的国际秩序"主张也可以追溯至伊莱休·鲁特的法理外交思想。作为1905—1909年的美国国务卿，鲁特提出通过构建制度化的规范框架实现秩序演进：首先在宏观层面建立国际法原则的共识，继而建立常设仲裁法院等执行机制。这种"规则内化"路径强调，当国家行为体在实践中持续援引共同规范时，国际法将从文本逐渐转化为具有约束力的交往逻辑。在逆全球化加剧、民粹主义崛起，中美战略博弈加剧、全球系统不确定性显著增强的当下，《论美国》通过典型的政治案例阐述，或可为我们理解美国外交中的"反常"逻辑、中美关系乃至全球秩序的走向提供历史的镜鉴。

了解美国外交及外交政策的五把钥匙

——国际关系学新书《论美国》书评

夏立平

同济大学中国战略研究院副院长、政治与国际关系学院创始院长和二级教授，中华美国学会常务理事，中国国际关系学会常务理事

美国前副国务卿、世界银行前行长罗伯特·佐利克著的新书《论美国》是关于美国外交和外交史的最好的专著之一。中信出版集团将余乐先生翻译的中文版成功出版，使广大中国读者有机会一睹为快，也为涉美国的学术研究与外交实践贡献了一份力量。这本书作为一部由美国外交"局内人"所著的作品，对于美国外交及外交政策史的研究具有极为重要的资料价值，同时也可为中国外交提供极具战略意义的参考。

美国外交及外交政策史是一个研究的热门题目。之前，有从现实主义角度出发的研究成果，如基辛格的《大外交》、乔治·凯南的《美国外交》等，作者都对美国外交政策中十字军式的理想主义，及其无法把手段和目的匹配起来的无能提出了批评。威廉·阿普尔曼·威廉斯以《美国外交的悲剧》创立了"修正主义"学派，认为美国是通过经济扩张主义来实行一意孤行的"帝国主义式"外交的。但修正主义者的言论在一群"后修正主义者"之中激起反响，其中在冷战研究中

最知名的学者约翰·刘易斯·加迪斯既反对正统观点的陈词滥调，又反对修正主义者们把目光过度聚焦在经济力量上的做法。他认为，要理解冷战，就需要把"国内政治、官僚体系的惯性、个人性格的怪癖，以及对苏联意图的认知——无论是准确的还是不准确的——全都包括进来"。他提出："经济手段是用来为政治目的服务的。"冷战结束以来，学者们又尝试了其他的对美国外交政策驱动力进行归纳的框架体系。这本书的作者以"俱往矣"的气概，在对前人成果进行批判吸收的基础上，采取了一个不同于以往的思路，即实用主义的路径来总结美国外交及外交政策的经验教训。佐利克指出："外交就是为解决问题而做出的现实努力，外交人员经常要把一部分注意力放在国内政治上，有时还需要着眼于未来。美国外交的实用主义一直都专注于在特定的事务上取得结果，而不是应用某种理论。"但他也认为："正如基辛格所警告的那样，实用主义的问题解决方式有滑向战略虚无主义的危险。"

书中以宏大的历史视角，详细叙述了美国自建国至21世纪第二个十年约240年的外交活动历程。作者不仅讲述了以亚历山大·汉密尔顿等为代表的美国权力构建者、杰斐逊等未来主义者对美国西部领土的获取，从门罗的声明如何发展为门罗主义，威尔逊主义的形成与影响，第二次世界大战结束后美国同盟体系的建立与发展，中美关系正常化，东欧剧变和冷战结束等重大事件的外交决策过程，还印证了基辛格的名言"历史是国家的记忆"。这本书善讲故事，把许多美国重大外交历史事件以细节生动的故事形式讲述，读起来引人入胜、欲罢不能。例如，这本书一开始讲述了本杰明·富兰克林作为"美国的第一个外交官"，巧妙利用英法矛盾和美英法三角关系，1778年在巴黎与法国签订了美国历史上的第一个和第二个条约，即美法军事同盟条约和美法贸易协定。条约的签订标志着当时强大的君主制法国对美国这个新生共和国的承认。而富兰克林的私人秘书班克罗夫特竟然是一个英国间谍。美法条约签订后，班克罗夫特立即誊抄了条约文本送到伦敦，甚至还提前将签约的消息通知了伦敦的一个合伙人，好让他们利用美法联盟的消息做空股票，大发横财。这个故事可以拍一部非常生动好看的电视剧。

全书的最有价值之处在于对大量史实进行研究的基础上精心梳理总结出"美国与世界接触过程"中的五个传统。这是人们理解美国外交和外交政策演变脉络的五把钥匙。这五把钥匙往往要一起使用才能对美国外交和外交政策有一个更好的理解。第一把钥匙是美国把北美当作基本盘。这本书认为，地缘政治战略都是以欧亚大陆为中心的，把北美看成一个位于欧亚大陆外围的偏远地区，而与此相反，美国的外交传统是从北美开始的。"美国对北美洲的主宰不是与生俱来的。没有任何一个国家在欧洲、东亚和中亚、中东或南美洲建立过这样的霸权。"而且"美国的疆域也不受地理障碍的局限"。

第二把钥匙是贸易、跨国主义与科技。这本书认为，从独立开始，美国就把贸易视为自由的一种表现形式。作者批评了杰斐逊错误地认为他能把美国的贸易权力转化为一种外交政策武器。作者指出，历史上，美国的开放——包括对商品、资本、人和思想的开放——让自身占据了优势。竞争能促使美国发现并修正自己的错误。但是，美国在历史上的某些时期内也曾因为跟不上变化的步伐或其他方面的恐惧而选择收缩。当美国经济难以适应国际贸易和经济的变化时，公众和国会对开放的支持度就会降低。

第三把钥匙是同盟与秩序。作者指出，美国曾在150年的时间里认为同盟政治只与欧洲的帝国、重商主义和战争有关。但到了1947年至1949年，美国大幅扭转了方向，它成了一个规模超过以往所有同盟的同盟网络的领袖。在这个过程中，美国重新定义了同盟，并且在实际应用中不断调整这一概念。

第四把钥匙是公众和国会的支持。作者认为，美国的外交取决于舆论场，而不是宫廷政治或战略家的计划。美国最成功的政治家可以读懂并塑造公众的意愿。他指出，今天的美国人比二战前的美国人更清楚他们与全球的联系。许多人为自己的国家感到自豪，并相信它仍将扮演积极的角色。美国在未来国际事务中的参与形式将取决于其政治领导力和政治事件。

第五把钥匙是美国的使命。作者指出，从一开始，美国人就把自己的国家想象成是为了一个更大的使命而诞生的。"美国人的使命超越了拓展领土、扩充人口和发展经济实力的目标：这个民族理应捍卫思想并将思想应用于实践之中。"随着这个国家实力的不断增长，以及人们思想的变化，美国的使命也在改变。"美国人从来都不认为民族主义和国际主义是对立的。"美国的建国一代认为他们的共和国要为全世界的更大的使命服务，不知满足的美国人相信他们可以推广新的更好的国际秩序。"美国外交最深层的传统是推进美国的思想。"

这本书完成于特朗普总统第一任期内和世界开始进入百年大变局的时期。《论美国》作者对特朗普总统第一任期的外交政策做了一些研究，有某些独到的见解。在特朗普总统第二任期开始不久的时候，本文借鉴《论美国》一书梳理出的五把钥匙来分析和理解特朗普 2.0 政府的外交和外交政策。

用第一把钥匙美国把北美当作基本盘进行分析，我们看到特朗普想让美国版图"膨胀"起来，其目标包括加拿大、格陵兰岛，甚至还想重新夺回巴拿马运河，表现了他做大做强北美基本盘的企图。

用第二把钥匙贸易、跨国主义与科技进行分析，特朗普总统第一任期对中国加征高额关税，退出了《跨太平洋伙伴关系协定》。特朗普 2.0 政府继续挥舞关税大棒，从 2025 年 2 月 1 日起对墨西哥和加拿大商品征收 25% 的关税，还声称要对中国输美产品征收 60% 关税，对其他美国盟国增加 10% 关税。《论美国》作者也对特朗普政府给以批评，指出"美国目前实行的是交易型外交，依靠威胁和不确定性来增加自己在'一锤子买卖'中的谈判筹码。这使美国缺乏未雨绸缪的能力"。在特朗普 2.0 政府继续对中国高科技进行打压的同时，特朗普宣布了一项名为"星际之门"（Stargate）的投资计划，按照计划，OpenAI、甲骨文公司和日本软银集团将成立一家合资公司 Stargate Project，旨在建设美国新一代 AI 基础设施，预计总投资将高达 5 000 亿美元。

用第三把钥匙同盟与秩序进行分析，特朗普 2025 年第二任期上任第一天宣布上百项行政命令，对拜登任期内的各种政策进行反攻倒算，尤其是那些拜登在任上重新加入的国际组织，这次特朗普又退了。特朗普已退出的国际组织和协定包括世界卫生组织、《巴黎气候协定》，更多"退群"计划也在酝酿当中。特朗普要北约重在为美国利益服务。他加码要求北约盟友把军费开支从 GDP 的 2% 提高到 5%。北约盟友都认为，考虑到欧洲的政治和经济现实，这根本是不可能完成的。特朗普 2.0 政府重视亚太地区。鲁比奥在上任美国国务卿当天，就携手日本、印度、澳大利亚三国外长举行"四方安全对话"机制会谈，再次强调要共同致力于加强自由开放太平洋地区，重点提到四方将联手反对使用武力或者胁迫的手段来改变目前的南海以及台海局势。

用第四把钥匙公众和国会的支持进行分析，特朗普利用美国民众对经济全球化给他们带来的负面影响，鼓吹民族主义和民粹主义赢得总统选举，他 2025 年 1 月 20 日重新执掌白宫后，总统所在的政党同时控制着国会两院——众议院和参议院，实现了"三重执政（a governing trifecta）"。这将使特朗普的选举承诺更容易兑现。

用第五把钥匙美国的使命进行分析，特朗普对美国使命的号召"让美国再次伟大"和"美国优先"，其目的不过是要建立一个更好为美国利益服务的世界秩序。

《论美国》作者"预计美国的领导人和公民将会继续以实用主义的精神应对"。但愿作者引用的托克维尔近两个世纪前说的话"美国的伟大之处不在于它比其他国家高明，而在于它的纠错能力"能够兑现。

一部传统外交官撰写的非传统外交史著作

刘国柱

浙江大学求是智库教授

由中信出版集团翻译出版的《论美国》，是美国传统外交官罗伯特·佐利克撰写的非传统外交史著作。

称佐利克是传统外交官，是因其共和党建制派的身份。佐利克在老布什政府时期曾经担任职级相当于副国务卿的国务院参事和负责经济和农业事务的副国务卿，在小布什时期则担任美国世界贸易代表和副国务卿，并于2007—2012年担任世界银行第11任行长。2012年美国总统大选期间，佐利克被任命为共和党候选人米特·罗姆尼竞选团队的国家安全部门负责人。政治评论员弗雷德·巴恩斯将佐利克称为"拥有丰富政府经验的重量级人物"。在美国外交团队长期任职的经历，使佐利克对美国外交决策有着更为独特的理解，佐利克还将这种独特的理解用于对"国家记忆"之一——美国外交史的解读，给世人奉献了一部非传统的外交史著作。

如果读者想在这本书中寻找对美国外交史一些重大事件如美墨战争、美西战争、第二次世界大战的解读，恐怕会感到失望，因为这不在佐利克的研究范围内。佐利克并不是以美国外交史上的重大历史事件为线索撰写美国外交史的。作为美国外交决策的重要参与者，佐利克深知决策者的理念与风格对美国外交的影响力。所以佐利克选择以对美国外交史影响比较大的政治人物为基本线索，构建其美国外交史的研究体系。尽管摒弃了一些重大历史事件，但他也将不同历史时期影响美国外交思想的理念及其对美国外交的影响淋漓尽致地展现给读者。用佐利克的话说就是"本书通过历史讲述出了外交的战略和艺术"。

同样，佐利克之前的美国外交史著作，无论是由美国学者还是中国学者撰写，是不可能给范内瓦·布什一个专章的。在佐利克的《论美国》中，布什得到了整整一个专章的空间，并被佐利克称为"发明未来的人"。这是因为布什博士提出了三个塑造20世纪后半期甚至21世纪美国安全战略的理念。第一个理念是建议美国政府优先发展核武器，这对美国正在进行的反法西斯战争至关重要，甚至是"决定性的"。布什主导的"曼哈顿工程"不仅让美国率先制造出原子弹，而且成为日后美国"大科学"项目的模板，包括20世纪60年代的"阿波罗计划"和今天的"AI曼哈顿计划"。第二个理念是通过《大西洋月刊》上的文章《诚如所思》表达的，布什在文中描绘了一种名为"麦克斯存储器"的未来机器，为未来信息时代的许多革命式创新提供了灵感。第三个也是最重要的就是其代表作——《科学：无尽的前沿》的理念，认为科技创新可以创造一种新型的军事和政治实力。布什为美国创新模式增加了两个关键的组成部分：政府资金更早介入科研周期以及在政府和高校的科研活动之间建立联系。在今天的中美竞争中，范内瓦·布什的名字以更高的频率出现在美国战略家的论述中其来有自。

佐利克认为，布什是美国外交的科学教父。持续的科技发展为美国外交贡献了很多力量，也为战后特别是当代美国外交注入了新的内涵。

此外，佐利克撇开了美国外交史的各种解释范式——现实主义、理想主义、修正主义、后修正主义等。在佐利克看来，上述研究范式将历史上发生过的事件过度简化了，难以给出充分的解释。佐利克认为，外交就是为解决问题而做出的现实努力，外交决策者不仅把一部分注意力放在国内政治上，还需要着眼于未来。美国外交的实用主义一直都专注于在特定事物上取得结果，而非应用某种理论解决问题。外交决策就是"从问题入手，从经验出发，并将手段和目的匹配起来，从而'解决问题'"。不过，佐利克也注意到实用主义外交可能存在的弊端，即存在滑向战略虚无主义的危险。在美国外交史上确实也曾经面临这样的风险，即外交政策的制定只是针对一系列不相关问题做出的个案处理，而不是在大战略设计之下的分步骤行动。

作为美国资深外交官，佐利克研究美国外交史，是因为他认为，美国外交经验能够提供有价值的洞察和见解。作为"国家记忆"的历史是由许多关键而充满争议的时刻所构建的。对历史进程的理解，让读者和决策者不仅能理解过去的时代，同样也能更好地理解未来。佐利克的《论美国》试图通过对美国外交实践和传统的研究，将美国最初200多年外交史的实用性经验，以新的方式去应对今天美国面临的挑战。

在这本书的撰写过程中，佐利克还发现了美国外交史学界存在的问题，即将研究的目光投向了一些很少受关注的人物、史料、主题，并采用种族、性别、宗教、意识形态和跨国主义等视角来研究美国外交史，上述问题和研究视角并非不重要，但是，基于上述问题和视角的研究成果让分析更加碎片化，更缺乏把这些碎片整合成对国际事件和政策完整记载的努力。对外交史的研究也集中在战后美国外交特别是冷战时期的外交行为上。对18世纪后期到19世纪以及20世纪上半叶的外交思想、实践和传统研究明显不足。这种现象并非美国个案，中国美国史学界何尝不是如此？

他山之石可以攻玉，佐利克的《论美国》或许可以为中国的美国外交史研究打开一扇窗。

新思

新 一 代 人 的 思 想

AMERICA
论美国
in the WORLD

美国外交及外交政策史

*A History of
U.S. Diplomacy and
Foreign Policy*

ROBERT B. ZOELLICK

[美]
罗伯特·佐利克
著

余乐 译

中信出版集团 | 北京

图书在版编目（CIP）数据

论美国：美国外交及外交政策史 /（美）罗伯特·佐利克著；余乐译 . -- 北京：中信出版社，2025.3（2025.5重印）.
ISBN 978-7-5217-7362-0

Ⅰ．D871.20

中国国家版本馆 CIP 数据核字第 2025Y04P96 号

AMERICA IN THE WORLD
Copyright © 2020, Robert Zoellick
Simplified Chinese translation copyright © 2025 by CITIC Press Corporation
ALL RIGHTS RESERVED
本书仅限中国大陆地区发行销售

论美国——美国外交及外交政策史

著者： ［美］罗伯特·佐利克
译者： 余乐
出版发行：中信出版集团股份有限公司
（北京市朝阳区东三环北路 27 号嘉铭中心　邮编　100020）
承印者： 河北鹏润印刷有限公司

开本：880mm×1230mm 1/32　　印张：23.25　　字数：581 千字
版次：2025 年 3 月第 1 版　　　　印次：2025 年 5 月第 2 次印刷
京权图字：01-2025-0432　　　　　书号：ISBN 978-7-5217-7362-0
定价：128.00 元

版权所有·侵权必究
如有印刷、装订问题，本公司负责调换。
服务热线：400-600-8099
投稿邮箱：author@citicpub.com

目　录

序　言　美国的第一个外交官（1776—1788）　　　　　　　　　　i

第一部分
美洲新纪元：大陆领土、财政权、中性独立以及共和党人联盟（1789—1897）

第1章　以经济和金融构建权力体系：亚历山大·汉密尔顿　　　3
第2章　一个中立的大陆国家：托马斯·杰弗逊　　　　　　　　18
第3章　西半球战略和美国现实主义：约翰·昆西·亚当斯
　　　　和亨利·克莱　　　　　　　　　　　　　　　　　　　45
第4章　维护联邦与和平扩张：亚伯拉罕·林肯和威廉·西沃德　74

第二部分
美国和全球秩序（1898—1920）

第5章　"门户开放"与中国问题：海约翰　　　　　　　　　　111
第6章　欧亚间的权力平衡：西奥多·罗斯福　　　　　　　　　132
第7章　重塑世界政治的理想与现实：伍德罗·威尔逊　　　　　162

第三部分
两次世界大战之间的国际主义者（1921—1944）

第 8 章	军备控制和华盛顿会议：查尔斯·埃文斯·休斯	209
第 9 章	国际法与国际合作：伊莱休·鲁特	252
第 10 章	自由贸易体系与和平：科德尔·赫尔	280

第四部分
美国同盟的新秩序（1945—1988）

第 11 章	马歇尔计划和北约：同盟体系的构建者们	311
第 12 章	科技创新与国际竞争：范内瓦·布什	383
第 13 章	冷战中的危机管理：约翰·F. 肯尼迪	416
第 14 章	越南政策的失败与教训：林登·约翰逊	448
第 15 章	战略转型与美国式现实政治：理查德·尼克松和亨利·基辛格	484
第 16 章	国家复兴与价值观：罗纳德·里根	523

第五部分

结束与开始(1989—)

第 17 章　后冷战国际体系：乔治·H. W. 布什　　　561
第 18 章　美国外交的五个传统　　　596

后　记　从传统到今天　　　622
鸣　谢　　　639
注　释　　　645

序　言

美国的第一个外交官

(1776—1788)

缔造美国外交

1778年2月6日晚上，本杰明·富兰克林（Benjamin Franklin）来到了法国外交大臣韦尔热纳伯爵夏尔·格拉维耶（Charles Gravier, Comte de Vergennes）位于巴黎的办公室。他要在这里签署美国历史上的第一和第二份条约：一份军事同盟条约和一份贸易协定。条约的签署，意味着尊贵而强大的君主制国家法国对美国这个新生共和国的承认，这与法国在军事和商业方面的承诺同样重要。

美国的代表们集合的时候，富兰克林的专员之一西拉斯·迪恩（Silas Deane）对富兰克林的衣服表示好奇。那是一件用曼彻斯特天鹅绒做成的蓝色旧外套。迪恩问富兰克林为什么要在这个重要的场合穿这样一身衣服，后者回应说，这是为了"小小地报复一下"。[1]

4年前，也就是1774年，富兰克林在威斯敏斯特的一场听证会上遭到了英国副检察长亚历山大·韦德伯恩（Alexander Wedderburn）的羞辱。举行会议的房间被称为"斗鸡场"，因为这里在亨利八世（Henry VIII）在位时期曾被用来斗鸡。在36位枢密院成员的注视下，韦德伯恩用轻蔑的语气向富兰克林发难，称这位

68岁的费城人将马萨诸塞地区总督和副总督的信件公之于众的行为让这两位官员十分难堪。在韦德伯恩发言的一小时里，富兰克林就一动不动地站在那里。这次听证会名义上的议题是听取马萨诸塞湾殖民地关于撤换这两位英王任命的官员的陈情，但韦德伯恩却把会议内容搞成了对富兰克林的斥责。

枢密院成员很享受这场"演出"。国王的这些顾问官时而大笑，时而鼓掌，时而讥笑。富兰克林则一直面无表情，一言不发。1774年的英国统治阶级是一个精英小团队，在场的人彼此都认识，丢面子就意味着丢掉了尊严和权力。辉格党的政治哲学家、国会议员埃德蒙·伯克（Edmund Burke）也亲眼见证了韦德伯恩对富兰克林的训斥，并将其描述为"毫无底线和节操"。谢尔本勋爵（Lord Shelburne）则在给前首相威廉·皮特（William Pitt）的信中称副检察长的表演是"下流的谩骂"。在命运的安排下，这位谢尔本勋爵在1783年不情愿地承担了批准美国独立条约的任务。富兰克林则把那场羞辱形容为"公牛被斗牛犬撕咬"。个人经历会对外交官的行为造成影响，而富兰克林的这一次经历就成了他外交路线的转折点。韦德伯恩对他的奚落，使这位英国的忠实朋友变成了坚定的敌人。[2]

因此，在被韦德伯恩处以"语言极刑"4年之后，也就是1778年2月6日的那个晚上，富兰克林向迪恩坦言，他为美法条约签约仪式所挑选的衣服，正是当年在"斗鸡场"穿的那一件。"翻旧账"也是外交的组成部分之一。

外交还包括欺骗。富兰克林的私人秘书爱德华·班克罗夫特（Edward Bancroft）是一个英国间谍。1778年的条约签订后，班克罗夫特立即在42小时之内誊抄了条约文本并将其送到伦敦。他甚至还提前把签约的消息通知了伦敦的一个合伙人，好让他们利用法国和美国联盟的消息做空股票，大发横财。外交会影响市场，也会吸引流氓。[3]

富兰克林是"美国的第一个外交官"。他的外交代表生涯其实从1757年就开始了。当时，宾夕法尼亚议会把这位著名的出版家、发明家、科学家、社区组织家和政治家派到伦敦，以代表宾夕法尼亚的利益。在17年的任期内，富兰克林被相继委托为佐治亚、马萨诸塞和新泽西的代表。

富兰克林热爱英格兰。殖民地和伦敦的关系越发紧张之际，这位费城人还为保护和拓展由忠诚的英格兰人所组成的帝国而提出了富有远见的计划和具有可行性的建议。1763年，在七年战争的尾声阶段，富兰克林呼吁英国保留对加拿大的控制权。这是富兰克林从美洲大陆的整体视角出发所采取的诸多举动之一。后来，他提议在英国国会中为美洲殖民地设置代表席位。随后，他放弃了英国国会对殖民地拥有至高权力的理念，转而提议各殖民地在英国王室的主权之下组建一个自治国家的联盟，其形式颇类似于后来的英属自治领。

富兰克林的外交行为还延伸到一些特殊事件的解决方案之中。直到1774年12月，也就是富兰克林在"斗鸡场"惨遭羞辱之后，他仍然对英国内阁大臣们派来的非正式使节提出了17条解决伦敦和第一届美洲大陆会议之间危机的"提示"。[4]但是，危机的双方并没有听取他的建议，而是诉诸一场武器、意志和国际外交的较量。

1776年12月富兰克林抵达法国，作为新成立的美利坚合众国的外交代表。他在这里遇到的挑战比当年在伦敦时的还要大。法国政府还没有承认富兰克林所代表的国家——当时还没有任何一个政府承认美国。美国实质上只是一个旧殖民地组成的松散联盟，而且仅仅在10年前还和它们的母国英国一起与法国作战。富兰克林的新政府是一个实验性的共和政府,还没有经受过考验;它正在发动一场战争,组建一支陆军和一支孱弱的海军,还在努力增加财政收入——与此同时还不断大声地发表各种不同观点。富兰克林的出使是对法国这个当时世界上最强大帝国的挑战。他在这里寻求资金、武器、供给以及政治承认。随后,他呼吁法国军队对美国做出直接的承诺,并寻求法国舰队的帮助。除了讨好法国国王,富兰克林和他的同胞还需要在全欧洲建立信誉,以从荷兰那里获得借款,或许还能求得和西班牙的同盟关系。

富兰克林把一种新的公共外交手段和旧手段结合起来使用。虽然美国当时还不为人知,但富兰克林却是个名人。他将自己美国代表的职务做了个性化处理,这种方式很对法国人的胃口,甚至很符合法国人的时尚品位。1766年,戴维·马丁在伦敦给富兰克林画过一幅肖像,画中的富兰克林一副绅士学者的样子:他戴着眼镜,正在看一本书,桌上还摆着伊萨克·牛顿的半身像。到了法国,富兰克林在画家笔下就变成了一副先锋派启蒙哲学家的样子:戴着他那顶著名的貂皮帽子(来自加拿大),身穿淡棕色外套,没戴假发,身边环绕着活泼的巴黎女郎。富兰克林的头像出现在奖牌、印刷品、鼻烟壶、戒指上,甚至出现在路易十六送给一位热情的富兰克林粉丝的夜壶之上。为了打入巴黎的知识分子圈子,富兰克林安排出版了《邦联条例》(Articles of Confederation)、各州宪法,以及其他的共和文献。这位老资格的出版商还传播了不少匿名文章,尤其是讽刺类的作品,以供人议论、消遣和嘲弄。富兰克林的外交风格很符合法国对自我的认知:尊重高雅的思想、文化和文明,但也喜欢高卢式的圆通、机智之气,以及作为欧洲老牌强国的自豪感。

与此同时,富兰克林也深知外交的现实性因素。法国和英国彼此为敌已经超过四个世纪了。在1756—1763年的七年战争中,法国输给了英国，还失去了在美洲的殖民地，此时正急于复仇。现在轮到乔治三世（George III）失去美洲殖民地了。加勒比海上那些富裕的种植业岛屿也可能落入法国人手中。如果法国和美国联手战胜英国，那么欧洲帝国之间的平衡就可能恢复。法国可以引诱西班牙和荷兰加入自己的这一边来对抗英国，从而巩固自己在欧洲的领导地位。法国还可能对未来寄予厚望——无论是在商业还是在权力方面：新成立的美国领土广阔，相当于今天的英国、法国和德国的总和，而且其13个州的人口加起来只有300万，还有很大的发展空间。

富兰克林的外交既通过官方渠道，也通过私人渠道展开。实际上，直到1778年路易十六宣布承认美国之前，富兰克林都必须以间接的方式进行他的工作。他获取了法国官员的支持，募集了物资，还赢得了私人捐助。他在讨好整个法国的同时，还能让法国政府在表面上不表态。富兰克林的朋友们——尤其是拉法耶特侯爵（Marquis de Lafayette）——会帮助美国人不断从法国获取借款、补给乃至直接的军事干预。

富兰克林在巴黎待了7年，其间不断筹措资金。甚至在美国赢得独立战争后，富兰克林、托马斯·杰斐逊（Thomas Jefferson）和其他身处海外的美国人还担心美国的财政管理失策会影响这个新国家的国际声誉。有那么几年，路易十六在美国参战的花费明显过高了。1787年，这位法国君主拿出全部预算的一半，用以支付那些战争债务的利息。这么大的金额让法国财政难以维系，路易十六不得不召开已经中止了175年的三级会议。这一举动传达出了君权虚弱的信号，并最终导致了王朝的崩溃。[5]

美国的第一位外交官和他的后辈们一样，都需要和各种怀有不同秉性、观念和动机的同事一起合作。约翰·杰伊（John Jay）的技能很好地与富兰克林的形成了互补。但是，对于嫉妒心强又喜爱辩论的马萨诸塞州政治家约翰·亚当斯（John Adams），富兰克林在1783年做出的评价可谓恰如其分：他"对祖国一片好心，总是很诚实，经常很聪明，但是在有些时候，有些事情上，他会彻底失去理性"。[6]

  富兰克林明白，再高明的外交手段也要与现实事件配合才能产生效果。最好的外交使节对做事的时机——什么时候该采取行动，什么时候该隐忍不发——以及如何把现实事件的作用发挥到极致总是有敏锐感。富兰克林有一个刻薄的同僚叫阿瑟·李（Arthur Lee），他在1777年提出建议，美国可以利用自己在战场上的失利，向法国发出结盟的最后通牒。富兰克林拒绝了这一提议。后来，富兰克林得到了美国在同年10月的萨拉托加战役中取胜的消息，然后就利用这一消息在英国和法国之间玩起了反间计：他知道间谍无处不在，于是故意走漏风声，让法国人知道英国已经派出使节，准备和美国寻求和解；与此同时，他也知道英国政府肯定会了解到美国和法国可能会签署条约。为了避免英国和美国重新走到一起，法国同意和美国结成军事同盟。对于法国的外交大臣韦尔热纳来说，条约中的关键条款就是：美国不会在未经法国同意的情况下就和英国议和。

  美国和法国联军在1781年获得约克镇战役的胜利后，富兰克林得到了一个与新一届英国政府进行谈判的机会。不过，英国政府内部的斗争以及议会变幻无常的支持，都让富兰克林不敢确定这个机会的持续时间能有多长。他利用非正式的私人关系向即将成为英国首相的谢尔本勋爵释放善意，并且没有引起法国的察觉。在寻求达成这一历史性协议的过程中，富兰克林始终用长远的眼光来看待美国的战略利益。在英国人面前，他强调了"和平"和"和解"

的不同，提出英国应该给予慷慨的条件，以恢复双方的友好关系。富兰克林甚至还试图劝说英国把加拿大也让给新生的美国。他说，如果英国继续保持在美国北方边境的存在，势必会让美国和法国走得更近。到了法国人那里，富兰克林再次保证美国不会自己和英国议和，这一表态使得英国离间美法同盟双方的计谋未能得逞。此外，富兰克林知道议和后美国仍将面临挑战，因此他想和法国一直保持友好关系。做过商人的富兰克林很关心钱的问题：由于美国政府自身一穷二白，一旦战事重启，或者需要遣散大陆军的时候，美国就会更加需要法国的援助。富兰克林在给美国的财政总监罗伯特·莫里斯（Robert Morris）的信中写道：法国值得尊重。杰出的历史学家斯泰西·希夫（Stacy Schiff）则在她描写富兰克林出使法国的著作《伟大的即兴表演》（*A Great Improvisation*）中写道，富兰克林认识到"国家也是有感情的"。[7]

法国驻美国的使节说服（甚至付了钱）大陆会议，让美国许诺只有在得到法国同意之后才会向英国派出谈判代表。富兰克林的新同僚——约翰·杰伊和约翰·亚当斯——对法国的动机表示怀疑，并坚持认为美国应该不管法国，直接和英国谈判。富兰克林接受了他们的逻辑，认识到法国的目的是把美国的疆域限制在阿巴拉契亚边境之内，并且不让美国进入加拿大和纽芬兰附近的渔场。但是，和那两位同僚不同的是，他并不认为法国的信用值得怀疑。富兰克林指出，法国的外交大臣做事总是很正派，从来都没有辜负过他。富兰克林的外交手段也包括感激。他既想要和英国议和，也想维持与法国的和睦。

1782 年 11 月 30 日，美国和英国签署了一份临时停战协议。接下来，富兰克林就要面对一项艰难的任务：向韦尔热纳解释为什么美国的谈判代表忽视了对法国的义务，也违背了大陆会议的指示。更难的是，富兰克林还需要再向法国要一笔借款。

韦尔热纳冷静地对富兰克林提出了抗议，而富兰克林的回答堪称外交艺术的典范。他先用优雅的态度为美国的"不妥"表示道歉，但并没有跪地求饶，也不承认美国犯了什么大错。为了帮法国挽回面子，富兰克林同意，在法国和英国都对和约条款表示同意之前，美国和英国签订的和约不应具有约束力。接着，为了求得法国国王的原谅，富兰克林表示希望"一个无心之失"不会破坏国王在任期内取得的这一伟大成就。然后，富兰克林又表示美国和英国的协议中并没有违背法国利益之处（这不是实话）。最后，富兰克林宣称，盟友之间的任何公开分歧都只会让他们共同的敌人英国得意，这个说法很符合法国人对权力平衡的盘算。就这样，富兰克林给早期美国外交中的两面三刀披上了一层以婴儿般的无辜、温暖的感情和冷酷的计算编织成的外衣。韦尔热纳作为一个高贵的现实主义者写下了自己的判断："如果我们根据眼下的事情来判断未来，那么我们为美国所做的事情，以及在美国独立过程中为其提供的帮助，就不会得到很好的回报。"当法国在美国大陆会议上被询问是否会向美国代表提出正式抗议的时候，法国驻美使团的秘书回复说："大国永远不会**抗议**，但它们有**感情**和**记忆**。"[8]

美国与英国议和的目标也和法国、西班牙的有所不同。理查德·莫里斯（Richard Morris）在对美国独立战争中大国外交关系的经典描述的结尾处总结道，富兰克林和他的同事想要为正处于革命时代的新生共和国和政府谋求一个长期的和平局面，而法国和西班牙的眼光却是往后看的，只想要回自己在早期的君主国家竞赛中丢掉的土地和影响力。[9]

美国的第一位外交官"把实践置于理论之上"，他"认为即使是不多的经验，也胜过宏大的假说"，并且"更喜欢对话而不是教条"。[10] 他的政治风格混合着理性、美国的美德，以及权力——当他乐在其中的时候。富兰克林有一个关键的能力，即始终把目光放在首要目标上，不为次要问题和琐碎的细节而分心。当然，他对有用的细节也能给予足够的重视。富兰克林在写给罗伯特·莫里斯的信中说："我从经验中得知，伟大的事和伟大的人有时都会被一些小事所影响。"[11]

富兰克林认识到，外交人员的议和行为可能得不到国内政治的认可。与富兰克林一起参加和谈的专员亨利·劳伦斯（Henry Laurens）曾预测国内会对和谈表示赞赏，而富兰克林则对此持有怀疑态度："我还从来没听说过有哪一次和平谈判不会激起双方大众的不满、议论和指责的。""和谈者想要得到赞美，我估计要等下辈子了。"富兰克林总结道。[12]

尽管美国的第一个和平条约在欧洲被普遍视为美国外交上的胜利，但大陆会议还是能从鸡蛋里挑出骨头。希夫总结道："外交家往往都是无名英雄。"富兰克林的经历提醒了美国人，他们的独立可不是只靠自己就能换来的；然而富兰克林的奇谋妙算太容易被人遗忘了。[13]

本书的内容

这本书写的是美国外交史中的故事。

我写这本书的想法可以追溯到25年以前。当时我刚读了亨利·基辛格（Henry Kissinger）的权威著作《大外交》(*Diplomacy*)，那本书通过历史讲述出了外交的战略和艺术。不过，基辛格的观点——无论多么全面和深刻——还是植根于欧洲的经验。基辛格曾是美国国家战略的一个精明的执行者，但他针对美国外交经验所总结出来的潜台词还是像奥托·冯·俾斯麦所观察到的那样，即"上帝总是偏爱傻瓜和美国"。基辛格认为，19世纪"美国的外交政策就是不要外交政策"。对于20世纪的美国外交，他也大部分持批判态度。[14]我和他的观点不同，我认为美国的外交经验能够提供有价值的洞察和见解。

基辛格说，美国的外交政策经常会使事情做过头——然后往回收的时候往往又矫枉过正——因为美国人总是把世界看成他们所希望的样子，而不是本来的样子。学者们认为基辛格是一个"现实主义者"，而不是"理想主义者"，后者的目标是把美国的政治信仰——他们认为还包括美国的美德——传播到其他地方。我曾经听到基辛格用挖苦的语气说："世界上只有美国人才会把'现实主义者'当成一种批评的说法。"

实际上，基辛格的支持者很多。冷战初期开创"遏制政策"的乔治·凯南（George Kennan）曾在芝加哥大学做过一个系列讲座，阐述他心目中美国外交政策的遗憾之处。他把这些讲稿汇编成了《美国外交，1900—1950》（*American Diplomacy, 1900-1950*），这本书成了现实主义传统的基础文献。凯南认为，美国是在"情绪主义"和"古怪而主观"的公众舆论的驱动下，以"法律加上说教的手段"来处理国际事务的，他对此提出了批判。凯南认为，真正的外交工作是"直面国家利益之间那些令人不堪的冲突，并根据冲突本身的是非曲直来处理，以期找到对稳定的国际关系干扰最小的解决方案"[15]。20世纪和21世纪之交，沃尔特·麦克杜格尔（Walter McDougall）在他的《应许之地，十字军之国》（*Promised Land, Crusader State*）一书中重申了"现实主义"那具有警示作用的智慧。他对伍德罗·威尔逊（Woodrow Wilson）的"理想主义"

以及美国反复出现的"全球改良论"(global meliorism)思潮的危险之处提出了警告。[16]

美国外交在另一个方向上的劝诫之声也在渐渐消失。1959年,威斯康星大学的威廉·阿普尔曼·威廉斯(William Appleman Williams)以一部《美国外交的悲剧》(The Tragedy of American Diplomacy)创立了"修正主义"学派。凯南和基辛格都对美国外交政策中十字军式的理想主义,以及其无法把手段和目的匹配起来的无能提出批评,而威廉斯则认为美国是通过经济扩张主义来实行一意孤行的"帝国主义式"外交的。[17]这些"新左派"修正主义者向早期"民族主义"或"保守主义"外交史学家的"正统"观念发起了挑战,而后者曾为美国外交所达成的成就而欢呼。修正主义者写作之时,正是冷战初期那令人恐惧的核对峙时期,后来又遇上了越南战争。他们向美国人发起挑战,要求其承认自己以往的侵略行为和自私自利的动机。

学者总是能通过挑战已被公众所接受的观点而获得声誉,因此,修正主义者的言论在一群"后修正主义者"之中激起了反响。冷战研究中最知名的学者是约翰·刘易斯·加迪斯(John Lewis Gaddis),他既反对正统观点的陈词滥调,也反对修正主义者们把目光过度聚焦在经济力量上的做法。加迪斯解释说,要理解冷战,就需要把"国内政治、官僚体系的惯性、个人性格的怪癖,以及对苏联意图的认知——无论是准确的还是不准确的——全都包括进来"。他还指出,实际上,"经济手段是用来为政治目的服务的,而不是像列宁主义模式的帝国主义者所说的那样反过来,即政治用来为经济目的服务"。[18]

冷战结束以来,学者们又尝试了其他的对美国外交政策驱动力进行归纳的框架体系。沃尔特·拉塞尔·米德(Walter Russell

Mead）在他的《美国外交政策及其如何影响了世界》(*Special Providence: American Foreign Policy and How It Changed the World*)一书中提出，美国外交政策之中存在着四个互相竞争的学派，每个学派都侧重于这个国家的特性中的不同方面，这些方面聚合在一起能够得到一个融洽的混合物。[19]戴维·米尔恩（David Milne）在他的《塑造世界》(*Worldmaking*)中使用了一种新的二分法，即"艺术与科学"："艺术家"根据历史经验做出谨慎的评估，而"科学家"则在理论的驱动下改造世界。[20]这些学术著作为我们提供了令人激动的阐释性内容，并激起了富有创造性的辩论。但是，学术著作却有一个风险，那就是写作者会对诸多混乱的事实和复杂的因果进行筛选，以让它们符合自己的理论框架；而对于现实中发生过的事情，他们都过度简化了，并且往往无法给出充分的解释。

　　本书将采取一个不同以往的思路。在我的经验和研究中，外交就是为解决问题而做出的现实努力，外交人员经常要把一部分注意力放在国内政治上，有时还需要着眼于未来。美国外交的实用主义一直都专注于在特定的事务上取得结果，而不是应用某种理论。

　　实用主义的思想可以追溯到威廉·詹姆斯（William James）、约翰·杜威（John Dewey）以及一种与众不同的美国哲学。詹姆斯和杜威主张在知识领域拒绝人为设计的规则、概念和定理——美国外交也是如此。实用主义哲学家不会"寻求放之四海而皆准的永恒真理"，而是"强调如果现实的结果表明一个命题是真实的，那它就是真实的……行动实际上是遵循经验的"。实用主义哲学家和外交家都是"工具论者"：他们从问题入手，从经验出发，并将手段和目的匹配起来，从而"解决问题"。实用主义者承认机遇和偶然事件的强大作用，并且重视事件进程对实际选择的塑造作用，他们以动态和多元的视角解释世界。实用主义的美国哲学家和政治家都对事物的发展抱有乐观的信念。[21]

我并不是说实用主义可以提供一种简单的成功秘诀，而只是准备从现实的角度描述大多数美国官员是如何处理外交问题的。200多年以来，美国外交已经总结出了什么方法是有效的，即使实践者在现实中失败了，也可以在失败的过程中发现他们能够做到什么。富兰克林、杰伊和亚当斯达成了一个机会主义的协议，为一个新型的国家赢得了独立和广阔的领土。乔治·华盛顿（George Washington）继续小心翼翼地维持着与别国的外交关系，并且力排众议，支持杰伊在1795年与英国签订第二份条约，为美国赢得了在亚历山大·汉密尔顿（Alexander Hamilton）设计的经济政策下站稳脚跟、积攒力量，进而占领西部土地的机会。托马斯·杰斐逊对美国宪法做出了灵活的解释，以及时完成对路易斯安那的收购。约翰·昆西·亚当斯（John Quincy Adams）对参加欧洲革命和盟约兴趣不大，他的关注点在于美国向西海岸的扩张，以及把欧洲人赶出美洲。亚伯拉罕·林肯（Abraham Lincoln）和威廉·西沃德（William Seward）认为"一次只打一场战争"是明智之举，因而创造性地使用法律推理，避免了英国和法国介入南北战争。

在19世纪与20世纪之交，威廉·麦金利（William McKinley）通过条约吞并夏威夷的议案没能在参议院获得三分之二代表的同意，于是他就改为提交两院联合提案（只需简单多数），最终达到了目的。西奥多·罗斯福（Theodore Roosevelt）在大国之间调解争端，以维持东亚和欧洲的权力平衡。富兰克林·D.罗斯福（Franklin D. Roosevelt）谨慎地动员公众，以应对一场经济大萧条后的世界大战。当时反对的呼声相当强烈。1941年日军对珍珠港发起攻击前不久，罗斯福的《义务兵役法（草案）》仅以多一票的微弱优势获得通过。德怀特·艾森豪威尔（Dwight Eisenhower）压住了冷战早期的狂热情绪，谨慎地做出长期准备。约翰·F. 肯尼迪（John F. Kennedy）学会了用实用主义的方式处理危机。罗纳德·里根（Ronald Reagan）制定了雄心勃勃的目标，但也愿意谈判并接受阶段性的成果。乔治·H. W. 布什（George H. W. Bush，即老布什）把行动、小心的克制和持续的外交努力结合起来，从而以和平的方式结束了冷战，然后又在第一次海湾战争中组织起了史无前例的同盟，以反制伊拉克的侵略。

美国的外交记录中也曾出现过惨重的失败，尤其是在领导人丢掉了外交政策的实用思维之时。伍德罗·威尔逊在他自己设计的集体安全上栽了个跟头，因为这一理念忽视了国外权力政治的现实和它所需的国内政治支持。林登·约翰逊（Lyndon Johnson）过于专注国内政治，以至于无法对美国在越南能做成什么样的事情——以及美国公众会支持什么样的承诺——做出实用性的评估。

成功的实用主义者会考虑所有可行的手段以达到目的。他们把注意力集中在当下的现实——不管是权力、经济、军事实力、技术以及他人的态度和立场，还是投票。实用主义者需要知道机构的工作机制和程序的运作原理，他们试图理解其他各方的视角和利益。最关键的就是知道何时行动，亦即对时机的把握。

秉承实用主义的领导人可能也喜欢学术辩论，但在有问题需要解决的时候，他们多半会对抽象的概念和漫长的理论之争失去耐心。实用主义的外交可能也会欣赏修辞的力量——尤其是在有效的争论之中——但会对没有实际效果的装腔作势持怀疑态度。

实用主义者承认，在一个远非完美的世界里，人们需要谈判，并且可以从不够完美的结果中获益。他们会抱着解决问题的乐观精神坚持尝试。对于他们来说，历史经验可以启示人们如何才能做得更好，而不是接受无休无止的阻碍。

实用主义中包含有长远的愿景。美国外交政策的制定者们曾经追求过新奇乃至刺激的想法，但是他们在应用这些想法的时候通常都比较灵活，而且实事求是。领袖们希望实现那种能让这个国家离他们的愿景更近一步的目标。有一些官员曾被意识形态所吸引，但一般都不会走向教条主义。美国的政策制定遵循了这个国家鼓励实验和思想竞争的传统。很多理念都在后来的各个时期中以不同的形式反复出现。

秉承实用主义的领导人往往都需要同时应对多个问题，既有国内问题也有外交问题。官员不仅需要在时间安排上做出平衡，还要对政治资本和个人资本的分配做出平衡。为了做到这一点，大多数官员都会选择实用的"解决方案"，且这些解决方案一定会是一组观点或一系列渐进式的行动中的一部分。

我曾在詹姆斯·贝克（James Baker）手下工作近8年。评论家经常给这位前国务卿和财政部部长贴上"实用主义者"的标签。贝克理解权力，他运用权力的手段也是大师级的——无论是在世界政治体系中，还是在他自己的政治体系中都是如此。他的外交风格——例如外柔内刚——令人佩服。美国和外国的领导人都希望和贝克成为朋友，而且他们肯定都不希望与贝克为敌。就贝克来说，他很有幽默感，会用高超的讲故事技巧取悦同行，同时还能给自己留有余地。他最重视的就是行动——完成任务，解决问题。

"历史是国家的记忆"

历史学家反映了他们所处时代的争论，我们的经验会影响我们对历史人物的看法。例如，冷战时期，现实主义的拥趸在评价西奥多·罗斯福——甚至亚历山大·汉密尔顿——对权力政治的推崇时，就会把他们对 20 世纪中期各种挑战的思考带入其中。[22]

我们所处的时代是一个动荡的时代，世界秩序不断变换，美国外交的方向也存在变数。唐纳德·特朗普（Donald Trump）曾起誓说他的做法会和前人完全不同。他认为以前的政策已经失败了。那些认为未来难料的读者可能会问，为什么他们要在一本关于过去的书里寻找答案。基辛格对此有一个精彩的回答："历史是国家的记忆。"[23]

30 年前，受人尊敬的美国外交政策史学家欧内斯特·梅（Ernest May）和同样受尊敬的总统权力研究者理查德·诺伊施塔特（Richard Neustadt）合著了一本书，给政策制定者们讲述了历史的作用。但是，在谈到用历史类比的方法预测未来时，梅和诺伊施塔特却提出了警告。他们写道："人类的经验包括不连续性、突发事件和转折，即便不是完全不能预测，至少也是很难预测的。"[24] 美国历史是由许多关键而又充满争议的时刻所构建的。对这一历史进程的理解，也许不仅能让读者更好地理解过去的时代，还能更好地理解 21 世纪。

我还希望这本书能对看起来正在走向衰落的外交史研究有所助益。我们前面提到过的后修正主义历史运动把目光投向了一些之前很少受关注的人物、史料、主题，并采用种族、性别、宗教和意识形态等视角来研究外交政策。他们对国外史料的使用比以往更多，因而为历史研究增加了国际视角。跨国主义拓展了外交视野，将人道主义者、铁路工程师、传教士、环境主义者、商人、教育家和侨民都包括了进来。不过，新的历史著作让分析更加碎片化，也缺乏把这些碎片整合成对国际事件和政策的完整记载的努力，外交史中充满了关于个人努力、解决实际问题和政治洞察力的故事。学者弗雷德里克·罗格瓦尔（Fredrik Logevall）前不久也提出这个问题："为什么我们不再教授政治史了？"[25]

就目前的情况而言，外交史的研究似乎都集中在理解第二次世界大战结束时和冷战期间的外交行为，以及冷战后世界的种种困扰上面。我则想要重拾从18世纪后期到19世纪以及20世纪上半叶的思想、实践和传统。我们身处的时代外交关系变化太快，也许我们可以以新的方式来应用美国前150年历史中的思想和实用性经验。

美国实用主义外交的故事也需要识别出这些经验中的漏洞。实用主义者可能无法或者难以认识到现实基础的重大变化。基辛格曾恰如其分地指出，有些问题可能不是"解决"了，而只是被控制住了，而那些只专注于解决现实问题的人可能就会忽略这一点。

正如基辛格所警告的那样，实用主义的问题解决方式有滑向战略虚无主义的危险。美国面临着这样的风险，即其外交政策的制定过程只是针对一系列互不相关的问题做出的个案处理，而不是在一个总体设计之下的分步行动。

五个传统

美国的外交经验有一些积累下来的传统。本书列出五个指导美国愿景和实用主义的外交传统，这五个传统都已经在富兰克林的故事里露过面了。虽然这些传统中所包括的一些主题也是其他国家外交政策的组成部分，但美国在外交过程中对它们的应用使其具有明显的美国特色。

第一，美国的注意力集中于北美，也就是它所处的这块大陆，这决定了美国的地理、幅员、边境、人口、共和国性质、安全、经济和邻国关系。欧洲和亚洲的一些国家都曾经试图主宰各自的区域，但只有美国成功地赢得了对整个大陆的控制权。如今，美国人再次重视起他们自己的边界、安全、人口跨境流动、商业、信息和环境。21世纪，北美将成为美国在全球——尤其是在大西洋和太平洋彼岸——的权力部署中的基地。对美国来说，它也许会成为最好的基础。

美国领导人有时会把大陆视角扩展到美国与美洲各共和国之间的特殊关系上。他们希望新世界的国家能改变旧世界的运转方式。美国很可能将继续追求西半球各国的伙伴关系承诺。

第二，美国的跨国科技贸易关系不仅决定了其与世界其他国家的经济关系，也决定了政治乃至安全关系。美国的诞生始于殖民地人民抗议大英帝国侵犯他们的自由，其中包括征收贸易税。从美国建国开始，这个国家就把经济自由和政治自由联系在了一起，并且坚信私人团队应该肩负起商业使节的使命。美国的商人们践行了一种新型的跨国国际主义。美国总是要求其他国家"门户开放"以进行贸易。20世纪，美国官员发现了贸易与金融和健康的经济体、政治以及安全之间的联系。美国创造了一种科学技术的发展模式，这种模式依赖于大学和私营部门，还有联邦拨款的支持。美国的企业家精神和跨国主义紧密联系在一起。21世纪，美国的贸易、科技和金融纽带将成为未来的秩序和伙伴关系的基础。

第三，美国外交反映了美国人对同盟的态度，以及对国家间秩序关系的态度的变化。在美国建国之初的150年里，美国人一直都铭记着华盛顿和杰斐逊的警告，不与欧洲强国结盟。为了寻找替代方案，美国人尝试了各种在安全的国际体系中保持国家独立的方式。各共和州组成联邦的经验——尤其是联邦经过南北战争保存下来之后——也在数十年间影响了美国人对国家秩序的思考。即使到了今天，美国人依然会考虑贸易协议、国际法、军备控制以及区域内的权力平衡。

二战结束后，为了防止全球分裂和苏联建立霸权，美国组织起了规模空前的同盟体系。美国的同盟成为一种新的政治-安全体系，提供了一个政治经济方面的互惠框架。美国的同盟伙伴大多数是西方民主国家，或是在加入美国的同盟后实现了政治转型。冷战之后，在超过25年的时间里，美国调整了规模有所扩大的同盟体系，以适应新的设计。

特朗普在职期间与其他相关人士对美国同盟体系的成本和作用提出了质疑。我在职业生涯中曾经和这些盟友合作，以增进美国的利益并推广美国的价值观，但我也认为美国可能需要重新对其同盟体系的范围、承诺和共同承担的责任进行评估。美国可能需要考虑能够代替同盟体系——或与其互补——的官方和民间途径，以继续和各个国家及它们的人民保持合作与竞争。如果美国打算这么做，那么决策者可能就需要先审视一下美国最初为什么会同意和特定的国家建立同盟关系，以及美国是怎样让这些盟友起到良好作用的。

第四，美国外交的主事者要懂得如何引导和回应公众的态度。包括乔治·凯南在内，许多杰出的外交思想家都曾困惑于如何将外交政策融入民主共和国的体系并接受国会的权力。最有手腕的政治家都会在国会中寻找关键的盟友。许多政治元素构成了美国外交政策的基础，美国外交的成功领袖需要在这些政治元素的架构下行事。

第五，美国外交反映出了这样一种信仰，即美国是一个特殊的、正在进行的实验，无论是在国内还是国际关系上都是如此，而这个实验应该为一个更高的目标服务。美国的开国元老们都很用心地学习了他们那个时代的世界秩序。他们意识到，一旦他们的共和国实验成功，那么就有可能改变当时存在的帝国秩序——用托马斯·潘恩（Thomas Paine）的话说，就是"让世界重新开始"。

序　言　美国的第一个外交官（1776—1788）　　　　xix

1782年，国会秘书查尔斯·汤姆逊（Charles Thomson）将美国国玺图案的设计提交国会批准时，解释了这个图案的象征意义（对美国国玺不熟悉的人可以找一张1美元的钞票，国玺的图案就印在背面）。国玺的反面画着一座未完成的金字塔，共13层，象征着当时的13个州。金字塔上方画着上帝之眼，下方则是拉丁文"Novus Ordo Seclorum"，也就是"时代新秩序"。汤姆逊说，1776年象征着"美洲新纪元的开始"。第一个教我外交史的教授则说："美国历史上，有一个问题经常是含混不清的，那就是'美国的'（American）到底是一个地理范围的概念，还是一种更广义的描述。"

　　启蒙运动的思想，正如通过《独立宣言》这一政治方式所表述的那样，属于国际主义的范围。建国后的两个多世纪里，美国外交挑战、征服并重塑了世界秩序。美国的使命应该是或可能是什么？人们对于这个问题的认识多年来一直在演进。即使是在美国的权力巅峰期，美国外交也没有接受当时的世界秩序。美国人总是在寻求改变——他们通常都认为改变会通向进步。

　　美国人现在又在对如何让国家实验和国际目标同步起来的问题展开辩论。从历史上来看，美国的国家主义和国际主义就是同一枚硬币的两面。现在美国又要再一次面对这样的问题，即美国是否应该塑造一个"时代新秩序"，以及该如何塑造。[26]

　　本书后面要讲的故事反映了许多历史学家的研究成果，整本书都是建立在许多作者的学术工作基础之上的，我会在注释中一一说明。我也从自己的外交实务经验出发，补充了一些我个人的解读。你还可以看到对外交行为和政策设计的评价。前面提到的五个传统会在讲述中体现出来，我也会在全书结尾讲到近期的历史时回顾这五个传统。在你思考美国国际关系的未来之时，我希望你也能喜欢这些故事、人物和思想。

第一部分

美洲新纪元

大陆领土、财政权、中性独立以及共和党人联盟

(1789—1897)

第1章

以经济和金融构建权力体系：亚历山大·汉密尔顿

选择美国的第一位财政部部长

1789年4月，刚刚当选美国总统的乔治·华盛顿前往纽约市参加就职典礼。中途在费城逗留时，华盛顿找到了他的老朋友——曾经担任过美国革命政府财政总监的罗伯特·莫里斯。莫里斯是这个国家最有势力的商人兼金融家，华盛顿的大陆军陷入最低谷的时候，正是他出资使这支军队得以坚持下去。莫里斯曾经是本杰明·富兰克林的盟友，他甚至还曾经以个人身份贷款支付军队开支、资助武装民船、购买武器和收买间谍。

根据华盛顿的继孙在多年后写下的资料，当时华盛顿邀请莫里斯出任新一届美国政府的财政部部长。莫里斯拒绝了这一提议，可能是因为他需要集中精力解决个人的财务问题——他后来正是因财务问题而破产的。不过，莫里斯给了华盛顿一个建议："我可以推荐一个比我聪明很多的人来担任你的财政部部长，这个人就是你以前的副官汉密尔顿上校。"华盛顿听了后很吃惊，他说自己从来都不知道汉密尔顿"还懂财务"。[1]

汉密尔顿1777年初当上华盛顿将军的副官时，年仅22岁。在

8 年的战争过程中，大约有 32 名副官曾在华盛顿的指挥部里工作过，但是汉密尔顿在这些精英中属于出类拔萃的那一个。1789 年，汉密尔顿才 30 岁出头。在新宪法的草拟和修改过程中，这位纽约人曾是莫里斯的盟友，但两人并不是关系很亲密的朋友。在向华盛顿推荐汉密尔顿之前，莫里斯似乎并没有跟汉密尔顿打过招呼。[2]

青年战略家

莫里斯知道汉密尔顿的头脑有多么聪明，也知道这个年轻人对工作有着巨大的热情。1781 年 4 月，也就是国会任命莫里斯为财政总监后不久，汉密尔顿就主动写了一封自荐信给年龄比他大、经验也远比他丰富的莫里斯。信是用打字机写的，长达 31 页。当时汉密尔顿已经辞去了华盛顿副官的职务，退隐到他的岳父菲利普·斯凯勒（Philip Schuyler）的藏书室里，并在那里思考美国的国家大事。他在那里一边读书，一边构思出了一套关于财政、国家权力和战争的新思想。这封长信实际上是对之前两封分析政治和金融问题的信的提炼和延伸，其中一封是汉密尔顿在 1780 年写给国会议员詹姆斯·杜恩（James Duane）的，另一封则可能是他在 1779 年写给斯凯勒的。这三封信不仅勾勒出了解决战争问题的计划，也为年轻的美国设计了一套财政和经济权力的体系。[3]

汉密尔顿见证了一支军队所接受的考验，也见证了更加重要的、一个新生国家所接受的考验。两者都曾饱受资金匮乏之苦。军队发不出军饷，买不起军装，甚至连饭都吃不上。他们缺少武器和弹药。一些原本像本尼迪克特·阿诺德（Benedict Arnold）一样的战场勇士最后沦为叛徒，部分原因就是为了钱。汉密尔顿在给杜恩的信中说，军队已经成了乌合之众。在1780年写给好友（也曾担任过华盛顿的副官）约翰·劳伦斯（John Laurens）的信中，汉密尔顿沮丧地断言：军队、各州政府和国会都在"一大群傻瓜和无赖"的掌控之中。汉密尔顿在另外一份文件里承认，缺钱可能导致军队解散或丧失战斗力，从而使民众转而呼唤和平。[4] 在某些情况下，绝望的军队甚至有可能在指挥官的率领下掉转枪口，瞄准那些对他们表现出漠视或鄙视的政治家。

然而，汉密尔顿在写给莫里斯的信中所展现出的视野，已经远远超出了战场和军营的范畴。他上升到战略层面，分析了美国和它的敌人们各自的优势和劣势。汉密尔顿认为，英国和美国正在打的是一场消耗战。他分析了英国的政治经济体系。这位上校总结道：美国要想取得胜利，不仅要充分调动美国的资源，还要削弱英国政府的信用和意志。[5]

杰出的汉密尔顿传记作者罗恩·彻诺（Ron Chernow）写道：对于汉密尔顿上校来说，"革命是经济和政治理论的实践车间"。[6] 汉密尔顿最重要的洞察在于，一个国家必须拥有良好的信用，才能承担一场长期战争的开销。简言之，国家需要为战争买单。"没有收入做基础的权力就是泡沫。"汉密尔顿总结道。

1781年，汉密尔顿拒绝了新任财政总监莫里斯发出的共事邀请，也没有进入国会辅助莫里斯。他选择去大陆军担任前线指挥官。他领导了来自纽约的一个营，并在随后的约克镇战役中攻下了两个英军主要堡垒中的一个，帮助美国赢得了这场战争中最后一次重要战役的胜利。汉密尔顿孜孜追求荣耀和声望。不过，与其他军人不同的是，他理解财政和经济活力对国家权力和复原力的重要性。

汉密尔顿对战略、政治和财政的洞察，促使他产生了制定一部新的全国宪法的想法。在《联邦党人文集》(Federalist)之中,汉密尔顿倡议修宪,他阐述了财政、政治体制以及国家安全之间的联系。此外,汉密尔顿在设计财政和政治制度时也考虑到了美国的外交政策,甚至具体的外交行为。《联邦党人文集》直白地指出,在《邦联条例》之下,美国已经变成了一个弃儿国家。要想在一个危险的世界中取得成功,这个新生的共和国需要对外贸易、稳健的货币、政府收入和一支常备军队。另外,美国人倚重海上贸易,所以美国也需要一支海军。[7]

汉密尔顿的经济战略

富兰克林签署的《巴黎条约》为新生的美利坚合众国赢得了大片领土。杰斐逊领导下的弗吉尼亚人开始认同这样一种理念,即土地是财富的来源、自耕农们获得自由的基础,以及国家安全的空间。汉密尔顿则明白,美国要有财政实力、流动资金和经济制度作为保障,才能拓展自然疆界。

美国的第一位财政部部长欣赏英国威廉·皮特父子(William Pitt the Elder and William Pitt the Younger)的政策,也佩服英国政府设计的财政体制。福里斯特·麦克唐纳(Forrest McDonald)后来认为汉密尔顿是以英国为榜样,但在应用于美国时又做了调整:英国设计的是一个为了给政府筹集资金的体系——这可能偶尔会带来政治、社会和经济方面的副作用——而汉密尔顿的体系则是用财政手段去满足政治、经济和社会方面的需求。汉密尔顿想要解决一个难解的财政问题。与此同时,这位新任财政部部长也在为美国的权力设计一套新的架构。[8] 1789年的国庆日,汉密尔顿为他的前同事和战友纳瑟内尔·格林（Nathanael Greene）将军写了一篇颂词，其中也顺带提到了未来的工作，汉密尔顿解释说，他的任务是"［建立］美国伟大的上层建筑"。[9]

汉密尔顿年轻时，曾抄录过狄摩西尼（Demosthenes）的《演说集》中的一段，这段话体现了汉密尔顿在军事和政治两方面的领导欲："［领袖］要知道的不是**事件**发生后应该采取什么措施，而是采取什么措施才能制造出**事件**。"[10] 汉密尔顿会驱策自己做出决定，而不是等着"查收邮件"或召开会议来安排他的行动。而且，汉密尔顿的各种不同举动都符合他的整体计划。作为一个管理者，汉密尔顿会从雅克·内克（Jacques Necker）的三卷本回忆录中寻找启示，后者是法国路易十六时期备受尊崇的财政大臣。内克认为，一个伟大的部长必须有能力"既了解整个系统，同时也了解系统内各个组成部分之间的关系"。[11]

其他人已经论述过汉密尔顿为信贷、国家银行和制造业做出规划的历史，我想把重点放在汉密尔顿规划的各个组成部分以及这些部分的互相配合之上。汉密尔顿的偿债体系使联邦政府发行的债券成为一个良好且可信赖的信贷产品。由此，包括联邦债券在内的各种证券扩大了这个新生国家的货币基础，带来了可用于投资的流动资金。新成立的美国银行改善了联邦财政，拓宽了私人信贷体系并支持投资。在政府偿还联邦债务的过程中，金融和商业资本也从新政府的成功之中分得了一杯羹。联邦政府对国债承担偿还义务，也为自己带来了更大的支持力量并扩大了信贷基础。新的收入系统，尤其是"温和"的关税，将税收和利息支付联系到了一起。"偿债基金"的设立让联邦债券的投资者们更无后顾之忧。汉密尔顿还建立了新的海关机构（海岸警卫队）和信息系统，这显示出这位财政部部长不仅有能力为一个新的政治经济体制定规划，也拥有与之相匹配的执行能力。通过上述举措,汉密尔顿得以降低偿债利率,并通过海外债券募集更多的资金。此外,就像汉密尔顿在给莫里斯的信中所提到的那样:"只要不过度发行,国债就是国运。它会成为我们国家的强力黏合剂。"[12]

麦克唐纳教授指出了汉密尔顿规划中另一个经常被忽视的部分:维持良好的信用既需要现实条件,也需要市场心理,也就是信心。汉密尔顿相信,新政府必须快速采取行动,才能获得公共债权人的信心。[13] 汉密尔顿还认识到,美国的外交将会有助于建立这种信心,也有助于新创建的政治经济体系在实践中取得成功。

外交战略配合经济计划

汉密尔顿进入外交领域的时间甚至早于美国的第一任国务卿托马斯·杰斐逊。后来的一些国务院权力捍卫者把汉密尔顿的外交行为视为越权。[14] 实际上,汉密尔顿的外交行动表明,美国的外交政策从一开始就包含了经济判断与利益考量。这种做法一开始是不得已而为之,后来则变成一种不失时机的主动选择。

在汉密尔顿看来,美国在陆上和海上两方面都有成为强国的潜力。任何在美国实行孤立主义的幻想都是愚蠢的,因为美国是泛大西洋世界的一部分。在这个世界里,欧洲列强在欧美两块大陆上都想取得优势。在制宪会议期间,汉密尔顿呼吁建立一个更强的国家政府,与"认为大西洋可以保护美国免受未来冲突困扰的幻想"针锋相对。[15]

汉密尔顿认识到了在权力政治中维系平衡的基本原则。欧洲霸权是不符合美国利益的。美国需要防止欧洲大陆列强勾结起来控制密西西比河流域，还要提防这些列强引诱西部领土各州及其土地之上的拓荒者们，削弱他们对美国的忠诚度。

密西西比河流域是北美的战略权力心脏地带。在18世纪90年代，这一地区仍是一个多方争抢的缓冲区。汉密尔顿想把西班牙赶出北美东部，并且把新奥尔良和密西西比纳入美国版图。这位财政部部长很担心法国——无论是君主制时期、革命时期还是后来的帝国时期——对北美土地的觊觎。汉密尔顿甚至还认为头号海上强国英国也许会帮助美国，阻止法国和西班牙在北美土地上对美国的遏制。汉密尔顿相信，美国假以时日肯定会成长为一个强大的国家。在成为强国之前的过渡期，这个国家需要巩固跨大西洋贸易，保持内部凝聚力，开垦西部土地，夺取密西西比河流域，并维持住荷兰和伦敦的那些银行家的信心。[16]

汉密尔顿的经济和外交政策需要帮助国内维持和平和稳定，从而为国家积蓄力量。他也有一些现实的短期目标：结束与美国原住民的敌对状态，阻止欧洲人对此类冲突的鼓励；迫使英国人撤离他们在美国西部土地上仍然占领着的要塞；从进口贸易中获取收入，以支持新的信贷系统。1794年，联邦收入的约90%来自贸易关税，其中从英国那里获取的贸易收入占美国进口收入的近四分之三，占美国出口收入的二分之一。[17] 美国同样需要来自英国的贷款。

与英国的战略对话？

1789年10月，刚刚就职不久的汉密尔顿就向乔治·贝克威思（George Beckwith）阐述了他的外交战略，贝克威思是一位英国陆军少将，也是英国驻北美总督多切斯特勋爵（Lord Dorchester）的助手。贝克威思是以非正式使者的身份前来拜访的,他警告汉密尔顿,美国国会实行的新关税政策对英国有歧视,将会招致英国的报复。但是,汉密尔顿则向贝克威思抛出了在一个更大范围内进行利益交换的提议。

如果是在今天,汉密尔顿的外交手段会被贴上"战略对话"的标签。这位财政部部长提出了他对国内和国外形势的看法,他简单地勾勒出了两国关系可能的走向——实际上是他希望的走向。汉密尔顿分析了两国的共同利益,并将各种政治约束因素考虑在内,对双方的下一步行动提出了建议。汉密尔顿明确指出了没有商讨余地的问题——例如英国撤出要塞,以及阻止北美原住民缓冲区的建立——同时还提出了其他要求,例如归还战后随英国军队一起离开的奴隶等。他避免指责对方,而是尽量解释自己的意图,并探寻双方利益一致之处。

汉密尔顿观察到,美国是一个农业国家,正好与制造业突出的英国形成互补。美国人的购买力已经十分可观,但还会增长。英国可以判断出美国的影响力将会增大,因此,英国政府与美国不仅应该建立商业联系,也应该建立政治上的联系。但是,汉密尔顿强调:要想形成利益共同体,英国就必须尊重美国。这个由前英国殖民地组建的国家虽然曾在英国政策的迫使下与法国结盟,但美国人还是更喜欢和英国建立联系。"我们用英语思考",汉密尔顿对贝克威思解释道,其实他的法语也很流利。汉密尔顿警告说,如果遭到英国的藐视,美国就会与法国结盟,并因此威胁到富饶的英属西印度群岛。[18]

在经历了8年的苦战之后,汉密尔顿对曾经的敌国亮出的这番开场白令人吃惊。相比之下,杰斐逊和麦迪逊都还保持着对英国的敌意,他们都想无视傲慢、腐朽的"英国雄狮",转而寻求发展与法国之间的关系。1791年底，乔治·哈蒙德（George Hammond）作为英国驻美公使抵达美国，但杰斐逊却坚称两人必须以书面形式沟通。不久之后，这个外交渠道就引起了一场争吵，双方围绕着谁先破坏了和平条约的问题展开辩论，并由此在一系列问题上互相指责。汉密尔顿认为杰斐逊的观点是幼稚的，外交手段也是不切实际的。

实际上，汉密尔顿的提议意味着加入英国的全球贸易体系，甚至在欧洲的权力斗争中向英方倾斜——前提是英国停止威胁美国在北美的利益，并通过一个商业条约与美国展开经济上的合作。汉密尔顿认为，美国这个新生的商业伙伴终将成长为一个强大的国家，因此，美国和英国维持紧密的关系对双方都有好处。

1782—1783年，曾经同意与美国议和的英国首相谢尔本勋爵提出了一个类似的、富有远见的英美合作草案。但是，英国对美国的敌意还是太浓，而且谢尔本政府随后也下台了。与之类似，汉密尔顿的提议——与英国建立泛大西洋"特殊关系"——也在长达一个世纪的时间里不被美国公众所接受。[19] 100年后，正如汉密尔顿所预见的那样，美国已经成为一个新兴的强国，而英国则在设法满足美国人的需求。

中立政策

汉密尔顿对英国的开场白没能奏效。法国大革命的混乱局面也威胁到了欧洲的安全和美洲的稳定，而汉密尔顿设计的新制度需要一个和平的环境。因此，这位财政部部长提出了一项外交原则，也就是中立主义，这项原则主宰美国外交超过一个世纪。中立政策面临的最大挑战来自它的应用过程。杰斐逊和汉密尔顿两人就美国遭到侵犯时应该"亲法"还是"亲英"展开辩论。中立政策有时会惹恼那些为重大利益而战的国家,美国在南北战争和第一次世界大战中都认识到了这一点。冷战时期,美国有时会反对那些声明中立的国家。

在英国人的掠夺行径面前,汉密尔顿劝说华盛顿总统"在坚守国家尊严的前提下,不惜一切代价维持和平",他担心战争将会"从根基上斩断美国的信用",打击出口,扼杀进口和税收,从而导致债务违约。反之,只要能保持和平,"环境的力量将使我们能以足够快的速度从贸易中获取所需资金"。[20]

汉密尔顿的中立无疑是偏向英国的,因为美国需要在一个英国主宰的商业世界里发展。巴黎的革命热情威胁到了美国的内部凝聚力。法国经济无法满足美国的需求,汉密尔顿想要跳出过去与法国签订的条约所围成的"囚笼"。他的解决方法是"尽可能避免与所有国家产生除商业关系以外的联系"。[21]

18世纪90年代后期,法国对美国舰只发起攻击,汉密尔顿再次劝说美国政府维持和平。他反对因为一些传言或"小打小闹"而与法国大动干戈。彻诺总结道,汉密尔顿的处理方式是"充满激情的实用主义"。[22]

随着时间的推移和美国实力的增长,汉密尔顿的国家陆权与海权互相巩固的思想开始影响他的外交理念。1798—1799年,时任总统约翰·亚当斯疲于应付与法国之间的"准海战"(Quasi-Naval War)之际,汉密尔顿提议建立一支更强大的海军。他相信,维持和平的最后方法就是做好作战的准备。汉密尔顿设法组建了一支规模庞大的常规陆军,由华盛顿担任总指挥。他甚至还考虑过与英国和皇家海军合作,逼迫西班牙把佛罗里达和路易斯安那让给美国,从而预防这些领土落入法国人的手中。[23]

华盛顿的告别演说和对同盟的警告

在乔治·华盛顿1796年发表的告别演说中，汉密尔顿的外交思想得到了集中的表达。华盛顿和汉密尔顿紧密合作，共同完成了这份讲稿。彻诺观察到，演说中涉及的话题都是围绕着华盛顿对当时一些争议问题的处理办法展开的，其中包括外交政策和国内的一些纷争。这篇告别演说成了美国外交"圣经"的第一章。[24]

从本质上来说，华盛顿演说的主题就是呼吁维护联邦。这位总统列举了一些对联邦构成威胁的因素，并强调了维持一个有活力的国家政府的必要性。汉密尔顿在此基础上又增加了一段话，说明了由财政收入所支撑的政府信用与国家"实力和安全"之间的关系。

外交政策体现出了华盛顿的经验和愿景，也就是汉密尔顿的中立路线——在对其他国家的态度上，既不要"习惯性仇恨"，也不要"习惯性偏爱"。华盛顿在演讲中还警告美国不要搞"永久同盟"，这句话的影响持续了很多年。杰斐逊后来也做了同样的表态，说要提防"纠缠不清的同盟"。美国人对同盟的敌意成了一项影响深远的传统。在建国后150多年的时间里，美国外交政策的执行者们一直在寻找其他的组织概念，以取代同盟在国际秩序中的作用。

汉密尔顿的外交方法

汉密尔顿的外交风格是理智的、礼貌的、强硬的，但并不是好斗的。他认为各个国家都会根据自身利益的需求而行动，但也知道处理国家事务的个人也是有感情的，未必总会在行动中保持理性。

一时冲动可能会让官员在计算利益的过程中出现错误。汉密尔顿喜欢"外柔内刚"的处事态度，与他类似的西奥多·罗斯福把这种风格称为"温言在口，大棒在手"。[25]

汉密尔顿这种慎重的外交风格并不只是用在与英国的关系上。在处理随后的法国入侵事件时，汉密尔顿也警告美国不要反应过激。他指出，"傲慢没有任何好处"，还呼吁美国采取"真正的强硬态度"，"把力量和克制结合在一起"。[26]

与富兰克林一样，汉密尔顿也观察到"鸡毛蒜皮的小情况、小冲突，都可能让人在整体上对一个国家产生好感，反之亦然"。他还发现，"国家有时就像个人一样，会因为对方的态度而不是具体的事情发生争吵"。汉密尔顿的一位传记作者对汉密尔顿的外交风格做了恰如其分的总结，认为其特点是"坦率、善意和有良好的判断力"。[27]国务卿詹姆斯·贝克也提出过类似的外交建议："凡事要分清孰轻孰重。"

塔列朗与汉密尔顿的现实主义

在基辛格博士对欧洲外交的研究中，夏尔·德·塔列朗（Charles de Talleyrand）是一个值得注意的人物。我们可以通过他来对汉密尔顿及其主导的美国外交进行细致分析。1794年初，塔列朗从法国"恐怖统治"之下逃出，以无国籍流亡者的身份在美国居住了两年。这位法国人是一个有智慧、有知识的无赖。塔列朗非常崇拜美国财政部部长汉密尔顿，他甚至还曾写道："拿破仑、[英国的]查尔斯·福克斯和汉密尔顿是我们这个时代最伟大的三个人，而且……我会毫不犹豫地把汉密尔顿排在第一名。"

塔列朗声称汉密尔顿已经"看透了欧洲",也就是说,这位美国人已经对塑造欧洲大陆的政治和权力格局的各种力量进行了评估。[28]

汉密尔顿认为,美国的发展需要长期信贷和工业产品,而最能满足这些需求的国家是英国,而不是法国。塔列朗对此表示认同。至于美国和之前的敌人英国联手的难度,塔列朗也赞同汉密尔顿的观点:"一旦你已经赢了,就不会再恨对手了。自豪感既然已经得到满足,就不会再想去报复。"[29]汉密尔顿和塔列朗没有充分意识到,杰斐逊、麦迪逊和其他弗吉尼亚领袖都认为他们和趾高气扬的英国之间仍然有一些恩怨没有解决。

汉密尔顿和塔列朗都对对方的学识表示敬重,在外交政策方面也都遵循现实主义的原则,不喜欢感情用事,但他们两人的个性却根本不同。1795年的冬天,塔列朗冒着严寒走在纽约市的大街上,他要去参加一个晚宴。路过华尔街的时候,这位狡猾的天才瞥见汉密尔顿正坐在他的律师事务所里,借着烛光工作。当时汉密尔顿刚刚辞去财政部部长之职。这个法国人对此困惑不已:"我看见一个曾经为整个国家创造了财富的人,正在通宵达旦地为养家糊口而劳作。"此后不久,塔列朗回到法国担任外交部部长,他在给一位朋友的信中写道:"我可要利用这个工作机会赚上一大笔钱。"他也确实赚到了。与塔列朗不同的是,汉密尔顿对权力的渴望中仍然包含着强烈的共和主义者的美德。[30]

塔列朗还回忆起汉密尔顿思想中的另一个主宰性要素,即"对美国经济前途的坚定信心"。汉密尔顿坚信"旧世界曾经存在过的那种伟大的市场,肯定也会在美洲建立起来——而且那一天可能不会很遥远"。[31]遗憾的是,作为美国权力的构建者,汉密尔顿没能活着看到那一天。

汉密尔顿在经济国策方面的遗产

亚历山大·汉密尔顿有一种罕见的能力,那就是理解权力的体系。作为一名战略家,他能把长远的眼光和实践步骤结合起来,从而推动美国朝着他所设想的长期目标前进。

汉密尔顿建立的体系以经济和金融实力为基础。他认为国家信用非常重要——不仅是对美国,对其敌人英国也是如此,因为英国也在那场消耗战中承受了巨大的损失。在担任财政部部长期间,汉密尔顿建立了一套包括流动资本、机构乃至市场心理的体系,让美国的美元和金融市场从此走上了向全球霸主地位迈进的道路。美国直到今天仍在享受这种地位所带来的好处。汉密尔顿还知道,美国的贸易自由和海事关系是这个国家经济战略的关键组成部分,对内对外都是如此。由于汉密尔顿的设想取得了巨大成功,后世的许多美国人经常把他的成就当作理所当然。他们这么想的时候,美国权力的终极来源(经济和金融)就危险了。

汉密尔顿的体系还包括联邦宪法、有效的国家政府,以及常备的海军和陆军。他知道,国家安全和国际影响力靠的是经济、财政、军事实力和政治制度的综合作用。他甚至还认识到了技术和创新是如何促进经济和军事实力提升的。

这位美国的第一任财政部部长把他的系统性观察和地缘政治分析结合在了一起。他知道,美国需要制定一个经济战略和一个安全战略,以在大西洋世界中生存,并控制密西西比河流域。从现实的角度考虑,美国不可能对欧洲列强视而不见,它需要在这些列强之间纵横捭阖,在建国初期积蓄力量的那几十年里尤其如此。汉密尔顿认识到,与英国结成伙伴关系会带来潜在的收益,但是从政治和国家荣誉的需求出发,双方的关系必须建立在互相尊重的基础之上，哪怕英国当时的实力还远强于美国。结果表明，在长达 100 年的时间内，英国和美国的政界都没有为汉密尔顿所设想的这种关系做好准备。

这位美国国策的构建者误读了或者说没有动员起公众的支持，而且这不是他最后一次犯这个错误。由于美国无法和英国建立伙伴关系，汉密尔顿转向了中立路线。在之后的一个多世纪里，中立一直是美国外交的指南针。不过，中立并不意味着脱离关系。相反，美国所实行的中立政策要求美国的领导人们在运用时采取各种灵活的技巧，以解决他们在各自的时代所面临的问题。我们将在第 7 章讲到，伍德罗·威尔逊总统在"一战"期间背离了美国的中立政策，但他的具体做法是将"中立"重新定义为一种新型的集体安全。

第 2 章

一个中立的大陆国家：托马斯·杰弗逊

共和国的扩张

《巴黎条约》使得美国的领土面积扩大了一倍。接下来，邦联议会需要决定如何统治那片广袤的西部领土。

在 18—19 世纪，那些获取、开发并管理新土地的国家政府都认为对这些领土的统治既是内政问题，也是外交问题。殖民地是旧的帝国-重商主义秩序的一部分，这种秩序主导着欧洲人的思想。沙皇统治下的俄国则把这个中央集权的、独裁专制的军国主义国家的范围向东拓展到太平洋，直至北美。即使是实行议会制的英国，也想保持对其"白人"领地——例如澳大利亚、加拿大和新西兰——的控制权，这种想法贯穿整个 19 世纪，甚至持续到 20 世纪初期。

托马斯·杰斐逊的想法则与此不同。1783—1784 年的冬天，邦联议会的代表们在安纳波利斯召开会议。当时美国的宪法还没有制定，各州代表的到会速度也很慢。杰斐逊怀揣着各种为这个新生共和国而准备的规划，在等待参会议员达到法定人数的时间里，他用 4 个月的时间撰写了 31 篇报告，其中一篇关于货币的报告奠定了美元和十进制货币系统的基础。[1]

1784 年 3 月 1 日，杰斐逊向邦联委员会提交了一份关于泛阿巴拉契亚领土的统治方案。杰斐逊认为这些土地对美国的安全至关重要，它们在美国和相邻的欧洲殖民地的对峙中提供了"纵深防御"保障。杰斐逊帮助弗吉尼亚组织了征服伊利诺伊领地的军事行动。作为州长，他还把大片地产赠送给邦联的西部保留地。但是，这些土地上必须有人定居，才能在国家安全方面发挥作用。[2]

在杰斐逊向委员会呈交的报告中，核心原则就是新土地必须成为与开国 13 州地位平等的州。实际上，为了让新成立的州在面积上大致相等，杰斐逊推荐了一个新设 14 州的方案，比开国 13 州还多出一州。而且，这个方案给予新州的议会票数也比《邦联条例》给予开国 13 州的票数更多。[3]

这个强有力的共和原则不是杰斐逊一个人的主张，但确实是被他于 1776 年第一次写入弗吉尼亚州的宪法草案。不过，杰斐逊提出的方案让这个共和派的原则带上了一些民主派的味道。杰斐逊认为，假设这些土地已经从美洲原住民手中被买下来了，那就应该根据它们各自的人口规模，分阶段完成组建新州的目标。在保证白人男性普选权的前提下，这些领土在每一个阶段都享有自治权，几乎不会受到国家政府的干涉。当时，只有宾夕法尼亚的宪法承认这种类型的民主选举。这些领土也需要共同承担邦联的债务和国防义务。[4] 杰斐逊不想让美国在扩张过程中创造出一批下级殖民地，从而重蹈英国的覆辙。

杰斐逊还为新领土上的各个州起了名字，这些名字有些来自美洲原住民，有些来自典籍，还有一些来自敬语。好在这些名字后来大多数都被扫入了历史垃圾堆，包括克罗尼索斯（Cheronesus）、阿森西比亚（Assenispia）和波利波塔米亚（Polypotamia）等。不过，杰斐逊在报告中首次提出的伊利诺伊、密歇根和华盛顿这几个州名都保存至今。在划定这些州的疆界时，杰斐逊对几何图形的偏爱使他忽略了地理特征，他的这一创新到19世纪后期西部各州加入美国时才终于派上用场。

杰斐逊的报告中还包括另一个惊人的想法：无论是北方还是南方，在新加入美国的所有西部领土之中，奴隶制和契约奴隶制都将在1800年之后成为非法制度。杰斐逊的这些提议需要获得开国13州中至少7个州的同意才能生效。4月19日，议会就这个反对奴隶制的条款进行表决，但只有6个州投了赞成票。新泽西的代表因病缺席。而在南方各州代表之中，只有一人投票赞成杰斐逊。

两年之后，杰斐逊在给一位法国历史学家的信中谈到了他对奴隶制的反对："那些意见有分歧的州，以及对废除奴隶制持否定态度的州，只要再有一个代表站出来，就能阻止这个令人憎恶的罪行扩散到我们国家的新领土上。于是，我们看到数以百万计的人还未出生，就已经被一个人的话语决定了命运，而上天在这个可怕的时刻保持沉默！但是，我们希望上天不会一直沉默，人类自然权利的信徒们能取得最终的胜利。"在这次表决失败之后，杰斐逊在废除奴隶制方面再也没有什么大的动作。[5]

杰斐逊方案中的其他内容大部分被邦联议会采纳，出现在了1784年的条例中，但是在新的联邦宪法诞生之前，并没有得到很好的执行。1787年，议会用《西北条例》取代了原来的方案，这一标志性的法案正是建立在杰斐逊给新成立各州设立的共和原则的基础之上。《西北条例》中有一个禁止奴隶制的条款，但仅限于俄亥俄河以北的地区。

乔治·华盛顿说过，美洲原住民拥有"土地权"，驱逐他们将会"玷污国家名誉"。尽管如此，西进的拓荒者们还是将这些原住民部落推到了一边。在这个新生的美洲国家,对于美洲原住民、非洲裔美国人、移民、女性及其他群体来说,关于完整公民权的争论始终存在,且不断引发意识形态纷争和暴力冲突。[6]

《巴黎条约》和1784年、1787年的两个条例加在一起,奠定了这个国家未来权力的基础。它们还孕育了关于未来各共和州之间关系的初步构想。到了19世纪,各州组成一个联邦的思想成为一种强大甚至神秘的理念。特别是在1861—1865年的南北战争结束,联邦得以保全之后,美国人对"联邦"——一个由各共和州组成的、不断扩展中的"和平契约"——的经验影响了他们对旧的君主制政权和军国主义化的欧洲国际秩序的演变方向的推测。[7]

路易斯安那和密西西比河流域

托马斯·杰斐逊是一个"精神上的西部人"[8]。直到今天,到访杰斐逊在蒙蒂塞洛的故居的游客仍然可以发现这一点。1801年3月成为美国第三任总统后,杰斐逊面临着一个战略重心的选择:是优先向西扩张,还是优先保持与法国的友好关系。

杰斐逊的就职演说展现了美国的中立原则。他在华盛顿对"永久同盟"的警告基础上更进一步,警告美国不要陷入"纠缠不清的同盟"。对于当时那个生机勃勃、正在成长中的美国来说,与欧洲旧世界的冲突和战争保持距离看起来是一个恰当的选择。前一任总统约翰·亚当斯在1800年9月30日签署条约,结束了与法国的准海战。亚当斯的外交政策导致联邦党内部出现严重分歧,加强了杰斐逊在国内政治中的控制力,这对这位新总统来说可谓恰逢其时。

然而，美国人并不知道，法国还签署了另外一份条约。这是一份与西班牙的密约，签订时间就在法国和美国议和后的第二天。拿破仑在前一年的11月成为法国的第一执政官，他有一些对杰斐逊和美国不利的计划。1761—1762年，法国的波旁王室把它在北美西部的巨大殖民地路易斯安那割让给了西班牙的波旁王室。这一领土变更是七年战争结束后，法国对西班牙的赔偿方案的一部分。但是，到了1800年，拿破仑想把路易斯安那拿回来。他与西班牙秘密签订的《圣伊尔德方索条约》(Treaty of San Ildefonso)使法国在北美重新树立了帝国强权的地位。法国和西班牙在1801年3月21日达成最终协定，法国把意大利的一个王国送给西班牙国王的侄子（也是女婿），以换取拿破仑对美国西部边界外那块巨大殖民地的重新掌控。[9]

拿破仑当时已经与英国以及欧洲大陆上其他的敌人缔结和约，他认为这是一个在远离欧洲的地方拓展法国疆域的机会。其中一个选项是返回埃及，并向东扩张；另一个选项则是把墨西哥湾变成法国的内海，把加勒比海上那些富饶的岛屿和巨大的密西西比河流域连成一片。塔列朗此时已经结束了在美洲的流亡生涯，回到巴黎担任拿破仑的外交部部长，他认为法国应该重建一个西方帝国。他曾在巴黎的学术机构"国立研究院"提交了一篇论文，声称把路易斯安那的产品供应给西印度群岛上那些产糖的岛屿可以获取商业利益，从而可能使法国从加勒比种植园的"白色黄金"产业中获益。从美国回来之后，塔列朗总结道：美国人是一群富有侵略性的扩张主义者，而新奥尔良和路易斯安那的那些有名无实的西班牙领主根本就无力抵抗渴望土地的美国佬。但是，法国人可以做到西班牙人做不到的事情。[10]

18世纪90年代后期，欧洲的共和实验被拿破仑的实质性独裁所取代，杰斐逊对法国的好感也随之消退。整个18世纪90年代后期，美国人总是听到法国可能要收回路易斯安那的传言。到1801年3月的时候，杰斐逊的疑虑已经很重了，但美国政府却迟迟无法了解事情的真相。由于未能发现法国对路易斯安那的威胁，杰斐逊的国务卿詹姆斯·麦迪逊最终决定使用"黑暗艺术"——间谍。他设立了一小笔可以自由支配的资金，从外交使团的线人那里收买情报。[11]

杰斐逊用各种零碎的情报拼出了一幅令人不安的画面。美国驻西班牙公使戴维·汉弗莱斯（David Humphreys）在一份1800年8月的巴黎报纸上发现了一篇短文，上面说法国派了一个使团到马德里讨论路易斯安那的问题。美国驻荷兰公使威廉斯·范默里（Williams Van Murray）则在1801年3月的信中写道：有传言说法国已经接管了路易斯安那和佛罗里达。驻英国公使鲁弗斯·金（Rufus King）同年5月也向杰斐逊报告了同样的可靠传言。1801年11月，金拿到了一份密约的副本。最后，美国花钱买通的一个西班牙外交部线人传来消息，说法国和西班牙确实已经签署了转让领土的条约。[12]

在1801年的时候，密西西比河实际上就是美国的西海岸，而新奥尔良港则是所有进出交通的咽喉枢纽。拿破仑和塔列朗都知道美国人会反对法国在西部扩张。西班牙人控制新奥尔良和密西西比的时候偶尔会妨碍美国的商业活动，但西班牙实力孱弱，美国在任何关键冲突中都能占上风。强大的法国对美国所造成的威胁则完全不同。1801年，拿破仑决定先把新的领土控制住再对外宣布。这位第一执政官需要把船只和部队都准备好，然后再采取行动。与此同时，他还要让西班牙官员继续各司其职，以免引起美国的注意。[13]

历史学家们估计，1801年内有3 000多名美国水手和商人曾途经新奥尔良。半数以上的进港船只都挂着美国国旗。其他很多船只虽然是西班牙船籍，但其船主都是美国人。路易斯安那的商业也大部分掌握在美国人手里。就像杰斐逊后来提到的那样，美国5个州的生产和出口都有赖于密西西比河的通道。这位总统在给美国驻巴黎特使罗伯特·利文斯顿（Robert Livingston）的信中写道："世界上只有这么一个地方，其所有者是我们天然的和习惯上的敌人。这个地方就是新奥尔良。"[14]

在路易斯安那危机中，美国的外交决策者们需要把欧洲局势巨大的不确定性考虑进去。美国需要在欧洲列强中纵横捭阖，同时避免被卷入它们的混战中。

圣多米尼克和加勒比航道

法国大革命期间，圣多米尼克（1804年更名为海地）的奴隶们推翻了种植园园主的统治，恢复了人身自由。法国想要重新控制圣多米尼克，但未获成功。这一事件为杰斐逊提供了一个关键的外交机会。西印度群岛上的那些种植业岛屿远比路易斯安那富庶。在拿破仑和塔列朗的计划中，这些岛屿和新奥尔良以及路易斯安那的那些未开拓土地可以形成很好的互补：岛屿可以靠糖业创造大量财富，同时保护大西洋-加勒比海的航路；新奥尔良这个港口可以连接帝国的内陆和海洋领土，进而把美洲和欧洲连接起来；路易斯安那则拥有农业和采矿业的潜力，其工农业产品可以供养当时的岛屿种植园和新奥尔良这座法国人的大都市。

圣多米尼克的领导人名叫杜桑·卢维杜尔（Toussaint L'Ouverture）。他出身奴隶，才华出众且十分健壮。杜桑领导着50万名曾经的奴隶，以及数千名没有逃走的黑白混血人和白人，他绝不会轻易投降。1801年下半年，拿破仑派出2万士兵和一支庞大的法国舰队，意图降伏杜桑和圣多米尼克。法军统帅名叫夏尔·勒克莱尔（Charles Leclerc），他是一位很有能力的将军，也是拿破仑的妹夫。拿破仑计划先夺回对圣多米尼克的控制权，然后再以这里为基地发起对路易斯安那的占领行动，进而威胁牙买加和英属加勒比群岛。[15]

然而，法国的侵略行动并没达到上述目的，反而造成了灾难性的后果。法国希望建立起一个帝国内部的地方政府，争取前奴隶们的归顺，但法国的欺骗行为彻底葬送了这一计划。杜桑遭到诱骗后被俘，不到一年后就死在了法国人的监狱里。他的部队撤退到了山区，而法国人却被黄热病和疟疾击垮了，勒克莱尔在一年内损失了2.4万人。起初，杰斐逊对法国征服反叛的前奴隶的行动表示支持，毕竟美国的奴隶主也害怕非洲人取得成功。但是，在法国政府拒绝回应杰斐逊关于法国在路易斯安那的计划之后，美国就开始允许商人对海地给予援助。[16]

整个1802年，拿破仑都紧紧盯着路易斯安那，即便是在圣多米尼克遭遇失败时也没有放松。他在4月命令海军部部长德尼·德克雷（Denis Decrés）上将秘密组织一支军队和行政人员，打着"增兵圣多米尼克"的幌子前往路易斯安那。他们甚至专门铸造了印有拿破仑头像的奖章，用以赠送给路易斯安那的原住民酋长们，拉拢他们与法国一起对抗美国。[17]

杰斐逊的第一轮外交行动

1802年春天，杰斐逊已经被拿破仑对路易斯安那的企图搅得心烦意乱,他连续发出了多份措辞激烈的声明,陈述此事中所牵扯到的利害关系。4月18日,他写信给巴黎的罗伯特·利文斯顿,清晰地展现出他想传达给拿破仑的警告。这位总统表示,西班牙把路易斯安那割让给法国"彻底逆转了美国的所有政治关系……"。虽然法国和美国属于一个利益共同体,但是"只要法国踏入[新奥尔良的]大门,那就意味着背叛"。美国和法国将面临"永恒的摩擦",美国人将不得不投向英国舰队和英国政府的怀抱,而且将被迫"把重心转移到[打造]海军力量上"。英美同盟"将会断绝法国巩固其美洲定居点的可能",到那时,英国和美国将会控制整个美洲,而这也将影响到欧洲的权力平衡。利文斯顿大概认为拿破仑更容易被逻辑所说服,而不是被威胁所压服,因此在传话给拿破仑的时候把措辞修改得温和了一些。但是,拿破仑肯定已经从多个渠道得到消息:法国将为其在路易斯安那的行动而付出地缘政治上的代价。[18]

罗伯特·利文斯顿出身于纽约的地主阶层,他从来都不觉得自己得到了那帮弗吉尼亚人的完全接受和尊重。但是,利文斯顿不同寻常的外交风格可能对解决路易斯安那问题有所帮助。他对拿破仑、塔列朗以及财政部部长弗朗索瓦·马布瓦(Francois Marbois)提出了一些为法国利益考虑的建议,以此建立自己和这些人的关系。利文斯顿明白——或者只是凭直觉发现——1800年的法国刚刚从革命、恐怖和反革命运动的混乱中走出,拿破仑的第一执政官位置也还没坐热,在这样一个时期,思想上的竞争要比安定时期开放得多。如果利文斯顿能打入拿破仑的幕僚小圈子,那么他可能就能影响这位领袖的思想。

利文斯顿准备了一份12页长的建议,劝说拿破仑以法国自身的经济利益为出发点,重新思考法国的殖民地政策。他写道:殖民地对法国来说没有意义,这不是因为美国的利益问题,而是因为殖民地只对那些人口过剩而优质产品不足的国家才有用。法国需要自己的人民都留在欧洲,而且法国已经可以凭借葡萄酒和手工制品的出口——包括对与法国维持友好关系的美国的出口——获取巨额利润。利文斯顿进一步写道:更重要的是,殖民地会耗费大量的钱财。塔列朗和马布瓦都读了这份建议,并把它推荐给了拿破仑,后者也被文章所打动。这位第一执政官并不打算为将法国打造成一个和平的出口型强国而放弃战争,但他无法忽视殖民地高昂的经济成本。[19]

拿破仑甚至可能很喜欢利文斯顿,也很欣赏这个美国人跳出传统外交官角色,为法国提供新颖——尽管可能有时不是很全面——想法的意愿。今天的人可能会说,利文斯顿能从旁观者的角度提出一些可能有所帮助的想法,因而激起了主人的兴趣。不论原因如何,通常缺乏耐心的拿破仑发现年老的利文斯顿有些耳背之后,总会在利文斯顿在场的时候尽量把话说得更清楚一些。[20]

杰斐逊还通过年轻的法国驻美国代办路易-安德烈·皮雄(Louis-André Pichon)向法国直接传达了自己的信息:美国"最终会通过武力手段夺取路易斯安那"。法国的行动将会导致美国和英国结盟,而法国则会失去新奥尔良和美国的友谊。[21]

国务卿麦迪逊把大量的时间用在了皮雄身上,他奉承只有29岁的皮雄,称赞他是一个充满智慧的外交官。麦迪逊向皮雄建议深化美国和法国之间的关系。他们讨论的话题甚广,但麦迪逊把重点放在了美法关系的致命风险上。麦迪逊的目标是拖延法国对路易斯安那的占领,并促成美法双方达成交易。这位国务卿警告说,法国的做法正中那些亲英派联邦党人的下怀。

1802年夏天,愤怒的麦迪逊采取了进一步的行动。他在皮雄面前历数了法国的不守信用和虚伪之举。麦迪逊在《法国公报》

（*La Gazette de France*）上看到一篇文章，里面说法国必须站起来反抗美国的扩张主义行为。麦迪逊反驳说，法国控制密西西比河流域并不会像文章里说的那样分化西部各州，反而"会让美国人团结起来……而且法国不可能在违抗美国意愿的情况下长期占有路易斯安那"。麦迪逊注意到，法国没有对美国在密西西比河流域的权利问题做出回应，于是他犀利地总结道："当然，如果有人对你这么做，你就会把这种沉默理解为某种形式的宣战。"[22]

杰斐逊的外交手段还拓展到了私人渠道。杜邦（du Pont）家族的成员包括思想家、商人和投资者，在法国和美国都有活动。[23] 当杰斐逊听说皮埃尔·杜邦（Pierre du Pont）准备前往巴黎时，他建议夸大美军的人数，并表示美国军队已经做好了在密西西比采取行动的准备。他和皮埃尔面谈了2小时，并警告说，自己并不喜欢战争，但拿破仑不要因此就以为他没有打仗的决心。会谈结束后，杰斐逊又写了一封信，说当下的状况已经刻不容缓。法国面临着严重的后果，即一场"可以把法国从大西洋上抹掉，并使其任由两个国家宰割的战争"。那两个国家就是英国和美国。[24]

皮埃尔·杜邦的回答坦诚且直率。杰斐逊需要——但他通常得不到——这样直率的回答，杜邦的建议很有价值。"你的意思是，'把那座城市交出来，否则我们就把它打下来'，这种说法根本没有说服力。""那么你能怎样劝说法国友好地把土地割让给你呢？啊，总统先生……你可以给钱。想想看，如果和法国、西班牙打一仗，就算你大获全胜，那需要花多少钱？如果能靠交易解决问题，我估计你能省下一半的成本。"[25]

杰斐逊给杜邦回了信，但要求他把回信销毁，因此我们不知道他对买下路易斯安那的提议是如何反应的。但是，杰斐逊确实没有拒绝买地的思路，而且他一直把美国采取的行动及时通知给杜邦。

杜邦评估了法国对金钱的需求以及拿破仑的秉性。这位老绅士会见了拿破仑，并提出了简单的交易方案。拿破仑关于金钱交易的想法可能正是由杜邦灌输进去的。作为一个诚实的掮客，杜邦向买卖双方表明了同样的看法：这个问题不就是一块地值多少钱的问题吗？此时杜邦给出的建议是：美国付出几百万美元，换取新奥尔良的所有权，以及密西西比河的永久航行权。但是，拿破仑也听到了杰斐逊对法国的行动反应激烈的消息。即使美国的军事实力不足以支撑杰斐逊的强硬立场，他的威胁也很可能让法国陷入危险境地。拿破仑计算了风险和机遇，然后产生了一个新的想法：把法国在美洲的土地全都卖掉，用这笔钱在欧洲发动攻势，从而统治这块大陆。[26]

西班牙引燃危机

1802年秋天发生了一起意外事件，导致路易斯安那问题在各国的外交议程中都变得更重要了。同年10月18日，新奥尔良的西班牙长官剥夺了美国人在城里储存货物的权利。这一行动并没有影响到美国人的自由航行权，却对货物的转运造成了极大打击。11月，消息传到了华盛顿，美国人勃然大怒，而且他们认为自己知道这事应该怪谁：拿破仑及其他的法国人。

实际上，法国人也对西班牙官员的行为感到吃惊，只不过拿破仑和塔列朗没有在第一时间表示抗议。西班牙官员是奉旨而行：国王给新奥尔良的人下了密令，他决心制止美国人的走私行为，也想趁机让法国陷入难堪的境地。拿破仑之前对路易斯安那的抢夺，以及法国对佛罗里达的索取，令西班牙感到自己受了法国的欺负。[27]

西部各州的议会都对西班牙的行为表示谴责。美国联邦党——其势力范围主要集中在东北部——立刻就站到了西部各州的这一边。全国各地要求武装反击——法国、西班牙，或二者一起——的呼声此起彼伏。国务卿麦迪逊在给美国驻西班牙公使查尔斯·平克尼（Charles Pinckney）的信中表示，密西西比河是"哈得孙河、特拉华河、波托马克河，以及大西洋各州的其他所有可航行河流汇集而成的干流"。麦迪逊要求西班牙立刻撤销禁令。[28]

麦迪逊还写信给利文斯顿，让法国知道新奥尔良发生的事情已经引起了爆炸性的后果，而总统本人根本无法控制。"现在，或者两年之内，密西西比河的水面上就会出现不少于20万的民兵，"麦迪逊写道，"只要一声令下，他们中的每一个人都会行动起来，清除这个出海口的所有障碍，他们中的每一个人都把这条河流的自由使用权视为天然的、不可剥夺的权利，并且知道外力随时都可以影响到这种权利。"[29]

1802年，美国国会迁回华盛顿。杰斐逊此时面临着两难选择：如果在新奥尔良的问题上犹豫不决，可能就会失去自己在西部和南部最强的支持力量；而如果采取果断行动，则可能会引发战争。杰斐逊坚持声称新奥尔良的西班牙官员是自作主张，并要求马德里下命令废除禁令。为了迎合自己在西部的支持者，这位总统在密西西比河畔的亚当斯堡召集了七个连的兵力。这里距离下游的西班牙边境已经不远。密西西比领地总督威廉·克莱本（William Claiborne）也写信表示，他手下有2 000名整装待发的民兵，已经做好了在法国人到达前占领新奥尔良的准备。杰斐逊和麦迪逊都认为法国人可能会考虑通过交易的方式解决这次冲突。[30]

门罗的使命

1月10日,杰斐逊为强化自己的政治和谈判策略而采取了进一步行动:他命令詹姆斯·门罗(James Monroe)以特使的身份出访巴黎和马德里。门罗在西部颇有人望,也是杰斐逊和麦迪逊所信任的人。他曾在18世纪90年代担任过驻法公使(但是其在职期间的一些做法引起了争议)[31],能讲一口流利的法语,也很熟悉法国。杰斐逊对自己的女婿说,西部人"对门罗的信心可以让他们闭嘴"。国会的一个委员会还提议,如果美国必须通过攻占或购买的方式获得新奥尔良和佛罗里达,那么国会应拨款200万美元用于收购。[32]

杰斐逊知道自己正在一边拖延时间,一边寻求谈判的可能。他还准备了更多对付法国的手段和备选方案,准备在拿破仑拒绝谈判时使用。在英国驻美代办的建议下,他还给出使的门罗增加了一项任务,那就是与英国展开磋商。杰斐逊希望法国能认识到,一旦英美达成协议——而且协议内容可能是共同攻占路易斯安那——那么法国就会处于危险之中。杰斐逊于1月召开内阁会议,商讨与英国结盟的可能性。鉴于这位总统长期以来一直对英国持敌视态度,可以说,此举是相当惊人的。在4月下旬的另一次会议上,杰斐逊内阁甚至还进行了投票,并以三票赞成、两票反对的结果通过决议,即如果法国不同意卖掉路易斯安那,美国就"与英国政府举行会谈",并且"确定同盟原则"。不过,美国这一番关于谈判的提议的主要目的可能还是向法国释放威胁信号。[33]

杰斐逊还进行了另外一项冒险,这一行动与他在科学和自然领域的兴趣紧密相关。这位总统需要密西西比河以西那些未知土地的情报。1月18日,国会批准门罗的任务后不久,总统即要求国会派出一支考察队,考察路易斯安那北部地区。经过一场闭门讨论,国会批准了这次行动,后来被人称为"刘易斯与克拉克远征"。远征队明面上的任务是科学考察,以及拓展与北美原住民之间的贸易,但实际上杰斐逊的主要目标是对法国和西班牙的领地进行军事侦察——这属于间谍行动——为可能的"购买……或征服"做准备。[34]

不过,当时最重要的事件还是门罗的出访。美国误以为法国在得到路易斯安那的同时也得到了佛罗里达,因此,杰斐逊要求门罗和利文斯顿想办法让法国"把新奥尔良和东、西佛罗里达割让给美国,或是让实际的土地所有者能放弃多少就放弃多少"。如果领土要求得不到满足,他们准备再提出扩大美国在新奥尔良的货物储存权,并且在流入墨西哥湾的其他河流的入海口处也争得类似的权利。为了讨价还价,门罗可以警告法国,如果其他手段都无法奏效,美国人民将会夺取本应属于他们的东西——这是一种对战争的模糊暗示。[35]

在门罗出发之前,杰斐逊信心满满地和他的这位门徒进行了谈话。总统说,他愿意出最多 5 000 万法郎——900 万美元多一点——以购买密西西比河的航行权,以及佛罗里达的一大部分土地。这个数字是国会批准的 200 万美元的 4 倍多,而国会讨论此事时的限制条件还要多得多。为了方便读者比较,我在这里列出 1801 年联邦政府的总开支:940 万美元。[36]

巴黎、华盛顿、马德里和伦敦的进展

在大西洋的另一边,1803 年初发生的一系列事件促使拿破仑重新思考他的计划。他的妹夫勒克莱尔在上一年的 11 月死于黄热病，手下部队也大量减员。法国的考察队原计划从荷兰出发前往路易斯安那，但出发日期一再推迟，然后又被冬季的气候拖住了。西班牙先是推迟了向法国正式移交路易斯安那的日期，然后又拒绝让出佛罗里达。由于没有圣多米尼克和墨西哥湾北美海岸的控制权，拿破仑的计划看起来前景黯淡。"去他的糖，去他的咖啡，去他的殖民地。"据说他曾在 1803 年初如此抱怨。[37]

法国很难预估新生的美国到底有多大潜力。杰斐逊和麦迪逊指出美国西部的人口正在急剧增加，他们可能还适时地夸大了数字，表明美国随时可以把预备役部队派往新奥尔良。"人口就是权力。"杰斐逊说。皮雄给法国寄去了一份美国 1800 年人口普查的摘要，其中显示美国的人口增加了 250 万人。按照这个速度，美国的人口很快就会翻番。皮雄在给塔列朗的信中写道："这样的发展速度超出了想象。"[38]

皮雄发回法国的报告让拿破仑越发不安。皮雄认为，路易斯安那的安全依赖于美国的善意。与那个时代的其他外交官不同，皮雄对国会的动向也有所注意。联邦党正在鼓动战争。皮雄警告说，如果法国拒绝杰斐逊的提议，那么一场冲突将不可避免。[39]

2 月，宾夕法尼亚州参议员、联邦党人詹姆斯·罗斯（James Ross）提出了一个解决方案，提议给总统拨款 500 万美元，以召集一支 5 万人的民兵部队去攻占新奥尔良。参议院以 15 票对 11 票否决了罗斯的方案，但通过了由肯塔基州共和党参议员约翰·布雷肯里奇（John Breckenridge）提出的替代方案。该方案授权总统召集最多 8 万名民兵，但允许总统自己掌握时机。4 月初，拿破仑在伦敦出版的《泰晤士报》上看到了罗斯那份火药味十足的方案。美国宪法规定的分权体制可能不如法国大权独揽的领袖有力量，但是拿破仑已经准确地感觉到，两国的关系已经走到了关键的节点。门罗需要他做出回应。[40]

门罗还没有启程前往欧洲，杰斐逊对西班牙的外交行动就已经有了效果。西班牙政府意识到，来自美国公众的压力可能会迫使总统采取他本想避免的军事行动。西班牙人已经看到了战争的乌云笼罩在欧洲上空，他们无意为了一个本来也要移交给法国的美洲殖民地而卷入与美国的冲突之中。1803年3月1日，国王下令恢复美国在新奥尔良的货物储存权，并派遣了一艘邮政快船，向华盛顿传递和解的信息。[41]

伦敦传来的消息也有利于杰斐逊。英国人把拿破仑横跨大西洋的侦察活动视为对加勒比殖民地的威胁，还认为法国可能会在侦察后通过路易斯安那向北进入加拿大。英国皇家海军在荷兰沿岸警惕地巡航，观察拿破仑正在组建的路易斯安那舰队。英国政府担心法国人可能会转而尝试在英国登陆。1803年3月2日，英国国王乔治三世告知法国议会，法国人所做的军事准备迫使英国"采取额外的措施以确保……安全"。拿破仑的反应充满敌意。国王发出警告后不到两周，拿破仑就直截了当地告诉英国驻巴黎的大使："这么说你们是打定主意要打仗了。"[42]

根据一位法国历史学家的记载，几周之后的4月初，拿破仑读到了美国国会做了战争准备的消息。他对一位部长——可能是塔列朗——说，这场游戏已经结束了。"这块土地可能会把我卷入和美国人的战争，或者让我和他们的关系陷入僵局。既然它在我们的手里不会安全，我就不要它了。"拿破仑做出了决定。接着，根据他从利文斯顿和其他人那里听到的观点，拿破仑又补充道："相反，我要让这块土地为我所用，使［美国人］依附于我，让他们和英国人产生分歧，然后我要让美国人成为［英国的］敌人，如果我们自己无法报仇的话，有一天我要让他们替我们报仇。"然后，拿破仑又谈到了皮埃尔·杜邦的建议。他解释道："我要[跟美国人]要一笔钱，用来支付我现在对付英国的巨额军事支出。"[43]

谈判

4月8日，门罗抵达法国。拿破仑得到了情报系统的报告后，外交行动猛然提速。拿破仑把海军上将德克雷和财政部部长马布瓦叫到自己在圣克卢的宫殿里，让他们两人加入自己和塔列朗的谈话，并征询他们的意见。路易斯安那是一个殖民地，理论上属于海军的责任范围之内。如果拿破仑决定和美国展开谈判，那么除了塔列朗，马布瓦也是一个可用的人选。马布瓦曾在1779—1785年驻任美国，娶了一个富有的费城女人，并且在清理腐败的雇佣兵时展现出了忠诚和正直的品质。

拿破仑解释道，如果战事再起，他预计英国将占领路易斯安那。因此，虽然美国人只是想要新奥尔良，但是把整个殖民地都卖给美国才更有利于拿破仑的战略。而且，法国甚至还没有接管路易斯安那，要卖也只是卖个地主的名义而已。德克雷上将表示抗议。马布瓦提议在路易斯安那被英国人或美国人夺走之前尽快行动。拿破仑和马布瓦都复述了利文斯顿在之前的那篇文章里提出的观点。拿破仑并没有说出自己的结论。[44]

4月11日天一亮，拿破仑就叫来了马布瓦。马布瓦后来回忆说，拿破仑表示："现在已经没有时间再左思右想、优柔寡断了。我决定放弃路易斯安那。我要割让的不只是新奥尔良，而是整个殖民地……我命令你去……和美国的使节谈判。你不要干等着门罗先生来：先去跟利文斯顿先生谈谈。但是，我需要你谈下一大笔钱来，用于这场战争。"

马布瓦写道，拿破仑草拟了一份条约框架，开价1亿法郎（将近2 000万美元），并要求美国放弃索求在准海战期间被法国缴获的货物。马布瓦回答说，美国人出不起这么多钱。拿破仑则表示，他至少也得拿到5 000万法郎，不能再低了，因为"我必须有很多钱才打得起和英国的战争"。[45]

拿破仑之所以选择马布瓦作为谈判人选，可能是因为这位财政部部长倾向于出售路易斯安那，而且了解美国人，本人为人正直。快速行动是很重要的——要在战争爆发导致价格打折之前获取最佳利益。英国或美国可能会先行入侵，西班牙也可能会插手此事，因为路易斯安那实际上还在西班牙的手里。而且，法国曾在1802年向西班牙承诺"不出售或转让"这块殖民地，这对法国政府很不利。[46]

塔列朗不能容忍自己置身于这次机遇之外。就在拿破仑让马布瓦去主持谈判的同一天，塔列朗找到利文斯顿，问他美国人是否愿意把整个路易斯安那都买走。利文斯顿在次日写给麦迪逊的信中说，自己对塔列朗的回答是："不，我们只想要新奥尔良和佛罗里达。"这个回答是准确的，而且也是很聪明的谈判手段。但是，塔列朗还是要求利文斯顿给整个殖民地报个价。利文斯顿估计美国会出2 000万法郎（不到400万美元）。塔列朗说这个价格实在太低了，并催促利文斯顿再考虑一下这个提议。然后，为了免遭拿破仑的斥责，塔列朗声明自己的谈话并没有得到官方授权。[47]

利文斯顿知道他需要和门罗合作，后者当天刚刚抵达巴黎。但是，来自纽约的利文斯顿感到很沮丧，因为命运本来已经给了他一个名垂青史——可能也将创造美国政治的未来——的机会，但他却在这一关键时刻被挤到了配角位置。

门罗对利文斯顿的态度很和蔼，但是鉴于两人在总统和国务卿那里的地位存在差异，责任还是更多地落在了这位弗吉尼亚人的身上。马布瓦在 4 月 13 日启动了谈判，并给路易斯安那标价 1 亿法郎。美国人需要决定是花上几个月等华盛顿的指示，还是尽快采取行动，以及如果采取行动的话，应该怎样还价。此外，他们还需要搞清楚这次交易的土地边界到底在哪里。

除了新奥尔良以外，美国的主要目标是佛罗里达——包括东、西两部分——这块土地西起密西西比河东岸，定义了美国南部国界的绝大部分。[48] 后来利文斯顿向塔列朗询问路易斯安那领地的东部边界，以确定其是否包括佛罗里达的任何一部分。法国外交部部长的回答则模棱两可："我们给你什么，你就必须接收什么。"利文斯顿又顺着这个逻辑问道："那你从西班牙手里接收过来的是什么呢？"塔列朗耸肩答道："我不知道。""那你的意思是我们应该按照自己的方式来解释了？"利文斯顿反击道。"我无法回答。"塔列朗说。据说，当马布瓦向拿破仑汇报说边界很模糊的时候，拿破仑的回答是："你们做了一笔很体面的交易，而且我认为你们会把交易的价值最大化。"他说："如果边界本身并不模糊，那么让它变得模糊一些可能是对我们有利的。"从实际的结果来看，法国把能卖的都卖了，美国把能占的都占了，只剩下西班牙在那里徒劳地抗议。[49]

门罗的重大决定

门罗需要确定的是，总统和国会是不是真的想让美国的领土扩大一倍。如果这次交易能够完成，美国的面积将堪比整个欧洲。美国公众和国会的注意力一直在密西西比，他们恐怕想象不到门罗这次将为子孙后代购买的空间和土地到底有多大。领土扩张会带来很多问题，包括统治、开拓、移民、经济发展和安全，以及奴隶制的扩展——这些问题将会在19世纪的大部分时间里占据美国的政治议程，而现在只是开始。而且，宪法并没有明确赋予总统购买领土的权利。国会也需要拨出一笔巨款，其中的一大部分都要从外国的银行家那里借来。

门罗认为此事应该由总统定夺，而自己猜不出杰斐逊到底想要什么。他一度准备告诉马布瓦他需要请示华盛顿。这样做很稳妥。但是，门罗知道这件事拖延下去是有风险的，而且法国的独裁者拿破仑随时可能会改变主意。一旦法国和英国的战争重启，拿破仑的注意力就会迅速转移。法国也许会得到在圣多米尼克有所收获的消息，拿破仑也许会找到另一笔"快钱"，梦想着建立西方帝国的塔列朗、德克雷和拿破仑的兄弟们都有可能改变他的想法。西班牙也可能会进行干预。最后，门罗认识到自己——作为一名"全权公使"——的任务不是猜测杰斐逊会怎么做，而是根据自己的判断行事，在自己的能力范围内做到最好。这是一个勇敢的决定。如果杰斐逊和国会不同意他的做法，那么门罗的政治生涯将在羞愤中画上句号。[50]

门罗知道，买下路易斯安那是正确的，而且他已决心采取行动。不过，他还需要给这桩交易谈下一个合适的价格。杰斐逊授权他用900万到1 000万美元（5 000万法郎）买下新奥尔良，以及尽可能多的佛罗里达土地。美国人试着报出了这个价格，但马布瓦回答说，拿破仑对此反应冷淡，这可能会让整个交易泡汤（马布瓦可能并没有请示拿破仑，而是自己对这个报价做出了"回应"）。马布瓦提醒美国人，他们将要买下的不只是密西西比河的航行权和大片的土地，还包括"没有邻居来烦扰你，不用担心战争"的安全感。他与门罗、利文斯顿反复讨价还价，最终同意以1 500万美元（8 000万法郎）的价格出售路易斯安那，同时抵消法国对之前没收的美国船只和货物的赔偿责任。美国之前向法国索赔375万美元（2 000万法郎），因此，这笔交易给拿破仑的战争资金所带来的实际进项是1 125万美元（6 000万法郎）。马布瓦谈成的这个数字高于第一执政官给他的底线，但是比他自己的期望还是低了一些。按照马布瓦的建议，条约中写道："路易斯安那殖民地的范围与西班牙现拥有的范围，以及法国拥有时的范围相同。之后当事国再与西班牙或其他国家签署条约时，路易斯安那的范围也应该以此为准。"这样，美国人最终拿到了214.2万~226.6万平方千米的土地——折合成单价就是每公顷10美分，包括融资成本在内。法国和美国在1803年5月2日正式签订了条约——就这桩历史上最大规模的土地交易案来看，其完成速度不可谓不快。[51]

杰斐逊和麦迪逊认账

条约文本可能是在1803年7月3日送抵白宫的。杰斐逊看到后先是大喜过望，然后又开始嘀咕宪法有没有赋予自己购买土地的权力。在华盛顿当总统的时候，杰斐逊曾在和汉密尔顿论战时说过，联邦政府只拥有宪法明确授予的权力——他担心国家政府对"默示权力"（implied power）的依赖将会对自由构成威胁。杰斐逊为这个难题纠结了10天。他原打算提出一个宪法修正案，授予联邦政府获取领土的权力。杰斐逊的搭档麦迪逊更务实一些，他否定了杰斐逊的计划。门罗和利文斯顿督促参议院立刻批准条约，并让国会开始筹措资金。他们警告称，拿破仑随时可能会改变主意。"如果你提出宪法修正案，我们的全部成果就会被毁掉。"麦迪逊提醒道。就这样，杰斐逊为了把美国打造成一个大陆型国家而做出了选择。

总统召集国会在10月17日举行会议。虽然一些联邦党人有所抱怨，但美国公众都沉浸在一种爱国主义的喜悦之中。美国人开始构想一个大陆王朝，并且积极欢迎它的到来。[52]有人找到宪法的执笔者古弗尼尔·莫里斯（Gouverneur Morris），问他宪法制定者们当时是否希望共和国做如此大规模的扩张，他的回答是他想不起来了。但是，言辞刻薄的莫里斯又补充道："不过我当时就知道，现在也知道，我们早晚要把整个北美都吞并进来——如果我们对土地的野心能得到那样的满足，那绝对是令人高兴的。"[53]

10月20日，参议院以24票对7票的投票结果批准了条约。众议院则以同样压倒性的结果——89票对23票——批准了条约中的财务条款。[54]

地缘政治与财政

5月18日，英国重启了与法国之间的战争。出售路易斯安那给拿破仑带来了一笔可观的财富，使他得以在自己的主要舞台——欧洲大陆——上快速采取行动。在之后的10年多时间里，拿破仑与多个国家联盟之间的战争成了大西洋两岸最令人关注的事件。从事后诸葛亮的角度来看这段历史，拿破仑对北美新帝国的探索就像一场茶余饭后的助兴节目，他也许根本就没有成功的机会。但是，杰斐逊需要面对的是1801年的战略局势。拿破仑是一个可怕的敌人，军事实力出众，并用其超乎寻常的远见为法国带来了巨大的变革。如果美国的西部边境上有一个法国人的帝国，那历史就要改写了。法国可能会沿着密西西比河把北美分割开来，而英国可能会夺走这块土地，扼制美国的扩张。

拿破仑精确地预测到，对于美国，"［我们］必须期待合众国的成员之间产生敌意。邦联号称是永久性的，但是只要缔约方中有一方认为独立更符合自己的利益，那么它就会瓦解"。美利坚合众国确实在1861年经历了一次生死存亡的考验。对于英国，拿破仑预言道："我刚刚给英国安排了一个海洋上的对手，这个对手早晚要让它蒙羞。"[55]

颇具讽刺意味的是，杰斐逊能取得如此伟大的成功，依靠的正是汉密尔顿的财政体系，以及英国的银行。美国人拿不出那么多钱来给拿破仑，于是就凭借自己良好的信用，发行了利率达6%的国债。拿破仑找到美国债券在欧洲的最大承销商——伦敦的巴林兄弟公司（Baring Brothers）和阿姆斯特丹的霍普公司（Hope and Company），把美国的债券兑换成现金（银行家们捞取了一笔丰厚的手续费）。虽然英法战事重启，但英国财政部仍允许巴林兄弟将现金从伦敦运往巴黎。[56]

"未来主义者"杰斐逊

杰斐逊的外交风格与他的施政风格一样，都是异于常人的。他对理念格外感兴趣，而且能预见历史的走向，这些特点使他成为一名"未来主义者"。在蒙蒂塞洛，杰斐逊的墓志铭上写着他自认为最重要的几项贡献：《弗吉尼亚权利宣言》《独立宣言》和弗吉尼亚大学。这些遗产中的每一项都在强调个人潜能、捍卫自由，并致力于打造一个新的、更有前途的民族、国家乃至世界。杰斐逊作为执政者——州长及总统——的成绩只能说是好坏参半，但他有一种罕见的本事，那就是能想象出一个与现在不同的未来。而且，他致力于人民的自由，以及解放能够实现后世成就的力量。

杰斐逊在1784年的条例中构想了一个不断扩张的共和国，这个共和国由彼此平等的州和自由的人民组成。1803年，杰斐逊设想美国的扩张最终会创造一个横跨北美大陆的自由帝国。世界各地的人们被美国的自由所吸引而不断涌入，使得美国的人口越来越多，力量越来越强，最终成为一股不可阻挡的力量。

杰斐逊的外交风格

不过，作为一位政治家，杰斐逊的工作肯定会有一些时代的局限。他竭力让美国避免卷入欧洲国家之间的冲突。他必须在欧洲列强尤其是那些对北美土地有所企图的列强之间周旋。杰斐逊憎恨欧洲的军国主义政治，并且试图阻止美国组建常备的陆军。于是，他尝试了另外一种方式。新型的美国外交强调和平解决争端，更喜欢商业往来而不是武力威胁。但是，杰斐逊也警告欧洲人，他们必须正视美国的实力，尤其是在这个国家依据公众的迫切愿望提出要求的时候。

这位总统很擅长用纸面上的实力恫吓对手，在没有军队支撑的情况下就能让对方感受到威胁。他的外交思想就是认定法国禁不起美国西进运动的冲击，也不想与美国逐渐增强的海上势力作对。杰斐逊可能十分相信——在绝对必要的情况下——美国的潜在实力可以通过动员民兵的形式快速表现出来。直到1812年战争中民兵部队溃败，美国在长距离作战中的后勤保障难题才暴露出来，常备军的重要性才得到充分的认识。不管怎样，皮雄和拿破仑最终都理解了在美国的主场违背美国意志的风险。在整个19世纪和20世纪，其他国家也会陆续学到这一课。

杰斐逊的外交路线是撞了大运还是真的好？可能两者皆有之。要想在谈判中取得成功，谈判人必须对自己的目标有一个明确的认识，杰斐逊就是这样。他的外交手腕十分灵活，战术多变，同时也始终瞄准着目标。他始终保持与法国、英国、西班牙以及他自己的国会的沟通渠道通畅，同时也在了解欧洲和加勒比地区不断变化的局势，其中加勒比的局势尤为重要。他给法国提供了好处，即与美国之间的友好关系——或者说是，美国在反对英国的同盟中的分量这一砝码。杰斐逊通过多种渠道收集和传递信息，包括以非官方的方式使用杜邦这样的友人。杰斐逊欢迎谈判乃至交易，尤其是在这么做可以避免战争的时候。他与各方都保持合作，同时会向对方强调自己想要什么样的结果。一位历史学家把杰斐逊的政策总结为"威胁和拖延"。[57]

这位总统也很善于把握时机。杰斐逊很有耐心，这使他可以经过仔细计算后刻意推迟行动——既不是匆忙行事，也不是无所作为。[58]他发现，谈判拖延越久，对法国人就越不利。他考虑了各地——圣多米尼克、欧洲以及北美——发生的事件将如何帮助他与法国谈判、向西班牙施压，以及向英国示好。他派门罗出使法国的时机可谓相当精准。

杰斐逊是美国第一位伟大的政党政治家，他很清楚如何在外交行动中运用国内政治的因素，而且能够运用得极为出色。美国公众要求美国政府用外交手段解决新奥尔良和密西西比河问题的呼声非常强烈，使得杰斐逊和其他负责人必须做出回应。杰斐逊拦住了联邦党人的开战请求，同时利用他们的好战情绪威胁法国。他精明地

第2章 一个中立的大陆国家：托马斯·杰弗逊

挑选门罗去法国,一方面是为了控制住西部各州的政治局势,另一方面是为了逼迫法国政府做出政治决定。杰斐逊可能不喜欢汉密尔顿的财政体系以及这位财政部部长对宪法"默示权力"的推崇,但是当美国需要这两样东西来实现自己的目标时,这位弗吉尼亚人还是把它们都拿来为己所用了。

杰斐逊有时会在长远目标和现实需求之间犹豫不决。未来主义者也必须面对当下的问题。幸运的是,杰斐逊身边的朋友和同事能够与他形成互补。在杰斐逊打算提起宪法修正案的时候,麦迪逊终止了他的犹豫和拖延。门罗行事果断,敢做敢当,由他出使法国比杰斐逊去效果更好。

在他总统任期的后期,杰斐逊试图寻求一种"新外交战略"以避免美国卷入欧洲的战争,但这一次就没那么成功了。他在1807年禁止美国与所有战争中的国家进行贸易,此举严重损害了美国的经济,而且在外交层面也没有取得成功。美国的出口直到1835年才恢复到1807年的水平。[59]他对未来的设想也不全然切合实际。然而,与路易斯安那的成功相比,杰斐逊的这些失误都可谓微不足道。这次收购使美国变身为北美的霸主。19世纪后期的历史学家、两位总统的后人亨利·亚当斯(Henry Adams)曾说过,路易斯安那购地案是"美国历史上最伟大的外交胜利"。他还认为这一成就"仅次于《独立宣言》的发表和宪法的制定"。[60]

1803年之后,打造一个大陆国家成了美国外交政策的重心,其目标是把潜在的竞争对手都驱逐出去,或至少把它们阻挡在安全距离之外。美国面临的最大挑战将是维护合众国的统一,以及证明一个横跨整个大陆的共和国可以生存并繁荣下去。奴隶制这个"令人憎恶的罪行"曾在1784年折磨过杰斐逊,它也将成为合众国在道德层面上面临的挑战。

第 3 章

西半球战略和美国现实主义：
约翰·昆西·亚当斯和亨利·克莱

坎宁的邀请

1823 年 8 月 16 日，美国驻英国公使理查德·拉什（Richard Rush）踏上了一座旧砖楼的楼梯，这座楼内就是这个世界第一强国的外交部。拉什时年 43 岁，之前曾在美国总检察长办公室工作 3 年，1817 年就任美国驻伦敦的首席外交官职位。他走进了外交大臣乔治·坎宁（George Canning）的办公室。坎宁的房间气派非凡，装饰雅致，三面墙上都挂着挂毯画，窗外就是圣詹姆斯公园。[1]

坎宁这次会见拉什的时间非同寻常。议会刚刚休会，身为下议院的领袖，坎宁已经筋疲力尽。人们以为他会启程回到自己在乡下的住所，但是坎宁却没有走，而是与美国的外交代表会面。在过去 20 年的英法战事中，这个蒸蒸日上的国家给英国政府带来了很多麻烦。英国和美国在海事权利问题上的争端甚至导致本来并没有做好战争准备的美国在 1812 年向英国宣战。美国人在战场上节节败退，新首都华盛顿也被付之一炬。不过，美国海军在海面和内河水域都有着不俗的表现，美国的防御也让战事陷入了僵持阶段。1814 年圣诞节当天，英美双方在比利时的根特缔结和约，使两国关系恢复原状。美国又一次在英国雄狮的利爪下幸存了下来，安德鲁·杰克逊（Andrew Jackson）又在 1815 年 1 月以一场漂亮的胜仗击退了进犯新奥尔良的英军。这样，美国人虽然在冲突中吃了不少亏，但他们还是乐观地把它称为"第二次独立战争"。

不过，有迹象表明，这两个说英语的国家已经学会了以和平的方式让对方吃苦头。美国派往根特的代表团团长是约翰·昆西·亚当斯（John Quincy Adams），他签约后就去担任美国驻英国公使，任期是从 1815 年到 1817 年。在此期间，他为门罗总统和拉什（行使国务卿职权）做好了铺垫，让他们得以和查尔斯·巴戈特爵士（Sir Charles Bagot）完成一份条约的签署。该条约对五大湖地区的海军规模做出了限制，从而让美国和加拿大边境实现了去军事化。《拉什-巴戈特条约》是美国历史上的第一次军备控制实验，也是现代历史上第一个对等的海军裁军条约。[2] 这个条约最终缔造出了世界上保持和平时间最久的边境线。

然而，坎宁此次召见拉什的目的与北半球无关，他的目标在南半球。1823 年，西班牙革命者抓获了国王斐迪南七世（Ferdinand VII），并宣布建立君主立宪制政府。此时，西班牙的美洲殖民地正在陆续宣布独立，并且开始了与英国和美国的贸易往来。拉丁美洲看起来即将与西班牙彻底分离，但战争的阴云却正在聚拢。

此时，法国的激进革命已成往事，拿破仑对欧洲地图的改写也已结束。由俄国、奥地利和普鲁士组成的所谓"神圣同盟"，以及恢复了君主制的法国，都想重建欧洲的稳定秩序。"神圣同盟"的成员国与坎宁的前任卡斯尔雷勋爵（Lord Castlereagh）举行了一系列会议，希望确保欧洲的和平。"神圣同盟"想要在整个欧洲大陆上消灭立宪派，重建"合法的"保守君主制度。基辛格博士在他的博士论文，也是他的第一本著作《重建的世界》（*A World Restored*）中讲述的就是政治家的才能在这次欧洲新秩序的建立过程中所起的作用。[3]

1823年，俄国、奥地利和普鲁士怂恿法国派军队去西班牙营救斐迪南七世。奥地利刚刚镇压了那不勒斯和皮埃蒙特的共和运动，如果法国能恢复斐迪南七世在西班牙的统治，那么"神圣同盟"也许就可以帮助西班牙的保皇派击败拉丁美洲的那些新生共和国。

这些情况促使坎宁向拉什提出了一个最不可思议的建议：这位外交大臣敦促美国和英国发布一个联合声明，或者至少是各自同时发布声明，反对西班牙和"神圣同盟"做出的任何试图征服西班牙前美洲殖民地的举动。[4]

这个要求英美联合起来的提议令人吃惊，也让美国人感到欢喜。美国海军的火炮门数还不到英国皇家海军的2%，商船总吨位也只有英国的一半。[5] 然而，坎宁的行为看起来却像是很重视美国的样子。美国人确实自命不凡，甚至认为自己将来会成为一个强国，但在欧洲人眼里，美国的地位也就相当于斯堪的纳维亚国家或者瑞士那个档次。[6] 更何况，美国还是一个不可信的、惹是生非的立宪共和国，以前只不过是英国的殖民地，而且远离欧洲的战略大棋盘。自拿破仑最终被打败之后，英国就成了占据舞台中央的强国，而且拥有无可匹敌的皇家海军。然而，这样一个强国却愿意在欧洲乃至全球的竞技场上给美国提供一个位置。

拉什犹豫了。他知道美国和英国在拉美问题上拥有共同利益。但是，美国外交的原则就是"不站队"，而且公众对英国政府的傲慢也积怨已久。拉什认为："我代表我的政府做出的任何承诺……都有使其卷入欧洲国家派系冲突的风险。"[7]

拉什没有立即表态，而是对坎宁的计划和意图做了一番询问。伦敦准备跟随美国的步伐，承认这些新生共和国为独立国家吗？坎宁避而不答。实际上，这位外交大臣提出的只是一个非正式提议，这说明他做不了多大的主。坎宁的内阁同僚惠灵顿公爵（Duke of

Wellington）是一位强势人物，他是滑铁卢战役的胜利者，此时在国际问题上仍然很有发言权。这位公爵与国王乔治四世关系紧密，而此时国王的意见仍然很重要。惠灵顿希望英国和欧洲大陆的各君主国之间维持有效的同盟关系。

　　实际上，坎宁是想在英国政府里打"美洲牌"：向他的同僚们建议英国承认拉丁美洲的新生共和国，并促进与它们的友好关系，从而对美国的商业扩张和潜在的领土扩张形成制约。坎宁最关心的是英国的商业利益（包括在南美的利益），以及议会和受过教育的公众的意见，后者对"神圣同盟"抱有怀疑态度。卡斯尔雷主要关注的是建立一个由会议和秩序组成的欧洲外交体系，与之相反，坎宁想让孤悬海外的英国回到欧洲大陆权力平衡者的角色上，同时重点维护英国的海洋和贸易利益。[8] 如果坎宁能把一份英美联合声明拿到同僚们面前，那么他就很有可能会改变他们的政策，同时限制住充满侵略性的美国人。

　　拉什的快报10月9日送抵华盛顿。他在里面附了一封信，列明了坎宁提议的联合声明的五个条款，以及坎宁对即将召开关于拉丁美洲的大国会议的警告。坎宁要求美国给予答复。门罗内阁于10月11日首次开会讨论此事，随后总统就离开了华盛顿，回到他在弗吉尼亚的农场住了一个月。[9]

1823年的美国外交：问题与原则

　　这场辩论的结果是，门罗在两个月后发表了一份声明，即门罗宣言——后来被称为"门罗主义"，它是为了解决一个特定的问题而诞生的。坎宁针对一个特定的局势提出了倡议，美国需要做出回答。无论是门罗还是国务卿约翰·昆西·亚当斯，当时都没打算让这一次的声明成为长期的外交政策纲领。

门罗的回答——在亚当斯的指引下——反映出了多重考虑。美国的外交政策中还有其他问题需要总统斟酌，包括俄国对北美洲西北海岸的领土主张，美国的一些知名人士还希望支持希腊革命者为基督徒的自由而反抗奥斯曼土耳其人。门罗还需要考虑国内问题和政治利益，包括他的三名内阁成员在1824年总统大选中的竞争。而且，年轻的美国已经形成了一些将在今后的内阁、国会与公众辩论中发挥作用的政治传统：这些政治遗产包括总统告别演说中的中立原则、前任总统对卷入国际权力斗争的警告、海上航行自由和商业自由、在一个君主制占主导地位的世界里与其他共和国保持友好关系，以及强烈的反殖民主义倾向。

俄国的问题也牵涉外国势力对美洲事务的介入。两年前，也就是1821年9月，沙皇亚历山大一世（Alexander I）颁布谕旨，将俄国宣称的疆域扩展到北纬51度（今天的卡尔加里就在这个纬度上，位于美国和加拿大边境以北257千米处）以北的美洲西北太平洋海岸地区。对华盛顿来说更为重要的是，沙皇的谕旨还禁止外国船只驶入距海岸177千米范围的水域。俄美贸易公司（The Russian-American Trading Company）反对美国同行在太平洋沿岸开展业务。这家公司的活动范围最远可达加利福尼亚的博德加湾（Bodega Bay）。

1812—1814年，俄国击溃了拿破仑的大军，并直捣欧洲，占领巴黎，展示出了自己的力量。俄国的人口是美国的四到五倍、英国的两倍，而俄国本身是"神圣同盟"中占主导地位的帝国。[10]

亚当斯曾在拿破仑战争期间担任驻俄公使，认识了沙皇本人。他回忆说，这位独裁君主对美洲的这个共和国有一种奇怪的好感。在美国和英国严词拒绝了俄国的领土主张后，亚历山大暂停了他的谕旨的执行。1822年底，这位沙皇任命德·图伊尔·范塞罗斯克肯男爵（Baron de Tuyll van Serooskerken）为新任驻美公使，以求解决争端。男爵和亚当斯很谈得来。就在他们讨论领土问题的时候，拉什从伦敦发来的报告送到了华盛顿。门罗有意接受俄国对北纬55度以北地区的领土主张，但亚当斯坚持拒绝俄国染指美洲大陆的任何一块土地。实际上，亚当斯提出了一个新想法，那就是美洲不应该再出现新的殖民地。[11]

希腊给门罗政府提出了另外一个问题。1822年初，希腊的抵抗组织效仿杰斐逊的《独立宣言》，宣布从奥尔曼土耳其人的统治下独立。在这个民主制度的发祥地，希腊建立了一个共和制政府，并恳求欧洲各国和美国的承认。希腊人的英勇事迹和土耳其人的暴行传闻激起了美国公众的情绪。共和主义的情结，加上敏感的基督徒和异教徒的冲突，使得这次事件很有可能演变为一场政治风波。门罗于1822年12月在向国会提交的国情咨文——尽管已经被亚当斯调低了调门——中表示，希望希腊人最终能赢得独立。但是，坎宁的提议中并没有提及希腊。[12]

门罗的原则

面对上述问题的时候，门罗的第二个总统任期已经快到最后一年了。自路易斯安那购地案后，他的政治生涯有起有落，这让他做事越发审慎。1823年门罗已经65岁，他最关心的就是"让他的内阁、党派和国家都保持和睦"，以维护自己的名誉。他在1823年的座右铭是礼让，而不是冒险。[13]

门罗在几十年间形成了他治国之道中的核心原则。首先，与革命时代的所有领袖一样，门罗知道新生的共和国是十分脆弱的。这个国家很容易陷入内乱，奴隶制、地区分歧、经济利益或外国干涉都有可能成为导火索。因此，门罗的外交政策是为缓和国内矛盾而服务的。其次，门罗认为，美国必须玩好欧洲的政治游戏——利用某一方去打压另一方——以捍卫自己的利益。华盛顿在他的告别演说中曾警告美国不要陷入欧洲的政治纷争，但门罗不同意这个观点。他曾对杰斐逊解释道："我们需要和某些强国保持良好关系，这对我们来说很重要。"起初，由于法国同样发生了革命，建立了共和国，门罗有意和法国搞好关系；后来，随着形势的变化，他也愿意考虑和英国建立联系。美国人虽然认为权力平衡的政治游戏不道德，却一边批判它，一边在外交中践行权力平衡的理念。最后，麦迪逊从惨痛的教训中认识到了建立国家军事力量的重要性。门罗想"让欧洲人把美国看成一个值得畏惧和讨好的重要国家"。门罗在独立战争期间是一名年轻的军官。第二次独立战争期间，美国狼狈落败，华盛顿被占领并烧毁。之后，门罗以战争部部长的身份给予麦迪逊很大的支持。有了这些经历后，门罗十分相信军事准备的重要性。汉密尔顿若泉下有知，必定会感到欣慰。[14]

约翰·昆西·亚当斯：野心与计谋

在门罗考虑如何回应坎宁的提议时，国务卿约翰·昆西·亚当斯是他最主要的顾问。亚当斯喜欢与人斗智，知识渊博。他的性格刚烈，让人既钦佩他的直率，又厌恶他的跋扈。亚当斯自己也在日记里承认："我这个人高傲、冷淡、严厉，令人生畏。"[15]

在美国的历任国务卿之中，亚当斯是就职时外交经验最丰富的——他的国内政治经验也不遑多让。独立战争期间，他随自己的父亲驻任法国。1791年，年仅14岁的亚当斯开始了自己的外交学徒生涯，为其担任驻俄代表的父亲担任私人秘书（兼法语翻译）。当时的俄国是叶卡捷琳娜二世在位时期。他还以私人秘书的身份随父亲在巴黎、荷兰和伦敦任职。之后，亚当斯回到美国生活了9年，在哈佛大学完成学业，并成为执业律师。不久之后，华盛顿任命这位小神童担任美国驻荷兰公使。这只是亚当斯一系列外交职务的开始，之后，他又出使过普鲁士、俄国和英国，并且在1814年的根特和谈中担任美国代表团的团长。1817年春，门罗任命这位经验丰富的外交官为国务卿。老约翰·亚当斯以直白的"亚氏"文风给自己的儿子写了一封信，信中写道："你已经快50岁了。依我之见，你必须回（国）来，要不就永远都别回来了。"[16]

国务卿亚当斯对包括英国在内的欧洲极为了解，但他却对旧世界的社会和观念深恶痛绝。18世纪90年代中期，亚当斯在海牙担任美国公使，他亲眼见证了荷兰共和国各个派别与不同的外国势力结盟的过程。荷兰人曾经贵为海上霸主，势力范围遍及七大洋，而此时亚当斯认为，这个国家的人已经丧失了捍卫国家独立的信念。结果，荷兰屈服于入侵的法国人。瑞典、波兰和日内瓦也遭受了相似的命运，亚当斯从中吸取了教训。1795年12月，亚当斯在给自己的弟弟查尔斯的信中写道，美国对法国的政治依赖和对英国的商业依赖将会危及自身的自由。美国需要审慎的外交政策，以赢取积蓄实力的时间。"再过10年，美国就将跻身世界上最强大和最富裕的国家之列。"他预言道。亚当斯还消极地总结道，如果美国做不到这一点，那就将陷入"一堆彼此争战不休的小部落之中，被欧洲列强玩弄于股掌之间"。[17]

在担任国务卿的7年间，亚当斯不断地为美国扩张领土、提高声望，同时阻止不计后果的冒险。他认为美国的天命就是主宰北美洲。1819年11月，亚当斯对内阁同僚们说，美国必须让世界"习惯于美国应当统治北美大陆的理念"。[18] 1821年1月，亚当斯与英国大臣斯特拉特福德·坎宁（Stratford Canning）[19] 就哥伦比亚河地区的控制权展开激烈辩论。其间，亚当斯突然说出，英国可以保留加拿大的各个省份，"但是必须把大陆上的其他部分都留给我们"。[20]

据说，亚当斯的第一项任务是完成路易斯安那购地案的收尾工作：拿下佛罗里达，并划定美国的西部边界。亚当斯警告西班牙人，由于他们没能控制住佛罗里达荒野中的印第安"野人"、逃跑的黑人、海盗和叛军，美国的领土已经受到了这些人的威胁——安德鲁·杰克逊将军不久前的跨境报复行动已经生动地展示出了这种威胁。亚当斯要求西班牙将佛罗里达卖给美国，以抵偿美国公民向其索赔的500万美元，否则美国可能就会强行占领。在西班牙犹豫不决之际，亚当斯暗示对方，美国正在考虑承认刚从西班牙统治下宣布独立的拉普拉塔联合省，也就是今天的阿根廷。[21]

亚当斯想要的不只是佛罗里达。他坚持要求西班牙接受美国把西部边界一直推进到太平洋，跨越整个大陆。按照这个划界方案，北纬42度线以南是西班牙领土，以北则是美国和英国的争议地区，即俄勒冈。1819年，美国与西班牙最终签订了《横贯大陆条约》（Transcontinental Treaty）。这个条约的名字就显示出了亚当斯的野心有多大。他在签约当晚，也就是2月22日的日记中写道："我们把确定的边界划到了南大洋（太平洋）边上，这开启了我们历史上的一个伟大纪元。谈判中第一个提出这一方案的人是我，而且我现在确信事态已经不可逆转了。"西班牙对结果感到失望，直到将近两年后才批准条约。亚当斯打算用武力解决问题，但最后还是门罗的耐心占了上风。[22]

与国父们一样，亚当斯也强调贸易的重要性。他试图降低与英国和法国之间的关税，并呼吁美国"再慷慨一点"，让外国人享有与美国公民一样的贸易环境。[23]这是亚当·斯密的自由贸易思想。

美国人笃信个人自由，他们所设想的世界与各国政府主宰的重商主义旧世界大不相同。亚当斯就此解释道："商业的天然属性就是，只要不受到权力的干扰，它就会自己找到通道，用它自己的方式达到目的。我们不要去管它，让它自己管理自己才是最好的。"[24]因此，经济和政治两方面的因素让亚当斯对殖民主义充满敌意。尽管亚当斯在位期间将主要精力都放在了美洲大陆上，但他也想推广一种新的国际秩序，让美国能在其中发展成一个伟大的国家。[25]

不过，这位美国的外交大师在国内政治中遇到了问题。他在旅欧期间曾两次回国，其中一次是在1803年到1808年间，当时马萨诸塞州议会把这位前总统的儿子送进了参议院。但是，亚当斯却断绝了与联邦党的关系，转而支持路易斯安那购地案和杰斐逊的禁运措施。从联邦党人转为共和党人之后，他在两党之中都没有什么天然的盟友。[26]他显然不具备大多数成功的政治家拥有的那种性格、魅力和社交能力。不过，亚当斯知道，国务卿是通向总统宝座的阶梯。

欧内斯特·梅教授在《门罗主义的诞生》(*The Making of the Monroe Doctrine*)中用有力的证据说明，门罗当局对1823年坎宁提议的回答是由国内政治驱动的，特别是与亚当斯在1824年依靠计谋当选总统有关。最近的亚当斯传记作者们大多对此持不同意见，而且也有充分的依据。但是，梅的研究至少提醒了我们一点，那就是外交政策的制定者们考虑的不仅是国家利益和道德要求。他们的计算和谈判既是为了国家，也是为了自己的利益，他们把这些不同的出发点和目标一起带上谈判桌。美国的情况更为特别，公众的意见会塑造和影响政策制定者们看问题的角度和解决问题的思路。美国的外交政策是政治进程的结果，在实行中也要用到外交和国内政治两方面的手段。[27]

在政治上，对亚当斯来说颇具讽刺意义的是，公众把他看成一个美国的劲敌英国的同情者，原因是他出身新英格兰地区，曾为联邦党人，而且为人傲慢。实际上，亚当斯在1790年写给父亲的信中曾说道："美国和英国之间根本不可能互相信任。"拿破仑战争之后，亚当斯相信欧洲——尤其是英国——都希望看到美国的共和实验失败。[28]

亚当斯的"大战略"

亚当斯在1809年的笔记中以最直白的方式写出了他为美国设计的"大战略"："两条政治原则构成了最符合这个国家利益和责任的政策。一条关乎国内政治，也就是联邦；另一条关乎于美国和外国的关系，也就是独立。这两条原则是我的政治信条中最关键的部分。"[29]

1821年7月4日，亚当斯在华盛顿的国会上发表年度致辞时阐述了自己的外交政策原则。在那之前不久，亚当斯的总统竞选对手之一亨利·克莱（Henry Clay）在肯塔基的列克星敦发表演讲，提出了自己对美国外交政策的设想。亚当斯的讲话就是对克莱的回应。克莱很早就开始倡导承认拉美各共和国，并且提议和它们一起组建"一个能从某种程度上制衡'神圣同盟'的组织"，也就是用共和国联盟来对抗"神圣同盟"。克莱总结道，在美国不断扩大白人男性内部的普选权和选举政治的范围的过程中,这个国家可以逐步建立一种基于其革命性的自由信条的新"美国体系"。

亚当斯的演讲一开始就把矛头瞄准了英国。作为一篇发表于美国独立日的演讲,指责英国很应景,也有助于他洗脱自己"亲英派"的名声。之后,他就开始向殖民主义开炮。他解释说,人民与故乡和社区的纽带关系,注定将使那些万里之外的君主控制他们的企图落空。这一说法很机智,既支持了克莱的观点和拉丁美洲的独立大业,也避免了让美国因为"对友好关系的浪漫理想"而做出不符合自己利益的承诺。

当时,英国媒体上有文章质问"美国对人类做了什么?",亚当斯借《独立宣言》回答了这个问题。他认为,杰斐逊写下的文本"向人类宣示了人不可被剥夺的权利,以及唯一合法的政府组成方式"。《独立宣言》就像一束为全世界照亮的火炬,它"瞬间击溃了一切建立于武力征服之上的政府的合法性"。杰斐逊的文本、美国的革命和共和党人的信念点燃了美国的火炬,它的示范作用便是美国对人类所做出的贡献,美国人为此感到自豪。

占领了美国立国原则的道德制高点之后,亚当斯在演讲的结尾提醒美国不要介入国际上的纷争。"美国不会走出去,寻找并摧毁那些'怪物'。美国只会祝愿所有人都获得自由与独立,它要捍卫的只有它自己。"他警告称,介入其他国家之间的战争将会改变"美国政策的基本准则","让美国从自由转向武力"。"它可能会成为整个世界的独裁者,而不再是它自身灵魂的主宰者。"詹姆斯·特劳布(James Traub)近期写出了一本非常出色的亚当斯传记。他说,上述这几句话是亚当斯一生说过的话中最有名的几句。[30]

亨利·克莱和美国体系

亨利·克莱是亚当斯的总统竞选对手,也是门罗当局外交政策的活跃批评者。到那时为止,克莱是美国最支持拉美各共和国的人。数年前的1817年12月,克莱曾经尖锐地质问门罗为何没有承认拉美国家的独立宣言。克莱直接援引了美国的革命历史:1778—1779年,美国"偷偷摸摸地行走"于欧洲,只为寻求"一个友好的眼神"、"合法性",以及"一个强大而宽容的盟友",接着,法国就向前迈了一步,"承认了我们"。但是,在拉美朋友们的独立大业面前,美国或其他国家却没有一个伸出援手。[31]

1823年的时候克莱已经64岁。他来自肯塔基,有着西部边陲人民那种乐观、坦率、勇于冒险的魅力。短暂地担任过几次参议员后,克莱于1810年当选众议员,随后很快被其他议员推举为议长。他利用这一地位推动了美国1812年与英国的战争。1814年,麦迪逊总统在组建代表团参加和谈时钦点了"好战分子"克莱,让他与亚当斯和其他人一起加入代表团。

克莱和亚当斯是一对风格截然相反的人物。在根特谈判期间,克莱通宵狂欢、打牌,直到天亮之前才结束。亚当斯则正好在克莱睡觉的时候起床,先读《圣经》,然后再开始处理文件。亚当斯的妻子路易莎(Louisa)对克莱做出了富有洞察力的描述:"观察这个人的性格,你第一眼就会发现他的慷慨和善良,而且他最本能的动机总是仁爱而自由的。但是,他受教育程度不高,有一些恶习,身边还有一些狐朋狗友。这些问题,再加上过度的野心,使他无法再有更好的表现。"[32]

克莱回到华盛顿之后,众议院的同事们再度推举他为议长。克莱利用这个华盛顿二号人物的位置推进自己的计划,在议会中协调、谈判,为竞选总统做准备。门罗选择亚当斯做国务卿让克莱感到嫉妒。从赢得1824年总统大选的角度出发,克莱制定了自己的政治策略,那就是抨击当局的外交政策,公开表示对英国的厌恶,并把自己塑造成拉美各共和国最好的朋友。[33]

克莱在政治上不仅有各种实用手段,而且很有远见,他代表了美国外交政策中的一些重要思想。在1820年5月10日的一次众议院发言中,克莱阐述了自己行动背后的指导思想。他在这次发言中首次用"美国体系"(American System)来描述自己的政策意图。克莱和他在辉格党内的支持者们此后逐渐丰富了这个系统的内涵。他们的目标是发展出一个全国市场,把各个地区的利益都整合进去。辉格党人打算通过加强内部基础设施来增强国家的凝聚力,通过国家银行来提供融资,并通过关税鼓励制造业。从一开始,克莱的"美国体系"就把美国设想为西半球商业网络的中心,由此"成为人类自由运动的枢纽,对抗所有旧世界的专制主义"。[34]

亚当斯1821年7月4日的演讲,是对克莱在列克星敦的演讲的回应。克莱在那次演讲中扩展了他的"美国体系"计划。克莱再次呼吁承认拉美各共和国,理由是这有利于扩展贸易网络,也是美国道义上的责任;而他本人也为希腊人的独立运动所感动。最后,克莱总结道:"南北美洲应该出现一个能在某种程度上制衡'神圣同盟'的组织,追求民族独立和自由。这个组织的运作靠的是榜样的力量和道德的影响力。"克莱的共和主义思想为国际社会提供了一个代替君主制和神秘主义的新制度,也为抵抗"神圣同盟"的压迫提供了一条新路径。[35]

对于美国公众的喜好和憎恶,克莱明显比亚当斯把握得更准。[36]克莱反复要求美国支持世界各地的自由运动,尤其是在这样做有助于美国的经济和安全利益的时候。20世纪之初，伍德罗·威尔逊曾想让这个世界"对民主国家来说是安全的"。二战期间，富兰克林·D.罗斯福提出，世界秩序应以"四大自由"为基础。冷战期间，美国自视为"自由世界的领袖"。20世纪90年代，比尔·克林顿（Bill Clinton）要求美洲成为第一个"民主半球"，并主张通过"美洲自由贸易区"让这个半球繁荣起来。

门罗和亚当斯在支持拉美的立场上与克莱无异，但他们的做法更加谨慎。他们要求西班牙在领土上做出让步，并用承认拉美各共和国作为要挟的筹码——但是，既然要用来要挟，那就不能马上承认。在西班牙于1821年最终批准《横贯大陆条约》后，门罗为了给西班牙留面子又等了几个月。直到1822年3月，美国才成为第一个承认拉美各共和国的国家。克莱则把功劳记在了自己的头上。

门罗主义的诞生

以上所述，就是门罗10月11日第一次召集内阁成员讨论英国外交大臣坎宁的提议时的大背景，包括国际局势、意识形态、政治、地理、历史和个人等多方面的因素。11月7日，也就是门罗回到华盛顿两天后，内阁再次举行会议。在这近一个月的时间里，门罗和亚当斯已经设计好了美国对坎宁的回复，并通过三份文件向外界传达了外交新政策。这三份文件包括：门罗在国会发表的国情咨文中那具有历史意义的段落、对拉什回复坎宁做出的指示，以及给俄国公使图伊尔的照会。

门罗10月离开华盛顿之前曾向杰斐逊和麦迪逊寻求建议。这位总统先是承认，坎宁的提议确实有让美国卷入欧洲政治和战争的风险,但他又解释说,自己还是倾向于"接受英国政府的这个提议"。杰斐逊是"孤立主义"原则的开创者,麦迪逊则在不到10年前和英国打过一场失败的战争。尽管如此,他们两人都还是同意接受英国的提议。[37]

在门罗10月离开华盛顿后,亚当斯会见了图伊尔男爵。俄国公使递交了一份正式的照会,表明沙皇不会接受来自拉丁美洲革命国家的任何代表,也拒绝承认这些共和国政府的合法性。沙皇还表示,俄国不反对美国的观点,他希望美国政府能保持中立。这份照会似乎启发了亚当斯,他告诉男爵,只要欧洲人保持中立,美国就会一直保持中立。这位国务卿此时可能已经在考虑把对俄国和英国的回复扩展为一个更具普遍意义的政策声明。[38]

在11月7日的内阁会议上,这份声明的指导思想初见端倪。亚当斯在他的笔记里对内部辩论做了非常出色的记录,历史学家依靠他的笔记来研究当时的情况,发现政策制定者们的发言都十分精彩。门罗没有讨论杰斐逊和麦迪逊的建议,他让战争部部长约翰·卡尔霍恩(John Calhoun)先发言,或许是知道卡尔霍恩支持接受英国的建议。确实,卡尔霍恩十分担心"神圣同盟"会对南美发动进攻,因此他的意见与杰斐逊、麦迪逊相同。

亚当斯对卡尔霍恩的观点做出了尖锐的反击。他指出,坎宁的提议要求美国承诺不占有西班牙帝国的任何领土,亚当斯质问卡尔霍恩,如果将来得克萨斯和古巴"想要加入我们的联邦",他是否愿意放弃这样的机会。亚当斯还利用了人们对美国沦为欧洲权力政治游戏牺牲品的焦虑:坎宁不愿意承认那些新独立的国家,因此,一旦英国在欧洲获得某种优势,就可能会抛弃拉美各共和国以及美国。亚当斯还说,如果英美发布联合声明,那英国一定会把功劳记在自己身上,从而让英国在与美国的邻居们的商业往来中占得先机。

然后，亚当斯又将讨论的重点转移到了对俄国的态度上。他说，美国有机会"站出来反对'神圣同盟'，同时拒绝英国的提议，这样我们就可以让俄国和法国明白无误地宣示我们的原则。比起在英国身后做小跟班，这种做法更坦诚，也更有尊严"。由此，亚当斯把辩论的主题从坎宁的提议转移到了美国立国原则的问题上，从而占据了美国国家自豪感的高地。

会议结束后，亚当斯留了下来。他劝说门罗把和俄国的交涉以及对坎宁的回复看成"一个完整的政策系统的两个组成部分，且能互相适应"。就像梅教授所指出的，亚当斯肯定已经发现，如果美国和英国发表联合声明，那么他在总统竞选中的那些"恐英派"对手一定会利用这个绝佳的机会对他施以攻击。[39]

接下来的一周，门罗知悉法国已经占领了共和派在加的斯的最后一个堡垒，君主政权控制了西班牙全境。门罗还听到一个传闻，说法国舰队已经准备把西班牙部队运送到美洲。门罗开始有了危机感。11月15日、18日和21日，内阁会议继续召开。亚当斯在辩论中处于守势。根据亚当斯的记录，卡尔霍恩在听到"神圣同盟"正在采取行动的报告后"极度不安"。亚当斯反击道，拉美人民已经赢得了独立，他们并非不堪一击。退一步讲，如果欧洲人真能像卡尔霍恩担心的那样轻松击溃那些新政府，那么美国也就不应该"为了一艘连上面的老鼠都已经跳海了的船而付出自己的生命和财富"。

亚当斯还用两份新的报告增加了自己在辩论中的优势。第一份是11月16日收到的拉什的报告，上面说，坎宁对联合声明的热情似乎有所消退。亚当斯曾提醒过，英国可能会反悔，现在看来这种可能性正在增加。第二份是11月17日收到的图伊尔男爵带来的一份通函，内容是俄国外交大臣卡尔·涅谢尔罗迭（Karl Nesselrode）祝贺法国击败西班牙革命者。实际上，俄国是在庆祝由君主国家组成、受上帝眷顾的"新政治体系"的形成，这个体系将会保护合法政权免遭那些异端邪说或犯罪行为的威胁。亚当斯说，美国必须对俄国这种得意扬扬的声明予以回应。[40]

亚当斯还拥有一个官僚系统内的优势：他是外交文书的"执笔人"。在总统的授意下，亚当斯对拉什提出了回复坎宁的指导意见。这份指导意见与坎宁提出的五点建议一致，但是加上了限定条件，并做出了道德化的调整。亚当斯的指导意见草案最后保留了两国各自发表声明的可能，前提是双方政府能够按照亚当斯的设想达成一致。如果双方将发表联合声明，那么拉什必须向华盛顿汇报。[41] 亚当斯在想办法拖延时间。

亚当斯还向总统和其他内阁成员解释，他正在准备一份文件以驳斥沙皇的声明，总结美国的原则，同时表示不会将美国的原则强加给欧洲，并要求欧洲也不要把自己的原则强加给美洲。亚当斯似乎准备把对俄国的回应写成美国政策的备忘录。[42]

11月21日的内阁会议上，门罗拿出了自己的一份草稿：这是他准备在11天后向国会发表的国情咨文。门罗想要对美国的公众和全世界解释美国处理国际关系的方式。它已经超越了华盛顿告别演说中那种谨慎、防御性的姿态。

门罗在草稿中采用了亚当斯的措辞，承认与俄国就北美洲西北海岸的谈判进行得十分愉快，但他同时表示，美国的原则是欧洲不应该再在美洲建立任何殖民地。此外，门罗还提议谴责法国对西班牙的入侵，承认希腊独立，并建议派遣一名公使到希腊。

亚当斯对门罗的草稿反应强烈。他警告门罗，这份文稿将引发"爆炸性"的后果。"这将成为一份战争檄文：对整个欧洲宣战,而且是为了纯粹的欧洲内部事务——希腊和西班牙——而宣战。"他预测西班牙、法国和俄国都将与美国断绝关系。第二天,亚当斯私下找门罗阐述自己的意见。他告诉门罗,对于美国历任总统,尤其是那些即将离任的总统来说,最大的考验就是:你将给这个国家留下什么遗产。他恳求门罗,这个"共和国的黄金时代"的尾声必须是和平的,不能陷入战争的风险,走错这一步,门罗过往的所有成就都会被玷污。亚当斯提出了自己设想的原则:美国不应干预任何纯粹的欧洲内部事务,这样就可以换取欧洲不以武力染指南美。他建议,美国可以对西班牙和希腊表示同情,但不应让"神圣同盟"解读成对它们的敌意。总统可以让国会去表达对希腊的支持,自己则优雅地退居其后。在此后的很多年里,多任精明的总统都曾如此利用宪法规定的三权分立原则来获取外交优势。两天后,门罗对亚当斯朗读了他修改过的草稿,国务卿"非常满意"。[43]

不过,对门罗宣言的辩论还没有完全结束。11月25日,在此前的会议中不是缺席就是保持沉默的美国总检察长威廉·沃特（William Wirt）提出疑问,称总统在宣言中不应该把南美的独立和美国的安全联系在一起。他怀疑美国公众也许会"支持政府为南美的独立而战"。如果欧洲人介入西半球的事务,美国应该如何回应？没有人对沃特的这个问题给出令人满意的答案。[44]

门罗宣言

1823年12月2日下午2点,信使把总统的国情咨文递交给了众议院和参议院的书记员。从杰斐逊上任开始,总统们都会把每年一次的国情咨文以书面形式发布。伍德罗·威尔逊则开创了现代的传统,即在国会以演讲形式发布国情咨文。这类年度宣言的内容覆盖范围很广,最后往往会变成一个事无巨细的清单式文件。例如,门罗 1823 年的国情咨文共有 6 397 个单词,讨论的话题包括邮局、坎伯兰路、财政以及外交。

在这篇宣言中,后来被称为"门罗主义"的内容是三个互不相连的自然段,加起来不到 1 000 个单词。但是,为了说明这些段落在上下文中的关系,我们有必要先复述一下门罗的开场白和结尾。门罗在开头写道:"自从革命建国以来,我们从没有一个时期像现在这样需要更强烈的爱国主义和更强大的联邦。"这个国家在 1820 年制定了《密苏里妥协案》(Missouri Compromise),在领土扩张的过程中保持了自由州和蓄奴州之间的平衡。门罗强调,国家安全的最大威胁来自内部冲突。他在最后一段中称赞了美国从 19 世纪到 20 世纪初外交政策的两大原则——联邦和扩张。用门罗的话来说就是,"人口的扩张以及将新的州纳入我们的联邦",将会"让我们拥有[更多的]资源,也会增强我们作为一个强国的国力和责任"。

在开头和结尾之间,门罗阐述了定义美国安全以及国家使命的三个理念——这三个理念比美国在建国初的 30 年所奉行的原则更具扩张性。第一,在谈到与俄国的讨论时,门罗宣称:"美洲大陆拥有美洲人自己争取和维护的自由与独立,因而不应被视为任何欧洲强国未来的殖民对象。"美国把西半球的欧洲人都视为对美国安全的威胁,因此美国希望中止甚至逆转旧世界的扩张。美国也会批评殖民主义的思想。亚当斯反对旧的欧洲体系,既是因为其商业上的垄断,也是因为其政治上的统治。值得一提的是,美国政府现在是在代表整个新世界发表对殖民主义的反对意见。

第二，门罗承认美国与欧洲旧世界的联系——无论是历史的还是现在的。美国人"怀有这样的感情……祝福大西洋那边的人类同胞自由和幸福"，并且将"怀着不安和关怀的心情注视着欧洲"，但是会与"欧洲列强之间的战争"划清界限。美国"不会干预[欧洲]列强的任何内部事务"。美国认为自己是大西洋世界的西方明星，不但是大西洋东岸人们的商业往来对象，更有可能成为给他们带来希望的明灯。但是，美国人不想卷入欧洲的旧政治、竞争和冲突之中。

第三，西半球和东半球是不一样的。"神圣同盟"任何试图将自己的政治体系扩展到美洲的行为都会"危及我们的和平与安全"。任何试图镇压和控制美洲独立政府的行为都会"[展现出]对美国的不友好态度"。美国尊重南美人建立自己的政府的权利，欧洲也应该如此。"神圣同盟"声称专制主义应该是占据统治地位的意识形态，美国正在以共和主义代表的身份站出来——至少是用语言——面对这一挑战。不过，美国也提议在国际关系中实行一种新的互惠原则：美国以初生牛犊不怕虎的精神提出，如果欧洲尊重美洲的意愿，那么美国就不会干涉欧洲事务。

门罗宣言还从另一个角度挑战了当时的国际秩序。门罗主张"公开外交"。他的公开宣言面向的是公众意见的力量，而不是贵族议会、会客厅或者秘密条款等政府层面的权力。[45]

门罗批准了亚当斯对俄国方面的回复，以及这位国务卿对拉什如何回复坎宁的指导意见。总统删除和修改了亚当斯文本中一些过于激进的措辞，但结果难说是好还是坏。美国仍不清楚欧洲将对拉美采取什么行动。门罗希望为美国与英国的关系留有余地。在写给杰斐逊的一封信中，门罗说他的政策正在致力于让美国和英国之间出现结盟的可能，前提是坎宁对此仍有兴趣。[46]

反应

实际上，坎宁不感兴趣。9月到10月之间，惠灵顿对坎宁说，法国无意发动一场跨大西洋的侵略行动。10月，坎宁告诉法国大使波利尼亚克亲王（Prince Polignac），英国不会允许欧洲国家干涉前西属美洲地区的事务。没有迫在眉睫的危机，坎宁就很难说服英国内阁同意与美国发布联合声明，更不用说满足美国提出的承认拉美政府的条件了。

门罗的宣言送到坎宁这里的时候已经晚了一步，造成了一些尴尬。英国的辉格党反对者指责政府对欧洲保守派的反击过于软弱，而且把领导权拱手让给了美国。门罗的公共外交也使正在逐渐成形的英-美公众意愿凸显出来。一向对美国不怎么友好的《泰晤士报》赞扬门罗宣言，称其是"一个非常英国式的政策"。《经济学人》则认为"把门罗主义称为坎宁主义可能也没问题"。坎宁为了挽回局面而公布了他之前警告法国大使的备忘录。到了1825年初，英国承认了拉美各政府，进而与它们开展商贸往来，且远远超过了这些国家和美国的商贸关系。坎宁后来自夸道，是他创造了一个新世界，改变了旧世界的力量对比。[47]

大多数欧洲大陆的人都对门罗宣言的出台背景一无所知，且都对其大胆的假设表示震惊，感到自己被冒犯。奥地利的克莱门斯·冯·梅特涅伯爵（Count Klemens von Metternich）指出，"这个不得体的宣言……指责并嘲笑了欧洲的体系"，挑起的矛盾"不仅限于国家与国家之间，还包括宗教与宗教之间"。他还说："如果任由这种歪理邪说和恶劣的榜样在整个美洲土地上泛滥，那么我们的宗教和政治体系，我们政府的道德力量，我们那保证了欧洲不会被彻底分解的保守制度会变成什么样？"[48] 梅特涅对共和主义的恐惧也许是对的。1848年的欧洲自由主义革命虽然失败了，却把梅特涅拉下了台。

沙皇亚历山大认为，美国的表态"配得上最强烈的鄙视"。就像欧洲的其他君主一样，他决定无视门罗的宣言。一些欧洲人认为门罗宣言反映的只是美国的内政，这是共和制国家外交政策中的一个缺陷。同样糟糕的是，美国人负有"物质主义"的罪行，他们没有正经的军队，他们只想挣钱。[49]

与此相反，亨利·克莱对亚当斯说，关于外交政策的那几段话是"[总统]国情咨文里最好的部分"。克莱乐见美国与欧洲的分离，甚至认为应该"宣布美国将为所有逃出压迫统治的流亡者提供庇护"。[50]

从声明到主义

随着时间的流逝，门罗的声明发展成了门罗主义。后来的历任总统都会根据变化的局势，为这一发表于1823年的宣言赋予新的含义。这些经验也帮助美国人认清了美国外交政策中"西半球理念"的潜在好处和风险。

从最保守的角度来说，门罗的宣言是"美国第一次对一桩没有直接威胁到美国公民或领土的国际争端公开表明立场"。权威的门罗主义研究者、历史学家德克斯特·珀金斯（Dexter Perkins）指出，门罗主义"从广义上来讲，是美国方面禁止欧洲将其影响力和权力扩大到新世界的禁令"。珀金斯写下这些话的时候是1941年，当时美国正面临着是否要介入二战的问题。他还表示，很多人将门罗宣言与"把新世界和旧世界分割开的原则"联系在一起，认为它是"不结盟、不与任何欧洲强国绑定的原则的补充和衬托"。珀金斯后来在冷战时期写就的著作中把19世纪和冷战时期的国际秩序做了比较：前者是旧世界和新世界的对立，后者则是东方阵营和西方阵营之间的对立。[51]

从更积极的角度来说，詹姆斯·特劳布在21世纪初将门罗宣言描述为"把赤裸裸的权力主张和对全球理想的宗教式情感以独到的方式融为一体，并成了美国外交政策的思想之源"。[52] 美国的领导人和许多民众往往把门罗宣言看作美国在美洲的"半球影响力"的宣示。[53]

我更喜欢伊莱休·鲁特（Elihu Root）和查尔斯·埃文斯·休斯（Charles Evans Hughes）对门罗宣言的评价。这两位都在20世纪初担任过国务卿，将分别在本书第8章和第9章登场。他们两人都认为，门罗宣言是在自卫权利的基础上，针对那些可能会危及美国安全的行为所做出的声明。他们回避了所谓的干涉较弱的美洲国家的权利、控制权和宗主权，乃至根据国际法提出的领土主张。他们总结道，门罗主义不应妨碍泛美合作以及美国和其他地区的关系。他们强调，门罗的词句支持的是独立，而不是孤立。[54] 实际上，门罗传记作者亨利·阿蒙（Henry Ammon）把总统的宣言称为"外交层面上的独立宣言"。[55] 对于亚当斯来说，这份宣言阐明了美国的反殖民主义原则，同时仍保有把行动集中在优先事项——北美——上的自由，不为欧洲事务分心。门罗宣言说明的不是美国会怎么做，而是欧洲不应该怎么做。[56] 两年后，亚当斯和克莱面对的就是这样的问题，这一次他们两个人携手合作。

亚当斯总统和克莱国务卿

1824年的总统选举竞争十分激烈，约翰·昆西·亚当斯最终成为美国的第六任总统。安德鲁·杰克逊将军在选举人票数和普选票数两方面都微微领先于亚当斯，但他获得的选举人票数未达到法定多数的要求。根据宪法，总统将由众议员们选出，每个州可以投一票。在第一轮投票中，亚当斯在亨利·克莱的支持下获得了13票，杰克逊只有7票，正在生病的威廉·克劳福德（William Crawford）获得4票。当选总统后，亚当斯邀请克莱担任国务卿，后者接受了邀请。这一举动被杰克逊的支持者指责为违背民意的"腐败交易"。亚当斯和克莱两人后来都为此付出了政治代价，他们的外交政策也同样受损。

亚当斯和克莱都认为美国应该拓展其在北美洲的领土，并推动美国与全世界的贸易往来。克莱还想为美国设计一个更为积极的美洲战略，与门罗的防御性宣言形成互补。

西半球战略从防御到主动：克莱的"好邻居"政策

早在1821年，武力解放了安第斯各共和国的西蒙·玻利瓦尔（Simon Bolivar）就提议拉美新成立的国家举行会议，考虑组建"联合、联盟或永久性的联邦"。玻利瓦尔对美国比较警惕。但是，1825年，墨西哥、哥伦比亚和中美洲联合省都知道了克莱的半球合作主张，他们呼吁在巴拿马（当时是大哥伦比亚的一个省）举行一次大会，并邀请美国这个北美洲的共和国参加。亚当斯对这个提议比较谨慎，但克莱说服了他。1825年12月，亚当斯在他给国会的第一篇国情咨文中宣布，美国将接受邀请，参加巴拿马大会。[57]

克莱在给代表团成员们的指示中描绘了一幅其美洲政策的诱人前景。他相信，这份长达1.8万个单词的官方文件将成为他一生中最重要的作品之一。[58]

克莱的总体思想是一项被称为"好邻居关系"的政策。富兰克林·罗斯福在100多年后也提出了字眼略有不同的"好邻居政策"）。克莱相信，美国有机会抛开陈旧的偏见和过时的手段，确立起新的"可能促进和平、安全和幸福"的美国原则。克莱特别想确立有关商业、航海、海洋法、中立和交战国权利的原则。他强调，美洲的自由贸易不应给外国（这里指的是英国）优惠待遇。海上财产权应得到与陆上财产权相同的保护，这也是美国一直想要实现的目标。克莱支持自由更改国籍和移民的权利，他甚至呼吁"对宗教自由宽容"。克莱希望美国的影响和制度实践能够对拉美的新共和国起到指引作用。如果美国的原则成为整个半球的原则，那么这些原则最终就可能扩散到更广阔的区域。

克莱相信，美国的中立政策——与欧洲复杂的同盟关系相反——已经说服欧洲列强承认美洲国家的独立。他的分析不是很可靠，但很切合当时的形势。按照他的说法，美洲国家当时并不需要一个"攻守同盟"。克莱对这个半球的希望源自美国的独立经验、经济实力和中立性——这些因素加起来，创造出了一个新的联邦制强国。克莱在美国国内就是"内部发展"的倡议者，他也不出意料地成了第一个代表官方对在中美地峡修建运河的计划表示出兴趣的美国人。[59]

克莱关于西半球合作计划的设想似乎很受美国公众的欢迎，但这一计划却被残酷的国内政治扼杀。杰克逊的支持者指责亚当斯和克莱放弃了中立与独立的原则，使美国卷入拉丁世界的冲突，并煽动了革命和种族战争。对于一些人来说，拉丁美洲的种族和宗教是一道翻不过去的坎儿。1826年初，在国会整个会期中，亚当斯政府都在努力说服参议院批准派代表团参加巴拿马大会，以及拨款支付参会经费。[60]

克莱派往巴拿马的代表团霉运连连。一名代表在路上死于热带疾病，另一名直到会议休会时才刚到墨西哥城。大会原定在墨西哥的塔库巴亚召开第二次会议，但这一计划不了了之。由于美国代表没赶上巴拿马的会议，英国代表钻了空子。他们愉快地指出，美国人的缺席十分可疑，这说明他们对拉美国家并不重视。[61] 这次外交挫败预示了美国与拉丁美洲之间那让人不断失望的伙伴关系——之后就是隔阂和不满——这种恶性循环一直持续到今天。

遗产

欧内斯特·梅教授写道，英国1823年的提议给美国的外交提出了一个根本性的问题：美国是要在欧洲的政治银河系里做一颗行星，还是在独立的美洲行星系里做中央的那个太阳？

约翰·昆西·亚当斯和詹姆斯·门罗都认识到，美国运转在一个由欧洲列强所主宰的大西洋世界里。他们两人都在欧洲担任过外交官，知道欧洲人对美国共和实验的敌意。门罗愿意考虑美国如何利用欧洲的内部分歧，他正是靠这样的手段帮美国买下了路易斯安那。

亚当斯倾向于拉大美国和欧洲外交的距离。他也会在欧洲列强中纵横捭阖，但他不想卷入除了商业关系外的任何其他关系之中，因为这可能会使欧洲人有借口插手美洲其他地区的事务。美国的中立和独立证明了共和主义的可行性，因而有助于维护这个新国家的团结。

亚当斯的让疆域横贯大陆的主张和维护国家独立的想法密不可分。他希望美国主宰自己所在的这片大陆。领土扩张可以让国家更加安全，带来经济和人口的增长，提升美国的国力。当上总统后，亚当斯推动美国建立一个涵盖基础设施、教育、商业和科学方面的全国性规划，以增强美国的力量，但他的努力并未获得成功。

"神圣同盟"对拉美新生共和国的挑战给了亚当斯一个机会，让他把自己的地缘政治观念和自由、共和的意识形态结合起来。他希望殖民国家把西半球让给美洲的共和制政权，作为回报，他承诺不干预欧洲的政治。

詹姆斯·特劳布认为，在美国的外交政策领域，乔治·凯南等后辈现实主义者都会把亚当斯1821年7月4日的演讲——包括其中对含义广泛的"寻找并摧毁那些'怪物'"的警告——当作"某种开山之作"。基辛格在《大外交》中引用了亚当斯的话，认为他的思想比伍德罗·威尔逊的理想主义更具智慧，而后者试图把美国的外交政策建立于道德准则之上。亚当斯把美国的利益和它的普世愿景区分开来，这些现实主义者对此十分推崇。他们都像亚当斯一样，对美国在海外做善事的能力持怀疑态度，即使是那些动机最为崇高的行动。

如果亚当斯是一个外交政策的现实主义者，那么——正如特劳布所指出的那样——他代表的是一种美国式的现实主义。亚当斯对美国的道德崇高性和它的共和体制有强烈的信仰，而他又能将这种信仰与国家利益和目的与手段的匹配结合起来。亚当斯也能像约翰·肯尼迪、罗纳德·里根或乔治·W. 布什（George W. Bush，即小布什）那样热情地谈论自由。但是，在19世纪20年代，亚当斯依据自己的经验，怀疑拉丁美洲人——在这件事上也包括欧洲人——不具备相应的政治文化、理性思维和制度去完成建立并维持民主共和政权的艰难任务。回过头看,亚当斯的想法既是对的,也是错的。

亚当斯的美国式现实主义为美国外交贡献了一个很有价值的辨析,那就是:任何人自我管治的**权利**都不能等同于一个社会用民主制度管治自己的**能力**。亚当斯后来曾做过解释,自由必须构建于一群平等的人做出的共同承诺之上,而不能被一个外在的权力赋予或赠予。本杰明·富兰克林对此的解释更加通俗易懂。有人问富兰克林,费城的制宪会议上产生的是一个什么类型的政府,这位美国的第一任外交官答道:"是共和政府,如果你能让它维持下去的话。"[62]

在亚当斯之后,很多试图在外国土地上推广民主的美国人发现,亚当斯当年的很多警示都是有意义的。不管怎样,亚当斯都相信共和主义和自由是维持社会健康、繁荣与自由的基础。他对权力的追求是为这些原则服务的。实际上,离开总统职位之后,亚当斯意识到美国的奴隶制已经腐化了共和政府,他愿意冒着联邦解体的风险去消灭奴隶制。

亨利·克莱在地缘政治的共和主义上比亚当斯走得更远。克莱构想了一个共和制的西半球,整个美洲——包括北美和南美——的各个共和国将创造出新的治理模式,无论是在国内还是国际上都是如此。他想用积极的政策把亚当斯稍显保守的宣言再往前推进一步。

亚当斯和克莱都曾经历过挫折和沮丧。但是,他们的思想却对后世形成了持续的影响。他们的大陆民族主义取得了成功。美国的经济实力、贸易和国力都发展到了前人从未想象到的程度。共和主义在世界各地取得了成功,只是也经常遭遇挫折和威胁。不过,亚当斯和克莱都认为,他们的首要任务是维持共和制联邦的存续。到了1861年,这个联邦已经濒临解体。[63]

第 4 章

维护联邦与和平扩张：
亚伯拉罕·林肯和威廉·西沃德

"一次只打一场战争"

亚伯拉罕·林肯（Abraham Lincoln）就任总统后不到一个月，1861年4月1日，国务卿威廉·西沃德（William Seward）给了林肯一份"思考"备忘录。他在其中的提议后来被称为"对外战争锦囊计"。在文书的开篇，国务卿对林肯政权提出了尖锐的批评，认为其成立一个月后既没有国内政策，也没有外交政策。已经有6个州宣布退出联邦，但查尔斯顿港的萨姆特要塞（Fort Sumter）仍在联邦的控制之下。西沃德知道，与海地共享伊斯帕尼奥拉岛、位于该岛东部的圣多明各（1821年宣告独立）正处于经济困难时期，而且出现了民众骚乱。应多米尼加总统的请求（为了抵御海地），西班牙派出军队占领了这个曾是自己殖民地的国家。西沃德想利用这一事件，把美国公众的注意力从关于奴隶制的辩论转移到联邦的命运上。他要求西班牙和法国（法国可能是因为海地而被牵扯进来）解释自己的行动，否则就将面临战争。西沃德还向英国和俄国抛出了不太明确的要求。为了避免在南卡罗来纳触发战争，他建议林肯放弃萨姆特要塞。这位国务卿真正的目标似乎是把领导权从林肯那里夺过来，以制定一个清晰的政策方向，应对联邦的解体危机。

林肯当时正在生病，他当天就给西沃德写了一封礼貌而又简短的回信。这位总统无视西沃德提出的再打一场战争的建议，并且直接拒绝了西沃德接管政府的请求。林肯的结论是，如果一定要制定政策，"那必须是由**我**来"。

西沃德不同寻常的提议，反映了他在国家生死存亡的关头万分焦急的状态。1861年4月，林肯的领导能力还没有得到过证明，他也没有表现出任何领导经验。西沃德要的是一个解决国家分裂问题的方案——同时也是为了让自己在权力之路上更进一步。林肯愿意把这起事变放在脑后，显示了他强大的自制力。林肯的政策判断力也同样超群。[1]

没过多久，西班牙吞并其前殖民地的做法便招致了多米尼加人的起义。西沃德问林肯，美国是否应该支持多米尼加人。如果美国这样做，就会令美国与西班牙的关系更加紧张，而当时林肯政府正力图避免欧洲人对南方的邦联施以援助。可是，如果美国不支持多米尼加人，那么似乎就表明接受了欧洲帝国重新染指西半球的事实，违背了门罗宣言。

林肯用一个牧师的故事回答了西沃德。这位牧师警告教区内的一名信徒，说他面前有两条路：一条"直通地狱"，另一条"要遭天谴"。那个穷苦的信徒说，如果面临这样的局面，"我会选择穿过树林"。林肯解释道，现在的情况不允许美国"引来新的麻烦，或承担新的责任"，所以，他会"穿过树林……并保持诚实和严格的中立态度"。[2]

关于南北战争的研究著作大多数都把关注点放在了战斗和将军们身上，近期还有一些著作考察了这场战争的社会影响。然而，只有寥寥数本著作关注到了一个决定了联邦命运的故事：亚伯拉罕·林肯和威廉·西沃德是如何挫败那些本可能会拯救邦联叛军的外国势力的。[3]

4年多之后，林肯的实用外交原则被总结为"一次只打一场战争"。只有把威胁和克制结合起来，才能把这一原则运用好。[4]

1861年的世界

1861年4月，南北战争的第一炮打响之时，国际秩序也处于混乱之中。拿破仑时代之后的欧洲协调（Concert of Europe）——当然，还有"神圣同盟"——正在瓦解。1848年的自由主义革命以及民族主义的复兴，动摇了君主政体的稳定性。英国和法国刚刚在克里米亚与俄罗斯帝国展开一场混乱的血战。1859年，法国的拿破仑三世（Napoleon III）以解放意大利为名，与奥地利展开战斗，但各方都没得到自己想要的。英国和法国的同盟并不和谐，互相猜忌的问题很严重。普鲁士实现民族统一的志向使"日耳曼问题"以更新、更有力的形式再次出现。

与欧洲权力平衡的变动——甚至还有国家疆界的变化——相伴的，还有意识形态方面的不稳定。人们对实力和进步的来源的认识正在发生变化，除了那些传统的权力要素，即领土、资源和人口外，欧洲列强们又在新的领域展开了竞争。新的战略家逐渐认识到，资本、银行系统、市场和技术也是潜在的权力——这一点与多年前汉密尔顿的观察具有一致性。科学的突飞猛进使人们意识到，世界不会再按部就班地发展，而是即将迎来一个充满活力的时代。查尔斯·达尔文（Charles Darwin）的研究被赫伯特·斯宾塞（Herbert Spencer）应用于社会层面，改变了人们看待国家竞争的视角。铁路和蒸汽船创造了一场交通革命，改变了时间和空间的概念。信息传播也进入了一个新的时代，识字人口增多，出版物数量激增，覆盖范围极广的电报系统诞生，甚至还出现了越洋电缆。

全球各地都处于剧变之中。1857年的印度民族大起义（Mutiny）震惊了英国。19世纪50年代，太平天国运动差点推翻清王朝在中国的统治，这场残酷的内战造成约4 000万人死亡。同样在19世纪50年代，海军准将马修·佩里（Matthew Perry）"打开"日本国门，逼迫其开埠通商。随后，德川幕府倒台，使日本的现代化主义者得以上台推动改革，并让这个亚洲强国实现了在这一时代的第一次崛起。[5]

到了1861年，"瓜分美洲"的时代还没完全结束，但结局看起来已经明确了。欧洲人虽然多有不满，但都只能屈服于美国。即使是美国在西半球最强大的对手英国，其首相巴麦尊勋爵（Lord Palmerston）也承认："这些'扬基佬'……占据了那个位置，他们很强大，对美洲事务非常感兴趣，厚颜无耻，不讲信用，可以不择手段地去实现他们的目的。"此外，美国和英国之间密切的经济联系也说明，经济的相互依存已经成为国际关系中的重要因素。英国经济的主要引擎之一是纺织业，棉花的年交易额达到6亿美元（相当于英国总出口额的一半以上），并创造了500万个工作岗位。英国的棉花有75%～80%是由美国供给的，在1860年棉花丰收之后，这一比例提高到了85%。1846年，英国废除《谷物法》，将其粮食市场对外开放。在这之后，从美国进口的小麦、面粉和玉米占英国总需求的比例从25%上升到了1861年的41%。反过来，英国也在美国的运河、铁路和企业中进行了大量的投资，拥有价值约4亿美元的美国证券。[6]（为了便于比较，我在这里给出美国政府1860年的总开支：6 310万美元。）

然而，北美仍存在一些可能会引发美欧冲突的热点地区。最容易产生矛盾的是加勒比地区。墨西哥在1846—1848年的美墨战争中丧失了三分之一的国土，战争结束后也一直没有稳定下来。西班牙仍占有古巴和波多黎各，但这些岛屿似乎很容易受到本土叛乱和外国势力的威胁。

南方的期望

南方的主张分裂者"希望能够快速得到承认，或者进行英明的干涉"。[7]南方邦联的领导人们相信，欧洲人会欢迎这个削弱北方的机会，因为他们可以借此削弱"扬基佬"的商业竞争力，并在北美创造出一个各州之间互相竞争的、更类似于欧洲的系统。邦联还把希望寄托于欧洲对"棉花国王"的依赖之上。1861年，南方的领袖们在联邦完成封锁之前就心照不宣地共同实行棉花禁运，想逼迫欧洲承认邦联。南方叛军还相信，欧洲的贵族们会被南方的没落骑士抵抗北方资产阶级和激进民主政权的故事所吸引。在意识形态方面，南方人对奴隶制的维护在南北战争爆发前的这段时期有所增强，这使他们没有注意到欧洲人对奴隶制的敌视。[8]英国人买了100万本哈丽雅特·比彻·斯托（Harriet Beecher Stowe）于1852年创作的切中时弊的小说《汤姆叔叔的小屋》，而此书在美国才卖出30万本。这本书促使英国的反奴隶制呼声再次高涨。就连被人称为"30年都没读过一本小说"的首相巴麦尊都说自己把斯托夫人的著作读了3遍。[9]

国务卿西沃德

在多丽丝·卡恩斯·古德温（Doris Kearns Goodwin）出版《林肯与劲敌幕僚》(*Team of Rivals*)之前，林肯的文官班子成员一直掩藏在林肯的光辉形象背后，很少受到关注，包括国务卿西沃德。[10]此人来自纽约州北部，就任国务卿时不到60岁。英国《泰晤士报》的威廉·拉塞尔（William Russell）曾在早年间拜访过西沃德，他是这样描述的：这位新任国务卿"身材中等、瘦弱，有点驼背……这是久坐的习惯造成的。结实、硕大的脑袋向前探出，散发着求战的欲望，那敏锐的眼睛仿佛是在寻找敌人……目光深邃而有穿透力，说话生动幽默"。他一定有一双非常引人注目的眼睛，还有一个大鹰钩鼻子和一对灰白色的眉毛。这使他活像一只时刻保持警觉的鸟，随时准备鸣叫或发动攻击。[11]

西沃德有时会"轻率、鲁莽、喜怒无常"，不太符合外交官身份的要求。[12]但是，他也"精明、勤奋、狡猾、顽强"，同时待人热情，有魅力——这些则比较符合标准。可以肯定的是，西沃德从来都不是什么省油的灯。林肯无疑平衡了西沃德性格中一些霸道的因素，两个人形成了牢固的搭档关系，也建立了深厚的友谊。他们都喜欢幽默和讲故事，对人性的理解都很深刻。他们都能在19世纪中期动荡不定的美国民主政治中生存发展，能在占统治地位的民主党之外通过选举爬上高位，懂得如何写作、讲话，知道如何使用计谋并结交新的盟友。他们两人都欢迎移民，会关注在海外出生的美国人。在这个更加开放和民主的时代，他们对新生的大众民主制度都有着一份感情——无论是在国内还是国外。只不过，他们对幽默的嗜好往往会让古板的欧洲官员们感到困惑。西沃德甚至在国务院创立了一个沿用至今的规矩，那就是每年出版一部外交公文汇编。最重要的是，西沃德逐渐变得尊重这位击败过他的总统，而且他们相互信任，分享见解和悲惨经历，并且都拥有维护联邦的执着信念。

西沃德的智慧远超政治层面。他会在历史和当下的形势间寻找联系。此人游历甚广，曾在1833年和1859年分别在欧洲和中东深度旅行。他根据自己对商业、全球政治和科技发展的判断，对各个地理区域未来数十年的发展做出了预测。西沃德曾写过一本充满赞美之词的约翰·昆西·亚当斯传记，西沃德曾在亚当斯卸任总统后拜访过他。有些学者把西沃德视为亚当斯的"逻辑上的接班人"。[13] 亚当斯和西沃德都相信，只要把联邦保留下来，美国的能量、活力和进取精神就可以创造出一个新系统，并超越欧洲的旧秩序。但这一切的前提是，美国要存续下去。

西沃德的表态

西沃德认为，刚刚下台的詹姆斯·布坎南（James Buchanan）政权在反对分裂的问题上没能使出太大力气。林肯的一些盟友警告说，美国的驻外使节已经把南北分裂当作一个既成事实来谈论。为了扭转这一局面，西沃德指示新任的驻英、法两国公使，要求他们对分裂运动做出坚决、明确的表态：第一，这绝不是两个国家之间的竞争，而是一场将要被美国政府镇压的内部叛乱；第二，政府并没有在进行一场意在消灭奴隶制的道德战争；第三，最重要的是，美国会把任何承认叛军的行为视为不友好的举动。[14]

整个内战期间，英国、法国及欧洲其他国家的政府都怀疑北方能否重新夺回对南方的控制权。欧洲人相信美国联邦政府早晚都要被迫面对现实。英国人回忆起，康华里勋爵（Lord Cornwallis）曾在独立战争期间将军队推进到美国的南方，但未能控制那里辽阔的土地。北方想强迫 900 万南方人投降，此时看起来几乎是不可能完成的任务。《泰晤士报》自以为是地幸灾乐祸道，北方应该"接受现实，就像我们 80 年前那样"。欧洲人完全不了解，那时北方的经济发展迅速，已经有能力打一场现代化的、多线作战的战争。因此，西沃德不得不反复强调，无论耗费多长时间，花掉多少金钱，北方政府及公众已经下定决心平息叛乱。任何在美国危难之际趁火打劫的国家都将付出巨大的代价。西沃德玩的是边缘政策（brinksmanship）——但是他要小心不能玩过火，以免激起欧洲国家的愤怒。[15]

封锁与交战

4 月 12 日，邦联首次炮击了萨姆特要塞。林肯和西沃德在此次事件后采取的第一个外交行动中很好地维持了平衡。年迈的将军温菲尔德·斯科特（Winfield Scott）提出了一个"蟒蛇计划"（Anaconda Plan），意图将南方叛军缠绕到窒息。这一计划要求美国海军掐断南方的补给。但是，海军服役的舰艇大概只有 42 艘；而且，海军部部长吉迪恩·韦尔斯（Gideon Welles）向林肯汇报说，这些舰艇中只有 12 艘能马上投入行动，但它们要封锁的大西洋和墨西哥湾海岸长达 4 828 千米。

韦尔斯倾向于采取的方案是，根据国内法宣布关闭南方的港口。之后，美国海军将在美国的海域巡逻，拦截试图接近南方港口的船只——无论是叛军的船只还是中立船只——向其收取关税或施以罚款。

英国驻华盛顿公使理查德·莱昂斯勋爵（Lord Richard Lyons）的表态给美国提供了另一种方案。他警告西沃德，如果美国海军查抄英国舰只，那么英国政府很可能会在巨大的压力下使用武力打开这些港口。交战国之间的封锁本是国际法承认的合法行为，封锁的规则广为人知，本身就十分依赖海上霸权和封锁行动的英国人对这一规则尤其了解。中立方可以继续进行非违禁品贸易，棉花就是其中之一。实际上，封锁港口可以扼制战争补给和南方的海上运输，会限制贸易，但不会使贸易完全停止。国际法不支持那种执行不力的"书面封锁"，但是英国海军部有兴趣加强封锁的效果。美国人在拿破仑战争期间已经吃到了这样的苦头。

4月15日，林肯对他的内阁解释道："[我们]在同一时间内打不起两场战争。"4月16日，这位总统在西沃德的催促下宣布实施封锁。随后，林肯开始利用自己的行政权力扩充海军规模。到了1865年时，美国海军的规模已经成为世界第一。[16]

然而，林肯虽然关闭了通往南方港口的部分航路，却因此在国际地位方面给邦联打开了门锁。尽管北方始终坚持表示南方发生的是一场叛乱，并没有建立一个国家，但按照国际法对战争的规定，封锁行为只能发生在两个交战国之间。

5月13日，英国推开了这扇门。维多利亚女王（Queen Victoria）宣布中立，确认美洲正处于交战状态，并承认邦联交战国的身份。新任美国驻英国公使是约翰·昆西·亚当斯的儿子——查尔斯·弗朗西斯·亚当斯（Charles Francis Adams）。他刚刚抵达英国赴任，就在从利物浦到伦敦的火车上读到了这条新闻。没过多久，法国、西班牙、荷兰和巴西都跟在英国后面做了相同的表态。

英国并没有承认邦联的独立。实际上，英国政府的想法是避免在南北冲突中站队,至少也要等到战场形势明朗之后再说。英国政府命令英国人不要加入南北任何一方的陆军或海军,不要给双方的舰只提供武器或装备,不要破坏合法的封锁,也不要运载军事物资和违禁品。凡是违反上述命令者,英国将不再对其提供保护。另外一方面,邦联的船只可以获取非军用的补给品,也可以使用英国港口。南方可以从英国募集资金并购买武器。同样重要的是,英国的声明燃起了南方叛军的希望。他们认为,只要邦联在战场上展现出勇气,那么他们的独立很快就会得到承认。

"这帮该死的,我要让他们下地狱。"西沃德听到消息后怒骂。北方对英国的仇恨此后持续了很多年。英国政府做出这样的声明十分合理,但还是显得操之过急了,毕竟当时南北方连一场大规模的战斗都没打过。更糟糕的是,外交大臣约翰·拉塞尔勋爵(Lord John Russell)刚刚与三位叛军代表进行了非正式会晤,英国甚至都没等到新任美国驻英国公使到任就做出了这些安排。为了缓解双方的紧张关系,拉塞尔等亚当斯一到就安排他立即呈交国书,并于5月18日会见了这位美国驻英国公使。拉塞尔勋爵对亚当斯解释道,女王陛下的政府现在并没有承认邦联的计划,但他无法确认将来会不会承认。[17]

自从听说拉塞尔勋爵要会见邦联代表后,西沃德就开始起草一份措辞激烈的公文,准备让亚当斯交给这位外交大臣。让西沃德更加恼火的是,英国议会的一名议员提交了一份承认邦联的正式提案。西沃德对英国政策的方向感到愤怒。因此,他在公文中毫不含糊地表示,只要英国承认分裂分子的独立,那就意味着挑起战争。林肯把西沃德的措辞调整得柔和了一些,他想要一份有力但也有所克制的声明。他删掉了把英国称为"敌人"的说法,把对英国行为的描述从"错误的"改成"有害的"。此外,西沃德宣称美国

"不会容忍"英国的行为,林肯则把它改成美国不会对伦敦的行为"不加质疑地接受"。重要的是,林肯要求亚当斯只把这份公文当作与拉塞尔会晤时的谈话指南,而不是直接把公文交给拉塞尔。

林肯的行动体现了外交的克制。他既想对英国政府的行动表现出强烈的不满,又想促使英国政府去预估因美国不满而造成严重后果的风险。他把这份公文当作一个正在进行的外交进程的一部分,他想要主宰这个进程,并留出谈判的空间。一个世纪之后的古巴导弹危机之中,肯尼迪总统也体现出了类似的克制。

西沃德于5月21日寄出了修改后的公文。(但是他把原稿留在了自己的文件集之中。这样,一旦有人批评他软弱,他就可以把原稿拿出来,告诉对方自己原本有多么强势。)虽然修改后的措辞和腔调已经柔和了很多,但亚当斯还是被吓到了。他看完之后认为美国"几乎已经准备好向欧洲的所有强国宣战"。6月12日见到拉塞尔后,他在交谈中进一步软化了语气。不过,拉塞尔还是领会了美国的意思,他尤其明白,如果英国再与邦联的使者接触,那么就将面临巨大的危险。直到次年,他都没有再与南方叛军代表进行非正式会晤。

西沃德还建议对那些与美国合作的国家使用"胡萝卜加大棒"的政策。他写道,他希望避免与外国开战。即便如此,西沃德那好战的名声还是让英国人和法国人深信,他们只要一步走错,可能就会掉下悬崖,其后果很难预测,但肯定是灾难性的。就这样,西沃德扑灭了欧洲国家承认南方独立的苗头。[18]

在这场游戏中,美国押上的赌注是最高的。其他国家涉及的利益都没有美国那么多,因而就要根据情况来计算得失。到此时为止,欧洲人还是准备不偏不倚,小心行事。(不过,为了预防意外情况,英国政府已经开始加强其在加拿大的军队。)联邦和南方叛军在战场上的较量将决定美国外交接下来会怎样出牌。

"特伦特号"事件

1861年11月8日正午前后,一发恐吓性的加农炮弹越过了"特伦特号"(Trent)的船头。"特伦特号"是一艘英国邮船,当时正航行于古巴海岸以外400千米的巴哈马海峡中。第一发炮弹过后,"特伦特号"继续在航道中行驶。接着,又一枚旋座火炮的炮弹打过来,这一次距离船更近了。"特伦特号"于是减速,停了下来。

截停"特伦特号"的是美国海军"圣哈辛托号"(San Jacinto)。这是一艘螺旋桨单桅帆船,船长是查尔斯·威尔克斯(Charles Wilkes)上校。此人62岁,是一名即将"退役"的南极探险家。他的上级对他的判断力抱有疑问,并认为他有不服从命令的倾向。实际上,威尔克斯本来应该带领"圣哈辛托号"行驶在从非洲海岸到费城的航线上。但是,这位船长却把船驶向了加勒比海,希望能捕获逃出封锁线的邦联船只,给自己漫长的航海生涯添上重要的一笔。航行到古巴的时候,威尔克斯听说邦联使者詹姆斯·梅森(James Mason)和约翰·斯莱德尔(John Slidell)正乘坐"特伦特号"前往欧洲,此时正在从西班牙控制下的哈瓦那驶向丹麦控制的圣托马斯的途中。古巴和大巴哈马浅滩之间只有一条深水航道,威尔克斯就在这里设下了埋伏。

威尔克斯的大副D. M. 费尔法克斯(D. M. Fairfax)上尉提醒他,捕获"特伦特号"可能会违反国际法。但是,威尔克斯上校还是命令费尔法克斯带领一队人马登船,拘捕那几个使者,并把这艘船作为战利品没收。费尔法克斯坚决地执行了任务,但也表现得很有礼貌。他把梅森、斯莱德尔和他们的两个秘书抓走,但说服威尔克斯不要把"特伦特号"当作战利品。这艘英国邮船得以继续驶向圣托马斯。[19]

第4章 维护联邦与和平扩张:亚伯拉罕·林肯和威廉·西沃德

费尔法克斯上尉要求搜查"特伦特号"以寻找邦联使节携带的公文,但英国船长拒绝了,费尔法克斯也就没有再坚持。[20] 威尔克斯认为,梅森和斯莱德尔本身就是某种意义上的违禁品,"是公文的化身"。

邦联使节被抓的消息立刻通过电报线路被传到各地。北方的军队在过去 7 个月间节节败退,威尔克斯在全国各地的报纸上被捧为英雄。1812 年的时候,正是因为英国在公海上搜查、捕获并强征美国船只,英美之间才爆发战争,这次美国以牙还牙,令美国公众备感痛快。林肯和他的内阁似乎也很高兴,但有报告显示,总统也在为美国侵犯中立权的问题而深感忧虑。他对一位来访者说:"那几个叛徒最后可能对我们毫无价值。"国会于 12 月 2 日重新召开会议,众议员们通过提案,褒扬了那位敢想敢做的船长。但是,各家报纸和评论家们从一开始就已经注意到,在华盛顿的街道上和酒店里,到处都有热衷于研究国际法的人,他们就船长的大胆行为是否妥当这一点展开辩论。[21]

林肯有一次曾说过,公众意见"就是这个国家的全部"。这位总统肯定看到了民意的浪潮,但他还是给外交手段的运用留下了余地。12 月 4 日,林肯对从加拿大赶来的一位英国官员说,他不想和英国打嘴仗,也不想对加拿大采取行动。他希望这件事能就这么过去。美国就这么安静地等着,看看英国会如何表态。

这场危机绝不是国际法上的对与错那么简单。"特伦特号"事件发生的时候,英国雄狮已经准备发出怒吼。在 11 月初,伦敦已经到处都在传说,美国的军舰可能要抓捕梅森和斯莱德尔。英国外交部立即就此事询问法律顾问的意见。首相巴麦尊会见了法律顾问,又于 11 月 12 日约见亚当斯。巴麦尊告诉亚当斯,如果美国从英国船只上把邦联使节抓走,那将是对英国的严重侵犯。亚当斯此时还没得到"特伦特号"事件的消息,因此,这位公使回答说,他只知道美国的命令是拦截邦联船只。与此同时,巴麦尊写信给女王,并给《泰晤士报》吹风,告诉他们,一艘载有敌方公文的船可能会被送往交战国港口,由捕获法庭裁决。但是,这位首相在警告亚当斯的时候省略了这些法律细节上的问题。

11月25日,梅森和斯莱德尔被俘获的消息传到了英国。英国媒体爆发了。一个在伦敦的美国人报告说,英国民众"气得发狂。而且,如果举行公投的话,估计1 000个人里有999个都会选择立即宣战"。此时,西沃德那好战的名声,包括他1859年访问英国时所做的声明,都反过来成了他自己的梦魇。当事者的证词,进一步刺激了英国人的愤怒之情。这些证词——费尔法克斯上尉用暴力强行搜查了英国人的船,还欺侮了斯莱德尔那毫无还手之力的女儿——完全不符合事实。[22]（政策制定者们应该知道,关于任何事件的第一批证词基本上都与事实不符。）

巴麦尊知道冷静计算得失的重要性。他最有名的一句话就是,"我们没有永恒的盟友,也没有永恒的敌人,只有永恒的利益,我们的责任就是追逐这些利益"。这位老人可以追求道德使命——例如发起一场反对奴隶贸易的运动——只要这些使命也符合英国的利益。他对利益进行了一番理性的计算,结论是英国应该避免卷入美国内战。[23]

然而,77岁的巴麦尊最终还是让自己的理智让位于情感。即便是现实主义的政治家也会被偏见所左右。巴麦尊对美国没有好感,他不信任"民主国家",也看不惯美国人的粗鲁。在美国内战爆发之际,巴麦尊很乐意看到这些昔日的殖民地成为"北美不合众国"（Disunited States of North America）。战争开始之际,共和党主持的新一届国会决议提高关税,也让巴麦尊感到不悦,因为此举影响了英国的出口。[24]

巴麦尊认为西沃德正在挑起一场战斗。他曾在11月12日指出，美国人的"政策就是不断地羞辱我们，他们之所以敢这么做，就是因为他们以为我们在北美的那些省份毫无防御能力"。"扬基佬们"侵犯了英国的荣誉，而且巴麦尊认为这不是偶然的。亚当斯随后表示，首相似乎不能容忍美国人的侮慢。英国与美国的紧张局势和发生冲突的风险可能也有助于巴麦尊将其政府的支持者团结起来。巴麦尊强烈的爱国主义情怀让他迫不及待地想给美国一点教训。他向加拿大派兵，首批增援部队人数达1.1万。英国皇家海军也已经准备好在需要的时候扫荡美国海域，打开南方港口。大西洋两岸都群情激愤，大大缩小了双方主和派的周旋空间。[25]

英国内阁于11月29日和30日召开会议。法律顾问们建议内阁将威尔克斯带走梅森和斯莱德尔的行为认定为非法，巴麦尊想要求美国释放这两人并道歉。拉塞尔勋爵草拟了两份声明，并通过了内阁的审议。其中一份通知中包括巴麦尊的要求，另一份则命令莱昂斯，如果美国没能在7天内给出令人满意的答复，就与美国断绝外交关系。此时有报告显示，威尔克斯的行动并没得到授权，但这一消息并没有遏制住巴麦尊向美国摊牌的冲动。这位首相暂停了对北方的火药和硝石出口。当时，曾帮助过美国的杜邦家族正在买进这两项物资，以解决此类物资严重短缺的问题。巴麦尊认为，英国的要求将会给林肯"当头一棒"。[26]

阿尔伯特亲王介入

11月30日晚上，巴麦尊把内阁准备好的两份公文呈交给女王，并向其说明内阁已经认定"美国犯下了粗野暴行，违反了国际法，恳请陛下要求美国改正错误，赔偿损失"。这时，一位垂死之人出手干预了这一事件，他就是女王的伴侣阿尔伯特亲王（Prince Albert）。阿尔伯特当时因为伤寒而身体虚弱，两周后就将走到生命的终点。他强撑着病体起草了一份手谕，要求首相为此事创造外交空间。阿尔伯特写道：女王希望她的政府表达出这样一种态度，即希望威尔克斯并非奉命行事，或者是误解了上级的命令；不仅如此，英国还应该表示，不相信美国是有意侵犯英国，因为这只会使美国陷入更复杂的困境。阿尔伯特亲王总结说，只要这样表态，美国人就会懂得英国的意思，从而做出英国想要的补救和赔偿。他并没有改变英国的要求，只是改变了英国达到目的的方式。他的手段更柔和，去掉了盛气凌人的斥责，改成了能给对方保留颜面的说法。巴麦尊同意了。12月1日晚上，这两份公文将通过海路被送往美洲。阿尔伯特的决定帮助英国避免了和美国的第三次战争，可惜他还没等到结果就撒手归西了。拉塞尔勋爵在这两份公文之外还附上了一封私人便笺，他建议莱昂斯在开始计算7天的期限之前先给美国一个非正式沟通的机会。

  英国政府做出这些举动的时候还不知道美国人对"特伦特号"事件的反应。当他们听说美国公众为此欢呼雀跃之后，英国人对外交前景更不抱希望了，因为美国政府很难在这样的公众情绪之下对英国做出让步。莱昂斯犯了一个不可原谅的错误，他把道听途说来的假消息发给了伦敦，说捕获"特伦特号"是西沃德下的命令。西沃德的朋友和政治伙伴瑟洛·威德（Thurlow Weed）从伦敦给西沃德写了一封信，信中说，英国的殖民地大臣纽卡斯尔公爵（Duke of Newcastle）正在到处向别人讲述他于1860年访问加拿大和美国（与威尔士亲王一起）时听到的关于西沃德的传闻。按照他的说法，西沃德曾经说过，美国会和英国打一仗。[27] 纽卡斯尔公爵由此断定西沃德当时就在做战争准备了。英国在加拿大的军队计划占领缅因州的波特兰，从而封堵住美国从这一区域发起的攻击；海军部则准备封锁美国东北部的城市。[28]

经济焦虑

跨大西洋的经济形势也对事件的走向起了作用。美国国债贬值，投机者大肆买进黄金和火药，英国股市暴跌。海外的中间商警告粮食商人，让他们不要用美国船只运输货物，因为一旦英美发生战争，这些船只可能就会被捕获。一直在争取外国贷款的美国财政部部长萨蒙·蔡斯（Salmon Chase）现在一毛钱都借不到了。在前景不明的情况下，美国人开始囤积黄金和白银，这导致国库无法以硬币兑付债务。巴林银行和罗斯柴尔德银行都关闭了在纽约的办公室。第二年，由于财政部的惨痛经历，以及其他一些原因，林肯和蔡斯向国会要来授权，发行了全国流通的纸币，即新的联邦"绿钞"，以确保联邦政府有钱还债。就像汉密尔顿许多年前就已经指出的那样，打仗是需要钱和信用的。[29]

12月13日，《纽约时报》发表了一篇文章，报道了英方的愤怒。第二天，这份报纸又转载了一篇伦敦报纸的报道，强调了形势的危险。12月15日，西沃德似乎已经通过信件了解到英国的要求，这位国务卿随即提醒了林肯。[30]

西沃德的巧妙辩护

莱昂斯公使于12月18日晚收到了拉塞尔勋爵发来的消息。他于次日求见西沃德，向其传达了英国政府的要求：立即释放被捕人士，并做出恰当的道歉声明。莱昂斯需要小心行事。他要把英国政府的强硬立场表现出来，又不能让火药味过浓，以免美国下不了台。西沃德问莱昂斯是否有最后期限，莱昂斯私下告诉西沃德，他收到的政府指示里写明期限是 7 天。西沃德要求留一份非正式的公文副本，莱昂斯也照做了。西沃德告诉莱昂斯，他欣赏英国公文中彬彬有礼的语气——这说明此时已经去世的阿尔伯特亲王提出的建议收到了效果。莱昂斯给西沃德留了几天时间，才代表官方正式宣布最后期限。12 月 23 日，他正式递交了照会并告诉西沃德，如果被捕人士得不到释放，他就将代表英国和美国断交。

林肯连续几天都没有睡着觉，"琢磨如何才能在不伤国格的前提下摆脱困境"。英国自由派议员约翰·布莱特（John Bright）是美国的朋友，他给美国参议员、外交委员会主席威廉·萨默尔（William Sumner）写了一封信，建议美国申请国际仲裁。萨默尔是西沃德的政敌。布莱特的初衷是好的，但他的想法却会带来风险。仲裁通常是用来解决边界争议和财务主张的，不适合用于解决涉及国家荣誉的问题。英国政府没耐心陪美国人打官司，他们想马上就得到一个明确的答复。[31]

与英国政府的预测不同，西沃德认识到美国必须释放梅森和斯莱德尔。他的朋友瑟洛·威德从伦敦写信告诉他，如果不交出那两个南方叛军代表，"就意味着战争"。[32]

圣诞节当天，西沃德在内阁会议上向他的同事们宣读了他草拟的回复。参议员萨默尔也在林肯的邀请下参加会议，他朗读了美国的两位英国朋友的来信。这两个人是约翰·布莱特和理查德·科布登（Richard Cobden），他们恳求美国不要给英国宣战的借口，否则"你们的国家就要解体"。在长达四个小时、争吵不断的会议期间，法国公使馆送来了该国外交大臣发来的警告，称欧洲的其他国家都支持英国的立场，并要求美国释放被捕人员。林肯最后表示不必当天就做出决定，他会召集内阁成员在 26 日再开一次会。几位与会者都在回忆录中表示，总统说他想试一试，看看能否用一种礼貌的方式向英国提出仲裁解决的建议。[33]

西沃德草拟的回复长达 26 页，是一个巧妙自辩的范本。他辩解说军舰有权搜查中立船只以查找违禁品，并（错误地）声称那两个使者也是违禁品。西沃德认为，问题在于根据国际法，威尔克斯应当把"特伦特号"带到一座港口，等待捕获法庭的裁决。国际法不允许船长自作主张。之后，西沃德机智地援引了国务卿詹姆斯·麦迪逊在 1804 年写给门罗（当时门罗是美国驻英公使）的一封信——麦迪逊在信中陈述了美国关于海上中立者权利的原则。西沃德顺势推理道，英国以前捕获过更多的船只，其现在的立场相当于否定了自己过去的行为。西沃德总结道，根据上述推理，英国现在实际上是接受了美国人的传统观点，也就是麦迪逊清晰表述过的：军舰不能从中立船只上捕获人员，除非在法院经过恰当的司法程序后再这么做。"英国要求我们对其做的事情，正是我们一直要求所有国家对我们做的事情。"西沃德争辩道。在西沃德看来，美国应该坚持自己的原则，尤其是在英国现在已经接受了美国的司法立场的情况下。就这样，西沃德把美国的一次战术失利转化成了美国原则的巨大成功。[34]

12 月 26 日，林肯的内阁再次举行会议。他们勉强批准了西沃德的回复，并做了几处修改。林肯似乎也写了一份草稿，但没有写完。据说，在西沃德问林肯要他的方案时，林肯回答说："我找不到一个能让我自己满意的说法，因此我确信你的立场是正确的。"林肯可能意识到了风险——如果美国给出一个模棱两可的回复，那么英国政府可能不会接受。西沃德的儿子弗雷德里克（Frederick）后来发现，总统和国王们往往都会对自己观点中的漏洞视而不见，好在林肯"既有逻辑思维，又有一颗无私的心"。也许是这样吧。林肯还决定把这样一份可能不会受欢迎的照会署上西沃德的名字。西沃德知道，现在他要在舆论的法庭上为自己辩护了。12月27日，他给各大报纸寄去了五份关于这起事件的外交文件。例如，在其中一封写给莱昂斯的信中，西沃德赞扬了威尔克斯，并援引了杰斐逊和麦迪逊的观点。这封信仿佛主要是写给美国人，而不是写给英国外交官员看的。[35]

1862年1月1日，美国把梅森、斯莱德尔和他们的两个秘书移交给一艘英国军舰。两名使节随即换乘一艘蒸汽轮船，于1月29日抵达伦敦。这个时候，他们两人的到来已经不是新闻了。英国政府已经在1月9日收到了由莱昂斯发出的西沃德的照会。拉塞尔勋爵的判断是，这份照会，再加上两名使节的释放，已经给英国提供了恰当的"赔偿"。当然，英国人对西沃德的法律逻辑并不认同，但这些分歧可以留给律师去解决。英国政府和公众似乎长舒了一口气，尤其是12月14日阿尔伯特去世所造成的压抑情绪得到了很大的缓解。在林肯和西沃德给报社编辑们吹风之后，美国媒体和公众似乎也做好了息事宁人的准备。

只有邦联的人对这个结果哀叹不已。他们中的很多人本来都坚信北方的疯子们不可能退让，只有少数几个人心存怀疑，罗伯特·E.李（Robert E. Lee）将军就是其中之一。他在圣诞节那天写给妻子的信中说，美国的"统治者们没有彻底发疯。如果他们发现英格兰是认真的，他们只能在战争和赔款之中选一个的话，那他们会选择后者。我们必须做好准备，打好我们的战斗，靠自己赢得独立。没人能帮我们"。[36]

林肯的回忆

林肯有资格为整件事情下一个结论。这位总统在 1865 年与尤利西斯·格兰特（Ulysses Grant）将军的谈话中回忆起了"特伦特号"事件。格兰特的参谋官之一霍勒斯·波特（Horace Porter）在 1897 年写下了林肯当时说的话："这是一剂苦药，但是我确信英格兰在这件事情上的胜利维持不了多久，这让我心里好受了很多。一旦我们胜利地结束这场战争，我们就有足够的实力让英国为它给我们造成的难堪付出代价。"

根据波特的记载，林肯接下来讲起了阿尔伯特亲王的故事，他在生命的最后认识到英国已经到了该和敌人议和的时候。病榻上的阿尔伯特让人找来一个名叫布朗的人，这人是他最大的仇敌。"病人用摩西一般谦和的声音说道，他想在和所有人类同胞的和平相处中死去。他还想和布朗握手，让过去的仇怨一笔勾销。"布朗为之动容，并与阿尔伯特言归于好。"这件事发生在一次日常的、以宽恕为主题的爱筵（lovefeast）上。"林肯解释道。不过，就在布朗转身离开房间的时候，那位将死之人自己站了起来，大声说道："不过你要记住，布朗，万一我的病好了，咱们以前的仇还是要算数的啊。"讲到这里，林肯说出了他想通过这个故事表达的想法："当时我想，如果我们的国家好起来，我们跟英格兰的仇也还是要算数的。"实用主义的林肯"一次只打一场战争"。[37]

1861 年的那个 12 月，美国外交一旦处理不好就会导致北方在内战中败北，但事实却是美英两国政府在战争的边缘各退了一步。英国人开始对西沃德刮目相看，意识到他虽然坚决捍卫联邦，但也愿意避免和英国发生冲突。西沃德则从他的朋友瑟洛·威德的直言相告以及其他一些信息中发现，他那好战的名声可能会招致祸端。

英国政府可能会认为，对付那些狂暴的"扬基佬"，就要用严厉的表态才行。但是，英国在选择战争之前也要三思而后行。

国外公众舆论与外交

通过"特伦特号"事件，林肯和西沃德进一步认识到了国外公众舆论的重要性，尤其是在英国的问题上。法国和其他欧洲国家都会跟在英国后面亦步亦趋，只有俄国的沙皇亚历山大二世（Alexander II）倾向于林肯和联邦。俄国刚和英法联军打了一仗，也不喜欢革命派和独立运动。英国的贵族阶级虽然不是铁板一块，但他们都倾向于贬低实行共和制的美国及其粗鲁的政客，而邦联在战斗中表现出的勇气激起了这些贵族的同情。英国的中产阶级——宗教信仰虔诚，反对奴隶制，精神上都是共和主义者——则仍然不愿与南方那些奴隶主站在一边。不过，在1861年，北方声称的战争目标是捍卫联邦，而不是终结奴隶制。

美国宪法在1807年后就已经禁止进口奴隶，但直到南北战争之前，美国在执行禁止奴隶贸易的国际禁令方面一直表现不佳。拉塞尔勋爵于1862年3月提出与美国缔结一个条约，互相允许对方搜查奴隶贩子。西沃德和莱昂斯公使达成了一致。古巴是当时仅存的奴隶进口大户，从1860年到1865年，每年被贩卖到这里的奴隶从3万多人减少到了不到200人。欧洲的积极回应也许促使林肯形成了把结束奴隶制作为战争目标的想法。对于那些由以前的奴隶统治的国家，美国也改变了态度，最终于1862年6月承认了海地和利比里亚。[38]

1862年初，联邦在李的反攻之下接连失利，这导致美国在

1862年秋天再次面临外交危机。英国和法国政府都打算进行"人道主义干预",以结束这场屠杀。

"人道主义干预"?

由于棉花短缺,英国的纺织厂纷纷停产,纺织业城镇遭到重创。5月,下议院收到了一份来自济贫法委员会(Poor Law Board)的报告,其中揭示了纺织业的悲惨处境,以及救济不力的问题。到了1862年12月,英国已有约200万人因为棉花贸易的停顿而陷入贫困状态。不过,英国的其他行业和城市却因为战争而生意兴隆,而且由于开拓了其他的供货地,棉花短缺的问题也在1863年得到了缓解。但是,在1862年的时候,政治家们担心国内有出现动乱的风险。下议院在7月就一项调停美国南北双方冲突的动议展开辩论。政府否决了这项提议,但巴麦尊和拉塞尔都注意到同情南方的人正在增多。在那个夏天,法国的外交大臣犹豫不决,没有探讨与英国采取联合行动的可能性,这对美国北方来说是个好消息。当年晚些时候,拿破仑三世任命了一位新的外交大臣,并向英国提议联合干预美国内战。但是,英国那个时候已经对此不感兴趣了。俄国人也拒绝冒险。第二年,西沃德还了俄国人一个人情。当时,波兰发生了反对俄国统治的起义。西沃德虽然同情"英勇的"波兰人,但还是拒绝加入法国发起的调停行动。[39]

巴麦尊与拉塞尔始终都没有完全感知到林肯和联邦坚持作战和打赢战争的信念。这些英国领导人不想卷入南北之争,但是他们一边观望,一边准备提出分治的建议。他们的一个想法是建议双方达成临时停火协议,不然的话欧洲人可能会从中调停。其他可能的选项包括承认南方，或是采取行动解除封锁，但这些做法似乎只会激怒北方，却无法结束战争。实际上，拉塞尔是在巴麦尊的默许下寻求一个没有代价的和平方案。或许，在北方人能面对失败的现实之后，这个方案就能实现。1862年，西沃德对解决方案的表态备受重视。欧洲的调停计划要想成功，就必须包含使用武力的暗示。巴麦尊犹豫了。李在1862年夏末发动了对北方的攻势，巴麦尊想先等等结果再说。9月17日，波托马克的军队在安提塔姆会战中击退了南方的攻势。[40]

9月22日，林肯宣布他准备在1863年初发表《废奴宣言》。这位总统的表态主要是面向美国民众的，但林肯希望欧洲人也会因此更加同情联邦。

英国领导人和媒体的初步反应充满敌意，这让林肯大吃一惊。英国的统治阶级虽然反对奴隶制，但他们认为，这个只适用于分离主义各州的奴隶的宣言，实际上是在鼓动"奴隶造反"。对于刚刚经历过印度民族大起义的大英帝国来说，原住民起义的思想让其不寒而栗。此外，一旦南方发生奴隶暴动，欧洲的棉花短缺问题必将雪上加霜。对于英国领导人来说，《废奴宣言》看起来是"冷血的、仇恨的，完全政治性的"。巴麦尊把它称为"垃圾"。[41]

拉塞尔勋爵认为现在到了结束流血冲突的时候了。他想实施武器禁运措施，并建议英国进行"友好而温和"的调停。按照今天的说法，拉塞尔勋爵的提议可以被看成让英国进行"人道主义干预"，拯救那些在内战灾难中受苦的人。[42]

1862年10月7日，财政大臣威廉·格莱斯顿（William Gladstone）在演说中宣称，南方将会取得独立。格莱斯顿对美国的民主政体没有敌意，但他支持地方自主的原则。他认为，联邦太大了，因而无法维持下去。格莱斯顿断言，南方已经组建了陆军和海军，现在那里也在组建一个新的国家。[43]

这次联邦很走运,首相的内阁成员们把格莱斯顿的原则、拉塞尔的初步想法和巴麦尊的倾向全都否决了。战争大臣乔治·康沃尔·刘易斯（George Cornewall Lewis）是格莱斯顿的政敌,他断言南方还没有实现符合国际法原则的独立地位。他还指出,北方将会拒绝调停,因此,英国若贸然调停就可能会导致自己陷入与美国的战争。

巴麦尊决定联系保守党领袖德比勋爵（Lord Derby）。德比、本杰明·迪斯雷利（Benjamin Disraeli）和其他保守党领导人都回答说,他们反对调停,也反对承认南方。这些行动"只会激起北方的愤怒,对南方的利益没有任何好处,也不会让我们多得到哪怕一包棉花"。保守党人当时正计划在英国建立"托利民主"制度,扩大普选权,他们也不想得罪那些倾向于北方的中产阶级。

巴麦尊的内阁成员在10月和11月的会议中研究解决了这个问题。政府的决定就是不做决定,至少当时不做决定。但是,如果邦联在战场上连战连捷,这个问题还会被重新提起。[44]

道德与现实政治

到了1862年底,欧洲的公众舆论对《废奴宣言》的反应开始转向。美国的内战现在变成了一场道德之战,邦联被贴上了奴隶制的标签,而联邦则是为破除束缚人类的枷锁而战斗。英国各地人民纷纷举行大型集会和演说,表达对林肯的支持。美国帮助筹划了这些集会,甚至秘密给予了资金支持。

1863年2月,美国国会重新进入会期。林肯给英国的各个群体写公开信，充分利用公共外交带来的新能量。在写给曼彻斯特劳工的信中，这位总统对他们的"崇高的基督徒英雄气概"表示感谢。他一方面承认"自卫的责任完全由美国人民自己承担"，另一方面敦促"［其他］国家保持克制"。林肯承认，工人们的集会为"真理的固有权力，以及正义、人道和自由的最终且普世的胜利提供了有力而鼓舞人心的保证"。[45]这让英国人对他的道德使命感肃然起敬。外交和民主混合在一起，给大西洋两边的公众舆论搭起了一座新的桥梁。

《废奴宣言》对于阻止外国干预美国内战到底起了多大作用，历史学家对这个问题有争议。林肯承认，战场上的形势还是决定性的因素。他讲求实际，相信人的行为是从自身利益出发的，所以他向英国方面清晰地指出，承认邦联将让英国付出巨大的代价。但是，林肯也相信联邦还要为更高的目标而战斗——作为一个人民政府的典范，向奴隶制宣战。林肯把这些目标也用作外交武器。34年之后，格莱斯顿承认他在1862年10月发表的那篇演讲是一个可怕的错误。[46]这位自由党领袖此时已把道德因素注入了英国外交政策之中。

后世的专家们都在研究，为什么英国没有坚持现实政治的战略，即通过支持对手的分裂而获取在美洲的霸权。巴麦尊政府有没有认真考虑过这个想法恐怕都值得怀疑。美国的分裂会造成危险：英国政府担心北方政权可能会威胁加拿大，而邦联则会向南扩张。英国政府认为战争不会持续下去，所以决定不和任何一方结盟。大法官韦斯特伯里勋爵（Lord Westbury）建议"［让］它们互相残杀去吧"。[47]更何况，欧洲的形势也不稳定，这让英国更倾向于避免卷入美洲的战争。意大利统一运动领袖朱塞佩·加里波第（Giuseppe Garibaldi）刚刚开始进军，准备"解放"罗马。德国统一战争也一触即发。巴麦尊和他的同事们此时都不是年轻人了，不愿意进行新的冒险，只想解决当下的问题。

邦联劫掠舰……以及国际仲裁

南北战争中还有另外一次值得一提的外交纠纷，因为它在后来造成了美国和英国的分歧。邦联委托英国建造了几艘"商船劫掠舰"，其中最著名的一艘叫作"亚拉巴马号"。这艘船于1862年7月下水，1864年在法国瑟堡附近海域被美国海军"奇尔沙治号"（Kearsarge）击沉。在服役的22个月里，"亚拉巴马号"一共捕获了65艘商船。邦联的这些劫掠舰几乎完全消灭了挂美国国旗的商船，因为美国船主们纷纷将自己的船挂上了其他国家的国旗。在第一次世界大战之前，美国的商船队一直没有恢复元气，而且失去了在海上转口贸易中的主宰权。[48]

英国为邦联建造军舰的事情，让美国对英国政府的"伪中立"产生了强烈而持久的敌意。1872年，两国政府最终同意，在日内瓦为"亚拉巴马号"和其他劫掠舰造成的损失索赔问题申请仲裁。当时普法战争余波未平，欧洲又出现了新的紧张局面，英国发现其允许中立港口建造商船劫掠舰的先例可能给自己招来了麻烦。仲裁法庭裁定英国为"亚拉巴马号"及其姐妹舰"佛罗里达号"所造成的损失赔偿1 500万美元。英国表示抗议，但很快就付了款。这场官司是两个骄傲的国家愿意通过谈判乃至仲裁的方式解决纠纷的一个范例。打赢南北战争后，美国的国力蒸蒸日上，英国对此事件的外交处理体现出了对这一变化的适应，也体现出了缓解他国敌对情绪的愿望。[49]

法国、墨西哥，以及北美的未来

林肯和西沃德还需要处理一个内战中涉及法国的特殊问题。1861年，墨西哥的共和政府总统贝尼托·胡亚雷斯（Benito Juarez）暂停为前任政府发行的债券支付利息。同年稍晚时候，法国带领英国和西班牙远征韦拉克鲁斯（Vera Cruz），以收取未获偿付的债务。1862年初，拿破仑三世又要求远征军向墨西哥城进发，以"寻求保证"。英国和西班牙则选择了撤军。

拿破仑三世希望让墨西哥成为一个天主教的、拉丁化的君主制帝国，让它牵制北方正处于内战状态的盎格鲁–撒克逊人。实际上，拿破仑三世为美国内战提出的一个调停计划中，包含着把北美分成四个国家的计划：北方、南方、墨西哥，以及一个新建立的西部国家——包括现在墨西哥的北部和美国西南部各州。

1863年6月，法国军队打进了墨西哥城。临时政府将哈布斯堡王子斐迪南·马克西米利安（Ferdinand Maximilian）扶上皇帝宝座。拿破仑三世的想法是给墨西哥找一个合适的君主，同时劝阻奥地利把威尼斯让给意大利，从而限制意大利的统一运动，并且保护奥地利免遭普鲁士的威胁。这个怪异的做法恰恰是美国不想在北美看到的那种君主国家之间的利益交换。

西沃德没有反对拿破仑三世的做法，但也没有做出任何让步。美国会继续支持西半球的共和主义和民族自决，因此联邦政府不会承认墨西哥临时政府，并召回了驻墨西哥的公使。不过，西沃德接受了这样一种假设，即法国只是想要回自己受国际法保护的钱，并不打算吞并墨西哥的领土。美国一方面用自己不甚明朗的态度牵制法国，另一方面"不做任何妥协，不做任何牺牲"。就像林肯对胡亚雷斯驻华盛顿的代表马蒂亚斯·罗梅罗（Matias Romero）说的那样,"要解决墨西哥现在的困难,就需要联邦击败邦联"。

国会中的鹰派想要与法国正面对抗,尤其是在马克西米利安和他的皇后夏洛特(Charlotte)1864年抵达墨西哥之后。在这关键的一年,西沃德坚持执行让联邦军队集中精力对付邦联的政策。"我们自己都在为生存而战,为什么还要去管墨西哥的闲事?"西沃德问道。

到了1865年初,法国的公众意见已经转为反对插手墨西哥事务。此时林肯已经连任总统,联邦军队也胜利在望。当年2月,拿破仑三世告诉美国驻巴黎的公使,说他想要从墨西哥抽身。林肯4月被暗杀后,对法国充满仇恨的将军们准备向法国复仇,并预防墨西哥的反叛势力东山再起。西沃德需要压制住这些人的想法。格兰特将军命令菲利普·谢里登(Philip Sheridan)将军向格兰德河进发,向墨西哥显示美国的军力。格兰特说他将执行"英国人和法国人所说的中立原则"。

西沃德怀疑法国支持的君主政权"正在快速衰败"。他认为,美国干预墨西哥事务只有可能延长马克西米利安的在位时间,而且会让美国军队出现在一个并不欢迎他们的地方。西沃德意识到,墨西哥人早在20年前就已经对美国可能的入侵十分警惕。他想知道美国人将来怎么从墨西哥脱身,用今天的话来说就是他想要一个"退出方案"。格兰特提出了一个方案:让约翰·斯科菲尔德(John Schofield)"休假",然后派他到墨西哥去,为胡亚雷斯的部队组织一个志愿兵团。西沃德却说服总统安德鲁·约翰逊(Andrew Johnson),改派斯科菲尔德作为外交使节出访巴黎。拿破仑三世根本就没有接见斯科菲尔德,但西沃德的计策却达到了目的。

1865年10月,拿破仑三世提出从墨西哥撤出所有的法国军队,条件是美国承认马克西米利安政府。西沃德拒绝了提议,他利用格兰特的威胁进一步向法国施压。1866年4月,拿破仑三世向法军下达了撤军令。马克西米利安留了下来。这位倒霉的哈布斯堡家族成员被胡亚雷斯的部队俘虏，并于1867年6月19日被枪决。胡亚雷斯重建了墨西哥共和国。同一年，新的加拿大联邦也宣告成立，整个北美的民主化初具雏形。[50]

西沃德的战略远见

联邦在内战中的胜利维系了美国世界强国的地位，使美国得以成为塑造20世纪的世界秩序的参与者，但它的意义还不止于此。林肯那些鼓舞人心的词句证明了民主政府的生命力。对于西沃德和后世的美国外交家来说，共和制联邦的成功说明美国可以创造一个新的国际体系，与旧的欧洲帝国秩序以及和美国争夺霸权的敌对国家相竞争。[51]

西沃德——与汉密尔顿、杰斐逊、约翰·昆西·亚当斯和克莱一样——相信联邦为中央集权制帝国和那些在充满冲突的世界中互相厮杀的敌对国家提供了另一条道路。美国的早期领导人们憧憬的是一个合作性质的国际关系体系，这一体系建立于行为准则和法律之上，通过更加自由的贸易使财富最大化。联邦制国家或邦联制国家将鼓励互相重叠的联盟的发展。这种新型的由州组成的联邦将保护自由，同时尊重不同的民族特性。

早在1853年至1854年，西沃德就预言美国的共和制联邦将会覆盖从"热带"一直到"北极圈"的土地，甚至包括"大西洋和太平洋中的偏僻岛屿"。此外，西沃德还预见到，随着疆土的扩大，"美国对这块大陆的控制将成为……美国对整个世界的控制性股权"。西沃德想以自愿加入的形式而不是用征服和强迫的方式让北美组成一个联邦。他曾在 1846 年反对美国与墨西哥的战争。西沃德预见到，自治州之间可以用"和平谈判"的方式来建立更紧密的纽带，而不是通过"非法的侵略"来彼此兼并。西沃德还以相当超前的眼光发现，"种族的融合一直是文明的主要元素，以后也会一直都是"。

西沃德相信，贸易的扩展可以增强美国的影响力。与那些只知道攫取领土的欧洲帝国不同，他认为真正值得追求的是"商业的世界，那是世界的帝国"。最强的生产国和贸易国将成为"地球上的头号强国"，商业是新的"边界之神"。西沃德的视野是全球性的。早在 1852 年，他就预测美国与东亚的贸易总有一天会和美国与欧洲的贸易同等重要。[52]

戴维·亨德里克森（David Hendrickson）教授如此解释："依照西沃德的远见，国家实力和商业帝国……是建立在吸引力之上，而吸引力的增长靠的是'商业拓宽国家影响力的疆界'。"西沃德的传记作者欧内斯特·保利诺（Ernest Paolino）把这一概念称为西沃德的"帝国引力法则"。

南方和北方在奴隶制问题上的紧张关系，导致联邦的实验演变成一种紧张的内部权力平衡。它所引发的冲突正是美国建国时期那一代人想要避免的。说到底，奴隶制无法和自由并存。对于西沃德来说，联邦在内战中的胜利为美国的实验提供了一个新的机会，让它有可能通过扩张发挥全部的潜力。

和平扩张主义者

西沃德对经济发展、贸易和移民的思考，促使他开始考虑联邦领土范围的问题。他是一位和平的扩张主义者，希望美国经济的磁力和联邦政体的吸引力能让其他国家靠拢过来，以合并、伙伴关系或者新型的联盟形式都可以。为了强化这些新的网络，西沃德建议美国获取那些能够支持商业、港口和海军基地发展的土地。[53]

1867年3月30日，西沃德与俄国的施特克尔男爵（Baron de Stoeckl）达成协议，以720万美元的价格买下了阿拉斯加。西沃德对阿拉斯加产生兴趣，主要是因为这块土地是捕鲸业中重要的航海基地，可为美国海军利用。此外，阿拉斯加在资源和贸易中转方面也有很大潜力。西沃德也认识到，阿拉斯加的地理位置有很强的战略意义。他和海军都发现，美国拿下阿拉斯加和阿留申群岛将有助于"向亚洲伸出友谊之手"。参议院在一个月之内就批准了西沃德签订的条约，这与俄国在南北战争期间始终对联邦保持友好有关。不过，众议院直到第二年才批准收购所需要的资金。[54]

买下阿拉斯加后，美国就从三个方向上包围了不列颠哥伦比亚。支持美国的报纸报道了这一地理优势。1867年，不列颠哥伦比亚是一块孤立的英国殖民地，人口大约只有1万，其中很多人还想加入美国。维多利亚的一份报纸宣称："我们的人民饱受暴政之苦，他们中十个有九个都把加入美国视为这块殖民地的唯一出路。"西沃德策划了一个方案，让美国放弃对"亚拉巴马号"的赔偿要求，以换取"我们西北部领土的完整"。

1867年，英国国会通过了《英属北美法案》，允许东部四省组建加拿大联邦，西沃德那个宏大的土地交易计划也在此后流产。英国想要加强加拿大这个自治领的实力，以免被南方那个刚取得内战胜利，且对英国充满仇恨的大国侵犯。新组建的联邦给不列颠哥伦比亚提出了一个比西沃德的方案更有吸引力的报价：加拿大将承担不列颠哥伦比亚的债务，并承诺修建一条横跨大陆的铁路，把加拿大各省份连接在一起。西沃德只好安慰自己说，他相信，随着时间的推移，加拿大与美国的关系终将比与英国的关系更近。[55]

西沃德把太平洋称为"远西"（Far West）。1867年，美国获得了布鲁克斯岛（Brooks Island）——后来的中途岛——的所有权。美国获得此岛的依据正是西沃德在19世纪50年代任参议员时所推动制定的一部法律。早在1868年，美国海军就告诉国会，中途岛将来会很有价值，"尤其是在海外战争之中"；这一观点在1942年6月得到了验证，当时美国海军在史诗般的中途岛战役中击退了日本帝国的海上攻势。

西沃德想要吞并桑威奇群岛（Sandwich Islands），也就是后来的夏威夷，但最后只是和夏威夷签订了贸易互惠条约，并在1875年获得参议院的批准。美国在1898年吞并了夏威夷，国会在1959年将其列为第50个州。

迈克尔·格林（Michael Green）写了一本关于美国亚太"大战略"的历史专著，该书内容全面，观点深刻。格林认为，美国在太平洋地区的崛起可以追溯到西沃德关于"军事实力、贸易和共和主义价值观"的多层次构想上。这位国务卿认识到日本和中国有成为独立强国的潜力，他还试图阻止欧洲国家在朝鲜建立殖民地，同时发展与朝鲜的商业关系。1868年签订的《蒲安臣条约》（Burlingame Treaty）*成为中国与西方列强签订的第一个所谓"平等"条约。[56]

西沃德在圣多明各、"特伦特号"危机和墨西哥等问题上积累了丰富的经验，因此这位国务卿的战略目光也理所当然地瞄向了加勒比地区。他在1866年1月搭乘军舰访问了加勒比地区，这

---

* 《蒲安臣条约》即《中美续增条约》。——编者注

也是美国历任国务卿第一次在海外进行公务旅行。1867年，他准备安排美国以750万美元的价格买下丹麦的圣托马斯岛和圣约翰岛。国会已经对西沃德的不断收购感到厌倦，并且正忙于弹劾总统约翰逊，因此否决了这桩买卖。1868年，执着的西沃德又试图获取圣多明各（今天的多米尼加共和国），但未获成功。西沃德在1861年就因为圣多明各而差点陷入战争。1917年，由于担心德国海军染指加勒比地区，美国重新捡起了当年西沃德的计划，最终以2 500万美元的价格买下了丹属维尔京群岛。[57]

西沃德甚至还像特朗普总统一样，提出了从丹麦手中购买格陵兰和冰岛，以巩固美国在大西洋的航路安全。他还需要把大西洋和太平洋的航路连接起来。1866年，他准备与哥伦比亚签署条约，以研究在巴拿马开凿运河的可能。但是，由于哥伦比亚的政府更迭，这个条约没有签成。数十年之后，西奥多·罗斯福重拾西沃德的战略。虽然和哥伦比亚的谈判又没有成功，但罗斯福帮助巴拿马取得独立，之后就修建了巴拿马运河。[58]

对于刚刚从损失巨大的内战灾难中走出来的美国来说，西沃德那积极的、扩张主义的外交政策是杰出的。他相信，打破了奴隶制的桎梏之后，联邦终于可以自由地去施展自身在国内和国外的潜能。尽管国内政坛在战后重建问题上出现了严重的分歧，但西沃德还是在这样的环境中播撒下了许多外交种子，留给后辈们发现和培养。

林肯的战略指南针

林肯原本有机会在内战结束后重塑世界秩序，但暗杀悲剧让这一切戛然而止。在林肯活着的时候，欧洲的统治阶级自始至终都没有真正理解他的思想力量——或者说他的意志力。不过，他的战略方针从整个内战期间，直到之后的150年都指向正确的方向。林肯说，内战的"中心思想"就是向世界证明，"人民的政府不是一场闹剧"。[59]

早在1837年，林肯就提出，国父们"渴望用实例向一个仰慕美国的世界展示出一个命题的正确性，这个命题就是人民统治自己的能力。后来，人们最多也就是对这个命题有所怀疑而已"。1842年，他主张："人统治自己的能力已经开始萌芽，但还将继续成长，并扩展为人类的普遍自由。"[60]

1864年美国总统大选当晚，林肯在即兴演讲中指出，虽然战争造成了极大损失，但"我们仍然是那么健康，那么强壮"，这是因为共和制政府经受住了这场致命的挑战，这个国家的真正财富不是金钱，也不是枪炮，而是爱国的、自由的人民。在他简短的第二次就职演说中，林肯没有摆出胜利者的姿态，而是主张和解，并接受上帝的正义，即"公正而持久的和平"。他说的和平不是在交战的区域之间，而是在"我们之间以及所有国家之间"。[61]

20世纪中叶，参议院对外关系委员会主席J. 威廉·富布赖特（J. William Fulbright）观察到，美国的外交政策传统"同时展现了美国的性格中两个截然不同的方面。这两个方面都具有道德主义的特征，但其中一种是因对人类之不完美的认识而有所节制的正直本能的道德，另一种则是由十字军精神激发的绝对自负的道德"。[62]亚伯拉罕·林肯的实用主义外交体现的就是第一种特征。

第二部分

美国和全球秩序

(1898—1920)

第5章

"门户开放"与中国问题：海约翰

第一份"门户开放"照会

1899年9月6日，美国国务卿海约翰（John Hay）发出了一份关于中国的外交照会。收件方名单里有英国、法国、德国、意大利、日本和俄国，却没有中国。

这份照会后来被认为是海约翰第一次提出"门户开放"政策，其内容包括三点：第一，在中国这个"所谓的利益半球"之中，列强们要承认彼此通过条约享有的通商口岸、租借地以及其他所有既得利益；第二，中国的关税将平等地适用于所有列强，并由中国官员征收；第三，列强在自己势力范围内征收码头税或铁路运输费用时，不得优待本国公民。海约翰敦促各国政府认可他的理念，并向其他国家推广。这份照会中并没有出现"门户开放"的字眼。海约翰绕过了麻烦的领土完整问题。这份照会中的内容涉及范围并不广，但它却造成了广泛的乃至出人意料的影响。[1]

日本和意大利很快就同意了。英国首先澄清军事港口不属于"租借地"，然后表示同意。法国在铁路运输费用问题上的表态模棱两可，但也没有反对。德国更关心的是欧洲政治，因而表示如果其他列强都同意，自己也会照办。俄国表示拒绝，认为这份照会中包含着一个限制俄国在东方的扩张步伐的阴谋。最后，美国国务院告诉俄国公使，如果对方再拖延下去，"［美国］人民将会对俄国产生误解，两国的友好关系也将受到极大损害"。俄国不愿为此破坏与美国的关系，也不愿被其他国家孤立，因而不再坚持反对。俄国政府的判断是，海约翰提出的几点原则都有很大的弹性，也没有强制力，所以同意了也不会有什么损失。到1900年1月4日，海约翰已经收到了所有列强的回复。他由此在世界跨入新世纪之际宣布这个非正式的条约"已经最终定案"，而且"证明了……商业和工业在中华帝国内将自由发展"。中国意识到了海约翰照会的实际作用，那就是：如果其他列强想要关上中国的门户，那么美国就会出面阻拦。

西方公众的反应以庆祝为主。多家媒体都在标题中将这一事件称为一次伟大的外交胜利，并将"门户开放"政策视为19世纪的"门罗主义"在20世纪的延伸。持反帝国主义立场的《纽约邮报》认为这是海约翰和美国外交的创新："没有条约，只是一次官方照会的交换；没有联盟，没有列强之间的钩心斗角；只是悄无声息地就把它们全都纳入了一个通用的政策里。"《泰晤士报》展望未来，认为美国"不可能费了这么大的劲得到纸面上的保证后，还允许这些保证只停留在纸面上。美国的意思是，这些保证必须落实"。海约翰创造了一个理念，这个理念将在实践中接受检验——检验很快就会开始，但将要持续一个世纪。[2]

1900年的世界

19世纪末，美国已经是一个正在世界舞台上崛起的强国。这个国家拥有 7 000 万人口，国土从大西洋到太平洋。1898 年，美国因古巴问题与西班牙打了一仗。这场战争时间不长，美国取得了胜利。战争期间，美国海军在菲律宾的马尼拉湾击沉了一支西班牙舰队，使西班牙在太平洋殖民地的统治摇摇欲坠。7 月底，海约翰给比他年轻许多的朋友西奥多·罗斯福上校写信祝贺，后者因在古巴战场上的英勇表现而在政坛上快速上升。海约翰写道："这是一场漂亮的小胜仗，出于最崇高的动机，且受到……命运的……眷顾。现在，我希望这场战争能以这样美好的性质结束，这种性质是美国特征中一个突出的优点。"3 个月之后，海约翰就将成为威廉·麦金利的国务卿，肩负起在变化的世界秩序中指引美国政策的责任。

当时美国国内争论的焦点，除了"大企业"和托拉斯的垄断之外，还有美国的国际角色问题。美国公众对国际地位的提升感到骄傲，但不知道该如何使用美国的权力。机智的讽刺作家芬利·彼得·邓恩（Finley Peter Dunne）用他塑造的角色"杜利先生"（Mr. Dooley）表现出了公众的这种情绪。"杜利先生"是一位富有市井智慧的爱尔兰裔美国人，在伊利诺伊州芝加哥市阿奇路 9009 号开了一家酒馆，并喜欢用带有爱尔兰口音的英语发表评论。"我们是伟大的人民，"杜利先生说，"我们就是。而且最好的一点是，我们知道我们是。"4 杜利先生对外国人特别是英格兰人，还有那些受了太多教育的绅士——他们总想错误地把美国的权力用在自私的、可疑的目的上——总是有点警惕。

国际权力关系正在快速变化之中。拥有显赫家世的布鲁克斯·亚当斯（Brooks Adams）在他的《美国经济霸权》（*American Economic Supremacy*）中阐述了这些变化。英国在称霸世界 100 年后已经开始走下坡路，俄国似乎将从世界秩序的失衡中受益。英国在布尔战争中经受的磨难似乎显示出了这个国家的虚弱。德国在1871年大胜法国之后终于完成了统一，对美国的威胁也更加直接。但是，亚当斯警告说，对美国威胁最大的还是横跨欧亚大陆的俄罗斯帝国。亚当斯相信，由于俄国正在把手伸向摇摇欲坠的中华帝国的北部，美国必须像英国以前所做的那样，扮演起权力制衡者的角色。[5]

美国的国土两面临海，商业和航海传统深厚，太平洋又非常广阔。因此，第一个提出新时代战略构想的人是一名海军军官也就不足为奇。阿尔弗雷德·塞耶·马汉（Alfred Thayer Mahan）于1890年出版的《海权对历史的影响》（*The Influence of Sea Power Upon History*）成为经典著作。马汉希望美国成为一个具有全球视野的海上霸权。与西沃德一样，马汉也认为海权的起点在于美国海军对加勒比海的主宰。美国的国家利益以及西海岸地区的安全需求也促使其谋求在太平洋上的霸权。马汉预感到，太平洋另一侧也就是亚洲的权力竞争将会继续"存在争议，且可以争议"。美国不会像主宰加勒比海那样主宰太平洋，但马汉希望美国能在太平洋的水域中建立强大的海军。

马汉的战略构想还包括其他的一些外交因素。他希望能促进贸易的发展，包括进口和出口。马汉在1890年指出，关税就像"一艘现代的铁甲舰，外面披着厚重的装甲，但里面的引擎和枪炮却较为逊色，防御力极强，攻击力孱弱"。贸易的自由化将扩大美国的影响力。他观察到，西沃德和夏威夷签订的贸易互惠条约最终将这个群岛拉进了美国的轨道。马汉进而相信，美国的"道德影响力"——它的价值观——将逐渐鼓励政治自由化和各国建立本土的共和政权，这将有助于国际秩序向更加安全的方向发展。[6]

1900年，马汉在《亚洲问题》（*The Problem of Asia*）中发表了一系列的文章。他写道：俄国的扩张引起了各国的恐慌，加剧了世界各国的敌对状态。这种敌对实质上是陆权和海权之间的竞争，前者的代表是俄国，后者的代表则包括美国、英国和日本，可能还有德国。[7]俄国、美国，以及欧洲大陆上的国家都已经将自己的自然疆界拓展到了极限，它们之间的边界之争也因此而被激化。

同盟关系在欧洲和亚洲纵横交错之后，这种紧张态势的循环就愈演愈烈了。法国一方面害怕德国，一方面还梦想着复仇，因而和俄国走到了一起。日本在1902年和英国结成防守同盟，以抵御俄国的扩张。英国和法国则于1904年出于对德国的忧虑而签署《挚诚协定》(Entente Cordiale，即《英法协约》）——虽然还称不上是同盟，但两国希望用这种合作从彼此长达数个世纪的冲突关系中走出来，甚至克服由来已久的互不信任。[8]

在这个新时代，国家领导人们还需要认识到民族主义的兴起。民族主义者充满自豪感、竞争性和侵略性。"杜利先生"在世界各地都可以找到和自己想法类似的爱国者，只不过他们爱的国不一样而已。德国和意大利都完成了统一，使得这两个地区原先分布着的那些弱小的、被其他国家操纵的小国整合成了新的强国，并有能力向它们的邻居发起挑战。日本则证明了亚洲人也可以快速建成现代化的强大国家。民族主义狂热不仅存在于大国；在中东欧，包括巴尔干地区在内，到处都充斥着爱国主义群体。他们怀念着各自拥有的光荣而血腥的过去，同时憧憬着辉煌（但仍然血腥）的未来。[9]

瓜分中国

据说，海约翰曾谈到过美国外交的一大挑战，这一挑战从他的时代到现在都是美国外交的最大挑战之一："世界的风暴中心已经逐渐转移到了中国。谁理解了这个巨大的帝国……谁就有了解开未来500年世界政治问题的钥匙。"[10]

虽然海约翰对欧洲也十分熟悉,但他的名字还是永久性地和美国外交在东亚遇到的一个新问题联系在了一起:他就任国务卿之时,中国的最后一个王朝已经风雨飘摇,外国列强都在威逼中国设立租借地,或者允许它们建立殖民地。海约翰把这一现象称为"强取豪夺的大角逐"。[11]欧洲列强刚刚完成对非洲的瓜分,它们把这里的3 000万平方千米土地和1.1亿人口分成了30个新的殖民地和保护国。[12]这些强国现在又把中国当成了下一个瓜分的对象。

瓜分中国之争的第一枪已经打响了,只不过打响它的不是西欧国家,而是日本和俄国。1894—1895年,中国和日本因对朝鲜半岛的争议而爆发了甲午战争,正在快速崛起并现代化的日本击败了中国的舰队和陆军。近期的一位历史学家在研究这次冲突时解释道:"这次战争像地震一样,打破了传统的权力平衡,击碎了……儒家世界的和谐,留下了持续发生余震的土地和政治断层。"[13]日本占领了台湾岛和邻近的澎湖列岛,获取了中国港口的通行权,并将朝鲜划入自己的势力范围。俄国已经在中国东北立足,并且正在觊觎黄海边的一个不冻港[*]。俄国向日本施压,希望对方出让一部分侵占中国的利益,由此产生的分歧导致10年后日俄战争的爆发。[14]

各国开始以冲刺般的速度抢夺中国的港口和特权。德国占领了青岛,并取得了采矿和修筑铁路的权利。为了防止俄国控制旅顺,英国在海湾对面抢占了一个基地[†],并要求长期租借香港北边的九龙半岛。法国则坚持在其印度支那的新殖民地以北租用土地。

---

[*] 此处指旅顺。——译者注
[†] 此处指威海。——译者注

从 19 世纪中叶开始，中国在 50 年间变得越来越脆弱。中国的人口从 1700 年的 1.5 亿猛增到 1850 年的 4.3 亿，但清朝政府却无力让基础设施的扩展和食物生产跟上人口增长的步伐。贫困、饥饿和土匪问题导致社会崩溃、起义频发，包括 1850—1864 年的太平天国运动，这场破坏性的运动与美国的南北战争时间大致重合。英国在第一次鸦片战争后对香港实行殖民统治。之后，英国和法国又在 1860 年发动了第二次鸦片战争，并由此扩大了在中国的势力范围。到了 1898—1899 年，清朝已经在蹒跚着走向生命的终点。中国人民感到失望，并且越来越绝望。外国列强正在中国的地图上展开对东亚的争夺。[15]

《华盛顿邮报》用一个标题总结出了正在浮现的危机："中国已经被扼住了咽喉。"一位居住在北京的欧洲老人对《纽约时报》说："外国控制中国的时候已经到了。"[16]

美国在中国的经验

美国在中国的经验与欧洲、俄国和日本的都不一样。美国早就沉溺于对中国商业潜力的梦想中。1784 年，那位向华盛顿推荐汉密尔顿做财政部部长的罗伯特·莫里斯派一艘名为"中国皇后号"的船从阿巴拉契亚驶向广州，船上运载了 40 吨西洋参。这趟航行让莫里斯获得了 400% 的利润，效仿者蜂拥而至。到 1790 年为止，美国人已经向广州发出了 28 航次的商船。拿破仑战争爆发前，美国发往中国的商船数已经排名第二位，仅次于英国。为了获得通航权，"扬基佬"们需要巴结清廷官员，或是跟在英国皇家海军和商人们的后面。1844 年，美国使节顾盛（Caleb Cushing）与清廷签订条约*，使美国获得了与那些"最惠国"相同的商业权利。英国东印度公司对美国人的这种做法嗤之以鼻，将其称为"胡狼外交"（Jackal Diplomacy）——"只想吃肉，却从来不参与猎杀"。[17]

中国这个巨大的市场似乎总是让美国人充满梦想。1895年，对华贸易额只占美国贸易总额的不到1%，但这个数字在过去的10年间已经几乎翻了3倍——从2 600万美元上升到7 300万美元。19世纪90年代，美国出口的棉花有一半都卖到了中国。出售煤油、小麦、面粉、钢铁和纺织品的公司都赚到了钱。1898年，美国与华南主要贸易入口香港的贸易额翻了一番。[18]

美国人除了想挣钱外，还想"拯救"人类的灵魂。到1898年为止，已有超过1 000名美国传教士在中国传播基督教。这些勇敢的宗教说客有男有女，他们给中国人带来的除了《圣经》外，也有关于现代世界的信息。他们想改变中国人的今生和来世。在20世纪的大部分时间里，这些传教士和他们的子女成了中国人与其他美国人之间的翻译——不管是在小镇的主日学校、大学还是外交使团里。他们翻译的作品包括书籍、杂志，甚至还有电影。[19]

到了1899年，威廉·麦金利总统和海约翰国务卿又在中国获得了一项新的利益——与商业和宗教方面的利益形成互补，那就是亚太地区的安全。美西战争期间和之后，美国占领了一系列向中国方向延伸的岛屿：夏威夷、萨摩亚的帕果帕果、威克岛、马里亚纳群岛中的关岛，以及菲律宾。美国外交需要整合这些新的地理空间——这些空间已经远超北美甚至整个美洲的范畴。虽然美国还是不想卷入欧洲内部事务，但是它已经卷入了亚洲事务，并且在太平洋的水域上和欧洲针锋相对。[20]

---

* 此处指《望厦条约》。——译者注

海约翰

海约翰能言善辩。南北战争期间，他是亚伯拉罕·林肯总统的两名私人秘书之一，协助林肯处理海量的信函和一些特殊任务。海约翰写过诗、一本游记、一篇小说和若干报纸社论，以及一部十卷本的林肯传记（与他的前白宫同事约翰·尼科莱合著），还写下了许多文字优美的信件。他的通信者中包括其在文学界的友人马克·吐温（Mark Twain）、亨利·詹姆斯（Henry James）和亨利·亚当斯等。与殉国的总统林肯一样，海约翰也是著名的演说家和讲故事者，他的言辞给美国的对华政策留下了深远的影响。

如果说有一个人可以为美国制定出长期的对华政策，那么海约翰不像是这样的一个人。海约翰终生都没看到过太平洋，他到达过的最靠西的地方只是黄石公园而已。1865年林肯遇刺后，国务卿西沃德帮助海约翰离开华盛顿，到美国驻法国的公使馆担任秘书。海约翰后来也在马德里和维也纳担任过外交官，但是他的外交经验更多表现为书面的观察报告，而非战略思考。1874年，海约翰和克利夫兰一位富有的实业家之女克拉拉·斯通（Clara Stone）结婚，这使得海约翰以富人的身份重新崛起。

在俄亥俄州的共和党人圈子里，海约翰遇到了一位正处于上升期的人才，这就是众议员兼州长威廉·麦金利。在麦金利人生中的几个关键时刻，海约翰都给予了他资金方面的支援。麦金利于1896年当选总统，随即任命海约翰为美国驻英国大使。后来的情况表明，麦金利的这个选择是一步妙棋。[21]

英国和美国长期保持着竞争，时而发生冲突。但是，到了这个时候，两国的关系已经开始向接受彼此乃至互相合作的方向发展。海约翰有能力既迎合英国人的自负心理，同时又坚持维护英国在美洲的表兄弟——美国——在北美和加勒比海的主宰地位。维多利亚女王在她漫长的在位时间里和无数外国使节打过交道,但她对英国驻美公使说过,海约翰是"我认识的所有大使里最有意思的一位"。[22]

现代的一位海约翰传记作者认为,海约翰拥有"调停、解决问题和参谋"的才华。[23] 此外,海约翰有魅力、智慧和口才,这使他成为一个很受欢迎的同伴。这位政坛元老的身上承载着从历史和悲剧中习得的经验。

美西战争余波未平之际,美国要处理的外交问题快速增多,包括加勒比海、欧洲列强以及亚太事务。麦金利发现,自己正需要一位能在这些问题中给予建议和协助的国务卿。他把海约翰从伦敦召回,并于1898年9月30日任命他为国务卿。一位当时还是学生,后来成为外交官的人总结道:"海约翰和麦金利很配。两个人都很友善而慷慨,在政治上也都是实用主义者。"[24]

海约翰的国务院在华盛顿有接近90名雇员,包括文书在内,还有1 200人分散在世界各地的大使馆、公使馆和领事馆。自林肯和西沃德的时代开始,总统们就在白宫里使用电话和电灯泡。海约翰的办公室就在白宫旁边的一座法兰西帝国风格的大楼里。这栋大楼位于17街西北段,由国务院、战争部和海军部共用(今天仍在使用,名为艾森豪威尔行政办公楼)。[25]

海约翰需要帮手。他找到了35岁的柔克义(William Woodville Rockhill)。这位学者、外交家兼冒险家后来成了美国第一个被载入史册的"中国通"。[26] 海约翰是于1898年3月在希腊访问时遇到柔克义的,当时后者正在那里担任外交官,并且"无聊到死"。为了给柔克义在华盛顿找个位置,海约翰任命他为美洲共和国商务局——美洲国家组织的前身——干事长。作为交换,精力充沛的柔克义也需要腾出时间来担任海约翰的东亚事务顾问。[27]

柔克义和中国人之间没有特殊的感情,对于帮助美国企业在"天朝"发展业务,他也没有格外的兴趣。后来,铁路大亨E. H. 哈里曼(E. H. Harriman)想要和同伴到紫禁城里逛逛,但柔克义拒绝为他向清廷寻求许可,导致二人成为仇敌。柔克义的战略目标是保护中国的领土完整,因为他认为这对美国长期维持与东亚的开放关系至关重要。[28]

对华政策的种子

驻英国的时候,海约翰就表现出了好奇心,也喜欢和思想家们为伍。这帮助他结识了英国的两位中国问题专家。一位是柯乐洪(Archibald Colquhoun),他在1899年出版了《转变中的中国》(*China in Transformation*),海约翰读起来津津有味。柯乐洪提倡"利益均沾"原则。海约翰的另一位英国朋友是贝思福(Charles Beresford)——海军上将、议会议员,并著有《贝思福考察记》(*The Break-Up of China*)——他曾在中国旅行,然后又到美国去宣传他的"拯救中国"的方案。在中国考察期间,贝思福给海约翰写信说:"无论是从美国的利益还是我们自己的利益出发,'门户开放'政策都必须维持下去。"在与一批商业团体访问美国时,贝思福提出"'门户开放',或者机会均等"。这些有想法的英国商人都认为他们的政府行动太缓慢。而美国是唯一在中国没有实行殖民统治也没有租界的强国,因此最有资格出面阻止列强的瓜分行为。

海约翰怀疑英国是在利用美国阻挡俄国的扩张,并保护英国的商业利益。(还记得吗?约翰·昆西·亚当斯在1823年面对英国的伙伴关系提议时也表现出了类似的怀疑。)他在给一个朋友的信中表示,美国反对列强瓜分中国,而且美国的公众意见也不会支持"强取豪夺","但是就当下而言,我认为最好的政策就是警觉地保护我们的商业利益,而不是正式结盟"。在美国,无论是刚刚从爱尔兰和德国过来的移民,还是坚持外交政策传统的人,都不会欢迎美国与大英帝国结盟并让后者受益。[29]

1899年夏天,在中国海关担任稽查员的英国人贺璧理（Alfred Hippisley）在休假期间与老朋友柔克义和海约翰见了面。贺璧理随后给柔克义写了一封信,并提出了一个实用的建议。列强们在各自的势力范围内都控制着中国的关税收入,贺璧理呼吁美国促成列强达成一致协议,平等地使用中国关税。这一计划既提倡了无差别对待的原则,又认同了列强的既得权力。[30]康奈尔大学名誉校长、反帝国主义者雅各布·舒尔曼（Jacob Schurman）发现,中国已经处于被列强分而食之的边缘。他说,中国的未来是美国外交政策中"一个阴影重重的问题":中国必须维持独立,同时"其门户应该保持开放"。[31]

海约翰和柔克义决定采取行动。柔克义让贺璧理准备一份备忘录,里面列出列强可能会达成一致的条款。他要求贺璧理提出中国的领土完整和独立问题,但是英国人贺璧理表示反对,他认为备忘录应只列出"少到不能再少"的内容。贺璧理的思路是寻找列强之间的共识,然后小心翼翼地以此为基础,不提出过多的要求,最终在微弱的国际合作气氛中让各方达成一致。海约翰欣赏他的处理方法。这位国务卿要求柔克义吸收贺璧理备忘录中的精华,再补充一些其他内容,形成一份新的文件。这两个美国人认识到,他们需要成为美国对华政策的初创者——不管这个政策以后会演变成什么样。一周之后,柔克义拿出了第一份"门户开放"照会,也就是海约翰在9月初发出的那份照会。[32]

中国的动乱

几个月之后，中国决定对在国内的外国人表达自身的态度。慈禧太后在1898年软禁了自己的侄子、维新派皇帝光绪。由保守派控制的朝廷和军队最近刚被崛起中的日本所羞辱，更无力对抗那些厚颜无耻的外国人。一系列的事件对大清朝的尊严构成了挑战，很像是历代王朝灭亡前的那些不祥之兆。1899年的大旱让整个华北陷入饥荒，加重了人民的绝望情绪。

华北地区的山东省出现了一个叫作"义和团"的组织——根据这个组织的武术套路，外国人将其称为"拳民"——它就像一阵迅疾、猛烈的风暴，对"洋鬼子"发起攻击，因为他们认为中国的苦难是"洋鬼子"造成的。1900年，义和团进入直隶地区，以"扶清灭洋"为口号，声势浩大。慈禧太后虽然声称要镇压义和团，后来却决定暗中支持他们，并要求朝廷的军队与拳民并肩作战。

这次暴力运动的发展速度极快，使得那些外国使节来不及认清它的危险性。1900年6月5日，拳民切断了港口城市天津到北京的铁路。清军加入拳民的队伍，使攻击者的人数大增。6月15日，美国公使埃德温·康格（Edwin Conger）报告称，"我们被包围在北京"，然后电报线就不通了。

华南地区出现了一丝希望。广东和长江以南其他省份的中国官员没有执行清廷下达的攻击外国人的命令。美国官员与华南的中国官员进行秘密谈判，以图维持和平，挽救被困的中国人和外国人。7月3日，华南的官员对海约翰表示，也许只有美国有能力阻止全面战争的发生。这一表态标志着美国的新地位得到了承认。

第二份"门户开放"照会

当天,海约翰(在总统缺席的情况下)主持了一次内阁会议。他表示,美国不认为自己和中国处于交战状态。他还发布了一份后来被称为第二份"门户开放"照会的声明。

海约翰这是在外交领域"走钢丝"。他需要救出被困在北京和中国其他地区的美国人,同时尽量避免冲突。帝国主义列强正紧盯着中国的虚弱之处,一心想要报仇,而海约翰不想让美国加入其中。海约翰虽然支持出动军队完成救援任务,但他也和中国官员保持着联系,向他们表明列强的目的只是镇压义和团,并救出自己的公民。如果事态升级,中国就将面临灾难性的后果。

义和团运动和列强们对北京及其他城市的围困,可能会开启一个新的、丑陋的剧情:中国的解体。美国既不想要中国领土,也不想推翻清政府。对于国内政治而言,海约翰既需要拯救美国传教士的生命,也要避免干涉中国事务的时间过长,以免反帝国主义者在当年秋天的总统大选中对意图连任的麦金利投下反对票。

海约翰在7月3日发出的第二份"门户开放"照会再次在列强中传播开来。在当时那种极端、危险和充满不确定性的形势之下,这份照会解释了美国的对华政策。这份照会的抬头是外国列强,但海约翰在正文中的前几句话却是说给中国人听的。他表示,对于任何错误对待美国公民的人,美国将追究"最大限度的责任"。然后,他又给了清政府一个保留颜面的台阶:只要中国政府不公然和叛军勾结,并"用他们的权力保护外国人的生命和财富",美国就会"认可他们代表中国人民,并力求与他们继续保持和平和友好的关系"。

之后,海约翰解释了美国政策的直接目的:"与其他列强同时行动，首先与北京恢复联系，然后救出美国官员、传教士和其他处于危险中的美国人；其次，尽可能地在中国各地为美国人的生命和财产提供保护。"

最后，海约翰展望了未来。他利用这个机会拿出了柔克义想要写进第一份"门户开放"照会里的基本观点：无论义和团运动的结局如何，都应当"保持中国领土与行政的实体"，维护列强在中国商业活动中的均等地位。

海约翰没有要求列强对此照会做出回复。他的外交行动是一种建议，并为中国和与其缔约的列强指出了适当的短期和长期结果。

解救外交使团

这个时候，行动比语言更重要。7月5日，《纽约时报》报道称"北京的所有外国人都死了"，但事实并非如此。海约翰焦急地工作着，试图与北京的美国人和其他外国人重新取得联系。在整个危机期间，海约翰一直与中国驻美公使伍廷芳保持着互相尊敬的关系。伍廷芳通过一位反对包围使馆区的清朝将领，让美国给处于围困之中的公使康格送去了一封密电。康格在回电中描述了使馆的悲惨处境，并请求美国政府尽快施以救援。为了验证回电的真实性，美国方面要求康格写出他姐妹的名字"阿尔塔"（Alta）。海约翰于7月20日从"阿尔塔"那里得到了好消息。

美国需要决定派什么部队参加救援行动。在北京的公使馆里，已经有50名来自美国海军"纽瓦克号"的海军陆战队成员把守院墙（当时使馆区内的外国军人总计435人）。麦金利的政府勉强避免了与缔约列强结成正式同盟，但美国需要派出军舰和部队。麦金利从菲律宾调集了2 500名陆军和海军陆战队士兵。这一行动使得美国在南洋建立前哨基地的好处在20世纪初就体现了出来。

约2万人组成的多国部队解救出了天津城内的外国人,包括当时还是一名矿业工程师的赫伯特·胡佛(Herbert Hoover)和他的妻子。为了避免给外界造成美国正在和中国交战的印象,美国人把他们的行动称为"中国救援任务"。

8月14日至15日,多国部队攻破了北京外城的城墙。在猛烈的抵抗之下,各国的部队全都独自行动,向使馆区进发。在战斗的最后几天里,义和团对包围圈中的幸存者发动猛攻,但各国的援军抵达后,叛军就向郊外四散奔逃了。使馆区内的守军中有65人死亡,150人受伤,美国海军陆战队有7名士兵阵亡。接着,八国联军就开始了抢劫、破坏,并屠杀无辜的中国人。柔克义在危机期间动身前往中国,准备主持即将开始的谈判。他用厌恶的语气写道:"那些'纪律严明'的欧洲军队在各个地方的所作所为,与13世纪的蒙古军队没什么两样。"[33]

和平条款

美国想要保持中国领土和主权的完整。《纽约时报》称,麦金利的目标是"[使中国]对过往事件进行赔偿并保证未来的安全"。8月28日,麦金利主持了其总统任期内时间最长的一次内阁会议,然后发表了一份声明,重申了海约翰在中国问题上的原则。这位总统想要立即撤出美国军队,但海约翰说服他让美军再停留一小段时间,以便向其他列强传递一个重要的信号。海约翰还阻止了海军占领舟山群岛的行动——他们想要在这个长江入海口南边的群岛上建立一座基地。若干年后，美国官员忘记了海约翰当时的这一明智之举，他们将美国在太平洋的活动范围延伸到中国大陆，并造成了惨痛的后果。

10月19日，中国的代表拿出了条款，其中承认中国违犯了国际法，接受赔偿要求，并承诺保护外国人在中国的安全。美国立即同意将这些提议作为谈判的基础。

几乎整整一年之后，清廷和外国列强于1901年9月7日签订《辛丑条约》。义和团杀死了德国驻华公使克林德，德国为了复仇，提出将所有支持义和团的中国官员处以死刑。柔克义和康格劝德国收回了这一要求。最后，只有4名中级官员被处死。*美国人还阻止了其他国家在紫禁城边上修筑一座国际要塞的计划。条约允许列强在华北地区驻军。美国20世纪初期驻扎在天津的第15步兵团培养出了许多未来的将军，包括乔治·马歇尔（George Marshall）、约瑟夫·史迪威（Joseph Stilwell）和马修·李奇微（Matthew Ridgway）。上述几人后来都回到亚洲，并完成了具有历史意义的任务。

最后，美国外交官将清朝的赔款总额压低到3.35亿黄金美元，相当于现在的约70亿美元。

美国分到的赔款约2 500万美元，占总额的7.5%，是所有列强中最少的。1908年，在一位受过美国教育的中国驻美公使†的斡旋之下，美国国会同意以奖学金和办学的形式返还1 400万美元的

---

* 此说有误。根据《辛丑条约》条款，庄亲王载勋、都察院左都御史英年、刑部尚书赵舒翘被赐令自尽，山西巡抚毓贤、礼部尚书启秀、刑部左侍郎徐承煜被即行正法。——编者注

† 此处指梁诚。——译者注

第5章 "门户开放"与中国问题：海约翰　　　127

赔款，清政府利用这笔资金设立了一所学校，即现在中国的顶级学府清华大学的前身。第一批 50 名中国留学生于 1909 年抵达美国，后来前往美国的留学生总计约 3 万人。庚子赔款奖学金计划（The Boxer Indemnity Scholarship Program）——富布赖特学者计划（Fulbright Fellowships）的前身——客观上对中国的现代化和独立做出了一定贡献。[34]

柔克义还呼吁中国进行经济改革。他要求中国对美国的投资开放，建立一个稳定的货币制度，并保护美国的商标——直到今天，中美两国还在争论这几个问题。1903 年，美国和中国签订了一份商业条约[*]。可惜的是，两国之间的商业前景因美国反对中国劳工的问题而被蒙上了一层阴影。美国人将华工称为"黄祸"，对他们施行驱逐、禁入乃至杀害等行为。美国国会在 1904 年通过了《排华法案》（Chinese Exclusion），此举违反了美国与中国的条约。上海开始抵制美货，珠江上的船主也拒绝运送美国货物，美国的行为激发了中国在全世界范围内组织起来的第一场政治运动。1905 年，罗斯福总统曾试图阻止排华浪潮，他解释道："如果我们不能给中国以正义，那就没法要求中国给我们以正义。"但是，排华运动造成的损害已是覆水难收。[35]

海约翰"门户开放"外交的重要性

关于海约翰"门户开放"外交的重要性，学者和政策制定者们一直存有争议。当时，海约翰意识到自己拿到的是一手差牌：

---

[*] 此处指《中美通商行船续订条约》。——译者注

"我们自己不想劫掠中国,我们的民意也不允许我们用军队去干预中国事务,以阻止其他人劫掠中国……有文章说'我们杰出的道德立场给了我们指挥世界的权力',那纯粹是痴人说梦。"[36]

外交工作也包括塑造外交政策的框架——无论是从国内的支持者还是从国际社会的视角出发——这种工作往往并不是通过运用霸权完成的。国家面临的形势往往不是非黑即白的,权宜之计即使不能彻底解决问题,也可以让事态向好的方向发展。随着时间的推移,那些表明意图和方向的声明可以演变为信条,影响未来的评估和决定。

美国当时的意见领袖和公众都认为,中国曾经对世界很重要,今后可能也是如此。后来的历史发展证明他们是对的。战争部部长伊莱休·鲁特(后来接替海约翰成为国务卿)对他的妻子说,中国如果解体,那么"这将是自罗马帝国衰亡后对人类造成最大影响的事件"。[37]

迈克尔·格林发现,美国既关注中国本身,也希望抑制列强在中国境内的竞争,以免引起太平洋地区的敌对形势。马汉将军在数年后指出,"门户开放"政策取决于"欧洲列强、美国和日本在中国事务上的利益冲突"。马汉知道,随着时间的推移,列强的实力对比会发生变化,事实也确实如此。他总结道,能够对美国的实力提供持续支持的,是美国的"海军力量"。[38]

西奥多·罗斯福在给他的总统继任者威廉·霍华德·塔夫脱(William Howard Taft)的信中总结了海约翰创造的这个战略术语:"在中国问题上的'门户开放'政策是非常出色的,我希望这个政策在未来也适用,至少现在它仍能获得外交上的一致认可并维持下去;不过,中国东北地区的历史——无论是在俄国还是在日本的侵占下——已经证明,只要列强中有一个国家决定抛开'门户开放'

政策,并愿意为此冒战争的风险,那么这一政策就将化为乌有。"[39]

下一章将会讲到,西奥多·罗斯福破解这一难题的方法之一,就是在日本和俄国的竞争中保持好平衡。英国选择了另外一条道路,于 1902 年与日本结成海军同盟。"一战"之后,美国在 20 世纪 20 年代试图通过一系列条约和海军的军备控制来维持平衡,因为美国不想在迫不得已的情况下动用海军力量来维护自己的利益。查尔斯·埃文斯·休斯在国际条约谈判中也运用了"门户开放"政策,而此时距离海约翰首次提出这一政策已过了 25 年。[40]

上述这些外交努力最终失败,这促使乔治·凯南在 20 世纪 50 年代提出,"门户开放"政策是美国外交政策缺乏现实主义考量的问题之最典型案例。"这就像是跟所有人说,谁相信真理谁就站起来,那么那些说谎的人势必要第一个站起来。"凯南还指出,美国也缺乏用行动支持自身表态的决心。"美国人对这个政策不够重视,不愿以任何坚定的行动去支持它,也不愿意在实施行动后为其造成的结果承担任何特定的责任。"[41]

威廉·阿普尔曼·威廉斯从另外一个角度发现了"门户开放"政策的缺陷。在他的《美国外交的悲剧》一书中,威廉斯提出,"门户开放"政策设想的是一种"非殖民主义的帝国主义扩张……其目的是扫清障碍,创造条件,让美国凭借其占优势地位的经济实力将自己的制度传播到世界各地,同时还不让传统的殖民主义陷入尴尬和无效的境地"。[42]威廉斯的新马克思主义经济决定论没有什么依据。虽然美国的一些资本主义者早就看好中国市场的潜力,但是直到 1890 年,美国对中国的出口额仍只占美国出口总额的 0.3%,对体量巨大的美国经济贡献不大。[43]而且,如果我们把所有的贸易和外商投资都贴上"帝国主义"的标签,那么这个概念就失去了意义。在整个 20 世纪下半叶,很多发达国家和发展中国家都依靠贸易和外商投资来促进经济增长，提高生活水平，加快技术融合并推进其他方面的合作。美国在20世纪30年代退出国际贸易和投资，这当然没有促进中国的发展，也对欧洲无益。实际上，不同时期的自由主义者一直在扩展"美国制度"的范围，将人权、信仰、妇女权利等概念都加进来，与民主和善治相提并论。

与那些批评者相反，经济史学家亚当·图兹（Adam Tooze）认为，"门户开放"政策反映了"一个貌似简单，实则深刻的原则"——"商品和资本准入方面的平等"。这一原则正是美国的战略目标与殖民主义强国或1900年时正在崛起的国家的目标之间的不同之处。图兹解释说，美国拒绝瓜分世界，相反，美国正是通过"门户开放"政策来扩张自身在经济和意识形态方面的软实力的。[44]

"门户开放"确实反映了多种利益：经济利益肯定是有的，但也有美国的安全利益，还有中国的领土完整和现代化、对其他列强侵略的遏制，以及传教士们拯救灵魂和生命的渴望。

在1900年的世界里，海约翰的言辞和手段说明，美国已经进入了强国的行列。但是，在这个世界历史上最具破坏力的世纪开始之际，国际体系已经站在了悬崖边上，摇摇欲坠。

第 6 章

欧亚间的权力平衡：西奥多·罗斯福

东北亚的战争

1904年2月8日至9日，日本鱼雷艇突袭了位于旅顺港的俄国远东舰队锚地。日本于2月10日正式宣战。之后的几周，日本对俄国的大量军舰造成了严重的破坏，并包围了剩下的舰只。在日本海军对旅顺港发起攻击的前一天，日本舰队的一个分队突破一艘俄国炮艇的拦截，把日本陆军一部的一些部队送上了汉城（首尔）附近的朝鲜海岸。这支4万人的部队向北前进，在鸭绿江边与俄军展开了陆地上的第一场重要战斗，并取得大胜。这样，通向中国东北的道路就向日本的军团敞开了。[1]

在20世纪的历史进程中，美国人将愈加熟悉上述这些亚洲地名，对日本海军的突然袭击也将有更深的体会。1904—1905年日俄战争的战场，正是东北亚安全局势的要害——这里是中国、俄罗斯、日本和朝鲜之间历史上的要冲。今天，我们在朝鲜的核外交事务中再一次认识到了这一地区的重要性。1982年，NHK（日本放送协会）电视台用一部长达8小时的纪录片《朴次茅斯之旗》向观众重新讲述了这场1904—1905年的战争。正如片名所言，故事中的关键场景都发生在距离战场半个地球之远的新罕布什尔州小镇朴次茅斯——这都是因为西奥多·罗斯福。[2]

日本和俄国的冲突已经酝酿了一段时间，至少从俄国和欧洲列强逼迫日本放弃在1894—1895年的甲午战争中获得的利益时，双方就已经结下了梁子。义和团运动期间，俄国政府派5万名士兵进驻中国东北，并接管了日本在俄军压力下撤出的租界。这一行为给日本的伤口上又撒了一把盐。之后的几年间，俄国加强了对中国东北的控制，并将势力范围向朝鲜半岛和北京拓展。俄国将西伯利亚大铁路延长到了中国东北，获取了旅顺港25年的租期，在那里修建海军基地，并用一条支线铁路把旅顺和西伯利亚铁路干线连接起来。[3]

日本曾经试过用和平的手段阻止俄国的行动。1902年，英国在与日本签订的条约中承诺，一旦日本在发生于朝鲜和中国的冲突中需同时面对一个以上的敌人，英国就将出手援助。1903年，日本试图与俄国进行全面的谈判，但俄国不同意维持中国的领土完整，也不同意中国控制东北。日本怀疑俄国将提出把朝鲜北部设为"中立区"，并且实际控制该区域。最后日本断定，只有使用武力才能把俄国赶出东北，日本甚至不惜为此与俄国开战。[4]

日本对旅顺港的突袭让罗斯福和他的国务卿海约翰大吃一惊。但是，他们对东北亚不断加剧的紧张局势还是非常了解的。罗斯福重视历史，他尊重俄国在美国独立战争期间和南北战争期间与美国结成的友好关系，也感谢俄国把阿拉斯加卖给美国的决定。"在过去，所有欧洲列强之中，只有俄国对我们始终保持友好。"他在1898年写道。但是，作为总统，罗斯福对俄国没能让中国东北保持门户开放而感到恼火，因为海约翰在他的"门户开放"照会里对俄国有过这样的要求。对于俄国专制政权的傲慢行为，罗斯福逐渐心生反感，他对俄国 1903 年的一股针对犹太人的暴力浪潮公开发表了批评。[5]

同一年，罗斯福告诉海约翰，俄国在中国东北的行动必须得到遏制，而且他相信美国公众会支持他"在这件事上采取极端手段"。但是，罗斯福也承认海约翰的现实判断是正确的。"我认为俄国肯定和我们一样，知道我们不会为了中国东北开战，"海约翰在写给总统的信中写道，"原因很简单，我们打不了。"国会不会支持这场冲突。不过，俄国的所作所为还是让美国很生气。罗斯福和海约翰都认为俄国"十分虚伪"。他们尤其对俄国驻美国公使——阿图罗·卡西尼（Arturo Cassini，服装设计师奥列格·卡西尼的祖父）公爵——那顽固而狡猾的行为方式感到不爽。海约翰对罗斯福开玩笑，让他给日本一个"眼神"，以"寻求暴力解决"。为了安抚美国，俄国放弃了一些港口租界，并再次承诺从中国东北撤军。真正和俄国有利益冲突的还是日本。[6]

我们不知道罗斯福和海约翰对俄国的敌对情绪是否鼓励了日本决心采取行动。日本发动袭击后，罗斯福在给他儿子的信中写道："我对日本的胜利感到非常满意，因为日本是在替我们下棋。"罗斯福认为，日本能够在远东地区对俄国的势力起到有效的制衡作用。但是，随着日本连战连捷，这位总统又看到了俄国在该地区的势力彻底消失的风险。罗斯福在给他的英国好友（也是罗斯福二婚时的伴郎）、时任英国驻俄使馆外交官的塞西尔·斯普林-赖斯（Cecil Spring-Rice）的信中表示，日本的惊人成功创造了"东亚地区的一个新强国"。也许日俄双方会继续战斗下去，直到双方都筋疲力尽，从而创造出一个既不是"黄祸"也不是"斯拉夫祸"的和平局面。[7]

罗斯福与全球权力平衡

在罗斯福的眼里，1904年的世界是由"文明民族"和"落后人群"所组成的。他有时会用带有种族主义色彩的词汇来描述"落后人群"，但他把这些人的"未开化"视为一个发展阶段，而不是一种遗传属性。例如，他对日本的现代化及其文明强国的角色表现出钦佩和尊敬。在一些发展困难的地区，当地人还不具备管理自己的能力，那么文明强国可能就需要"监督"和"提携"他们。但是，罗斯福认为所有人群最终都能成为文明民族。这一观念成了罗斯福干预加勒比地区事务的指导思想。在那里，外来的强国想要利用当地人的孱弱来牟利，这就对美国构成了威胁。

罗斯福最关心的问题是几大文明民族之间的竞争。他相信权力是世界事务中最重要的因素。他发现了民族主义兴起的苗头，并且把民族主义放在两千年来的人类进步以及科技和社会的发展这样的大背景中去理解。实际上，罗斯福把民族主义想象成了工业经济中"恶化的物质主义"的一种解药。与此同时，罗斯福也注意到，现代国家所能施展的威力已经远超杰斐逊时期的潜在实力，甚至超过了汉密尔顿一直想要建立的那种系统性权力。罗斯福研究者约翰·布卢姆（John Blum）把罗斯福的总体倾向描述为"一种折中主义的思想集合，其各个部分彼此连接，这种状态比让它们合为一体更合适"。[8]

考虑到当时的全球秩序一团混乱，罗斯福相信自己和美国有责任促进列强之间的和平。在给斯普林-赖斯的另一封信中，罗斯福没有对民族利益的对错下判断。他能理解其他国家为什么会追求自己的利益——即使美国不同意它们的做法，或者要与它们竞争。"各民族之间也许会有利益冲突，而且这种冲突往往一定会发生，另外在现在这个时代，爱国主义的优势要比普世主义的大得多。"[9] 但是，罗斯福相信，大国之间的战争将会引发灾难性的后果。因此，他倾向于用和平的权力平衡来抑制国际上的敌对情绪。美国不需要占据统治地位，美国需要的是对国际秩序的变化和威胁保持警惕，以抵御这些风险，并重建和平合作关系。

1905—1906 年，罗斯福两次调停了大国之间的冲突——一次在东北亚，另一次在欧洲，还涉及摩洛哥。他的努力维护了和平，并且显示出美国在强权政治中维持平衡的外交技巧。

罗斯福考虑调停日俄冲突

日俄战争对中国的领土完整和美国的"门户开放"政策构成了威胁。在离战争打响还有 3 个星期的时候，罗斯福从日俄双方那里获得了私下的保证，在战争开始后尊重中国的中立地位。[10]

罗斯福知道，一旦日本获得压倒性的胜利，日本政府就会更有信心把目标对准中国——甚至美国在太平洋的利益。他在 1904 年初写给斯普林-赖斯的信中说，日本的利益只在东亚这一个地区，而美国和其他国家的利益则遍布多个地区。这位总统已经认识到了日本的军事勇气和实力，尤其是它们的海军力量。[11]

在整个 1904 年，罗斯福一直在考虑调停日俄冲突的可能性。就在双方第一次交火之前不久，他还通过美国驻日公使以及代表法国政府的驻美公使让·朱尔·朱瑟朗（Jean Jules Jusserand）了解局势，后者也是罗斯福的朋友。但是，总统有他自己的考虑：在战争开始后的第一年，他需要争取在总统大选中连任。罗斯福渴望凭借自己的努力赢得总统宝座，这样他就能有更大的行动自由。

无论如何，焦躁不安的罗斯福在整个 1904 年都在思考未来的情况。6 月，他于自己在奥伊斯特湾沙卡莫山的家中与日本驻美国公使高平小五郎以及金子坚太郎男爵——与罗斯福同时期的哈佛大学校友，时任日本派往美国的特使——共进午餐，并就国际形势进行了一番长谈。总统预言日本未来前途无量。他把日本在黄海的利益比作美国在加勒比海的利益，但他建议日本不要超过其最初的战争目标或分割中国，傲慢和侵略将会引火自焚。[12]

罗斯福意识到，日本将会反对再举行一次"大会"，因为它在 1895 年的那次大会上受到了羞辱。这位总统还担心大会将演变成列强瓜分中国的盛宴。日本想要直接和俄国谈判，但并不相信俄国值得信赖。[13]

罗斯福考虑了如何把敌对双方拉到一起，然后由自己担任"斡旋者"（good offices）——这一中立角色得到了 1899 年《海牙公约》的承认，也在诸多美国签订的公约中得到认可。[14] 在 1904 年 11 月连任总统后，罗斯福将美国驻意大利公使乔治·冯·伦格克·迈耶（George von Lengerke Meyer）调往圣彼得堡。这样，沙皇身边就有了一位总统信任的使者。[15]

整个 1904 年，德国皇帝威廉二世（Wilhelm II）一直在催促沙皇继续战斗。由于俄国是法国的盟友，俄国专注于东方的战事使得德国从中渔利。德皇还认为自己与那位在圣彼得堡的独裁者表弟有着密不可分的联系，他在想是否能引诱俄国和德国组成新的帝国伙伴关系。罗斯福询问德皇的态度，让德国政府清楚地了解自己的想法，并向威廉示好。在时机合适的时候，德皇可能会帮助罗斯福与沙皇尼古拉二世（Nicholas II）进行交涉。[16]

1905 年元旦那天，旅顺港要塞里的俄军投降了，日本俘虏了将近 2.5 万名俄国士兵。俄国失去了一座太平洋上的重要港口，也失去了一个显示力量的标志。俄国内部的革命火苗开始冒头，民众在圣彼得堡的冬宫前游行，向沙皇请愿，结果遭到血腥的屠戮——这就是后人所称的"血腥星期日"。各国政府都认为俄国会向日本求和，但沙皇扭转颓势的决心比以前更强了。德皇则开始思考现在是否到了停火乃至议和的时候了。[17]

罗斯福就和约条款的问题试探了日本、英国及其他欧洲国家驻美公使的口风。这位总统感觉到，日本会要求得到旅顺港，并将朝鲜半岛纳入自己的势力范围。实际上，罗斯福也希望日本得到上述利益，这样就可以制约俄国。日本外务大臣小村寿太郎想让东北地区重新回到中国的控制之下。日本还流露出让俄国赔款的意图。日本甚至还盯上了俄国的西伯利亚大铁路。这条铁路穿越中国东北地区，直抵沙皇手里仅存的太平洋重要港口符拉迪沃斯托克（海参崴）。不过，日本并不想让任何国家从中调停。日本政府担心，自己一旦提出议和的想法，就会被认为是示弱的表现。罗斯福通过非官方渠道向俄国提出停战的非正式建议，但遭到了俄国人的拒绝。[18]

僵局

战场的实际情况造成了复杂的外交局面。1905年3月10日，日俄两支庞大的军队刚刚结束两周在当时堪称史上最大规模战斗的交锋。日本占领了中国东北地区南部的奉天（Mukden，即今天的沈阳）。已成乱军的俄国人逃向北方，筋疲力尽的日本人也无力包围或追击敌军了。经济因素在这时突显出来：日本已经耗尽了自己的战争资源，财政状况捉襟见肘。交战双方在中国东北大地上形成了战略僵持状态。[19]

就在日军进入奉天之前，日本陆军大臣告诉美国驻日公使，停止战斗的时候到了。军方在外务大臣小村寿太郎之前就做出了这一表态，而后者认为先表示议和姿态的应该是俄国。小村寿太郎预计，俄国政府要先看看远道而来的波罗的海舰队能否打个胜仗，然后再做是否议和的决定。事实证明他猜得没错。[20]

3月30日和4月2日，罗斯福两次写信给病中的海约翰，告诉他日本、俄国、法国和德国的官员都谈到了和平谈判的话题，但是并没有人做好了采取行动的准备。罗斯福督促俄国驻美公使卡西尼承认，日本还没有占领俄国的任何领土。一旦日本占领了俄国的部分领土，那俄国就需要付出更大的代价才能结束战争。交涉未果后，罗斯福总结道："作为一个统治1.5亿人民的专制君主，这个沙皇真是一个荒唐的小生灵。他一直没有能力应对战争，现在也没有能力结束战争。"[21]

初步举措

罗斯福离开白宫，开始了为期六周的狩猎之旅。既然驯服不了圣彼得堡的那头俄国熊，他干脆到西部去狩猎真熊了。走之前，他给战争部部长威廉·霍华德·塔夫脱留下了指示。但是，各种外交因素正在组合出新的局面。俄国没能通过谈判从法国政府那里再获得一笔借款，然后要求法国帮助其议和。不过，俄国政府暗示说自己只会做一些微小的让步。但是，法国正因为与德国在摩洛哥问题上的矛盾而面临一场新的危机，这也加大了一场波及面更广的全球冲突发生的可能性。（不久之后，各国元首就纷纷联系罗斯福,请求他暗中帮助处理摩洛哥问题,并维持欧洲的权力平衡。)

在法国的调停努力之下,日本内阁在4月8日和17日的两次会议后决定评估罗斯福能否利用他的"斡旋者"角色将交战双方直接拉到一起。不过,小村寿太郎在4月18日发出的照会里并没有直接提出这一请求。美国总统从西部发来回电,同意日俄双方需要展开直接谈判,但他要先了解日本在"门户开放"和中国问题上的立场,并要求日本先满足自己的一个特殊请求。这位总统有他自己的目的——而且他需要一些外力和责任感才能实现这些目的。之后,日本方面向罗斯福发出了一份措辞含糊的私人请求,但是罗斯福判断时机尚未成熟。圣彼得堡传来的消息显示出了沙皇继续战斗的决心,而日本对俄国提出的赔款和割地要求也让总统感到心烦:这些要求太不现实,而且对日本没有什么好处。罗斯福进一步向日本指出,俄国的波罗的海舰队经过漫长的航行,已经接近了日本本土的海域,此时释放议和信号会被俄国人视为胆怯的表现。[22]

两支庞大的舰队于5月27—28日在对马岛附近的朝鲜海峡中展开了战斗。东乡平八郎大将率领的舰队在俄舰队的阵线前方"抢占T字横头阵位"(cross the T),日本军舰的炮火击沉了四艘俄军战列舰。当晚,日本的鱼雷艇又重创了俄军剩余的舰艇。日本方面没有损失任何一艘主力舰只。罗斯福在给参议员亨利·卡伯特·洛奇(Henry Cabot Lodge)的信中总结道:"没有人能想到,双方之间发生的不是一场战斗,而是一边倒的屠杀。"在精神层面,这场史诗般的战役也拔高了日本武士神话的高度。1941年12月日本偷袭珍珠港的时候,一艘主力航空母舰的桅杆上悬挂的正是1905年对马海战中使用过的那面指挥旗。[23]

罗斯福的外交攻势

罗斯福开始采取行动，他用一场外交攻势包围了沙皇。罗斯福的好友、德国驻美国公使斯派克·冯·施特恩贝格（Speck von Sternberg）向俄国驻美国公使卡西尼施压，要他面对现实。德皇威廉也站到了罗斯福这一边。威廉担心"他们［俄国人］会处死沙皇"，从而对所有的君主构成威胁。罗斯福欢迎德皇劝说沙皇尼古拉二世，但他也很小心地不给德国造成一种美国将会向日本施压的印象。罗斯福还希望法国人也来帮忙，但法国政府此时的心思全在摩洛哥身上，不想在俄国问题上付出任何外交代价。[24]

罗斯福6月2日会见卡西尼，让他向沙皇转达接受和平谈判的建议。罗斯福直言不讳地表示俄国在战争中已经毫无希望。然后他表示，如果双方都不想第一个提出和谈，可以由他邀请双方直接见面。这位总统说，他认为自己能说服日本同意和谈——他没有说出自己其实已经把日本的同意表态揣在了兜里。罗斯福不相信卡西尼敢把自己的话原封不动地转达给沙皇，于是就命令刚刚到任的驻俄公使迈耶当面向沙皇本人呈交自己的提议。罗斯福催促双方进行"没有中间方"的直接对话，当事的两个主角会面后，在需要的情况下，仍有"足够的时间"去听取外围各方的"建议"。这位总统提议双方在中国东北的哈尔滨和奉天两地间选择一个作为会谈地点。他向他的法国公使朋友解释说，他之所以如此提议，是因为这样就"没人认为他想把谈判地点放在华盛顿"了。罗斯福需要让双方都承诺会面并陈述各自的立场。他不想让日本和俄国政府指望别人去帮他们解决问题，逃避艰难的抉择。不过，既然罗斯福提到了在华盛顿举行会谈的选项，而他可以在这样的会面中扮演重要的角色，那就说明这个选项虽然风险很大，但至少还是在总统的考虑范围之内的。[25]

迈耶于6月7日与沙皇尼古拉二世进行了一个小时的会谈。在会谈的前一天，沙皇刚和自己的幕僚们开过会，会上争论很激烈。谨慎的沙皇拿定了主意，他要在日本占领俄国的任何一块领土之前探索和平的可能性。沙皇也刚刚得到了德皇发来的消息。德皇劝说他信任罗斯福，相信他会对沙皇的让步"绝对保密"。在会谈结束前，迈耶感到尼古拉二世的紧张情绪有所缓解。这位沙皇要求迈耶转告总统，他希望两国的友好关系翻开新的篇章。罗斯福赢得了沙皇的信任，而迈耶完成了自己的任务。[26]

不过，罗斯福并没有把外交战略的希望全都寄托在高尚的情感和对话上面。就在迈耶与沙皇会面的前一天，卡西尼呈交了俄国稍早时候对罗斯福的提议做出的正式回复，而这份回复表达了拒绝和谈的态度。这位总统对俄国人的态度不满意，他向金子坚太郎建议，日本应立刻入侵俄国的萨哈林岛，夺取那里的领土，毫不留情地提醒俄国人将战争继续下去的代价。迈耶用电报向罗斯福报告了沙皇同意和谈的好消息后，罗斯福立即打电话给日本公使高平小五郎，向他分享了迈耶报告的内容。罗斯福此举也是为了在日本人那里积累自己的个人资本，他知道将来有一天这些资本会派上用场。[27]

朴次茅斯会谈

6月8日，美国总统向日本和俄国发出了正式的会谈邀请。他提出自己可以帮助双方安排会谈时间和地点。双方开始就一些次要的细节展开争论，目的是获取优势地位，甚至逃避自己做出的承诺。

对于刚刚做出艰难抉择的国家来说，这样的小别扭并不罕见。然而，罗斯福天生暴脾气，不能容忍他人的犹豫不决。在俄国这边，问题部分在于罗斯福必须直接得到沙皇的决定。俄国的那些使节要么不了解形势，要么对战局和沙皇的决定心怀不满，要么只知道明哲保身。罗斯福在写给洛奇的信中表示："俄国太腐败、太狡猾、太善变、太无能了，我完全搞不清楚它是否［会］议和，或者是否会在什么时候让谈判破裂。"一向直来直去的罗斯福最不能忍受的是"［俄国人］明知道你知道他在撒谎，却还是要撒谎"。（外交工作的一大挑战是区分有意采取的行动——无论好坏——和不可避免的失误、误会和拖延，另一大挑战则是识别出谁是骗子。）[28]

在研究了多个会谈地点后，日本和俄国同意了双方的第二选择——华盛顿。罗斯福知道，在华盛顿夏天的酷热和潮湿天气中谈判是一件很危险的事情，于是他建议各方移步到位于新罕布什尔州朴次茅斯市附近的朴次茅斯海军基地。基地设施其实是在缅因州一个名为基特里的岛上。代表团可以住在朴次茅斯，然后在有军队保护且具备国际通信条件的海军基地会面。[29]

考虑到路途遥远，会议的开始日期不会早于 8 月初。俄国想要先停火，但日本拒绝。罗斯福知道日本政府是怎么考虑的——日本此时正在准备对萨哈林岛发动攻势。这座岛屿位于日本几个大岛的北面，且离俄国海岸很近。1875 年，日本同意俄国占有萨哈林岛，并以此为交换条件占领了萨哈林岛以南面积较小的千岛群岛。日本于 7 月初开始攻击，以提醒俄国拖延和谈的代价，此举亦能进一步压缩俄国拥有的太平洋海岸，以防其将来某一天利用这些海岸恢复在日本附近的海军行动。（二战之后，苏联获得了萨哈林岛和千岛群岛，日本在冷战后一直试图索回那几个较小的岛屿，但始终未果。）

日本代表团由外务大臣小村寿太郎和驻美公使金子坚太郎率领。小村寿太郎知道，由于日本在陆战和海战中都取得了压倒性的胜利，任何和平条款都难以满足公众的期望。日本内阁和高级领导人4月时决定，对萨哈林岛的占有和迫使俄国赔款这两个目标并非一定都要达成，但小村寿太郎非常希望二者兼得。罗斯福仍被小村寿太郎的计划所困扰，尤其是其中的赔款要求。[30]

维特登上舞台

　　在俄国代表团的组成问题上，尼古拉二世面临着更大的困难。他不想让谢尔盖·维特（Sergei Witte）加入代表团。维特是曾经权倾一时的前财政大臣、俄国经济现代化的主导者，也是沙皇的父亲亚历山大三世（Alexander III）忠诚的幕僚。维特身高达两米，生性粗鲁、直率，此时已经在小沙皇面前失宠。他曾经主导了俄国向东方铺设铁路的工程，但一直设法避免与日本发生冲突。沙皇先找了其他几个人，但都遭到了拒绝，这时候他才迫不得已起用维特。尼古拉二世宣称自己想要和平，但是"一个铜子的赔款也不会给，一寸俄国的领土也不会让"。维特对接替他出任财政大臣的人说："需要有人通下水道的时候，他们就想起派维特去了。"维特肯定曾经怀疑过，他的使命并不是去谈判，而是去充当替罪羊。[31]

　　就在维特准备出使的时候，俄国的处境越发不妙了。1905年夏天，许多城市都爆发了罢工，超过一半的省报告称发生了农民暴动。"波将金号"战列舰的水兵在敖德萨港哗变，掉转炮口攻击沙皇的军队，并逃往罗马尼亚的一个港口。这个国家需要和平，但沙皇不敢显示出他的虚弱——在国内和在远东都不行。这个王朝还记得自己曾经挫败过很多外国侵略者，包括已经打下了莫斯科的拿破仑，而日本人离西伯利亚的核心地带还有很远的距离，更不用说莫斯科了。也许俄国可以等待日本走到扩张过度的那一步。罗斯福意识到了这个问题："日本有权利提出很多要求，而且我不认为这些要求是过分的，但是俄国实在是蠢到家了，政府管理混乱，根本就不知道自己想要的是**什么**。"[32]

一个多世纪以后，我向俄罗斯财政部那些现代化的年轻官员询问维特的名声。他们对维特在1917年对俄国施行的改革表示尊敬。那次改革令人印象深刻，但最终失败了。实际上，21世纪的俄罗斯财政专家们似乎都很自豪于沿着这位"巨人"的脚步前进。但是他们也提醒我，从俄罗斯的历史视角来看，维特在结束日俄战争这一点上所起的作用是毁誉参半的。若是代表战败的那一方，那么再出色的谈判专家也注定会被笼罩在阴影之中。[33]

罗斯福的准备

为了准备8月的会谈，罗斯福试图在日本应该提出什么条件的问题上说服双方，尤其是日本。他指出，如果战争继续下去，损失就会太大，而占领俄国的领土对日本来说也没什么用。日本政府会想办法守住这些土地，而俄国会找机会重新把它们夺回来。罗斯福肯定也意识到了，日本在东亚的霸权将会威胁美国在亚太地区的利益。

日本的战争开支、债务和萎缩的信用已经把日本政府推到了破产的边缘，罗斯福并没有完全意识到这一点——也许汉密尔顿可以。各国政府还没有学会两次世界大战中那些自我供血应付大规模战争的手段。

罗斯福总统督促英国向其日本盟友施压，让日本把要求降低一点，但英国人没有同意。英国长期在中亚和南亚与俄国博弈，这使其忽视了在东亚地区重建权力平衡的好处。英国政府还认为罗斯福的成功机会不大。和谈开始前不久，小村寿太郎和金子坚太郎在沙卡莫山拜访了罗斯福。他们列出了日本的要求，但是没有按照优先程度排序。总统建议他们放弃一些次要的要求，例如让符拉迪沃斯托克非军事化，或者让俄国交出停泊在中立港口的军舰。罗斯福把重点放在小村寿太郎的赔款要求上，他再次提醒日本人，俄国对这一要求可能会强烈反抗。罗斯福多次建议避免使用"赔款"这个词来描述俄国支付的款项，改用经济补偿的名义（比如日方照顾俄军战俘的费用），并大幅削减赔付金额。为了让双方达成协议，他需要灵活的姿态。

罗斯福与维特的会谈场面相当冷淡。由于成长环境不同，维特期待的是充满恭敬的老派欧洲礼仪，对罗斯福不拘小节的做派颇不以为然。最重要的是，罗斯福感受到俄国人一点都不想让步的立场——因为维特并没有留出多少商量的余地。碰了一鼻子灰的罗斯福认为，俄国人既对自己面临的危险一无所知，也对和平不感兴趣。他对塔夫脱说，和谈成功的概率跟"抛硬币"差不多。[34]

实际上，维特想要和平。当他在巴黎停留的时候，法国人明确向他表示不会再为俄国的战争提供借款，但他们可能会在俄国支付赔款的时候提供财务支持。维特试图寻找新的结盟机会，以改变国际棋盘上的形势。他在巴黎建议俄国、法国和德国组成一个新的联盟。在伦敦，他又试探了日俄是否有结成新联盟的可能。他在动身离开俄国前也向沙皇提到过这个想法。

在前往美国的路上，维特想出了一个计划：他决定一到美国就用"民主派的朴素"来讨好美国媒体和公众,"一点儿贵族阶级的架子都没有"。他访问了纽约证券交易所、坦慕尼协会,甚至还去了移民社区,与俄裔犹太人交谈。代表团全体成员都参加了纽约市一座俄罗斯正教教堂的活动。维特明确表示,他是来寻求和平的,但也不会不惜一切代价来实现这个目标。维特对俄罗斯人尊严的维护和对打持久战的决心激怒了罗斯福,但实际上,这说明沙皇根本就没有授予维特多少为议和而做出让步的权力。[35]

谈判开始

1905年8月5日,双方代表团在奥伊斯特湾的"五月花号"总统专属帆船上见面,这个地点是罗斯福总统精心挑选的。罗斯福主持了一场站立式午餐会,这样就避免了安排座次的麻烦。他提议举杯一次,同时向两国的统治者和人民致敬,这样哪国都没有被排在前面。这位少壮派总统想方设法用自己和蔼的态度缓解紧张气氛。

剩下的就看双方代表了。他们转移到了朴次茅斯。维特乘坐J. P. 摩根(J. P. Morgan)提供的特别列车,沿途拜访了波士顿和哈佛。维特离开车厢的时候还和铁路工作人员握手。一名记者声称这位俄国巨人亲吻了工程师——这个故事未必是真的,但增进了美国人对维特的好感。尽管如此,在接下来的数天里,大部分美国公众还是偏向于支持日本的。[36]

在双方代表团开始讨论谈判流程,并开始初步的言语试探时,罗斯福就退居幕后了,但这位总统仍对会谈保持着高度关注。日本人率先提出了他们的要求:日本控制朝鲜半岛;双方都从中国东北地区的大部分土地上撤出，并将主权交还中国；俄国把旅顺港的租借权和附属的铁路线移交给日本；俄国割让萨哈林岛；俄国的中东铁路非军事化；俄国交出停泊在中立港口的军舰；限制俄国在中立港口的海军实力和捕鱼权；俄国对"战争实际支出"进行补偿。日本方面依照罗斯福的提议，没有使用"赔款"这个词。[37]

维特以一种谨慎的让步、迂回和不同寻常的主动性策略来回应。他摆出了一副姿态：他代表的是世界上最伟大的帝国，它只是暂时遇到了挫折而已。维特试图表现得冷静、有分寸，但仍保持着威严的腔调，既不宣称胜利，也不承认失败。他对旅顺和中国东北的现实无可奈何，但要求日本承认中国和朝鲜的主权，以此进行了一次小小的外交反击。他在次要问题上表现出抗拒态度，因而增加了日本坚持这些要求所要付出的代价。维特还提议"把目光放得长远一些"，甚至建议俄国和日本结成联盟对抗其他竞争者。日本在1905年对此提议不屑一顾，但在接下来的几年中，双方确实在向这个方向发展。此外，尽管维特同意让谈判保持秘密状态，但这位俄国人还是经常主动地私下向媒体吹风。维特想要在广大的公众面前表现出理性、积极的形象，同时准备在谈判破裂的时候孤立日本。[38]

在俄国内部，维特很难保持他那训练有素的沉着状态。和许多谈判者一样，他在应对日本人的同时也要应对自己的政府，包括回应沙皇的指示。沙皇想要撤回维特已经同意做出的让步，而且维特的副手——沙皇新任命的驻美公使罗曼·罗森（Roman Rosen）男爵——和代表团的其他成员可能都倾向于让战争继续下去。维特成功地顶住了这些人的压力。他想办法让俄国政府做好割让萨哈林岛的准备。维特知道有一条红线是他不能碰的，那就是同意日本提出的任何形式的赔款。日本人提醒维特，法国在普法战争后就支付了赔款。维特反驳说，日本人和德国人不一样，他们离对战方的首都还有十万八千里。俄罗斯人曾经抵挡住，并最终击败过很多骄傲的侵略者。

关键议题

到了 8 月 17 日，关键议题集中到了萨哈林岛和赔款的问题上。维特建议双方在 8 月 21 日那个周一进行最后一轮谈判，暗示谈判将要破裂。在这个时候，就像许多牵涉多方的紧张谈判一样，各方都在努力争取机会并进行联络沟通，使局面变得扑朔迷离。金子坚太郎男爵急匆匆地找到罗斯福，告诉这位总统现在该他出手了。罗斯福表示他愿意联系沙皇、德皇和法国总统，但他首先要见到维特和俄国公使罗森。这位总统还再次呼吁日本在索赔金额上做出让步。

与此同时，维特在 8 月 18 日请求与谈判对手、日本外务大臣小村寿太郎进行一次私人谈话。维特知道日本已经占领了整个萨哈林岛，因而提出将该岛一分为二的方案。小村寿太郎反驳说，俄国必须付一（大）笔钱，才能拿到这个岛的北半边。维特把这个拟议的折中方案汇报给了圣彼得堡，但他建议俄国把整个岛都让给日本。他想给外界造成一种印象，即日本只是为了钱而继续战争。

8 月 19 日，罗斯福与俄国公使罗森在沙卡莫山会面。美国人并不知道维特和小村寿太郎在前一天的谈话。罗森没有把拟议的折中方案告诉罗斯福，这可能是因为他估计沙皇会否决这一提议。罗斯福建议俄国割让萨哈林岛，然后在赔款的问题上寻求非约束性仲裁。罗斯福的理由是，等仲裁结果出来的时候，日本已经不会愿意继续作战了，而俄国就有机会逃过此劫，一分钱都不用付。罗斯福要求俄国人把这个建议当成出自私人之口，而不是来自美国总统。罗斯福想要在自己的外交之枪中再保留一颗折中的子弹。

8月21日这个周一，维特得到消息，沙皇在绝大多数幕僚的建议下拒绝了付钱拿回半个萨哈林岛的方案。即使是对拿破仑，俄国也没赔过款！至于萨哈林岛本身，沙皇的幕僚们的意见似乎并不一致。外交大臣通知维特，圣彼得堡将会在次日把最后一次指示发给他，告诉他如何结束会谈。

罗斯福争取时间，向俄国施压

韧劲十足的维特现在利用罗斯福的"干预"来争取时间。他督促圣彼得堡在结束与日本的谈判前把罗斯福的意见纳入考虑范围。同一天，也就是8月21日，罗斯福又一次做出了尝试。他草拟了一份给沙皇（抄送维特）的最终提议，主张俄国"原则上"用一笔钱换回萨哈林岛北部，但具体金额可以再商量。总统命令驻俄公使迈耶当面向沙皇呈交这份提议。罗斯福请求德国、法国和英国协助自己，并解释说自己将会劝说日本同意和解，无论日本一方最后拿到的钱有多少。德皇和法国总理莫里斯·鲁维耶（Maurice Rouvier）都发来消息表示支持罗斯福的提议。英国对罗斯福的行动有所担心，可能还有些嫉妒，因而保持了沉默。

迈耶8月23日才能见到沙皇。22日这天，维特接到了沙皇的指示，要求他中止和谈。沙皇还拒绝了罗斯福8月19日的第一个提议，也就是以"私人身份"提出的那一个。俄国外交大臣要求维特不要安排新的会谈，因为这可能会让俄国背上责任，并给罗斯福再次插手的机会。维特接下来做出了一个只有自信的、掌控过权力的人才能做出的举动:他抓住罗斯福的第二次提议,以此作为让谈判继续下去的理由。维特对圣彼得堡承认,罗斯福的行为"很不符合欧洲礼仪",但他呼吁俄国的贵族们考虑罗斯福的观点。维特说,如果俄国在回复罗斯福的提议前就结束会议,那可能会冒犯到总统,而且会让公众对日本产生同情。

最终的提议现在在美国公使迈耶的手里。他在8月23日下午4点向沙皇呈上了罗斯福的提议。尼古拉二世此前已经通过维特得知了总统提议的内容,因此他立即对美国人的观点进行了反驳。迈耶临场发挥,说萨哈林岛和俄国的陆地领土不一样——因为它孤悬海外,而且俄国刚在1875年和日本就此岛的归属问题进行过谈判。沙皇首次做出了一点让步,说他可以接受把萨哈林岛南部割让给日本,前提是日本从该岛北部撤出。他不会赔一分钱,但是据迈耶说,沙皇似乎对罗斯福坚持不懈努力调解的精神表现出了由衷的赞赏。维特现在有了继续谈判的由头。罗斯福的坚持和迈耶的劝说挽救了谈判,并且使一座已经被占领的岛屿的一半成为让步的条件。

最后一周

接下来的一周也是谈判的最后一周,形势向灾难的方向发展。沙皇做出让步的消息还没传来,维特就已经诱使小村寿太郎发表声明,称就算俄国把整个萨哈林岛都割让给日本,日本也还会要求赔款。维特现在塑造出了一个失败的公众外交策略。罗斯福再次向沙皇施压,但未获成功。这位总统劝告日本说,美国也给墨西哥和西班牙赔过款,而且还是在已经打败了对方的情况下。就算日本把符拉迪沃斯托克、哈尔滨和俄国的整个滨海省全都打下来,也无法强迫俄国赔钱。他表示，考虑到日本的成功和地位，文明世界期待日本能为了一个更高尚的、有道德感的目的去追求和平。到了这个时候，俄国人和日本人都对罗斯福的纠缠怨声载道。

8月26日，维特与小村寿太郎进行了一次非正式的私人对话，连秘书（会议记录者）都没带。他在会谈中把沙皇同意割让一半萨哈林岛的消息告诉了对方。不知为何，日本人始终没听懂维特的意思。小村寿太郎没有注意到这个方案，这可能是因为他的注意力全都集中到了一个更大胆的想法上。同一天，他向东京拍出电报，表示他准备中止谈判。维特在和圣彼得堡反复沟通的过程中肯定很痛苦，但是他至少知道他的主人是怎么想的，而小村寿太郎却和他的上级失去了联系。外务大臣谈判失败的消息震惊了东京。

接下来的几天里，首相桂太郎、他的战争内阁和日本的资深政治家们决定召回小村寿太郎。虽然他们最初给小村寿太郎的指示里并没有要求他一定要拿下萨哈林岛，也没有要求必须拿到赔款，但是，这个短暂的时间窗口就要关闭了。8月28日这个周一的晚上，维特接到了沙皇的直接指示："给维特下达我的命令，明天无论如何都要结束讨论。与其等着日本发慈悲做出让步，我宁愿把战争继续下去。"维特和罗森在理解这一指示的含义上没有分歧，但他们在具体的做法上意见不同。维特想在第二天的会谈中再次提出用萨哈林岛的一半换取和平的方案，他想要绝对清晰地显示出俄国为争取和平而付出了巨大的努力。维特把自己的计划通知了圣彼得堡。俄国人收拾好行李，从旅馆退了房。

日本人也在周一退了房。当天下午的晚些时候，小村寿太郎收到了从祖国发来的令他震惊的消息。其中指示道，如果是出于缔结和约的需要，他可以放弃对萨哈林岛和赔款的索求。接着，他又收到了新的消息，后者对前一份消息进行了耐人寻味的修改。东京在几乎偶然的情况下得知沙皇准备割让半个萨哈林岛,于是又指示小村寿太郎保住萨哈林岛的南半部。(英国驻日公使克劳德·麦克唐纳爵士从他在圣彼得堡的同事的一份报告中得到了沙皇做出让步的消息,而那位同事是在和迈耶的谈话中得知这一消息的。麦克唐纳请求把这个来得正是时候的情报转达给日本,而日本人差点就拒绝了他的请求。)

周二,也就是8月29日,维特和小村寿太郎达成了协议。他们于9月5日在6页长的《朴次茅斯和约》上签字。圣彼得堡的决策层认为俄国应该继续战斗下去,但其他地方的俄国人都感到满意并松了一口气。沙皇最后还授予维特伯爵的称号,但是俄国人只想把这场悲剧整个忘掉:维特的批评者们称他为"半个萨哈林伯爵"。日本公众对谈判结果感到震惊,报纸上爆发了批评浪潮。媒体认为"军队在战场上的胜利变成了会议室里的失利",而这不是日本媒体最后一次做出这样的评论。[39]

世界上的其他国家都对和平条约表示热烈欢迎。罗斯福赢得了极高的赞誉。1906年,他成为第一个获得诺贝尔和平奖的美国人。今天,这个奖章陈列在白宫西翼的"罗斯福室"里——奖章的上方挂着一幅油画,画中的罗斯福上校骑在一匹战马上,那匹马骄傲地前腿腾空。总统对赞誉之声感到欣慰,但他知道还有其他工作要去完成。

一场发生在摩洛哥的欧洲危机

罗斯福意识到还有其他威胁和平的问题,事实证明他很有远见。就在总统竭力促成日俄和谈的时候,另一场危机已经开始在欧洲酝酿了。这一次,法国和德国都来找罗斯福,希望他能想办法化解一场可能走向失控的冲突。

1880年的马德里和会上，欧洲列强——除德国之外——都对法国入侵摩洛哥、推翻当地的谢里夫帝国的行为表示认可。1904年，英国接受了法国对摩洛哥设计的"和平渗透"策略，以此换取英国对埃及的统治权。1905年，法国又展开了新一阶段的"教化"使命，迫使摩洛哥推行财政和军事改革，这些改革将使法国在相当大的程度上控制这个北非邻居。

　　1905年3月31日，德皇威廉乘船在地中海航行时出人意料地停靠在了丹吉尔。尽管威廉本人不太情愿，但是在幕僚们的怂恿下，他还是在措辞激烈的演说中向法国下了战书。德国要求摩洛哥"门户开放"，并要求各方尊重该国的主权。德国人期望这样做能起到一石三鸟的效果：遏制法国；试探英国支持法国的决心，以此挑拨英法刚刚结成的友好关系；趁着俄国忙于应付日本和国内起义的这个机会破坏俄法同盟。

　　在德国政府的鼓动下，摩洛哥苏丹穆莱·阿卜杜勒·阿齐兹（Moulay Abd al Aziz）提议举行和谈。法国一开始表示拒绝，称自己不会在"欧洲的法庭上"受审。罗斯福的第一反应是"不要……在这件事情上站队"，因为美国在摩洛哥"没有真正的利益"，而且总统还有别的事情要处理。[40]但是，没过多久，罗斯福就开始意识到，这场纠纷所牵涉的不是北非人的主权，而是欧洲的安全。

暗中操作

　　罗斯福迅速行动起来，他在幕后把主要当事人拉到了一起。他需要打压威廉的自负，同时保护法国的尊严、法国在摩洛哥的地位及其在更大范围内的安全利益。历史学家对总统的倡议是否对召集各国举行会议起到了决定性作用仍存争论,但毫无疑问的是,罗斯福已经做好了在下一阶段的行动中对各方施加影响的准备。

德皇被罗斯福打动了,罗斯福同时还敦促德国帮助美国劝说沙皇。威廉认为罗斯福在摩洛哥问题上将会成为其建设性的伙伴,因为德国的立场是"门户开放"和公平准入。就算美国不会完全站在柏林这一边,至少总统还可以再次扮演调停者的角色。罗斯福对德皇的态度给予了热情的回复,语气友好,甚至有些恭维。当然,罗斯福知道德皇有"喜怒无常""突发奇想"的毛病。[41] 罗斯福有这样一种外交技巧,即了解对方的个性,同时也知道其他人在性格的左右下可能会做出什么行动。到了1905年6月,这位总统在摩洛哥问题上得出结论:"看起来真的像是要打仗了。"由于日俄战争还在继续,罗斯福推测这一系列的事件将会导致"一场世界性的冲突"。

6月初,法国总理莫里斯·鲁维耶强迫其外交部部长辞职,而后者一直推行与德国敌对的政策。法国的外交官们开始倾向于举行一场组织得当的国际会议,从而找到一扇"逃生之门",摆脱威廉的圈套。德国则似乎受到了一系列事件的鼓励。法国驻美大使、罗斯福的好友让·朱尔·朱瑟朗向鲁维耶建议道,美国总统可能是一个理想的调停人选。罗斯福对法国很有好感。他对朱瑟朗和德国驻美公使斯派克·冯·施特恩贝格都很信任,且都有不错的关系,能够通过他们施加影响。施特恩贝格为罗斯福提供了一个极好的联系德皇的渠道。罗斯福意识到,巴黎方面可能会反对他"管闲事",但他对朱瑟朗坦言,法国和德国如果走到摊牌的那一步,那法国就只有输的份儿了。

罗斯福的拼图正在逐渐完整。1905年6月11日,施特恩贝格请罗斯福劝说法国参加国际会议。德国算准英国会阻挠这样一场会议，并认定罗斯福有能力影响英国和法国。6月23日，原则上同意举行会议的鲁维耶总理请罗斯福施以援手。罗斯福立即当着朱瑟朗的面口授了一份发给德皇的消息，祝贺他的"伟大胜利"，同时呼吁他在阻碍会议召开的"细枝末节"上不要太过计较。接着，朱瑟朗在7月1日向巴黎报告了一个惊人的进展：施特恩贝格已经通知罗斯福，如果德法在将要举行的会议上陷入谈判僵局，那么德国"将在任何情况下都接受［总统］认为的最实际、最公平的决定"。实际上，施特恩贝格可能过度解读了德皇和总统交流过程中的友好言辞，因而夸大了他得到的指示内容。但是，不管怎样，罗斯福立即笑纳了——且在稍后利用了——德国的让步，不管柏林方面是否确有此意。

阿尔赫西拉斯会议

1906年1月16日，会议在西班牙的阿尔赫西拉斯（Algeciras）召开。罗斯福此时被朴次茅斯的成功光环所环绕，外交资本得以扩充。他把这些资本谨慎而低调地用在了这次会议上。罗斯福的外交骨干之一亨利·怀特（Henry White）代表美国出席会议，国务卿伊莱休·鲁特指导代表团的工作。罗斯福想要和参会各方都保持良好的关系，并低调行事，以避免刺激那些对美国介入任何欧洲事务都会感到不安的参议员。罗斯福对怀特指示道，美国的主要目标是"防止德国和法国撕破脸"。就像谈判中经常发生的那样，双方主要的利益分歧体现在对各种复杂的问题甚至是细则问题的争论上。在阿尔赫西拉斯，谈判在摩洛哥开放通商的8个港口中外国警察的组成问题上陷入僵局。2月19日，美国提出了一个详细的折中方案。

德国对该方案反应积极，但希望做出一些修改。会议进程停滞了。3月7日，德国威胁要因为警察部队的组成问题而休会。法国总理鲁维耶因在国民议会中失去多数支持而辞职。欧洲面临危机。

罗斯福强势介入。这位总统先是讨好威廉，说自己会认真考虑德国的提议，然后又提醒德皇，他曾经承诺（被罗斯福夸大了）在谈判陷入僵局时接受罗斯福的判断。在5天之内，德国尝试附议奥地利的提议。罗斯福告诉施特恩贝格，奥地利的方案是"荒谬"的，因为后者倾向于划分势力范围和瓜分领土，而这与外交的目的背道而驰。这位总统又与德国大使进行了两轮谈话，然后评论道，柏林使用的这些阻挠谈判的战术看起来就是为了羞辱法国。如果会议谈崩了，那么总统将被迫"公布与柏林的全部通信记录"，以澄清美国所扮演的角色。3月19日，柏林做出让步，同意了美国于2月提出的方案。罗斯福赞扬德国的成功和德皇无私的政策，由此帮助德皇保住了面子。

罗斯福的工作还没做完。他听说法国对美国的提议不满，但法国之前并没有明确提出过这些问题，这让罗斯福很是不爽。尴尬的朱瑟朗对他在巴黎的上级大发雷霆。尽管如此，美国还是和意大利一起平息了纷争。与会各方于4月7日在协议上签字。法国保住了——并且在后来继续增强了——在摩洛哥的主导地位。

危机平息了，但并没有解决

从全球的角度来看，更重要的是，德国没能吓住法国，也没有动摇英法之间的友好关系。欧洲则松了一口气，庆幸自己避免了一场强国之间的冲突——这样的冲突将在整个20世纪反复出现。法国和德国都对美国总统表示了谢意。罗斯福则"对法国和德国的外交水平都不敢恭维"。[42]

罗斯福意识到,这一后来被称为"第一次摩洛哥危机"的冲突只是一场短暂的阵雨,而整个季节里可能还会发生猛烈的暴风雨。自1871年德国统一之后,欧洲还没有出现过爆发全面战争的前景。军事历史学家A. J. P. 泰勒(A. J. P. Taylor)认为,这次危机"动摇了俾斯麦奠定的长期和平局面"。一些德国人后悔没能充分利用德国的军事优势去谋取利益,甚至后悔没有冒险开战,认为德国外交应该采取更强硬的路线。英国和法国则决定加强合作,甚至针对德国可能的侵略拟订战术方案。不到10年之后,恶劣的外交气象就演变成了一场暴雨。那个时候罗斯福已经不再是美国总统,也无法担任平衡者和调停者的角色,这是他感到最遗憾的事情。[43]

对罗斯福外交的评价

罗斯福作为总统时的外交方针成形于其当选之初的1905—1906年。除了调停日俄战争和摩洛哥危机,罗斯福还在发生动乱的圣多明各担任了"警察"角色(制造了门罗主义的一个"必然结果"),并组织了挖掘巴拿马运河的工程。这条运河也是他最大的成就。这位总统保护北美和加勒比地区的居民免受动乱的威胁,结束了亚太地区的一场危险冲突,化解了欧洲和大西洋地区的一场对峙,并通过把大西洋和太平洋连接起来而改变了全球的航海图。[44]

罗斯福发现,调停是一件很让人抓狂的事情:他不能直接运用美国的权力,只能间接地在其他强国之间沟通和平衡。但是,这位总统能够在实践中取得符合战略目标的成果,这显示出了他优秀的外交技巧。外交进程在他主导下能取得圆满的结果，他的倡议能将冲突的各方拉到一起。在敌对的国家之间，他能用分别符合各方利益的语言说服所有人，达成一个各方合作的解决方案。然后，罗斯福会帮助他们设计稳健得体的条款——并促使他们接受——同时谋求可能的折中方案。当磨人的磋商过程因不可避免的分歧而陷入停滞的时候，这位总统能通过与首席谈判者及其中央政府的联系而让谈判不至于破裂。

罗斯福积极处理来自其他国家的压力，这支撑了他的调停工作。[45] 他有个人魅力、吸引力、开放性，以及能够打动他人——也包括派驻美国的外交使节——的说服力。罗斯福的法国、德国和英国朋友——朱瑟朗、施特恩贝格和斯普林-赖斯等，似乎都能像和自己的政府合作一样与罗斯福合作；这不是因为他们和罗斯福是朋友，而是因为他们尊重罗斯福的观点，且认识到罗斯福能给他们一个用建设性的方法决定重大事件走向的机会。在第二次世界大战之后，美国开始充当联盟领袖的时候，这个国家最优秀的外交人员都很重视用吸引其他国家以及个人的技巧，让他们以伙伴的身份与美国合作，从而扩大美国的影响力。

对罗斯福的外交持批评态度的人可能会说，他的调停并没有解决导致东北亚战争和摩洛哥危机的根本冲突。外交工作的评判者可以制定各自的标准，但若政治家必须实现长久的和平，那么许多积极的成果就都不会得到承认。实用的外交政策会着力解决当时的问题，同时为未来可能采取的积极行动打下基础。

1908年，国务卿鲁特和日本驻美大使高平小五郎达成一致，维持东亚地区的现状，即让日本继续控制朝鲜，美国继续保持在菲律宾的统治地位。最终，日本军国主义的崛起，难以控制但充满经济潜力的中国东北的僵局，中国新的共和政权的行动，以及大萧条带来的经济和政治灾难等因素共同导致了日本与美国之间那场决定性的权力竞赛。数十年后，中国会找到自己的立足点，并把自己重新打造为东亚地区的陆权强国。东北亚也会持续成为热点地区，直到今天也是如此。

  在欧洲，罗斯福曾在1905年6月认为战争"一触即发"。虽然当时这句话没有应验，但不到十年后，另一个欧洲边缘地区的小国又成了危机的爆发之地，并将敌对的列强推入了战争的深渊。罗斯福认为，战争一旦爆发，"可能就会蔓延到全世界相当大的范围内"。这位总统为欧洲列强争取到了时间，让后者暂时避免陷入一场最终将会摧毁欧洲在世界秩序中重要地位的灾难之中。[46]

  罗斯福敏锐地意识到，仅靠他的外交与调停不可能维护各方的安全和美国的国家利益。1908年7月，卸任总统后不久，罗斯福在发表于美国海军战争学院的一次演说中回顾了他的外交经验。他说："外交靠的是潜在的军事实力构筑的深厚基础。"[47]

  按照罗斯福一贯的行事风格，他"帮助"那些研究自己这个总统的历史学家列出了自己最重要的六大成就。他把这些成就按下列顺序排列：将美国海军的实力扩张了一倍，并让"大白舰队"在全世界航行；获得许可并开始修建巴拿马运河；调停并结束了日俄战争且帮助缓和了摩洛哥危机；开始自然资源的保护工作；实行了强势、积极的外交政策；推行对大公司的监管工作。[48]注意，罗斯福把海军实力列为最重要的权力工具：在罗斯福的军队建设计划之下，美国的舰队规模从1898年的11艘战列舰扩张到1913年的36艘，仅次于英国和德国。[49]

  罗斯福会为了达到多种目的而挥舞"大棒"。他让自己的舰队用一年多的时间做了一次环球航行，希望以此震慑其他国家，同时让海军的航行技术不断精进。但是这位前总统在许多年后解释道：

"我的主要目的是鼓舞美国人民,而且这个目的完全达到了。"[50] 罗斯福明白,美国要实行积极的外交政策,就需要依靠两方面的基础:第一是军事实力,第二就是美国人民因国家在世界上扮演的角色而产生的自豪感。

第 7 章

重塑世界政治的理想与现实：伍德罗·威尔逊

战争是为了给民主制度一个安全的世界

1917年4月2日晚上8点20分，伍德罗·威尔逊总统离开白宫，准备到不远处的国会大厦去。宾夕法尼亚大道上挤满了人，潇潇春雨也没有浇灭他们的热情。总统的汽车驶近时，探照灯照亮了国会大厦上高高飘扬的巨幅美国国旗。灯光刺破了正在逐渐变暗的天空，渲染出一幅庄严肃穆的画面。

总统走进一个无人的房间，准备在发表自己一生中最重要的演讲前简单整理一下思绪。像往常一样，他的讲稿都是自己准备的，只有他的第二任妻子伊迪丝·高尔特·威尔逊（Edith Galt Wilson）陪伴在侧。威尔逊从两天前开始准备，他把一份提纲扩写成简略的草稿，修改后再用哈蒙德牌打字机敲了出来。

威尔逊走到一座大壁炉旁边，壁炉上方有一面大镜子。这位冷峻的领导人没有发现，《大西洋月刊》(The Atlantic)的编辑埃勒里·塞奇威克（Ellery Sedgwick）正在窥视他。威尔逊看着镜中的自己，下巴微微发颤，脸涨得通红。这位总统用左手肘撑在壁炉架上，看着镜子，直到他控制好了自己的表情，可能还包括感情。美国的第 28 任总统伍德罗·威尔逊马上就要让自己的国家投入一场最残酷的冒险之中，那是一场现代的世界大战。

晚上 8 点 32 分，众议院议长对着具有历史意义的大厅内挤满的 1 500 人宣布总统到场。除了参议员、众议员、最高法院大法官、内阁成员和特邀嘉宾，国会还在历史上首次邀请外交使团作为一个团体参会。威尔逊步入会场之时，听众在大法官们的带领下集体起立，并对他致以长达两分钟的掌声。接着，所有人都坐下并保持安静。威尔逊夫人后来回忆道，当时静得只能听到人们呼吸的声音。

在那个时代，口才是一项受人尊重的政治技艺，甚至被认为是政治家理应具备的，而威尔逊是当时最伟大的演讲者之一。他用低沉、颤抖的声音开始演讲，手指也在抖动。威尔逊的紧张表现很符合他在开篇中讲到的内容：美国需要"立即"做出"重要的，非常重要的选择"。面对鸦雀无声的听众席，总统历数了德国人的暴行，然后指出了更大的危险："现在，德国潜艇对商船的攻击"就是"对所有国家的一种战争行为"。这场冲突不仅是对美国公民生命财产的侵害，更是"对整个人类的挑战"。

威尔逊并没有继续控诉，而是解释说，每个国家都必须决定如何应对这场威胁。美国的动机"不是复仇，也不是用胜利来彰显武力，而只是维护权利，人的权利。我们仅仅是它的捍卫者之一"。他继续说道，美国"不会选择屈服的道路"。听众席中爆发出了热烈的欢呼声，首席大法官爱德华·怀特（Edward White）摘掉了自己那顶硕大而柔软的帽子，以便把双手举过头顶鼓掌。

现场的反应似乎让总统感到放心。他想让美国人知道，下一步将会是"庄重的，甚至悲剧性的"。他请求国会对德意志帝国宣战。大法官怀特激动地站起身，带头鼓起了更加热烈的掌声。

威尔逊现在说话更有底气了，但他对美国不同寻常的动用武力的行为做出了解释。总统分析道，继续保持中立已经是不可能的了，甚至想都不该想了，因为一个"由组织起来的军队支持的专制政府"正在威胁着和平和自由。不过，美国人民和德国人民之间没有矛盾，美国将会"不带仇恨""不带情绪"地投入战争。

威尔逊呼吁道，全世界"必须以一个荣誉的联盟"，以及"一个基于相同观点的伙伴关系"，包括一个民主国家的联合体，来回应德国领导人。他对俄国最近发生的事件表示赞赏，那里的人民推翻了专制政权，现在已经成了一个"合适的伙伴"。威尔逊尽责地警告说，美国必须为战争的开销买单。如果需要的话，美国必须"投入整个国家的全部军事力量"以打击德国的"自负和权力"。美国将会为"世界的终极和平及其人民的自由"而战斗——这里的人民也包括德国人。美国还要为"大小国家的权利，以及世界各地的人民选择他们自己生活方式和管理者的权利"而战斗。

总统为战争的正义性给出了一个简单但有力的证明："必须让这个世界对民主制度来说是安全的。"听到这句话后，听众起初没有反应。但是接下来，密西西比州的老参议员约翰·夏普·威廉斯（John Sharp Williams）——他的父亲是邦联军人，在夏洛战役中阵亡——领会到了威尔逊的意思，于是开始鼓掌。掌声就像潮水一样涌起。此前每个参议员都被发了一面丝质的小旗，现在他们都热烈地挥舞起来。

威尔逊这句只有 8 个单词（The world must be made safe for democracy）的解释将会在接下来的一个世纪中持续对美国外交产生影响，我希望这种影响能继续下去。不过，每个人对这句话的解读可能略有不同。就像威尔逊的传记作者约翰·米尔顿·库珀（John Milton Cooper）观察到的那样，这位总统"作为有史以来坐在白宫总统座位上最一丝不苟的设计师"，有意选择在这句响亮的话语中使用了被动语态。威尔逊没有要求美国把民主制度强加给其他国家的人民,更不会动用武力来实现这个目标。总统想要的是捍卫世界上已经存在民主制度的国家。如果美国可以帮助其他国家转变成民主政体,那么世界将会更加安全,也能为人权提供更好的保障。

威尔逊从这一点上继续说下去。美国"不想征服、不想统治……不想为自己索取赔款,不想要物质补偿"。美国"只是人类权利的捍卫者中的一员"。世界和平将在"经过考验的政治自由的基础上成长"。

30分钟后,这位总统的演讲接近尾声。他提醒美国人注意前方那些充满危险的不确定因素——对全世界是如此,对美国参与战争的后果也是如此——同时解释道,这个国家无法逃脱这种宿命:"带领这个伟大的、爱好和平的民族进入战争,进入最恐怖、最灾难性的战争,这是一件非常可怕的事情,连文明本身似乎都已岌岌可危。但是,权利比和平更为宝贵。"为了鼓舞美国人民为这个新的目标而战,他回顾了历史:"上帝帮助美国,美国别无选择。"据说,马丁·路德在1521年发表演讲反驳对他的异端指控时,就是以这样一句话结尾的:"我站在这里,别无选择。上帝帮助我,阿门。"路德的良知指引他做出了一个无法避免的选择,即对教皇和神圣罗马帝国皇帝业已建立的秩序发起直接挑战,发动了伟大的宗教改革。威尔逊倡导的是另一场历史性的改革。这位总统同时也在向全世界强调道德的决心:路德和威尔逊都坚信,如果人必须打破旧秩序,那么就应该"大胆地犯罪"。

威尔逊的演讲宣称,这个国家要想证明战争的巨大代价是正当的,那就只能让美国在战争中获得巨大的成果。威尔逊的战争可能是一次代价巨大但又有崇高意义的冒险。

参议员亨利·卡伯特·洛奇从很久之前就要求总统加入战争中

的协约国一方，他明白威尔逊演讲的含义。就在总统准备离开的时候，洛奇拦住了他的这位政敌，伸出手说："总统先生，你用了崇高的表达方式，说出了美国人民的心声。"

回到白宫的西翼之后，总统在内阁的房间里和他的秘书兼政治顾问约瑟夫·塔马尔蒂（Joseph Tumulty）单独坐了几分钟。"想想看，他们在为什么鼓掌，"威尔逊喃喃道，"一篇为我们年轻的男子汉们带来死亡信息的演讲。为它鼓掌，这有多么奇怪。"威尔逊说，他知道美国不能保持中立，但是他需要尊重"我们避免陷入欧洲乱局的政治传统"。威尔逊说，没有什么人会同情他为此而经受的艰辛而压抑的历程。他开始大声朗读一位报纸编辑发来的便笺，这位编辑十分理解威尔逊的苦衷。总统的眼睛湿润了。接着，塔马尔蒂回忆道，威尔逊趴在内阁的桌子上，"像个孩子一样"抽泣起来。[1]

参战决定

威尔逊是南北战争后第一位当选总统的南方人。他清楚战争的代价。1916年初，美国正处在与墨西哥开战的边缘。威尔逊对塔马尔蒂说，他会尽最大努力防止冲突发生："我是从南方来的，我知道战争是什么，因为我亲眼见过战争的残迹和可怕的废墟。"凡尔赛和会期间，这位总统提醒英国首相大卫·劳合·乔治（David Lloyd George），自己成长于"一个被征服和摧毁的国度"。[2]

那么，伍德罗·威尔逊和美国又是如何做出这个最重大的外交决定，判断要参战的呢？他对塔马尔蒂所做的解释，就像一位悲伤的领袖在为自己辩解。他的激情已在那个激奋人心的夜晚耗尽，他已做了最大努力，但仍无法逃脱命运的裁决。

1914年8月打响的第一次世界大战已经持续了近3年。到了1917年，"一战"已经毫无疑问地成为一场灭绝人性的、使用机械手段乃至化学手段的屠杀。欧洲的那些战场已经成为荒芜的废墟，没有荣耀可言。从欧洲开始，一直到中东和东亚，所有大国都加入了这场争斗——只有美国例外。只有美国还有力量去尝试终结这场20世纪的末日审判，并领导全世界从灾难中走出来，重建一个新的秩序。就像威尔逊所认识到的那样，参战可能会使激进的国内改革暂停甚至发生逆转，而他本希望这些改革能成为他的政治遗产。

正如威尔逊在4月2日晚上对塔马尔蒂所讲的那样，美国外交政策中有两个最深厚的传统：一个是中立，它可以追溯到华盛顿和汉密尔顿；另一个是避免卷入欧洲的冲突，它可以追溯到华盛顿、杰斐逊，特别是约翰·昆西·亚当斯。第一次世界大战显然证明，国父们拒绝旧世界的以武力解决问题的做法是正确的。直到4月1日，大多数美国人可能还是倾向于和平。在1915年，美国的1亿人口中有三分之一是移民，或者其父母是移民。他们中的大多数人刚刚逃脱欧洲的战争、征兵和悲惨的命运。[3]

1917年的美国军队也没有做好作战的准备。美国陆军的规模还不如葡萄牙。美国只准备向欧洲派遣2.4万名士兵，且他们所携带的弹药可能只够一天半的用量。[4]

即使威尔逊已经做出参战的重要决定，但他还是犹豫是否要像其他国家一样深度介入。美国将会是英国和法国的"关联国"，而不是彻底的盟友。美国直到12月7日才向奥匈帝国宣战，且始终没有与奥斯曼帝国和保加利亚的军队交战。这位总统相信，美国可以在帮助协约国击败德意志帝国的同时约束协约国。即使是在战争一触即发之时，威尔逊考虑的还是如何为结束战争打下基础，并缔造不区分胜败双方的和平。起初，威尔逊想要避免和协约国举行高层会议，只是后来无法再坚持下去。威尔逊的战争风格使得英王乔治五世（George V）不禁发问："我们拥有的到底是一位战友，还是裁判？"[5]

威尔逊和美国在1914—1917年逐步走向战争的故事显示出，当欧洲的战火把危险的问题带给美国的时候，一位知识分子型的总统是如何做出实际的选择的。他需要随机应变。[6]他必须考虑公众的情绪，他们为陆地和海洋上发生的那些惨剧而震惊，但也不愿面对行动可能招致的后果。威尔逊把公众的这种两面性称为"双重愿望"。他也必须让他的民主党确立在外交事务上的领导权，促使那些长期以来都不愿在北美和加勒比地区之外采取行动的同事转变思维。威尔逊在1916年再次当选总统的过程也不轻松。共和党在1912年分裂，给了民主党人一个只拿到42%的选票就可以当选总统的机会，但是威尔逊需要巩固并扩张他的新竞选联盟。在这些繁忙的公务之外，威尔逊还需要面对妻子的离世以及与新伴侣的婚恋过程（在公众对白宫生活的关注之下）。他与这位新伴侣在1915年结婚。

作为政治科学家，威尔逊需要解释他的行为，并阐述他的各种决定是如何自洽的；但是作为政治家，威尔逊知道头脑中的推演是有局限的。他想要理解这场大戏，并且试图预见到其可能的结果。威尔逊把教育公众列为总统的一项重要责任，这并不令人意外。不过，他更喜欢等问题真的形成之后再去面对它们。他在1915年写给伊迪丝·高尔特的信中说："我对'如果'或者任何推测出来的情况从来都没有耐心。我的想法永远是等待事情真的发生，然后再去讨论我们该怎么做。"[7]

1916年，威尔逊对记者艾达·塔贝尔（Ida Tarbell）说："我很厌烦人们用泛泛而谈来浪费我的时间。我想知道的是怎么做才能实现目标。如果事情没有发展到一个节点上,我从来都不会对它产生兴趣……如果没有人提出一个可行的方法,我也不会感兴趣——这就是说,我觉得我在政府里面算是一个实用主义者。我的第一个念头总是:这有用吗?"[8]

威尔逊在很多人的印象中是一位死板的总统。"一战"结束后,威尔逊因不肯妥协而未能如愿加入国际联盟。但是,与这种印象相反,威尔逊也是可以变通的,他在国内政治中的表现证明了这一点。威尔逊既不是失败的理想主义者,也不是耍弄手段的机会主义者。他采取那些他认为实用的行动,他会用语言去解释、证明,甚至鼓舞他人。在可怕的世界大战期间,威尔逊随着公众情绪的变化而调整自己的行动,我们能够注意到他谈论的主题在不断变化。作为一位民主党领袖,威尔逊必须理解公众的情感,并且与他们对话。他最大的弱点似乎是在操作层面上,他和他的重要同事们都不擅长把计划转化为成果。[9]

民主党总统

赢得1912年总统大选后不久,威尔逊对一位在大学任教的朋友说:"如果我在任期内必须把重心放在处理国际事务上,那可真是命运的嘲讽,因为我的一切准备都是为国内事务而做的。"他1913年3月发表的就职演说对外交事务只字未提。[10]

威尔逊在国内事务中取得的政绩是惊人的,而且几乎全都完成于他的第一个任期内。那是一个政治进步运动的时代,这让威尔逊乘上了东风,但他在前进的过程中表现得大胆而迅捷。1913年,国会颁布了《联邦储备法》,1914年又颁布了《克莱顿反托拉斯法》。国会还成立了一个新的联邦贸易委员会,以维护公平竞争。威尔逊还成功地推动美国在 40 年内首次降低关税。他让美国第一次为农民发放了联邦救济,第一次征收永久性的累进所得税和联邦遗产税,第一次实行联邦范围内的(铁路工人)8 小时工作制。在他第一个任期内,国会立法禁止使用童工。1916 年准备第二次竞选的时候,这位总统还成功地让路易斯·布兰代斯(Louis Brandeis)当上了最高法院的大法官。布兰代斯是进步运动的支持者和活动家,他有很多敌人。在让他成为第一位犹太人大法官的过程中,威尔逊没有任何犹豫。这位总统在女性选举权问题上的行动要相对谨慎一些,但他支持了宪法第十九修正案(1920 年)的通过,这一修正案赋予女性投票的权利。[11]

威尔逊研究过议会民主制政权中的党派领导权问题,他对国会的领导行为就源于其研究心得。1913 年初,这位总统来到国会,为降低关税而辩论。这是自 1800 年的约翰·亚当斯以来第一次有总统直接与国会对话。威尔逊造访国会的频率高于其他所有总统,实际上,他是在试图越过三权分立的原则。后来威尔逊在国际政治领域努力想要打破"权力平衡"的游戏规则,这与他对国内政治的看法是一致的。威尔逊的方法——加上民主党在人数上的优势——使他在国会屡屡达到目的,他在这方面的能力超过了富兰克林·罗斯福和林登·约翰逊。[12]

革命、战争与中立

在他的总统任期之初,威尔逊在墨西哥问题上面临着令人沮丧的抉择。1910 年墨西哥爆发革命,导致政府更替,暗杀频发,美国公司遭遇冲击，攻击事件不断。一支美国军队还侵入了韦拉克鲁斯。到了1914年春天，墨西哥民族主义的回潮使美国和这位北美邻居陷入了战争的边缘。在几个拉美国家的调停下，墨西哥成立了一个临时政府，美国也及时悬崖勒马。威尔逊从这次干预外国事务，尤其是试图引导"一场深刻革命"的行动中得到了教训。[13]

1914年8月，美国又面临着发生在欧洲的另外一种革命，这次还有军队集结在前线。德国于8月1日向俄国宣战，8月3日又向法国宣战，并于同一天侵入比利时。英国于8月4日参战，与英国有盟约的日本也加入进来，向德国在亚洲的据点发起攻击。所有人都被突然爆发的战争惊呆了。

8月4日这一天，伍德罗·威尔逊正坐在妻子爱伦（Ellen）的病榻前。他一只手握着弥留之际的妻子的手，另一只手写信给欧洲领导人，告诉他们自己可以采取"符合欧洲和平利益的行动"。爱伦于8月6日去世，威尔逊在第二天写给一位友人的信中说："上帝对我的打击几乎超过了我能承受的极限。"秋天的到来让日照时间越来越短，威尔逊的心情也随之黯淡下去。[14]

威尔逊在8月4日发表声明保持中立。这符合美国一向坚持的不参与外国战争的原则。8月18日，这位总统在媒体上发表声明，对国内民众解释了保持中立的理由。作为一个移民国家，美国绝对不能"分裂为互相持有敌对意见的阵营"。威尔逊回顾了历史，称美国面临过的最大的危险就是因为内战而产生的。美国人必须"在名义上和实际上都保持中立……我们必须在思想和行动上都保持公正，必须克制我们的情绪，也必须避免采取任何可能被认为是在冲突双方中偏向其中任何一方的行为"。[15]

威尔逊的内弟后来回忆道，早在战争爆发后的第一个月，威尔逊就预见到这场帝国间的冲突将会改变国际关系的形态。威尔逊认为，为了追求和平，世界上不能再有征服，不能再有私人的军火制造商，所有国家都应享有同等的权利，还应该成立一个组织，保护每个国家各自的利益以及所有国家共同的利益。[16]

8月底，威尔逊离开白宫，前往新罕布什尔州科尼什的一座庄园。他在这里与爱德华·豪斯（Edward House）上校长谈了两天，涉及诸多话题。豪斯是威尔逊倚重的顾问，威尔逊经常把自己的想法拿来向他征求意见。他们两人有时候也算得上是朋友。此时豪斯刚刚结束欧洲之旅回到家中，威尔逊迫不及待地想了解欧洲政治的详细情况。与罗斯福不同，威尔逊没有一个良好的情报网络，无论是私人朋友还是他自己的政府，在这方面都不是很在行。威尔逊猜想着欧洲地缘政治正在发生的巨大变化，并担心一旦德国获胜，美国可能就将被迫变成"一个军事国家"。[17]

前总统罗斯福起初声明自己在战争中"不会偏向任何一方"。他的关注点在于军队的备战，以及国际法的漏洞，后者已经在比利时的遭遇中被放大出来了。罗斯福喜欢权力平衡，他最初不希望任何一方获胜。他赞赏英国保卫比利时的行动，但并不希望协约国中的另外两个国家——俄国和日本——在战争中获益。然而，没过多久，罗斯福的思想就转变成了"军事理想主义"，这位早年间的莽骑兵队成员不想再坚持严格中立，而是想要一场神圣的战争。促成他思想转变的有两个因素：一是对白宫那位"书生总统"发自肺腑的厌恶，二是德国在比利时的恶行。[18]

这场战争也是一个经济事件。军事冲突的冲击波干扰了贸易活动。欧洲向美国出售债券以获取现金，导致美元汇率下跌，黄金价格猛涨。纽约证券交易所关闭了4个多月。不过，到了当年底，形势就逆转过来了。外国人争相购买美国的农产品和与军事需求相关的产品，使得美国走出衰退，并进入了一段长时间的繁荣期。[19]

中立权和公海

不幸的是，欧洲的战争唤醒了沉睡了一个世纪的海神之犬。交战国之间先是互相封锁，很快又用上了潜艇，威胁着美国与欧洲之间的航线。自从南北战争期间"亚拉巴马号"和其他舰只劫掠商船以来，美国的商船队就始终没能完全恢复过来。相当一部分美国货物和人员都是装在外国船只的底舱里运到欧洲去的。国会对如何应对战争产生分歧的早期迹象之一，是参议院阻挠威尔逊购买船只的计划长达两年之久。这是威尔逊在国会的第一次重大失败，也是一个不祥之兆。[20]

早在德国的潜艇引燃紧张局面之前很久，英国对公海的封锁就已经损害到美国的商业利益了。威尔逊熟读历史，实际上还写过这方面的书。这位学者总统向豪斯上校朗读了自己的著作《美国人民的历史》(History of the American People)中的片段，告诉他公众的愤慨和海军的事件是如何逼迫麦迪逊总统参与1812年战争的。这位总统还补充道："麦迪逊和我是美国总统里仅有的两位普林斯顿大学的毕业生。1812年战争和现在的情形如出一辙。"威尔逊对他的内弟说："我担心公海上可能会发生一些事件，导致我们无法再置身于战争之外。"[21]

威尔逊借自己的著作提出了适当的警示，对那些侵害美国人所认为的中立权的行为表示抗议，但他的做法很巧妙，没有威胁报复。这位总统偏向于协约国一方，但他指出，美国在冲突期间所取得的贸易收益远远超出了少量干扰所带来的损失，以此说明自己的做法是正确的。英国人精明地调整了他们在19世纪采用过的做法：英国先是将棉花移出禁运品清单，然后大量购买棉花和其他商品，以此将德国人排除在市场之外，并把美国农民拉拢到自己这一边。

关键在于，英国人的行动并没有导致美国人的伤亡。[22]

协约国需要钱去购买美国人的商品。战争初期，英国和法国政府委托J. P. 摩根发行价值1亿美元的债券。摩根联系了美国国务院。国务卿威廉·詹宁斯·布莱恩（William Jennings Bryan，这位平民主义者曾在1896年谴责人类将自己钉在了"黄金做成的十字架"上）的回答一如既往，他对威尔逊说："钱是最糟糕的禁运品，因为它能指挥其他一切东西。"布莱恩的理由是，切断货币供给可以缩短战争的持续时间。威尔逊接受了布莱恩的建议，禁止向交战国借款——但禁令的维持时间很短。布莱恩对这一政策做出了调整，允许向交战国提供短期的商业贷款，让交战方用来购买美国商品。到了1915年初，银行家们已经在帮交战各方筹措规模巨大的资金；这形成了一个颇具影响力的关系网，并将在之后的数年间危及和平政策。尽管资金在大西洋两岸的流动方向已经与18世纪时的情况完全相反，但这些事件仍证明了汉密尔顿在信用、战争和借贷能力问题上的远见。威尔逊和他的继任者们将会艰难地学习如何成功地运用金融力量。[23]

威尔逊反复思考如何让美国避免卷入战争。他体会到了公众的情绪，《文学文摘》（*Literary Digest*）把这种情绪描述为"隔岸观火"：大体上同情协约国，反感德意志帝国，但还是竭力地想要避免冲突。1914年11月的中期选举中（历史上首次要求直接选举参议员），威尔逊的民主党在参议院赢得多数席位，并保住了众议院的多数席位，尽管领先优势有所缩小。然而，民主党在中西部和东北各州的州长选举中输掉了不少，这给威尔逊在1916年总统大选中的前途蒙上了一层阴影。威尔逊在12月发表的国情咨文中反对共和党提出的大幅增加军事开支的要求。"这场战争跟我们没关系，"他解释道，"战争的理由够不到我们。"他呼吁民众"保持冷静",想给公众的情绪降温,同时使用美国外交历史上常用的做法,即把个人行为的准则套用到处理国与国的关系之上。民主党全都站在他这一边,共和党则分裂了。但是,威尔逊脚下的大地却正在下沉。[24]

威尔逊考虑调停

1914年12月初,国务卿布莱恩给了威尔逊一则备忘录,呼吁美国在"基督教国家"之间进行调停。备忘录虽然初衷良好,但缺乏实事求是的洞察。布莱恩和威尔逊都没有罗斯福那样的调停技巧。豪斯上校警告称,考虑到德国的领土优势和无法抑制的好战精神,协约国可能会将美国的调停提议视为"不友好的举动"。[25]

布莱恩的备忘录似乎搅动了威尔逊的思绪。他在12月中旬接受一位记者的秘密采访时推测,当时的僵局可能是一个迅速结束战争的机会。他对僵持不下的战场形势很是满意。威尔逊认为,战争的责任不能全放到德国身上,无论哪一方获胜,其胜利都将导致下一轮报复和更多的战事。当然,如果是协约国获胜,威尔逊的担忧会减轻不少。两年后的1917年1月,威尔逊在他的《无胜利的和平》(Peace Without Victory)演讲中进一步阐述了上述想法。[26]

威尔逊需要更好地了解欧洲领导人的真实想法。1915年初,他要求豪斯回到欧洲,"查明我们作为一个中立者和不偏不倚的朋友"是否有可能协助交战各国迈出通往和平的第一步。不过,豪斯将以"总统的私人朋友和发言人的身份出访,没有官方职务和职权"。这种外交安排很可能会引起混乱,尤其是考虑到豪斯的亲协约国立场更接近罗斯福而不是威尔逊,且豪斯没有向总统说清楚这一分歧。1915年1月31日,豪斯乘坐奢华的——且很快将要闻名世界的——冠达公司邮轮"卢西塔尼亚号"(Lusitania)踏上旅途。[27]

德国潜艇的攻击

就在同一个月内,德国人击沉了正在向英国运送小麦的美国商船"威廉·P. 弗莱号"(William P. Frye)。在世界的另一端,日本进军中国的德占区,并要求控制中国北方的大片土地,这也印证了威尔逊对地缘政治巨变的担忧。

1915年2月4日,德国海军部宣称,其潜艇将在两周之内开始向经过英国周围海战区域的所有商船发动攻击——不管船只属于交战国还是中立国。德国警告称,平民在这一区域旅行要后果自负。不过,德国在1915年初的时候仅有30艘速度缓慢的潜艇,其中只有三分之一可以随时投入使用。德国人采取这一举动看起来是因为苦于英国不断加紧的封锁,且德皇那造价昂贵的海面舰队始终被封锁在北海里。德国政府向海军发出密令,要求避免袭击美国船只。[28]

3月底,一艘德国潜艇击沉了英国的小型客轮"法拉巴号"(Falaba),一名美国人遇难。4月,一架德国飞机攻击了美国轮船"库欣号"(Cushing)。5月1日,一艘德国潜艇击沉了美国油轮"海湾之光号"(Gulflight)。

美国公民的遇难激起了总统和布莱恩之间的争论。威尔逊直到3月初还在宣扬"克制"、"耐心"和"不要意气用事"。但是,威尔逊指出,他需要要求交战国不要威胁美国人的生命安全。布莱恩则不同,他怀疑美国人不应该"将生意看得高于祖国"而因此

"承受不必要的风险"或"让他的国家卷入国际争端"。威尔逊重新产生了发出一份照会的想法，用坚决但符合外交规则的语言建议德国潜艇遵守惯例，保证中立国和非战斗人员的安全。他认为这样的做法是基于"人类的利益"，而不是因为美国死了一个人。布莱恩反对威尔逊的意见，并提出了一个调停方案。他问威尔逊，美国为什么要为一个人的生命去冒陷入战争的风险。总统最后决定不向德国发出照会。[29]

"美国优先"

决定不发照会之后，威尔逊在4月发表了一系列演讲，呼吁公众在来自欧洲的威胁面前保持"克制和自控"："我们当前的全部任务，无论如何都可以用这一句话来总结，即'美国优先'。我这么说并不是出于一种自私的心态。"讽刺的是，考虑到这句话后来被使用的情况，威尔逊口中的"不自私"其实有两重含义：第一，美国人应该为他们的国家团结在一起，而不是让旧有的民族或种族关系分裂联邦；第二，美国需要保持中立，这样"当考验友谊的那一天来临的时候，我们可能就会成为欧洲的朋友"。美国需要保持凝聚力，并且追求一个境界更高的和平目标，以此来帮助这个世界战胜旧有的、建立在武力基础上的秩序。[30]

3月，就在这场大戏的上演过程中，58岁的总统威尔逊遇到了42岁的寡妇伊迪丝·高尔特。伊迪丝是一位自信、能干、精力旺盛的女商人，在其丈夫去世后掌管着他的珠宝企业。她还是华盛顿第一个自己开汽车的女人。到了5月3日，威尔逊向伊迪丝表白并求婚。[31]

"卢西塔尼亚号"的沉没

几天之后的 5 月 7 日，星期五，威尔逊正准备离开白宫去打高尔夫球。就在此时，他听说一艘德国潜艇击沉了冠达公司最快、最豪华的邮轮"卢西塔尼亚号"。[32] 这艘船的命运让人们想起了几乎整整 3 年前因撞上冰山而沉没的"泰坦尼克号"。不过，"卢西塔尼亚号"是被德国人发射的鱼雷击中的，只用了 18 分钟就沉入了海底。船上有 1 198 人遇难，其中包括 128 个美国人。对美国人来说，这起事件使那场发生在欧洲的遥远战事从一场普通的大陆战事变成了一场极度真实、危险且令人困惑的悲剧。

罗斯福怒斥德国人的行动是"海盗行径"。他断言："如果我们也学其他人的样子，把和平置于正义之上，那么这会给我们这个国家招来无尽的嘲讽和羞辱。"身在伦敦的豪斯发回电报，认为美国必须要求"此事不能再次发生"，并应考虑诉诸战争。[33]

布莱恩不同意。德国已经在报纸上冠达公司的邮轮时刻表下面发布了广告，对可能的危险发出警告。很多年之后公众才知道，"卢西塔尼亚号"上除了乘客外，还运载了军火。这位国务卿提议政府警告美国公民，不要乘船前往交战中的国家。[34]

美国人怒火中烧，但并不确定下一步应该怎么办。他们看到了记录西线战场上残杀场面以及毒气弹遇难者惨状的照片。纽约的报纸向全国的编辑们征询意见，问他们认为美国该如何回应。在 1 000 份答复中，只有 6 个人建议美国参战。[35]

战争科技的发展彻底颠覆了传统观念和战争原则。除非不顾艇毁人亡的风险，潜艇才会停下来警告或者搜查船只。如月球表面般寸草不生的堑壕战战场遍布欧洲各地，威力巨大的毁灭性武器使整整一代年轻人被屠杀。"卢西塔尼亚号"被击沉后一个月，威尔逊敏锐地观察到了公众的紧张情绪，并向布莱恩总结道："我衷心地希望我能找到一个办法，同时满足我国民众的两个期望，第一是以强硬的态度坚持我们对德国的要求，第二是不做任何可能让美国卷入战争的事情。"[36]

接连不断的事件冲击着威尔逊。他可能尝试过后退一步，去重新思考美国的根本利益和目标。例如，如果他决定不付出战争的代价——也许是打算在未来某个时候利用美国的权力，包括其金融影响力，去迫使战争走向终结，乃至领导战后的世界——那么他可能就会同意布莱恩的逻辑。如若不然，威尔逊可能就会加入协约国，追求迅速取胜并重塑战后秩序。

然而，威尔逊最终选择的是拖延时间。他尝试继续按照已经遭到冲击的中立原则去做事。他知道美国无法置身于战争的雪崩效应之外，但是他想要让自己的国家避免卷入战争。在这样做的过程中，他尽力将公众舆论掌控在自己手中。

与布莱恩决裂

威尔逊草拟了一份发给德国的照会，要求对方道歉、赔偿，并立即采取措施，防止再发生对中立方或非战斗人员的攻击。布莱恩强烈反对，他希望美国谴责协约国违犯国际法，并呼吁国际仲裁。威尔逊还是发出了他的照会，但又增加了一个行动，那就是面见德国大使约翰-海因里希·冯·伯恩斯托夫（Johann-Heinrich von Bernstorff），向他强调自己想和平解决此事的意愿。伯恩斯托夫向德国汇报了威尔逊关于和平解决方案的想法，包括重回战前状态，以及相当于将"公海中立化"的"公海自由"的提议。威尔逊也向媒体吹风，让他们放出白宫希望和平解决的消息。[37]

在之后的 11 个月里，关于照会和原则的争论始终在持续，水手们在海上也不断制造冲突。德国人在 5 月底回复了威尔逊。他们对中立方人民的生命损失深表遗憾，但敦促美国正视英国利用"卢西塔尼亚号"运送军火的欺骗行为。德国人重新表示他们会避免攻击中立船只。德国政府还向各个军舰指挥官下达密令，要求他们放过大型客轮。

威尔逊草拟了第二份照会。他质疑了德国人对"卢西塔尼亚号"的指控，并重申道，不经警告就击沉客轮的行为是不符合人道主义原则的。布莱恩请求威尔逊做出更多的表态：抗议英国的行为，禁止美国人乘坐运送军火的船只，提议在英德之间进行调停。但总统拒绝了这些建议。布莱恩指出，威尔逊的第二份照会没有给德国留下余地，"除了停止潜艇战之外，没有任何其他选择"。他拒绝在这份照会上签字，并于 1915 年 6 月 8 日辞职。[38]

总统不想失去"老平民"布莱恩。他的辞职象征着美国的分裂，甚至是威尔逊自己所属的政党的分裂。布莱恩辞职前不久，分别在参议院和众议院担任委员会主席的两名老资格民主党人曾私下警告布莱恩，两院都不愿意宣战。现在总统要面对来自外部的对他领导权的挑战了。[39]

威尔逊在 6 月 9 日，也就是布莱恩辞职后的第二天发出了第二份照会。这位总统谨慎地没有采取任何可能被布莱恩或其他人攻击为滑向战争边缘的行为。威尔逊提名罗伯特·蓝辛（Robert Lansing）接替布莱恩出任国务卿。他可能考虑过选择豪斯上校，但最终因为不放心豪斯的健康状况而作罢。而且，这位总统似乎也更想让豪斯以非正式的身份来协助他。蓝辛当时是国务院顾问，也就是国务院的第二号人物,卓有成效地管理着一系列涉及范围甚广的事务。他是国际法和外交程序方面的专家,曾在美国国际法学会的建立上发挥了作用。威尔逊似乎并不知道蓝辛的观点接近于罗斯福和豪斯的观点。蓝辛认为,如果德国在战争中胜利,美国的安全就会受到威胁。威尔逊起初认为蓝辛"配不上"这个职位,他可能想要自己给自己当国务卿。他把蓝辛当作一个书记员。两人并不投缘,而且蓝辛总是给总统制造麻烦。威尔逊减少了供他征求意见的外交政策顾问和高级外交官的人数,并因此而在之后的数年里吃到了不少苦头。伊迪丝·高尔特6月29日接受了威尔逊的求婚,她逐渐成为唯一能给威尔逊提供建议的人。[40]

德国在7月中旬对威尔逊的第二份照会做出了回复。在这份回复中,德国试图把潜艇战的对象和特殊情况区分开来,其中特殊情况包括美国船只,以及中立船只上的美国人——只要船上没有违禁品,但这看起来是一种搪塞之词。威尔逊开始起草第三份照会,要求德国停止在海上发动突然袭击。但是,这位总统还不打算对柏林发出最后通牒。

"作战准备"和"阿拉伯号承诺"

威尔逊认为,现在是时候用军事实力来支持他的外交行动了。1915年7月下旬,他指示战争部部长和海军部部长各自提出扩充陆军和海军的建议。威尔逊于10月批准了他们的计划。威尔逊先前是反对进行备战的,他的这一立场变化引发了他从政以来遇到的最大的一场政治斗争。威尔逊自己的民主党就成了最大的阻碍,而且,威尔逊将在一年后面对竞选连任的挑战。[41]

8月19日,一艘德国潜艇击沉了英国客轮"阿拉伯号",造成44人遇难,其中包括两名美国人。在威尔逊的授意下,美国报纸报道称"政府内部正在考虑"与德国断绝关系。德国后退一步,宣称其将遵守国际法中关于"巡洋舰战事"的传统规则。德国做出的这一"阿拉伯号承诺"虽然措辞模糊,但仍使威尔逊得到了一阵赞赏。人们认为,正是总统迫使德国做出了让步,而且凭借的是外交技巧,而非军事手段。不过,威尔逊对德国人的承诺保持着警惕,他的警惕是正确的。[42]

1915年12月18日,这位追求和平的总统和高尔特夫人在一场私人仪式上结为夫妇。此后不久,豪斯再次代表威尔逊前往欧洲。伯恩斯托夫大使曾经利用"阿拉伯号"危机的解决向豪斯和威尔逊提出建议,说德国有兴趣对更宽泛的原则做出承诺,例如公海自由。豪斯据此推测,美国有机会转换话题,以此摆脱令人备受精神折磨的沉船事件:他相信,如果能促成一次普遍性的裁军,德国的军国主义和英国的海军至上主义就都可以被终结。

接近1915年年底的时候,德国对击沉两艘船只的行为做出了道歉。蓝辛希望德国同样承认击沉"卢西塔尼亚号"是一个错误。他再次威胁与德国断绝关系,尽管作为资深的民主党议员,他在公开场合是反对上述做法的。1916年2月中旬,德国承认对击沉"卢西塔尼亚号"负有一部分责任,但是各方达成共识,把这一事件的赔偿问题放到战争结束后再去讨论。这一方案似乎解决了"卢西塔尼亚号"事件后的外交照会之争,但并没有触及根本矛盾。

与此同时,布莱恩正在向民主党议员兜售他的理念,即禁止美国人搭乘交战国的船只。威尔逊的政治顾问塔马尔蒂告诫总统,称他应该把自己关于做好战备的想法告诉全国人民。

威尔逊让公众做好准备

1916年2月期间,总统在中西部旅行期间发表了15次演讲。他解释道,由于世界在不断的变化之中,他也必须能够改变自己的想法。他警告称,世界正在燃烧,到处都是火星。美国不是在为战争做准备,而是在建设"充足的国防实力"。作为总统,他会尊崇"和平与尊严",但他无法控制其他国家的行为,危险是"无穷无尽的"。

不过,威尔逊并不满足于向公众解释防御的必要性,他还想告诉大家自己对于美国在世界上所扮演的角色是怎么看的。在密尔沃基,他对德国裔美国人说:"美国的天命和责任就是成为世界的典范,否则这个国家就没有存在的理由。"威尔逊对战备的辩护将美国的目标从维护国家安全拔高到了"国家尊严"乃至"国家使命"的层次。

威尔逊乐于教育公众。在不断练习的过程中,他的演讲变得越发有力。这趟中西部之旅与他之前以新泽西州州长身份所做的旅行有些类似,当时他的目的是推动改革,并为自己1912年的总统竞选造势。在总统选举当年的年初,威尔逊同样在磨炼自己的公众演说技能。[43]

威尔逊接过党派领导权

尽管总统已经在全国范围内宣扬自己的观点,但他还是需要在国会内部对"造反"的布莱恩派进行反击。经过威尔逊的许可,蓝辛拟就了一个计划,即让德国放弃潜艇突袭战,换取英国放弃武装商船。结果,英德双方都不同意这个计划。但是,国会的民主党议员却怀疑是威尔逊政府自己放弃了这个计划。一些民主党人认为,威尔逊在全国各地进行的"战备"宣讲"听起来太像罗斯福的做派了"。一些著名的保守派民主党人提出,应该禁止美国公民乘坐武装商船或交战国的船只。这些方案获得了一些支持。威尔逊做出了强硬的反击,他解释说,他正在尽最大努力避免战争,但他也必须坚守底线,那就是反对野蛮的潜艇战。他把中立权和美国独立的理念联系在了一起。这位总统进一步呼吁国会尽早进行投票。举棋不定的民主党人呼吁推迟投票(面临令人为难的选择时,国会通常会推迟投票),但总统拒绝让步。他坚称,国会必须通过投票来化解"行政当局目前所处的窘境"。结果,威尔逊在参议院和众议院都以巨大优势获胜。民主党无可争议的指挥官现在是总统本人,而不是布莱恩。[44]

在1916年的那个春天,威尔逊成功地让国会批准了重要的海军和陆军扩军法案。海军扩军法案的进展相对顺利,但是直到20世纪20年代初,美军才开始组建新一代的主力舰队。陆军扩军的法案则需要做一些妥协,结果,5月通过的最终方案把重点放在了防御北美大陆和增强军队职业化程度上面,而不是建立一支远征军。民主党数十年来一直反对建立强大的军队和进行海外军事活动,威尔逊则开始逆转这一倾向。美国开始准备战斗的时候,第一次世界大战已经打了几乎整整两年。[45]

豪斯上校的外交活动

就在威尔逊努力夯实美国的民意基础的时候,豪斯正在帮助威尔逊实现他在外交赛道上的目标。美国人还是不想为传统的欧洲式战争目标——诸如领土和赔款——而战。白宫希望能够探索"未来世界和平"的理想。威尔逊想要推广一条新的和平路径：陆军和海军的裁军，以及"建立一个国家联合体，以保证每个国家都不受侵略，并维持绝对的公海自由"。这一提议与罗斯福在10年前提出的实用主义调停模式有很大不同。

豪斯在伦敦和柏林都遭到了怀疑。他的结论是：德国将会追求胜利，并不惜使用"攻击性的潜艇战术"，以实现其大胆的战争目标。豪斯感觉到美国处于危险之中，并自作主张将美国引向了支持协约国的道路。他与英国外交大臣爱德华·格雷（Edward Grey）爵士起草了一份备忘录，并在其中勾勒出了一个方案。在适当的时候——确切地说，就是在协约国战场受挫甚至处境更糟的时候——美国将会提出召开和平会议。如果德国拒绝和谈，美国就可能会甚至不可避免地与协约国并肩作战。豪斯向英国和法国解释说，如果德国同意参加和平会议，那么美国会坚持提出对协约国有利的条款。如果德国犹豫不决，美国就会和协约国一同退出谈判。为了赢得英国和法国的支持，豪斯还详细地列出了领土方面的条款，而威尔逊曾告诉他不要这样做。这位上校没有提"公海自由"，也没有提裁军，而且只是和格雷稍稍讨论了一下国家联合体的设想。豪斯的行动已经远远超越了威尔逊的授意，其所追求的是一个完全不同的目标。此外，豪斯对协约国所说的话也和他对威尔逊的解释不一致。

3月6日，豪斯把他和格雷达成的备忘录发送给了威尔逊。威尔逊似乎对豪斯的努力表示欣赏，但是他在美国所有的参战承诺前面都加上了"可能"二字，整个计划的性质就完全变了。最有可能的情况是，威尔逊认为举行和谈的想法不错，但他还想保留一定的灵活性。豪斯在声明中表示出的对协约国的同情也许体现了威尔逊的倾向,但并不是威尔逊的决定。

此外,英国还窃听了美国的电报,并破译了美国的外交电报密码。英国可能知道豪斯说的话不代表总统的意见。格雷在3月份把备忘录呈交给内阁战争委员会,但遭到了其内阁同事们的否决。他们不想冒险召开一场可能陷入僵局的和平会议,让德国人在战场上取得优势。威尔逊似乎也没打算将备忘录付诸实施。不管怎样,新的危机已经出现,迫使总统立即把注意力转移过去。[46]

"萨塞克斯号"事件让美国与德国濒临开战

3月24日,一艘德国潜艇用鱼雷击中了在英吉利海峡中行驶的法国汽船"萨塞克斯号"(*Sussex*),但没有将其击沉。船上共有80人死亡或受伤,其中有4名伤员是美国人。"萨塞克斯号"从来没有装载过军械,其常规的航线也避开了协约国用于运送军队和物资的路线。人们被德国人的野蛮行径所震惊——"萨塞克斯号"事件就是"卢西塔尼亚号"事件的重演,只不过伤亡人数没那么多罢了。

威尔逊此时已经没有布莱恩这样拖后腿的人。相反,蓝辛、豪斯和伊迪丝·威尔逊都支持威尔逊发出一份措辞严厉的最后通牒,直接与德国断绝关系,或者要求德国潜艇立刻停止攻击商船,否则就断绝关系。蓝辛甚至都没有告诉总统伯恩斯托夫发来了试图安抚美国的消息。

国会的分歧依然十分严重。总统需要让议员们站在自己的这一边。他在4月18日晚上把照会发给德国,19日一早就会见议员领袖们，向他们解释了自己的处理方法。然后，他又在中午的两院联席会议上发言。这位总统告诉国会，他已经非常遗憾地威胁要与德国断绝关系，除非德国立即宣布停止向客轮和商船发动攻击。

面对这样棘手的局面，德国宰相特奥巴尔德·冯·贝特曼-霍尔韦格（Theobald von Bethmann-Hollweg）威胁要辞职。海军将领们则向德皇承认，德国海军还没有十足的把握在潜艇战中获胜。德国人退缩了。

总统似乎取得了重大成果，但他的外交行动却预示着未来的风险。无论是美国在海外的外交官们，还是以非官方身份活动的豪斯，他们都没有体察到德国政府对战争的态度、德国对潜艇战可行性不断变化的评估，以及德皇的帝国议会中的权力关系。与1905—1906年的罗斯福不同，威尔逊似乎没有能力从能干的德国驻美大使那里获取信息，并与之合作。[47]

对于威尔逊来说，德国做出让步的时间点是非常幸运的。就在4月，爱尔兰民族主义者在都柏林突然发动了"复活节起义"，一场长达6年并最终促使爱尔兰独立的冲突就此爆发。英国人对起义进行了残酷镇压，并立即处决了一些叛乱分子，激起了爱尔兰裔美国人的强烈不满，并使美国潜伏多年的"恐英症"死灰复燃。这一事件使协约国的道德立场蒙上了一层阴影。

威尔逊的联盟：一个"松散的同盟"

威尔逊认识到，在一个遍地战火的世界中，保持中立并不能保证安全。威尔逊对一位访客说："这一年是疯狂的一年……保住自己的脑袋是美国的责任。"他的大脑一刻不停地运转，搜寻着促成和平的方法。[48]

总统决定在5月17日的强制和平同盟会（LEP）年度晚宴上表达自己的想法。前总统塔夫脱推动了强制和平同盟会的建立，并于1915年6月获得了这一组织的领导权。实际上，强制和平同盟会是在美国提倡"国际主义"的主要团体，其成员所讨论的理念涉及范围相当广泛，且都能被归结到某种形式的"国际强制"上。总体上来说，强制和平同盟会的领导人相信，只有在协约国赢得战争之后，这个世界才能创立一个新的联盟。

威尔逊用强制和平同盟会的讲台来讨论世界的转型，并提出了美国应该为掌握这些变化而采用的原则。他基本上没有谈论战争的动机和目的，但他表示反对"密谋"，因为这种做法会让世界困在各种同盟体系之中，彼此随时准备靠武力解决问题。

威尔逊着重强调了建立一个新的、更好的世界秩序所需要的三个基础条件。"每个人都有选择在哪个主权之下生活的权利。"所有的国家无论大小，都应享有主权和领土完整，世界上应该没有侵略行为。由于美国在大洋上连遭攻击，威尔逊也顺理成章地提出了"公海航路上的安全不可侵犯"。

为了保卫这三个基础条件，美国和其他"伟大国家"需要"一起采取一些可行的手段，阻止任何国家或集团试图破坏这些基础的行为"。威尔逊的措辞很普通，但他迈出的却是非常勇敢的一步，改变了美国力求避免"卷入纷争"的外交传统。实际上，三天后，威尔逊在阿灵顿国家公墓发表的扫墓日（今天的阵亡将士纪念日）讲话中用一种新的方式把过去和现在联系在了一起："我永远都不会同意加入一个捆绑在一起的同盟，但是我会愉快地同意加入一个松散的同盟——这个同盟会使世界各地那些原本被捆绑在一起但又有着各自不同利益的人群彼此分开，同时又在共同的权利和正义的基础上,以维持世界和平为目标,把全世界的人团结在一起。"

威尔逊并不认可强制和平同盟会为国际仲裁和法庭所做的法律设计。他似乎更倾向于建立一个政治机构,只不过这个机构不会只是代表大国的利益。这位总统的演讲内容预示了他在1918年提出的、著名的"十四点原则",也有一部分内容后来成为《国际联盟盟约》的第十条。对于这位总统来说,这次演讲的短期作用也同样重要。1916年的民主党大会采纳了他的主张,将其列为这个政党新的政治纲领。[49]

竞选连任:"和平、战备和进步主义"

威尔逊想要实现自己的理念,就要先赢得竞选,连任总统才行。他的竞选对手共和党人查尔斯·埃文斯·休斯,曾担任过两届纽约州州长,是最高法院的大法官(也是本书第8章的主角)。休斯和威尔逊一样,都不是那种很合群的政治家。但是,这位纽约人言辞敏捷,表达活跃,还留着一撮与众不同的胡须——这个特征为他赢得了"活鸡毛掸子"的著名绰号。休斯举止矜持,却有一种干练而敏锐的智慧。随着这位候选人在竞选过程中演讲风格日臻完善,他对威尔逊的攻击力度也越发强烈。据说,一位北达科他州的农民在看了休斯的演讲后惊呼道:"天哪!他也不是那么没有人性嘛。"

罗斯福于1912年带领进步主义者脱离了共和党,深感失望的他此时仍未恢复对共和党人的信任,他把休斯称为"留着胡子的威尔逊"。但是,休斯面临的真正问题是共和党与进步主义者分道扬镳后的内部分歧，以及这个政党在如何处理战争和德国潜艇问题上的摇摆不定。共和党人一致同意威尔逊的外交政策存在错误，但除了罗斯福之外，没有几个人想要跃上战争的跳板。威尔逊已经转变态度，开始备战，而且德国在"萨塞克斯号"危机后的让步也让总统的策略仍保留着奏效的希望。[50]

实际上，到了1916年夏天，美国人对英国人的失望程度似乎已经超过了对德国人的不满。英国拦截并检查那些可能与德国人有联系的美国人的信件，招致美国的抗议，但英国人对此置若罔闻。7月，英国公布了一份涉嫌与德国有贸易往来的美国公司的黑名单，意图封杀那些同时与英国和德国做生意的美国人。威尔逊对豪斯说，他"对英国和协约国的耐心已经快耗尽了"。他甚至考虑过寻求授权以封锁对欧洲的贷款和贸易，这说明他知道美国的经济影响力正在变得愈加强大。[51]

限制住了德国的潜艇，抵挡住了协约国的破坏，这使威尔逊在1916年底的时候俨然一副中立政策胜利者的形象。"和平、战备和进步主义"是一条激动人心的竞选口号。经济发展势头也很迅猛。而且，与共和党人不同的是，威尔逊让自己的党派团结在了自己的身后。[52]

11月7日，威尔逊成为自安德鲁·杰克逊以来第一位赢得两个连续的总统任期的民主党人。他获得了49.26%的普选票，并且在选举人票上以277对254的微弱优势战胜了休斯。[在总票数接近百万的加利福尼亚州（简称"加州"），威尔逊的票数仅仅领先3 806票。正是在加州的险胜使他在选举人票数比拼中胜出。]威尔逊的成功毫无疑问要归功于民主党大会上提出的口号——"他让我们免于战争"，但是威尔逊知道，是否参战并不是他能够控制的。[53]

威尔逊的和平倡议

连任总统后重返工作岗位的第一天,他推掉了日程表上的安排,把自己的文件收集起来,并叫来了豪斯上校。选举前的几天,威尔逊在给一位朋友的信中写道:"竞选一结束……我就必须准备一些我尚未准备的最重要的文件。"豪斯一到,威尔逊就告诉他,自己计划给交战各方发去一份照会,"要求停火"。"如果我们现在不这样做,我们就无法避免因为潜艇的问题而卷入与德国的战争之中。"[54]

之后的两个月里,总统一直在努力推动各方通过谈判实现和平。历史学家们认为,1916年底是战争的一个关键节点。德国在凡尔登打消耗战的计划让双方都疲惫不堪。英国、法国和意大利在1916年发起的攻势以惨败收场。到了第二年,法国的一些部队拒绝作战。德国和奥地利在东线取得了一些成功,但并没有看到清晰的胜利曙光。德国的政治领袖们似乎在向美国发出信号,表明自己愿意接受和谈,但历史学家们对这一点仍存在争议。另外一方面,德国的军事首脑们还在要求发动无限制潜艇战,作为其最后的、决定性的攻势的一个组成部分。

1917—1918年发生的事件将会击毁欧洲传统秩序的基石,粉碎20世纪出现任何政治进化的希望。俄国将被革命推翻。奥匈帝国和奥斯曼帝国将会解体,在欧洲和中东制造出新的断裂带。德国将会被分解为危险的碎片,并且在20世纪的绝大部分时间里都面临着一系列新的安全问题和敌对情绪。英国和法国也将被战争拖垮,它们的信心和财力都被耗尽,欧洲在全球的统治地位也就此终结。

很多学者把威尔逊1916年11月到1917年1月的"和平攻势"

视为一场注定失败的冒险。[55]历史的真实走向支持他们的这种说法。但是，不管结果如何，菲利普·泽利科（Philip Zelikow）教授近期重新研究了历史记录，并提出观点，认为威尔逊推动和谈的时机是有利的，他本有取得成功的机会。[56]

罗斯福已经在10年前有力地证明了美国的调停能力。毫无疑问，世界大战给调停者设置的困难要比那时的更大。但是，威尔逊认为当时战事的僵局提供了一个寻求"谅解和平"的机会，也就是说，交战各方都可以接受把目标设置为实现有限的利益，而不是赢得战争的胜利。[57]

1916年8月，德国宰相贝特曼-霍尔韦格在能干的驻美大使伯恩斯托夫的帮助下，推动包括德皇本人在内的德国的权力精英阶层，秘密争取由威尔逊进行不预设条件的调停。但是，威尔逊当时正忙于总统竞选连任，无暇他顾。到了秋天，德国宰相发出了更多的信号，包括向美国在柏林的使馆吹风。使馆工作人员向威尔逊报告称，德国有意采用罗斯福在1905年使用过的调停模式。德皇还以个人名义向威尔逊发出信息，催促他尽快行动。[58]

贝特曼-霍尔韦格认为，一旦威尔逊召集各方举行和平会议，那么德国的公众就不会再允许政府重启战争。但是，这位宰相需要避免把德国的目标公之于众。目标定得过高会使和谈失败，过低又会激起国内民众的不满情绪。无论如何，这位宰相都建议恢复比利时的主权和中立国身份。伯恩斯托夫还自作主张，建议德国从法国撤军。据美国驻德国使馆报告，德国的目标还包括：把阿尔萨斯-洛林的一部分割让给法国作为赔偿；建立一个独立的波兰，作为德国和俄国之间的缓冲国；把德国的殖民地让给英国，以换取在巴尔干地区的影响力。1916年12月初，贝特曼-霍尔韦格劝德皇发布命令，要求德国潜艇不再采取任何干扰德美关系的行动。但是，这位宰相必须在很短的时间内说服威尔逊采取行动。德军的高级将领们想要发动新的攻势。军方认为现在已经有能力实施无限制潜艇战，以此逼迫英国在5个月内求和，而美国在这么短的时间内还来不及支援协约国作战。[59]

英国政坛的复杂局势可能也给和谈提供了一个机会。1916年英国政府中几个重要的自由党领袖似乎有意为和平而做出妥协，尤其是在索姆河战场上惨败之后。但是，1916年12月成为首相的劳合·乔治的态度却让人难以捉摸。他看到了英国巨大的战争成本，并对英国未来在世界上的地位有深远的认识。劳合·乔治还是英国将领们的严厉批评者。他是凭借保守派的支持才当上首相的，而且自诩为将带领英国赢得战争胜利的领导人；但是，早在差不多一年之前，劳合·乔治就告诉豪斯上校，只有美国出面调停才能结束战争，而且美国有能力决定和平条款。在那个时候（1916年初），劳合·乔治曾警示说，调停的时机还未成熟，因为新的大规模攻势还在进行之中。这个威尔士人当时推测，1916年9月可能是最佳时机。

然而，到了1916年9月，劳合·乔治却在接受采访时否定了为达成和平而做出妥协的提议。他的表态表明了一种政治和外交上耐人寻味的情况——对于精力充沛、不知疲倦同时又十分强势的劳合·乔治这样的人物来说尤其如此。这个老谋深算的威尔士人在公开场合把自己塑造成带领英国"战斗到底"的斗士，同时继续在私下讨论结束战争的方法，但前提是和平条款要让英国满意。[60]

拙劣的调停者

泽利科研究的内容主题是，威尔逊的助手表现太差，使这位孤独的长官只能自己制订并执行调停计划。豪斯和蓝辛都强烈反对总统的做法。他们不仅没能提供英国和德国政府内部的有用情报,豪斯甚至还在德国的问题上误导了总统。德国和英国政府内部都存在分歧,威尔逊需要别人告诉他,如何让两国的主和派掌握更大的话语权。"没有人帮助[威尔逊]分析应该怎样设计这样一个[和平]行动,或是编排出一个调停方案,"泽利科写道,"外交的一个主要目的是厘清或探明另一个政府的兴趣。"没有人试图搞清楚交战双方的底线要求是什么。更糟糕的是,当威尔逊自己起草方案的时候,蓝辛与豪斯都在公开和私人场合发表各种声明来给总统拆台。关于豪斯和蓝辛的行为,最善意的推测是:他们想让美国加入协约国,并担心任何调停的提议都会削弱英国和法国的优势。[61]

威尔逊的团队也没能认真思考美国应如何利用政治手段和金融方面的影响力。英国的国库在1916年底已经基本见底了,政府无力再为贷款提供担保。当时在英国财政部工作的约翰·梅纳德·凯恩斯(John Maynard Keynes)观察到,"用不了几个月",美国就能控制英国的政策。J. P. 摩根请求为协约国发放无担保贷款。对此,新一届美国联邦储备委员会在1916年11月底向总统建议,监管机构应该对这类贷款提出警告。威尔逊则要求提出更严厉的警告,而不仅仅是提醒。[62]

11月,威尔逊把大量精力用在了起草和平照会上,而蓝辛和豪斯则想尽办法阻止他或至少让他无法集中精力。没有人联系伦敦方面。到了12月的第二周,德国对威尔逊出面调停的可能已经逐渐丧失了希望。由于刚刚击败罗马尼亚,德国现在不用示弱就可以向和平迈进。德国政府公开声称已做好了议和的准备,而协约国拒绝了这样的方式,并要求德国人先表明条件。

12月18日,威尔逊把他的和平照会发给了交战各国。两天后,他又把照会的内容发给了媒体。这位总统要求交战各方公开提出他们想要的和平条款，这实际上就是威廉·詹宁斯·布莱恩在很久之前首先提出的方案。这样的做法破坏了外交所需要的私密性：任何一方都无法公开提出他们可能并不情愿接受的结果。

照会的其余内容未能传达出总统所做的有实用价值的承诺。在豪斯和蓝辛的建议下，威尔逊删除了召开和平会议的建议。这份照会十分谨慎地声明："总统不是在提议和平，他甚至都不是在提议调停。"威尔逊迈出一大步却栽了个大跟头。蓝辛还落井下石，发表媒体声明称这次外交行动表明"我们让自己离战争边缘又近了一步"。威尔逊气得差点解雇蓝辛，但蓝辛又发了一份声明，否定了前一份声明中的表态，威尔逊这才作罢。[63]

威尔逊还没放弃。他终于开始通过豪斯来私下试探各国对和平条款的设想了。豪斯再次误导了伯恩斯托夫。他说威尔逊的兴趣在于建立战后的安全保障机制，而不是解决领土纠纷。德国大使还是回答说，德国的"适度的条件"里"并不［包括］比利时的任何部分"。豪斯并没有和英国政府讨论条款的问题，但是劳合·乔治主动联系了美国大使沃尔特·海因斯·佩奇（Walter Hines Page），后者是一个亲英派。劳合·乔治想通过佩奇与威尔逊进行一次保密的私人谈话。"我希望总统允许我通过你了解他的想法，而我也会通过你把我的想法和盘托出。"他想在发出自己的照会之前先获得总统的理解。劳合·乔治说，无论如何，只有威尔逊有能力向双方施压以结束战争。他希望能私下和威尔逊交换意见——避开他的同事们——这样他就能够吐露出自己的真实需求。威尔逊和豪斯甚至都没有回复劳合·乔治。他们对自己在伦敦的大使失去了信心，而且可能认为佩奇正在试图给自己谋求一个主角的地位。[64]

"无胜利的和平"

由于没能通过外交渠道实现目标，威尔逊改为采用他最喜欢的方法：他起草了一份后来被称为《无胜利的和平》的演讲稿。威尔逊决定在1月22日向参议院发表这份演讲，并提前一周让国务院向各海外使馆发去电报，让他们准备好在同一时刻将演讲内容呈交给各国政府。

总统这篇有力的演讲不是说给官员或大臣们听的，它的受众是"全世界人类中沉默的大多数"。他给和平谈判定下了一个基调，那就是"无胜利的和平"。他认为，"只有在平等条件下达成的和平才可能持久"。和平的目标一定"不是权力的平衡，而是权力的共同体；不是敌对的组织，而是共同维持和平的组织"。威尔逊解释说，持久的和平必须建立在几项原则之上，包括各国权利的平等、人民自由选择政府、公海自由，以及限制军备。他承诺美国将"保证［这样一种］和平的持久性"。

这位总统也是在对美国人民和他们选举出来的议员们讲话。威尔逊解释说，他的想法是把门罗主义变成"世界的主义"。他拒绝让美国卷入以自我利益为中心的各种纠缠不清的敌对同盟之中，认为这样做不仅是为了美国好，也是为了世界好。"权力的和谐之中没有纠缠不清的同盟的存在空间……这是美国人的原则，美国人的政策。"

前总统塔夫脱和前国务卿布莱恩都对这一鼓舞人心的演讲表示赞赏。罗斯福则依靠自己对历史的理解，直言不讳地提出了另一种观点："对于一个因过于骄傲而不屑于战斗的人来说，无胜利的和平是一个自然而然的想法……1776年的托利党人想要无胜利的和平，1864年同情邦联的北方人也想要无胜利的和平。这些人都是威尔逊先生在精神上的前辈。"

作为一种用于实践的外交手段，这篇演讲没有击中目标。英国政府判定它"不需要官方予以关注"。德国人则已经对自己的下一步行动做出了决定。[65]

无限制潜艇战

1月9日，德皇的帝国议会在西里西亚城堡内举行会议。军方代表表示，德国海军现在可以凭借潜艇和艇员去掐断大西洋航道。军方领袖想要重启海军攻势，因为英国的封锁最终会困死德国。德皇签署了开启无限制潜艇战的命令，并坐等美国宣战。

贝特曼-霍尔韦格直到最后一刻仍在反对这一决定，但这位主和派宰相的努力没有收到效果。他不知道威尔逊的意图到底是什么。驻美大使伯恩斯托夫已经转告宰相，豪斯对威尔逊的和平主张没有把握。这位大使向宰相坦承，自己对威尔逊的和平计划一无所知。贝特曼-霍尔韦格后来表明："德军最高统帅部对威尔逊总统极其不信任，对此我根本无力化解。"1月31日，伯恩斯托夫给蓝辛发送了一份照会：从2月1日开始，"我们将用所有可以使用的武器来终止英国、法国、意大利周边和地中海东部的所有海上交通，且不会再做更多通知……"。[66]

威尔逊总统仍然拒绝滑向战争。2月2日，这位极度痛苦的总统与他的内阁成员见面，讨论加入欧洲的战事是否会"使黄种人［利用白种人的自相残杀］渔翁得利，并试图征服白种人"。2月3日，总统在国会联席会议上表示，他"别无选择"，只能断绝与德国的外交关系，但他会等待德军"公然行动"后再准备下一步的措施。德国人加强了对商船的攻击,并且在两年内首次把美国船只列为了攻击目标。[67]

齐默尔曼的电报

几周之内,一桩错综复杂的情报事件让形势雪上加霜。1月16日,德国外交大臣阿图尔·齐默尔曼(Arthur Zimmermann)向德国在墨西哥城的使馆发去电报,提出了一个惊人的建议:德国希望与墨西哥结盟,"共同发起"对美国的战争。德国还催促墨西哥把日本也拉进这个新的同盟。作为回报,"墨西哥将收复得克萨斯、新墨西哥和亚利桑那的失地"。(他们似乎忘了加利福尼亚,也可能是对这片领土有别的计划!)

匪夷所思的是,德国人这封加密电报竟然是通过美国的跨大西洋海底电缆发送的——美国政府允许德国使用这条电缆。更让人啼笑皆非的是,英国政府窃听了美国的电报,并且破译了德国人的密码。但是,英国人需要想一个办法,既把这条电报的内容转发给美国,同时又不泄露自己获取这条电报的手段。英国的间谍高手们艺高人胆大,他们设法从德国驻墨西哥使馆里偷出了一份解密后的齐默尔曼电报的副本。2月24日,英国外交大臣把这份战利品交给了美国大使佩奇,后者立即把电报内容发给了总统。

几天之后,美国政府把这一惊人的消息向媒体公开。美国各地的媒体被德国的行径彻底激怒了。一些德裔美国人领袖反驳称,这份电报一定是谎话连篇的英国人编出来的。但是,到了3月3日,齐默尔曼承认他确实向墨西哥提出了结盟的建议。[68]

众议院立即以压倒性的优势通过了一份法案,对美国的商船进行武装。但是，美国人对战争的抗拒心理仍然有着极强的惯性。11名参议员——包括6名共和党人和5名民主党人——在3月4日国会休会前一直在阻挠法案的通过，并最终让其胎死腹中。此时，威尔逊正准备在周日的一场私人仪式中宣誓开始第二个总统任期。[69]

战争

威尔逊在第二天发表的第二次就职演说与1913年的首次就职演说形成了鲜明的反差。在第一次演说中，他呼吁尽快在国内采取行动，对国际形势只字未提。总统的第二次演说反映了他当时的心情。威尔逊不想任由命运摆布，他正在挣扎。多起悲剧性的事件已经让美国人成了"世界公民"，这个国家将在这出黑暗的戏剧中扮演一个更重要的角色。但是，总统还不知道这个角色的任务将会是什么。

在3月的剩余时间里，国际形势仍在不断变化。俄国的革命推翻了罗曼诺夫王朝。德国潜艇将大洋上数量惊人的船只送到了海底。总统将国民警卫队纳入联邦管辖范围，扩充了常备陆军的规模，授权海军抵御潜艇的攻击，还打通了与英国皇家海军的合作渠道。美联储悄悄地收回了对协约国发放无担保贷款的警告。就职典礼后，威尔逊病了一周多的时间。他仍然对是否走向战争举棋不定。这位总统私下对一位报纸编辑说，他害怕"一种强加的和平、胜利者支配的和平"会错误地"用战争时期的标准去重构和平时期的文明"。一想到战争将会"对我们的正常生活状态"造成怎样的冲击，威尔逊就不寒而栗，他紧张地寻找着避免战争的方法。[70]

历史学家不太确定威尔逊是什么时候下决心走向战争的。3月

21 日，他召集国会在 4 月 2 日举行会议。此后不久，这位总统就回到书房里，开始撰写那篇要求国会宣战的演讲。

中立：新与旧

威尔逊的时代距离现在已经有一个多世纪了，而且在其中的 70 多年间，美国的政策经常都会鄙视不选择站在美国这一边的中立国。因此，今天的人们可能很难理解美国当年为什么要坚守"中立国权利"的"不可更改的原则"。我们可能还会感到奇怪的是，在局势的不断变化和科技的不断进步之中，威尔逊、布莱恩和其他人为什么还要关注如何运用这些原则，而不是去讨论国家利益、目标和手段。但是，1915 年的美国人确实把"中立国权利"视为关键的国家利益。他们认为，人道主义的国际秩序常常受到国家间战争的威胁，而中立国权利正是这种国际秩序的捍卫者。

戴维·亨德里克森解释说，威尔逊坚持美国的中立传统，但他也知道美国需要"一种新型的中立"。[71]"旧中立"和"新中立"的预设都是一个国家组成的国际社会。"旧中立"认为战争是不可避免的，但是它用权利和责任把战争的后果限制在交战国之间。"新中立"则会用某种规则来阻止战争演变为普遍性的冲突。

威尔逊能够看到，旧的中立规则已经在瓦解，但他想保持美国和其他国家的中立性。他竭尽全力地想要遏制战争的蔓延，不让它变成一场全球冲突。

作为一位政治科学家，威尔逊研究了如何创造一个新型安全体系的概念。就像他研究的国家政府体系一样，这个国际体系也将是以政治属性为主的。但是，按照伯克式的演化方式，这个体系可能也会逐渐发展出法律属性。这个体系要求所有成员遵守一些基本的原则。它的运作是通过"公开外交"来进行的。这个体系下的集体安全将保护国家的中立属性、人民和国家的主权、领土,以及公海自由。

即使是在美国参战之后,威尔逊仍坚信这个世界需要一个新的国际体系和新的中立属性。旧的秩序假设交战国之间在道义层面上是平等的,而且战争的根本原因是结构性的问题,而非国家内部的驱动力。威尔逊对这些假设提出挑战。他认为,国家的内部秩序——依靠民主制度——应该有助于建立和平的国际体系。他不相信外人可以把民主强加给一个国家,但他想创造一个有利于民主政权,也有利于民主向其他国家传播的体系。[72]

随着时间的推移,无论是冷战还是热战都越来越意识形态化,波及的范围也越来越广。美国人的理念也由此发生了转变,不再坚持中立,而是认为一个国家选择"正确的"一方(比如,美国这一方)才是人道的、稳固的选择。美国仍然会捍卫权利,包括人权,但是中立国权利的重要性就没有以前那么高了。1914—1917年的美国历史以及威尔逊的言行反映出,美国的外交开始从早期的中立传统向新的国际领导权传统转变。

威尔逊主义

伍德罗·威尔逊是一位教授出身的总统,因此学者们和其他很多人都对他很着迷。甚至连西格蒙德·弗洛伊德(Sigmund Freud)都与人合著了一本威尔逊的传记。[73]

作为美国的第28任总统,威尔逊的外交政策理念为他赢得了一个带有个人色彩的描述性概念——"威尔逊主义"。托尼·史密斯（Tony Smith）把这个概念定义为"认定美国的国家利益最好是通过在全世界范围内促进民主来实现"。[74] 如果是这样，那么总统决定加入第一次世界大战的故事就表明，从 1914 年到 1917 年，威尔逊还只是在形成"威尔逊主义"思想的过程中。

威尔逊的言行极大地影响了美国人在之后的一个世纪里对外交政策的看法。在现实主义者和理想主义者的辩论之中，威尔逊是理想主义阵营中的旗帜性人物。但是，我们在评价威尔逊的时候需要考虑他所处的时代背景。就像约翰·米尔顿·库珀所指出的那样，在罗斯福和威尔逊的时代里，"除了那些最顽固的保守分子和冷血动物"，美国的政治领袖几乎都是理想主义者。[75]

有些讽刺意味的是，很多为威尔逊的工作所辩护的学者都更喜欢把辩论对手所青睐的标签贴在威尔逊身上。阿瑟·林克（Arthur Link）把威尔逊的做法归结为一种"更高级的现实主义"。欧内斯特·梅称之为"崇高的现实主义"。弗兰克·加文（Frank Gavin）称威尔逊是"后现实主义"。戴维·哈伯斯塔姆（David Halberstam）则认为，威尔逊代表的是"极致现实主义"。[76]

上述这些不同的称谓在语义上的差别并不大，它们的基本观点都是：威尔逊是通过实用而冷静的方式来实现其进步主义目标的。这些作者以及本书都指出，在面对欧洲列强、偶发事件、公众意见、国会，以及美国一直以来在世界上所扮演的角色等方面的现实问题的时候，威尔逊需要自己想办法解决很多可怕的问题——在同一时间里，世界正面临着一场危机，而美国的权力则上升到了一个新的层次。为了解决这些问题，威尔逊想到了建立新型的国际体系。他试图用更高的目标去启发国内和海外的民众，说服他们支持自己的理念。威尔逊是一位教育家，他的学者声誉来自他富有感染力的综述和解释能力，而不是来自其原创的研究或思想。在担任总统的时候，他把自己作为政治科学家的方法和结论用在了一个已被推入极端状态的世界。

特里格夫·索伦维特（Trygve Throntveit）把威尔逊归类到进步主义的实用主义者传统里，他强调的是总统在挑战不合时宜的政治理念时对经验主义的人性论的依赖。在索伦维特的眼里，在历史和理论之间，威尔逊更重视历史；在偶然论和决定论之间，威尔逊更相信偶然论。索伦维特认为，威尔逊的实用主义是一种建立在其对政治经验的评估基础之上的渐进主义。[77] 这位总统在1914—1917年的政策演变无疑是渐进的、实验性的、适应性的。

就连真正的现实主义者似乎都很想承认威尔逊的现实主义者身份，基辛格在他的《大外交》里就是这么写的。乔治·凯南晚年改变了观点："我现在认为威尔逊……与其他许多具有广阔视野和敏锐感觉的人一样，是超前于他的时代的，而且活得不够长，没能看到他的许多理念取得了多么重大而具有指导性的影响……从这个角度来说，我需要更正或者修改……我早期对他的许多看法。"[78] 沃尔特·麦克杜格尔（Walter A. McDougall）对威尔逊的评价比较消极，但他还是承认"威尔逊主义"的工具价值："作为一张世界秩序的蓝图，［它］永远都只会是一个虚幻的构想，但同时也是对抗'世界任何地方出现的霸权'的意识形态武器，它确实证明了自己的强大力量。"[79]

劳埃德·安布罗修斯（Lloyd Ambrosius）重新拾起了对威尔逊的现实主义批判，认为他对待欧洲和欧洲冲突问题的态度不切实际，但他把这些与威尔逊那实用和精明的一面区分开来。在安布罗修斯看来，威尔逊所秉持的自由主义的国际主义政策——尤其是他在集体安全方面的实验——不符合"现代世界里互相依存和多元化相结合的特点"。威尔逊的理想主义、普世主义目标与他可以以现实主义态度运用的手段和方法之间是脱节的，而且他深受这种脱节之苦。安布罗修斯的结论是，在内心之中"威尔逊的美国理想和欧洲现实无法和谐共处"。[80]

对于大多数美国外交界人士对威尔逊的外交遗产的看法，英国的美国外交政策研究者马丁·沃克（Martin Walker）所做的概括可能是最准确的，至少到最近为止是如此："他们几乎一致认为威尔逊是一个非常有用的代表人物，他所代表的是美国怀着更高的目标去处理与其他国家之间关系的做法。他也永远象征着美国对世界正义和公平的追求。"[81]

外交的手腕

我的讲述体现的是威尔逊外交的另外一个维度。作为一名政治家和权力的研究者，威尔逊可能是一个战术大师。作为一名教授和领袖，威尔逊可以启发、解释并指出那些神圣的目标。但是，作为一名外交的指挥官，威尔逊却并不懂其中的手腕。他不知道如何把观察、评价、目标和战术结合在一起，以提高成功的可能性。[82]

20世纪初期，美国没有国家安全机器，也就无法像世界强国那样做事。[83]罗斯福用才华出众的同事、庞大的个人人脉网络，以及外交实践方面的灵感弥补了这一劣势。罗斯福赢得了其他国家领导人的信任和尊重——甚至还有一点点害怕。就像国务卿贝克经常说的："成功是成功之母。"

威尔逊的外交政策班子能力不济，而且还经常故意破坏他的努力。由于情报工作不力，这位总统难以掌握英、德、法政府各自的内部意见分歧，并饱受其苦。对于其他国家的忧虑，以及目标的变化，威尔逊几乎浑然不知。他不知道如何私下测试自己想法的可行性。因此，威尔逊没有准备好帮助外国人评估风险和回报，使他们认识到并不令人愉悦的现实，并协助他们为阻力很大的行动编造出合适的理由。威尔逊也不懂得如何最有效地借用其他力量，例如美国不断增长的金融力量。

威尔逊忽视了一个执行官的诸多责任，包括引导那些超过一个人控制范围的事务进程，招揽其他人才，并运作一个由各种角色的人物所组成的网络——或者任命其他人来代替领导人做这些事情。威尔逊有很多次已经意识到了问题，但他的处理方式就是写一份照会或者演说稿。这些照会和演说稿都是很重要的工具。历史学家们很乐于梳理分析这些文件。但是，正如既是教授，又有实务经验的菲利普·泽利科所观察到的那样，历史学家很难发现并研究那些历史人物没有做过的事情。威尔逊要不就是忽视了，要不就是——这个可能性更大些——不懂外交实践。[84]

威尔逊的失败：外交的实用政治

让我们回顾一下威尔逊在1916年底发动的"和平攻势"。我们永远都无法确定事情会如何发展，但威尔逊看起来是把召开和会的基础建立在他与德国政府私下达成的一个共识上，即德国将从比利时撤军，如果共识进一步扩大，也可能从法国撤军。正如凯恩斯在战后所说的那样，由于美国控制着金融信贷的发放，它是有能力压缩协约国的军火和食品供给的——而这正是德国潜艇发动攻击的目的——而且美国完全不需要介入战争就可以做到这一点。[85]

在与英国进行不公开讨论的时候，美国人可以向协约国保证德国会从上述地区撤军，协约国将从深陷的僵局中脱身。德国会在东部得到一个缓冲区，包括一个独立的波兰。罗斯福在调停日俄战争和第一次摩洛哥危机时的经历已经证明了这种工作的难度。但是，威尔逊甚至连开始都没有开始，因为他看不到各种可能的情况，不懂得自己能运用什么渠道，而且令人诧异地避开了本来一定要达成的领土问题上的妥协。他的演讲试图引发国际上的公众舆论，但是他的外交行动却没能拨动其他国家领导人的心弦。

作为一个国内政治家，威尔逊总统知道如何巧妙地操纵重要人物为自己的目的服务。他利用巡回演讲的机会来引导民意，并且在国会中赢得关键的选票。威尔逊在潜艇战危机中的战术处理是很好的，但他的视野没有超出这些事件本身——既没有看到如何避免悲剧的反复出现，也没有在加入战争时做好塑造战争结果和后续影响的准备。参战之后，威尔逊在外交政策的制定和执行上仍然失误连连。巴黎和会显示出了把美国外交工作交给个人的风险。最后，这位总统在外交工作上总是孤军奋战——而且他不愿意团结共和党的对手，或者回应他们的一些抱怨——这使他在国内难以赢得投票并实现其宏大的构想。对于执行实际外交工作的政治家来说，赢得关键的投票是一种基本的考验。[86] 面对失败之时，威尔逊最后一次尝试召唤公众的支持——并招致了致命的后果。

历史学家们可能会合理地主张，美国不可能避免卷入第一次世界大战。他们可能认为威尔逊高估了 20 世纪早期美国重塑世界政治的能力，但仍然敬佩他的雄心壮志。实用主义者则可以得出这样的结论：从根本上来说，威尔逊总统在外交政治的实践上是失败的。其结果就是，民众——尤其是刚刚开始接受美国在国际社会中扮演更重要角色的那一代人——对美国外交抱有的希望破灭了，而美国外交则由此背上了沉重的包袱。

第三部分

两次世界大战之间的国际主义者

(1921—1944)

第 8 章

军备控制和华盛顿会议：查尔斯·埃文斯·休斯

一场演讲击沉的战列舰比所有海军将领击沉的都多

1921 年 11 月 12 日，寒风刺骨的周六清晨，八个国家的代表在华盛顿国家广场旁刚刚落成的美国革命女儿会（Daughters of the American Revolution）大楼内举行会议。上千名来宾在宪法大厅的走廊中旁听了会议。这是华盛顿在历史上第一次举办在世界舞台上具有重大意义的会议。

这次大会的前一天正是第一次世界大战停火三周年的纪念日。美国总统沃伦·哈定（Warren Harding）邀请各国来宾们到阿灵顿国家公墓祭扫一位不知姓名的美国士兵之墓。这位总统用充满敬意的语言回忆了过去那些灾难性的事件，并寄语未来："它绝不能再发生了。"没有人能够想到，就在那个世纪之内，美国又卷入两场战争，要扩大公墓的范围才能安葬那些在新的战争中失去生命的无名士兵。华盛顿国家广场也将被许多纪念堂所包围，以纪念更多逝去的美国人。[1]

华盛顿会议召开的目的是讨论"与……太平洋和远东问题相关的"军备控制问题。此前列强曾于 1899 年和 1907 年在海牙召开过两次军控大会，但成果寥寥。外界对华盛顿会议的期望值也不高。全世界刚刚因美国拒绝签署《凡尔赛和约》以及拒绝加入按伍德罗·威尔逊的计划成立的国际联盟而对美国失望。自从在 7 月向各国发出邀请后，毫无经验的美国人一直没怎么公开谈及这次会议的目的。

大楼内的会议安排看起来不同寻常。根据英国外交大臣寇松勋爵（Lord Curzon）的建议，美国主人把参加军控讨论的五个代表团按照字母顺序安排在会议桌的外侧就座。这个胡桃木会议桌是特制的，形状像一个实心的字母"U"。大会主席、美国国务卿查尔斯·埃文斯·休斯要求每个国家只派四名代表，组成一个小组。记者 H. G. 威尔斯（H. G. Wells）说，这个人数"不会因为太多而失去私密性，也不会因为太少而不足以代表各方意见"。[2]

各国代表入座的过程中，会议厅内发生了一个小插曲。根据座位安排，大会主席休斯坐在了 U 字的底部中央位置，美国的其他三名代表坐在他的右手边。以前首相阿瑟·贝尔福（Arthur Balfour）为首的四名英国代表坐在休斯左手边。英国官员一向对细节很敏感，他们给贝尔福准备了一摞信封——这是他最喜欢的记笔记的方式。[3]

不幸的是，这样的安排使得法国总理阿里斯蒂德·白里安（Aristide Briand）坐在了美国人的右侧拐角处。白里安大为光火，他要求在 U 字底部的"主位"就座。休斯表示座次并没有主次之分，但他颇有外交技巧地建议所有人都向左移动一个位置，这样白里安就可以挨着美国代表团坐在 U 字底部了。[4]

上午 10 点 30 分，一位浸信会牧师主持祷告，为会议拉开帷幕。哈定总统发表欢迎致辞，其中有把宗教思想和人们的愿望结合起来的内容。听众们欢呼雀跃，这让尊崇礼仪的欧洲人感到不悦。休斯和哈定握了手，坐在附近的其他代表团团长也照做了，观众们也安静下来。[5]

贝尔福起立，正式提议由休斯来担任大会主席。休斯起立表示接受。代表和观众都以为休斯会按照传统程序问候各代表团，并提出一些总体原则。真正的谈判会从第二周开始。

然而，休斯却有自己的想法，他想通过自己的讲话为谈判造势。他知道公众——不仅仅是美国公众，还有全球公众——舆论可以在外交事务中发挥多么大的作用。包括总统在内，只有九个人知道休斯准备说些什么。[6]

休斯先说了一些得体的客套话。他强调，这次会议的两个目的——限制军备，并讨论关于远东的问题——需要同时考虑，不能有任何拖延。此时观众席有人鼓掌，说明有些人认为国务卿的开场白已经说完了。

但是，休斯继续讲了下去。他简短地回顾了两次海牙军控会议的失败经过，然后将这些令人失望的历史和"历史上最宏大的一场战争"的苦涩"胜利"做出了鲜明的对比。接着，他的讲话进一步深入，说到了当下"最生死攸关的必要措施"，"军备竞赛必须停止"。这时，观众们的注意力才真正集中起来。

休斯提出了一个新的会议流程。只做报告是不够的，大而化之的协议也不行，"权力和责任"要求各国必须制定"一个可执行的方案，并应立即使其生效"。

休斯建议把重点集中在海军装备上，尤其是战列舰。那是当时的战略武器（类似于后来的轰炸机和导弹）。休斯宣称，唯一能结束军舰制造竞赛的方法，就是"现在就结束"。为了公平起见，各国减少的海军实力需符合现有的比例。休斯还明确提议各国在至少10年的时间里停止建造主力舰，创造一个"海军假期"。

还没等观众们对休斯的总体规划做出反应，他就继续给出了美国、英国和日本的具体裁军方案，而法国和意大利的方案则需要稍后再制定。他说，各国应该停止一切建造主力舰的计划，拆毁旧军舰，并按照现有的海军实力比例确定主力舰数量上限。然后，各国可以把主力舰的数量比例应用到其他种类的舰只上。

休斯的这些原则听起来十分大胆，他接下来提出的方案之细致程度也相当惊人。他列出了美国将会放弃建造的军舰以及将会拆毁的军舰的名单，其目标是削减 30 艘主力舰，总吨位达 845 740 吨。会场内顿时骚动起来，就连那些原本持怀疑态度、对美国人的做法流露出悲观情绪的英国记者也备感吃惊。观众们认为，休斯已经勇敢地宣示了美国的领袖地位，谈判的开幕日应该就此结束了。

然而，休斯话锋一转，把枪口对准了英国皇家海军和日本舰队。贝尔福匆忙在他的信封上记起了笔记。休斯把英国和日本需要削减的主力舰吨位分别定为 583 375 吨和 448 928 吨。按照休斯的计划，美国、英国和日本总计将拆毁或停建 66 艘主力舰，总吨位达 1 878 043 吨。

休斯还要求各国保证在 10 年内不更换主力舰。英国和美国的主力舰总吨位上限均为 50 万吨，日本为 30 万吨，且所有主力舰均不得大于 3.5 万吨。会议还应为潜艇、航空母舰和其他军舰做出限制。在这场海军军控演讲的最后，这位国务卿给出了一句有力的结束语："为进攻性海军战争所做的准备将立即停止。"[7]

根据当时在场的人的说法，会场内响起了"暴风雨般的欢呼声"。以记者身份坐在包厢内的前国务卿威廉·詹宁斯·布莱恩"泪流满面"。25 年后，编辑威廉·艾伦·怀特（William Allen White）写道："华盛顿的裁军会议中出现了我此生经历过的戏剧性最强的时刻。"[8]

并不是所有人都很高兴。一位英国海军上将"脸色先是变红，然后又变白，坐在那里一动不动"。另一位"身体前倾，表情愤怒，就像一只被人在肚子上戳了一下的斗牛犬"。《曼彻斯特卫报》的记者如此描述那个瞬间：休斯击沉的英国战列舰比"全世界所有海军将领几个世纪以来击沉的"还要多。[9]

休斯的演讲震撼了全世界。日本记者用每个词 1.5 美元（大概相当于今天的 22 美元）的电报费将演讲稿发回了东京。《纽约时报》用 13 个版面报道了这一新闻。林·拉德纳（Ring Lardner）在评论中感慨道："我要回家了。这戏一点都不好看，他们在第一幕就让英雄把坏蛋给干掉了。"[10]

休斯的举动有巨大的外交风险。一般来说，政治家们都是关起门来小心翼翼地表达立场的，而且往往还要先做一些试探，以获取情报并验证想法。这位国务卿一上来就大胆亮牌，这可能会导致他丧失讨价还价的空间。休斯的做法体现出了美国人对公开外交的偏爱，也给出了明确、直接同时又可能——仅仅是可能——具有可行性的提议和要求。[11]

这位国务卿对不断变化的国会和公众舆论带来的约束和行动空间有着敏锐的认识。他还能洞察到欧洲主要国家与日本的公众和政界情绪。休斯精彩的演讲激起了严肃而迅速的反应。他的演讲如一股旋风，将关键理念、事实陈述、现实政治和戏剧性表达交织起来，形成了自己的外交推动力。

反应和结果

各国代表整个周末都在评估美国的提议，并征询各自政府的指示。领导人们都意识到，由于休斯的提议得到了公众的热烈欢迎，从政治上考虑，直接拒绝这一提议已经是不可能的了。11月15日这个周二，贝尔福颇有风度地把美国的提议和整个开幕仪式称赞为"人类文明的里程碑之一"，英国"在精神和原则上"接受休斯的计划，只是认为有几个地方需要修改。贝尔福试图在美国和英国的利益冲突之间寻找平衡。英国皇家海军需要维持在欧洲的海上霸权，同时保证大英帝国在公海上的航路安全。为了保证在舰船科技上的领先地位，英国还需要让造船厂保持工作。[12]

英国首相劳合·乔治发现了一个政治机会，并于11月18日采取行动：英国政府下令停止生产4艘当年8月刚刚获得生产许可的"胡德"级新型超级战列舰。这一决定为英国省下了1.6亿美元，约等于美国借给英国的战争贷款的年度利息额。劳合·乔治认为，由于德国舰队已经在苏格兰的斯卡帕湾自沉，只要休斯能把他的计划扩展到法国和意大利，英国就可以用比现在少得多的花费来维持海上霸权。[13]

日本海军大臣、海军大将加藤友三郎男爵代表日本做出了回复。休斯曾经要求各国派文官担任代表，让军事和财政专家扮演技术顾问的角色。但是，终其一生都提倡与美国合作的日本首相原敬聪明地要求加藤友三郎来制定日本的谈判策略，目标是让日本拥有一支安全但花费更少的海军。加藤友三郎接受了任命，但很快就因原敬在11月4日遇刺身亡而大感震惊。

新任首相高桥是清继续执行原敬的策略，但他缺乏前任首相的政治实力和技巧。加藤友三郎大将的话语权似乎更大了，但他必须小心行事。加藤友三郎采取了与贝尔福相同的立场，认为确实有必要采取直接的行动，并赞扬了休斯做出的表率，接受了美国的原则，只是要求"做几处修改"。他准备发一份电报，把各种可能的方案告知东京，让其他官员针对美国的提议提出反对意见。[14]

3个月之内，休斯、贝尔福、加藤友三郎以及法国人和意大利人达成了一项历史性的协议，在10年的期限内对各自的主力舰队实力做出限制。最终的限额——美国18艘（525 850吨）、大英帝国22艘（580 450吨）、日本10艘（301 320吨）——接近休斯的提议。上述三国同意按照5∶5∶3的吨位比例替换舰只。法国和意大利同意将各自的主力舰比例确定为1.75。美国参议院于1922年3月29日以74票赞成、1票反对的结果批准了《五国海军条约》（《限制海军军备条约》），另有21名参议员没能参加投票，但其中有20人表示支持这一条约。[15]

华盛顿会议还制定了另外8个安全和军控方面的条约，其中7个与美国有关。这些和约和随之而来的宣言涉及面很广，包括潜艇的规则、对毒气的禁令、太平洋安全磋商、中国的独立和领土完整（包括"门户开放"原则）、中国对其关税的控制权、太平洋海底电缆的权利，以及中日之间关于日本将山东半岛归还给中国的协议。美国、英国、日本和法国这四大强国达成协议，彼此承诺就太平洋地区的攻击性行动和纠纷进行协商。这一协议引起了一些参议员的反对，他们担心这一条约相当于让美国做出"保证"安全的承诺。实际上，这个条约只是一个掩人耳目的外交幌子而已，美国的主要目的是终结英日同盟。参议员洛奇在公布条约内容时澄清道，这一条约只是"用一个四国的对话协议代替了两国的战争盟约"。无论如何，参议院最终以62票赞成、27票反对的结果批准了协议（仅比宪法要求的三分之二多数多出4票）。对于其他所有涉及美国的条约，参议院均以仅有1票反对的结果予以批准。[16]

威尔逊的补救者

在查尔斯·埃文斯·休斯的率领下,美国的外交政策完成了自1920年参议院拒绝批准《凡尔赛和约》之后的一次惊人逆转。美国依然游离在国际联盟之外,但选择了一个积极的替代方案。美国人继续远离军事同盟,他们带头把海军军控和中国以及太平洋地区的安全义务结合起来,创造出了一个新的地区安全体系。

休斯的外交既能准确地把握国会和国民的倾向,又能感知欧亚各强国的需求和可接受的方案。他预料到美国人有机会用一个提议去重塑东亚各主要势力的海军实力和外交关系。他提出的方案既符合总统的倾向,又获得了多数参议员的支持,同时也至少得到了美国海军方面的默许。然后,他用公共外交、私人关系以及他对细节的追求和关注,坚决推动谈判,产生特定的结果。根据1921年12月《文学文摘》杂志的记载,《纽约晚邮报》(New York Evening Post)驻华盛顿的记者曾评论称:"威尔逊想用小马拉大车,休斯则选择用大马拉小车。"[17] 休斯是威尔逊的补救者。

在华盛顿会议之后的10年里,世界经历了经济大萧条,日本和中国都发生了政治变迁,再加上美国外交和军事工作的不足,导致华盛顿会议形成的政治和安全框架被打破。休斯精心打造的这个框架让各国找到了一些共同的利益,但对于其他的冲突则只能起到暂时缓解的作用。有效的外交战略需要不断地重新评估和强化——有时还需要调整方案。又过了几年,战争的风暴就再次席卷了全世界。[18]

1921 年的美国与世界

休斯和华盛顿会议的故事的开头是威尔逊未能让国会批准《凡尔赛和约》后美国人的反应。1921 年 3 月上台的哈定政府面临着两个问题,一是民众的不满,二是一长串现实问题。参议院刚刚在对外关系问题上挫败了上一任总统,此刻正尽情享用其相对于行政机构的优势地位。国会中的共和党议员拥有多数席位,但是他们在国际问题上的分歧很大,这种问题在参议院尤其严重。

1921 年 3 月,伦敦的《泰晤士报》报道称:"巴黎和约的阴影覆盖了 [美国的] 国际关系。" 4 月,《当代评论》(*Current Opinion*) 杂志写道:"我们的外交政策几乎没有一个时期不是悬而未决的。" 英国驻美大使向国内报告称,新上台的哈定政府似乎惧怕与其他国家正式接触,也不敢 "公开提及任何与国际合作有关的话题",美国人对其他所有国家都感到厌烦。他还说,"他们的原则是美国第一,没有人排第二",不过 "如果非得有一个第二的话",英国或许能勉强挤到这个位置上。[19]

阴郁的气氛继续加重。战争的残酷和牺牲使人们越发期待一个更有保障的和平局面,但这些希望都已破灭。从法律意义上来说,美国和德国、奥地利仍处于战争状态。没有人知道美国和国联及其各个委员会之间是什么关系,甚至连有没有关系都不知道。战争赔款和债务偿还也是一团乱麻。美国还不同意国联对太平洋岛屿(包括太平洋海底电缆枢纽雅浦岛)和美索不达米亚地区(包括今天的伊拉克)的委任统治安排。

在国境之南,墨西哥又出现了一个新政府,而美国始终没能找到与之建立有效关系的方法;中美洲的动荡局势则威胁到了美国的企业和财产。在太平洋对岸,日本在中国境内活动,派兵进入西伯利亚，还占据了原来属于德国的太平洋岛屿，俨然要重塑亚太地区的安全和经济格局。怀疑和猜忌情绪不断上涨。英国和日本似乎有意重建彼此间的安全同盟。两国政府在1905年和1911年两次延长了1902年达成的协议，以反制俄国和德国。现在这两个国家都已构不成威胁，因此美国怀疑日本和英国现在的目的是联手反制美国。此外，美国还没有承认俄罗斯的布尔什维克政权，那个幅员辽阔的国家仍在上演着革命和反革命的拉锯战。[20]

实力强大的参议员们倾向于由他们自己决定外交政策。有报道称，来自宾夕法尼亚州的共和党参议员博伊斯·彭罗斯（Boies Penrose）在欢迎新总统班子就职时说："我觉得谁当国务卿都没关系，国会，尤其是参议院，会开辟出一条把我们和外交政策连接在一起的路。"7月2日，国会就带着这样的态度通过了议案，宣布终止与德国的战争，同时保留战胜国的所有权利和优势——在通过这项议案前，国会压根儿就没有征询国务院的意见。但是，国会单方面的声明并不能保证美国的权利，也不能与德国建立和平关系。两国还是需要签订一个条约。[21]

休斯想出了一个很有创意的方案。他设计了一个"在参议院看来很有新意，在德国人看来是老调重弹"的条约。他拟就的草案中吸纳了两院联合声明中的语言，而且一字不改地列出了《凡尔赛和约》中那些适用于美国的权利和特权条款。结果就是，美国获得了《凡尔赛和约》带来的所有利益，却没有承担其中规定的任何义务。德国于8月25日同意了这个方案，美国参议院则于1921年10月批准了这一新条约。[22]

1921年，美国在国际政治体系之外的游离，与其在经济上的绝对优势地位形成了反差。美国坐拥无人匹敌的资源、强大的工业实力和训练有素的劳工阶层。战争期间，美国迅速从欠30亿美元国际债务的借贷者转变为坐拥90亿美元债权的放贷者，其中既有外国政府也有私人的借款。但是，美国人在1921年的时候并不感到乐观。战后严重的通货紧缩演变成了一场经济衰退。1920年到1921年2月之间，失业人口增加了350万人；商业环境很差；农业开始进入长期的下滑通道，并最终导致20世纪20年代的农场衰退。哈定和休斯所面临的难题是如何在不利的条件下赢得国会和公众的支持，在国际社会中维护美国的领导地位。[23]

1921年的世界地图看起来和1914年的格局大不相同。新的国家——有些承载着旧国家的遗产和敌对关系——在地图上染上了更多的颜色，国家和民族冲突的范畴则超出了国境线。奥匈帝国、沙皇俄国和奥斯曼帝国都已不复存在。战败的德国被割走了不少边境领土，此刻正在费力地创建新的共和国。[24]

即使是战胜国，形势也并非一片大好。法国人对以往的战争感到厌倦，并对未来产生了恐惧情绪。他们隐约看到德国正走在复兴和报仇的道路上，而俄国这个老盟友已经消失了。法国非常想让英国和美国保证自己的安全，可这两个国家却选择了后退。法国最主要的目标是维护欧洲大陆的安全，并且解决协约国之间的债务问题，同时还要派兵在其日益薄弱的前哨基地驻守。[25]

大英帝国在1919年前后达到了国力的转折点。英国政府被爱尔兰和印度的独立运动搞得焦头烂额，缩编后的军队疲于应付埃及、阿富汗和西亚地区的战事。澳大利亚、加拿大和新西兰等自治领在国际事务上的话语权越来越大。同时，战后的经济形势也出现了下滑，生产活动由战时状态转为和平状态后，失业率上升，人民的不满情绪在堆积，债务高企，导致英国国内出现了住宅紧缺、社会动乱、煤矿工人罢工和预算紧张等问题。劳合·乔治试图把精力集中于解决国内问题和建立一个新的中间派政党上，同时避免在国际问题上做出选择。[26]

世界大战摧毁了帝国主义列强在远东的势力平衡。中国依然羸弱，而且在内战中四分五裂。日本保持了独立，但也存在变数。帝国朝廷面临着一场变迁。日本政府发现，世界权力的中心已经从他们熟悉且放心的伦敦转移到了他们不熟悉的华盛顿和纽约。从许多方面来说，拥有6 000万人口的日本是世界第三强国。它既是一个陆权强国，也是一个海权强国。但是，日本政府面临着经济方面的压力，其军事预算大约占政府开支的一半。日本的一些战略家和政治领袖认为，从长期来看，国力是建立在经济和金融实力之上的，而要获取这方面的实力，日本就必须和美国以及英国合作。[27]

恐怖的世界大战所投下的阴影远超各国的政治范畴。这灾难般的4年震撼了整个社会，令人们意志消沉。人类展露出了自身最令人毛骨悚然的可怖一面。战争中，各国投放了大约50种有毒气体，导致逾百万人死亡或残疾，且其给人体造成的长期危害还未可知。现代战争给欧洲各地留下了面积广阔的无人区。自然界似乎也想配合人类的野蛮：1918—1920年，西班牙大流感又造成了另一场灾难；大约有5 000万到1亿人死亡，相当于世界总人口的3%~5%。[28]

这场20世纪的大灾难也给外交领域留下了伤疤。现代战争摧毁了关于世界秩序、国家和军队竞争，以及治国之道的信条。[29]威尔逊曾经发现，旧的世界秩序需要改变，但他没能成功地引领转变的到来。

1921年的海军

在旧的世界秩序中，海军是权力的标志。以马汉的海权论为战略基础，主力舰队的竞赛成了各国争夺欧洲和全球统治权的缩影。战争时期的发明创造给这场竞赛注入了新的科技元素，其中影响最大的就是潜艇和飞机。

英国在日德兰和达达尼尔海峡（又称恰纳卡莱海峡）的战斗中表现欠佳，使其失去了往日的光辉。英国皇家海军用了很长时间才意识到德国潜艇的威胁。海军将领中无人能够继承纳尔逊的光荣传统，他们在互相质疑和无休止的争论之中集体迷失。[30]

尽管英国传统的欧洲政策是维持权力平衡，但它的全球政策却倾向于建立地区霸权，或至少是具有霸权地位的伙伴关系。例如，在20年的时间内，英日同盟一直是英国在远东地区的政策基础。[31]

英国和美国现在可以安全地在北大西洋活动了，这片区域历史上一直是美国海军最重要的利益所在。前些年，美国海军曾经提出要在规模上向英国皇家海军看齐。但是，美国的海军将领们现在已经把自己视为一支横跨两大洋的海军部队的指挥官。美国海军作战计划处把视野转到了太平洋，他们计划增加新的舰只，以加强夏威夷、关岛，或许还有菲律宾的防卫力量。在1916年获得了巨额拨款之后，海军最初曾计划用这笔钱建造16艘主力舰，但是潜艇战的需要使驱逐舰而非战列舰成为优先的选择。海军将领们还没有一致认可从世界大战中吸取教训，所以他们做出让步，继续执行旧的战列舰建造计划。然而，在威尔逊和哈定两任总统班子交接的时间里，国会表示他们对海军的问题有不同的设计。[32]

英国虽然勉强同意与美国保持同等的海军实力，但英国皇家海军认为这并不公平。大英帝国需要与美国有不同的军队结构。超群的海军实力仍然是英国的权力图腾，而美国看起来不像是一个可靠的合作伙伴。美国一方面退出了欧洲的安全体系，一方面明确表示英国和日本在太平洋地区的伙伴关系与英国和美国在全球范围内的合作是有冲突的。在战后的海军政策问题上，劳合·乔治不想那么快就做出艰难的抉择。1921年6月，帝国会议在伦敦举行，这为劳合·乔治提供了一个拖延兑现海军承诺的合理借口。[33]

日本在世界大战中所获得的经验和教训对日本帝国海军来说似乎更有希望。在20年的时间里，日本的舰队成功地对抗了中国、俄国，然后是德国。日本国内民族主义不断高涨，日本人也意识到了本国在国际政治和安全体系中的地位，海军及战舰的发展正与其相匹配。日本政府在1915年大幅扩充了舰队规模，并在1920年批准建造103艘新战舰，其中包括8艘新战列舰和8艘新战列巡洋舰。

日本认识到了美国海军实力的崛起，但同时认为潜艇、飞机等新的科技发展可以让日本在太平洋西部地区面对一支庞大的远征军时占有优势。1918年，日本帝国海军把美国列为"头号假想敌"。日本在该区域内加固防御设施，以便能在更大的范围内保证海军的行动安全。

不过，日本的政治领袖们在原敬首相的引导下还看到了另外一种可能性，且这种可能性很有吸引力。如果日本政府执行国际合作的政策，那么日本有可能与美国、英国一起成为"三巨头"——且无须承受全面军备竞赛的沉重负担。日本正面临着经济困局和社会动荡。就像日本在20世纪余下时间证明的那样，要想获得国民幸福和可持续的国际影响力，经济和工业实力都是不可缺少的前提条件。光靠海军实力是不够的。[34]

日本政府的一些领导人认识到了卷入中国内战的风险。即使对中国奉行不干预政策，日本的工业仍然可以凭借地缘优势保持强大的竞争力。但是，日本的对华政策的克制只限于长城以南的地区。对于中国东北地区，日本的目光就贪婪多了。这块土地既是能源和工业基地，也可能在将来容纳日本快速增长的人口。[35]

海军裁军行动

威尔逊的"十四点原则"中,第二点强调的是公海自由,第四点则是呼吁限制军备。巴黎和会上,威尔逊的公海自由原则、劳合·乔治对英国海军霸权的巩固,以及原敬对德属太平洋岛屿的领土要求都得到了确认。[36]但是,到了1920年年底,也就是哈定当选总统之后,在日内瓦新成立的国际联盟提议对限制军备问题进行讨论。还没有卸任的威尔逊总统拒绝了参会邀请。[37]

爱达荷州参议员威廉·博拉(William Borah)是一位国际联盟的"坚决"反对者,他看到了唤起强烈的潜在公众情绪的机会。1920年12月14日,博拉呼吁总统设法组织谈判,让英国、日本和美国在未来5年内减少50%的军舰产量。这位参议员说,他想以此来测试一下三国之间的友谊。他的方案引来了潮水般的支持,这些支持来自国会、美国各地,最后甚至发展到了全球。博拉也一跃成为"和平天使"。

参议院多数派领袖洛奇一直都热情支持美国维持一支庞大的海军队伍,他设法拖延表决博拉的方案,对其加以修改后才最终让这份弱化版的方案得以通过。接着,博拉又提出了第二个方案,要求研究战列舰的价值,并考虑暂停战列舰的生产6个月。博拉成功地让海军的军备问题在5年之内首次成为公众议题,他在公众舆论的地下河流之上钻了一个泉眼,让那些不满的情绪喷涌而出。博拉的新提案给即将上任的哈定总统带来了麻烦。就在哈定就职当天,经过一场持续到午夜之后的辩论,海军的拨款方案还是被否决了,即使哈定全力反对也无济于事。[38]

查尔斯·埃文斯·休斯

哈定上台之后面临着棘手的国内政治问题和复杂的国际形势。正因如此，1921年3月5日的《文学文摘》报道称，哈定对国务卿人选的选择将成为这位总统最重要的人事任命。对于总统提名的查尔斯·埃文斯·休斯，这家媒体给予了尊重。但是《纽约时报》则报道称："如果让参议院里的共和党人投票，休斯肯定一票也得不着。"休斯曾任纽约州州长，现任最高法院大法官，也当过总统候选人。他既没有八面玲珑的政治作风，也不会轻易屈服于参议员。休斯自述性笔记的编辑们认为，这位新国务卿认为现实政治是"令人厌恶"的，而不是"令人着迷"的。[39]

休斯的法律思维使他能够吸收大量的信息，并将其归类、整理，再加以逻辑分析，最终形成犀利的主张和政策。他在最高法院的一位同事后来表示，休斯是一个"有激情的人"，而且"专注于重大问题的时候，他不会被任何事情所打扰"。与此同时，他与各种各样的人有着密切的私人关系，并且还有强烈的幽默感。[40]

罗伯特·杰克逊（Robert Jackson）对休斯的描述是最犀利的。数年之后的1939年1月1日，时任总统富兰克林·罗斯福和几个心腹幕僚会面，讨论应该提名谁进入最高法院。休斯当时是首席大法官。杰克逊提出，与其找一个能代表某个有吸引力的选区或地区的人选，不如找一个强势人物——费利克斯·弗兰克福特（Felix Frankfurter）。"[休斯]长得像上帝，说话也像上帝。"杰克逊说。除了弗兰克福特，其他人都"根本无法在会议中面对休斯大法官，并坚持自己的观点"。罗斯福此时回答道："鲍勃[*]，我

---

[*] 此处指杰克逊。——译者注

想弗兰克福特是唯一能做到这一点的人。"于是,弗兰克福特就成了大法官。两年后,在一次私下的评价中,弗兰克福特写道,休斯"是我生命中极少数真正有分量的人。他的人格是立体的,而且有冲击力。他的外表下确实隐藏着大量睿智的见解和幽默……我毫不怀疑地认为,即使是被他判断有罪的人,也会称赞他是一个伟大的首席大法官"。[41]

休斯用法律术语对自己的国务卿角色做出了定义:"我是代表这个国家的人民的律师。"他"决心在由公众意见所决定的边界内,做一个美国的拥护者"。休斯或他的副国务卿(当时的二号人物)每天都会召开两次媒体吹风会。休斯还"深谙美国的权力和……在使用权力时所受到的限制"。[42]

如同其他成功的国务卿一样,休斯知道他是总统的支持者和顾问。他曾写到过,他和总统几乎每天都会见面,向总统汇报"国务院中所有重要的事情,包括已经做完的、已确定的和建议做的"。即使是在长达3个月的华盛顿会议期间,休斯每天早上也会向哈定简要报告前一日的事件。[43]

国务卿贝克和老布什总统的合作方式与之类似,不过他们有着长期的友谊和信任。贝克曾经说过,他是总统在国务院的代理人,而不是国务院在白宫的代理人。这番话引来了国务院的不满,但是贝克知道自己在做什么。结果,国务院的影响力增大了很多,特别是在白宫和国家安全委员会的雇员人数增加之后,国务卿要想有所作为,就必须频繁地和他们的老板进行个人的、私下的对话。

休斯在自述中解释了他是如何在积极做事的同时保持对总统的尊重的。他会想办法推进总统的想法:"我不会先跟他讲我们遇到了什么困难,然后问他应该怎么做。我会用具体的例子讲出事实,然后给出具体的建议,让他可以根据建议立即行动。"[44]哈定的回报是放权给休斯,而拥有权力是休斯获得成功的先决条件。

休斯在华盛顿会议上的惊人表现就是一个例子。他将博拉的方案、预算方面的现实状况、各种外交机会的集合,以及公众对凡尔赛会议(巴黎和会)感到失望后对大胆变革的渴望结合在了一起。在他的领导下,远东的安全体系得以重塑,海军的竞争秩序得以重建,美国终结了英日同盟并建立了和英国的关系,国务院在外交事务中的主导作用也得以恢复。

休斯的倡议

哈定刚当上总统的几个星期之内,休斯似乎就向他提出了建议:这届政府应该力求召开一次裁军会议。总统让国务卿判断做这件事的时机。4月12日,哈定在第67届国会大会上发表讲话,提出了合作裁军的想法,但表示美国不应该单独行动。他催促国会批准海军的拨款方案。博拉在第二天提出了一个海军裁军的新方案,并痛斥那些大发战争财的"死亡贩子"。教会组织、妇女团体和其他支持者涌入国会请愿。博拉在国会的支持率飙升。[45]

在5月到7月之间,哈定的班子设计出了一个方案:要求国会为海军拨款4.1亿美元,且保留1916年制定的大部分军舰建造计划。与此同时,博拉的提议以74票赞成、0票反对的结果得以通过。[46]

总统班子和国会的谈判进入最后几周之际,休斯正在谋划他的外交攻势。6月23日,英国驻美大使奥克兰·格迪斯(Auckland Geddes)对国务卿解释说,英国政府并不太愿意终止和日本的条约。休斯对此大发雷霆,当然其中可能有一些表演成分。正是因为美国的参战,英国才得以扭转战局并且赢得了战争。在这种情况下，英国怎么好意思去谈它对日本的义务呢？如果美国没有施以援手，那么和美国政府对话的人就会是德皇了。休斯宣称，如果英国与日本保持同盟以支持日本的特定利益，那么日本的军国主义政党可能就会谋求孤立美国。为了向英国施加压力，这位国务卿还指出，国会正准备讨论一个承认爱尔兰共和国的提案。他并不认为这份提案能通过，但那些支持提案的议员肯定会揪住英日同盟的事情不放。相反，如果英国在远东地区和美国合作，那么反对承认爱尔兰的议员就会占上风。[47]

休斯知道，美国人对英日条约是非常反感的。如果双方续约，那么政府重新介入国际事务的努力就会面临巨大的阻力。他可能猜测自己的强硬表态会传到伦敦大英帝国会议的自治领会议之中。格迪斯大使向伦敦通报了美国国务卿极度愤慨的情况。

实际上，休斯的这些做法都是在为他的华盛顿会议做铺垫。关于他这些做法的回忆录很有启发性，它凸显出了那些经常对外交事务构成困扰的过失和错误。

在伦敦的大英帝国会议中，澳大利亚总理与英国一起要求延续英日条约。加拿大代表坚决反对，其中一部分原因就是他已经感觉到了美国人的敌意。劳合·乔治说服了自治领的总理们，让他们一起向美国人建议就远东和海军问题召开一次会议。7月5日这个星期二，外交大臣寇松勋爵向美国驻英大使乔治·哈维（George Harvey）提出让哈定总统来召集这个会议。哈维是一个无能的大使，他是哈定的朋友，而且休斯还曾试图阻止哈定任命此人为驻英大使。哈维听到建议后根本就没有给华盛顿发电报。劳合·乔治对下议院议员说，如果美国、日本和中国都在回复中表示出积极态度，那么他希望能在接下来的那个周一发表一份声明。外交部连忙解释说，他们还没有询问这些国家的态度。

7月7日，星期四，记者们向休斯提出，有报道称英国准备召开会议讨论远东问题。休斯认为英国这是试图抢在他前面，以破坏裁军计划。他先是询问几个强国是否接受邀请到华盛顿来参加一场关于军备控制的会议，然后立刻拿到哈定的许可，在8日，也就是周五晚上向伦敦、巴黎、东京和罗马发去电报。哈维大使关于英国提议由美国主持会议的报告这时才不紧不慢地发了过来。与此同时，曾经因为英日条约而被休斯痛骂一顿的英国驻美大使格迪斯刚刚得知哈维给劳合·乔治和寇松造成了误导。他吓坏了，连忙去和休斯解释。

休斯向伦敦发去了第二份电报，提议扩大军控会议的讨论范围，把远东问题也包括进去，并增补中国为参会国。周六，休斯得到哈定的许可，以总统的名义发出了正式邀请。周日，劳合·乔治称赞了把两个议题合二为一的计划，称其"令人敬佩"。同一天，休斯得知这一消息后就指示国务院发出总统的邀请并通知媒体。到了周一，全世界都得知了哈定提议召开一次大会的消息。[48] 7月底，所有得到邀请的国家都同意参会，包括中国。比利时、荷兰和葡萄牙要求参与关于东亚安全问题的讨论，美国于8月11日将它们添加进了与会国名单。

英国的预期

现在，这个世界需要决定会议的内容。英国最关心的是远东问题而不是裁军。博拉参议员和劳合·乔治尽管出发点不同，但都反对把东亚政治这个"潘多拉的盒子"和裁军议程放到一块儿。英国极力催促休斯同意由英国主持一场"预备会议"。劳合·乔治此时并不是很重视哈定的邀请，爱尔兰独立运动领袖埃蒙·德瓦勒拉（Eamon DeValera）刚刚同意去伦敦谈判。到了秋天，也就是华盛顿会议开幕的时候，首相和爱尔兰人的谈判已经接近破裂，这危及了他的政府的生存。[49]

对于华盛顿举办的第一次世界级会议，英国的期望值很低，尤其是在休斯拒绝让英国政府去指导美国人之后。美国邀请法国人和意大利人的行为进一步降低了英国的期望值。虽然华盛顿会议对打造日后的英美"特殊关系"有所助益，但此时这种关系还没有形成。1920年，奥斯汀·张伯伦（Austen Chamberlain）在对内阁发表的评论中总结了英国精英阶层对他们的美国表亲们的看法："批评他们的狭隘、无知和自私根本没用，甚至会有副作用。而且，如果我们请求他们，催促他们做并非其所愿的事情，那其实也有辱我们的尊严。"《旁观者》(Spectator)杂志在大会开幕时做出的评价更友好一些，其中写道："美利坚民族具有双重人格。美国人既是世界上最理想主义的人，同时又是最讲求实际的人。他们在爱默生和爱迪生之间来回摇摆。"[50]

英国政府意识到自己应该派一位高级别的官员领导代表团，但是没人愿意接下这个任务。内阁最后挑选了贝尔福勋爵，其原因似乎是政府在9月底做出决定时他正好在国外。不过，贝尔福后来的表现证明他是一个极佳的人选。贝尔福曾担任过首相、海军大臣和外交大臣。1921年的时候，他在内阁中担任的职务是枢密院议长。贝尔福是一位大英帝国的捍卫者，也是美国的朋友，同时还有处理英日同盟事务的经验。在帝国防务委员会未能在谈判目标上达成一致——原因是观点不同，且缺乏对美国计划的尊重——之后，贝尔福巧妙地提出了他自己的谈判总原则。他的目标是在远东维持现状，并且达成一个能让英国与任何其他强国保持对等的海军军控协议。[51]

日本的准备

日本是另一个关键的角色。日本政府对海军军控的谈判持开放态度，但是对远东问题的讨论就不么积极了。日本不想因为自己过去的行动而遭受谴责，也不想让自己在俄罗斯和中国的地位受到挑战。盎格鲁-撒克逊人加上中国人没准会一起谋求孤立日本。但是，日本的商界却希望借这个机会降低国防开支，并发展与美国和欧洲的关系。自由派和国际主义者呼吁日本利用这次机会坦诚地说出自己的目标和期望，而不是做出一副防御的姿态。

日本驻美大使名叫币原喜重郎，在之后的10年里将在日本政府的外交事务中发挥重要的作用。他解释了日本的顾虑。国务卿休斯安抚币原喜重郎，说他的目的不是教唆公众批评日本，而是"在太平洋和远东的一般性原则与政策问题上达成共识"，从而促进和平。休斯同意回避一些问题，包括移民和鸦片贸易等。接着，休斯收到了美国驻日使馆的报告，称日本准备无条件接受邀请，于是休斯就不再做出其他让步。7月23日，日本同意参会，且知道参会国之间的一些特定问题将会被"刻意回避"。具体地说，日本不想让外国干预它和中国的关系。与西奥多·罗斯福一样，休斯想要鼓励日本像一个世界级强国那样负责任地行动——追求经济机会要比军事冒险有前途得多。

原敬首相对变化中的国际环境有着高屋建瓴的理解，同时也对国内公众舆论越来越倾向于军控的趋势有着敏锐的感知。但是，他需要一个军方的盟友。海军大臣加藤友三郎大将指示自己的同僚挨个研究各大国的军舰建造计划。如果美国保持现在的建造速度，那么日本的相对实力就会下滑。币原喜重郎和原敬发现这次会议是一个机会，可以让日本海军得到国民的支持和安全利益，改善军民关系，减少军事开支，并将更多的资源投到日本国民经济的长期发展中。与此同时，日本应采取灵活有效的外交行动，让其他国家认可其新兴强国的身份，提升日本的国际地位。在日本那个盘根错节的权力和利益环境中，加藤友三郎大将可能是唯一有足够高的地位和视野来引导日本实现目标的人。[52]

法国人的当务之急和中国人的问题

法国人现在最担忧的是欧洲大陆的安全。德国的工业基础和人口使其未来能再度形成威胁，而德国和苏俄都不会受任何军控条约的限制。法国政府希望加强国际联盟的作用，不想让美国再找法子僭越国际联盟的角色。法国人同样在乎的是，无礼的美国人已经指定英语为会议官方语言，无视法语作为外交通用语言的地位。美国政府立即澄清，表示法语将与英语并列为官方语言。法国人不情不愿地同意参会。他们对会议的前景抱有怀疑态度，但也希望在远东事务的讨论中发言。意大利担心的是地中海的稳定，并把这次会议视为一次提升其欧洲强国地位的机会。[53]

中国出现了另外一个问题。在这个人口超过4亿的国家里，军阀割据的状态已经持续了10年。1920年末，南方的国民党准备发动一场运动，推翻北京的政府，并于1921年4月成立了一个新政府，因而没有派出代表。不过，北京政府派出的驻美公使施肇基、驻英公使顾维钧（哥伦比亚大学法学院毕业生）等代表还是试图让列强承认中国的主权并结束外国的干涉。国内的混战状态也让中国代表团内部四分五裂，这使得他们难以做出任何妥协。[54]

休斯的计划

休斯已经证明美国将会主导这次会议。他最重要的政治目标就是让军控问题始终保持在议程中最紧要的位置。休斯拒绝了英国召开预备会议的提议,因为他估计英国方面会把远东问题列为头号议题。此外,预备会议可能会导致参会国过早亮出自己的立场,使谈判陷入僵局。

休斯对欧洲人的传统外交方式不感兴趣。他会就议程问题和其他参会国展开磋商,但不会允许把那些与美国的目标无关的话题纳入议程。英国驻美大使格迪斯想要在会议上提出巴拿马运河通行费的问题时,休斯立刻打断了他:"我们在晚宴及其他各种场合不断表达着对两国政府开展友好合作的憧憬和热情,现在这种表达应该转化成某种实实在在的东西了。"[55]

休斯知道,远东问题的解决方案对自己在国内政界赢得支持至关重要。他需要终结英日同盟。参议院也不想让日本继续占领山东和西伯利亚。美国希望自己对中国制定的"门户开放"政策能得到国际社会的承认。同时,休斯还需要确保美国在那些国际联盟让美国托管的太平洋岛屿上的利益。所有这些话题都在休斯的议程上,但是这位国务卿知道他需要为海军军控的议题布置好舞台。

休斯要求各国派出小规模的代表团,这样他们就能把注意力集中在眼前的几个议题上面。他们带来的军事专家和技术顾问可以通过组成次级委员会的方式来提供帮助。这位国务卿想让华盛顿会议开成一次有实际结果的会议,而不仅仅是一次观点交流会。[56]

休斯毫不怀疑自己将主导这场大戏。他想要负起这个责任。但是,这就要求美国率先做出行动。

休斯依靠对权力和表现的敏锐观察挑选出了自己的代表团成

员。经过哈定的同意，休斯挑选了参议院的共和党多数派领袖、对外关系委员会主席洛奇，以及同在该委员会的参议院少数派领袖、民主党高层的奥斯卡·安德伍德（Oscar Underwood）。威尔逊一向漠视参议院和反对党，这与休斯挑出的这两个人选形成了极为鲜明的反差。至于第四名代表的人选，休斯请求76岁的伊莱休·鲁特助自己一臂之力。鲁特曾担任过战争部部长、国务卿以及代表纽约州的参议员。他被视作美国最优秀的政治家之一，甚至还参加过1907年的上一次裁军会议（我们将在第9章讨论这个问题）。哈定对这个人选有些犹豫，因为参议院的"老顽固"们不喜欢鲁特的国际主义立场。但是，休斯坚持了自己的选择。

他的选择是有风险的。这三个人选都是强势人物，也都有自己的一套观点。不过，休斯有能力把他们捏合成一个小团体，这样美国就可以果断行事。当国务卿考虑一件事情在政治上的可能性时，这个小团体能为他提供最佳的建议。而且，一旦需要批准会议达成的条约，他也已经在参议院拥有了绝佳的盟友。

休斯还需要从海军里找一位同伴。他邀请海军部助理部长、小西奥多·罗斯福（Theodore Roosevelt Jr.）加入小组，以协助顾问团的海军将领们。休斯与身着戎装的海军将领们密切合作，仔细研究他们提议中的细节以及根据他的要求而汇报上来的数据。不过，这位国务卿还是确保自身——以及另外三位文官代表——保持着对政治军事战略的掌控。[57]

国务卿和军控谈判

在军控谈判中，休斯的领导任务是痛苦而艰难的。最困难的部分可能就是与国防部官员（以及他们的专家）和军方人员一起拟定出谈判提议和目标——国会在背后看着他们。

里根政府时期的美国驻德国大使理查德·伯特（Richard Burt）曾给我讲过一个生动的故事，那是在 1990 年，他与国务卿贝克一起在莫斯科参加削减战略武器对话。此时，苏联外交部部长爱德华·谢瓦尔德纳泽（Eduard Shevardnadze）在苏联的地位有所下降。他正在勉力说服军方接受美国提出的限制"逆火"轰炸机数量的要求。贝克已经实现了美国想要的目标，但他仍继续向苏联施压，希望把数字压得更低。在一次谈判间隙，贝克对伯特说："你觉得我是不是逼他太狠了？"伯特回答说："国务卿先生，坦白讲，确实如此。我们已经实现了目标，而且谢瓦尔德纳泽显然有难处。"贝克又说："那你知道我为什么还要这样吗？因为我想要证明给国防部的那些婊子养的看看，我能做的比他们期望的还好。"他确实也做到了。[58]

制定提议

国务卿休斯找到由高级将领组成的海军总委员会，询问他们应该做出什么样的裁军提议。休斯希望能制定一个"标尺"，以衡量现有的海军实力并评估裁军方案。海军委员会拒绝了，他们想按照 1916 年的方案完成战列舰的建造。在休斯的一再要求下，海军委员会提出了一个主力舰的吨位比例，即英国和美国各为 100，日本、法国和意大利各为 50。到了 10 月，委员会才最终制定出一个在原计划基础上适当削减的方案，但这样的裁军力度是不够的。因此，虽然距离会议开幕只有几个星期了，但休斯手里还是没有提议方案。

在美国代表团最初举行的几次预备会议中，精明而老到的鲁特曾在其中一次会议里询问国会是否会继续为海军的建造计划和菲律宾的防务工程拨款。"参议员洛奇和安德伍德都用坚定的语气强调，没有这种可能性。"

休斯改变了自己和海军委员会的合作方式。在与罗伯特·孔茨（Robert Coontz，海军作战部长）将军、罗斯福以及孔茨的助手威廉·普拉特（William Platt）上校（后晋升为准将）一起工作的时候，他向海军委员会提出问题，让他们去计算。他问的是，如果会议达成"立即停工"协议，停止未来的建造活动，那么各国之间的相对实力如何。计算结果是，英国和美国的主力舰吨位比例各为100，日本为60。然后，休斯又问委员会，假设这三个国家完成各自的建造计划，那么到1928年各国的实力对比又如何。这次的结果是英国106，美国100，日本则达到了87——这还要建立在国会能持续全额拨款的前提下，而这个前提几乎是无法实现的。

为了理解问题所在、海军的数据以及可能的解决方案，这位国务卿和他的三位代表团成员进行了十二轮漫长的预备会议。他们得出的结论是，如果会议能达成停工协议，那么美国就能保住现有的相对实力，这个结果好于投入大量资金加入军备竞赛，更远远好于国会将要拨款支持的军舰建造竞争。海军内部有相当一部分人同意这个结论。于是，总统签字批准了这个方案。

休斯将在11月12日宣布他的方案，而他现在已经有了基本框架。罗斯福和普拉特上校油印了休斯的讲稿，然后把模板锁在了休斯的保险柜里。他们想等到休斯发表演讲的那天早上再印刷讲稿。休斯准备了一个大胆的提议，制订了一个出人意料的计划，并且拥有对国会和公众舆论的敏锐感知，还将组织一场让他的外交攻势见到实效的会议。[59]

关于战列舰的谈判:《五国海军条约》

休斯的提议引起了轰动,接下来的一周,英国和日本也声明支持这个提议。此后,正如美国所愿,谈判进入了激烈的讨价还价阶段。各代表团的团长实际上形成了一个非正式的指导委员会。另有两个委员会,分别领导军控问题和远东及太平洋事务的讨论。每个委员会下面都设有数个次级委员会和工作小组。休斯每天早上都会分别与总统和美国代表团见面。每天下午,他还要主持一场新闻发布会,让公众保持对会议进度的了解。他需要利用民意的支持来促成某些行动。休斯用超乎想象的专注力保持着对委员会会议的观察,同时和一些关键人物举行私人会晤。[60]

各国外交官在一些问题上——尤其是在涉及多个问题的多方谈判中——的尖锐分歧可能会导致谈判陷入僵局。各国代表渐渐产生了沮丧的情绪。要想让一个人改变自己的固有(且从职业角度来讲是安全的)立场,那就必须给他一个理由。与会代表还需要对问题的变化和解决保持关注,这样才不会脱离设计解决方案的进程。休斯持续给各方施加压力,并自己做出表率。

日本的专家设定了一个安全标准,即把美国和日本的主力舰比例设为10∶7。休斯则建议设为10∶6。不过,加藤友三郎大将想到了一个迂回的办法。这位海军大臣让贝尔福转告休斯,他希望美国放弃在关岛、菲律宾和夏威夷的防务工程,作为交换,日本也会放弃在台湾、澎湖列岛和奄美大岛的海岸防御计划。另外,美国人还犯了一个错误,即把新的"陆奥号"战列舰列为"未完工"状态,而事实上,"陆奥号"已经进入公海试航了。日本政府表示,"陆奥号"的建造费用是靠发行公债募集的,其中还包括日本小学生的零花钱,因而无法将此舰拆除。加藤友三郎给谈判引入了更多的变量，为方案创造了更多的可能性。他暗示日本可以拆除一艘更老旧的战舰，以满足美国的主力舰比例要求。

休斯对日本人的想法有所察觉，因为美国一直在截取并破译日本的电报。起初，休斯拒绝了放弃防务工程的计划，但是，持续批评了海军25年的洛奇说，"你这是什么都不想放弃"。国会根本不会同意斥巨资去加固关岛和菲律宾的防御设施。安德伍德和鲁特也表示同意。休斯把夏威夷从"防务区"的名单中去掉了。事实证明，即使是在条约限制业已到期，且危险程度更高的20世纪30年代，美国国会也没有批准加强菲律宾和关岛的防御。

孔茨将军承认美国专家把"陆奥号"列为"未完工"是错误的。加藤友三郎表示他不会放弃日本海军的荣耀，并坚持60%的比例。休斯不希望再造新的军舰，但是他意识到美国需要在拆毁两艘旧舰的同时完成两艘新舰的建设，才能保持与日本相同的先进程度。英国提出了一个更棘手的调整要求。为了对抗更先进的美国军舰和日本军舰，英国准备新建"胡德"级超级战列舰，每艘的吨位都达到4.9万吨。英国海军将领们表示，他们无法重新设计战舰以满足休斯提出的"吨位不得超过3.5万吨"的要求。休斯向贝尔福施压：如果一个军控会议支持这样的新型巨型战列舰的建造，那还怎么向公众交代？贝尔福动摇了，他去征求海军将领们的意见，但那些人不肯让步。不过，当贝尔福回到休斯那里的时候，他却说美国人的提议"显然是正当的"，并表示"我十分清楚避免谈判进一步拖延的重要性"。他同意将英国的两艘新战列舰的吨位控制在3.5万吨——由于计算方法不同，按照美国的标准，这两艘船的吨位是3.7万吨。[61] 贝尔福此举赢得了休斯的"无限赞誉"，在接下来的会议进程中，英美保持着密切的合作关系。就像亚历山大·汉密尔顿在很多年前说的那样，两个国家都是用英语思考的。20世纪的英美"特殊关系"建立在彼此公平对待的共识上,也建立在理性争论,以及互相重合的利益和前景之上。

12月15日,"三大国"宣布同意按照10∶10∶6的比例开始为期10年的"海军假期",美国和英国的两艘新战列舰不受比例限制,以抵消"陆奥号"的影响。三方还同意"在太平洋地区"维持海军基地的现状。刚刚在和爱尔兰人的谈判中获得成功的劳合·乔治信心大振,他在贝尔福和海军将领中选择了支持前者。[62]

现在,休斯需要把法国和意大利也拉进来。意大利很快就接受了1.75的比值,但法国则疯狂反对。法国当时并没有在建的新主力舰,这个比值所规定的吨位已经超过了法国已有的舰队实力。可是,法国人没有在舰队上投资的原因是他们前几年一直忙于第一次世界大战。法国要求获得一个高于日本的比值——无论其是否建造新主力舰。

休斯发现,法国的问题其实是其他原因导致的。法国政府对于自己被排除在"三大国"之外感到不满,更不愿意让一个美国的国务卿去规定法国的海军实力上限。把法国和意大利放在一起对法国来说更是一种侮辱。法国在海外殖民帝国规模上仅次于英国,因此法国人认为自己有权拥有同等规模的舰队。更糟糕的是,法国代表团本来小心翼翼地带来了葡萄酒和香槟,打算用它们在施行禁酒令的美国抚慰自己的心灵,而这些酒却失踪了。

海军部助理部长小西奥多·罗斯福曾在"一战"期间在法国战场上表现英勇并获得嘉奖。[63] "瞪大了眼睛、情绪激动"的法国代表们堵住他,发表了一大通愤怒的演说。实际上,他们说哈定和休斯是叛徒。

最根本的问题是,已经回到法国的总理白里安发现了欧洲内部的不稳定迹象,他对军备控制持怀疑态度。12月16日,休斯越过华盛顿的法国代表团头头们，直接与白里安取得了联系。他解释说，"我们为卸去海军军备竞赛的沉重负担付出了许多努力，而法国的态度将会决定这些努力的成败"。如果法国说"不"，美国公众是无法理解的。白里安于12月18日做出了回复。法国同意对主力舰的吨位进行限制，因为这属于"攻击型"武器。但是，白里安不同意减少轻型舰艇的数量，因为这些属于"防御型"武器。白里安可能已经争取到了他的国会能够同意的极限。[64]

休斯曾希望各国把主力舰的比例也应用到小型巡洋舰、驱逐舰、潜艇和航空母舰上。但是，新的技术和军事战术对旧秩序形成了挑战。代表们无法在潜艇到底是"攻击型武器"、"防御型武器"还是侦察工具的问题上达成一致。航空母舰当时还处于试验阶段，与会代表最后为航空母舰设定了一个总吨位限额以及新舰代替旧舰的数量限制，并规定不得在航空母舰上装备口径超过8英寸（20.32厘米）的舰炮。罗斯福和孔茨将军设法让国会批准了将两艘战列巡洋舰改造为航母的计划。这两艘航母就是在美国参加二战的最初几个月里发挥了重要作用的"萨拉托加号"（*Saratoga*）和"列克星敦号"（*Lexington*）。[65]

各国代表没能对巡洋舰和驱逐舰的总吨位做出限制，他们最终规定这些舰艇的排水量不能大于1万吨，且不能搭载口径超过8英寸的舰炮。鲁特提议设立规则保护潜艇战中的平民和非战斗人员，这个提议符合美国民众的意愿。在"一战"中，正是由于一系列潜艇战中的苦涩事件，美国才最终决定参战。他还呼吁禁止致命的毒气。各国代表把这两个条款都纳入了另外一份由五个海上强国签订的条约中（但未获所有签约国批准，因此并未生效）。[66]

几乎从会议刚开始的时候起，休斯就委托一组专家起草海军军控条约。他亲自审阅草稿，并用铅笔编辑，使语气更加严格。

第8章 军备控制和华盛顿会议：查尔斯·埃文斯·休斯　　239

完成了所有的条款细节后，东道主准备将条约文本以英语和法语并列印刷出来。法国大使大吃一惊：美国人计划把英语放在左边那栏，这是个"尊贵的位置"。法国人威胁拒绝签字。休斯一时不知所措，而洛奇参议员说了一句："国务卿先生，放在哪边又有什么不一样的？"（即使是最有韧劲的谈判者，也会有失去远见的时候。）2月1日，各代表团再次齐聚宪法大厅，祝贺新的《五国海军条约》诞生。67

关于地区安全的谈判：《四国条约》*

休斯明白，要想让海军军控在太平洋地区获得圆满成功，就必须克服地区安全形势中的各种紧张因素。《五国海军条约》在参议院那里等待批准的时候，议员们的辩论焦点将会集中在美国在亚太地区的地位是否有提升上面。国务卿的主要外交目标是终结英日条约。

早在会议开始之前，贝尔福第一次见到休斯的时候就提起了关于这个条约的争议。贝尔福解释说，他希望找到一个既能照顾日本敏感的神经，又能遏制日本的行为，并保护澳大利亚和新西兰的解决方案。他给了休斯一份备忘录，其中的实质性建议是创立一个三方同盟。

休斯向贝尔福保证说，美国想要和日本保持友好关系。美国的目的是引导日本追求经济发展，而不是军事扩张。休斯坚持认为所有旧的同盟都必须终结，且将来也不能以任何将各方在战争时捆绑

---

* 全称为《关于太平洋区域岛屿属地和领地的条约》。——编者注

在一起的形式恢复。他建议把法国也拉进来，以免让人怀疑英国和日本仍在维持以前的关系，只是用了一个新的伪装而已。对于参议院来说，四方协定也更容易接受一些。休斯还说，任何新的协议都必须避免使用"同盟"这个词。

国务卿已经和他的法律顾问们准备了一份简短的协议草案。到12月初，英国和日本已经接受了美国的观点。休斯坐下来，把英国和日本的提议以及美国的草案组合成了一份简短的条约，由四个部分组成。这份新的协议为期10年，缔约各方承诺彼此尊重在太平洋的权利。如果缔约方之间发生争端，各方应召开会议解决。如果缔约方遭到侵略，各方应互相商议。英国和日本将结束同盟关系。新的条约没有涉及制裁或使用武力的条款。

休斯机智地让参议员洛奇在12月10日的会议上公布新的《四国条约》，让他去享受这个荣誉。美国参议院对条约充满怀疑，他们仔细审读了文本，想看看美国对其他缔约方做出了什么保证，结果什么都没找到，于是他们就猜测可能还有秘密条款。一些参议员声称条约是英国人或日本人起草的，直到休斯表明自己才是作者才作罢。洛奇设法让参议院以刚过三分之二的多数票通过了条约，不过参议院还是有所保留地声明，条约"不承诺使用武力、不缔结同盟，[且]不负有加入任何防御作战的义务"。洛奇还说服超过三分之二的参议员同意与《四国条约》相联系的另一组条约，之后参议院将这些条约都批准生效。[68]

对未来更重要的是，美国终结了英国和日本在远东地区维持了20年的同盟关系，并且将其替换为"有实无名"的英美合作关系。这一新的安排也为美国与澳大利亚、加拿大和新西兰在太平洋地区寻求更大的共同利益铺平了道路。

《五国海军条约》和《四国条约》共同建立了太平洋地区的安

全平衡，且大大降低了海军的军备开支水平。日本也有机会调整自己与美国和英国的关系，以此适应变化的形势。

关于中国的谈判

然而，几个主要国家在中国问题上的观点存在着根本的分歧。日本想要控制中国的原材料，垄断其市场，并阻止西方的干预。日本最为敏感的是它在中国东北的特权，以及它认为自己在"一战"和更早的战争——包括1904—1905年的日俄战争——中所获取的利益。

英国知道自己在中国的影响力正在减弱。英国政府希望巩固其勉力维持的地位。它决定在新加坡建立一个强大的基地，一旦发生危机，从欧洲派来的英国皇家海军就可以在这里得到支持。英国政府对"门户开放"政策没有意见，而且希望中国能"恢复原状"，即保持独立并提高稳定性。只有在美国的帮助下，英国才能追求这样一个"发展的"政策。

美国想要保持在中国的影响力并遏制日本。海约翰的"门户开放"原则仍是美国利益的关键。但是，美国对卷入列强的纷争保持着警惕。此外，美国和日本之间的商业往来要多于与中国之间的商业往来。与西奥多·罗斯福时代一样，美国政府希望在不承诺维护安全的前提下抑制列强在亚洲的竞争。

20世纪20年代早期的日本政治领袖们认识到，国际合作可能是一条更有效的道路，可以使日本在将武力的使用最小化的同时实现其在安全和经济方面的目标。日本与美国之间的贸易增长速度比日本和中国的贸易增长速度更快。日本人不想在其构建太平洋地区战略安全平衡的道路上受到中国的干扰。但日本政府也认识到，一旦在政治和军事上介入长城以南的中国，日本就将面临各种风险，中国人抵制日货也将让日本损失惨重。日本于1915年向中国提出的、臭名昭著的"二十一条"已经适得其反，换言之，日本搬起石头砸了自己的脚。不过，国际合作并不意味着日本对于中国的未来的看法与美国和英国的相同。西方人想要一个独立的、成长的中国，以对地区稳定、平衡和繁荣做出贡献；"门户开放"政策则可以保证他们进入中国赚取财富、"拯救"灵魂。日本也可以从中国的领土和统治的完整中获益，但日本政府还想获取一些特殊的利益。

中国代表希望自己的国家能重获完整的主权、尊严和国际社会的尊重。但是，即使是中国的友邦也不愿意放弃自己的特权，以使中国那个几乎无法施行有效统治的政府获得和自己完全平等的地位。中国"过度自信的民族主义"正在抬头，这让列强担心中国可能会趁苏俄虚弱之机攫取利益，或是为了"爱国主义作秀"而做出不负责任的行动。

华盛顿会议上产生了与中国有关的两个条约和九份声明。鲁特和休斯带头起草了一个九国条约，将美国的"门户开放"原则写入了国际协议之中。但是，这一条约空有强有力的语言，却缺乏可强制执行的条款。实际上，这一条约为未来的对华政策提供了指导原则，却没有提及既得的权利。日本拒绝将这些原则转化为承诺和义务。

另一个条约将中国的一部分主权还给了中国，允许其设定关税税率，以增加中央政府的财政收入。其他协议涉及中国对邮局、铁路、外国驻军和电台频率管理的控制权，以及对外国法律在中国的治外法权问题的研究。[69]

1919年的《凡尔赛和约》将山东省的控制权划归日本，作为其战胜德国后取得的战利品。在中国，公众对这一条约的不满引发了青年民族主义者的"五四"爱国运动。休斯知道参议院希望日本在山东的特权能被取消。中国人拒绝以《凡尔赛和约》为基础进行谈判，并希望将山东问题带到华盛顿会议中去解决。日本驻美大使币原喜重郎向休斯提出，如果日本能和中国就此问题展开双边谈判，就能得到一个满意的结果。

中国代表坚持要求完全恢复对山东的主权，不留任何余地。美国人和英国人好不容易说服中国人在12月1日和日本人见面，但到了会谈时间，中国代表团却没有出现。原来，一群愤怒的中国留学生来到马萨诸塞大街的中国公使馆，把中国代表们堵在了厕所里。这些学生反对与日本直接谈判。美国国务院的两名官员帮助中国代表从学生的包围中脱身。

美国认识到山东问题不解决，中国代表团如果退出，华盛顿会议有破裂的危险。在英美斡旋下，中日经过36轮谈判，日本终于同意将山东的主权完整地交还给中国，从山东撤军。中国分期向日本支付金融票据，以赎回对山东境内重要的铁路线的控制权。日本保住了在山东的经济影响力，但中国取得了一个重大的成果。1922年2月4日，两国代表在休斯和贝尔福的注视下于华盛顿签署了条约。*

日本人不打算满足中国对东北的要求。通过日俄战争后的《朴次茅斯和约》，日本已经攫取了在旅顺港和东北腹地的权利，包括对铁路的控制权。东北已经成了日本的一个繁荣的工业基地。伊莱休·鲁特观察到："旅顺港已经成了日本的一个民族符号，而且日本人的态度是，只要华盛顿会议讨论这个话题，他们就无法继续参加会议。"可能还有人发现，英国也无意出让自己在香港岛和九龙

---

* 该条约即《解决山东问题悬案条约》。——编者注

的权利。在日本政府眼里，资源丰富的中国东北是一个缓冲区，一边是日本和朝鲜，另一边是中国腹地和苏俄。日本承诺从苏俄撤军，并提高中国工人的待遇。[70] 但是，日本仍坚持自己在东北的特权。20世纪的历史上，东北亚这块兵家必争之地因为国际冲突而又发生了两次大规模战争。即使是今天，美国战略家们在应对来自朝鲜的威胁时，也必须认识到这块朝鲜、中国、日本和俄罗斯交界之地上环环相扣的安全风险。

关于中国在华盛顿会议上取得的成果，历史学家们存在争论。总的来说，其他国家在这次会议上所做出的支持中国和限制侵略的承诺要远远多于以前。[71] 这可以为国民党统治的中国提供一个巩固政权、统一国家并发展经济的基础。中国在这次会议中的成功本来有机会使自身变得更强大，并要求更高程度的平等。但是，在法国的阻挠下，各国未能就中国的关税问题举行会议，而这样的会议本有可能让中国增强其对头号收入来源的控制。列强对于重组中国的债务都无法达成一致，就更别提为其提供关键的新贷款了。外交政策的战略家们往往都难以为那些动荡的地区创造出维护安全所必需的经济基础。

当20世纪20年代后期，蒋介石的国民政府控制了中国大部分国土时，中国的外部环境已经不复以往。币原喜重郎和他的日本同僚们所执行的外交政策既没能获得经济利益，也没有和中国建立起建设性的关系。国民政府的北伐战争对日本在东北的特权形成了威胁，苏联与中国国民党和中国共产党都建立起了关系，这让日本政府更加忧虑。1929年的经济大萧条和世界贸易的崩溃可能使日本的自由派国际主义者彻底失势。1931年，日本关东军吞并整个中国东北，结束了日本的所谓"和平外交"时代。华盛顿会议所依赖的外交、安全和经济政策基础已经土崩瓦解。[72]

对华盛顿会议体系的评价

华盛顿会议于 1922 年 2 月 6 日闭幕。2 月 11 日，休斯和币原喜重郎签署了一份条约，保证海底电缆和无线电传输以及人员在雅浦岛不受限制。这座位于太平洋中部的岛屿正由国际联盟委任给日本统治。另一份条约则把以前属于德国的太平洋海底电缆分配给了美国、英国、日本、中国、法国和意大利。这些外交政策议题都是休斯要实现他的海军军控目标所必需的，因此他敏捷地把这些议题一一落实。

查尔斯·埃文斯·休斯和美国通过一种新型的外交方式展现了美国在世界的领导作用。这种外交方式使军备控制和地区安全体系结合在一起，并让二者互为补充。华盛顿会议给孱弱的国际联盟提供了一个积极的替代方案。休斯依靠的是几个主要强国，再加上少数几个其他的利益相关国。这位国务卿设法让这些强国避免再陷入彼此敌对的同盟之中，而且，美国还成功地终结了不受欢迎的英日盟约。

华盛顿会议上的谈判加深了英国和美国的相互理解。美国人历来对傲慢且不讲信用的英国怀有戒心，但在此之后，两国的成功合作使这种猜疑心理成为过去。在 20 世纪开始的时候，德国和英国都无视美国的海洋利益。作为一个大陆上的航海国家，美国长期以来一直都很珍视公海自由。航海权是一种地缘政治利益，美国人对这一利益的捍卫成了一种著名的外交传统。在 1921 年，德国的海上威胁已经消失。华盛顿会议之后，英国放弃了对海上霸权的追求。这一历史变迁为美国和英国在 20 世纪形成新的伙伴关系打下了基础。对于英国人来说，他们相当于是为一份保险交了首付款，这份保险让他们在 20 世纪中叶获得了巨大的收益。[73]

历史学家入江昭将华盛顿会议视为"经济外交政策"新时代的开端，这个时代填补了远东地区的帝国主义时代结束后的空白。在帝国主义的外交体系瓦解之后，由美国所领导的新体系给日本和其他国家提供了调停和增进利益的途径。实际上，美国成了日本最大的商业伙伴。不过，纽约对东京的影响从来也没有达到伦敦的程度，英国在日本现代化过程的最初几十年里曾经发挥了巨大的金融影响力。美国的经济战略靠的是让美国的市场持续向日本贸易开放。1930年，高度贸易保护主义的《斯穆特-霍利关税法》(Smoot-Hawley Tariff Act)断绝了这种可能性。

入江昭指出，华盛顿体系所面对的风险在于，这个体系将苏联和德国排除在外，而中国的地位也不明确。华盛顿会议的体系给中国提供了一些远景预期，但是它的灵活性不够，无法满足中国对完整主权的渴望。20世纪20年代国民党发起的统一中国运动打破了日本的安全感。在西方的经济危机以及国际金融和贸易崩溃的背景之下，日本对中国的怀疑日益增长，使那些主张帝国安全和经济自给自足的势力占了上风。日本的军国主义者要求统治中国东北和蒙古的主张，压倒了币原喜重郎制定的与中国和西方发展互惠关系的政策。日本政府为华盛顿会议体系寻找的替代方案是"大东亚共荣圈"。[74]

欧内斯特·梅指出，第一次世界大战之后出现了多种试图处理地区冲突的局部努力，华盛顿会议体系是其中之一。波兰和苏联在1921年签署了一份条约，为新的布尔什维克政权巩固权力提供了空间。1923年的《洛桑条约》试图限制奥斯曼帝国解体所造成的影响。1925年的《洛迦诺公约》试图在欧洲重建地区和平。《五国海军条约》则把欧洲和太平洋地区的权力平衡联系在了一起。但是，正如梅所言，"这些环环相扣的体系最终被证明是脆弱的"。

它们从多种意义上来说都依赖于健康的经济体，一旦这个发动机开始倒转，这些地区体系就无法承受冲击。[75] 我们这个时代的历史学家可能会做一个类比式的思考，即 2008—2009 年的经济危机是如何动摇那已经存在了 70 年的国际体系的。这一体系在二战结束后创立，并在冷战后扩大了覆盖范围。[76]

华盛顿会议还依赖于休斯对国会给总统的外交行为施加的限制的精准解读。国会无意为海军的建造计划支付费用，而且也拒绝加入国际联盟。但是，国会希望总统能终结英日同盟、限制日本对中国的入侵，并保护美国在国际联盟委任统治地的利益。国务卿休斯出色地达成了一系列协议，用所有能利用的资源提升了美国的利益。他把洛奇参议员和安德伍德拉进了自己的队伍，让他们协助自己与海军谈判、参加和会，并推动国会批准条约。这位国务卿还让公众舆论始终活跃地支持自己的行动。最后的结果就是，休斯重新确立了总统在美国外交政策中的领导地位。

华盛顿会议限制了美国海军的硬实力，但美国建造的舰艇其实始终没达到条约规定的上限。海军的军备竞赛焦点转移到了那些限制较少的轻型舰艇上面。海军将领们不得不开发新的技术与战术，以替代依赖固定和坚固的前沿基地的旧战法。二战期间成为太平洋舰队总指挥的切斯特·尼米兹（Chester Nimitz）1923 年就读于美国海军战争学院时，曾在论文中指出如果没有要塞，海军将会面临什么样的问题。美国海军还需要做出创新，以克服主力舰吨位受限的问题，它制定了以航空母舰为核心的战术。美国海军陆战队试验了两栖作战法，以弥补美国在广阔的大洋中缺乏可靠的海军基地的缺陷。[77]

在 1922 年 12 月的一次演讲中，休斯对华盛顿会议的外交成果做出了自己的评价。这位国务卿把自己的工作和亚历山大·汉密尔顿联系起来。后者在试图与英国达成战略和平的努力中曾提出限制五大湖区的军事力量。休斯接着提到了1817年的《拉什-巴戈特条约》，认为这是北美在通向新的政治安全体系的道路中迈出的重要一步。

谈到自己最近所做出的努力时，休斯强调了"与少数几个强国一起工作，讨论那些拥有共同利益的问题"的重要性。各国代表把精力集中在一个会议上，同时讨论军备控制和远东问题，而不是通过预备会议把两个议题分开。美国的提议为各国做出成比例的牺牲奠定了基础，而代表们则把注意力集中在"有限且有可行性的目标"上。他的这些评论承认了不同议题之间的相互作用。这位国务卿想让美国根据条约的规定来建设海军。要想维护美国的安全，就需要保持这个国家的相对军事实力。实用主义者休斯知道该如何达成协议并取得成果。[78]

相继担任总统的卡尔文·柯立芝（Calvin Coolidge）和赫伯特·胡佛分别在1927年和1930年尝试过重拾海军军控的指挥棒。他们希望将主力舰的吨位比例扩展到其他类型的舰艇上，并且延长1922年达成的10年协议期。他们的外交错误地把焦点放在了百分比上，而不是政治、权力和政策上。到了1936年，海军军备控制和安全的实验已经失败。[79]

多年以来，历史学家们提出了对华盛顿会议的各种解读。不出意料的是，这些解读都反映了他们在各自所处时代的经验。梅教授解释说，在20世纪20年代，"这次会议成了一个范例，证明大胆的冒险能够推动裁军进程"。20世纪30年代，海军军官们已经嗅到了不断上升的战争风险。他们强调称军事实力应该与潜在的威胁相匹配。他们反对那些由国内政治、预算限制和一厢情愿的思考所决定的军备限制。1940年，也就是珍珠港事变之前，哈罗德·斯普劳特（Harold Sprout）和玛格丽特·斯普劳特（Margaret Sprout）出版了第一本关于华盛顿会议的严肃著作：《通向新的海权秩序》(*Toward a New Order of Sea Power*)。斯普劳特夫妇钦佩休斯的和平主张以及他限制军备竞赛的能力，但是他们提醒人们密切关注军事方面的细节，以及对协议内容的查验和执行。他们警告人们不要对军备控制抱有不切实际的期望。

军控的经验

冷战初期，怀疑论者曾把华盛顿会议的结果当作反例，反对国际社会控制核武器的计划。一段时间之后，政治科学家们研究了华盛顿会议无意中给武器带来的技术影响，并希望借鉴其中的经验以制定出有助于实现核稳定的规则。另外一些学者研究了核军控的技术手段是如何和国内政治、向敌人传递信息以及安全稳定联系在一起的。[80]

冷战结束之际，研究者们又拿出了华盛顿会议将军控和抵御地区风险相结合的经验。[81] 安全战略学家试图把军控的主动权从核技术专家的手里夺回来。他们认为军控问题应该放在政治和安全的大背景下分析。正如罗杰·丁曼（Roger Dingman）所言，军控应该是一个过程，而不是一次事件。军控以及与之相关的条约都是外交工具箱中的工具，但这些工具必须和其他工具一起使用，这样才能完成一幅更宏伟的蓝图。[82]

硬实力的拥护者们不喜欢军控的限制。一些美国人更喜欢把权力和军事手段放在首位，尤其是在美国的军事实力碾轧其他所有国家的时候。但是，为了消除东北亚和中东的地区安全隐患，外交家们还是需要重新回到控制乃至销毁武器的任务上来。要想防止核武器和导弹的扩散，地区安全外交就必须形成一个整体，还需要以权力和意愿的驱动作为基础。从这个意义上来讲，华盛顿会议的经验应该对解决今天出现在朝鲜和东北亚、伊朗和广义的中东地区，以及南亚和东亚的问题有所启发。美国需要把它的军控努力和解决潜在安全冲突的计划联系在一起。正如美国在削减战略武器对话中的谈判官伯特大使所言，军控协议不会改变权力平衡，但它可能会在更低、更安全的层级上将各方的共识整理成公约。[83]

总之，在美国海军成为海上霸权的漫长道路上，华盛顿海军会议有资格被称为一个关键的节点。美国建国后的前130年间，许多美国外交档案中都有涉及公海自由的内容。而在随后的100年里，海军成了这个国家外交和安全政策中的利器。作为一个海洋强国，美国掌握了海权，也就保卫了把美洲与欧洲、亚洲，以及世界各地具有战略意义的海湾和海洋连接在一起的关键通道。未来美国外交的成败将取决于美国能否保住在大洋上，乃至天空和太空中投放力量并保护商业的能力。

第 9 章

国际法与国际合作：伊莱休·鲁特

美国与国际法庭

1921 年 9 月初，也就是国务卿查尔斯·埃文斯·休斯和前国务卿伊莱休·鲁特一起参加华盛顿会议前不久，两人见面讨论了另一个关于共同利益的话题，即建立新的国际常设法院（PCIJ）——这是一个"国际法庭"。

6 月，新成立的国际联盟的秘书长写信给鲁特，请他为新的国际法庭提名法官人选。[1] 鲁特曾坚定地致力于国际法庭的建立。1907 年，他以国务卿的身份率领美国代表团参加了第二次海牙会议，并在会上推动了一个旨在加强第一次海牙会议所创立的仲裁体系的计划。关于威尔逊总统签订的《凡尔赛和约》，鲁特提出的最主要的批评意见之一就是威尔逊不重视国际法的发展，也对建立国际司法机构缺乏兴趣。1919 年，由于参议院还没有对《凡尔赛和约》进行表决，鲁特拒绝了加入新的国际法庭的一个筹备委员会的邀请。但是到了 1920 年，也就是参议院否决了《凡尔赛和约》之后，鲁特到海牙与其他 9 位法律专家一起参加了已推迟举行的筹备会议。鲁特希望美国日后也加入国际法庭。[2]

然而，鲁特和休斯在1921年9月见面的时候，这两位律师出身的外交家根据他们的实用主义政治判断确定了建立国际司法体系的目标。鲁特已经同意加入休斯的代表团，参加即将举行的海军军控和远东事务会议。两人都认识到，参议员们可能会否决掉所有在他们看来涉及美国和国际联盟合作的提案，哪怕只是合作提名国际法庭的法官，而国际法庭在美国本来是受大多数人欢迎的。议会对新政府的不信任可能会使美国在华盛顿会议上谈下来的任何条约都难以通过参议院这一关。[3]因此，与休斯见面之后，鲁特就说服他的三位同僚"不情愿地"拒绝了提名法官的机会。

从这时起，到1937年去世为止，鲁特一直致力于解决妨碍美国加入国际法庭的各种问题，但到最后也没有成功。不过，鲁特的三位同僚之一约翰·巴塞特·摩尔（John Bassett Moore）在1921年成为国际法庭的一名法官。1928年，查尔斯·埃文斯·休斯接替了摩尔在海牙的职位。他在任上待了将近两年，然后于1930年出任美国最高法院首席大法官。前国务卿、参议员弗兰克·凯洛格（Frank Kellogg）在休斯之后担任国际法庭的法官，直到1935年。第二次世界大战之后，国际法庭被改造为国际法院（ICJ），成为新成立的联合国的一部分。美国到这时才终于加入。

鲁特和休斯的经历浓缩了国际法和美国外交之间那令人尊敬，但也令人恼火的关系。乔治·凯南曾嘲讽鲁特和休斯，称他们"用法律教条主义者和道德主义者的方式处理国际关系"是失败的做法，但是，这样的评价对这两位20世纪早期律师出身的美国外交家来说并不公允。他们两个都是脚踏实地的人，知道如何运用国家权力。他们想要做的，是在老式的欧洲权力平衡外交与威尔逊通过国际联盟来改造世界政治的梦想之间，寻找另外一条路径。

这两位生活在19世纪和20世纪之交的国际主义律师都是务实

的理想主义者,他们相信历史会通过不同的进步阶段实现进化。他们期待着在一个由主权国家组成的国际体系里开展外交工作。他们不认为诸如国际和平运动这样的跨国运动能对传统秩序构成补充。他们肯定不是空想家。实际上,这两位律师出身的外交家和威尔逊一样,都是制度主义者,但是他们相信美国可以通过具体案例积累下来的经验逐步重塑国际秩序。这就是他们对美国人在这方面的实验历史的理解。

美国的国际法传统

从建国伊始,美国就一直在用法律语言向世界展示自己的理念。《独立宣言》开篇就提到了"自然法则和自然神明",并承认"对人类公意的尊重"。这份宣言的事实陈述部分相当于对英王乔治三世的独裁统治的起诉书。

在外交和贸易关系方面,美国的建国一代都是新思想的践行者。1758年,瑞士法学家埃默尔·德·瓦泰尔(Emer de Vattel)提出在国家间引入仲裁机制,作为解决与国家"安全"无关的纠纷时一种合理的方式。[4] 美国外交家们把这一建议应用到了实践之中。1786年,英国人杰里米·边沁[Jeremy Bentham,"国际"(international)这个词的创造者]呼吁建立一个常设法院,以解决国家间的冲突。边沁还支持自由贸易、军备削减和殖民地解放——这些思想都是新生的美国国民所认同的。[5] 从欧洲的实践中发展出来的"万国法"(Law of Nations)传统,包括其中的中立等概念,都是美国早期外交政策中的关键元素。这些国际法律原则成了第一批"多边规范"。[6]

1824年，丹尼尔·韦伯斯特（Daniel Webster）研究了国家之间已经极大地扩展的联系，并宣称"我们显然能从国际法中受益，就像个人能从社会法律中受益一样"。韦伯斯特与那些支持他思想的律师型外交家一样，都在为国际关系寻找一条具有可行性的道路，但这样的道路还停留在想象阶段。一方面，美国人不喜欢把国家间的关系看成没有法律的无政府状态，这种观念后来和现实政治的概念联系在了一起；另一方面，欧洲19世纪初期的暴力革命又使美国人担心大众运动可能会把国家体系和个人自由全都摧毁。[7]

　　即使是像西奥多·罗斯福这样冷静的权力平衡政治大师也知道，一个建立在法治基础上的国际体系可能会是美国经验的产物。他在1910年因调停日俄战争的功绩获得诺贝尔和平奖。在获奖感言中，这位美国前总统称1899年的海牙会议"构建出了一个国家之间的《大宪章》的框架"。他还说："我忍不住想，美国的宪法可能为某种世界联盟［的目标］提供了一些有价值的类比，因为这部宪法中规定设立最高法院，还指出了确保各国之间的和平和良好关系的方法。"[8]

　　美国外交的实践经验对国际法的发展做出了贡献。1795年的《杰伊条约》在国际上第一次建立了对不同主张进行仲裁的机制。1817年的《拉什-巴戈特条约》限制了五大湖地区的海军军备，并为美加边境最终通过1871年的《华盛顿条约》实现彻底非军事化打下了基础。1871年的条约还为美国提供了仲裁依据，美国可以凭此就"亚拉巴马号"和其他邦联舰艇摧毁美国船只所造成的损失向英国索赔。"亚拉巴马号"索赔案在日内瓦得到了仲裁，并开创了由不属于任何一个当事国的外国法官进行仲裁的先例。[9]

　　国际法和国际仲裁在19世纪后期的兴起，正好与美国国力的崛起过程相重合。1888年，或许是被"日内瓦精神"所打动——

再加上美国通过"亚拉巴马号"索赔案获得1 550万美元的事实——国会拨款让美国就签署一般性仲裁条约的问题与英国和法国展开谈判。[10]1897年1月,美国国务卿、前总检察长理查德·奥尔尼(Richard Olney)与英国签署了一项仲裁条约。但是,参议院坚持要对每个准备送交仲裁的事项先行批准,这相当于否定了奥尔尼的条约。在此后的很长时间里,参议院一直坚持先批准、后仲裁的原则,拒绝统一授权给政府。[11]

第一次海牙会议(1899年)

越来越多的国家开始对国际法和仲裁感兴趣。1898年,沙皇尼古拉二世邀请欧洲、美国和亚洲的国家举行一场和平会议,讨论裁军和用新手段解决争议的问题。沙皇的这个举动似乎是受了贝尔塔·冯·苏特纳(Bertha von Suttner)一部小说的启发。苏特纳时任奥地利和平协会主席,她的《放下武器》(*Lay Down Your Arms*)对全球公众意见的影响不亚于半个世纪前的《汤姆叔叔的小屋》。苏特纳唤起了人们对战争所带来的损失和不公的愤怒,同时提出了国际仲裁这个可以取代战争的方式。1905年,苏特纳成为第一位获得诺贝尔和平奖的女性。[12]

共有26个国家响应沙皇的号召,参加了1899年在海牙举行的会议。这次会议没有什么实际的成果,但是与会国共同描绘了一幅美好的图景,展现出国际社会的成员能够用文明的做法来为和平和秩序做出贡献。这些国家并不是在一场战争之后举行会议,以商讨停战条款,而是为改善国家间的秩序并避免战争的风险而探路。与会者中包括欧洲之外的国家代表,还有非官方组织。[13]

第一次海牙会议创立了常设仲裁法院（Permanent Court of Arbitration），这是第一个用法律手段解决国家间冲突的国际组织。这个机构实质上就是一本由大约100名重要人物组成的花名册。各个国家可以根据各自的意愿，自行决定选择其中哪些人来担任仲裁委员会的成员。美国前总统本杰明·哈里森（Benjamin Harrison）也是其中之一。[14]

美国的仲裁实验

仲裁法院成立三年都没有收到仲裁申请。但是到了1902年，西奥多·罗斯福总统决定让这一新的机制投入使用。他向仲裁法院提交了一份针对墨西哥的诉状，要求其为一桩过往的纠纷赔款。美国打赢了官司。1903年，罗斯福瞄准了一个更大的目标。英国、德国和意大利当时封锁了委内瑞拉，催促对方偿还债务。罗斯福说服上述四国用仲裁而不是封锁的方式来解决问题。最终的结果是，委内瑞拉同意用关税收入的30%来偿还外债，并优先偿还三个原告国的债务。[15]

不过，罗斯福对国际仲裁的支持明显是有限定范围的。1903年，英国和美国就阿拉斯加和加拿大在太平洋沿岸地带的边界问题诉诸仲裁时，罗斯福就同意得很勉强，因为他想给英国政府留点面子。不过，罗斯福也向各方明确表示，他认为美国的主张将会在仲裁中得到支持。这位总统让战争部部长鲁特担任3名"公正的"美方"法官"之一。来自英国的首席法官和他的两个加拿大同伴意见相左，自己站到了美国人的这一边。证据显示，他真诚地同意美国人的法律论证。[16]

第9章　国际法与国际合作：伊莱休·鲁特　　257

在1904年到1905年初，依照海牙会议设立的流程，国务卿海约翰与11个国家进行了仲裁条约的谈判。美国的仲裁条约仿照了英法之间的模式，规定了一些不列入仲裁范围的"例外"议题，包括"两个缔约国的关键利益、独立和尊严"，以及"牵涉第三方利益"的问题。实际上，任何国家都可以用上述规定作为借口，把任何一个问题列入"例外"的范围。但是，美国参议院想要把判断一个议题是否属于例外的权力抓在自己手里，因此坚持对每个问题都实行"先批准，后仲裁"的原则。但罗斯福拒绝"[缔结]这种虚假的条约"，因而退出了仲裁条约的谈判。[17]

伊莱休·鲁特

1905年7月，伊莱休·鲁特接替海约翰出任国务卿。在这之后的30年间，在那些希望把法律和外交结合在一起的美国人中，鲁特始终是领袖和首要的问题解决者。沃尔特·艾萨克森（Walter Isaacson）和埃文·托马斯（Evan Thomas）在1986年出版的经典著作《智者》(The Wise Men)中赞扬了6个堪称"美国世纪的缔造者"以及二战后美国外交政策奠基者的人。在这本书中，他们承认鲁特事实上是"这一派的开山鼻祖"。[18]

鲁特出生于1845年，其父是纽约州北部汉密尔顿学院的数学和科学教授。鲁特于1864年从汉密尔顿学院毕业。他的外曾祖父曾在1775年的康科德桥战役中命令民兵们向英国红衫军开火。南北战争期间，17岁的鲁特应征入伍，但因身体瘦弱而被拒绝，此后他曾短暂地在纽约的民兵队中服役。1867年，他在纽约大学获得法学学位。他的导师是在法学教育中探索新案例教学法的领袖。

鲁特在法律界崭露头角的时候，恰逢法律改革运动。法学教育将会使执业律师职业化，新组建的律师协会则将提高进入这个行业的门槛。鲁特参与了纽约市律师协会和美国律师协会的建立过程，并于1907年出任美国国际法学会的首任主席，担任到1924年。后来，鲁特还联合他人创立了美国外交关系协会和卡内基国际和平基金会。

鲁特一直坚称自己不是一个政治家，但是他把自己的改革主义精神用在了良好的治理和公民服务上。在1879年汉密尔顿学院的毕业典礼上发表的演讲中，他对毕业生们说："如果好公民不愿参与承担治理义务，且对政治事务漠不关心，那么它就是让所有的恶行都成为可能的恶行。"鲁特践行了自己的理念。他加入了由坚定的且受人尊敬的共和党人组成的联邦同盟（Union League），还在主日学校教书，并参加了基督教青年会（YMCA）。切斯特·阿瑟（Chester Arthur）总统是鲁特在纽约政界的朋友，他于1883年帮助鲁特当上了纽约南区的联邦检察官（当时这是一份兼职工作）。鲁特参加了两次纽约州制宪会议。他致力于将权力从政客手里转移到普通党员手中，但即便如此，他仍然赢得了党派领袖们的尊重。鲁特也非常理解选举出来的政治家。在鲁特担任过两个内阁职位之后，亨利·卡伯特·洛奇参议员写道："鲁特在处理与国会的关系时比我认识的任何一个内阁部长做得都好。"[19]

19世纪后期出现了很多伟大的公司诉讼律师，鲁特是其中的佼佼者。他的传记作者、法学学者菲利普·杰塞普（Philip Jessup）写道："19世纪90年代，美国律师协会的执业律师中没有一个人像鲁特那么受欢迎。"鲁特每年的律师费收入在5万到11万美元之间，这在19世纪后期的美国是一个惊人的数字。他捍卫保守派的秩序，希望遏制民粹主义的政治浪潮，但同时也尊重改革的需要，支持维护被压迫者的权利。1903年，鲁特呼吁让"未获成功的"美国宪法第十三、第十四、第十五修正案恢复效力。这三个修正案都是在美国内战结束后通过的，旨在让非洲裔美国人获得公民身份、选举权和平等权。他还反对美国对日本和中国移民采取的措施，并帮助俄国和摩洛哥的犹太人。无论是支持改革还是支持保守的一方，鲁特总是那个把事情做成的人。[20]

鲁特善于发现和激励青年才俊。对鲁特十分尊敬的亨利·史汀生（Henry Stimson）后来当上了国务卿和战争部部长，也是二战后那些"智者"的导师。鲁特最有潜力的青年同事就是西奥多·罗斯福。1881年，鲁特帮助年仅23岁的罗斯福第一次参加纽约州众议员的选举。罗斯福在后来写给安德鲁·卡内基（Andrew Carnegie）的信中说："鲁特是我见过的所有人里最能干的一个。"罗斯福在1908年把总统职位交给威廉·霍华德·塔夫脱之后，曾叮嘱他的继任者："亲爱的鲁特在你困难的时候总会给你帮助。"[21] 鲁特的同辈们敬佩他犀利的观点、解决问题的创意、抑制不住的幽默感和调停的天赋，以及坚定的责任感。鲁特曾经说过："正义胜过一切。"[22]

律师出身的战争部部长

鲁特的法律技巧帮助他在1899年7月第一次被任命为内阁成员，出任战争部部长。美国刚刚在古巴和菲律宾击溃西班牙军队。根据鲁特的说法，麦金利的一位助手用一种新的设备联系到了他，这种设备就是电话。这位助手说，总统想让鲁特出任战争部部长。鲁特请来电者向总统转达深切的谢意，但他又说："这很荒唐，我对战争一无所知,对军队也一无所知。"过了一会儿,来电者又打了过来,并解释道:"麦金利总统让我转告你,他想找的并不是了解军队的人,他要的是一个能帮政府搞定那些西班牙岛屿的律师,而你就是他要的那个律师。"就这样,54 岁的鲁特开始了在华盛顿担任公职的日子。[23]

鲁特上任后马上就要处理古巴、波多黎各和菲律宾的问题。美国陆军和想要独立的菲律宾人仍在血战之中。鲁特在准备就职的时候写信给美国总检察长约翰·格里格斯(John Griggs),称自己的主要任务似乎是"组建一个新的'格里格斯与鲁特'律师事务所,充当总统的法律顾问,专长是殖民地事务"。[24] 不到半年,鲁特就为美国设计了一套殖民地政策。这位新的战争部部长研究了各种各样的先例,尤其是英国的殖民地,但他最终设计出来的是一个把美国的法律传统整合进去的新模型。美国历史上有很多人都在海外土地的冲突之中或之后做过"国家建构"的实验,而鲁特就是首开先河之人。

在 1899 年的战争部部长年度报告中,鲁特陈述了美国的指导原则:"我设想……在我们声称拥有主权的土地上,我们要把那里的人民的利益置于首位,还要在所有牵涉他们的立法和行政行为中考虑他们的利益,这是我们义不容辞的责任。我们还要尽可能给予他们个人自由、与他们能力相适应的自治权、公正平等的法律、教育机会,以及从事有利可图的产业和在文明世界中发展的机会。"[25]

菲律宾的法律"国家建构"

鲁特不相信菲律宾人已经做好了自治的准备。在一场激烈的冲突中，他下达了用武力镇压起义者的命令。但是，鲁特拒绝了让美军统治菲律宾的想法。他认为美国需要提供一个文官政府，这个政府要能在地方、部门和中央的层级上运作，同时还要尊重菲律宾人的权利。鲁特希望这个文官政府的经验可以建立起公民意识——包括对公民义务和权利的认识——帮菲律宾人为最终的独立做好准备。与此同时，鲁特也知道美国公众希望殖民政府能够大致根据美国《人权法案》（Bill of Rights）的原则尊重当地人的某些个人权利。

麦金利总统任命联邦上诉法院法官威廉·霍华德·塔夫脱去领导美国在菲律宾的文官政府。鲁特起草了总统给塔夫脱的指示和委任状。指示中强调，这个政府的目的不应该是满足美国的观点或理论，"而是为菲律宾人谋取幸福、和平和繁荣"。政府采取的措施应该"符合当地人的风俗、习惯，甚至偏见，并在最大程度上完成一个公正而有效的政府所必须承担的使命"。作为一个实事求是的人，鲁特承认，美国人必须赢得当地人的支持才能保持文明的统治方式。作为一个律师，鲁特想要把基本权利的概念教给菲律宾人，因为这是他们有效实行自治的基础。

美国的统治最终向菲律宾输出了言论自由、新闻自由、程序正义、保护产权、公开审判——以及《人权法案》中的几乎所有内容，只有陪审团制度和公民携带武器的法律例外。在塔夫脱、鲁特和他们的继任者的努力下，美国始终强调"吸引政策"：建设良好的道路、卫生系统，提供免费的公立教育，实施开发工程，实行能够响应人民需求的治理措施——但是只允许建立一个不完全的代议制政府。英语成了这个国家的通用语言。1901年，美国最高法院对菲律宾这样的"海岛"领地的法律地位做出了一个判决。鲁特将这个判决简练地总结为："按照我的理解，国旗插到哪儿，宪法就跟到哪儿——但是不太能跟得上。"[26]

然而，美国国会和公众却并不愿意当殖民者。1916年，国会承诺让菲律宾人独立。1934年，国会通过决议，在10年内赋予菲律宾完全独立的地位。但是，由于第二次世界大战的影响，这个目标拖到1946年才完成。鲁特和塔夫脱当年虽然不相信菲律宾人做好了拥有完整主权的准备，但他们还是为菲律宾留下了基础教育、卫生体系、基础设施、法律权利和法院等遗产。[27]

古巴

鲁特在古巴所面对的国际法问题与在菲律宾所面对的不同。按照国会的决议，美国已经承诺让古巴独立。鲁特的说法是，美国是"在古巴人民的委托下进行管理"，直到古巴人可以建立一个能够"维持秩序并履行国际义务"的代议制政府为止。按照鲁特的计划，古巴将先举行市一级的地方政府选举，然后成立一个全国代表大会，以起草宪法并组建政府。

然而，古巴的独立也会带来隐患。加勒比海是美国的南大门，也是美国通往正准备建设的巴拿马运河的必经之路。拉丁美洲的各个共和国都面临着内部动荡和外国势力的威胁，那些追讨贷款的外国人尤其令它们困扰。

美国刚刚从西班牙手中解放了古巴，它想让这个岛屿保持独立。鲁特意识到，古巴会成为美国外部防御圈之内的一个国家，当古巴遭遇外国入侵时，美国可能就需要介入。鲁特认为美国的政策需要一个法律依据，他知道门罗主义只是美国的政策宣言而不是国际法。

美国和西班牙的和平条约已经将古巴的主权转交给了美国。到

1901年的时候，国会已经做好了让古巴独立的准备，但需要受到《普拉特修正案》（Platt Amendment）的约束。这一法案基本上是由鲁特起草的。为了在法律上确保安全，美国力劝古巴将《普拉特修正案》纳入宪法，然后又将这一法案赋予美国的权力纳入1903年美国和古巴签署的条约之中。依照这个条约，美国承认了古巴新成立的、一定程度上"独立的主权政府"。

《普拉特修正案》的核心部分授予美国"干预的权利，以维护古巴的独立，并维持一个足以保护生命、自由和财产的政府"。鲁特的务实解决方案无疑是对那些希望拥有完全主权的古巴人的冒犯。然而，在大国争相控制更多领土而不是给予它们独立的这样一个时代，它似乎也是一种创新。

鲁特在20世纪30年代解释道："如果你不了解德皇威廉二世这个人，你就不会理解《普拉特修正案》。"美国一直警惕地注视着德意志帝国在全球的扩张，不想让德国在加勒比地区取得立足之地。鲁特希望美国在授予古巴主权的同时对其进行一些约束，并且只在"紧急且必要的情况下"或"无政府状态下"采取这些约束措施。1906年鲁特在南美洲长途旅行期间，古巴的一次武装起义推翻了政府。罗斯福总统命令美军重建秩序，之后美国人一直驻军到1909年。鲁特回到华盛顿之后听说了这些事情，他双手放在胸前，仿佛抱着什么东西一样踱向自己的办公室，边走边抱怨道："他们杀死了我的孩子！他们杀死了我的孩子！"[28]

国务卿鲁特

1905年海约翰去世，鲁特成为国务卿。罗斯福此时正忙于在日俄间调停，以实现权力平衡。事实表明，鲁特是罗斯福的得力搭档，有时候会让罗斯福有些束手束脚的感觉。鲁特还意识到拉丁美洲是美国的地缘利益所在，他采取行动缓和了过去与拉美国家形成的紧张关系，尤其是墨西哥和巴西。鲁特用了3个月的时间出访拉美，创下了历任国务卿的历时最长出访纪录。他对这一地区表现出了真诚的兴趣，并且未给人留下高人一等的观感。1907年，鲁特提出了"好邻居"的概念，这个说法后来又被富兰克林·罗斯福捡了起来。拉美人把鲁特这位国务卿看作亨利·克莱——以及在克莱之后的詹姆斯·布莱恩（James Blaine）——的精神继承者，因为他们都致力于发展西半球各国的伙伴关系。[29]

作为国务卿，鲁特的主要兴趣是在国际政治中播撒法律规范和制度的种子。他了解人类的天性。他曾说过："外交的过程基本上就是讨价还价，而且基本上都是欺骗。"他认为"自私和贪婪"以及世界上其他的邪恶是冲突的基础，"自我保护和自我主张……以及生存斗争"是国家行为的主要驱动力。不过，鲁特也相信"道德的、利他的和人道的冲动"可以帮助人们建立起理想、原则和标准。[30]

鲁特认为，在国内社会之中，规则与制度以及公认的、公平的司法程序已经可以逐渐驯服人类的弱点和冲突，并使其秩序化。他认为，现代外交的主要挑战就是推进建立国际规则和调停机制的革命性进程，其第一步就是建立仲裁制度并扩展司法机构。他对法律和社会有一种历史学的观点，而且在国内和国际事务中一直耐心地践行这种观点。

第二次海牙会议（1907年）

1907年的第二次海牙会议给了鲁特一个在全球范围内实践其法治主张的机会。鲁特希望会议能产生一个具有普遍性的条约，列出所有属于强制仲裁范围的议题。8年前创立的那个仲裁法院只有在当事国同意就纠纷进行仲裁时才会组建临时的仲裁委员会，而鲁特则希望要求各国将特定的事务都交由仲裁解决。

鲁特还希望建立一个国际司法机构，也就是一个常设的司法实体。他认为仲裁产生的结果往往只是权宜之计，而不是根据已经初现雏形的国际法律原则所做出的裁决。那些有重大法律案件需要裁决的国家可以到司法机构去解决，从而避免仲裁所导致的"妥协"。

鲁特的指示表明，他的这个方案是受到了历史经验的驱动："当来自美国不同的州的公民发生矛盾时，美国的最高法院可以给予他们客观公正的裁决。如果国家间发生矛盾时，也有这样一个客观公正的司法机构……那么各国将会明显地更加乐于把它们之间的冲突交由这个机构来裁决。"这个新成立的法院将在其章程中列出其可以裁决的冲突类型。法官人数有限额，他们将全职工作，并创造出一种司法责任的文化。总体而言，鲁特希望1907年的这次会议可以在通过仲裁解决个案冲突的基础上再向前一步，建立一个新的国际司法机构，配备全职的法官，并定期召开会议。

德国人挫败了鲁特提出的进行强制仲裁的议案。各国代表在如何为新法院遴选法官的问题上也无法达成一致。直到1920年，鲁特才帮助新成立的国际常设法院解决了这个问题。[31]

通往国际法的实际步骤与北美的愿景

鲁特没有灰心。在国际法的问题上，他有一个长远的计划，并寻找切实可行的方法向前推进。如果美国无法说服多个国家一起达成一个新的仲裁条约，那么它可以一个国家一个国家地说服。1908—1909 年，鲁特谈成了 25 个仲裁条约，仲裁的内容不包括涉及国家荣誉、独立和重大利益的事务。鲁特依仗的是几年前海约翰创造的模式。参议院仍坚持要求政府在每一次寻求国际仲裁之前都要获得参议院的批准，这一次，鲁特说服罗斯福总统接受了这一要求。[32]

鲁特用国际法加强了北美和西半球各国的关系。他与墨西哥一起说服哥斯达黎加、危地马拉、洪都拉斯、尼加拉瓜和萨尔瓦多，创立了中美洲法院。这也是"现代历史上第一个被赋予常设职能的国际法院"。[33]

鲁特还想帮助加拿大在保持效忠于英国的同时向美国靠拢。[34] 他用充满诚意的谈判和法律原则解决了美国和加拿大之间的一系列争议——包括关税、边境交通、边界、渔业和候鸟问题等。最敏感的问题是新英格兰居民在纽芬兰渔场的捕鱼权争议，这个问题要追溯到 1783 年富兰克林签订的《巴黎条约》。鲁特在美加关系上的深谋远虑收到了回报。第一次世界大战期间，加拿大开始向华盛顿派遣本国公使，由此开启了有益于两国的特殊关系。这种关系贯穿了整个 20 世纪。鲁特相信，北美国家之间可以形成具有共同价值观和尊重法治的伙伴关系。[35]

国际法和国家荣誉

离开国务院后，鲁特在 1909—1915 年担任纽约州的联邦参议员。其间发生的一个事件凸显出了鲁特在外交领域推动国际法建设的决心。1901 年的《海约翰-庞斯富特条约》(Hay-Pauncefote Treaty)授予美国在中美地峡修建运河的独有权利，但是要求美国保证各国享有平等进入运河的权利。1912 年，美国国会通过一项法案，宣称从事沿岸贸易的美国船只可以免交运河通行费。英国反对这一针对美国船只的特殊待遇。1913 年，鲁特参议员要求美国废止免费法案，或是将这一争端提请国际仲裁，他对"令人厌恶的伪善"提出了挑战。鲁特的核心论点是："国土面积大，不代表国家就伟大。一个国家必须有伟大的理念，有一颗伟大的心；它必须是高尚的，必须蔑视和拒绝一切吝啬和卑鄙，必须信守诺言，必须忠于条约，忠于它的文明使命。这样的国家才是真正伟大的国家。"

一年之后，参议院就是否废止免费法案展开辩论。鲁特提到了亚历克西·德·托克维尔(Alexis de Tocqueville)的观察，说民主国家在外交事务上天然居于劣势，因为它要受到反复无常的公众情绪的制约。鲁特首先否定了托克维尔的论断，然后把考验抛给了其他参议员。他告诉他们，他们所面对的不是一个收不收费的问题，而是国家荣誉问题。鲁特认为，美国的民主政权必须在外交行为中以更高的标准要求自己。"我们必须用我们的良知来监督自己。"[36]

有些人可能会嘲笑鲁特那满含高尚情操的措辞，但他的理想已经成为美国外交实力的一个组成部分。国会废止了免费法案——不过，作为一种政治上的折中，国会保留了未来再让该法案生效的权利。我还记得几十年后，理查德·阿米蒂奇（Richard Armitage）在会见参议员约翰·麦凯恩（John McCain）时总结了美国应该怎样对待一项困难的使命。"伟大的国家都信守承诺，"阿米蒂奇说道，"美国是一个伟大的国家，它应该信守承诺。"

在古巴和菲律宾的问题上，鲁特的表现说明他很愿意使用美国的权力来为美国人谋取利益，只不过他希望自己能公平行事。鲁特曾经和熟识的法律界同事詹姆斯·布朗·斯科特说："我们必须一直保持谨慎，尤其是在处理和小国的关系的时候。当我们想要提出一个协议的时候，一定要换位思考：如果我们是小国的话，我们是否愿意接受这个协议？如果答案是否定的，那我们就绝对不要提出这样的协议。"鲁特的这种态度与修昔底德所记述的雅典人对米洛斯人的命令形成了鲜明的反差："你我都心知肚明……正义只存在于力量相当的两方之间，而在强者和弱者之间，强者为其所欲为，弱者忍其所须忍。"毫无疑问，鲁特曾经多次违背自己的原则，但这一原则仍然是许多美国外交家十分看重的——既是为了吸引更多的国家站到美国这一边，也是为了维护国家荣誉。[37]

1913年，诺贝尔委员会将和平奖授予鲁特，以表彰他对仲裁、维护条约以及西半球的和平所做出的贡献。他是继自己的朋友罗斯福之后第二位获此殊荣的美国人。挪威的评委们准备让他在1914年12月发表获奖感言，结果因为第一次世界大战的爆发而未能实现。[38]

第一次世界大战和国际法的未来

鲁特和其他所有人一样，都对1914年的大战爆发感到震惊。

他从一开始就把罪责放到了德国人的头上。在他的整个成年人生涯中，鲁特亲眼看着德皇一步一步地走上军国主义的道路。1870年普鲁士挑起普法战争的时候，鲁特正好和他生病的哥哥一起待在德累斯顿。他在那里看到了德皇、奥托·冯·俾斯麦和陆军大将赫尔穆特·冯·毛奇（Helmuth von Moltke）是如何煽动十万民众的。离开德累斯顿的时候，他无助地希望法国能打赢这场战争。[39]

在担任战争部部长和国务卿期间，鲁特在世界各地都面临着德国人的挑战：在摩洛哥、加勒比地区以及整个亚太地区都是如此。海牙会议期间，德国对鲁特关于国际法的想法表示强烈反对。1914年8月的第一周，鲁特总结道："真正的问题是……德皇是否应该成为欧洲的统治力量，而在当前这个阶段，这个问题只能用武力去回答。"德皇是一个"毁灭性的、让人无法容忍的恶霸……"。德国对中立国比利时的入侵则表明了其对国际法的彻底无视。[40]

罗斯福、鲁特、洛奇和塔夫脱全都相信欧洲的冲突与美国的利益密切相关，但是他们在采取行动的时机和方式上存在分歧。鲁特认为美国应采取力度更大的备战行动，包括建立普遍兵役制，但是他在1916年2月之前都没有公开表达过自己的观点，并且直到1917年2月才公开支持美国参战。鲁特的性格决定了他不会带头和总统唱反调。[41]

鲁特从战争开始就一直在思考最终的解决方案，包括如何在欧洲建立一套新的政治秩序。鲁特在仲裁事务方面的一位同事观察到："人们都喜欢嘲笑两次海牙会议以及会议代表们为避免战争灾难而做出的努力……［但是］军国主义者的失败无疑是决定性的，而且绝对更加令人震惊。"[42]

1915年，鲁特在美国国际法学会发表主席讲话的时候提出了自己的看法。欧洲走向战争是拉帮结派所导致的，包括各种同盟、协议和权力平衡安排。要想避免悲剧重演，同时维护国家独立和个人自由，唯一的办法似乎就是建立国际法机构。但是，这些机构需要做出强有力的裁决，而这只能寄希望于清晰、简单且有强大民意基础的规则。"这场战争结束之后，文明世界就需要对国际法的地位给出一个说法——是让它继续作为一个礼仪规范，还是让它成为一个真正的法律实体，以使各国承担更加明确且无法逃避的义务。"[43]

到了1918年，鲁特通过与民法和刑法的区别相类比的方式，扩展了国际制裁的理念。他解释说，国际法的原则以前是建立在关于契约的民事理念上的，违反契约的行为也只是缔约方之间的事情。但是，刑法的作用是维护群体的和平。国家间的暴力冲突必须被视为与所有国家的利益都相关，因为它们都要维护各个国家所组成的群体的秩序。为了证明法律体系的进化本质，鲁特提出了一个历史视角的类比："在我还是个孩子的时候（南北战争之前），人们很喜欢把《独立宣言》嘲讽为'满篇废话'。"但是《独立宣言》确立了关于自由和美国制度的原则，后辈们正是在这些原则的基础上建起了新的、宏大的法律和政治秩序的大厦。鲁特的法理逻辑是：如果一个群体能够就正确的法律理论达成一致，然后建立起合适的执法机制，那么随着时间的推移，这个理论就能够改造社会。无论什么时候，只要你听到美国人争论"基于规则的"国际秩序，那么你就应该想到鲁特的思想。[44]

作为一名外交领域的政治家，鲁特知道美国对国际法的承诺需要公众的支持。正是出于这方面的顾虑，鲁特才决定放弃对前总统塔夫脱的强制和平同盟会计划的支持。对于强制和平同盟会提出的仲裁、建立调停委员会，以及举行定期会议以修订国际法等主张，鲁特都是欢迎的，但他不同意美国承诺对违反规则、挑起战争的国家使用武力。他认为公众不会支持这样的承诺。美国与其做一个可能被自己否定的承诺，那还不如什么承诺都不要做。美国应该对自己说过的话负责任，而且鲁特知道美国的承诺依赖于国民的民主意愿。与其急匆匆地创造一个诱人但不靠谱的梦，不如脚踏实地，慢慢积累经验和可持续的公众支持。鲁特和威尔逊都是有远见的国际主义者，但这个问题正是他们的分歧所在。[45]

《凡尔赛和约》和"保留意见"政策

对于威尔逊在"一战"后的巴黎和会上缔造的外交成果，鲁特有着根本上的不同意见。他认为威尔逊错误地把缔结和平条款的短期需求和建立新的国际机构的长期挑战联系在一起，他希望把建立国际联盟和所有和平条约的签订都区隔开来。鲁特（极富智慧地）认为，把这二者混为一谈，就会导致国际联盟沦为战胜国固化其权力的工具，从而导致德国和其他战败国不可避免地对战胜国产生敌意。更何况，威尔逊所主持成立的国际联盟是一个准立法机构，权力范围很大，鲁特对威尔逊在谈判期间没有认真地征询参议院的意见而感到震惊。

不管怎样，鲁特的本性不是只知道抱怨问题，而是要解决这些问题。鲁特的共和党同僚，尤其是参议院议员们，希望他能制订出一个计划，让他们能够团结在一起。1912年党内分裂的教训仍然萦绕在他们的脑海，而共和党人需要团结一致才能在1920年的总统大选中获胜。

鲁特一开始建议对《凡尔赛和约》进行修订，但遭到了威尔逊的拒绝。之后，鲁特以总统能够通情达理地接受的形式提出了对该条约的保留意见。这些保留意见对一些模糊的条款进行了解读，并对一些可能带来麻烦的规定提出了反对。鲁特最想修正的是威尔逊过大的行政权力，以使他的权力与参议院和美国公众在过去所认可的总统责任或在未来依然有理由期待总统承担的责任相匹配。

《国际联盟盟约》的第十条问题最严重，这个条款要求各成员国保护所有成员国的领土完整和政治独立。鲁特警告说，这个要求"如果是永久性的……也就是试图把基于协约国在当前……形势下的看法和状况而做出的权力与领土分配一成不变地保持下去。这必然将是徒劳无功的……而且也将是有害的。变化和发展是生命的法则，任何一代人都不能把自己对国家发展和权力分配的意愿强加给后代儿孙"。

鲁特认识到了在战后欧洲的动荡局面中维持稳定的必要性。他认为美国有责任帮助欧洲维持秩序并开展重建工作。因此，鲁特建议先接受第十条规定，但允许各个成员国在 5 年后退出。威尔逊则说，第十条"只在良心上有约束力，在法律上没有约束力"，进一步把水搅浑。鲁特所推崇的是渐进而严肃的承诺，但担心威尔逊把道德和法律混为一谈的做法将从整体上破坏国际法的建设。[46]

法国提出了一个特别的问题。德国庞大的人口和制造业基础使其很有可能在未来再度构成威胁。法国也不能再依赖俄罗斯在东边牵制德国。鲁特给出了一个直截了当的解决方案："如果为了维护西欧的安全，我们必须支持法国……那么我们就应该明白无误地同意这么做，这样这个国家的每一个男人和女人就都会明白我们承担了什么样的光荣义务。我支持这么做。"[47]

鲁特提出保留意见的目的是保护《凡尔赛和约》和国联，让它们在参议院"死对头们"的攻击下免于夭折。这些保留意见不但保护了美国在第十条的规定下自由行动的权利，明确了从国联退出的程序，还捍卫了门罗主义。鲁特还呼吁国会通过一个议案，以督促总统通过谈判加强国际仲裁和国际司法机构的作用。1920年3月，参议院以多数通过了有保留意见的《凡尔赛和约》，其保留意见和鲁特提出的差不多。但是，威尔逊总统号召民主党参议员反对这一方案，结果该方案以7票之差没能获得三分之二多数。[48]

国际法庭和两次世界大战之间的外交

鲁特坚持不懈地撰写了一系列文章和演说，指出了复兴美国国际法传统的道路。在一个由各个同盟组成的世界，以及一个终将摧毁国家政府的无产阶级国际组织之间，鲁特探寻着第三条道路。他保持着对旧的同盟模式的警觉，因为他认为这种模式会导致各国政府受盟约的约束而不加判断地做出行动。国际法律机构则与之相反，提供了以理智的方式解决冲突的方法。具体地说，鲁特认为世界需要三个互相支撑的机构：第一个机构可以在冲突或误解可能导致战争的时候立即召开会议；第二个机构可以用仲裁的方式解决无法用法庭审判来解决的争端；第三个机构则包括一个常设法庭，可以在涉及国家之间法律权利的问题上做出判决。[49]

1920年到1921年之间，鲁特和休斯同意推迟行动。在此期间，鲁特致力于建立第三个机构，即国际法庭。1923年2月，也就是休斯和鲁特在华盛顿会议上达成的条约得到参议院批准之后，他们两人说服哈定总统提议美国加入新成立的国际常设法院。哈定政府提议给予美国与其他加入国际常设法院的国联成员相同的权利，但同时有四项保留。1924年的共和党和民主党大会都支持这一计划，但是在赫斯特传媒的煽动下,参议院的反对派们推迟了行动。1924年12月,卡尔文·柯立芝总统再次尝试,并就咨询意见的问题增加了第五点保留意见。1926年1月,参议院终于以76票赞成、17票反对的结果批准了美国加入国际法庭的提案。但是事情还差最后一步。国际法庭的其他成员接受了美国五项保留意见中的四项,但是,第五项保留意见的文本可以让美国否决任何咨询意见的请求,而国联还没有决定是否给予其他任何一个国家以同样的权力。这个问题看起来不像是一个值得较真的问题:咨询意见并不是强制性的,美国完全可以无视这些意见。可是,柯立芝总统却认为国际法庭必须毫无疑义地接受美国参议院提出的五项保留意见,并于1926年11月宣布他将放弃努力。

最后的努力

随着鲁特的妻子病入膏肓,他自己的健康也每况愈下。可是,在1929年初,83岁高龄的鲁特还是同意远赴日内瓦,审议1920年达成的国际法庭章程,并尝试解决第五项保留意见的问题。他在那里以律师的身份提出了一个方案。按照这个方案,只要参议院中的多数代表反对,美国就可以否决假定的咨询请求,并且在没有什么负面影响的情况下退出审判庭。鲁特的一位传记作者认为"鲁特方案"如果在1929年夏天送到参议院的话,是可以让议员们满意的。总统胡佛虽然支持这一方案,但他还有更重要的事情要办。1931年,鲁特花了将近3小时向参议院对外关系委员会陈述这一方案,但委员会还是犹豫着不肯行动。当富兰克林·罗斯福成为总统时,鲁特又尝试了一次。可是这时的世界已经和20世纪20年代的大不相同了。德国和日本都退出了国联，阿道夫·希特勒（Adolf Hitler）正在撕毁《凡尔赛和约》，休斯在海军裁军方面的努力也逐渐失效。幻想破灭的美国公众不想再和外国人产生什么关系。富兰克林·罗斯福没有意识到参议院中反对派势力的逐渐崛起。鲁特做了最后一次推动白宫的努力，但一切都已太迟了。1935年1月29日，参议院对关于国际法庭的方案进行表决，结果为52票赞成、36票反对，没能达到法定的三分之二多数。[50]

1937年，鲁特在自己92岁生日前夕去世。他直到生命的尽头仍在为未来着想。鲁特的最后一份法律意见是（1936年12月）发给麻省理工学院工程学院院长范内瓦·布什（Vannevar Bush）的，内容是关于麻省理工学院未来的专利政策。（范内瓦·布什是美国第一个把科学应用于政策的人，也是本书第12章的主角。）[51]

作为美国外交元素的国际法

伊莱休·鲁特与同时代的人不同，他已经认识到了国际法的局限。鲁特知道，不是所有的问题都能通过仲裁来解决。他发现，要抵抗德意志帝国这样的威胁性强权，还是要依靠武力。[52]鲁特只把法律看作外交的一个组成部分。在与日本、中国和朝鲜打交道的过程中，鲁特都把势力范围的概念置于权利主张之上。不过，鲁特认为，要维护国家利益，就必须进行超越短期目标的规划。他吸取美国的历史经验，试验了新型的美国式国际主义。第一次世界大战的灾难似乎让欧洲列强同盟间的平衡失去了信誉。威尔逊主持成立的国联则被证明为步子迈得太大——它对各个宪政国家的权威构成了挑战，而且让各国陷入无休止的外交纠纷之中。相反，国际法则可以随着文明的发展和公众意见的演变而不断进化。

20世纪30年代世界秩序的崩塌浇灭了国际法的进步主义梦想。纳粹德国、法西斯意大利、帝国主义的日本等预示着一个新的充满暴力与危险的时代即将来临。

第二次世界大战之后，获胜的同盟国创建了联合国和国际法院，但是冷战的到来使两者的发展都停滞不前。二战后的那一代人中，那些律师出身的主要外交家把世界局势导向了西方与苏联集团之间的权力平衡僵局。他们反映出了美国法律观的变化——转向了法律现实主义。不过，二战后的政治领袖们对自由的捍卫，以及盟国和伙伴国家之间经济和政治规则的发展，为国际法和国际机构创造了新的机会。

关于鲁特的遗产的争论

2006年，也就是鲁特与其他人共同创立美国国际法学会100年之后，这个学会召开会议，就"伊莱休·鲁特的遗产"展开讨论。安妮-玛丽·斯劳特（Anne-Marie Slaughter）教授认为，鲁特的经历表明"一个可持续的国际法体系只能在民主国家的共同体内建立"。安东尼·卡蒂（Anthony Carty）教授则回应说，鲁特实际上是认为民主国家需要"作为一种自律形式"的国际法——包括法律的编纂，以及独立于政界的法官所做出的有强制力的判决。乔纳森·扎斯洛夫（Jonathan Zasloff）教授则反驳道："鲁特关于世界秩序的观念中的核心问题是，如果没有某种靠武力维持的秩序，法律就无法发展。"扎斯洛夫说，如果没有这种秩序，鲁特建造国际法治制度的理想就注定会落空。[53] 辩论还在继续。

作为一位法律史学家，扎斯洛夫认为鲁特对国际法的信仰源自塑造了19世纪末、20世纪初美国法律思想领袖们的经典意识形态。这种经典观念认为，无论是国内法还是国际法，其效力都来自大众习俗和社会规范，而不是国家的强制力。社会在发展过程中逐渐形成了公认的解决争端的机制，将暴力冲突转化为法律诉讼。扎斯洛夫说，在鲁特看来，法律是一种中性的、非政治性的秩序来源，能随着时间的推移而演变，满足不断变化的社会群体的需求。

我们可以看到鲁特是如何把这种逻辑应用到国际社会中的。他认为，随着国际法机构的发展，源自误解和不理智的国家间冲突可以被逐渐导入法律程序中。然而，鲁特总是难以明确其他国家对违法国的制裁方式。他似乎相信，公众舆论、对利己主义的承认，以及偶尔的经济制裁乃至使用武力就可以维持法律秩序。扎斯洛夫的总结是，这种期望导致鲁特和他的信徒们回避了为维护全球稳定而做出战略承诺的问题。[54]

扎斯洛夫的观点有一定的道理。但是，鲁特的工作是在美国政治现实的限制下进行的。他支持西奥多·罗斯福通过调停维持亚洲和欧洲的权力平衡的努力。鲁特也许认为美国国会和公众不会支持一种包括承诺使用武力在内的权力平衡外交政策。当来自外国的威胁已经非常明显，就像"一战"那样的时候，鲁特并不会怯于采取军事行动。他支持在"一战"后为法国提供安全担保。但是，鲁特的主要兴趣还是发展国际法。他利用自己能利用的美国国际主义工具——和期望——来开展工作。

美国外交不能，也不应该只依靠权力政治。在有着相似目标和价值观的国家之间，国际法、机构和机制可以巩固合作，发展共同利益。思想领袖罗伯特·基欧汉（Robert Keohane）撰写的一系列作品与一种机制有关，这种机制能够共享信息，降低联合行动的成本，打造机构能力，鼓励共同愿景，实现结构性激励，并能调停或解决争端。自二战以来，这样的机制为国际贸易、投资和金融奠定了基础。它们已经扩展成一套覆盖面更广、涉及其他领域的行动，范围包括医疗、环境、海洋、执法、反恐、发展、通信、能源和交通等。[55]

鲁特也承认美国外交的另一个传统：美国诞生于一个更高级的目标。鲁特把它称为这个国家的"良知"，包括自然权利以及自由和正义的概念。一代代美国人都在谈论基本的自由和人权。约瑟夫·奈（Joseph Nye）发明了"软实力"这个概念，以定义通过美国信仰和期望的吸引力来改变其他国家的价值观和政治文化的理念。[56]美国人重视国家主权和行动自由，而国会则严厉地谴责任何表现得过于热衷限制国家特权的官员。[57]与此同时，美国人保持着所谓的"对人类公意的尊重"，而且，这个国家也以帮助其他国家为荣。

鲁特曾经说过："犬儒主义者总是短视的，而且，事实经常存在于他们的目力所及范围之外。"据说他还说过这样的话："人是不会失败的，他们只是放弃了努力。"美国外交必须把这种乐观主义精神和汉密尔顿的冷静计算结合在一起："我认为我的责任是展示事物原本的样子，而不是它们应该是什么样子。"[58]在实践中，要达到这样的平衡并非易事。

第 10 章

自由贸易体系与和平：科德尔·赫尔

贸易与外交政策

科德尔·赫尔（Cordell Hull）把他的一生都献给了一个宏大的设想：贸易可以降低冲突乃至战争的风险，还可以为美国带来繁荣和友好的对外关系。这位美国在任时间最长（11 年 9 个月）的国务卿在他的回忆录里讲述了他经历过的最长、最重要的一场战斗："我 36 岁那年第一次在国会发表演说，恳求国会降低关税并减少对贸易的限制。直到 1934 年，也就是 62 岁的时候，我才终于打赢了这场战争，把关税降了下来。"[1] 赫尔最大的成就正是 1934 年 6 月的《互惠贸易协定法》（Reciprocal Trade Agreements Act）。

赫尔承认，他最开始呼吁降低关税是为了降低劳动人民的生活成本，并对抗托拉斯和垄断集团。而且，如果其他国家难以把商品卖给美国人，他们购买美国出口商品的能力也会降低。

赫尔说："1916 年，是我政治思想的转折点。"他开始把无阻碍的贸易与和平联系起来，并把关税、壁垒、不公平竞争与战争联系起来。赫尔"意识到很多其他因素都牵扯在内"，但还是认为自由贸易可以提高所有国家的人们的生活水平，并消除那些滋生冲突的经济方面的不满和嫉妒。[2]见证了20世纪20年代和30年代的经济崩溃之后，赫尔更是主张经济灾难会导致社会"［沦为］……独裁者唾手可得的猎物"。[3]

1936年，赫尔自豪地把他的外交政策和杰斐逊的"和平、商业，与所有国家保持真挚的友谊，且不卷入任何同盟"[4]的政策联系在一起。赫尔和休斯、鲁特一样，都试图在不参加同盟的前提下为美国在国际秩序中找到一个位置。他的解决方案是重拾美国早期把贸易和外交政策联系在一起的传统。

赫尔明白，随着美国的经济实力越来越强，这个国家需要承担新的领导责任。他在1934年重申了威尔逊总统在"一战"结束后就国际经济权利问题所提出的警告。威尔逊以及赫尔解释说，美国已经成了欧洲的债主。欧洲人要还债，就必须拿到新的私人贷款，或是转让黄金，抑或售卖商品给美国。威尔逊曾经解释过，欧洲人获取更多的贷款和用黄金支付欠款这两条路都是走不通的。因此，为了让欧洲人偿还借款并从美国购买更多的东西，美国人就必须降低进口壁垒。赫尔总结道："我们已经知道，征收抑制贸易的保护性关税就是搬起石头砸自己的脚。"他用朴素的语言解释说，如果不是全球贸易在20世纪30年代得以恢复，美国的国内经济也不可能在同一时期成功走出低谷。如果对外经济搞砸了，那么美国一定会付出代价——无论是以什么样的形式。[5]

科德尔·赫尔和海军战略学家阿尔弗雷德·塞耶·马汉也许看起来不像是政策方面的同路人，但是，他们两人都热切地相信美国的贸易政策必须和外交政策交织在一起。他们也都明白，美国商业网络的拓展有助于提升国家影响力。商业贸易必须是有来有往的。两个人都认为，保护主义是那些已经丧失了竞争精神的社会为求得自保而采取的退缩行为。美国需要进入的是外国的港口和公海上的航路,而不是殖民地和防御要塞。

宪法与政治

外交政策和贸易政策的联系看起来可能是显而易见的,但是,美国的这两项政策经常各走各的路,因为宪法和国内政治的牵绊使两者难于统一。

美国宪法第一条授予国会"管理与外国的贸易"以及"规定和征收直接税、间接税和其他税"的权力。詹姆斯·麦迪逊在《联邦党人文集》第10篇中以贸易政策为例,解释了美国人如何在新的宪法之下解决各自之间的利益分歧。自成立以来,国会在贸易问题上进行过多场极为激烈的国内政治辩论,这些冲突反映了不同地区和不同生产者之间的经济利益分歧。当总统和内阁试图插手这项属于国会的特权时,他们总是会遭受到沉重的打击。

贸易政策:收入、限制和互惠

道格拉斯·欧文(Douglas Irwin)最近撰写了一本全面的美国贸易政策史。他在书中把美国的经验划分为三个阶段,每一个阶段都以当时国会的首要目标为标志,它们分别是:收入、限制和互惠。我们在第一章已经看到,亚历山大·汉密尔顿几乎完全依靠关税收入来为新政府提供资金,并支付巨额贷款的利息。1792年,新的联邦政府将其87%的收入都用于支付贷款利息。1796年之前,联邦政府的收入都无法满足开支和利息的要求。汉密尔顿提倡用中立政策来维持贸易,因为这样才能有钱支付账单。[6]

汉密尔顿希望鼓励国内制造业的发展,但他更倾向于使用出口奖励金(补贴)而不是保护政策。正如欧文所解释的那样,汉密尔顿认识到,关税增加了用户为商品支付的费用,保护了低效的程序,并且容易催生走私行为。杰拉德·克拉菲尔德(Gerard Clarfield)写道:"汉密尔顿观念中的关键词是对制造商予以'**鼓励**',而不是'**保护**'"。[7]

从1790年到1860年,关税为联邦政府提供了约90%的收入。国会的贸易政策是其收入(和借贷)政策的结果,是在不同地区和生产者之间的博弈中确定的。新出现的制造商寻求保护,而农民一般都想要更低的商品价格和更多的出口机会。应征税进口商品的平均关税在19世纪初是约20%,1820年涨至约25%,到了1828年的关税法案实行之后则涨到了62%。这部法案也被称为"令人厌恶的关税"。从名字就能看出来,这些关税是选举政治中政客们为谋求政治利益而进行的无底线操作所导致的。美国的许多地方都对这一法案感到失望,南卡罗来纳州甚至威胁退出联邦。此后国会又于1833年通过了《妥协税率法案》,确定了到1859年时把平均关税降到20%左右的计划。[8]

南北战争开启了欧文所划定的下一个阶段,也就是限制性的贸易政策阶段。北方急需收入以支撑战争开销,这导致国会将应征税进口商品的平均关税提高到了约50%。这一税率水平基本维持到了那个世纪结束。南方各州的分离——以及随后共和党的长期统治——有利于北方的工业发展。美国在战争期间还背上了巨额债务和老兵的退休金的重担。从1860年到1913年,关税收入仍占政府收入的一半。[9]

美国在海军的支持下迫使其他国家打开市场大门，其中最引人注目的就是19世纪50年代日本市场的开放。但是，直到19世纪后期，才开始有少数人重拾把关税和贸易与国际政策联系在一起的思想。曾两次担任国务卿的詹姆斯·布莱恩希望通过互惠协定来促使拉丁美洲降低贸易壁垒。为此，他需要国会授权给行政机构，使其拥有通过谈判灵活调整关税税率的权限。由于拉美国家近90%的出口商品已经在不缴纳关税的情况下进入了美国市场，1890年国会通过了《麦金利关税法》（McKinley Tariff Act），授予总统对那些不给美国出口商提供优惠的国家征收惩罚性和报复性关税的权力。从1891年到1892年，布莱恩与10个国家谈成了关税协定，其中8个都是拉美国家。民主党控制国会之后于1894年改变了政策的方向，废除了这些有利于统一关税的协定。愤怒的拉美国家对美国商品征收更高的关税，以示惩罚。互惠贸易政策的开头并不顺利。[10]

不管是有意还是无意，美国的贸易政策都搅乱了外交政策。1876年，美国对夏威夷的糖给予市场准入优惠待遇。到了1890年，《麦金利关税法》取消了所有国家的糖的关税，导致夏威夷经济一蹶不振。夏威夷群岛上势力强大的美国种植园主们于1893年推翻了夏威夷的君主政权，并要求并入美国。

美国在1894年恢复对糖征收关税，同时重新给予夏威夷优惠待遇。这一次，曾经因为零关税而获益的古巴经济又掉头向下。经济上的动荡诱发了古巴人的起义，而起义又招来了西班牙人的镇压。这些事件构成了1898年美西战争的导火索。[11]

19世纪与20世纪之交，世界经济似乎正处在重大的转型过程中。随着欧洲的帝国在亚洲和非洲不断扩张，美国担心自己无法在这些地方获得原材料和市场。这些问题促成了海约翰在中国事务上提出"门户开放"政策。德国和法国给予其他国家贸易优惠待遇，但是都歧视美国。大英帝国则创造了一套内部的优惠系统。加拿大历史上一直是美国的重要贸易伙伴，但在 1897 年，加拿大也开始追随英国的步伐，对美国采取贸易歧视政策。[12]

国内的贸易政治也在发生变化。传统上，美国的农民——特别是种植棉花和谷物的农民，以及一些畜牧者——是出口者。到了世纪之交，美国的大制造业主也成了净出口者。安德鲁·卡内基断言，国会可以取消铁和钢的关税，而且此举不会伤害国内的生产。但是，小制造业主并不同意他的观点，共和党也仍然奉行保护主义的路线。[13]

不过，麦金利总统还是成了时代变化的标志。他是 1890 年关税法案的作者，并很为之自豪，但现在他想要推动互惠贸易的新理念。1901 年 9 月 5 日，麦金利在布法罗举行的泛美博览会上发表演讲，宣称经济"孤立已经是不可能的了，也不是我们想要的……互惠条约符合时代精神，报复措施则不符合"。一天之后，这位总统被一名神经错乱的男子刺杀。[14]

西奥多·罗斯福和威廉·霍华德·塔夫脱都对关税政策不怎么感兴趣。党派政治过于危险。塔夫脱制定了一个与加拿大的互惠协议，但是加拿大人在 1911 年的全民公决中拒绝了这一条约。

贸易与进步主义

进步主义把贸易辩论推向了新的方向。调查记者艾达·塔贝尔声讨物价上涨，称其抬高了劳工家庭的生活成本。她声称，关税给鞋类、服装、食品和煤炭的消费者增加了不公平的税务负担。塔贝尔妙笔生花，揭露出关税是腐败政客和特殊利益者碗里的肥肉。另一些人则声称，关税的扭曲加剧了垄断和工业的集中程度。[15]

伍德罗·威尔逊既听取了进步主义者对公平和政府改革的呼声，也响应了南方民主党人对高关税的长期反对。1913年，关税和反托拉斯成了这位总统最重视的任务。《安德伍德-西蒙斯关税法》（Underwood-Simmons bill）将应征税进口商品的平均关税从40%削减到27%，并将许多商品加入免税品清单里。对未来更重要的是，美国刚刚通过了宪法第十六修正案，授权国会征收所得税。在众议院筹款委员会主席的命令下，来自田纳西州的众议员科德尔·赫尔起草了将联邦所得税加入关税法案的若干条款。赫尔还应对了议会对此问题的辩论。1913年，关税收入仍占联邦总收入的45%。征收新的所得税后，关税收入在联邦总收入中所占的比重到1916年时已降到了28%。第一次世界大战后，关税收入在联邦总收入中的比例已不到5%。如果没有赫尔的所得税，美国将很难承担第一次世界大战的费用。此外，随着关税收入占总收入比例的降低，美国也不用再担心降低关税导致政府财政入不敷出。[16]

第一次世界大战和《凡尔赛和约》

与一个世纪之前的拿破仑战争相似，第一次世界大战也凸显了美国的贸易——以及美国的经济影响力——与大洋彼岸的冲突之间的联系。这场战争还改变了美国的国际经济地位。从1914年到1926年，美国的出口额几乎翻了一番，工业制成品的销售额则几乎达到了1914年水平的3倍，进口额则下降了。美国从国际社会的债务人变成了大债主。[17]

1918年1月威尔逊提出"十四点原则",其中第二和第三点呼吁公海自由和"尽最大可能消除所有的经济壁垒,并在所有国家之间建立一个平等的贸易环境"。但是,当威尔逊在12月离开美国赶赴欧洲的时候,他又说自己"对经济话题不太感兴趣"。他还说:"我认为和平会议不会直接讨论国际贸易的问题。"[18] 与威尔逊相反,赫尔呼吁建立"一个常设的国际贸易大会",以"促进公平友好的贸易关系",并避免"经济战"的风险。[19]

威尔逊与共和党参议员们在国联问题上的较量也波及了关税政策。参议员洛奇提出的14项保留意见中,有一项就是主张国会有权管理贸易。到了1920年,应征税商品的平均关税已经下降到了16%,达到1792年以来的最低点。[20]

20世纪20年代

1920年,美联储紧缩银根,引发了严重的通货紧缩和经济滑坡。新的共和党国会使用了他们最喜欢的救急方案:提高关税。国会在1922年通过的关税法案长达130页,恢复了更高的、保护主义的税率。但是,这一法案还是播撒了创新的种子,其重要性将随着时间的推移而逐渐显现。国会与国务卿查尔斯·埃文斯·休斯合作,通过了一个较为灵活的关税条款,试图允许总统根据专家对"生产成本"的计算来调整税率。这项政策后来被证明缺乏可行性,但它创造了一个重要的先例,使国会可以把调整关税的权力授予行政机构(这一授权于1928年获得最高法院的支持)。[21]

同样重要的是,1922年的法案创建了"无条件最惠国(MFN)待遇"的原则。[22] 美国此前一直有条件地给予其他国家最惠国待遇。对于一个有条件最惠国来说，除非其最惠国伙伴为它提供新的（也许是不同形式的）好处，否则它就不能自动获得新的贸易优惠待遇，这样的程序导致复杂的国家关税体系中充满了各种歧视和例外。

在无条件最惠国原则之下，所有的贸易伙伴都可以自动获得新的优惠待遇。当时美国并没有在商讨很多贸易协定，而且国会正在提高关税而非降低关税，因此几乎没有人注意到最惠国待遇的这一变化。但是，科德尔·赫尔意识到了这一工具的潜在力量。无条件最惠国原则的使用不仅能降低关税，还能建立一个自由化收益更多、一对一讨价还价更少的国际体系。[23]

美国经济中的大多数行业在20世纪20年代都经历了蓬勃发展，但农民们却举步维艰。中西部农业区需要价格支持，在没能得到支持的情况下则呼吁关税保护。但是，美国是一个农业净出口国，它依赖的是由全球供求关系所决定的世界价格体系。国内的保护几乎无法影响美国出口农产品在全世界的售价。

《斯穆特-霍利关税法案》：保护主义和经济崩溃

不管怎样，国内要求保证农民利益的政治压力还是导致国会对脆弱的国际经济给出了最沉重的打击：1930年的关税法案，即《斯穆特-霍利关税法案》为近3 300种商品分别列出了关税税率。在此法案的讨论过程中，所有议员都陷入了"老套而糟糕的互投赞成票行为"*的疯狂之中。1929年10月股市崩盘引发银行破产和经

---

* 此处指互相赞成对方的法案，以谋求各自的法案得以通过。——译者注

济萧条之后，国会又把议案中的保护税率提得更高。尽管有1 028名经济学家呼吁胡佛总统拒绝批准该法案，但胡佛还是在1930年6月17日签字批准了。[24]

当代的绝大多数经济学家都认为，大萧条之所以程度如此之深、时间如此之长，主要的原因是受到了货币和财政方面的影响。《斯穆特-霍利关税法案》把各种问题都搅和到一起，还引发其他国家设置更高的关税并对美国施加报复。[25]

1932年，美国的平均关税达到59.1%。从1929年到1932年，美国的进出口总额锐减近70%；其中出口下降了49%，进口下降了40%。[26]

国会从来没有认真考虑过国外对法案的反应。大概有65个国家表示了抗议，但犹他州参议员里德·斯穆特（Reed Smoot）和他的同僚们还是说："关税是内政……外国无权干涉。"欧文教授查阅了《国会议事录》长达20页的关于西红柿关税的辩论记录，发现里面几乎没有人提到过国会这样做将带来什么样的国际影响。[27]

1929年占美国出口约20%的加拿大进行了坚决报复。到1932年2月，英国已经从实行传统的自由贸易政策退缩到维持一个帝国经济集团。1930年，美国对英国的出口有70%是免税的；到1931年底，这一数字下降到20%。加拿大和英国共购买了美国三分之一以上的出口商品。

其他国家用互惠、特许经营、外汇管制乃至易货贸易等各种方式建立起了经济集团。德国把目光瞄向了东南欧，然后又致力于国民经济的自给自足。日本建立了"大东亚共荣圈"。全球贸易总额在1929年到1933年间下降了26%。直到20世纪30年代末，国际贸易都没有恢复到1929年的水平。[28]

美国在20世纪40年代和50年代的大部分时间里都在收拾1930年的贸易法案给国际贸易留下的烂摊子。美国公众对《斯穆特-霍利关税法案》印象不佳，但是美国的贸易政策直到1933年仍然没有着落，直到科德尔·赫尔得到了重塑贸易历史的机会。

科德尔·赫尔的政治教育

赫尔走了很长的路才爬上国务卿的位子。他在17岁那年就曾驾着马车去参加一次州长选举中的活动。[29] 赫尔的家乡在田纳西州中东部，靠近肯塔基州边界。相对富裕的家境使他得到了良好的教育，包括在坎伯兰法学院为期一年的学习。这位年轻人只在法律界执业了一小段时间，就早早断定自己的真爱是政治。他于21岁进入州议会，担任了两届议员，然后又指挥一个志愿兵连队参加了美西战争。赫尔尽管全程没见到前线的炮火，却学会了像大兵一样骂街。人们已习惯于他那风度翩翩、高傲且有些呆板的南方绅士形象，以至于后来在他爆粗口时都会大吃一惊。

接下来，赫尔又成为一名州巡回法官，在十个县的范围内游走。这段经历使他受到了更深刻的政治教育。赫尔的政坛导师是一位支持低关税的众议员，他在1906年退休，为赫尔进军众议院铺平了道路。赫尔的众议员生涯从1906年持续到1930年，只有1920年共和党在选举中大胜时中断过一阵。他利用这段短暂的间隙担任民主党全国委员会主席，并以勤勉的工作建立起了人脉，声誉变得更加显赫。赫尔在1911年就进入了权力很大的众议院筹款委员会，并成为一名备受尊敬的税务问题专家。1930年，赫尔赢得了参议员席位。

赫尔学会了在政界保持耐心。一位传记作者写道，他"首先是一名幸存者"。在后来的一系列考验之中，正是这样的特质帮助他走向了成功。[30]

赫尔在20世纪20年代早期担任民主党全国委员会主席期间找到了富兰克林·罗斯福。罗斯福在1920年的大选中担任民主党方面的副总统候选人，影响力得以扩大，但他在1921年罹患脊髓灰质炎，这使他的政治前途蒙上了一层阴影。赫尔知道民主党是联合体，反映的是各个地区的利益。他还断定罗斯福将在未来成为领袖。从1926年开始，这两位职业政治家开始定期会面并交换看法。1928年的总统大选中，来自纽约的阿尔·史密斯（Al Smith）竞选总统，罗斯福则支持赫尔作为南方的提名人选，担任史密斯的副总统候选人。[31]

到了1932年，罗斯福自己成为总统候选人的时候，赫尔则是他最早的支持者之一。这个田纳西人帮助罗斯福赢得了南方的支持，引起各界的关注，他在参议院中也是罗斯福的代言人。罗斯福的竞选经理詹姆斯·法利（James Farley）总结了罗斯福最需要赫尔的时候是看中了他的哪一点："在这段我们需要一个朋友的日子里，整个美国唯有他能在民主党大会召开之前的这段时间提供如此有效而忠诚的服务。"赫尔积累了巨大的政治资本。[32]

赫尔出任国务卿

罗斯福在总统选举中大获全胜。这位新总统需要组建一个能够反映他的政治联盟利益的内阁。赫尔从来都不是罗斯福的朋友，但是他们彼此尊重对方的政治嗅觉，而且赫尔很接近民主党的意识形态中心。[33]

民主党此时已经12年没有执政了。再往前的8年里,威尔逊执行的外交政策有着高度的个人化色彩。因此,民主党内缺乏国际问题专家。赫尔与国会关系紧密,也是南方领袖,政治忠诚度高,同时还因关税政策方面的经验而熟悉国际事务,这使他成了国务卿的合理人选。他自己也渴望得到这个职位。不过无论如何,罗斯福的第一要务都是处理国内的经济危机;而且,这位超级自信的总统可能觉得主管外交政策的人最后还得是自己。

赫尔并没有第一时间接受国务卿的职位,而是等了将近4个星期。赫尔有健康问题——他刚得知自己得了肺结核——但是,他的犹豫似乎主要源于对罗斯福"新政"(New Deal)经济政策的怀疑,还有一部分来自他对罗斯福"智囊团"中某些人的意见,以及对新总统在关税问题上的决心的疑虑。赫尔的经济哲学强调的是个人主义,尤其是农民和小商人的利益,而不是集体经济、政府控制和卡特尔。罗斯福已经任命了"智囊团"中的议员雷蒙德·莫利(Raymond Moley)教授担任助理国务卿,而且赫尔听说,莫利已经在图谋反对自己这个即将上任的正职国务卿。罗斯福以个人名义向赫尔再三保证,他在国务院将拥有决定政策的权力,赫尔这才接受任命。[34]

后来,赫尔吃到一些苦头才领悟到,罗斯福喜欢为自己多留一些选项,并且会毫不犹豫地在这些选项中玩弄手段。不过,赫尔也有他自己的资本。他被普遍认为是行政班子里除总统之外最受欢迎的人。他是政府里的头号南方人、头号威尔逊主义者,而且,国会中的老资格南方代表们也为这个地区争取到了多个实权委员会的主席职务。赫尔在白宫也交了不少政坛朋友。他还知道如何等待合适的时机,以消灭一个暴露出弱点的敌人。

1933年伦敦经济会议

赫尔第一次重要的出国访问是参加1933年6月的伦敦经济会议。英国首相拉姆齐·麦克唐纳（Ramsey MacDonald）当年4月拜访了罗斯福，以说服美国人出席会议。麦克唐纳希望重振经济信心——通过债务、汇率和货币政策的调整以及贸易来实现。但是，这次在伦敦举行的会议却变成了一场灾难。

赫尔担任美国代表团的团长，但美国的谈判计划却不是他牵头制定的，而是被莫利设法主导。代表团的组成很别扭，成员之间无论是性格还是思想都大相径庭，彼此经常发生争吵，赫尔始终没能确立起领导地位。赫尔希望总统能在国会的紧急会议休会前把关税改革法案呈交给国会，这样他就可以提议举行国际谈判以商讨消除贸易壁垒的问题。就在赫尔还在赶往伦敦的路上的时候，总统放弃了赫尔提出的议案。

这样一来，赫尔就没有了任何授权，只能围绕着贸易问题泛泛而谈。这位极度郁闷的国务卿差点辞职。行政班子里争议的远不止应该优先讨论什么法案这样的问题。罗斯福新政早期的"智囊团"与威尔逊主义的国际主义者之间有着根本的分歧。雷蒙德·莫利、雷克斯·特格韦尔（Rex Tugwell）和罗斯福的其他顾问制定了《全国工业复兴法》和《农业调整法》，以削减国内产量，抬升物价。他们想用产量控制、计划和卡特尔的方式来减少供给。他们的计划是打造出有组织的、"公平竞争"的、自给自足的国家经济，而进口将会破坏这一计划。事实上，经济的问题主要在于货币供给不足和需求不旺，而不是生产过剩。但是，新政派们此时正是政坛得意的时候。

让事情变得更加糟糕的是，莫利决定到伦敦去"拯救"会议，而他的方法就是通过谈判达成一个货币稳定协议。在跨洋航行的6天时间里，莫利通过媒体疯狂攻击赫尔。到了伦敦，他就无视赫尔，直接和英国、法国讨论起了一个模糊的货币宣言——结果被罗斯福否决。这位总统发表了一份平民主义的声明，批评了这次财政会议的整体想法；他直截了当地说，他的首要任务是治愈国内的经济疾病。与会各国代表听到他的声明后全都气炸了。麦克唐纳准备终止会议，并将其归咎于美国人的阻挠和罗斯福的失礼。

第二年刊载于《当代史》(Current History) 上的一篇文章写道，赫尔"在伦敦被打得鼻青脸肿"。但是，这位国务卿却带着三项成就返回了美国。他设法让麦克唐纳把结束会议的日期推迟几周，同时消除了一部分针对美国的敌意。赫尔甚至还让会议记录员记录下了一份来自美国的提案，内容是削减全世界的关税。最重要的是，莫利的公开抨击促使赫尔对总统发出了事实上的最后通牒。到了夏末，莫利就走人了。[35]

贸易战略

在担任国务卿的第一年里，赫尔对于如何设计贸易谈判策略有了自己的想法。他断定，废除《斯穆特-霍利关税法案》或者直接削减关税税率都是愚蠢的做法。他在卸任国务卿职务后撰写的回忆录里说，最初他"对任何降低关税比例的行动或协议都很感兴趣，不管这个协议是由许多国家或所有国家签署的多边协议，还是只对少数国家有效的地区协议，抑或只有两个国家签署的双边协议"。但是，在伦敦会议前后，赫尔发现没有哪个国家愿意接受一个重要的多边协议,尤其是美国。于是,赫尔和他的助手们"同意我们应该确保减少贸易壁垒这个次优选项得以实施,那就是签署双边贸易协定,并在其中使用无条件的最惠国政策,也就是说没有贸易歧视,只有一视同仁"。[36]

当我在2001年成为美国贸易代表的时候,我回顾了赫尔的经验。一些国家挫败了世界贸易组织(WTO)启动新一轮贸易自由化进程的努力,相当多的国家政府不愿为那些已经在世界经济中占有巨大比例的行业——如服务业和科技行业——制定新规则。依照赫尔的精神,我们决定采用"竞争性的自由化"政策,即同时展开多边、地区和双边谈判。如果某些国家没有做好准备或者不情愿,美国就会和那些做好准备且有意愿的国家继续向前推进。正如赫尔曾经做过的那样,我们用一份又一份双边协议打好了规则基础,使之将来可以应用在地区乃至全球的协议之中。

1934年的《互惠贸易协定法》

1933年年底,罗斯福总统还是在犹豫是否要推动立法授权贸易谈判。但是,国务卿谨慎地向内阁同僚和国会成员示好。他准备了一份只有3页的法令草案。

1934年2月28日,总统召集了赫尔、副总统、参众两院中的民主党领袖、农业部部长和另外几个人,一起商议赫尔的草案。这个提议很大胆也很简单,即向行政机构授权,使其可以通过贸易谈判把《斯穆特-霍利关税法案》规定的进口关税下调(或上调)最多50%。关税下调将适用于所有与美国签订了含有无条件最惠国条款的贸易协议的国家,且这些协议无须国会批准。[37]

赫尔把法令设计为国会对总统的授权,这就让行政班子绕过了参议院批准条约的职能。此外,国会仅需投票一次,因为这项新权力是没有时间限制的。总统可以通过这项法令获得极大的权限。

罗斯福对草案点头同意。担任众议院筹款委员会主席的民主党议员提出了议案并迅速采取行动。这个委员会只用了 5 天就听取了 17 个人的证词,其中有 7 个人都是为行政班子说话的。在把法案交给全体议员讨论时,这位主席做了一处重要的修改:这项新授权将在 3 年后到期,除非国会延长授权。[38] 与罗斯福新政把国会的权力移交给国内机构不同,国会在贸易政策的问题上还是想保持密切关注。在此后的 80 年里,历届总统都不得不为保住贸易谈判的权力而与国会不断斗争。随着时间的推移,国会坚持要为协议增加限制、程序以及最终的投票。

1934 年 3 月 29 日,众议院以 274 票赞成、111 票反对的结果通过了《互惠贸易协定法》。前国务卿、共和党议员亨利·史汀生在全国广播讲话里表达了对该法案的支持。6 月 4 日,该法案在参议院以 57 票赞成、33 票反对的结果得以通过。[39]

正如欧文教授在他对美国贸易政策的研究中所提到的那样,"《互惠贸易协定法》长期以来吸引着研究制度变化的学者们的兴趣"。他总结道:"《互惠贸易协定法》是对当时形势的一种实用主义回应。"[40] 它使政治对贸易的支持变得更容易。贸易事务的发展趋势从把关税设定得越来越高,变成通过协议来减少壁垒。此后,国会对《互惠贸易协定法》所授予的权力又加上了消费者和出口利益方面的审查。此外,行政机构有权把国家安全和外交政策的因素纳入制定关税和贸易政策时的考虑范围。

为执行《互惠贸易协定法》而战

国务卿赫尔有3年的时间去建功立业。国务院在3个月内就宣布与古巴达成贸易协定,并有意与另外11个国家展开谈判。[41]

不过,赫尔首先要对付一个官僚体系里的敌人,这个人比莫利危险得多。按照赫尔在回忆录里的说法:"对贸易协定计划最大的威胁并不是来自其他国家,不是来自共和党,也不是来自某些制造商或农民,而是来自罗斯福的总统班子内部,来自乔治·N.皮克(George N. Peek)这个人。"[42]

皮克在政治上的主要支持力量来自农业界。他在《农业调整法》颁布后成为首任农业调整局局长,他的计划是把过量生产的农产品买下来,然后倒进海里,强行支撑物价。农业部部长亨利·华莱士(Henry Wallace)把皮克撵走后,罗斯福任命皮克为对外贸易特别顾问。皮克执掌了新成立的进出口银行,从而占据了一个国务院之外的实权职位。赫尔后来写道:"罗斯福先生的这个任命,比拿大锤砸我的脑袋还狠。"[43]

皮克认为,由高关税、配额和外汇管制所组成的新贸易世界是不会改变的。他对此的应对方案是通过由自己领导的"一个协调且整合在一起的政府贸易机构"来管理贸易。为了绕开外汇管制,皮克准备进行双边的大宗商品易货交易。他的进出口银行可以为商品销售提供资金乃至补贴。[44]

赫尔计划重建一个开放的、建立在平等待遇基础上的国际贸易体系,而皮克认为这是"单方面的经济裁军"。皮克想要的是经济控制和国家指挥的贸易;赫尔认为政府应该停止指挥贸易的流向,这样私人公司和农民才能公开地在价格和质量上竞争。赫尔努力建造一个能让美国人和外国人都享受繁荣发展机会的国际规则体系,而皮克则希望个体之间的交易都在政府制定的条件下进行。赫尔的计划需要时间才能得出成果，因为私人公司需要在他的削减壁垒的协定生效后抓住机会；皮克的优势在于，他已对罗斯福做出政治上的承诺，保证短期内就能看到销售数字的好消息，而绝大多数政治家都只考虑短期利益。[45]

从1934年到1935年初，赫尔和皮克的斗争一直占据着美国贸易政策的舞台中心，导致国务院无法推进执行《互惠贸易协定法》的工作。赫尔悄悄地争取着内阁同僚们的支持，而皮克则开始为最后的摊牌做准备——可是，他挑选出的一块最好的战场最终导致了自己的失败。

皮克推动美国用棉花来交换新成立的纳粹德国所生产的葡萄酒。德国人想要获得美国的商品，但不想用硬通货支付，也不想实行自由化的贸易政策，或是终止对美国债券持有者的歧视。国务院指出，德国是想囤积现金以购买军火，而这与美国的贸易和财政政策相冲突。但是，皮克还是于1934年11月宣布与德国政府达成交易。德国将只用美元支付棉花价格的25%，剩下的则用德国马克支付，而德国马克对美国人来说也只有购买德国商品时才能用得上。

皮克的交易还让巴西陷入了困境。赫尔正在和巴西谈判一个贸易协定，以帮助巴西从英国的歧视性贸易中解脱出来，并向美国的政策方向靠近。但是，巴西是一个主要的棉花出口国，如果美国执行带有歧视性的双边易货协议，巴西就需要实施报复，并且也要去依靠政治性的贸易交易。

12月12日，罗斯福总统批准了皮克与德国的易货协议。赫尔当时正好不在，他的副手一边通知国务卿，一边设法让白宫暂缓宣布这一决定。尽管国务院认为罗斯福的决定已经不可能收回，但病中的赫尔还是采取了行动。他给总统发出了一份情绪激动的"私人保密"消息,解释了这一协议与美国贸易政策的冲突之处,并说明这一贸易政策既是美国外交政策的支柱,也是为美国农民打开外国市场的最佳途径。德国已经有了债务违约和歧视美国人的记录。这项交易最终将会损害进出口银行或美国农民的利益,而德国则将存下购买"大量军备"的资金。这项协议事实上补贴了德国商品,使之与美国商品处于完全不公平的竞争状态。除此之外,皮克的计划"几乎一定会招致大量强烈反对希特勒政权的美国人的极端不满"。

我猜罗斯福的同事里面几乎没有人拥有说服总统的手段、论点和政治智慧,但赫尔是个例外。罗斯福撤回了他的批准。[46] 皮克的影响力开始衰退,到了 1935 年底,他就走人了。

贸易协定谈判

赫尔现在可以把精力集中到他的贸易协议上了。他迅速而谨慎地向前推进,始终警惕着来自国内的政治风险。赫尔的贸易协议力图减少贸易壁垒,推广非歧视的、无条件的最惠国待遇原则,同时维持住公众的支持。美国谈判的并不是自由贸易协定,谈判代表遵照两个原则:第一,为来自主要供应国的产品降低贸易壁垒,这样就可以限制不在协议范围内的其他最惠国待遇伙伴的收益;第二,尽量集中关注不会激起国内反对声音的商品。赫尔私下承认,他的计划"只有 5% 是出于经济上的考虑,剩下 95% 或多或少都有政治或心理上的考虑"。[47]

美国于 1935 年谈成了第二个协议,对象是巴西。美国的锰生产商表示反对，而赫尔则担心失去政治支持。[48] 但是，美国与巴西建立更紧密的经济关系之后，其好处在二战期间显现了出来。与巴西的友好关系帮助美国获得了美洲国家的支持和一个可以架起欧洲航路的航空基地，以及巴西的作战部队。

1935年，参议院拒绝让美国加入国际法庭，这动摇了赫尔的信心。罗斯福和赫尔犹豫要不要和比利时及卢森堡签署一个贸易协定，但是他们两人彼此都断定，如果另一个人能承担责任，自己就能接受这笔交易。结果，由于比利时政府提出的时间限制已经快到了，国务院在赫尔不在、总统无暇顾及的情况下签署了条约。[49]

这第一批贸易协定给了美国动力。国务院决定，凡是在6个月内开始与美国谈判贸易协定的国家，美国都将给予其无条件最惠国待遇。到1936年底，美国又依次与海地、瑞典、哥伦比亚、加拿大、洪都拉斯、荷兰及其殖民地、瑞士、尼加拉瓜、危地马拉、法国及其殖民地、芬兰和哥斯达黎加达成了协议。[50]

美国与加拿大的协议尤为重要。这两个国家有着"世界上规模最大的双向贸易关系"。但是，美国对加拿大的出口额已从1929年的接近10亿美元下降到1933年的2.1亿美元出头。虽然加拿大的政府经历了一次换届，但无论是保守党还是自由党都支持这一谈判。总理威廉·莱昂·麦肯齐·金（William Lyon Mackenzie King）长期支持北美一体化，他与赫尔一样希望创建一个开放的国际经济体系。赫尔也认为加拿大的支持有助于他说服英国政府，从而把整个大英帝国都拉进他正在构建的贸易秩序里来。[51]

与加拿大的谈判进入最后阶段之后，赫尔似乎就退居二线了。他生病了，需要休息。但是，他对此又有些犹豫，担心会有政治上的风险。这一次，罗斯福审阅了谈判中提出的优惠清单，并划掉了几项可能会影响重点州利益的条款。但是，罗斯福决定继续往前推进之后，就推进得十分坚决。他把赫尔从北卡罗来纳州叫回来，让他参加1935年11月15日与加拿大的金总理在白宫举行的签约仪式，美国内阁的全体成员都作为见证人出席。总统希望国务卿出面签约并承担责任。值得赞扬的是，赫尔挺身而出，去应对批评的声音。条约生效后，这两个北美贸易伙伴间的双向贸易迅速回升。

战争迫近：对英国和日本的贸易

赫尔现在的首要目标是英国。英国是一个非常重要的经济体，在20世纪20年代，英国和加拿大一直是美国的前两大出口市场。但是，赫尔的真正目标是让英国政府支持他的开放国际贸易计划。赫尔后来写道："我们的贸易协定计划一定要把英国拉进来作为最重要的一部分，否则这个计划就不算完整。"数个世纪以来，英国一直是居于主宰位置的世界贸易强国。它起先是一个殖民地遍布全球的重商主义国家，后来又变成一个支持自由贸易的国家。但是，经济大萧条迫使英国成了一个由英镑国家、保护主义、帝国特惠制乃至双边结算及易货协议所组成的贸易体系的领袖。第一次世界大战的余波让英美两国彼此失望，战争借款问题所造成的裂痕也还没有愈合。20世纪30年代中期，在很多美国人的眼里，英国就是一个唯利是图的商业对手——它憎恨美国的崛起，想维护老牌帝国的特权，并且拒绝履行义务——而不是后来那个在丘吉尔领导下英勇反抗法西斯主义者的民主国家。赫尔和其他人都选择性忽视了一点，即英国的保护主义政策是为了应对《斯穆特-霍利关税法案》，比美国自己的保护主义政策要温和得多。[52]

从1936年初到1938年底，英美政府在贸易问题上唇枪舌剑。加拿大试图帮忙，奉行保护主义的澳大利亚则拒绝。英国首相内维尔·张伯伦（Neville Chamberlain）和外交大臣安东尼·艾登（Anthony Eden）能看到，英美双方建立更紧密的贸易关系将有益于外交政策，但财政部和贸易委员会受困于经济现实并不愿意接受。英国没有什么能拿得出手的优惠待遇，也没有什么办法能补偿各自治领因英美贸易协议而失去的贸易额。英国本土已经看到了战争的阴云密布，正需要保持住帝国的统一和资源的供给。由于美国奉行有约束性的中立原则，英国不能把希望寄托在美国身上。赫尔可能察觉到了"世界正在起火"，而那些志同道合的国家需要"围绕某种实用的计划团结在一起"。但是，美国想要的是商业谈判，而不是政治条款。[53]

张伯伦首相最终认定，达成协议"将有助于引导美国人的观念，让他们更多地和我们一起行动，而且我十分确定这会让极权主义者们感到害怕。这个协议诞生在此刻，就像是对'柏林–罗马轴心'的一个回应"。但是，美国在1937年到1938年出现的经济不景气让原本难度就很大的谈判变得更复杂了。1938年9月的《慕尼黑协定》似乎打破了最后的僵局，英国、加拿大和美国于1938年11月17日在一份成果有限的协议上签了字。不到一年之内，英国就陷入了战争，并开始实行严格的贸易管制。1941年之后，美国和英国的贸易依赖于新制定的《租借法案》（Lend-Lease Program）。赫尔的继任者们后来还为英国的帝国特惠制和贸易歧视而与之辩论。[54]

赫尔天生就是一个反对独裁的人。他对德国和意大利实行的自给自足的经济和贸易政策的不满更加深了他的这种政治倾向。不过，赫尔的经济思维使他没能看到法西斯主义者的真实目的，他一直相信"经济复苏"会通过贸易而不是军国主义给人民带来"满足感"。[55]

日本的问题就更复杂了。日本政府将会受益于赫尔提倡的开放贸易体系，两个经济体大体上是互补的。1935年，美国驻日大使约瑟夫·格鲁（Joseph Grew）解释了日本扩张倾向的由来。日本的工业化、人口过剩和自然资源的缺乏促使这个国家放眼海外，但是世界市场正在对其关上大门。格鲁通过自身的观察指出，美国如果想在未来一到两代人的时间里维持住在远东的利益，就只能要么"给予更大的市场和机会"，要么走向战争。格鲁可能满以为自己的逻辑能够说服赫尔，因为后者一直相信经济扩张可以代替军事侵略。但是，赫尔却担心日本的廉价出口商品——尤其是纺织品、服装及其他消费品——将会把罗斯福新政抬升物价的努力毁于一旦。他担心国内的政治反应将会危及《互惠贸易协定法》。赫尔因此呼吁日本"自愿"为其出口设置限额。他宣称美国政府为重新开放国际贸易"担负了一切可能的责任"。日本需要到其他地方去寻找市场，日本也确实这么做了。[56]

国会政治与《互惠贸易协定法》的续期

赫尔始终关注着涉及《互惠贸易协定法》续期的政治问题。罗斯福因1936年总统大选的压倒性胜利而信心百倍，他想让国会在1937年把贸易谈判的授权改为永久有效。赫尔则看得更准一些，认为国会还是想用每几年续期一次的方式保持控制力。行政班子推动这一计划的动机也从刺激经济复苏转变为抵御战争威胁。众议院以285票赞成、101票反对的结果批准将授权延长3年。参议院领导人们先是拒绝了一些可能造成严重问题的修正提案,然后支持这一法案,使之以58票赞成、24票反对的结果得以通过。[57]

到了1939年底,赫尔认为他的贸易原则和协定应该"成为一块基石,让各个国家在战争结束后围绕它重建运行在自由主义规则下的商业体系"。他谴责"自杀式的经济国家主义,及其斯穆特-霍利式的闭关政策"。罗斯福喜欢赫尔的观点。身体长期不好的赫尔记录道:"自1933年以来,我第一次感觉到总统在贸易协定的问题上站在了我这一边。"[58] 但是,美国的一些制造业主却反对将授权时间延长。一项民意调查显示,公众中知道《互惠贸易协定法》的人不算多,但这些人都强烈支持续期。不过,国会中的政治反对声音还是比以前更多了。1940年2月,众议院以218票赞成、168票反对的结果通过了续期议案。参议院提出一个修正提案(这是一个需三分之二多数才能通过的提案),要求未来的贸易协定需得到参议院的批准,结果这个提案以3票之差被否决。最终,参议院仅以5票的优势批准了续期议案。[59]

共和党在1940年大选中推出的竞选纲领标志着其对《互惠贸易协定法》计划的态度发生了转变,由呼吁终止计划改为批评行政班子执行计划不力。但是,在1943年关于授权时间延长的辩论中,一大堆修正提案还是让《互惠贸易协定法》的授权面临被废止的危险。最后得到通过的是一个妥协方案,即只延长两年,以便国会在恰当的时候考虑战争结束后的贸易政策。但是,众议院最有权力和专业水平的机构——筹款委员会——的一份报告已经体现出了一个始于10年前的重大转变。这份报告指出,"最大的问题"不是具体的关税税率,"而是我们作为国会是否应当制定一项最有利于整个国家重大利益的政策,并授权通过一个切实可行的程序使这种政策发挥效力"。[60]

协定和贸易政策原则

美国参加二战之前和之后，赫尔又谈下了不少贸易协定。新签约的国家有土耳其、委内瑞拉、阿根廷、秘鲁、乌拉圭、墨西哥、伊朗和冰岛，赫尔还与一些已有协定的国家又签订了补充协议。他总共与28个国家签订了31项协定。欧文认为，美国1939年的应征税商品平均关税已经低于《斯穆特-霍利关税法案》推行之前的水平了。由于美国制造商面对的贸易壁垒有所减少，美国对有贸易协定的国家的出口额在1934—1935年度到1938—1939年度之间增长了63%（对没有贸易协定的国家的出口额只增长了32%）。根据欧文的说法："看起来，美国的努力有了成效，它正在夺回在世界贸易中所占的份额。"[61]

更重要的是，赫尔的革新彻底改变了美国的贸易政策。此后的历任总统都可以参考他的先例来制定一个全面的贸易政策，把外交政策和经济政策的目标结合在一起。赫尔的新方法在国内的政治基础并不稳固，直到现在仍是如此——国会嫉妒行政班子的特权。有一些国会议员能认识到，允许行政班子塑造国家政策并协商与各个国家、地区或全球的贸易协定是有好处的。但是，所有的国会议员都知道，他们的政治利益都在国内，所以他们的经济利益也是如此。

如今，1930年制定的《斯穆特-霍利关税法案》已经憋闷地沉睡在了法令的废纸堆里。特朗普已经证明，一个自诩"关税专家"的人可以用行政权力去抬升贸易壁垒，而不是去降低它们。

对赫尔的评价

随着美国逐步走向二战的边缘,赫尔没能与罗斯福同步成长,因而也就不再是他的得力搭档。罗斯福自己摸索着唤醒美国公众的危机意识,赫尔却还是一门心思关注贸易问题。进入战争状态之后,罗斯福全面掌控了外交政策,赫尔则似乎成了一个边缘人物,此时的他已经耗尽了精力。不过赫尔曾注意到,"政治立场是跟着经济立场走的"。所有与赫尔签订了贸易协定的国家中,没有一个与美国开战,而且几乎全都加入了美国这一边,与轴心国作战。[62]

不过,到了战争接近结束,美国面临设计战后世界的挑战时,赫尔又重新起到了一定作用。他拒绝了财政部部长亨利·摩根索(Henry Morgenthau)提出的让德国退回到工业时代之前的计划,还为美国筹划新的联合国做出了贡献。赫尔知道,这个世界需要重拾乃至扩大他的贸易计划,以完成战后重建。[63]

赫尔有时表现得过于理想主义,还有些天真,但有时也很脚踏实地,并且能够把事做成。参议员保罗·道格拉斯(Paul Douglas)曾在芝加哥大学教授经济学,也曾作为海军陆战队成员参加过太平洋战争。他在1972年对赫尔做出了自己的评价:"从田纳西州山区走出来的赫尔是一名自由贸易主义者,还当过民兵队长。他既精明,又有些土气。他为了良好的目的,用智谋战胜了匹兹堡和华尔街的那些身价不菲的保护主义律师和说客。"道格拉斯其实可以再加上一句:赫尔战胜了一些罗斯福新政的制定者,有时甚至还战胜了罗斯福本人。[64]

接替赫尔担任国务卿的迪安·艾奇逊(Dean Acheson)认识到了赫尔的政治遗产有多么重要。他继续推进赫尔的工作,于1945年延长了《互惠贸易协定法》。他在写于1969年的回忆录中解释说，在二战之后的几十年里，赫尔对国际贸易的自由化改革是"和平和经济发展的前提条件"。他写道："赫尔先生之所以能取得惊人的成功……让一项延续上百年的美国政策彻底反转，其原因有两个，一是他有顽强的毅力，二是他在参众两院争取到了重大授权。"[65] 我们将会在下一章看到，赫尔的头号弟子是威廉·克莱顿（William Clayton）。1944 年 12 月，刚被任命为助理国务卿的克莱顿写信给刚刚退休的赫尔，信中说："我在国务院的信纸上签名寄出的第一封信就是给你的……我想要向你保证，你的外交政策已经彻底扎根于我的思想体系之中，我将永远为之努力和奋斗。"[66]

国会把谈判贸易协定的权力委托给总统，以降低贸易壁垒，并为一个开放的贸易体系确立原则，这就是赫尔的遗产。此外，赫尔认识到美国的贸易关系是其外交政策的一个关键因素，只不过他过高地估计了贸易对防止冲突的作用而已。赫尔还知道，国会并不情愿把权力授予行政班子。保护主义者需要维护地方利益，这就要求美国的贸易谈判者一边敲定国际贸易协定，一边谨慎地应对国内的政治联盟。赫尔的想象力、实用主义政治以及谈判为美国外交贡献了一个有重大影响的理念。

第四部分

美国同盟的新秩序

(1945—1988)

第 11 章

马歇尔计划和北约：
同盟体系的构建者们

转折

1947年到1949年的三年时间里，一小群美国政治家使美国和世界的关系发生了戏剧性的改变：他们设计了一个国际经济和安全体系。这一体系一直延续到今天。在这一过程中，这些领导人摸索出了一种国家介入全球问题乃至承担全球责任的新方式。

美国外交的这一惊人转变并不是战略计划的产物，但它是实用的、大胆的，并且有效地应对了苏联对美国的压力。美国官员需要处理四个迫切的问题：希腊和土耳其的安全，欧洲的经济和政治复苏，德国的未来，以及泛大西洋地区的安全问题。之后又浮现出第五项挑战：如何赢得美国国会和公众的支持。

1945年：赢得和平

美国一直认为自己是一个被广阔的海洋所包围的陆地堡垒，但第二次世界大战动摇了美国的安全感。日军对珍珠港的偷袭，以及数艘战列舰熊熊燃烧的难忘画面暴露出了这个国家脆弱的一面。战略轰炸机可以威胁到远离前线的人。新闻纪录片中，原子弹爆炸后的蘑菇云画面警告了人们，战争可以造成怎样无法控制的灾难。二战一共导致52.2万美国人丧生——全球的死亡人数则达到5 000万。如果再来一场世界大战，恐怕整个人类的生存都会受到威胁。[1]

1945年，美国陆军参谋长乔治·C.马歇尔在准备给战争部部长的最终报告时，想到了未来的挑战。"在战争史上，以前被大洋隔开的遥远距离对我们的国防都是至关重要的因素，但从此以后恐怕它不会再给我们起到屏障作用了。"马歇尔警告道。[2]

这么想的不只是马歇尔。早期冷战史专家梅尔·莱弗勒（Mel Leffler）教授指出，布鲁金斯学会曾于1945年召集国际问题专家研究美国未来的安全形势。与马歇尔一样，参加研究的学者们把注意力集中在了防止任何强国或联盟控制包括欧洲和亚太地区在内的欧亚大陆的广阔土地之上。他们的研究反映了美国地缘政治思想的兴起。地缘政治研究既包括对潜在实力——资源、人口、工业水平和科技——的评估，也包括对地理、交通和关键地点的重视。地图上最重要的空间就是欧亚大陆，而纳粹德国和日本帝国差点就把整个大陆都征服了。

参谋长联席会议的军事计划制订者们一看到布鲁金斯学会的报告，就立刻将其列为机密。与这份报告一样，参谋长联席会议的研究结论也是美国需要跨洋的合作伙伴。"从人力资源和发动战争的能力的角度来看，旧世界［欧洲、亚洲和非洲］的潜在实力要远远超过西半球。"美国需要进入欧亚大陆的"边缘地带"，并且和那里的国家建立友好关系。[3]

不过，美国人在1945年末感觉到他们的年青一代已经完成了使命，该让他们回家了。美国没有在和平时期保持大规模军队的传统。1945年5月，美国军队约有1 230万名现役军人。到了1946年中期，大批军人退伍之后，现役部队只剩下150万人。[4] 1945年10月，只有7%的美国人认为国际问题是至关重要的。[5]

罗斯福是一位杰出的战时领导人，但是他对赢得和平后的计划却不甚明晰。与许多能力出众的政治家一样，他也喜欢让事情保持灵活性，不愿轻易承诺采取行动。他相信自己的个人魅力可以战胜一切困难。这位总统似乎认为"四大警察"——美国、苏联、英国和中国——将会保证战后的全球合作，并各自领导其所在的地区。对于国际集体行动来说，新成立的联合国可能既是一个象征符号，也是一个实用的机制。虽然苏联1945年4月下旬在波兰和罗马尼亚的鲁莽行动让罗斯福心情低落，但这位总统还是保持着战后与苏联合作的希望。他的几个重要的军事领袖也是这么想的，包括马歇尔和德怀特·艾森豪威尔两位五星上将在内。

美国领袖们深知斯大林的残酷和不可捉摸，但他们也知道1941年到1945年的大规模战争使苏联遭受了毁灭性打击。苏联的空军和海军都没有远距离打击美国本土的能力，而美国则横跨两个大洋，在两条战线上都赢得了胜利。无论如何，罗斯福和艾森豪威尔都希望美军在两年内撤出欧洲。为了让这个饱受战争摧残的大洲稳定下来，与苏联人合作看起来是实际行动中的一个必选项。[6]

哈里·杜鲁门

罗斯福的继任者是来自密苏里州的哈里·杜鲁门。他可能都不知道罗斯福制订过战后计划。在82天的副总统任期里，杜鲁门只见过罗斯福两次。[7]

杜鲁门从 1934 年起担任联邦参议员，是一位强烈支持罗斯福新政的民主党人——只不过带有那种中西部的、更保守一些的风格。他的权威传记作家戴维·麦卡洛（David McCullough）写道："无论是从举止、背景、语言、年龄还是交友选择上来说，他都一点不像那些热情的新政主义者。"从出身草根到迈入国会议员的圈子，杜鲁门对历史一直有着超乎常人的理解，也很有政治技巧。在国会的时候，他总是重视朋友的价值，避免给自己树敌。[8]

"一战"期间，杜鲁门作为美国野战炮兵的一个连长在法国作战。他从堪萨斯城的彭德格斯特（Thomas J. Pendergast）政治帮派中崛起，在 1934 年以杰克逊郡法院首席法官（这是一个行政职位）和一堆美国中产社团——共济会、雄鹰会、厄尔克思会、美国退伍军人协会、海外退伍军人协会，乃至国际熟人联盟——成员的身份，一跃成为联邦参议员。在参议院期间，他还是军事委员会和拨款委员会下设的军事小组委员会的成员。二战期间，杜鲁门担任参议院调查国防计划特别委员会的主席。[9]

在"杜鲁门委员会"任职的经历使杜鲁门了解到了美国军队的巨幅扩张，也得以和许多军队将领建立私人关系。杜鲁门参议员发现马歇尔上将是一个格外优秀的人。他在接受《堪萨斯城星报》的采访时称赞这位将军是"在世的美国人里最伟大的一个"——那时罗斯福还在世。[10]

杜鲁门接替的罗斯福是一个强势且有英雄主义气息的人物，他在经济大萧条的灾难之中稳住了国民的情绪，带领国家在世界各地打赢了战争，最后在战争还剩几周就要结束的时候像一个殉道者一样撒手人寰。许多美国人对罗斯福之外的任何领导人都几乎毫无印象。没有一个美国人——当然也包括杜鲁门在内——能填补罗斯福留下的空白。

1945—1946年的美国

1945年末到1946年初,刚当上总统的杜鲁门把主要精力放在了解决国内问题,而不是重塑世界秩序上。1945年8月日本投降之后,杜鲁门立即取消了对英国、苏联和法国进行援助的《租借法案》。他公布了一份进步主义的美国经济方案,共包括21点。[11]

没有人知道经济会发展成什么样。与世界上的其他国家形成鲜明反差的是,美国的工厂——民主政治的工业武器库——正开足马力进行生产。1945年的产量达到了1939年的两倍,工人收入也同样翻了一番,失业率只有2%。但是,人们还记得,美国曾在"一战"结束后经历了1920—1921年的经济危机,后来还经历了可怕的大萧条。因此,虽然1945年底美国经济呈现出独一无二的繁荣场面,但人们还是认为"硬着陆"早晚要发生。[12]

经济从战时状态过渡到和平时期的过程中出现的各种问题让杜鲁门难以招架。由于战时的各种限制,以及20世纪30年代的经济低迷,市场此时出现了巨大的需求。商品短缺,尤其是青年家庭的住房短缺则助长了通货膨胀。罢工浪潮席卷了所有行业。一度有超过100万名工人同时离开工作岗位。民主党在1946年11月中期选举中的前景变得黯淡——杜鲁门的支持率也一路走低。[13]

"新黑暗大陆"

在大西洋的那一边,欧洲正在苦苦挣扎。经济上的问题早在战争结束之前就已经初露端倪了。1945年4月,刚从欧洲回来的战争部助理部长约翰·麦克洛伊(John McCloy)报告说:"中欧的经济、社会和政治已经彻底崩溃了,其影响范围仅次于罗马帝国的解体。"这种崩溃远超经济层面。1944年12月,助理国务卿迪安·艾奇逊在出访希腊后警告称:"自由国度的人民……是这个世界上最易燃的物质……他们既有暴力倾向,又焦躁不安。"他预见到了"煽动"、"独裁和专制统治"以及"颠覆政府"。[14]

本·斯泰尔(Benn Steil)关于马歇尔计划的研究著作堪称经典。他指出,在"一战"之后,边界变化之时,居民一般都会留在原地。到了二战,欧洲各地充斥着数以千万计的流离失所者、奴隶劳工、被释放的战俘,以及虽得到解放但损失惨重的犹太人。报复成了一种生活方式。欧洲的许多地方都陷入了"无法无天、暴力,乃至野蛮"的状态。丘吉尔将欧洲称为"一片废墟、一座停尸房、一块滋生瘟疫和仇恨的土地"。《纽约时报》则将欧洲称为"新黑暗大陆"。[15]

学习的一年

哈里·杜鲁门在回忆录中把自己就任总统后的前18个月称为"各种决定之年"。迪安·艾奇逊则把1946年称为"学习的一年",这个说法更准确一些。这位后来在1947—1949年辅佐杜鲁门的人在这一年里了解了令人震惊的形势、其他国家的剩余实力,以及对苏联的调查情况。他们需要更好地理解最近结成的盟友,如英国和法国,以及近期的敌人,如德国和意大利,还有那个可能变成敌人的(本来就是临时合作的)盟友——苏联。虽然后来的冷战把欧洲分成了东西两半,但是在1945年,美国人还没有预见到欧洲的分裂。亚洲此时充斥着大规模的内战和民族主义运动。美国人还需要评估欧亚交界地带的重要性和风险,包括伊朗、希腊和土耳其等国家。

1947—1949年的政治家知道,伍德罗·威尔逊有一个美好的愿景,但是他却丢掉了和平。在目睹了20世纪20年代和30年代的数次经济危机之后,这些人像科德尔·赫尔一样,相信消除全世界的贸易壁垒将促成经济和政治的复苏。在这样的一个经济体系里,美国人赖以成功的创新源泉——私营部门——将成为政治经济政策中的工具。他们想要避免那种趋向于经济集团和自给自足经济的分裂政策。马歇尔、艾奇逊、威廉·克莱顿及其同事们知道经济和军事实力与经济和政治体系之间是怎样联系的。

还有两个根本性的经验影响了他们:第一,绥靖政策无法满足独裁者的胃口;第二,美国的外交政策要想成功,就必须赢得国会和公众的支持。

威廉·克莱顿

威廉·克莱顿是美国新同盟政策的奠基者中知名度最低的一位。他从来没写过回忆录,传记作家们在整个冷战时代也都无视他的存在。研究安全问题的学者们可能把更多的注意力都放在了政治-军事事件上,从而低估了克莱顿为新体系打下的经济基础。

克莱顿以一个成功的商界领袖身份进入政坛,成为一个强力的政策推动者、高效的谈判者和政策行动的驱动者。他的备忘录和笔记也体现了这样的风格。这些笔记不大可能像乔治·凯南的那种兼具文学性、历史性和思想性的阐释那样令学者折服。但是,克莱顿的理念、对经济的实践认知、说服力和实现目标的技巧都是值得关注的。

克莱顿出生于1880年，从小在田纳西州的杰克逊长大。当时美国南方还没有从内战的破坏中完全恢复过来。克莱顿的家庭在破产边缘。克莱顿13岁那年，他的小学校长把这位小伙子推荐给郡书记官，让他帮书记官做些文字工作。克莱顿得到了这份工作，同时完成了八年级的学业，还学会了速记法和盲打技能。从1895年起，克莱顿一边工作，一边进行着各种各样的学习。杰克逊是一个交通枢纽，也是一个地区商业中心。当地的商人都认可克莱顿的技能和上进心。克莱顿16岁的时候，一位棉花商人把他带到了纽约，他在那里做起了棉花生意，并成为这种美国市场规模最大的经济作物的专家。[16]

1904年，克莱顿开起了自己的公司——先是在俄克拉何马城，然后是休斯敦——这家公司后来成为世界上最大的棉花中间商。克莱顿掌握了整条价值链——从种植、轧棉、纺纱、机织、定级、营销到运输——公司的生意从欧洲一直到东亚，遍布全球。这些经历使克莱顿对他在1946年称为"劳动分工"的问题产生了罕见的、实用的洞察。他知道，现代经济要在一个不断变化的市场中把生产者和消费者联结在一起，依靠的不仅仅是资源和生产力，也包括财产权、商业联系、金融、贸易以及信心。[17]

1918年，克莱顿在战时工业委员会作为"年薪一美元先生"（担任管理工作的志愿者），协助棉花的分配。"一战"结束后，克莱顿利用了自己在另外一方面的洞察力，这种洞察力后来在1947年又帮了他：他知道欧洲商人想自己决定自己的未来，于是就在整个欧洲组织起了一个由半自治单元组成，且大体上由欧洲人领导的网络。与此同时，他不断推动生产、加工和供应链提高效率。到了1936年，《时代》杂志把克莱顿列为封面人物，称他是"棉花大王",统治了规模超过10亿美元、供养约1 000万美国人的美国棉花业。[18]

克莱顿能看到1930年《斯穆特–霍利关税法案》的灾难性后果。他对罗斯福新政中的市场控制感到失望,但支持他的朋友科德尔·赫尔的《互惠贸易协定法》。从1940年开始,克莱顿协助尼尔森·洛克菲勒(Nelson Rockefeller),努力整合拉美各经济体,以帮助美国打赢和纳粹德国之间的资源争夺战。之后,现代休斯敦的建造者之一杰西·琼斯(Jesse Jones)说服克莱顿加入了重建金融公司(Reconstruction Finance Corporation),负责美国在战争时期对全球商品的采购,并掀起了一场旨在不让轴心国敌人获取资源的"仓库战争"。记载二战历史的著作往往都简单地认定美国工业的优势地位,但物资的持续输入是成功的前提,而克莱顿在保证输入的行动中起到了关键的作用。[19]

1944年11月,科德尔·赫尔辞任国务卿,罗斯福提名克莱顿为分管经济事务的助理国务卿。罗斯福需要一个能把赫尔的贸易工作继续下去,并且能把实用的经济智慧用于重构和建造一个新的国际经济体系的人,而克莱顿正是理想人选。[20] 克莱顿的第一要务是设法让国会批准新成立的布雷顿森林体系机构:国际货币基金组织(IMF)和国际复兴开发银行(IBRD,或称世界银行)。财政部部长亨利·摩根索的副手哈里·德克斯特·怀特(Harry Dexter White)带领美国团队就章程问题进行谈判,并于1944年7月完成工作。到了1945年7月31日杜鲁门总统在布雷顿森林体系的法律文件上签字的时候,这位新总统已经迫使摩根索辞职,怀特的影响力也大不如前了。美国经济政策的领导人变成了克莱顿和国务院。[21]

本·斯泰尔强调了这次领导权变换的重要性。罗斯福的财政政策"基于一种诞生于大萧条和二战时期的信念,即经济动荡会引发货币战争、贸易战争、以及最终的军事战争"。克莱顿、艾奇逊和国务院的领导层也有同样的观点。但是，摩根索和怀特的政策假设了在政治上的前提条件：美苏合作，德国经济瓦解且退回到工业化之前的时代，大英帝国稳步衰落，且国际货币基金组织为收支平衡提供适度的财政支持，从而使国际贸易得以重建。上述所有假设都被证明是错误的。正如斯泰尔所指出的那样："联合国和国际货币基金组织……的目的是维持和平与稳定，而不是制造和平与稳定。"[22] 国务院的政策设计师们需要找到一种新的手段。

贷款给英国

1945年8月，杜鲁门总统宣布立即终止《租借法案》，当时威廉·克莱顿正在伦敦制定过渡方案，事先并没有收到杜鲁门的通知。他给国务卿吉米·贝尔纳斯（Jimmy Byrnes）打电话，语气强烈地说："我从来没有这么接近过辞职。"杜鲁门后来回忆道，突然终止《租借法案》是他担任总统期间"最糟糕的决定"。[23]

在美国政策制定者的心目中，英国在经济方面既不是美国潜在的敌人，也不是伙伴。这个国家已经失去了巨大的国家财富、投资收入和出口。新上台的工党政府实行工业国有化政策，打击了国内投资。克莱顿知道，如果美国想要建立一个开放的国际经济体系，并避免其分裂成若干贸易集团，那么英国就必须振作起来。

克莱顿设法放宽了停止对英国进行金融援助的条款，并最终促成美国放弃了对英国大部分租借贷款的索偿。克莱顿和凯恩斯勋爵谈判，同意美国新借一笔37.5亿美元（相当于今天的约490亿美元）的贷款给英国。克莱顿吸取了"一战"后贷款结构重整工作不力的教训，他希望给英国的借款金额大一些，财务条款宽松一些，由此换取英国政府同意那些有益于英国和国际经济复苏的政策改革。实际上，克莱顿在这里已经勾勒出了1947年马歇尔计划的底层逻辑。[24]

1946年，克莱顿需要让国会批准这笔贷款。这一次的经历也预示了后来马歇尔计划所面临的政治博弈。早期的盖洛普民意调查显示，支持给英国贷款的人只占27%，反对的则占60%。从1946年2月到4月，国务院组织了上百场支持贷款的演讲，媒体和公众意见逐渐倾向于支持贷款。5月10日，参议院以46票赞成、24票反对的结果批准了贷款议案。

1946年，苏联的行为不确定性越来越强，这也给了支持财政援助的一方新的论据。5月，马萨诸塞州共和党众议员克里斯蒂安·赫脱（Christian Herter）做东，邀请克莱顿和其他来自新英格兰的议员共进晚餐。（赫脱后来成为艾森豪威尔总统的国务卿，在肯尼迪总统时期又成为首任美国特别贸易代表。）克莱顿在餐会上解释了贷款和贸易之间的关系，并分析了与会代表们所在地区的利益。但是，当晚的讨论主题逐渐切换到了苏联扩张的危险上。几天之后，赫脱写信给克莱顿说："我发现，对于这群人来说，贷款在经济方面的好处远不如它可能帮我们巩固与一个国家的合作那样有说服力，因为我们可能急需这个国家与我们站在一起，应对迫在眉睫的苏联问题。"克莱顿心领神会。辩论进入夏天之后，反共的主张越来越强。1946年7月13日下午，众议院以219票赞成、155票反对的结果通过了对英国贷款的议案。正如格雷戈里·福斯代尔（Gregory Fossedal）在他的著作《我们最辉煌的时刻》中对克莱顿和马歇尔计划的总结："杜鲁门主义和马歇尔计划的核心思想——美国把援助作为杠杆，以实现经济改革和挫败共产帝国主义两个目标——在国会和国内遇到了第一场考验。"[25]

卢修斯·克莱将军与德国

德国的形势也要求美国重新评估最初的计划。摩根索方案——体现于参谋长联席会议第 1067 号令，即关于军事占领的指令——所造成的"迦太基式的和平"正使德国百姓陷入饥饿之中。美国在德国建立军政府，其首脑是卢修斯·克莱（Lucius Clay），他自信、果断，政治人脉也很广。从接到任命的第一天起，克莱就试图改变他所收到的指令中的某些条款，但并未成功。此后，他又利用指令中的一些漏洞，创造性地为德国设计出了一条不同的路线。

克莱不反对苏联——让他最不爽的是法国。最重要的是，他是一个亲德派，也是一个敏锐的美国人。他想让德国人免受营养不良和疾病之苦，这样他们就能尽快开始重新建设自己的国家。他想让德国人以民主的方式管理自己，"再次成为世界的公民"，并且为重建欧洲出一份力。克莱认识到，美国如果执行一个带有复仇色彩的政策——不让德国恢复自给能力——那将让美国人遭受极其巨大的损失。此外，他不相信复仇政策能长期符合美国人的心意。安全战略、德国与欧洲的经济现实以及良好的道德感促使克莱将军制定出了一个替代政策。[26]

克莱相信美国可以在德国与苏联合作。但是，他的首要任务是让德国成功复苏。1946 年 5 月，他停止从美占区收取战争赔款。此举与其说是做给苏联看，不如说是做给法国看的。克莱相信，德国需要先恢复生产并维持生存，然后才能交出更多的生活资料给战胜国。

克莱向艾森豪威尔将军解释了自己的行动，后者已接替马歇尔成为陆军参谋长。克莱说："德国已经被占领一年了，每个占领区都是一个封闭的空间，彼此几乎没有自由的商品、人员和思想交流。德国现在成了四个小经济单元的组合……没有任何一个单元能自给自足……要想实现经济统一，就必须先实现自由贸易……还要有一个将德国作为一个整体来设计的通用贸易政策。通用的财政政策也同样重要。严重的通货膨胀和经济瘫痪随时都可能发生。"[27]

克莱提出让各占领区实行通用的交通、通信、食品、农业、工业和对外贸易政策。他警告称，德国人的糟糕处境可能会阻断民主政治的建设，并且激起人的同情心，从而让美国人无法实现自己的目的。克莱停止收取赔款可能是为了向法国施压，但他所描述的条件和所要求的行动也需要苏联改变自己的对德政策。马歇尔1947年成为国务卿后立即前往莫斯科，并在那里待了6周，以寻找解决德国问题的方案。在那里，他引用克莱的分析，为欧洲的未来做出了关键的结论。[28]

克莱的关注重点在德国，但他的评估很自然地导向了一个涉及整个欧洲的政策。战前，德国鲁尔区的硬煤产量占整个欧洲的40%。德国产出的这些煤里几乎有1/3都用于西欧的工业生产和发电。到了1946年4月，德国的煤产量还不到战前的一半，出口则下降得更多。德国战后幸存的工厂比预想的要多，但由于煤炭短缺和其他原因，钢产量只有1938年的14%。美国人开始认识到，没有德国，欧洲就无法复苏，而德国的复苏需要一个新的政策。鲁尔区的占领者英国没能让生产恢复起来，法国的方案则是由自己控制萨尔兰地区。西欧正在分裂为若干实行半配给制经济的不稳定区域。[29]

乔治·凯南与苏联

"学习的一年"包括改变美国对苏联的评估。1946年2月9日，斯大林在莫斯科大剧院发表"竞选演说"。美国的首席苏联问题专家乔治·凯南看了演说稿,没有发现任何新东西。斯大林用马列主义语言分析道,1914年和1939年的两次世界大战的罪魁祸首都是资本主义,他还警告称,资本主义将不可避免地带来第三次世界大战。因此,苏联必须为资本主义毁灭之时的动荡而做好准备。

凯南对斯大林的演讲做了一个总结报告,但美国政府还想了解更多内容。苏联人已经拒绝了布雷顿森林体系。苏联间谍在美国和加拿大活动,试图窃取原子弹的机密。斯大林似乎正在谋划在中东地区占得上风。美国国务院的苏联组要求凯南写一份"解释性的分析"报告。

凯南的回复就是那封著名的"长电报",长达5000多个单词。他在电报中重申了自己曾经表达过的观点:苏联在历史和地理上的不安全感,再加上马列主义的意识形态,使这个国家希望获得更强的军事实力,并且与资本主义的西方形成对抗。苏联人可能会和西方人在外交舞台上周旋,但他们会利用国内组织去"破坏民族自信,削弱国防措施,助长社会和工业动荡,煽动各种形式的分裂"。凯南警告称,总而言之,苏联人"疯狂地相信……根本就不会有什么永久的妥协方案,苏联想要且需要扰乱我们社会内部的和谐,摧毁我们传统的生活方式,并破坏我们国家的国际权威"。苏联人"对理性的逻辑不屑一顾",但"高度热衷于武力的逻辑"。

无数的分析证明了凯南这份报告的巨大影响。凯南的传记作者约翰·刘易斯·加迪斯写道,凯南后来把自己的电报视为某种唤醒美国百姓的"启蒙书"。"它送到华盛顿的时机恰到好处。"美国驻苏联大使埃夫里尔·哈里曼(Averell Harriman)说,他当时刚刚从莫斯科返回美国。凯南的分析明确地解释了当时那令人困惑和担忧的局势,且没有任何模糊和犹豫的地方。他没有给出任何选择余地。凯南的逻辑是十分清晰的,从头到尾的主题都非常一致。但是,他并没有提出一个行动方案。美国的官员仍然不知道在面对特定问题时该做出什么样的选择。那些同样推崇凯南的分析——以及他后来据此提炼出的遏制政策——的人可能会在美国具体该怎么做的问题上彼此强烈反对。这成了1947—1949年的外交实践中最亟待解决的问题。[30]

杜鲁门与苏联

杜鲁门总统在对苏政策上迟迟做不了决定。1946年3月，温斯顿·丘吉尔在密苏里州的富尔顿发表了"铁幕演说"。丘吉尔与杜鲁门讨论了自己的演说，后者对这一具有里程碑意义的宣言表示肯定和鼓励。但是，当媒体的评论纷纷批评丘吉尔对苏联的敌意时，杜鲁门的表态又模棱两可了。"我不做评论。"他在接受媒体采访的时候表示。虽然杜鲁门的高级官员们都在积极地研究凯南的电报，但总统本人自相矛盾的表态还是传达出了真实的信息：美国还没有确定对苏政策。[31]

不过，苏联人似乎已经定下了政策：他们要从薄弱之处下手。就在丘吉尔在富尔顿发表演说的那天，美国国务院向莫斯科发出一份照会，要求其解释苏联在伊朗、东欧和中国东北的行动。击败纳粹之后不久，斯大林把目光瞄向了伊朗和土耳其。斯大林想要更多的领土和石油。苏联人资助了伊朗北部的一支武装，并阻挡了试图消灭这支武装的伊朗军队。1946年3月，苏联人宣布他们将无视自己在1942年与伊朗和英国的条约，并拒绝从伊朗撤军。苏联红军打到了距德黑兰大概只有60千米的地方。

为了显示自己维护利益的决心，美国政府向该地区派出了"密苏里号"战列舰,名义上是把已去世的土耳其前驻美大使送回家。伊朗总理设法与苏联达成了一项联合石油项目,之后苏联就撤军了。但是,伊朗议会否决了这笔交易,而分裂主义政党则要求举行地方选举。在国务卿贝尔纳斯不在的情况下,副国务卿艾奇逊在获得杜鲁门的批准后告诉伊朗人,美国可以支持他们,但伊朗需要带头行动。艾奇逊说,在争议地区举行选举恐怕会是一步错棋,除非伊朗先夺回对这些地区的控制权。伊朗人果然恢复了对国内局面的控制,分裂主义行动被瓦解了。[32]

凯南之前建议对苏联的试探采取强硬态度,伊朗的事件似乎说明他是对的。但是,杜鲁门的国防顾问们担心误导和误判,尤其是在美军规模大幅缩减的情况下。参谋长联席会议评估了紧急预案,重点研究了空军实力和必备的基地。根据他们的判断,英国在本土和中东的基地非常重要。三位参谋长于是同意与英国展开非正式的、秘密的军事计划讨论。[33]

1946年8月,斯大林又一次试探西方。他要求与土耳其共享达达尼尔海峡(恰纳卡莱海峡)和通向地中海的海峡的控制权。凯南已经指出,苏联人还抱着俄罗斯人延续了几百年的安全观念,其中就包括控制这些海峡的通路。1945年的雅尔塔会议上,罗斯福和丘吉尔同意重新评估1936年制定的、关于土耳其海峡权利的《蒙特勒公约》,但他们的这一表态并没有列入正式的会议记录。现在,斯大林想要自己改写公约,甚至要求设立苏联的军事基地。

8月15日,由艾奇逊担任发言人的一群官员与总统对话。艾奇逊强调了土耳其和希腊受到的威胁及其对地中海东部、巴尔干和苏伊士运河的战略影响。这群官员提议向苏联发出外交照会,拒绝任何对土耳其海峡控制权的侵害行为,同时承诺考虑对1936年的条约做出"正当的批评"。这群官员还建议,为了支持上述表态,美国还应派出新建成的"富兰克林·罗斯福号"超级航空母舰，并派出一支强大的海军特混舰队，与"密苏里号"会合。杜鲁门在仔细听取了他们的意见后下令准备起草照会和军事命令。

艾森豪威尔将军悄悄地问艾奇逊，他们是否已经向总统说清楚了，这次的行动可能会引发战争。艾奇逊还没来得及回答，杜鲁门就问艾森豪威尔是不是想说点什么。艾奇逊就重复了艾森豪威尔刚才的问题。他后来在回忆录中写道，一向喜爱地图和军事史的总统拿出来一幅中东和地中海地图，并招呼官员们围拢到他的桌旁。接着，杜鲁门"发表了一篇简短的演讲，阐明了这一地区的战略重要性，以及我们应该为了保护其不受苏联的控制而准备到什么程度"。[34]

杜鲁门喜欢有话直说，但是他还没有决定是否要和苏联硬碰硬。白宫的政策制定体系十分混乱。安全委员会和白宫的职员并不会为总统拟定决策的框架。即使是在1947年国会创造了这样一个机制之后，杜鲁门也没有依赖机制。他的个人风格——委派任务和果断决策——高度依赖于他的高级官员的水平，以及他和这些官员的关系。

1945—1946年，杜鲁门还没有组建起他需要的团队。国务院的艾奇逊和克莱顿都是能力很强且受人尊敬的人物，但他们的国务卿、前参议员吉米·贝尔纳斯大部分时间都不在，最后失去了总统的信任。贝尔纳斯与其他内阁成员以及自己的国务院的沟通都不顺畅，最重要的是，他和总统的沟通也成问题。杜鲁门知道自己需要一个极其出色的国务卿，以帮助他应对前方的挑战。

更急迫的是，杜鲁门需要有人来帮助他思考如何应对苏联的问题。1946年7月，他对自己在白宫的两位助手——克拉克·克利福德（Clark Clifford）和乔治·埃尔西（George Elsey）——抱怨说，他感觉自己在受别人的摆布。他命令两人准备一份苏联遵守过往协议情况的记录。埃尔西则把这个任务扩展为对美苏关系的评估。他和克利福德准备了一套问题，作为一个跨部门研究的指导原则。这是美国第一次在最重要的外交政策话题上尝试这样的做法。

1946年9月，两人完成了报告《美国与苏联的关系》。他们没有含糊其词。与凯南那封由历史语言和概念化表述组成的电报相比，这份接近10万个单词的报告用大量的细节展示出了一幅令人担心得多，甚至有些不祥的画面。苏联的军事实力和战备在全世界投下了一道不断扩大的阴影。随着威胁越来越大，美国对苏联行为的其他评估选项——诸如把苏联的弱点甚至举棋不定考虑在内的评估——都已消失了。

历史学家无法确定杜鲁门从克利福德-埃尔西的报告中得出了什么结论。但是，在花费了大半个晚上读完报告后，这位总统第二天很早就把电话打到了克利福德家。杜鲁门问他，这份报告印了几份。克利福德答道：10份。杜鲁门下令立刻把这些报告全都放到柜子里锁起来。他解释说，这份报告太"劲爆"了，其内容一旦被公众知道，他和平解决东西方冲突的努力就会"功亏一篑"。于是，这份报告20年都没有见到天日，直到杜鲁门在一次采访中把它的存在说出来。[35]

1946年的选举

"学习的一年"还剩下最后一课，一节政治课。共和党在参众两院的选举中大获全胜，他们上一次获得这样的胜利还是在大萧条之前，距此时已有将近一代人的时间。他们以246人对188人，以及45人对41人的优势控制了众议院和参议院。共和党还赢得了多数州的州长选举。罗斯福新政即将被束之高阁。选民们不接受杜鲁门这个"偶然当选的"总统,安德鲁·约翰逊在林肯死后接任总统然后迅速失败的历史似乎要在杜鲁门的身上重演。

选举的惨败令民主党人震惊不已。来自阿肯色州的参议员 J. 威廉·富布赖特年轻有为,他是一名罗德学者,且对外交事务有兴趣。富布赖特担心美国政府会在全球危机的某一时刻崩溃。他建议杜鲁门任命来自密歇根州的参议员、共和党在外交政策方面的主要发言人阿瑟·范登堡(Arthur Vandenberg)担任国务卿,然后自己辞职,让范登堡当上总统。杜鲁门没有听从富布赖特的建议,说他"只对了一半"。[36]

迪安·艾奇逊在他的回忆录里写道,罗斯福当总统的时候多次外出参与竞选活动,内阁成员们养成了每次都到火车站去接罗斯福的习惯。1946年国会竞选结束后的第二天,杜鲁门乘坐的火车抵达了华盛顿的联合车站。艾奇逊惊恐地发现,在站台上迎接杜鲁门的除了他以外只有火车站站长和一两个记者。总统永远都忘不了艾奇逊做出的这一姿态。

杜鲁门带着艾奇逊到了白宫。有人建议他召集国会以确认多项提名,并在共和党接管总统府之前提振一下民主党的士气,但他拒绝了。艾奇逊说,这种只知一党之私的做法很难看,他认为更好的办法是承认人民的意志,并承诺将全力配合新国会。总统表示同意。[37]

1947年元旦这天,杜鲁门打电话给即将出任对外关系委员会主席的范登堡,以及新任的众议院共和党议长乔·马丁(Joe Martin)。这两人都表现出了热情和合作精神,这让杜鲁门很受鼓舞。1947年这一年将会成为这三人以及美国外交的决定性时刻。[38]

阿瑟·范登堡与参议院

阿瑟·范登堡后来在塑造美国的新同盟体系的过程中发挥了作用,其影响不亚于杜鲁门总统班子里的任何一个人。他的故事有助于说明,国会中的个人可以参与美国外交政策的制定过程,而这一点常常被外交研究人员忽略。

范登堡这位参议员,因为宣称日军偷袭珍珠港"对任何持现实主义态度的人来说,都标志着孤立主义的终结",而被载入历史。但是,范登堡的传记作家之一劳伦斯·卡普兰(Lawrence Kaplan)解释说,范登堡在回忆录里写下这句话的时候有相当大的事后诸葛亮的成分。范登堡用了很长时间转变为杜鲁门在参议院的关键盟友,其中的过程十分复杂。这位参议员是一个政治党派的领袖,他不仅需要忠于他对选民和党内同僚的责任,抵制罗斯福和他的新政,保护参议院的特权,还要兼顾个人的野心和虚荣心,并评估国际形势在一场灾难性的战争之前、之中和之后的剧烈变化。范登堡后来成了著名的"两党"外交政策的模范人物,但他本人更倾向于使用"无党派"这个概念,从而避开"两党"的政治含义或责任。[39]

与杜鲁门和克莱顿一样,范登堡来自中西部,因家庭的困难处境而渴望成功。他出生于1884年,比杜鲁门早47天。范登堡9岁的时候,"1893年大恐慌"毁掉了他父亲在密歇根州大急流城(Grand Rapids)的马具和皮具生意。他的"进取精神"使自己具备了白手起家的素质。与杜鲁门一样,范登堡也是一个自学成才的历史学家,且渴望为美国在20世纪的命运做出贡献。范登堡喜欢公开演讲和写作。在读高中的最后一年,这位志向远大的政治家在密歇根州的一次关于1899年海牙会议的演讲比赛中获得银牌。[40]

20世纪初的大急流城是一座贸易和交通中心，与杜鲁门的堪萨斯城和克莱顿的杰克逊地位相似。大急流城有5万人口，每天有40列火车穿过这座城市的货场、市场和仓库。顺着格兰德河运下来的松木进入工厂，使大急流城成为美国的"家具之都"。[41]

范登堡利用自己的写作技能在《大急流城先驱报》的报社谋得了一个职位。他在那里是一位精力充沛、涉猎广泛的记者，报道范围从警局新闻到选举团，无所不包。范登堡凑够了钱，就到密歇根大学读了一年书。1906年，当地的联邦众议员威廉·奥尔登·史密斯（William Alden Smith）获得了《大急流城先驱报》的控股权。这是西密歇根地区由共和党控制的重要报纸。《大急流城先驱报》的编辑去世之后，史密斯议员就任命范登堡为主编和总经理。此时这位冉冉升起的新星还不到22岁。[42]

20世纪的前几十年里，地区级的都市报为大众提供了一个卓有影响的公众平台，就像此后若干时代里的电台评论员、地方电视新闻主持人和社交媒体红人一样。《大急流城先驱报》的报道范围包括当地、密歇根州、全国乃至国际议题——同时也刊登一些让普罗大众喜闻乐见的内容，例如连环画和棒球比分。

范登堡成了一位报纸商人和投资人。随着共和党的政治倾向右转，范登堡温和的立场中又掺入了中西部的民族主义和保守主义。1912年的总统大选中，西奥多·罗斯福与共和党决裂。在此期间，范登堡的父亲立下遗愿，要范登堡发誓永不脱离共和党。范登堡不反感伊莱休·鲁特和查尔斯·埃文斯·休斯，他知道威尔逊倡导的国联可能会有什么好处，但还是选择与保守主义者站在一起，以捍卫宪法的权威。[43]

这些年的经历塑造了范登堡的特点，也预示了他未来为美国外交所做出的贡献。他的思维宽度超越了时代和具体事件。他尊重传统,捍卫宪法的不可侵犯性。他知道历史是洪流滚滚的,不以人的意志为转移,而且时代的变化会带来各种挑战。但是,他还是想要让美国以及他自身的政治风格持续扎根于本土的进取精神和敏感性。[44]

史密斯从众议员改任参议员后,范登堡就开始寻求政治机会了。1928年初,密歇根州的一名参议员去世,州长任命44岁的范登堡接任。范登堡在当年11月的选举中成功地保住了这个席位。他于1929年进入对外关系委员会,并支持了胡佛总统(和伊莱休·鲁特)试图(但并未成功)加入国际法庭的努力。罗斯福当上总统后,范登堡继续谋求让美国加入国际法庭,但是他为美国加入国际法庭的条件增加了一个修正案,这个工具日后成为这位资深参议员和党派议员领袖的标志性创造。[45]

范登堡是一位天生的调停者。他更喜欢发挥影响力,而不是置身事外地指手画脚。与许多成功的议员一样,范登堡也是一个实干家,而非空想家。《纽约时报》的詹姆斯·赖斯顿(James Reston)写道:"他倾向于对任何他认为无法转化为行动的事情都不闻不问。"[46]

范登堡在公众场所和私人空间内都颇有政治手腕。他言辞有力,情绪饱满,善于运用华丽的辞藻。在担任参议员期间,范登堡学会了如何在一个以批评总统和多数派为己任的少数党中维持自己的政治地位。1934年,范登堡再次当选参议员,他也是在来自工业州的共和党参议员中唯一在民主党的大胜中幸存下来的人。[47]

早在1936年,共和党人就已经在考虑让范登堡担任总统候选人。但是,范登堡的实用主义政治本能提醒他胜选的希望渺茫,他自己组织竞选活动的意愿也不强,因而没有付出行动。他等着"被钦点"为共和党的总统候选人,可是他说话太喜欢用"大词儿",

嗓音在广播里也显得很难听。大选过后，这位参议员成了捍卫宪法行动的领袖——首先是反对罗斯福在1937年对最高法院的攻击，之后又反对总统试图获得宣战权的努力。[48]

范登堡参加了参议员杰拉德·奈（Gerald Nye）组织的军火调查，并成为20世纪30年代多项中立法案的领头人。他反对《义务兵役法》和《租借法案》，并支持关税保护。他对大发战争财的人的攻击源自普通百姓对军火制造商、金融家和投机分子的敌视，而非源自认为美国可以对世界大战袖手旁观的思想。他在1940年写道："在这个越来越小的世界里，孤立主义已经没有生存的可能。但是，置身事外还是完全可以做到的。"他承认希特勒的胜利构成了严重的威胁；但是，他认为，美国要解决的问题是如何不让战火烧到自己身上。最重要的是，范登堡认为，闪烁其词的罗斯福正在将总统的行政权力拓展到了原本无法想象的地步，并正在将美国拖入战争。作为少数党的参议员领袖，面对总统的不屑一顾，范登堡感到十分挫败。他想要有所作为，却无能为力。[49]

战争期间，范登堡与由民主党人担任的对外关系委员会主席合作愉快。国务卿赫尔以前也是参议员，他力图以尊重的态度对待委员会，但赫尔与罗斯福的小圈子和战争内阁之间的距离太远了。在所有的战争领袖之中，马歇尔上将是少数几位试图向范登堡和他的同僚们解释一些艰难决策的人之一。范登堡记住了马歇尔的好，并在后来给了他回报。[50]

范登堡想要中和老派的共和党孤立主义者和影响力与日俱增的国际主义者的观点，后者的代表人物包括纽约州州长托马斯·杜威（Thomas Dewey），他在1944年和1948年两次担任共和党的总统候选人。范登堡还要应对共和党新星、俄亥俄州参议员罗伯特·塔夫脱（Robert Taft）的介入。范登堡实际上还和塔夫脱建立了非正式的

第11章 马歇尔计划和北约：同盟体系的构建者们 333

搭档关系：范登堡出任参议院外交政策发言人，塔夫脱则主导国内政治。在这样的安排下，两位参议员都竭尽所能。如果不是这样，杜鲁门总统在1947—1949年根本不会得到共和党的关键支持。[51]

战争期间，国会尤其是其中负责外交政策的人员的影响力都被作为军队总司令的总统盖了过去。在总统开始考虑塑造战后世界的问题之后，民主党和共和党的参议员都表现出了兴趣。每个人都想起了伍德罗·威尔逊那没能维持住的和平。

商讨《联合国宪章》

范登堡彻底完成转变是在代表美国参加旧金山会议（1945年4月25日—6月26日）期间。召开该会议是为了给新生的联合国准备宪章。总统班子不想再像威尔逊在1919年的巴黎和会上所做的那样，不把参议员和共和党人选入代表团。大会开幕前不到两周，罗斯福去世。杜鲁门当上总统后立即决定保持会议日程不变，并让接替赫尔出任国务卿的爱德华·斯退丁纽斯（Edward Stettinius）负责此事。历来对罗斯福不满的范登堡很喜欢"没有什么不可或缺的人比美国更重要"这个提法。

在范登堡和杜鲁门还都是参议员的时候，两人合作愉快。他们工作上是同事，私下并不是朋友。杜鲁门后来回忆道："范登堡熟悉参议院的工作，知道如何取得想要的结果。"范登堡则估计杜鲁门在对待苏联的态度上，尤其是在波兰问题上会比罗斯福更强硬。密歇根州有大量的波兰裔美国人。

斯退丁纽斯和范登堡以及对外关系委员会主席、来自得克萨斯州的汤姆·康纳利（Tom Connally）合作密切。杜鲁门要求斯退丁纽斯确保"每一步行动"都得到两位参议员的同意，且允许两人直接与自己联系。范登堡在约翰·福斯特·杜勒斯（John Foster Dulles）的协助下表现得急切而强势。他担任了区域安排委员会的主席。范登堡一心扑在政治、宣传、谈判和外交计划的拟定工作之中。他把1944年底敦巴顿橡树园会议声明那种模糊的语言转化成了《联合国宪章》中明确的语言，并为自己的这项工作感到自豪。他也确实有理由自豪。他与苏联人辩论，并商议确定联合国安全理事会和联合国大会各自的权力范围。范登堡在协调区域安全安排和安理会的重要角色之间的关系方面起到了重要作用。他帮助起草了用词折中的第51条（保留集体自卫的权利），从而使西半球有可能组成一个安全集团。这个条款后来成了1949年成立的北大西洋公约组织的基础。

1945年6月底，康纳利参议员和范登堡将《联合国宪章》呈交给参议院的同僚。7月28日，参议院以82票赞成、2票反对的结果批准了他们两人亲手拟就的作品。威尔逊的失败没有重演，联合国也在参议院得到了支持。[52]

整个1946年，范登堡有213天都在伦敦、巴黎和纽约参加联合国会议及（四大战胜国）外交部长理事会的会议。当国务卿贝尔纳斯对苏联做出退让的时候，范登堡提出了批评，但当贝尔纳斯态度变得强硬一些之后，两人又和解了。[53]范登堡2月27日在参议院做了一篇题为《苏联现在想干什么？》的演讲。与凯南的长电报相比，这篇演讲对公众对苏联的看法影响更大。[54]

与塔夫脱决裂之后，范登堡设法说服17名共和党参议员支持克莱顿向英国贷款的提案。11月，范登堡再次当选为参议员。共和党在此次选举中取得的席位数量在范登堡的议员生涯中排名第二，他认为这一结果是对自己在"统一的、两党的外交政策"方面做出的贡献"不容置疑的认可"。共和党终于成了多数党，而总是叼着雪茄的范登堡则成了参议院对外关系委员会的新任主席。[55]

乔治·马歇尔、迪安·艾奇逊和国务院

杜鲁门总统也做好了踏上一段新旅程的准备。1946年夏天，他找到正准备前往远东地区视察的艾森豪威尔将军，要求他询问此时在中国的马歇尔是否愿意在将来的某个时候接替贝尔纳斯出任国务卿。马歇尔回答说，总统想让他做什么，他就会做什么。于是，总统于1947年1月7日提名马歇尔担任国务卿。[56] 杜鲁门知道马歇尔在国会的声誉，以及他带动外交政策超越党派之争的能力。这位喜欢打扑克牌的总统认为马歇尔会成为自己特别需要的"最后一张王牌"。[57]

马歇尔回到华盛顿之后，范登堡就推动对外关系委员会确认了对马歇尔的提名，既没举行听证会，也没人反对。他要求暂停执行参议院的规则，并于同一天获得了整个参议院对新国务卿人选的批准。

马歇尔乘火车刚抵达华盛顿，就有一位助手给这位新任国务卿递过来一张纸条。纸条是一名记者写的，他提醒马歇尔，范登堡对他的政治计划存有疑虑。马歇尔做了一个简短的声明，然后要求记者提问。没有人问他政治问题。之后，马歇尔就自己直接提出了这个话题，表示国务卿这个职位与政治无关。他不会卷入政治事务之中，不能成为候选人，也永远都不会被人推举为候选人。马歇尔"用明确而强调的语气……一劳永逸地终结了[这个话题]"。[58]

这位新任国务卿在领导国务院方面也很果断。他设立了一个秘

书处以管理文件的往来并指挥通信工作。[59] 马歇尔还新设立了一个政策规划室。这位新国务卿明白，国务院的各条"线"，也就是负责各区域事务的办公室都忙于日常工作。正如艾奇逊所说："政策自身产生了动力，并且在促使人们制定这些政策的理由消失后仍继续存在。"马歇尔希望有一小群人能够向前看，他们不需要预测遥远的未来，只需要拓展国务卿和总统的视野就行——去预测、激发思考，并设计新的方法。他还把国务院的情报和研究功能整合进了一个办公室，以确保它们的评估不受各区域办公室的偏见的干扰。[60]

马歇尔还命令副国务卿艾奇逊以一个实质上的办公室主任的身份领导国务院。马歇尔希望，当下面有事需要他拍板，或是向他提出建议的时候，都由艾奇逊一人来和自己沟通。艾奇逊知道权力过于集中的坏处，他力劝这位国务卿更早地加入决策过程，这样工作人员的想法才能给他和总统做参考。艾奇逊还提出，下属不仅要提出建议，还要考虑替代方案。马歇尔试图适应艾奇逊的建议，但并不喜欢这些建议。有一次，马歇尔在听了各区域办公室负责人的一通争吵之后说："先生们，不要和问题打架，要解决它。"这句话成了马歇尔流传最久的一句名言。[61]

马歇尔这个国务卿人选以及他的领导风格都是十分重要的，而这种重要性与杜鲁门自己的领导方式有关。这位总统给自己的顾问很大的权力，但是他没有一个全盘考虑各种不同意见的思想体系，也没有建构或整合决策机制。杜鲁门是一个果断的人，但是在1945—1946年，没有人把各种关键的选项组织好呈现给总统，也没有人把不同的问题联系在一起。流程很重要，总统身边的关键人物也很重要。1947年1月，总统把希望寄托在了马歇尔身上，希望他带领着比以往更加团结的国务院，牵头制定新的外交、安全和国际经济政策。在行政机构里，五角大楼和现役军人是另一个关键的声音和工具,马歇尔在这些人中也备受尊敬。最后一个关键的群体就是国会,而在那里,马歇尔拥有范登堡这位搭档。

悬崖上的希腊和土耳其

不到一个月,这个新的团队就遇到了一个决策问题,这也是决定了美国之后几十年的外交走向的四个决策之一。1947年2月21日星期五,英国驻美大使英弗查佩尔勋爵(Lord Inverchapel)的私人秘书请求立即向马歇尔国务卿呈送一份"蓝纸"。他用"蓝纸"这个词来指代英国政府发来的正式文件。马歇尔刚刚离开华盛顿,准备到普林斯顿去发表就任国务卿后的第一次演讲。艾奇逊建议英国使馆立刻给他一份文件,并告知大使本人,他可以在周一晚上当面将正式文件交给马歇尔,以完成上级的指令。

英国人发来了关于希腊和土耳其的两份文件。根据艾奇逊的回忆,虽然国务院已经陆续收到了从当地发来的可怕的报告,但英国人的文件还是令他"大吃一惊"。这些通过跨洋电缆传输过来的信息中描述了经济危机、游击队横行,以及希腊政府濒临倒台的情景。

英国传来的真正的新闻是,他们将在6周内中断对希腊和土耳其的所有援助,并撤走其在希腊的4万名士兵。英国人悲伤地建议美国人介入此事。土耳其的情况还没到崩溃的边缘,但它同样没有资金去维持现代化进程,也无钱供养其庞大的军队以继续抵御苏联的威胁。[62]

克莱顿在1946年终止《租借法案》时曾和英国人打过交道,他对英国的经济现状并不感到惊讶。"世界的领导权,"克莱顿在总结这一时期的世界形势时写道,"正在快速地从英国那老练但孱弱的手中滑落。"克莱顿警告说,希腊和土耳其要么倒向美国,要么倒向苏联。克莱顿预测道,美国介入可以防止战争发生,但如果苏联插手,那么10年左右就会发生战争。[63]

艾奇逊打电话给杜鲁门和马歇尔,把英国发来的消息告诉了他们,同时指挥一组人马在2月22日到23日这个周末"连轴转"。周六,艾奇逊评估了事态,要求部下解释独立的希腊和土耳其对西欧的重要性。他还把陆军和海军的作战部人员和他们的部长拉进来,以求在周一之前列出需求和供给的大致情况。[64]

周日,艾奇逊在家中审阅了最终的报告。周一早上,马歇尔已经读完了报告,并准备在上午10点会见英国驻美大使英弗查佩尔。这位国务卿就一系列问题追问艾奇逊,而副国务卿只能提供一些初步的判断。马歇尔大约一周后就要动身前往莫斯科,会见苏联、英国和法国的外交部部长或大臣,以商讨德国的命运。人们往往就是要在严峻的时间压力下,根据并不完整的信息做出真正的、实际的决策。

希腊和土耳其的问题不是由苏联的行动直接引起的。但是,美国担心希腊的共产党人在南斯拉夫铁托(Tito)的援助下夺取希腊的领导权,并和苏联人结盟。五角大楼担心,一旦让苏联在地中海东部落脚,土耳其就会被包围,而美国获取中东石油和其他资源的通道,以及那些部署有美国的战略空军力量的机场也会受到威胁。希腊共产党的成功也将鼓励法国、意大利和其他西欧国家的共产党。

1947年初,欧洲的共产党拥有强大的吸引力,这与寥寥数年之后的情况形成了强烈的反差。怨声载道的欧洲人把苏联看作胜利者,他们在与强大的纳粹战争机器的殊死搏斗中击败了对手。苏联红军解放了欧洲大陆相当大面积的土地。共产党人在希特勒进攻苏联之后勇猛抵抗。公众蔑视旧的政治秩序，而且总是把它和大萧条的岁月联系在一起。共产党员的数量在欧洲激增。[65]

杜鲁门主义的诞生

克莱顿已经确定了核心问题：美国需要决定是否给欧洲一个替代方案。如果要给，那么这个方案会带来什么样的政治、经济和军事影响？此外，国会和美国公众会支持这样一个深度"掺和"欧洲的方案吗？

总统与陆军部、海军部部长都支持马歇尔的方法和建议。就在工作人员们赶制对希腊和土耳其的援助方案时，一些人提出支持韩国、中国和其他易受攻击的国家。艾森豪威尔将军要求工作人员扩大研究范围，以确定需要向国会申请多少经费来支持更多的国家。但是，由于时间紧迫，国会还是把眼前的计划集中在希腊和土耳其身上。很快，美国就需要在现实中面临在什么样的地理范围内承诺安全的问题，且这样的选择在之后的很多年间还会反复出现。[66]

杜鲁门和马歇尔的动作很快。2月27日，也就是艾奇逊收到"蓝纸"仅仅6天之后，总统在白宫召集了8名国会领袖：共和党和民主党各4人。范登堡此时正在与自己的党团一起积累未来的政治资本，他提醒总统，塔夫脱参议员被错误地忽视了。

马歇尔宣读了一份声明，这和他自己往常在正式场合的做法一样。声明中警告称："这次危机将是一系列危机的开端，苏联可能会在这个过程中统治欧洲和包括中东在内的亚洲。"但是，他的语气很平淡。这一次，马歇尔理智、冷静、克制的风格并不符合当时的情势。

与会的共和党人问，美国为什么要"帮英国火中取栗"。刚刚获得多数党地位的共和党已经承诺削减对外援助。他们提出了国会在行政班子提出议案的时候最喜欢问的问题：这要花多少钱？

根据艾奇逊的回忆，他当时对马歇尔耳语道："现在要单挑还是一起上？"马歇尔于是问总统，艾奇逊能否发言。艾奇逊发现他现在有机会把问题重新梳理一遍。这位副国务卿对范登堡和康纳利两位参议员提起了他们的欧洲之行，当时他们和贝尔纳斯国务卿一起与苏联进行了和平谈判。艾奇逊解释说，苏联在过去的一年半时间里包围了伊朗、土耳其、希腊和德国，并且始终在试探性地寻找薄弱环节。希腊现在面临着马上崩溃的风险。这一危机不是英国的"栗子"。英国已经完蛋了，现在只剩下两个强权——这种两强对立的局面自罗马和迦太基时代以来还从未有过。

艾奇逊争辩道，一旦希腊崩溃，其他国家也会像虫咬的苹果一样接连倒下：伊朗和东方、小亚细亚、埃及和非洲其他地区，还有欧洲的意大利和法国。"苏联人正在用最小的代价，玩一场历史上最大的赌局。"它不用每局都打赢，只要赢一两局就能收获颇丰。这是一场意识形态的竞赛：援助希腊不是为了英国，也不是出于人道主义考虑，而是为了支持那里的人民，维护美国的国家安全。美国人应该大胆行动，无所作为就意味着失败。[67]

艾奇逊猜透了在场众人的心理。这些人都熟读历史，亲身经历过那场史诗般的战争，且最近都在地图上研究过陆军与海军横扫过的大陆和大洋。艾奇逊的这一番恳求唤醒了他们心中的使命感。这些人都是些讲求实际、我行我素的政治家，但他们中的许多人都怀有一种政治使命感，因为他们相信自己可以青史留名。现在，属于他们的时刻到了。

经过一段漫长的沉默，范登堡第一个做出了表态。"总统先生，"他神情严峻地说，"如果你把这番话说给国会和国民听，那么我会支持你，而且我相信绝大部分人都会支持你。"根据当时的一份记载，范登堡还说，杜鲁门"需要玩命吓唬全国人民"。接着，大家没有再做什么讨论就散会了。[68]

范登堡的做法成了他在之后几年间不断重复的套路。他先是支持，但是要提出一个附加条件，然后再修正，并把这些修正告诉他的参议院同事和公众。这就是美国外交的政治套路。现在，杜鲁门要面对的是对他总统位置的挑战。

马歇尔于3月5日启程前往莫斯科。艾奇逊主持工作，制定出了对希腊和土耳其提供经济和军事援助的方案，预算达4亿美元（相当于今天的约46亿美元）。他还监督着总统3月12日在国会演讲的讲稿起草工作。同时，艾奇逊说服英国推迟撤军，并要求希腊政府写一封请求援助的信件。此外，艾奇逊还为媒体的报道做好了准备。

杜鲁门把范登堡的话记在了心里。他想要一份没有"闪烁其词、犹豫和空话"的讲稿。凯南担心语气太强硬会惹怒苏联。他写了一些很有说服力的分析，然后又收了回去。克利福德认为第一版草稿的力度太弱，马歇尔则与之相反，认为它"修辞太多"。克莱顿争辩道，总统需要"震撼"美国公众，让他们知道美国有责任领导世界。为此，"总统和国务卿只需要把真相告诉他们，而且是全部真相"。艾奇逊则认为，总统在与国会对话时，有时候需要让自己的观点"比真相更清晰"。[69]

想象一下当时的形势对杜鲁门来说意味着什么吧。就在艾奇逊接到英国发来的消息那天（2月21日），总统请求国会提供3.5亿美元的国际救济基金，此举让共和党人和民主党人惊慌失措。前总统胡佛此时刚刚从欧洲考察食品需求归来,他在报告中描述了欧洲的惨状,但建议国会"一停、二看、三听",不要急着提供救济。刚刚获得国会多数党地位的共和党能被选上来就是因为他们承诺减少开支。3月4日,参议院投票支持大幅削减总统的年度预算,幅度高达45亿美元。众议院则投票支持削减60亿美元。3月10日,也就是在总统发表演讲的两天前,一大群参议员和众议员来到总统的办公室。按照艾奇逊的回忆,尽管范登堡不断鼓励,但这些议员对行政班子提出的计划还是"反应冷淡"。杜鲁门对自己的女儿说,他为了准备在国会提出请求已经"筋疲力尽"。"我知道他们会召唤出乔治·华盛顿的灵魂来反对我。"这位总统后来回忆道。[70]

1947年3月12日下午1点刚过,杜鲁门站在了座无虚席的众议院大厅里。他的演讲只进行了19分钟,但正是这次演讲开启了美国与欧洲的长期绑定,以及美国在远离本土的各个地区捍卫其理念的行动。[71]

他描述了希腊目前的处境:国家已经破产,但因物资短缺、百姓贫苦和反政府军的存在而无力恢复。他汇报了希腊政府的请求,并承认了该政府的错误。然后他解释了土耳其的不同需求,以及其与中东秩序的关系。杜鲁门声明,他的目标是"创造一些条件,使我们和其他国家能够想办法过上一种免于高压统治的生活"。这也是最近一次世界大战的目的之一。

然后,杜鲁门解释道,现在每个国家都需要在两种道路之间做出选择。接下来,这位总统说出了一句后来以"杜鲁门主义"之名而被反复提及的话:"我相信,美国的政策必须是支持自由国家人民抵抗少数武装分子或外来压力的征服企图。"实现这一政策的手段则主要存在于"经济和金融"方面。

接着,杜鲁门口头描绘了一幅地图,讲述了当前这一挑战的地缘政治风险。他请求国会批准在1948年6月前拨款4亿美元,并授权总统调遣文职和军事人员。他把这笔钱称为"对世界的投资",并将它与美国在二战中花掉的3 410亿美元做对比。这位总统总结道:"快速变化的形势已经把巨大的责任放在了我们身上。"他自信地表示,"国会将会毅然决然地面对这些责任"。[72]

根据艾奇逊的回忆,国会议员集体起立为总统鼓掌,但他又说:"这一举动与其说是对他的政策表示一致赞同,倒不如说是向一个勇敢者致敬。"[73]

学者们对杜鲁门的讲话已经研究了70年,特别是他的杜鲁门主义。讽刺的是,研究人员最关注的那一句话是国务院在起草讲稿时从一份国务院、陆军部和海军部合作的报告中引用的,而不是白宫工作人员的原创。批评者们把美国在未来几十年间的许多悲惨经历归咎到杜鲁门主义身上,特别是越南战争。总统那番大胆的语言可以被支持战争的人拿来当作武器,以战胜支持保持克制的人。但是,批评者的做法太过头了。政治领袖需要在形势、目标、手段和公众支持不断变化的情况下做出符合实际的决定。实际上,就在国会应杜鲁门请求召开的若干听证会上,艾奇逊和克莱顿都强调,美国需要根据"每一个具体案例的情况"来决定具体政策。[74]

杜鲁门在演讲里没有提到苏联,而是只提了一次"共产主义者"。本·斯泰尔恰如其分地指出,杜鲁门这次演讲给美国外交带来的最重大的转变就在于对经济和金融援助的依赖。在美国与欧洲甚至是世界的新型关系之中,经济和金融援助正是核心元素。[75]亚历山大·汉密尔顿、威廉·西沃德、海约翰和科德尔·赫尔都承认开放的经济外交与美国利益之间的关键联系。杜鲁门的演讲中影响最深远的遗产就是,美国公众开始认为,承担全球领导责任是美国外交政策的本质特征。[76]

范登堡以及对希腊与土耳其的援助

谨慎的议员们提出了很多问题,但范登堡呼吁大家尽快推进。"如果我们抛弃总统……那我们就会永远失去对世界的影响力。"他警告称。[77]

艾奇逊很敬佩范登堡在国会的政治技巧。"范登堡的套路之一就是公开展示他对某个提案的态度的转变过程……他的方法是先等待公众表示怀疑,然后找到提案中一个相对微小的漏洞,对这个漏洞发起猛攻,再在适当的时候提出修改方案,也就是他每次提出的'范登堡修正案'。"然后,这位参议员才会给他的追随者们抛出一个"真正的纲领"——"某种类型的政治变体(transubstantiation)"。[78]

范登堡请其他参议员提交问题,然后把问题数量减少到111个。行政班子随即对这些问题做出了回答。范登堡断言,剩下的问题中最重要的就是行政班子犯了"忽视联合国的巨大错误"——这位参议员对《联合国宪章》了如指掌。现实是,联合国及其救济机构无力完成援助工作,这一点克莱顿已经体验过了。但是,美国公众还是非常希望把希腊的问题交给联合国去处理。范登堡起草了一份修正案,让联合国来评估希腊的援助需求。艾奇逊做出了让步。范登堡的这步棋削弱了以塔夫脱参议员为首的反对力量。4月23日,参议院以67票赞成、23票反对的结果通过了这项议案,有35个共和党议员投了赞成票。众议院也以287票赞成、107票反对的结果批准了该议案。杜鲁门总统于5月22日在法案上签字,接着就迈出了他改造美国外交的第二步。[79]

实际上,希腊在斯大林的地缘政治地图上并不重要,甚至在巴尔干地区的范围内都排不到前面。他对希腊共产党的能力没有什么信心,而且预计美国会保护自己在地中海地区的交通线。杜鲁门此前在土耳其给出的强硬回答已经让斯大林确信,在这个地区走错一步可能就会激起美国和英国的行动。在苏联政府看来,杜鲁门主义更像是一个地区级的反制行动,甚至还可能是为了打击美国的资本主义对手,也就是英国。到1949年夏天,新掌权的希腊政府剿灭了反对派武装。[80]

1947年的莫斯科会议:德国和欧洲的命运

美国政府还没有意识到斯大林在中央战线上——德国和中东欧的缓冲区——捍卫苏联权利的决心。1947年3月9日,就在杜鲁门还在绞尽脑汁准备演讲稿的时候,国务卿马歇尔在雪中飞抵莫斯科,并很快就在寒冷中领教到了苏联的战略重心。

3月,四国外长会议在莫斯科召开,其基本议题是德国的未来及赔款问题,后者尤为重要。美国人和苏联人从"一战"后的历史中得到了基本上完全相反的教训。在克莱将军的督促下,美国人希望恢复德国的经济,避免将来不得不为德国人的生存提供资金。此外,德国如果一直处于被俘虏和囚禁的状态,就难保不会再次变成一个复仇主义的国家。苏联人则与美国人相反,他们认为自己为在"一战"后允许德国再次崛起而付出了惨重的代价。苏联人想要的是赔款——而且是立即赔款——以补偿纳粹造成的破坏,并在苏联恢复力量的过程中始终保持对德国的压制。

克莱和马歇尔都不想和苏联决裂。美国人提出的可行性建议是,允许德国人自己养活自己,统一四个占领区的经济和政治,提高生产量——这样德国才能有钱支付赔款。美国不能接受的情形是:美国纳税人出钱供养德国人的生活,同时苏联人(和法国人)

不断吸走德国人的血。如果是这样,美国就需要在美占区里无限期驻军。为了避免出现这样的结果,克莱已经在前一年的6月暂停收取赔款,并于1947年初将美占区与英占区合并。

马歇尔和克莱表现出了美国的乐观主义,而这种特质在欧洲外交中是稀缺的。"仅仅是把纳粹赶下台并消除他们的影响力,根本不足以让我们把德国民主化。"国务卿说。[81] 相反,苏联对德国抱有恐惧,无论其是否民主。

会议持续了5周,每4小时为1节,一共进行了43节。在这个过程中,马歇尔初步了解了苏联人的外交风格。外交部部长维亚切斯拉夫·莫洛托夫(Vyacheslav Molotov)的表现不负自己"石头屁股"的美誉。马歇尔回忆道:"外交场合里,你从来都搞不清楚一个人到底在想什么。他可以一边对着你笑,一边踢你的肚子。"马歇尔对这种含糊其词、气氛沉闷、互不相让的谈判十分失望。他在会议间歇时阅读哈罗德·尼克尔森(Harold Nicolson)撰写的关于1815年维也纳会议的书籍来振作精神。马歇尔来莫斯科是为了解决分歧和问题的,结果却在这里经历了一场忍受力和耐心的残酷考验。[82]

马歇尔曾在三次战时峰会上观察过行事果断的斯大林。他请求面见斯大林。两人于1947年4月15日晚上见了面。马歇尔摆出了他的议程——非军事化问题、赔款问题,以及德国未来的经济和政治制度——并宣称会议各方没有取得任何进展。但是,在这场一个半小时的会谈结束后,什么都没有改变。苏联人想要完全控制住德国,让其跪拜在脚下,为苏联的利益服务。斯大林会不惜一切代价阻止德国投入资本主义的美国和英国的怀抱。

马歇尔此时意识到,顽固的莫洛托夫只是在执行领袖的命令而已。斯大林抛出了一个"折中方案",即让德国人举行全民公决,这个想法令人不寒而栗。[83]

斯大林一边气定神闲地和马歇尔打着太极，一边暗示自己比对方更乐观。他认为现在的问题"只是些小矛盾……等到大家都谈累了，就会意识到妥协的重要性……所以一定要有耐心"。

这句话肯定会让马歇尔感到沮丧，因为这位美国外交官是来解决一个紧迫问题的——既为德国，也为欧洲——他急需实用的解决方案。马歇尔向总统汇报说，他还是希望这次会议能有些结果，或许可以在奥地利问题上达成一个协议。可是，莫洛托夫的持续推诿使马歇尔确信，斯大林不会下令做出任何改变。

在1945年到1946年的13个月间，马歇尔曾经面对过中国国民党和共产党之间不可调和的矛盾。发现自己的调解工作没有收到效果后，他得出了一个大胆的结论：外国对蒋介石的影响和支持能力是有限的。[84]现在，马歇尔再次意识到，通过谈判达成的妥协作用有限。他准备打道回府了。但是，在接下来该如何改变欧洲的基本形势这个问题上，马歇尔得出了一个非常不同的结论。

欧洲的"病人已经病入膏肓"

离开莫斯科之前，马歇尔会见了英国和法国代表。他们都描述了欧洲经济崩溃的情况和政治上的风险，甚至包括内战的可能。双方都恳求美国施以援手。

马歇尔的翻译、绰号"奇普"的查尔斯·波伦（Charles "Chip" Bohlen）后来写道："斯大林似乎对德国当时的情况漠不关心，这给马歇尔留下了深刻的印象。他由此得出结论，斯大林在研究了欧洲的形势后认为，苏联获取利益的最佳途径就是放任事态发展……它的势力正是在这类危机中发展成长起来的。在回华盛顿的路上，马歇尔一直在强调想办法防止西欧彻底崩溃的重要性。"[85]

马歇尔后来表示，他在莫斯科的时候最终确信美国无法与苏联谈判。他认为美国人民想让他试一试。马歇尔说，被称为"马歇尔计划"的"欧洲复兴计划""是我在莫斯科会议上幻想破灭后的产物"。在危险的问题面前，美国走向了第二次转变其国际角色的决策之路。[86]

马歇尔于4月27日面见总统，讲述了自己在莫斯科的观感，并建议立即采取行动。4月28日，他在广播中向全国发表了讲话，描述了欧洲的分裂局面。这位国务卿没有呼吁美国与苏联决裂，但他警告称："病人已经病入膏肓，而医生还在犹豫不决。"他预见到了采取一种新方法的需求："我们不能等到筋疲力尽而不得不妥协的时候再采取行动。"在讲话的最后，他请求两党在这个问题上团结一致。[87]

凯南的报告

4月29日，马歇尔叫来了凯南，这是两人第一次面对面谈话。凯南本来在国家战争学院教书，此时刚刚被任命为政策规划室的首位主任。国务卿想要抓住外交主动权。他命令凯南研究关于欧洲的未来的问题，并在两周内向马歇尔提出行动建议。凯南问马歇尔还有没有其他的指示，这位国务卿给出了那句经典的回答："抓大放小（Avoid trivia）。"[88]

凯南用了三周多一点的时间写出了他的第一篇政策研究报告。按照今天官员们的标准，这篇文章简短得令人吃惊，却是凯南在政策规划室写出的最有影响力的一篇文章。凯南几乎没有任何经济学

第11章 马歇尔计划和北约：同盟体系的构建者们　　349

背景，他在这方面引用了克莱顿和他手下的工作人员的成果，以及4月份由多个部门共同完成的一份报告。但是，他的主要贡献是定义了问题，并且勾勒出了外交战略的基础架构。他写道，欧洲的问题是"经济失调，这导致欧洲社会容易受到各种运动的利用，而现在苏联的共产主义运动就在利用"。凯南针对的问题不是共产主义，而是欧洲自身的崩溃。新的计划必须"诚实地交代给美国公众"，目标则是让欧洲能"自给自足"。

凯南认为，美国在短期内面临的挑战是找出"有效且迅疾的行动"，以突破欧洲经济的结构性瓶颈。同等重要的是，美国要证明自己的承诺，从而"唤起希望和自信"。长期的挑战则是通过一个发展计划复兴欧洲经济。美国将会适当地为这个计划"保驾护航"。凯南发现，几十年来，各种发展计划都受到一个关键的先决条件的困扰：计划必须属于当地人。凯南认为，在这种情况下，几个友好的欧洲国家必须共享一个计划，而不是每个国家都各行其是。美国需要推动欧洲人去整合他们的经济。这个想法在现在看来是显而易见的，但是在1947年却是重大的一步。

凯南在备忘录中对欧洲的定义做出了一个关键的地理假设。他完全没有提到德国，却暗示它属于"莱茵河流域"的一部分。他解释道，美国的援助应该是提供给整个欧洲的，但是"对于这种形式的援助，苏联的卫星国需要在两个选项中做出选择，一是因不愿接受美国提出的条件而拒绝援助，二是同意援助，并放弃把自己排除在欧洲之外的经济发展方向"。对于这个建立在美国的合作和市场经济原则上的"欧洲复兴计划"，凯南打赌苏联人不会加入，而是会闭关自守。

凯南在文章结尾处试图修改杜鲁门主义。他担心美国公众在面对世界问题时采取"对共产主义压力的防御性反应"，而不是出于合理的经济逻辑去援助其他国家。他还担心杜鲁门主义正在成为"一张经济和军事援助的空白支票,让世界上任何一个共产主义者已经显露成功迹象的地区都认为自己应该得到援助"。凯南的第一点担心反映出他对政治实践完全没有概念,不知道如何说服国会在海外大笔花钱。但是,凯南的第二点担心却很睿智。它提醒了政策制定者们,一旦反共的浪潮掀起,他们要处理的就不是眼前的这几个问题了。[89]

凯南的思考通常都是通过优美的语句表达出来的,这使得历史学家们在追溯马歇尔计划的起源时往往会把他放在最重要的位置上。然而,艾奇逊后来曾写道,克莱顿那些强有力的备忘录,以及他给马歇尔的讲解,对这位国务卿的影响更大,超过了凯南那字斟句酌的指南。[90] 我估计两个人都对马歇尔的决策起到了作用。

克莱顿的经历

克莱顿参与了1946年的对英贷款和对欧援助,这段经历加深了他对欧洲大陆不断深化的危机的认识。12月下旬,北极圈形成了一个高气压区。冷锋南移进入欧洲北部,暴风雪让这一地区陷入瘫痪。食品和燃料无法运输,生产停滞,饥寒交迫的人们在死亡线上挣扎。

灾情最严重的是英国。积雪最深达到了6米,堵塞了铁路和公路。煤矿关闭,电厂停机。阿伦·布洛克(Alan Bullock)写道:"英国的工业生产事实上中断了3周——这是德国人的轰炸都没能达到的效果。"英国政府在4个月内的损失估计在10亿美元左右,几乎是美国对英国贷款总额的三分之一,而克莱顿和凯恩斯原本指望这笔贷款能支撑英国5年。[91]

1947年初，克莱顿开始每周与手下的工作人员碰头一次，监控欧洲的动荡局势。他要求手下找出最好的方法，预估该地区作为一个整体的需求，并推动欧洲大陆一体化的概念。保罗·尼采（Paul Nitze）找到了一个简便的测算方法：美国的收支盈余，也就是欧洲国家为收支平衡而需支付给美国的黄金和外汇数额。尼采由此估计欧洲每年需要50亿美元。这个数字几个月后成了一条粗略的基准线。[92]

克莱顿考虑的不只是援助，他的目标是让欧洲经济的引擎重新启动，并让它的齿轮重新挂上全球经济增长的挡位。克莱顿和艾奇逊在赫尔离职后仍沿用1945年延长的《互惠贸易协定法》，该法案将于1948年到期。克莱顿正在准备将于1947年4月在日内瓦举行的多边贸易谈判。[93]

在刚成为多数党的共和党中，一些议员想要推迟召开日内瓦会议的日期，并废止《互惠贸易协定法》。克莱顿拒绝了这一提议，并辩解称，国际贸易中的国家控制和歧视政策又有所抬头，而美国的倡议则是挫败这些政策"绞杀"商业往来的关键。范登堡参议员此前对《互惠贸易协定法》持反对态度，此时他也参与进来。范登堡提出了五项程序性的改变，其中大多数都被总统采纳，并写进了一道行政命令之中。[94]

3月6日，也就是杜鲁门在国会就希腊和土耳其问题发表讲话前不到一周的时候，这位总统在贝勒大学谈到了一个颇具进取心的贸易计划以及美国的经济领导权问题。他将1947年与1920年的"转折点"进行了比较。[95]克莱顿和他的国务院帮助杜鲁门起草了贝勒大学演讲稿的初稿。格雷戈里·福斯代尔发现了一个有趣的章节，克莱顿本想把这个章节添加到演讲稿里，但后来又放弃了。那段话把贸易和一个大胆的援助计划直接联系了起来，以实现"美国的安全和繁荣"，里面提到了尼采的收支差额概念，以及50亿美元的盈余。艾奇逊和克莱顿可能认为，现在政府的紧要任务是解决希腊和土耳其问题，过早提出一个贸易、援助和欧洲经济的复兴计划可能会让国会消化不了。这些国务人员的行动非常快，他们的新国务卿此时才刚启程赴莫斯科。马歇尔计划的启动则还要等到3个月以后。[96]

无论如何，我们还是可以看出，最后促成马歇尔计划的种种因素已经逐渐汇集在一起。克拉克·克利福德透露，克莱顿在1947年1月到4月间定期与总统见面，向他汇报欧洲经济危机不断加剧的情况。杜鲁门的回忆录则指出，他在贝勒大学的演讲部分体现了他对最终的"欧洲复兴计划"的思考。对于杜鲁门提出的希腊和土耳其问题的解决方案，最初的批评来自《纽约时报》和《华盛顿邮报》，以及美国外交领域最有影响的专栏作家沃尔特·李普曼（Walter Lippmann）。这三方都呼吁杜鲁门提出一个范围更广的、将整个欧洲都考虑在内的方案。到3月下旬，大概是在收到克莱顿和尼采的吹风之后，一些有影响力的记者报道称，白宫已经在制定一个更鼓舞人心的、覆盖范围更大的经济战略。[97]

3月5日，克莱顿准备了一份备忘录，为我们追溯马歇尔计划的来源提供了极好的洞察。我们不知道克莱顿准备怎样使用这份备忘录，看样子他是想要在接踵而至的各种事件中整理一下自己的思路。记录显示，克莱顿用这份笔记在他的同事面前陈述了一个能自圆其说的论点，而且可能也把这个论点讲给了总统。艾奇逊也引用了克莱顿有力的语句，认为它对启发自己的思考起了重要的作用。[98]

克莱顿在备忘录的开头先列出了一张世界局势和危险的清单。苏联正在利用世界各地经济和政治崩溃的机会，"用一种我们还不知道怎么应对的新技术暗中渗透"。美国需要从日渐衰落的英国手中接过世界领袖的重任。援助希腊的计划"只是这条路上的一小段"。克莱顿预估马歇尔的莫斯科之行不会有什么收获。当这位国务卿回国的时候，他与总统需要对国会和美国人民发表一个明白无误的声明，而克莱顿已经为这个声明拟就了一份包括15个要点的提纲。他列出了美国的目的、威胁的性质，以及所需的行动及其类型。克莱顿解释了新成立的世界银行可以提供什么样的帮助，但也说明了世界银行和联合国都没有能力对抗威胁。他回答了两个可能被提出来的反对意见，并且呼吁行政班子和国会一起努力，用50亿美元来启动这一计划。克莱顿的备忘录看起来像是一个从经济安全角度为马歇尔计划辩护的提纲。在之后的两个月里，克莱顿访问欧洲，并为这份提纲加上了最新的政治和经济情报，帮助马歇尔制定出了那个重大的建议。[99]

创造新贸易体系

帮助艾奇逊准备在国会上提交的希腊和土耳其问题解决方案之后，克莱顿于4月10日启程前往欧洲，准备在日内瓦开启贸易谈判。总统还要求克莱顿参加联合国欧洲经济委员会（ECE）的首次会议。这个会议是用以制订欧洲复兴计划的一个可能机制。在欧洲各国首都之间的旅行中，克莱顿了解到了第一手的时局信息和援助需求。

克莱顿看到遍地都是麻烦。货币走势疲弱、生产萎靡、食品供给减少等问题使"现代化的劳动分工体系"濒临瓦解。由于政府无力解决问题，老百姓开始屯积物资，农民停止向城市供应食物，强盗四处横行。克莱顿为法国争取了553吨粮食,而这个国家有着大片的农田。5月9日,世界银行向法国发放了自己的第一笔贷款,总额达2.5亿美元,目的是帮助法国实现钢铁工业现代化、购买原材料,并整顿运输系统。[100]克莱顿认为,苏联及其卫星国也是联合国欧洲经济委员会的成员,因此这个组织无法成为复兴计划的载体。

随后,华盛顿的麻烦威胁到了克莱顿在日内瓦的贸易主张。这个旨在缔结关税及贸易总协定(GATT,简称"关贸总协定")的谈判开局很顺利。在美国的努力之下,谈判从赫尔的互惠贸易协定中汲取了许多新的多边贸易规则。之后,与会各国开始提出削减关税的方案。克莱顿带头提出了美国的方案,显示出了美国的领导力和诚意。但是,谈判在进入不同产品的分别讨论阶段后逐渐陷入僵局。[101]

刚刚由共和党夺取多数党位置的国会正在立法,准备对进口羊毛征收50%的关税。羊毛以及其他少数几种大宗商品将决定新的多边贸易谈判的命运。澳大利亚的经济严重依赖对美国的羊毛出口。如果美国提高关税,这个刚刚与美国成为盟友的太平洋国家就会退出谈判,而英国作为英联邦的领袖也会离场。其他欧洲国家如果无法进入英联邦的市场,也就会一起退出。克莱顿决定返回美国,说服总统不要批准提高羊毛关税。[102]

制订马歇尔计划

5月19日,也就是凯南正在起草他的政策计划报告的时候,克莱顿回到美国,并开始准备一份备忘录,以补充到3月5日的第一份备忘录里。艾奇逊在 5 月 27 日收到了克莱顿的备忘录,并与马歇尔约好在第二天见面,以讨论克莱顿和凯南的备忘录。艾奇逊写道:"在我听过其讲话的人里,威廉·克莱顿是最有影响力和说服力的人之一。这两种能力来自他对主题的熟悉,以及论断的深度。"[103]

克莱顿 5 月 27 日的备忘录就是一个强有力的证据。他在备忘录的开头做出了一个重要的澄清:美国人都知道欧洲遭受的"有形破坏",却不了解"生产经济混乱的影响——工业国有化、激进的土地改革、长期商业关系的断绝、资本丧失或减少而导致的私人商业公司的绝迹等"。结果,"我们严重低估了战争对欧洲经济的破坏程度……"。

"政治形势反映了经济形势。"他继续写道。国家被一次又一次的危机折磨得疲惫不堪,人民吃不饱饭,农民宁肯把粮食拿来喂牲口也不出售。"现代化的劳动分工体系在欧洲已经近乎瓦解。"

接着,克莱顿给国务卿提供了一些数据,因为后者要求看到事实。他加总了收支逆差,包括煤、粮食和航运服务等关键组成部分。"如果美国不立即进一步提供大量援助,"克莱顿写道,"欧洲就会被经济、社会和政治分裂所吞没。"这对和平、安全和美国经济所造成的损失都将是可怖的。

克莱顿呼吁美国在 3 年时间里每年给予——不是租借——欧洲价值 60 亿到 70 亿美元的货物。这些馈赠将支撑起一个欧洲复兴计划,而英国、法国和意大利则应带头筹备这个计划。欧洲需要一个经济联盟,而不是"像今天这样分裂成许多封闭的小空间"。其他国家也可以做出贡献,尤其是那些农产品和大宗商品的生产国。但是,要避免再组建一个类似于联合国善后救济总署的机构。"美国必须主导这场演出。"克莱顿总结道。[104]

根据艾奇逊的回忆，克莱顿在5月28日与马歇尔见面时又补充了一些细节证据。国务卿总结道，美国不能"坐视不管"。他最主要的顾虑是，美国是应该援助整个欧洲，还是只援助西欧国家。他们认为苏联政府将会拒绝这个计划，这样分裂欧洲的责任就落到了苏联头上。凯南则提议，如果苏联对计划表示出兴趣，那么美国就呼吁苏联把自己的商品捐献出来。[105]

马歇尔在哈佛大学的演讲

马歇尔6月5日在哈佛大学的毕业典礼上发表简短的演讲，他认为自己可以利用这个机会把自己的想法传播出去。他计划只讲10分钟。"奇普"波伦根据凯南和克莱顿的备忘录为马歇尔准备了一份讲稿，他直来直去的写作风格很适合马歇尔的声音。马歇尔回忆说，他让凯南也准备了一份讲稿，然后把两份讲稿综合在一起，再加入自己的想法。马歇尔在6月4日前往波士顿的路上还在修改这份讲稿。[106] 研究人员把克莱顿5月27日的备忘录（800个单词，10个要点）和马歇尔6月5日的演讲（1 200个单词，8个要点）放在一起做了一个有趣的对比，发现二者的重合度很高。[107]

杜鲁门知道国务院正在制订对欧洲的援助计划。但是，国务卿马歇尔竟然忘记了在发表演讲之前让总统看一眼讲稿，马歇尔后来也承认了自己的疏忽。但是不管怎样，杜鲁门还是看到了让马歇尔出面的好处。"只要挂着我的名字，不管什么提案送到[国会山]都会被折腾一番，最后死翘翘。"杜鲁门对克拉克·克利福德说。这位总统从一开始就把注意力放在了如何赢得共和党议员的赞成票上。[108]

马歇尔可能没觉得他能搞出什么大新闻。他在哈佛大学的演讲对于听众来说可能很严肃,但并没有什么煽动性。这位国务卿强调了欧洲的困境,阐述了那块大陆经济动荡的本质,并讲解了旨在"打破恶性循环,重建信心"的解救方案。他重点说明各国需要"把欧洲当作一个整体"来考虑,暗指克莱顿推动欧洲经济联盟的努力。

马歇尔演讲中的两句话后来成了名言:"我们的政策不是针对任何国家或是教条,而是针对饥饿、贫穷、绝望和骚动。它的目标应该是世界范围内的经济复苏,以使得允许自由体制存在的政治和社会条件得以出现。"这是一个正面的表述,还和美国的信仰联系起来。但是,观众对马歇尔的警告反应更强烈。他说那些阻碍复兴计划的国家将不会得到任何帮助,且美国将反对那些试图延续人类的灾难以为自己谋利的国家。

马歇尔在演讲结尾处说出了凯南和克莱顿催促他传达出的外交信号,即"这个主动权……必须来自欧洲",因为"这是欧洲的事情"。马歇尔想让欧洲人自己支配这个计划,这样一来可以在经济上完成统一,二来可以让他们为自己的未来负起责任。[109]

这篇讲稿后来成为美国外交史上最为重要的宣言之一,但美国媒体当时几乎没有注意到它的存在。不过,艾奇逊知道如何把一篇抽象的演讲转化为实际的外交政策主张。他找到华盛顿的英国记者,让他们提醒英国外交大臣欧内斯特·贝文(Ernest Bevin)。艾奇逊指出,马歇尔将邀请欧洲人提出一个以美国的援助为基础的联合复兴计划。贝文通过英国广播公司(BBC)的记者得到了这个消息。他说"这就像是濒死者获得了救生索,让完全没有希望的地方有了希望"。他向美国国务院发去消息,说自己正在"接过主动权",并赶往巴黎与法国人一起工作。在莫斯科,苏联人也注意到了马歇尔的演讲。美国的这一举动让他们大吃一惊,但它会对外交造成什么样的影响现在还很难看清。[110]

实际上,美国的计划让美国人自己也看不太懂。马歇尔的演讲过去6周后,凯南抱怨道:"什么马歇尔'计划',我们根本就没有计划。"[111] 美国官员发现并定义了一个问题。他们也提出了一些可能引起广泛影响的总体原则。现在,美国人——以及欧洲人,他们才是最重要的——需要制定出切实的步骤来让它成为现实。

羊毛关税和"关税及贸易总协定"

克莱顿准备返回欧洲继续谈判,但在离开前,他需要确保美国的贸易主张不会胎死腹中。众议院在5月以151票赞成、65票反对的结果通过了羊毛关税提案,国会则准备向总统提交一份保护主义色彩强烈的提案。6月19日,杜鲁门召来农业部部长和克莱顿,给他们每人15分钟的时间来陈述各自的理由。农业部部长先是嘲笑了日内瓦的贸易谈判僵局,然后提醒总统,如果不批准羊毛关税提案,他在1948年的大选中就可能会失去7个羊毛生产州的支持。克莱顿指出了贸易与美国在国际经济中的长期利益之间的联系,并呼吁总统给日内瓦谈判一个机会。次日,总统告诉克莱顿,他将否决羊毛关税提案,甚至还授权克莱顿在谈判中提出将羊毛关税降低25%的条件。多年之后,克莱顿把总统的这一决定称为"我目睹过的最具政治勇气的举动"。澳大利亚人对关税的削减幅度还是不满意,但谈判总算是继续进行下去了。[112]

1947年的整个夏天,克莱顿都相当于驻欧洲大使的角色,代表杜鲁门推行马歇尔计划,同时努力完成日内瓦的关税及贸易总协定谈判。英国人再一次拒绝取消帝国特惠制。虽然美国提出马歇尔计划的援助方案，克莱顿也努力提出了灵活的过渡方案，但英国人还是无动于衷。他们已经习惯了美国在斯穆特-霍利时期形成的保护主义政策。一旦各个国家及其利益集团放弃开放的贸易体系而选择在其他体系中投资，那么想要把它们拉回更自由的贸易体系可能就要付出高昂的政治代价。到了8月，克莱顿一度已经做好了英国不参加这个新的多边贸易体系的准备。但是，总统在1947年还有很多其他事情需要英国配合，于是美国同意在允许英国继续保持帝国特惠制的情况下启动关贸总协定。[113]

这是世界历史上的第一个多边贸易谈判，共有23个成员国。它证明各个国家在贸易自由化问题上的合作是可能的。成员国对4.5万种商品削减了关税，占到了世界贸易中商品种类的一半左右。尽管各个经济体仍在复兴的路上苦苦挣扎，也还没有完成取消外汇管制的工作，但这一体系还是刺激了世界贸易的增长。一些国会议员抱怨这个协定让美国"出让"了一些贸易权益，但新的贸易外交在之后的几十年内帮助美国和世界范围内的其他国家收获了幅度空前的经济增长。美国经济的引擎最终能够压倒苏联，靠的就是赫尔和克莱顿构想出来的贸易体系。[114]

对于克莱顿来说，关贸总协定的启动正好可以配合他督促欧洲人制定出他们的马歇尔计划提议。他的经济外交把贸易自由化、欧洲内部"劳动分工"的复兴、欧洲经济一体化、稳定的货币和美国的援助杂糅在了一起。但是，欧洲最重要的两国——英国和法国——政府却对计划中的核心问题表现出犹豫态度。英国的工党政府想打造一个计划经济体系并控制市场，法国人则仍出于可以理解的原因对德国人充满了仇恨和恐惧，克莱顿需要说服他们接受德国的经济复兴，并让德国和欧洲的其他部分融为一体。

苏联对马歇尔提议的回应

不过,英法两国都同意先看看苏联的态度。贝文和法国外交部部长乔治·皮杜尔(Georges Bidault)邀请莫洛托夫到巴黎来讨论马歇尔的提议。莫洛托夫在马克思主义原理的指引下怀疑美国将要面临一场资本主义危机,因此打算采取帝国主义行动以主宰欧洲经济。苏联人愿意和其他国家一起申请援助,但是不会允许外国人评估苏联的资源和需求,也不会加入由美国主导的协调计划。

苏联间谍已经打入了英国政府内部,包括英国驻美使馆。苏联情报机构综合了多份报告后向斯大林发送了一份"紧急"报告。这些情报高手说,西方的计划是万恶的,将会妨碍苏联巩固其在东欧的控制权。帝国主义者们正在密谋将德国拉到他们的阵营,并让苏联无法再从德国当前的生产活动中获得赔偿。

斯大林给莫洛托夫发去了新的指示。根据贝文的说法,莫洛托夫在接到指示后就变得"完全不容妥协"。经过五轮磋商,莫洛托夫拂袖而去。埃夫里尔·哈里曼后来回忆说,莫洛托夫"完全可以用加入马歇尔计划的方式来扼杀这个计划"。但是,正如凯南推测的那样,苏联人"必须拒绝,否则就会导致'铁幕'失效"。不幸的是,苏联有实力让它的卫星国也拒绝参与。这样,本意是对抗经济危机的马歇尔计划最终导致东欧与西欧的分裂,东欧在随后的40年内始终在安全领域与西方对抗。[115]

新生欧洲的分娩之痛

1947年7月12日,16个国家的外长和贸易部部长在巴黎会面,筹划在美国援助的基础上建立一个新的西欧经济体。按照本·斯泰尔的描述:"在这个供奉着法兰西帝国荣光的宏伟大厅里,欧洲的外交首脑们聚集一堂,恳求一个前英国殖民地给予他们援助。"[116]这些骄傲的欧洲国家开始就欧洲一体化的想法展开辩论,但是在马歇尔还没发出他的邀请之时,几乎没人会把欧洲一体化当真。

在接下来的两个月里,新生欧洲的分娩之痛格外强烈。克莱顿试图让会议保持在正确的轨道上。他呼吁欧洲建立一个支付同盟、一个关税同盟,开放贸易,并更多地依靠市场而不是国家计划。1947年,欧洲各国的政府还没有为上述创新做好准备。但是,克莱顿的想法最终为今天的欧盟奠定了基础。

随着夏天的逝去,美国政府越来越着急。经过一轮又一轮的谈判,初步的会议成果仿佛就是欧洲各国的愿望清单,上面的条目很多,都等着美国买单。一般来说,如果遇到了这种外交问题,政府内的批评者总会把火力集中在本国的外交代表身上,而不是去攻击外国的政治,因为前者在他们的控制范围内,后者则不在。美国国务院认为克莱顿在推销自己的想法时用力过猛,但同时也认定美国需要提供"友好的援助",以帮助欧洲人达成协议。

凯南相信欧洲在政治上的弱点限制了欧洲人采取大胆行动的能力。虚弱的欧洲宁愿一点点往前走,也不会让美国人掌握更大的主动权。美国在1947年夏天的战略判断是不能力求完美,只要达到目的就行。美国政府需要的是持续推动欧洲复兴计划和开放贸易,那些尚未解决的烦人问题可以留到以后处理。

国务院原本希望欧洲能给出一个井井有条的计划,但现在只要有一个阶段性的结果就可以了。9月22日,欧洲人交给国务卿马歇尔一份总计690页的报告,分为上下两卷。欧洲人认识到了这项行动的政治属性。他们承诺满足生产目标,并承担起了维持内部金融稳定的责任。他们认可欧洲经济合作的大方向。这些国家没有提出一份"采购清单",而是同意着手解决结构性的问题,无论是单干还是合作。他们认识到自己的国家需要私人投资,并辅以世界银行的资助。关于德国问题的附录体现出了各国的不同意见,但至少欧洲的其他国家都认识到德国是需要解决的问题中不可或缺的一部分。报告的起草者们还表示将继续努力,他们一致同意再进行一些补充性的工作,并创立一个组织来检查工作进度。[117]

今天的欧盟部分诞生于马歇尔计划所激起的欧洲政治思考之中。荷兰代表恩斯特·范德·伯格尔(Ernst van der Beugel)后来评论称,这次巴黎会议成了"很多人的小学,这些人后来都在战后的欧洲舞台上扮演了重要的角色,而且除了他们自己的政府以外,他们都还忠诚于一个更大的实体"。[118]

美国人认识到欧洲人已经迈出了关键的第一步。行政班子现在需要决定提交给国会什么样的方案,因为只有国会才能使其生效。然后,美国政府需要制定出一套与欧洲人协调的机制,以开展援助工作。在这个过程中,行政班子必须与国会一起努力,维持欧洲人的生存,同时也保证希望不灭。

范登堡和马歇尔计划

现在轮到国会——主要是范登堡参议员——对马歇尔计划采取行动了。马歇尔多年后说过:"等我们真的到[要解决]问题的时候,范登堡一个人就搞定了。"如果不是这位参议员发挥领袖作用,"这个计划就不会成功。我觉得他的重大贡献始终没有完全得到应有的评价……而且他的名字应该和这个计划联系在一起"。马歇尔知道如何拉范登堡入伙。早在 5 月份，马歇尔就对范登堡说，行政班子在未来的几个月内需要他帮一个大忙。他们每周在白宫对面的布莱尔宫见面两次。[119]

范登堡小心地在批评者和拥护者这两种角色中保持平衡，以打消外界的疑虑。他把马歇尔计划的资金需求从国务院的预算和控制里分离了出去。虽然国务卿的职位很高，但国会还是怀疑他的部门代表的不是美国人，而是外国人的利益。一大笔对外援助看起来就像是一个全球版的罗斯福新政，花出去的钱都用来"资助社会主义"了。

范登堡说服杜鲁门总统组建了三个由两党领袖人物组成的委员会，在援助需求和国内影响方面起到顾问作用。他和那些负责撰写委员会报告的人合作，在报告中突出了自救的主题，并提出了若干改进建议。[120]

范登堡力促副国务卿罗伯特·洛维特（Robert Lovett）——艾奇逊的继任者、共和党人——来组织商界的支持，包括邀请顶级人士在国会的听证会上担任证人。农业、劳工、退伍军人和宗教团体的代表都加入了进来。[121]

杜鲁门的总统班子为赢得支持和赞成票组织了声势浩大的活动。国务卿在全国巡回演讲。"我在这件事情上的努力程度就像竞选参议员或总统一样，"马歇尔回忆道，"让我引以为自豪的是，我最终让这项该死的计划得以通过了。"与竞选活动一样，马歇尔宣扬的主张也需要符合听众的喜好。他突出了对苏联的反对及其势力扩张的担忧，表示威胁已经不仅仅是"饥饿、贫穷、绝望和混乱"，欧洲独立国家的生存，甚至美国自己的生活方式都面临危机。这些信息无论是如何组织的，总之都在听众中引起了共鸣。7 名来自马里兰州贝塞斯达的童子军 232 军团成员拜访了马歇尔，并称他们计划募集资金为 8 名欧洲男孩提供食物。[122]

最好的支持者来自国会内部。在 1947 年 8 月到 11 月期间,超过 200 名国会议员到访欧洲。最引人瞩目的一个代表团由共和党众议员克里斯蒂安·赫脱率领。他曾帮助威廉·克莱顿搞定了向英国贷款的议案。代表团的 18 名成员中还包括刚刚当选议员的理查德·尼克松(Richard Nixon)。他们在欧洲逗留了 45 天,并准备了一份 883 页的报告。他们见证了欧洲经济的颓败,以及共产主义势力的扩张。

到 1947 年 11 月,马歇尔计划已经得到了强大的支持。行政当局将其命名为"欧洲复兴计划",以此区别于过去那些只为维持欧洲人生存的救援计划。但是,当局还要先让国会批准一个临时措施,从而在国会考虑欧洲复兴计划期间维持法国、意大利和奥地利的经济。这次表决相当于国会对欧洲复兴计划的一次测试。塔夫脱和其他参议员试图削减这项临时措施的预算金额,范登堡出面反驳,说他们是"给一位离岸边 6 米多的溺水者抛去一条 5 米长的绳子"。参议员以 83 票赞成、6 票反对的结果站在了范登堡和杜鲁门这一边。最终的议案于 12 月 15 日得以通过,预算总金额达 5.22 亿美元(大约相当于现在的 60.1 亿美元)。随后,当局在 12 月 19 日提交了欧洲复兴计划的议案。[123]

从 1948 年 1 月 8 日到 2 月 3 日,范登堡主席在对外关系委员会听了 95 位证人的证词,写下了长达 1 466 页的笔录。控制着钱袋子的众议院则听取了更多的证词。范登堡总是能敏锐地感知到其他议员的担忧,他对证人提出的问题极其巧妙,使得对方的回答可以被他用来赢得投票。在一些不懂行的人看来,他在提案中运用的语言有时模糊,有时多余,但是正如范登堡对一位同事所说的那样:"别删掉那些词句,我可以告诉 19 个不同的、对提案抱有疑问的参议员……'你的问题已经在提案的这个条款里得到处理了'。"[124] 但是，有一个最重要的议题是所有参议员都需要认真对待的，那就是战争与和平。

范登堡手里还剩下三张牌。第一，国会可以寻求欧洲方面给予一些"补偿"，就像美国在1941年以《租借法案》换得英国的军事基地那样。国务院需要让欧洲做出承诺，让美国获取战略原材料，并与美国进行更紧密的军事合作。

第二，范登堡要找一个不属于"外交官"圈子里的人来掌管这个规模达数十亿美元的项目。但是，马歇尔不能接受"两个国务卿"的安排。范登堡妥协，提出建立一个名为经济合作总署（ECA）的独立机构，在国务院的政策指导下来管理项目。他坚持要求从商界挑选一个人担任这一机构的主管，此举也是为了让塔夫脱和其他共和党人放心。范登堡还说服总统选择了斯蒂庞克公司（Studebaker Corporation）的总裁保罗·霍夫曼（Paul Hoffman）。杜鲁门和霍夫曼则任命埃夫里尔·哈里曼担任经济合作总署驻欧洲的代表。

第三，范登堡需要把预算制定清楚。国会非常爱惜自己的财政大权。1947年的联邦预算加起来才345亿美元，而马歇尔希望获得4年170亿美元的授权。范登堡对于这个总数是接受的，但他认为国会更有可能倾向于把这笔钱分成几部分，逐次批准。范登堡最后确定了12个月53亿美元的方案。[125]

1948年3月1日，范登堡站在了参议员同僚和众多旁听者面前。他手中的提案已经在委员会内部获得了一致支持。这位报社老编辑亲自撰写、修改，并逐字打出了长达9 000个单词的讲稿。他的演讲属于老派的参议院风格，很有感染力。[126] 范登堡把欧洲的问题和美国自身的利益联系了起来，"铁幕绝对不能落到大西洋沿岸来，无论是因为它的进攻，还是因为我们的缺席"，这次投票

"可能会成为未来100年的历史转折点"。（至少在已经过去的70年里，他的说法是正确的。）[127]

根据本·斯泰尔的说法，民意调查显示，美国当时有80%的人听说过马歇尔计划，支持率为57%，远远超过18%的反对率。[128] 当时发生的一些事件也让人重新想起了不久之前的历史：捷克斯洛伐克于2月到3月发生政变，这为西欧所面对的危险提供了极好的证据。就在10年前，英国和法国曾为了绥靖纳粹而牺牲了捷克的独立，结果根本无济于事。斯大林还要求芬兰人与苏联签署防御条约。[129]

1948年3月14日零点刚过，参议院以69票赞成、17票反对的结果批准了为期一年的欧洲复兴计划授权，金额为53亿美元。范登堡说服了包括塔夫脱在内的30名共和党同僚。总统督促众议院在4月中旬的意大利大选之前采取行动，因为意共已经对执政党构成了严重的挑战。

4月2日，众议院以318票赞成、75票反对的结果批准了最终的委员会会议报告，参议院则以口头表决通过。总统于1948年4月3日签署了马歇尔计划，使之成为一项法律。[130] 自马歇尔在哈佛大学发表演讲开始，欧洲复兴计划的推动者们在10个月的时间里付出了巨大的努力，才让它得以通过。两周后，这一计划促成政治转变的第一个信号就出现了，意大利中间派联盟以较大优势击败了共产党，甚至在众议院赢得了绝对多数票。[131]

一连串的事件促使美国做出一系列反应，而这些反应扭转了150年来美国对欧洲和全世界的外交政策方向。但是，更多的问题很快就会出现在眼前。不到两个月，由共和党人担任主席的众议院拨款委员会就把经济合作总署的预算削减了25%。一直在努力拉拢共和党同僚的范登堡为了说服参议院拨款委员会的成员，采取了一个不寻常的行动。他打破了两院之间的礼让传统,也不顾共和党的内部团结,指责众议院让一项重大的国家政策决定发生了"令人讽刺的逆转"。"我请求你,"他说,"为了给那些自由的人以生存下来的希望,给经济合作总署一个公平的机会吧。"参议院又重新把预算恢复到原定数额,并且在会议委员会的表决中胜出。国会内部的斗争往往需要反复多次才能最终获胜。[132]

本·斯泰尔总结道,美国从1948年到1952年总共为参与马歇尔计划的16个国家提供了142亿美元(根据1952年的美元价值计算)。按照今天的美元计算,马歇尔计划4年的援助计划价值为1 380亿美元(总量相当于当时美国GDP的1.1%,而在本书问世前的4年里,GDP总量的1.1%在8 000亿美元以上)。美国在盘根错节的跨大西洋伙伴关系中投入了巨资。[133]

范登堡在1947年到1948年担任议员领袖时的表现让他丧失了被提名为共和党总统候选人的机会。他赢得了尊重,但他和杜鲁门和马歇尔的伙伴关系在以党派竞争为特点的大选中是站不住脚的。不过不管怎样,他在国会的使命还没有完成。

德国在欧洲的角色

二战后的第三个外交决定关系到德国的命运。到了1948年,德国问题已经发生了变化——从占领一个帝国,变成了支持一个潜在的伙伴,而且这个伙伴可以成为未来欧洲完整和安全的基础。德国将会成为冷战的主战场——用克劳塞维茨的战略术语来说,就是"突破重点"(Schwerpunkt)。这一认识在1989年到1990年间也指引了美国政策的方向,当时的总统老布什和国务卿贝克为了创造"一个完整而自由的欧洲"而把德国列为美国的主要伙伴。美国这半个世纪的对德政策都要追溯到1948年的一系列决策中去。[134]

在第三帝国的瓦砾中翻拣过一遍以后，战胜国发现德国80%的工业生产力还完好无损。这个国家的机械工具储备比战前的还多，而且大部分都是新的。盟军的大空袭摧毁了城市住宅和关键的交通设施。只要把瓶颈打通，供应跟上，再重新恢复货币系统的功能，德国就可以为自身复兴提供动力，并对欧洲的复兴做出巨大贡献。[135]

美国知道德国将会成为欧洲复兴计划的一部分。1947年7月，也就是马歇尔发表哈佛演讲后一个月，他与陆军部和海军部部长达成共识，即"欧洲计划想要收到效果，就必须让德国全力配合，而且欧洲的经济复兴在很大程度上依赖于德国的生产力"。国务院和各战争部门给驻在德国的克莱上将发去新的指令："要建设一个有秩序的、繁荣的欧洲，就需要一个稳定的、多产的德国做出贡献。"企图让德国去工业化的摩根索计划已被抛到九霄云外。现在的计划是保证食物供给，刺激德国的生产，把法国拉进来，然后把三个占领区合为一体，并把德国和美国为欧洲准备的复兴计划连接在一起。[136]

但是德国的潜力也构成了一个问题。1947年的莫斯科会议显示出，斯大林的想法是把德国的油水全部榨干净。关于马歇尔计划的巴黎会议则显示出两种想法之间的矛盾，一种是从德国获得经济帮助，另一种则是重振日耳曼经济的雄风。德国鲁尔地区那些处境艰难的煤矿凸显出了这种不确定性的代价：如果工人们得不到足够的食物，他们就没法去开采煤炭资源。而即使矿工上班，他们也没有什么东西可买。[137]占领军的商业管理能力都很差。英国人把工党政府的社会主义那一套拿来在德国的煤矿中试验,这让美国人很恼火。马歇尔和克莱顿告诉贝文,他们"认为英国对鲁尔地区煤矿的管理是可悲的"。[138]

然而,真正的问题是法国的恐惧。法国正从美国进口大量的煤和粮食。法国人想要德国的煤,但只想拿来为己所用,不想复兴德国的钢铁和化学品生产。法国的经济复兴及欧洲一体化之父皮杜尔、让·莫内(Jean Monnet)和罗伯特·舒曼(Robert Schuman)处在左翼的共产党和右翼的戴高乐主义者的夹击之下,没有多少政治活动空间。事实越发清晰:法国除了需要援助,还需要得到安全保证。法国人此时是既怕德国人,也怕苏联人。美国海军上将理查德·康诺利(Richard Conolly)在1947年总结了他和法国人的讨论,并报告称,"法国官员们担心的是安全问题",他们看到"在自己的东边有规模巨大的地面部队"。如果美国和苏联因德国问题发生冲突,苏联人可能会吞下德国的资源和技术,然后把目标对准法国。[139]

不过,法国政府还是得做出选择。美国人"暗示",法国在马歇尔计划中分到的援助份额可能要取决于其在德国问题上的配合程度。1948年3月5日,美国、英国和法国在伦敦发表了一份大胆的公告。这个"伦敦计划"协调了英美共占区和法占区的经济政策,把德国西部各占领区纳入马歇尔计划,并创建了一个西德(联邦德国)政府。[140]

就在同一天,美国政府收到了克莱上将的一封绝密电报,警告称过去几周内"苏联的态度发生了微妙的变化"。然后,他抛出了自己的"炸弹":这位曾经认为苏联人不会重新挑起战争的将军表示,现在战争可能会"突然间爆发"。这封密电给美国政府带来的冲击巨大。空军研究了把原子弹调往离苏联更近的地方的时机。艾尔索普兄弟(Joseph and Stuart Alsop)写文章说,战后的气氛已经紧张到了"战前的水平"。[141]

马歇尔计划本来是一个应对安全风险的经济手段,现在却引发了用军事手段解决问题的可能。但是,如果要结成一个和平时期的安全联盟,那么美国的对欧政策就真的需要一场彻底的革命了。[142]

新德国马克和柏林封锁

3月和4月之间,斯大林命令他的军队开始干扰西方强国与柏林之间的交通往来,不过这个时候他还没想要进行彻底封锁。他想要以此为手段离间美国、英国和法国,并让它们不敢再按照伦敦计划的方针组建西德。[143]

德国从战争结束到此时一直没有一个能正常运转的货币体系。苏联大量超发第一占领区马克,毁掉了这种货币。克莱的专家们建议在1946年创建新的德国马克(Deutschmark),但是苏联不会同意让美国人控制印钞机。到了1948年,德国西部的通货膨胀率上升——大约每月上涨10%——使德国人联想到了魏玛共和国的覆灭。这场关于货币问题的斗争最终导致了柏林危机的发生和德国长达42年的分裂。

西方强国宣布它们将在6月20日发行新的德国马克,但发行地暂不包括柏林。苏联人开始封锁公路交通,并对火车进行检查。1948年6月24日成了关键的一天。苏联人发行了自己的东德(民主德国)马克(Ostmark),并开始对铁路、公路和水路进行全面封锁,掐断了柏林的进出通道。杜鲁门总统几乎是在得知苏联人发起挑战的同时,听到了共和党人选择托马斯·杜威州长担任11月的总统大选候选人的消息。

柏林空运

美国人、英国人和法国人现在只剩下一条进出柏林的通路：空运。美国人开始空运补给品，随后总统下达了最大规模的空运指令。但是，没有人认为空运的物资能够满足这座城市的需求。[144]

柏林空运被誉为美国人展现自己解决问题的能力和技术水平的范例。现实是，美国人和他们的伙伴并不十分确信这一行动能解决问题，甚至有些怀疑。他们觉得空运充其量也就是一个权宜之计，等他们想出别的方法就算完成任务了。克莱打算组织武装运输队来挑战苏联人。9月，总统研究了包括核打击在内的所有方案。中央情报局判断，当时的局势使西方"无法长期维持"对这座城市的控制。[145]

斯大林还没有满足：他想让9月1日的西德议会委员会会议无法召开。这一委员会由64名民选代表组成，基督教民主联盟的康拉德·阿登纳（Konrad Adenauer）担任主席。他们准备在这次会议上启动西德宪法的起草工作。斯大林下决心要把西方列强赶出柏林。

西德和东德的掌管者都忽略了两个因素。第一，柏林人表现出了英勇的反抗精神。超过30万名柏林市民聚集在勃兰登堡门附近，为冲入东柏林的城市领袖们喝彩助威。正如1961年和1989年一样，柏林人凭借自己的表现成为一股政治力量。美国和其他西方强国都很钦佩柏林人在西方世界的前线上所表现出的坚韧精神——也意识到，自己如果不能支持这样的行为就会付出代价。

第二个被忽视的因素是威廉·通纳（William Tunner）少将。他在7月下旬出任空运总指挥。通纳是一个不寻常的空军将领。在那个属于轰炸机和战斗机飞行员的时代，通纳却把精力都投入在运输和后勤工作上。他是一个典型的讲求实用、能解决问题的美国人。根据科学管理时间与动作方面的研究，这位将军改变了操作流程，他把每日的运输量从 7 月的 2 226 吨提升到了 8 月的 3 800 吨、9 月的 4 600 吨。每 4 分钟就有一架飞机降落，每架飞机平均每天要飞三趟。地勤人员则日夜无休地维护飞机。法国人在泰格尔为柏林修建了一座新的机场，从而提高了起降能力。[146]

杜鲁门需要决定是否在通纳、克莱和柏林人身上押上更多的筹码。柏林空运已经把空军的一半飞机都投入了进去。空军参谋长霍伊特·范登堡（参议员范登堡的侄子，在被西点军校录取的过程中也得到了这位叔父的帮助）警告称，这将削弱美国在全球的空军力量。冬季来临，白天的时间变短，坏天气开始增多，煤炭需求量也在上升。杜鲁门命令海军的飞机也加入这一和平时期的空中大军，同时购买新飞机替换旧飞机。英国人让自己的飞机听从通纳的指挥。克莱得以把柏林人每天的食物供给提高到 2 000 大卡的水平，虽不及美国人的平均摄入量（3 300 大卡），但是比德国其他地方的供给量都要高。到了 10 月，84% 的西柏林人相信美国人会靠空中运输来供给他们的城市——95% 的人希望美国佬能留下来。[147]

随着 1948 年总统大选的临近，杜鲁门的两名演讲撰稿人希望向选民们展现出杜鲁门的和平缔造者形象。他们在 10 月上旬说服总统，让他相信自己应该派一名特使去见斯大林，试探一下双方有无达成"协议"的可能。杜鲁门请最高法院首席大法官弗雷德·文森（Fred Vinson）出任特使，让他与斯大林讨论两个国家的"道德关系"，而不是为柏林问题谈判。马歇尔当时正在巴黎，他听说杜鲁门采取了如此荒悖的这一招后大发雷霆。美国在柏林和西德正在不断取得成功，并由此增强了英国、法国和其他西欧国家的信心。斯大林是绝对不会让出东欧的。只有在美国人证明自己持之以恒的能力的情况下，他才可能在柏林问题上让步。美国正在进入一个盟国外交的新时代，而马歇尔则展现出了高超的盟国关系管理技艺。

杜鲁门曾被选举的形象定位所动摇。根据他的传记作家麦卡洛的说法，这位总统在遭到马歇尔的反对后就放弃了派特使会见斯大林的计划。杜鲁门的老友乔纳森·丹尼尔斯（Jonathon Daniels）"一战"时就与杜鲁门结识，此时担任他的演讲撰稿人，也是他的心腹。他警告总统，想要连任成功，派遣特使将是最后一次，也是最好的一次机会。但是，杜鲁门拒绝了。[148]

总统连任及新国务卿的产生

1948年11月2日，杜鲁门在总统选举历史上最严重的一次政治动荡中胜出。民主党重新获得了参众两院的控制权。国务卿马歇尔已经明确表示他将在选举结束后辞职。选举结束后几天，媒体传出消息说总统将请范登堡接任马歇尔。我们不知道杜鲁门是否有过这个想法。对于曾经担任过对外关系委员会主席，现在重新成为少数派的范登堡来说，这个想法肯定是很有诱惑力的。但是，范登堡知道杜鲁门总是先宣布人选再询问对方是否同意，于是便抢先发表了声明，否认了出任国务卿的可能。杜鲁门与"无所作为、一事无成"的共和党两院一向不合。范登堡认为，他留在参议院，保持住与共和党议员之间的联系，对两党共同制定的外交政策的贡献会比当国务卿更大。[149]

总统请迪安·艾奇逊出任新的国务卿，但这一任命因艾奇逊与阿尔杰·希斯（Alger Hiss）之间的关系而蒙上了阴影——后者当时被怀疑是苏联间谍。范登堡帮助艾奇逊起草了一份声明，以强调他的反共立场，同时为参议员们的投票提供掩护。[150]

艾奇逊上任后很快就要做出艰难的选择。到了3月份，通纳将军已经证明自己的空运力量能够挺过德国的冬天。4月，每日平均运输的货物量已经上升到创纪录的7 850吨。煤的运输量超过目标50%。在最能展现后勤实力的一天里，通纳用近1 400架飞机组成的"空中列车"运来了1.3万吨煤。在连续24小时的时间里，几乎每一分钟都有一架飞机落地。[151]

苏联人开始感觉到了西方列强对东德实施的反封锁措施所带来的压力：被禁运的物资包括煤、钢和食品。艾奇逊进一步扩大禁运范围，禁止西方占领区向所有的苏联卫星国运送物资。[152]

苏联人放出信号，表示双方可以共同结束贸易和通信方面的限制，但是他们还是想用手段推迟新的德意志联邦共和国的建立。艾奇逊在这个问题上寸步不让。5月4日，美国、英国和法国与苏联人达成协议，于5月12日停止封锁。那天早上5点11分，一列从西德开来的旅客列车开进了柏林站。柏林人欢呼庆祝。这个昔日第三帝国的首都现在成了一座自由的城市。[153]

艾奇逊与德国问题

艾奇逊还是要回答德国人的问题。在各国外交官为德国制订伦敦计划的时候，艾奇逊还没有参与进来。乔治·凯南对美国的对德政策持悲观态度。他曾给马歇尔写信，提议从海外撤军，结束军政府的统治，并建立一个独立且中立的德国政府。艾奇逊上任伊始"对凯南的方案很感兴趣"。他对外部强权能否无限期地占领德国持怀疑态度。这位新任国务卿表示，他将等凯南从德国出访归来后再做决定。[154]

就在凯南访问期间，他的对手——克莱上将、国务院里的其他人、国防部以及参谋长联席会议成员——一刻都没有闲着。艾奇逊将在5月底会见英国、法国和苏联的外交首脑。

5月12日，詹姆斯·赖斯顿在《纽约时报》的头版发表了一篇文章，题为《三巨头将根据提议撤向北方港口，法国人将要回家》。英国人和法国人看了报道后深表震惊，西德人也表示反对。5月18日，艾奇逊在一次未做记录的简报会上放弃了凯南的方案。略带讽刺意味的是，负责掌管东德的苏联将军也对凯南的方案嗤之以鼻："德国人恨我们。我们有必要保留在德国的军队。"[155]

艾奇逊和凯南在外交路线上的分歧是显而易见的。艾奇逊去世之后，凯南曾在致哀时说过，艾奇逊"本质上就是华盛顿的一个律师，不是外交官"。本·斯泰尔对凯南的这番抱怨做了精妙的解读："艾奇逊和凯南一样，都有良好的愿望，但他的愿望是现实的，而不是那种只停留在脑海中或者情绪化的愿望。他的女儿回忆说，在面对问题的时候，他坚持的原则是：'如果你什么也做不了，那干脆就不要想它，干点什么吧！'"[156]

凯南在抨击别人的时候是不分党派的。他谴责那种"明明可以尝试用更有启发性、更有效率的观点来教育参议员，却偏要迎合他们的观点"的行为。他认为范登堡和他的同党不配"每次被国务院说服去做一些有意义的事情的时候都受到称赞"。很难想象凯南会如何争取选票。[157]

1949年5月8日，波恩的议会委员会批准了《基本法》。它其实就是新诞生的西德的宪法，只不过取了一个不那么有威胁性的名字而已。西方列强于5月12日接受了《基本法》，随后三国占领区内的各州就纷纷迅速批准这部宪法，使其得以在5月23日正式生效。[158]

范登堡决议案和泛大西洋安全

艾奇逊和范登堡还有一件事要做：建立一个泛大西洋的安全联盟，也就是终极的"同盟"条约。就在杜鲁门的班子忙于为欧洲和德国制订计划的时候，一些领导人物发现了另外两个问题。第一，如果没有一个安全保障机制来约束重新崛起的德国，那么西欧各国——尤其是法国——是无法接受德国的重建和复兴的。第二，苏联人对德国复兴计划充满敌意的反应既威胁到了德国人，也威胁到了欧洲大陆上的其他国家。人们顺理成章地会想到美国与欧洲结成军事同盟，但这有悖于美国的政治传统，国会也不愿意让出决定是否参加战争的权力。

英国、法国和比荷卢关税联盟的各成员国先行一步，于1948年3月17日建立了西欧联盟防御组织。但是，这个新组织的使命是"在德国重新发起侵略时采取互相援助措施"。[159]1948年布拉格发生政变之后，国务卿马歇尔同意与贝文开始秘密讨论"建立一个大西洋安全体系"的可能。他们最初的想法是，当苏联对新成立的西欧联盟发起攻击时，美国将提供军事支持。3月下旬，美国、英国和加拿大开始筹划就"建立一个军事版的欧洲复兴计划的可能性"展开对话。杜鲁门总统也授权国会议员与自己进行私人对话以讨论这一问题。[160]

1948年初，范登堡邀请副国务卿洛维特到自己的公寓，一边喝鸡尾酒一边讨论公事。洛维特带了"一摞电报"，以回顾世界各地新近发生的事件。他们仔细考虑了一个问题，即面对苏联在联合国的百般阻挠，美国是否要支持欧洲的区域安全部署。范登堡并不想让马歇尔计划的行动和早期资金供给受到一个同盟的干扰，但他也承认有必要开始在参议院里为欧洲的安全部署做铺垫，尤其是在柏林封锁开始，以及新的西欧联盟防御组织成立之后。[161]

范登堡和洛维特让自己手下的工作人员开始起草一份参议院决议案。老编辑范登堡对议案的长度不满意。他自己打字、修改，改出了一份只有一页纸的版本，简短而犀利。他用上了自己起草《联合国宪章》以及1947年《里约热内卢条约》的经验，后者是一个区域安全部署的先例，应用范围是西半球。他老练地对宪法、国会授权宣战的权力，以及授予各国单独或集体自卫权的《联合国宪章》第51条的规定都给予了充分的尊重。范登堡设计的路线既在联合国的框架之内，又不受苏联否决权的制约。

他在5月把"范登堡决议案"呈交给了对外关系委员会。委员们开了3次长时间的闭门会议，反复推敲决议案上的6段话。范登堡解释了决议案和马歇尔计划的共通之处：两者都是让欧洲人自己帮助自己，从而满足美国的利益。与1919年不同的是，宪法授予国会的宣战权现在毫无疑问是要保留的。

1948年5月19日，委员会全票通过了范登堡的决议案。作为参议院的临时议长，范登堡把全体参议员的投票安排在6月11日。范登堡解释道，在当前的欧洲形势下，自己的决议案是"美国人实用的合作"计划。在向三位伟大的议员先贤*表示敬意的同时，他指出自己的方法绝不会跨出"《联合国宪章》……美国宪法……以及国会的最终授权"之外。参议院以64票赞成、6票反对的结果批准了范登堡的决议案。[162]

迪安·艾奇逊在他措辞尖刻的回忆录里透露出自己在国会频频碰壁，并表扬了范登堡，认为他认识到了宪法之中"取得参议院的意见和同意之后"这句话里"意见"这个词的重要性。艾奇逊

---

* 韦伯斯特、卡尔霍恩和亨利·克莱。——译者注

写道:"范登堡让参议院在谈判开始之前先给出意见,这样就让参议院在同意批准之前先背上了责任。同样重要的是,这样做也可以使参议院给出好的建议。"[163]

《北大西洋公约》

范登堡决议案给了马歇尔和国务院以政治授权,让他们的谈判进程得以开始,而这一谈判将对美国最古老的外交传统之一构成挑战。在1948年剩下的时间内,总统班子一直在忙于寻找一个集体自卫的方式,让它既能满足欧洲的需求,又能让国会愿意承担责任,并在提供经济援助的同时为军事协助提供资金。

美国外交必须对欧洲的历史和现实政治保持敏感,对法国更需如此。舒曼和皮杜尔于1948年6月在议会选举中险胜,现在法国对德国的态度取决于法国能得到什么样的安全保证。[164]马歇尔需要缓解法国的疑虑,使其能面对那些涉及一个艰难抉择的条款:要想得到马歇尔计划的援助,法国政府就必须接受美国的欧洲一体化方案,这个一体化也包括德国在内。美国人逐渐去掉了法国人的其他选项,包括依赖战争赔款、低价购买德国商品和占有德国领土。第一次世界大战结束后美国人就回家了。这一次,美国想要执行一个不同的西欧和德国政策,就必须承诺留下来。[165]

1949年艾奇逊接替马歇尔出任国务卿,随即就开始在潜在的盟友和国会这两个方向上同时展开关于《北大西洋公约》的谈判。范登堡此时已经变成了少数派,但是在行政当局评估参议院能接受什么样的提案的时候,他仍是最好的咨询对象。

他们需要决定把哪些国家纳入公约范围、缔约国责任的性质、什么样的行为将引发反应、这种反应是不是自动的,以及国会在决定军事行动时所扮演的角色。艾奇逊后来指出,范登堡试图寻找一种平衡,让这个条约既能对遏制苏联做出针对性的承诺,又能保持对宪法的忠诚,并让那些更多地从总体上考虑问题的参议员也投下赞成票。

范登堡用了在国会很受欢迎的一招——用国会以前的行动来证明新行动的合法性。他引用了国会最近批准的、由美洲各国缔结的《里约热内卢条约》中的一句话,即"攻击一个国家就等于攻击所有国家",还从《联合国宪章》第51条中引用了几种恢复和平和安全的联合措施。艾奇逊补充了两句话,第一句是恳求国会和其他方面让欧洲人放心。所谓"措施"将包括"那些各自认为必要的行动",这句话让国会拥有了最终的决定权。但是,措施还"包括使用武力",这句话向盟友们表明了美国的决心。范登堡又补充了一句,向盟约成员保证提供"持续而有效的自我帮助",从而为各国在未来共同承担责任埋下了伏笔。最重要的是,范登堡向议员们保证,这个条约不意味着美国承诺自动参战。

1949年4月4日,也就是总统在马歇尔计划上签字使之成为法律的一年零一天之后,欧洲十国和加拿大的外交部部长与艾奇逊一起签订了《北大西洋公约》。对外关系委员会举行听证会的时候,范登堡设法争取更多共和党议员的支持。他安排了两个不在委员会内的议员参加听证会,并对证人提问。他与艾奇逊合作举行了一次意见交流会,申明北约吸收任何新成员都需要征得参议院的同意。1949年7月24日,参议院以82票赞成、13票反对的结果通过了《北大西洋公约》,共和党议员中有32人支持范登堡,11人反对。[166]

国务院的一份并没有明显讽刺意味的白皮书将这一条约称为"自门罗主义诞生之后,美国外交政策迈出的最重要的一步"——

而约翰·昆西·亚当斯所起草的门罗宣言恰恰是为了让美国置身于欧洲的纷争之外。[167] 国务院的约翰·希克森（John Hickerson）曾为这一新的泛大西洋组织不知疲倦地工作过，他的表述更为真诚："我并不在乎这种捆绑在一起的盟约关系是否从乔治·华盛顿那里开始就被视为一种原罪。"[168] 希克森把杰斐逊说的话错当成华盛顿说的了，但他明白美国为了解决一个现代问题而迈出了巨大的、具有历史意义的一步。艾奇逊随后又对美国另一个曾长期奉行的外交原则"中立主义"发表了评论，说这一原则"是走向自杀的捷径"。[169]

范登堡重新定义了"同盟"这个概念背后的理念，从而帮助美国人摆脱了从前那种对盟约的厌恶。他说："与历史上的'军事同盟'相比，《北大西洋公约》**基本上**是完全不同的一种东西。"这一条约主要是一种外交纽带，而不是军事联盟。他把北约协议称为"人类设计出来的最伟大的防止战争发生的机制"。这位年老体衰的资深参议员可能最喜欢一位年轻的参议员对范登堡决议案的赞美。他称这一决议案是"创造出新希望的《大宪章》"。[170]

到了20世纪50年代初，由于共产党在中国的胜利，以及参议员约瑟夫·麦卡锡（Joseph McCarthy）的发难，范登堡的那种联合两党的外交政策已无法再维持下去。1951年4月18日，范登堡因癌症去世。不过，范登堡的最后一个政治门徒是一位来自大急流城的新任众议员。他在初选中击败了一位奉行孤立主义的在任者。这位新议员就是杰拉德·福特。[171]

北约的真正考验将来自欧洲的事件和观点。《时代》周刊的标题捕捉到了美国的立场："除非把架在脖子上的镰刀拿走，否则欧洲不可能完全恢复。"根据本·斯泰尔的记录，法国总理亨利·克耶（Henri Queuille）强调，法国已经"为了在欧洲创造一个更加自由、更有效率的经济体而采取了几个危险的步骤",同时还要培养"对德国的友好态度,而想要说服法国人民接受这一点是非常困难的"。但是,法国做得也不错。比起"一战"后处理德国债务的道威斯计划以及《洛迦诺公约》,马歇尔计划和北约组织的组合效果要好太多了。北约的第一任秘书长对这一组织的目的做出了最简明的总结:"不让苏联人进来,让美国人留下来,让德国人起不来。"[172]

康拉德·阿登纳后来把自己生命中剩下的时间都用来建立新的法德伙伴关系。但是,他知道自己是在美国人的外交体系内活动。这一新的跨大西洋外交框架给了富有远见的欧洲人——例如莫内、舒曼,以及后来的雅克·德洛尔(Jacques Delors)和赫尔穆特·科尔(Helmut Kohl)——一个机会,让他们能够推动欧洲共同体的理念发展,并最终催生出今日的欧盟。[173]

前方还有数不清的问题。新成立的北约武装部队由艾森豪威尔担任总司令,但总共只有14个师,其中两个师来自美国。苏联集团的规模是北约的12倍。柏林问题也没有得到解决。我们将会看到,北约将要依赖于核威慑和谨慎的联盟外交,直到冷战最终结束。[174]

第 12 章

科技创新与国际竞争：范内瓦·布什

三大理念

1945 年 7 月，就在美国人从战争的必要性转向和平的不确定性的时候，范内瓦·布什博士提出了三个理念，这三个理念塑造了 20 世纪剩余时间里美国的安全战略。他写下了其中两个理念，将其作为对未来的设计，只不过两个理念面对的是完全不同的受众。第三个理念则在新墨西哥引发了一次剧烈的"爆炸"。

布什的第一篇文章名为《科学：无尽的前沿》(Science, the Endless Frontier)。这篇长 34 页的文章是一本枯燥的、由美国政府印刷局出版的委员会报告集的序言。这些报告——以及布什的序言——是应已故的罗斯福总统（在布什的建议下）的要求而撰写的，主题是美国在战争时期学到的科学界与政府合作的经验。[1]

布什在很多年后回忆说，罗斯福曾在 1944 年底把他叫到自己的办公室，问他："战争结束后，科学会发生什么？"布什答道："科学会一蹶不振。"罗斯福又问："那我们要做些什么？"布什答道："我们最好赶快做点什么。"[2]

布什这篇面向公众的文章就是一个宏大的"做点什么"的计

划的开始。他的标题展现了美国人典型的开拓者形象。他呼吁政府在和平时期为基础研究提供资金支持——与各高校和产业界一起——以发现科学世界中"大部分还未被探索过的内陆地区"。在此前的一个多世纪里,美国人一直在用地理概念定义他们的前沿。对于许多外交政策专家来说,在地缘政治的思维方式训练下,外交人员总是着眼于大陆中心、边缘地带和海洋国家。布什则提供了另外一种看待权力和影响力的视角:"科学进步是一个非常关键的要素,无论是对我们的国家安全、健康、就业、生活标准还是文化进步来说都是如此。"[3]

布什呼吁美国建立一个新的国家研究基金会(NRF),作为一个联邦政府之外的独立机构,以鼓励"调查的自由"。这个基金会将在专家组成的理事会指导下运行,工作人员不多。它将会把合同和拨款分配给"医学与自然科学领域内的学院、大学和研究机构"。[4]

布什的号召最终促成了美国国家科学基金会(NSF)的创立。更重要的是,他的主张以及他在战争时期的工作成就,引导美国建成了一个由军事、工业和学术组成的网络。这个网络使美国在国际事务中拥有了无可匹敌的科技优势。

布什在1945年夏天发表的第二篇文章刊载于7月份的《大西洋月刊》上,标题是《诚如所思》(As We May Think)。布什描述了一种名为"麦克斯存储器"(memex)的未来机器,它可以"让人类得到并掌握历代人积累下来的知识"。这与布什在第一篇文章里提出的理念形成了鲜明的对比。他在那篇文章中的提议是建立一个组织有序的、政府和私营机构共同参与的研究和发展机构,而"麦克斯存储器"则允许个人通过一块桌面屏幕开启通向信息宇宙的通道。布什想象出的这种机器可以是一种个性化的记忆辅助工具，可以是一条研究的途径，也可以是一台通过思维联想的"轨迹"来帮助个人自动思考的设备。他甚至还想象出了后来被称为文件共享和超链接文本的东西。当时的世界才刚开始思考建造巨型计算机的可能——就更不用说小型计算机了——而布什却已经在畅想一个面向公众的信息技术的新时代。[5]

沃尔特·艾萨克森在他的著作《创新者》(The Innovators)中解释说，个人电脑领域相当多的革命式创新者都认为自己的灵感来自布什和他的文章。1945年二战临近结束时，年轻的海军雷达技术员道格拉斯·恩格尔巴特（Douglas Engelbart）随部队开赴菲律宾。他后来回忆道，自己在莱特岛一座茅草棚里的红十字会图书馆浏览时，发现了一本《生活》杂志上转载的布什的文章。"这个帮助人们工作和思考的整体概念让我一下就兴奋起来了。"恩格尔巴特在很多年后回忆道。从海军退伍后，恩格尔巴特先获得了一个工程学学位，然后又获得了计算机科学的博士学位。1962年，他撰写了一篇影响甚广的论文《增强人类智慧》，解释了人类与计算机发展出共生关系的可能性。他把自己的创意灵感归功于布什的"麦克斯存储器"。恩格尔巴特甚至还在布什发明"麦克斯存储器"17年后以粉丝的身份给布什写了封信。国防部高级研究计划署（当时缩写为ARPA，现在是DARPA）——这一机构获得的资金支持也是布什的主张所带来的结果之一——的J.C.R.利克莱德（J. C. R. Licklider）授权恩格尔巴特在斯坦福研究院建立了增强研究中心。正如艾萨克森所总结的那样："这又是一个政府资助探索性的研究，最后在其实际应用中收获数百倍回报的例子。"[6]

布什在第三个理念上面工作了4年。1945年7月16日，布什和詹姆斯·科南特（James Conant）博士——哈佛校长、著名化学家，也是曼哈顿计划中布什的副手——在一块深色玻璃后面，目光穿过新墨西哥的沙丘,望向16千米外的原爆点,目击了第一颗原子弹的爆炸。[7]1945年7月成了原子时代的开端。

早在1941年10月,罗斯福就曾问过布什:原子弹是否能造出来?如果可以,需要花多少钱? 1942年3月,就在美军仍被日本人在太平洋上发动的第一轮猛攻搞得晕头转向、纳粹德国横扫欧洲的时候,布什写信给总统说:"现在的意见显示,[原子弹的]成功使用是有可能的。这对我们的战争非常重要,且有可能是决定性的。同理,如果敌人先走到了那一步,那么问题就会非常严重。"1942年8月,布什在一项紧急计划上签字,开始研制原子弹。[8]

科技创新与外交

作为一位科学家和发明家,本·富兰克林用自己在思想启蒙方面的名望来彰显自己的身份:来自一个新型国家的新式外交官。150多年之后,同为科学家和发明家的范内瓦·布什认为,科技创新可以创造一种新型的军事和政治实力。麻省理工学院校长、肯尼迪总统的科学顾问杰罗姆·威斯纳(Jerome Wiesner)评论称,在20世纪,"在科学和技术的发展上,没有任何一个美国人比范内瓦·布什的影响更大"。《时代》周刊在1944年的一篇封面报道中直接给布什打上了"物理学将军"的标签。[9]

"未来主义者"杰斐逊是一位科学研究的资助人。他认为美国有潜力把探索、科学和自由思想结合在一起,创造出一种新型的美国社会和实力。布什的故事凸显出,20世纪的美国外交是建立在美国社会的力量,尤其是这个国家把自由和发明结合在一起的能力之上的。布什认为,联邦政府、产业界、自由而独立的科学共同体以及私人企业家之间的角色是互补的，但又各不相同。在冷战时期的科技霸权竞赛中，布什创造了一种创新模式，并压倒了苏联的"举国体制"。

在21世纪，对于美国的国际地位来说，美国对布什所称的"无尽的前沿"的探索将变得更加重要。我们可能会看到一场新的创新模式之间的竞赛，这次的参赛双方是美国和中国。[10]

布什：工程师、发明家、公共创业者

布什主要的传记作者G. 帕斯卡·扎卡里（G. Pascal Zachary）写道，布什"是一位实用主义者，认为知识来自人与棘手的现实之间的物理遭遇"。布什出生于一个美国船长之家，确切地说是捕鲸船。捕鲸生活的熏陶激发了他作为发明家的冒险精神、自力更生的品质，以及充满个人魅力和霸道的领导作风。[11]

范内瓦出生于1890年，名字来源于他父亲的一位荷兰裔美国人朋友。他成长在一个发明的时代——汽车、飞机、医用X光机、商业电影都诞生于这个时代——电话、留声机、电力和无线电科技不断发展。布什有很高的数学天赋，同时又有很强的动手能力。他总是喜欢亲手塑造一些东西。数学家诺伯特·维纳（Norbert Wiener）后来形容布什为"美国有史以来最伟大的机械人——他用手和脑子一起思考"。[12]

布什的天赋和兴趣使他走向了工程学的方向。扎卡里解释道，布什认为工程师是一种"实用主义的博学者"。布什把工程师描述为"本质上不是物理学家、商人或者发明家，而是拥有上述每一种人的部分技术和知识，且有能力成功地研发出新的装置，并将其大规模应用"。在人情世故方面碰了几次壁后，布什发现自己不但要学会操控物件，也要学会操控人。[13]

除了对工程事业的狂热，布什还构想了一套与之相配的道德规范。他希望社会能尊重专业技能。与此同时，布什还相信，如果科学家的自由和独立能得到保证，他们就可以为一个民主社会服务。民主的自由可以为标新立异的人提供容身之地，而标新立异的人可以反过来激发自由社会的进步。布什超越了发明，甚至超越了工程，他创造了一个"公共创业者"的模式。这种模式将会挑战、刺激并鼓舞工业时代的官僚机构。在布什努力让科学和公共事业联姻的过程中，他力争创建那些能同时为科学精神和公共使命服务的机构。[14]

布什身上奇妙地兼具"机智和淳朴"两种特质，这让他很受媒体的青睐。他既为著名的学术期刊撰写论文，也为《大众机械》（*Popular Mechanics*）杂志撰稿。他还在爱德华·R.默罗（Edward R. Murrow）的电视节目里扮演了一名爱国发明家。在政府，他表现出了"把事做成"的重要能力。"如果我对自己是否应该做某项工作有疑问，我就去做；如果有人狠狠地打击我，我就停下。"[15]

布什早在塔夫茨大学读大二的时候就曾经代替一位生病的数学老师讲课。他发现，只要能承受课业负担，他就能在4年内拿到学士和硕士学位。为了节省时间，他只读了一门课的课本，然后从没听过课就去考试了。1912年的最后一天，即将毕业的布什第一次获得了美国政府授予的专利。他的发明是一种名为"轮廓记录仪"的测绘仪器，上面有一个原始的计算器和一个机械化的记录装置。对布什来说，专利代表着一位发明家与美国的缔造者们的创造精神之间的纽带。不管怎样，国父们甚至把专利权写进了宪法里。在20世纪30年代，伊莱休·鲁特写的最后一份法律意见书就是为当时在麻省理工学院担任系主任的布什在一个知识产权的问题上提供帮助。[16]

在麻省理工学院,布什仅用了不到一年时间就完成了他的电子工程博士论文。他的导师要求布什"扩大论文的范围",但并没有解释原因。布什上诉到了系主任那里,并获得了胜利。他既是科学家,也是一个无所畏惧的辩护者。[17]

布什在塔夫茨大学任教,并开始通过工业研究来学习新的科学技术。"一战"期间,布什设计了一种可以帮助美军侦测德国潜艇的仪器,但这项发明却被海军的官僚机构束之高阁。布什从中得到的教训是"如何不去打一场战争"。他还认识到,现代战争已经越来越不仅仅局限于武器和军队的较量。战争"是一项巨大的工程事业",布什的一位导师、塔夫茨大学的校长如此宣称。[18]

布什于1919年加入了麻省理工学院的教师队伍,此时这座高校刚刚投入工业使命之中并接受这方面的资助。电气化正在重塑美国的商业和社会。汽车、制造方法和机器抓住了公众的想象。布什对无线电非常有兴趣,并与他人共同创建了雷神公司(Raytheon),以制造新的电子管。这种元件把无线电变成了一个面向大众市场的产业。[19]

布什不断地进行各种发明。他的"微分分析机"可以用机械的方式解出等式。这是一种模拟计算机,靠齿轮、轴和电机创造出"一个抽象数学关系的物理模型"。布什从来没有为这种巨大的机器申报过专利,也没有鼓励别人这样做过。二战期间,人们用布什的发明做出了炮兵的弹道查询表。[20]

1932年,布什成为麻省理工学院副校长兼工程学院院长,但此时这个国家对科技进步的信心正在极速下降。大萧条的打击动摇了工业资本主义的根基。人们哭喊着说他们需要的是工作,而不是机器。罗斯福新政宣告了经济集体主义,而不是创业者的个人主义时代的来临。科研经费枯竭。

布什继续进行手工制作、发明、申请专利,并把专利费用捐给麻省理工学院。他从电子工程转向了太阳能、一种效率更高的汽油发动机,以及一种贝尔实验室构想的自动拨号装置。布什对大量材料的自动检索和计算都特别感兴趣,无论这些材料是微缩胶卷、指纹还是档案。20 世纪 30 年代中期,在海军成立的通信安全小组的请求下,布什解释了他的"比较仪"可以如何帮助破译日本人的密码——经过 1940 年到 1941 年的多次改进,这台仪器最终真的做到了这一点。[21]

科技与战争

20 世纪 30 年代,就在法西斯主义和军国主义相结合的时候,布什开始公开呼吁进行国防准备。让他格外担忧的是,美国军方缺乏改变军事科技的兴趣。[22] 国会的倾向在杰拉德·奈的听证会(范登堡参议员也参加了)上体现得十分明显。议员们抨击那些被称为"死亡贩子"的军火商,指控他们把美国推向了"一战"。美国军方的日子也没好过多少。他们把科学家和工程师看作军方雇用的帮手中较低等级的群体。

布什找到了两名关键的盟友,一位是被称为"科学政治家"的哈佛大学校长詹姆斯·科南特博士,另一位是美国电话电报公司(AT&T)贝尔实验室的主任弗兰克·尤厄特(Frank Jewett)——他领导着这个国家领先的工业研究机构。在尤厄特的支持下,布什成为国家科学研究委员会工程与工业研究学会的主席。1937 年 12 月,布什竭力主张,在那个"紧张而紧迫的时刻",他所在的这个组织可以帮助建立科学家、工程师、工业界和军队之间的联系。[23]

布什所探索的理念在当时来讲是激进的。美国没有一个科学政策。联邦政府资助了农业、气象等少数几个领域的应用研究。科学界和高校靠的都是卡内基基金会、洛克菲勒基金会等机构的支持，他们担心接受联邦的资助会导致自己被政治力量所控制。工业实验室的注意力主要放在商业应用上。陆军和海军墨守成规，只有在战场上被打得鼻青脸肿之后才会接受变化。布什担心的是，现代战争的科技发展可能会在美国的体制做出调整之前，碾轧美国这种毫无计划的科研方式。随着美国离战争越来越近，布什勇敢地说出了自己的想法："我们恍然间明白，这个世界可能将要落入那些最清楚如何应用科学的人手中。"[24]

1939年1月1日，布什离开麻省理工学院，去一个新的平台就职：他到"美国科学界的顶级赞助者"——华盛顿卡内基研究所——出任所长。除了数量可观的捐款、研究预算、实验室和一个天文台，卡内基研究所的这份工作还让布什在华盛顿得到了一个备受尊重的位置。布什还与卡内基基金会的一些颇具影响力的理事建立了私人关系，包括罗斯福的舅舅。[25]

布什很快就被指定进入国家航空咨询委员会（NACA）。这个委员会为政府机构和实验室吸引独立的平民专家提供了一个可能的样板。现代空军力量的惊人表现使人们愿意用不同的方式思考。布什学会了如何和将军们合作。陆军航空兵司令、绰号"福将"的亨利·阿诺德（Henry "Hap" Arnold）欢迎与科学家和工程师合作。从这一点来说，布什是很幸运的。他还第一次体验了在国会的听证会上充当证人的感觉，虽然结果是灾难性的，但是他从中学到了很多。[26]

布什"尝试着用士兵的视角去看世界"。他帮助军队解决问题，在实践和理论之间更重视前者。作为一个懂得工具和设备的人，他总是用通俗的语言回答问题。布什在科学技术共同体内广泛的人脉——以及他独一无二的知识面——使他能够迅捷地从高校和业界获取问题的答案。[27]

布什并没有被将军们的军衔吓住。相反，他发现高级官员缺乏那种把新科技整合进新体系的想象力。布什认为，防空的问题在于如何构建起一个无缝的网络，把雷达侦测到的信息和击落飞机的更好手段结合起来，包括空对空和地对空的手段。[28] 英国在1940年的不列颠之战中获胜，靠的就是这样一种系统。

到了1940年，布什和军方的合作已经取得了进展。他还赢得了曾任国务卿和战争部部长的共和党人亨利·史汀生的青睐。当时罗斯福已经准备召回史汀生，让他再次出任战争部部长。史汀生对科技很感兴趣，但是布什也需要招募科学家。美国国家科学院对军队的需求一直反应迟缓，大学的生活则天然就不适应战争动员。科学院没有人想到政府高层会推动或资助科学和技术为军队服务。[29]

创建国防研究委员会

科南特博士是一位热情的国际主义者，一直提倡加强美国与英国的关系。他认识到布什的技能和在华盛顿的地位是独一无二的。贝尔实验室的弗兰克·尤厄特则是第一位被选为国家科学院院长的产业界人士，他也对布什赞不绝口。这两个人的支持对布什的下一步尤为关键：他创建了国防研究委员会（NDRC），用这个组织将科学家和军队团结在一个共同的使命之下。

布什发现他还缺少两个要素：资金以及高层的授权。"我知道，除非你在总统的羽翼下安排这些事……否则就什么都做不成。"[30]这位曾经为博士论文而挑战导师的人，现在要去说服总统，让他同意建立一个全新的国防研究组织。

1940年5月，布什请他的卡内基基金会理事弗雷德里克·德拉诺（Frederic Delano）安排自己与总统见面。德拉诺是做这件事的绝佳人选。他是总统的舅舅，也是成功的商人，并因自己广泛的兴趣、人脉以及资源规划的经验而受到尊敬。德拉诺交给白宫官员史蒂夫·厄尔利（Steve Early）一份一页的备忘录，上面写着建立国防研究委员会，以将基础研究和现代战争联系起来的需要。虽然美国此时已经大幅增加了武器的产量，但布什认为质量才是决定性的因素。

6月初，布什联系上了罗斯福的心腹助手哈里·霍普金斯（Harry Hopkins）。霍普金斯感觉到布什是一个知识渊博、专注且精干的人——还有一副船长的脾气。按照扎卡里对这次会面的描述，布什给霍普金斯看了"一份简短的备忘录，上面写着他的协调委员会计划。这个委员会对总统负责，将把各高校和工业实验室联系起来，让他们在陆军和海军的命令下进行研究"。霍普金斯认识到，布什有能力，也有热情把美国科技人员动员起来，让他们为战争出力。他安排布什于6月12日和总统见面，也就是德国国防军开进巴黎前两天。[31]

罗斯福当时正在为史无前例的第三个任期进行连任竞选。他正在处理国会对战争的抵制、公众的警惕和焦虑，以及加强美国军事力量的必要行动。总统在中立和偏向陷入困境的英国之间取得了平衡，当时英国可能要撑不下去了。美国的军事优先事项似乎是生产而不是发明，而罗斯福既没有科学背景，也没有技术方面的顾问。

在霍普金斯的陪同下，布什交给总统一页纸，上面用六点纲要勾勒出了他召集美国科技人员为陆军和海军的现代化使命服务的计划。国防研究委员会的专家来自战争部、海军部、商务部、国家科学院以及各个科学与工程学学会，所有人都是无偿劳动。委员会支持的是教育界、科学界和工业界的实验室所进行的战争设备的研究——而不是工业开发或制造。这些研究将对军事行动形成补充和支援，但不会取而代之。

布什已经对总统可能问到的诸多问题做好了准备。但是，会面只持续了不到 15 分钟，罗斯福没怎么说话就在布什的纸上签下了"OK，罗斯福"。这两位截然不同的人物由此开始了一段非凡的关系。两天之后的 6 月 14 日，总统宣布范内瓦·布什将出任新成立的国防研究委员会主席。[32]

布什很了解罗斯福经常在一项工程的负责人人选问题上改变主意，而且总统授予的权力也可以很快消失。布什在继续担任卡内基研究所所长的同时，为委员会招募了科南特、尤厄特、一位加州理工学院的物理学家、一位专利委员、负责研究工作的海军上将，以及一位陆军准将。布什会见了陆军的乔治·马歇尔上将、海军的哈罗德·斯塔克（Harold Stark）上将以及陆军航空兵司令阿诺德上将，让他们列出需要研究的项目清单。然后，他很快就行动起来并拿出了结果。

布什的新武器是政府合同。他的合同样式便捷、灵活且针对性强。布什的"合同下的联邦制"使他可以创造一个全国研究网络而无须建立官僚机构，建立新的政府实验室，聘用科学干部为政府雇员，或是干扰研究人员现有的工作和设施。布什这次发明的不是机器，而是一个新的政府管理模式。他的体系依靠的是专业精英，并让他们免受政治的影响。这个体系运行于标准的规则、政府部门的惯例乃至军队的指挥序列之外，其潜在矛盾在今天的人看来是不可接受的。人们担心布什的权力过大。但是在 1940 年，罗斯福想要让布什独一无二的网络发挥作用，而且他信任布什的判断。1941年中期，这位总统将国防研究委员会改造成了科学研究和发展办公室（OSRD），其经费来自国会拨款，不再使用总统的"应急基金"。罗斯福还添加了一个医学研究委员会。[33]

布什知道他和军队需要进行有效的合作。但是，他不想简单地完成那些不懂技术的军官下达的指令，而是想让这个合作过程具有创造性。布什的优势在于他的权力和资金都是独立的（甚至是来自总统的）。史汀生也是他的盟友。但是，领导海军研究实验室的一位海军上将对布什发起了官僚主义的攻击，布什需要回击。他还需要牢牢控制住科学研究和发展办公室的研究议程。他对所有的项目都会提同一个问题："它能帮助我们打赢一场战争吗？现在**这场**战争行吗？"[34]

科学研究和发展办公室拿出了成果。它开发出了无线电近炸引信，使炮弹可以在其能造成最大破坏的时候引爆。这项发明需要电子方面的创新、极端小型化以及足够的强度。只有美国在战场上使用了这种引信，而且这种引信在1944年防御德国的V-1火箭时起到了重要的作用。科学研究和发展办公室的官方史学家把近炸引信列为战争期间最重要的三到四种发明之一。[35] 布什还资助了麻省理工学院的一个核心雷达实验室。他们在英国人的研究基础上对微波的能力进行了创新，以满足军方的一系列要求，包括自动跟踪目标和识别露出水面的德国潜艇。

大西洋海战

大西洋海战是一个极佳的范本，展现了一个周期的科技进步是如何被整合入战略和战术之中以赢得胜利。1943年初，德国潜艇使用狼群战术，聚集在一起对盟军的补给船队发起攻击。盟军每个月损失超过100艘船。如果美国不能保证大西洋航路的安全，纳粹就会摧毁美国向英国运兵的交通线。美国海军作战部长欧内斯特·金（Ernest King）上将一直固守着一套依靠护航舰的防御方案。

布什认为科技的发展已经创造出了一种实施进攻性战略的可能，即侦测出潜艇的位置，并引导海上和空中的火力实施攻击。史汀生试图采取反潜行动，但被金拒绝了。愤怒的布什给金上将写了一封6页长的信，力陈己见。信中说，科技的快速发展，加上战术的改变，已经让潜艇战争变成了一场比拼科技与军事综合战略的生死较量。

金做出了让步，同意让弗朗西斯·劳（Francis Low）少将试一试。劳少将带领的是新组成的第十舰队，但一艘船都没有。相反，劳的舰队所装备的是信息、统计分析和新的组织化手段，任务则是找到、跟踪并击沉德国潜艇。侦察机使用雷达识别浮出水面的潜艇。在反馈系统的帮助下，侦察机飞行员们得知确实有人在认真研究他们在报告中记录的数据。这些数据都被用于一种新型的统计分析方法之中，这种方法被称为运筹学。第十舰队设计出侦察模式，以提高发现德国潜艇的概率。美国东海岸沿线的雷达站每天都会记录其截获的、德国潜艇高速突击时发送回总部的无线电信号。在国际商业机器公司（IBM）的数据处理机器的帮助下，由平民组成的分析人员每24小时就把大量涉及目击、运输、拦截和进攻的信息分析一遍。盟军把这些新信息和专门组织的海军、航空兵整合起来，把大西洋变成了德国潜艇的屠宰场。1943年4月和5月，盟军击沉了45艘德国潜艇。面对无法弥补的舰只和海员的损失，希特勒的潜艇部队指挥官卡尔·邓尼茨（Karl Doenitz）元帅让他的潜艇撤出了北大西洋。邓尼茨后来曾抱怨道，德国失去这一唯一的海军攻击武器，不是因为"在战术或战略上被压倒"，而是因为"在科学领域被碾轧"。布什非常及时地认识到了科学和战略战术之间的关系。到了1943年夏天，大西洋已经成了盟军后勤运输的安全通道。[36]

药物与导弹

在1945年那篇《科学：无尽的前沿》报告中，布什回忆了对抗伤口和疾病的医药战争。青霉素、杀虫剂、更好的疫苗、手术的改进以及抗疟剂技术大幅降低了军队的死亡率。他指出，美军的因病死亡率从"一战"时期的14.1‰下降到了二战时期的0.6‰。[37]

然而，布什也承认，战争时期的记录表明，美国和德国在科技方面的竞赛几乎没分出输赢。德国的V-1和V-2火箭凸显了弹道导弹的威力，而美国并没有重点研发这种武器。对于1944年9月首次用于战场的V-2火箭，盟军除了轰炸或占领火箭发射地之外没有有效的反制手段。如果纳粹早一年研发出V-2火箭，艾森豪威尔上将在英国所做的登陆计划就将成为一场噩梦。德军战机的发动机也比美国的性能好，日军的鱼雷在战争的大部分时间里也是如此。[38]

制造原子弹

布什最大的一笔风险投资就是原子弹项目。1939年，阿尔伯特·爱因斯坦（Albert Einstein）和其他移民而来的物理学家对原子弹的风险提出了警告。罗斯福随后建立了一个"铀委员会"，但这个机构的运作并不成功。1940年到1941年间，布什一直在试图证明新成立的国防研究委员会以及科学研究和发展办公室可以在几个月之内做出实质性的成果，但其实他最开始的想法是，核裂变炸弹离研制成功还很遥远，可能会让全部的经费都打水漂。诺贝尔物理学奖得主欧内斯特·劳伦斯（Ernest Lawrence）则催促布什，让他无论如何都要行动起来。到了1941年夏天，布什开始为研制原子弹的政治决策设计路线图。英国科学家的工作令布什相信，原子弹是可以制造出来的。恩里克·费米（Enrico Fermi）提供了一份含有工程数据的备忘录，帮助布什理解了制造原子弹在物理和经济两方面的困难。最终，布什计算了让德国人率先出原子弹的后果。随后，布什向对原子弹持怀疑态度的国家科学院院长尤厄特解释道："如果现在是和平时期，那么我们正在谈论的事情可以说是荒唐的。"与此同时，研究和设计工作还要推进下去。[39]

在罗斯福的建议下，布什找到副总统亨利·华莱士，讨论了对原子武器竞争的担忧。华莱士是杂交玉米的发明者，也是内阁中唯一具有科学家级别的科技知识的人。布什和华莱士于1941年10月9日与总统会面。根据布什的回忆，罗斯福下令对原子弹的准备工作"尽一切可能加快速度"，但又告诉布什在采取"决定性步骤"前先向他汇报。在会见了总统和华莱士之后，布什只与史汀生、马歇尔和科南特讨论了这件事情。他们都同意，任何一个可能会导致建造原子弹的"大项目"都需要一个新的组织来管理。在资金问题上，总统决定在美国历史上首次设立"黑色预算"，也就是秘密的武器预算。这笔钱隐藏在陆军工程兵团的经费之中。[40]

布什靠科南特来监督原子弹的研发工作。1941年12月6日，也就是日军偷袭珍珠港前夜，他们两个人共同决定要求军队启动这项工程。但是，布什还负有向总统汇报的责任。1942年3月9日，他建议罗斯福在军队中推进这个项目。他预计原子弹的制造工作能在1944年底前完成。两天之后，罗斯福告诉布什尽快启动工作，但要绝对保密。

1942年8月，布什主张把制造原子弹的工作列为压倒一切的、优先级最高的项目。9月，莱斯利·格罗夫斯（Leslie Groves）上校成为新设的"曼哈顿工程区"项目的负责人。在这之前，他刚刚完成了宏伟的五角大楼的建设工作。一个由3个人组成的委员会充当起"理事会"的角色，布什任主任，科南特则负责指导日常事务。[41]

在研究原子弹前50年历史的经典著作《危险与生存》（*Danger and Survival*）中，作者麦乔治·邦迪（McGeorge Bundy）总结道，布什在这个项目中是"不可或缺之人"。布什懂科学，懂工程，也懂华盛顿和罗斯福。布什还与总统本人有交情，也获得了他的信任。[42]

布什没有参与关于原子研究的目标的争论。一些科学家认为布什就是个纯粹的工程师，不理解政策的复杂性。但是不管怎样，战时的保密需求限制了他的讨论机会。在无法想象的压力之下，布什和科南特的工作难度极大。研究原子能委员会的历史学家理查德·休利特（Richard Hewlett）和小奥斯卡·安德森（Oscar Anderson Jr.）后来写道，布什和科南特"必须在进退两难的悲观情绪和高涨的乐观情绪之间寻找出路。他们必须先找到北极星再确定航线"。[43]

布什认为，制造原子弹是一个应由总统来做的政治决策。麦乔治·邦迪后来写道，美国的总统作为"核政策的首席政治官"承担着"紧密而不可推卸的责任"。今天依旧如此。[44]

布什确实在原子政策的国际影响方面提出过建议。1944年底，布什和科南特向史汀生陈述了一些可能可以避免军备竞赛的原则。

他们知道美国的优势将会是暂时性的。但是，罗斯福似乎不愿意或是无法加入这个关于未来冲突的讨论——他正忙着搞定眼前的这场冲突。[45]

科学的未来——以及全球竞赛

1944年底，胜利的曙光已经出现了，布什也有了其他需要优先和总统讨论的议题：美国科学的未来，以及科技对国家安全的贡献。根据布什的传记作家扎卡里的说法，布什重点关注的是战后的两大挑战。第一，美国军队现在已经尝到了科技的甜头，但是美国没有学术纪律来约束军方的野心。布什担心军方会成倍地投入科研项目，并浪费掉大量的努力，造成严重的损失。他希望由平民科技人员来领导一个民间与军方合作的研究议程，就像他在战争时期所做的一样。

第二，布什希望国家投资于基础研究，也就是未来科技的"种子"。他知道，科学实验需要的是检验想法的自由，无须考虑是否马上就能见到实用的效果。军方和产业界都没有这个耐心——也没有这个远见——去支持纯粹的科学研究。

布什设想了一个创新的线性模式，从科学知识开始，把知识转化为工程实践，再转化为实用产品和流程。他可能已经发现，在现实中，上述过程中的各个阶段已经模糊成了一个由理论、应用研究、测试、改进、新发现、新流程和工具所构成的反馈回路网络。但是，他很难解释清楚创新的循环规律。布什知道，战争的压力已经挤压了那些没有实用价值的研究和实验的生存空间，但这些研究和实验是创造新知识的基础。布什预计，新的全球权力竞争将十分显著地建立在科技竞争的前提之上,而他希望美国在各个科技领域全面投资,以建立起创新优势。[46]

布什草拟了一封以罗斯福的名义寄给布什自己的信。他想让总统要求科学研究和发展办公室去评估该办公室从经验中学到的东西。哈里·霍普金斯提出了很好的建议:把信的长度控制在两页纸以内,不要对过去做任何可能引起与他人的争论的判断;只提出一个想法,不要要求政府启动一个工程。罗斯福的演讲撰稿人山姆·罗森曼(Sam Rosenman)把布什的修改稿又润色了一遍。

1944年11月17日,罗斯福在赢得第四个总统任期后不久就把"他的"信寄给了布什。扎卡里指出,这封信成了美国科学精英的圣经。布什在他的《科学:无尽的前沿》报告开篇引用了这封信。[47]

这封信要求布什在四点问题上提供建议。第一点是战时军事研究如何转化为民用"副产品";第二点是如何继续"科学对疾病的战争";第三点是最关键的问题,即考虑到公立和私人机构在科研中的角色和关系,"政府现在和未来能对公立和私人组织开展的研究活动提供怎样的帮助?";最后一点是,"发现和培养美国青年人中的科学人才"。[48]

布什对每一点问题都组织了专门的委员会,并领导所有委员会的工作。不过,医学委员会表现出了独立倾向,并要求为医学研究单独建立一个基金会。

布什知道自己所写的序言将决定报告的成败。他明白,战时科技的发展之迅速,在生死战场上的应用效果之可怖,已经激起了公众的想象。很快,原子弹的爆炸就会加剧人们的震惊感和畏惧感。大萧条时人们一片哀叹之声,认为科技抢走了人类的饭碗,而现在人们则开始崇敬科学家,认为他们是未来的领路人。

"无尽的前沿"：一种新的治理模式

早在1937年的一次对工程师同行们的演讲中，布什就曾尝试提出过把科学称为新前沿的想法。现在他以《科学：无尽的前沿》作为标题，向公众解释国家研究基金会的初衷。这个组织由国会建立、向总统负责，但是却由科学家们管理。它将用来建立美国的科学资本。[49]

布什勇敢地指出："我们没有国家科学政策。"布什不但要创造这样一个政策，还要设计出一个新的公私治理模式。布什的方法是鼓励"自由的探索以及健康的科学竞争精神"，同时为公共目的服务。国家研究基金会将会为医学、自然科学和国防领域的基础研究提供资金。它还将支持科学教育以及知识在国内和国际的传播与交流。布什甚至还加上了一个特别的专利政策，这一政策为发明家们带来了长期的利益。[50]

布什的提议试图解决一组复杂的问题，这些问题将会在20世纪余下的时间里以及更远的未来持续折磨美国人。布什所提议的不仅仅是一个科学政策。进步主义时代曾鼓励社会依靠专家来治理——并且相信知识会带来进步。这股思潮在20世纪20年代达到顶峰，但大萧条的到来对旧的秩序和信念都构成了挑战。第二次世界大战让美国人对科技重新产生了兴趣，并且再次唤醒了美国人的自信心。尽管轴心国拥有各种令人恐惧的力量，但美国的军备升级、发明和工业实力完全压倒了敌人。不过，当时还有另外一种模式。苏联从自己造成的大破坏中奇迹般地复苏，并且在抵御希特勒的侵略时展现出了令人惊叹的力量。

此时，美国和苏联的军事力量覆盖了整个欧亚大陆乃至全世界。布什知道，胜利——以及美国未来的实力——需要依靠科技，也需要依靠政府的组织和产业智慧。正如沃尔特·米利斯（Walter Millis）几年后所指出的那样："中央集权的现代国家已经发展成了一种无可匹敌的战争工具。"[51]

然而，哪一种现代国家体系将会被证明是最优越的呢？布什希望包括科学家在内的专家能够决定答案。他想要找出一些路径，让科学家能够为政治领袖做出贡献，并成为他们的重要顾问，同时又不使科学行业丧失独立性和创造性这两个本质要素。他对大机构怀有疑虑，厌恶官僚组织，痛恨庸碌大众的迟钝。于是，用扎卡里的话来说，布什试图发明一种手段，"把一个卓越的科技人员共同体的智力资源，和一个极度关注安全问题的国家的官僚命令嫁接起来"。[52]

媒体对发表于1945年7月的《科学：无尽的前沿》鼓掌叫好。[53] 布什充满技巧的写作为几乎每一个读者都提供了比较的标准：探索与前沿、军事优势与安全、政府行动与私人企业、健康与教育，以及繁荣与自由。但是，后来发生的事情显示，这些称赞成了布什事业的声誉巅峰。

科学和政策体系

军队已经准备好了另外一套方案。军方十分欣赏布什的科技战思想，一些军官甚至还认为军方应该吸引平民用技术为自己服务，而不是让平民领导他们。美国陆军航空队是在吸引科学分析专家方面行动最快的。战争结束后，空军想要发展火箭，但布什认为这个领域花钱不少，用处不多。空军赞助了自己的智库"兰德计划"（用于研究和开发）。1946年，兰德发表了一份很有远见的报告，描述了火箭发射地球轨道卫星的能力。此外，卫星还有执行间谍任务和科研任务的价值。这项研究预计，绕地球运行的人造飞行器"将点燃人类的想象，并且可能会在世界上激起不亚于原子弹爆炸的反响"。[54]

海军认为，他们在船只设计、发动机、潜艇和航空母舰方面的创新确保了海军在各军种的工程实力上排名前列。但是，陆军已经搞了曼哈顿工程，布什的科学研究和发展办公室则走在了雷达研究的前列。布什呼吁关闭这一办公室——他希望能推动政治家们同意自己的研究基金会计划——的举动刺激了海军，促使他们建立了自己的海军研究办公室。[55]

1946年，陆军参谋长艾森豪威尔发表了关于建立一个"军工学综合体"的五项原则——讽刺的是，后来他对这个自己提出的体系发起了责难。这位将军呼吁平民不仅在武器制造方面，也在设计方面为军方提供帮助。他承认研究的自由需要得到保证。研发责任应该与采购和分配的责任分开。艾森豪威尔甚至还制定了一个平民和军队的整合手段，并建议"在紧急时刻征用工业与科技资源，作为我们军队结构中的**有机**组成部分"。[56]

军方需要面对战后预算紧张的现实。布什的建立一个研究组织的想法无法与军方对资源和地位的猛烈争夺相抗衡。科技已经从1939年的维修车间角色升级成了1946年的军事优势的象征。

美国根据1947年的《国家安全法案》（National Security Act）创立了国家安全委员会和中央情报局，同时授权成立研究与发展局，为新设立的国防部部长提供咨询意见。布什希望成为第一任国防部部长，但杜鲁门从来就没有考虑过他。布什随后选择去五角大楼领导新成立的研究与发展局，但是这个职位和国防部部长的权力都不大，这使布什让军事研究合理化的努力的前景变得黯淡起来。[57]

布什面临着来自一个完全不同的领域的挑战。罗斯福新政的拥趸们是社会的工程师。战争结束了大萧条，但进步主义者担心大规模失业的现象卷土重来。他们想让科学家、工程师和规划师们把自己的技能用在不同的地方，从研究"毁灭之术"转向应对各种社会科学挑战，包括经济管理、住房供给、教育和饥饿问题。布什认为这些"善人"会把研究滥用于政治、国家主义经济政策和时髦的民粹主义政策之中。他警告称，这些人不懂得基础研究和应用研究之间的区别。他们想要破坏专利激励制度。此外，他们的经费分配方案反映的将会是对不同地域的偏好，而不是专家对项目质量的判断。

执掌科学大权5年之后，布什在科学界内部也有了敌人。其他资深人士对布什的大权独揽十分不满，且想起来了他对别人的怠慢。布什在有罗斯福撑腰的时候作风十分强硬。罗斯福去世后，布什必须和一位完全不同的总统建立关系。

此外，年青一代的科学家在大萧条时期曾经为找到立足之地而苦苦挣扎。他们把联邦政府提供的经费看作维系生命的关键，而不仅仅是一个冒险的机会。如果政府和军队愿意为科学家们的实验创新精神买单，这些科研新星断然不会再想回到战前那种充满阶层和限制的精英秩序之中。[58]

布什在政治上犯了错误。战时的紧急状态消失、新总统上任之后，国会重新强调起了自己的权力。来自西弗吉尼亚州的参议员哈尔利·基尔戈尔（Harley Kilgore）是一位拥护新政的自由主义者，也是杜鲁门的朋友。他怀着一种朴素而充满期待的想法，即用科学研究来解决美国的所有弊病。他认为大公司和卡特尔阻碍了社会革新。基尔戈尔主张建立一个国家科学基金会，并想让布什助他一臂之力。布什和其他科学家对基尔戈尔的企图感到担忧。但是，这位参议员即使不怎么懂科学，也至少是一个持之以恒的人。

布什在1945年夏天或许可以和基尔戈尔达成妥协，但他采取的行动与之相反，并试图绕开这位参议员。不出意料，国家科学基金会的议案搁浅了。基尔戈尔和布什在1946年握手言和，国会于1947年通过了国家科学基金会这一提案。杜鲁门否决了这项提案，理由是总统没有直接任命基金会领导人的权力。更深层次的原因可能是，杜鲁门不喜欢布什激进的主张，也不喜欢把专家提拔到政府的高级领导岗位上。[59]

唐·普莱斯（Don Price）是一位科学政策领域的杰出学者，也是公共政策研究的奠基人之一。据他的回忆，杜鲁门的态度是"不要让专家成为最后的决策者"。杜鲁门"想让专家听从调遣，而不是调遣别人"。由于国际政策问题所牵涉的科技因素越来越复杂——无论是军控、环境、经济、能源还是其他许多问题都是如此——如何调和以杜鲁门和布什为代表的两派观点便成了政策制定过程中一直存在的挑战。[60]

到了1950年，国会和总统都批准了建立国家科学基金会的议案。这个方案比起布什提出的"无尽的前沿"要差了很多。军事和医疗研究的部分都被拿掉了。科南特的传记作者詹姆斯·赫什伯格（James Hershberg）总结道："布什最开始设想的是把联邦科学政策都纳入一个机构下管理，但国家科学基金会却是给这个已经十分拥挤的领域又加进了一个竞争者。"布什和科南特都认为军方掌控了研究议程。研究美国科学政策的史学家布鲁斯·史密斯（Bruce Smith）发现，就在布什和基尔戈尔争论国家科学基金会应该采取什么样的结构时，政府的研究体系却朝着一个与两个人的建议都不相同的方向发展，以任务驱动的大型机构执掌了权力。[61]

核政策问题

杜鲁门当局定下了未来美国核政策的基调。布什第一次见到这位新总统是在罗斯福去世后不久,当时杜鲁门要求召开一个关于曼哈顿工程的简报会。参加会议的还有海军上将威廉·莱希(William Leahy),他曾长期以总司令参谋长的身份担任罗斯福的助手。布什解释了原子弹的科学原理之后,莱希总结道:"这是我们有史以来做过的最蠢的事。我以一个爆炸物专家的身份保证,这个炸弹绝对炸不了。"他这么一说,布什对军人的科学判断力的偏见只能是更深了。[62]

在这个新式武器的问题上,杜鲁门十分倚重史汀生的意见。这位战争部部长告诉他,原子弹在8月1日前可以完成对日本使用的准备。他还警告称,原子弹可以把文明从地球上抹去。核政策已经"[成了]我们对外关系中的一个主要问题"。根据史汀生的建议,杜鲁门授权史汀生领导一个顾问团,以研究原子政策的相关议题。史汀生把布什也拉进了这个8人组成的临时委员会。

这个委员会建议在不进行任何警告和演示的情况下对日本使用原子弹,他们认为演示不会起什么作用。委员会成员们担心在这个时候与苏联共享太多信息,并指出就连英国都没有设计图纸。格罗夫斯将军猜测苏联人需要20年才能造出原子弹,布什的预测则是三到四年。[63]

布什的传记作者扎卡里指出,残酷的太平洋战争使布什和其他人对原子弹可怕的毁灭性力量不以为意。布什认为,相比起轰炸东京和攻入日本本土所将造成的死亡人数,使用原子弹反而会让更多的人活下来。扎卡里还指出了影响布什对未来大规模杀伤性武器政策的期望的另外两个因素。布什已经注意到,化学武器在"一战"

中的使用后果使各国在二战中不敢再随便使用这种武器。他于是假设，此时使用原子弹将导致这种武器在未来被要求限制使用。"威慑来自对已知事物的恐惧，而不是未知事物。"他说。此外，在布什协助下被制造出来的若干强大武器之中，他自己更担心的是生物武器。他将生物制剂的使用范围限制在防御性的预防措施上。[64]

在一个由可以毁灭人类的武器所营造出的阴云密布、令人恐惧的新世界里，布什成了探路者。这个新世界没有规则或者标准可循。无论是核武器、化学武器、生物武器还是数字武器，美国外交都要苦于应对扩散、威慑、限制与核查、试验、复原、反制、预防甚至先发制人等新出现的挑战。

1945年9月，就在全世界都目睹了原子武器所带来的毁灭性后果之后，杜鲁门邀请一些人对是否应该分享原子武器的信息——尤其是对苏联分享——发表意见。布什主张测试国际联合控制的可能性，这主要是因为他知道原子弹背后的知识不会保密太长时间。不管美国执行什么外交政策，苏联人都几乎肯定会制造这种武器。但是，布什的意见有趣的地方在于，他预测出了核武器将会面临的军事和外交方面的挑战。

布什认为，人们对于核武器没有什么防御手段，只能是采取非常措施，把工业和人口分散开来或迁往地下，以提高一些生还的机会。用火箭拦截核武器将会"非常困难"。核武器还会变得威力更大、成本更低。[65]

不过，布什提出了"枪里是否要放火药"的问题，因为"这把枪不能拔出来"。军事史学家拉塞尔·威格利（Russell Weigley）后来表示，布什的这个问题相当于在说，美国能否在战斗中用原子弹来实现传统上的战争和治国目标。美国外交曾经用武力来实现过政治目的，但这些目的中可不包括消灭其他国家。更何况，如果战争的结果是共同毁灭,那战争就毫无意义。

布什的观察说明,军事——以及外交——战略的一些概念需要做出改变。威格利说明了威慑战略是如何在美国的政策中占据主导地位的。就像布什预测的那样,科技的发展使平民进入了传统的军事计划和准备工作中。20世纪50年代,伯纳德·布罗迪(Bernard Brodie)和年轻的亨利·基辛格等平民在制定核战略的过程中起到了主导作用。这种变化又引发了关于常规战略和核战略之间的关系的新一轮辩论。[66]

科技、安全和民主

1948年离开政府之后,布什想找地方表达自己关于科技、安全和民主的想法。1949年,他出版了《现代武器与自由人》。这本书的出版时机绝佳——苏联进行首次原子弹试验的消息刚刚传出来。每月读书会把布什的书作为头牌推荐,《生活》杂志则刊载了两页长篇摘要。

布什的这本书试图缓解冷战初期高涨的焦虑情绪以及"对俄苏联原子弹试验的恐慌,提醒美国人,这个国家真正的优势在于它对个人自由和开放社会的承诺"。他的"主要结论"之一是:"民主程序本身就是一种优点。"不过,在战时的团结过后,美国社会的裂痕又重新出现了。1950年朝鲜战争所带来的震动,以及战争陷入僵局所带来的挫败感,令美国人感到郁闷。美国军队在1945年曾是这个战胜国的骄傲,但5年后的他们却似乎没有为另一场战争做好准备。这个国家还认识到,他们不仅需要核武器,也需要高质量的常规部队。[67]

布什在书中阐述了合理规划的重要性，以及人类进步的不可避免。这两点呼吁后来被一场寻找内部敌人的政治运动所淹没。1953年底，反共的"红色恐慌"运动把目标对准了曼哈顿工程的科学主管罗伯特·奥本海默（Robert Oppenheimer）。布什在政治上是保守派，而且他也知道反对颠覆行为对国家安全的必要性。但是，他还是认为对奥本海默的政治迫害其实是对这位科学家反对制造氢弹的报复。布什发现，麦卡锡主义对于他把独立思考的科研人员和政府联系起来的努力构成了威胁。

1954年4月23日，在麦卡锡刚刚指责过政府阴谋反对制造氢弹的情况下，布什在原子能委员会的一场闭门听证会上大发雷霆。当时该委员会正在考虑是否吊销奥本海默的安全许可。布什冒险为自由人表达强烈观点的权利和重要需求进行辩护。但是，原子能委员会还是以两票赞成、一票反对的结果剥夺了奥本海默的安全许可。布什把他的辩护词写成了一篇强有力的评论文章，在《纽约时报》上公之于众。[68]

德怀特·艾森豪威尔总统认为杜鲁门对各种战后挑战的回应缺乏连贯性，也不够坚定。与布什一样，艾森豪威尔也认为美国的价值观在其与苏联意识形态的冷战中起着至关重要的作用。艾森豪威尔也很认可科学专家的价值，并任命了美国历史上的第一位总统科学顾问。从1953年到1961年，联邦政府对研发的支持以定值美元（根据通货膨胀率调整过价值的美元）计算每年增长14%。但是，艾森豪威尔总统在对付反对者和实施自己的政策时并没有使用布什那种直白的反抗，而是老练地采用了"暗中操作"的手法。[69]

艾森豪威尔的政治军事战略核心是财政纪律和军事克制。国防预算占到了联邦支出的70%。这位前将军提出的"新面貌"国防战略试图以核武器的"大规模报复"来要挟对手，而布什认为这种做法风险太大。[70]

最终，下一章将要讲到的1962年古巴导弹危机摇醒了美国和苏联，使它们开始考虑控制核武器的措施。在20世纪60年代、70年代和80年代，核武器及其他武器的控制谈判成了美国外交的一项重要工作。

核武器和导弹外交一直占据着美国外交政策的核心位置。如今，美国在这方面所担心的是俄罗斯、中国、朝鲜、伊朗、巴基斯坦以及其他潜在的核国家。美国与关键盟友间的关系依赖于美国的威慑政策。美国外交还需要考虑其他科技革新给外交政策带来的挑战，例如数码、环境、海洋、生物、化学、宇航等"无尽的前沿"领域的科技。1949年，国会通过《出口控制法案》（Export Control Act），由此开启了关于美国科技对外转让是否会造成安全风险的辩论，这场辩论一直持续到今天。[71]如今美国和中国的紧张关系有一部分可以溯源到一场关于创新、科技间谍和窃取技术的竞赛。

科学和技术政策

美国在民用科学技术领域的外交极少进入高层的视野，他们关注的是安全研究甚至国际经济。但是，关于气候变化和其他环境问题的辩论说明，这些领域的外交政策将会变得越来越重要。布什启发了政府，使其对科学进行了大笔投资，但他没能建立起一个由美国科技精英领导的指导体系。布什对肯尼迪的载人登月目标持怀疑态度，他认为这一冒险只是看起来很壮观，实际上的创新意义并不大。布什想要优先发展的是替代能源、食品和材料。即便如此，布什在原子弹问题上的研究和开发方法还是成了其他"大科学"项目的模板。[72]

在20世纪60年代和70年代,科研越发政治化,越发受制于利益集团的主张。肯尼迪搞了宏大的宇航项目,林登·约翰逊推动了专家领导的社会变革,尼克松则组织了治愈癌症的研究工作。科研经费成了国会手中的肥猪肉。布什曾设想政府把有明确目标的合同给予基础研究,结果政府开出的却是官僚味儿十足、开发周期极长的新式武器研究合同,还让工业界对军方的合同产生了依赖。此外,科技的过度售卖以及专家在越南的失败和经济的低迷,使公众对科学家产生了反感。环境主义者抨击工业发展所造成的代价以及科学家的视野狭窄。科学系统看起来就像一个精英的堡垒,大权在握且无须承担责任,而且不对少数族裔和女性开放。[73]

另一些人批评布什在《科学:无尽的前沿》中忽视了工业创新。科学和政策学者哈维·布鲁克斯(Harvey Brooks)回忆道:"布什所暗示的意思似乎是……技术本质上就是前沿科学的应用,而且,只要一个国家创立并维持住一个主要依靠高等院校的科学系统,那么可用于国家安全的新技术、经济增长、就业机会增加和社会福利保障几乎就可以自动实现。"[74] 但是,复兴的欧洲和日本给美国带来了更多的竞争。由于美国的公司没能适应这一变化,美国的商业科技落在了后面。为了重新获得竞争优势,美国的公司修改了布什的线性研究模式,将其转变为由试验、测试和反馈所构成的、永不停止发展的循环。

个人电脑革命

70多年后回头看,布什在1945年7月的第三项创新——前两项是《科学：无尽的前沿》和原子弹——理应引起特别的关注。他的那篇《诚如所思》除了介绍他假想的麦克斯存储器外，还播撒下了新发明的种子，这些发明挑战了僵化的集中化系统。美国的计算机革命最初的趋势是主机越来越大，目标用户是大型机构而不是个人。但是，布什总是想缩短机器和人之间的距离。他知道信息过载会造成什么问题。他想象着用一种桌面的信息、存储器、处理和互联机器来给个人赋能。

布什始终没能完成从模拟世界到数码世界的转变。与代码和使用软件的设备相比，他更喜欢的是扳手和使用齿轮的机器。即便如此，个人电脑的发明者们——例如道格拉斯·恩格尔巴特、J.C.利克莱德和西奥多·尼尔森——还是很认可布什的。他们把自己激进的创意追溯到老一代的科学政治家布什那里，从而提高了外界对这些创意的接受度。布什指导过的博士生弗雷德·特曼（Fred Terman）后来成了斯坦福大学工程学院的院长，之后又当上副校长。他创建了一个工业园区，也就是后来的硅谷。当数码世界的先驱们开始接受那种布什认为已经陷入困境的传统秩序的时候，布什的远见甚至有了一些反主流文化的味道。[75]

创新政策和全球竞争

艾萨克森在他的著作《创新者》中提醒我们，发明家们是通过一代又一代人的努力来不断拓展创意的。[76]未来美国的权力和外交依靠的是打造一个科学-技术-经济体系、一个非线性的创新生态系统。这个系统鼓励创造力、合作、学习、激励和创业精神。除了地缘政治和地缘经济外交，美国还需要创造条件以巩固其在科学前沿领域的能力。

本杰明·富兰克林代表的是那种老式的个人科学家和有着独立谋生手段的发明家。那个时候科学的发展是线性而缓慢的。但是到了20世纪初，托马斯·爱迪生和莱特兄弟等发明家就已经得到了政府的支持，政府也成了他们的"第一批客户"。在那个还没有风险投资基金的年代，政府的订单降低了发明家的风险。布什给美国的创新模式增添了两个关键的组成部分：第一，他使政府的资金更早地介入科研周期——在基础研究阶段就进入，而不是等概念或原型产品出来以后再进入。第二，他在政府和高校的科研活动之间建立起了联系。如今，学者们把这种高校-产业-政府系统归入"知识社会"的创新概念"三重螺旋"中，与之对应的则是工业社会中的产业-政府"二分体"。[77]

冷战成了布什的思想——以及三重螺旋系统——与苏联的举国体制之间的竞争。苏联的企业之间不能灵活自由地重新分配资源，而约瑟夫·熊彼特（Joseph Schumpeter）认为这一点对企业的创新来说是生死攸关的。苏联的大学缺乏学术自由，而学术自由又是那种可以改变思维范式的研究所必需的前提条件。

中国的创新模式依靠的是政府指导下的高校研究，以及相当大规模的产业投资。日本在几十年前就采用了类似的模式。政府指导的模式帮助国家实施赶超科技先进社会的发展战略。然而，随着这些国家逐渐接近科技发展的前沿，集中化的指导可能就不如"三重螺旋"自我组织产生的动力那样更加适应未知性和转型了。无论如何，美国必须投资打造一个健康的创新和创业生态系统，以求在竞争中取得成功。

美国的外交应该提倡互补的国际体系。这些制度和网络应该遵循布什设想的科学和政策原则。国家之间的合作应该把科研也纳入其中，并鼓励对研究进展进行持续的评估。致力于解决问题的行动应该依靠激励、市场、创新和跨国的私有部门人士，而不是集中化的国家控制。政策体系应该是灵活的，给创新留出空间。

1991年到1992年之间，我在指导美国代表团参加1992年的《联合国气候变化框架公约》的谈判时，正是应用上述原则来确定我的工作方式的。所有称得上成功地填充这一框架的努力——包括2016年的《巴黎协定》在内——依靠的都是上述这些实用的前提。1992年的那个条约也是美国参议院批准生效的唯一一个气候变化协定。[78]

正如布什的传记作者扎卡里总结的那样："布什从没说过自己是一个先知。他有着工程师的那种对失败的尊重，因为他知道失败中可能会出现意想不到的机会。"布什于1974年去世，享年84岁。《纽约时报》当时称他为"工程师的典范——一个把事情做成的男人"。[79]哈维·布鲁克斯总结说，布什做成了一件特别大的事："二战后的科研体系中最值得一提的就是它的连续性……虽然科学界内部有很多争论和警告，但是看起来，布什在他那份著名的报告中提出的'社会契约'的基本原则……还是基本上原样保持了下来，而且至今仍广为公众和政治家所接受。"[80]布什是美国外交的科学教父。持续的科技发展给美国外交贡献了很多力量。

第 13 章

冷战中的危机管理：约翰·F. 肯尼迪

1963 年 6 月："我是一个柏林人"

约翰·F. 肯尼迪总统始终都不确定自己是否应该去柏林。这只是他就任总统以后第二次出访欧洲，而且总统的安全顾问麦乔治·邦迪曾担心这次访问可能会惹恼苏联领导人尼基塔·赫鲁晓夫（Nikita Khrushchev）。肯尼迪害怕被人拿自己的出访和法国总统夏尔·戴高乐（Charles de Gaulle）1962 年底的那次德国之旅做比较。当时戴高乐说着德语，试图让西德人民相信，他们应该更依靠法国而不是美国。[1]

肯尼迪是在 1963 年 6 月 26 日抵达柏林的，这一天正是 1948 年柏林空运启动 15 周年。当时还很年轻的美国驻西德外交官理查德·斯迈泽（Richard Smyser）回忆道，总统"完全没料到扑面而来的人浪"从他离开柏林泰格尔机场开始就一直簇拥着他的车队。全城百姓似乎都出动了。路边的人墙有五到十排那么厚，一些人爬到了树上、灯柱上、红绿灯杆上或是吊车上——爬到什么东西上的都有——就为了看肯尼迪一眼。西柏林人声嘶力竭地欢呼着，投掷鲜花，并试图触摸到这位年轻的美国总统。"肯——尼——迪！"

他们喊着。这是肯尼迪第一次见到活生生的柏林人,而不是在外交话语里谈论他们。他也不再把柏林看成一个谈判筹码,而是对这个城市和城市里的居民有了切身感受。[2]

肯尼迪把自己的演讲草稿给了驻柏林美军的指挥官詹姆斯·波尔克(James Polk)少将,并问他:"你觉得它怎么样?"波尔克匆匆地扫了一眼稿子里面的陈词滥调和对柏林人的生硬保证,然后说:"简直糟透了,总统先生。""我同意。"肯尼迪说。[3]

这位总统在刚刚建成不久的柏林墙停留了片刻,朝东柏林的方向望去。他看到的只有全副武装的东德卫兵,只有几个勇敢的妇女一边躲避着东德警察的视线,一边小心地朝肯尼迪挥手。然而,这短暂的一瞥显露出了东西两边生活的巨大差异。总统的心情看上去很阴郁。[4]

在市政厅发表讲话前,肯尼迪先去市长维利·勃兰特(Willy Brandt)的套间里待了一会儿。凭借着自己的政治直觉,肯尼迪把写着演讲稿的小卡片几乎全扔了,又很快地重新写了一些卡片。这位总统决定加两句简短的德语。肯尼迪不怎么会说外语,但是他想直接对柏林人说点什么。于是他就用红墨水写下了那两句话的发音,然后跟两位翻译一起练习了一番。[5]

当这位总统在那个六月天里发表演讲的时候,他几乎没怎么看手里剩下的卡片。肯尼迪回想起了学生时代听到的一句话:古罗马人会用"我是一个罗马公民"来显示自豪感。面对着广场上的50万柏林人,这位总统认识到,能让现在的人倍感自豪的就是柏林公民的身份。"我是一个柏林人(德语: Ich bin ein Berliner)"。他大声地说。听众沸腾了。他又重复了一遍,并且感谢翻译帮他改进了发音。德国人不断地欢呼,久久不能平息。肯尼迪这位很会调动情绪的"酷哥"为柏林人的热情所感动,但也有些不安。看着下面的反应,他估计如果自己喊出"走到柏林墙那儿——把它拆掉",柏林人也会照做不误。[6]

演讲结束后,邦迪对肯尼迪说:"我觉得你有点过了。"多年之后,杰奎琳·肯尼迪(Jacqueline Kennedy)开玩笑地抱怨道,她的丈夫最著名的一句话竟然是一句外语,这似乎有些不公平。[7]

这次访问和这篇演讲对肯尼迪总统来说有着巨大的作用。他第一次承认西柏林"在整个欧洲范围内的斗争中,是一份资产,而不是一笔债务"。柏林及其所代表的价值观在大西洋同盟中占据着核心位置。美国人不久之前才和德国打过一场惨烈的战争,他们可以从修昔底德那里学到一课。那位希腊历史学家在公元前5世纪写道:"我们之所以找到了朋友,不是由于从他们那里得到了帮助,而是因为我们给予他们帮助。"[8]

肯尼迪发表演讲仅仅两天后,苏联领袖尼基塔·赫鲁晓夫来到了东柏林,庆祝东德领袖瓦尔特·乌布利希(Walter Ulbricht)的70岁生日。赫鲁晓夫在东柏林的市政厅前发表讲话时高呼:"我爱柏林墙(德语:Ich liebe die Mauer)。"但是,柏林人并不爱柏林墙。[9]

1961—1963年的柏林危机

从1961年到1963年,柏林危机成了肯尼迪总统工作中的头等大事。这场危机考验了他,也塑造了他。柏林危机——后来演变为古巴导弹危机——是核大国之间第一次试图用直白的战争威胁来解决国际争端。赫鲁晓夫挑选柏林这个地方来展示核武库以威胁西方。肯尼迪真的很惧怕核战争的危险。长期担任肯尼迪助手的肯尼斯·奥唐奈尔（Kenneth O'Donnell）后来写道，肯尼迪感觉自己被柏林"困住"了。奥唐奈尔发现，在白宫内部的会议上，肯尼迪在他放在内阁桌子上的一个黄色便签簿上一遍又一遍地写下"柏林"这个词。[10]

肯尼迪和他的团队开局并不理想。他们最开始的关注点是莫斯科而不是德国。吸取了1914年的"教训"之后，这些"新边疆主义者"非常担心对局势的错判会升级为核大战。美国的盟友、英国首相哈罗德·麦克米伦（Harold Macmillan）也持这样的观点。在经历过两次与德国的世界大战之后，英美两国都在问自己：为了一个被苏联包围的前敌国首都，是否值得让自己的国家承受核毁灭的风险？

1960年：冷战竞赛

1960年的总统大选中，肯尼迪大胆地在冷战安全的问题上向理查德·尼克松发起挑战。肯尼迪和尼克松都没有在其他话题上花费多少时间。为了质疑即将离职的在任总统、德高望重的前将军德怀特·艾森豪威尔的外交政策遗产，年轻的肯尼迪需要一套新的、积极的说法：这位42岁的挑战者辩称，美国在艾森豪威尔治下陷入了"断断续续的8年昏睡"，而世界形势则在滚滚向前。肯尼迪警告称，历史可能会证明"这几年就是美国的潮头跌落……共产主义的浪潮涌入的时候"。[11]

国际事件似乎也在支持肯尼迪的论断。1957年，苏联将"斯普特尼克1号"人造卫星送入地球轨道，在太空竞赛的第一阶段击败了美国。美国人为自己的国家丧失科技霸权的迹象感到惊恐。作为候选人的肯尼迪警告称,"导弹差距"意味着美国甚至已经在自己发明的核武器领域失去了优势。不过,他的这一判断是错误的。肯尼迪的朋友、当时刚刚退役的将军马克斯韦尔·泰勒(Maxwell Taylor)在自己写的一本书中警告称,由于艾森豪威尔不舍得花钱,军队没有足够的人力、物资和现代科技去抵御强大的苏联军队。艾森豪威尔总统曾因为反美动乱事件而取消了一次对日本的访问。就连美国国力的经济基础似乎都已经开始动摇:麻省理工学院教授保罗·萨缪尔森(Paul Samuelson)在他1961年出版的经典教科书《经济学》中称,苏联的增长率"显著高于我们"。他在书中用一张图表说明,美国市场与苏联计划经济之间的差距将会消失。[12]

肯尼迪还指出,美国在争夺第三世界的竞赛中也失败了,而且第三世界的规模正在快速扩大。欧洲旧帝国的殖民地正纷纷走向独立。仅1960年一年就有18个新国家加入联合国,其中有16个在非洲。民族解放战争攻击着那些试图阻挡独立浪潮的政权。副总统尼克松对拉美的访问引发了当地的暴力示威事件。这一事件生动地说明,美国即使是在自己的半球内也落在了后面。后来发生的一场革命把古巴变成了共产主义国家。在华尔特·罗斯托(Walt Rostow)等反共经济学家的引导下,怀着"我们能行"的信念的肯尼迪团队接受了一种现代化理论,为国家建设和遏制革命都设置了进取的路线。[13]

肯尼迪于1960年在民主党大会上接受了总统候选人提名,他呼吁美国人向"新边疆"前进。与范内瓦·布什一样,肯尼迪的"新边疆"也包括科学前沿在内,而且还加上了对太空的探索。他想要重新唤起美国的革命精神,并且要像罗斯托说的那样,"让这个国家重新动起来"。[14]

危机管理团队

艾森豪威尔在位时期，美国的日子按说是不错的，但肯尼迪却使劲地强调其中的危机感。他呼唤一种新的精神。他似乎很喜欢用"活力"（vigor）这个词。他手下的年轻团队则加强了他那种"这个国家不能再等下去了"的信念。新任国防部部长罗伯特·麦克纳马拉（Robert S. McNamara）警告称："即使做出错误的决定……也比什么决定都不做要好。"许多年之后，肯尼迪的白宫"史官"小阿瑟·施莱辛格（Arthur Schlesinger Jr.）回忆道，"积极行动"是"新边疆主义易犯的错误"。他说，肯尼迪的那帮人都是"想一出是一出"，"没有章法"。他们"对体系没有耐心"。保罗·尼采在研究了50多年内的历任总统班子之后总结道，肯尼迪的风格创造了"一种不断对一个又一个危机做出反应的状态，而不是为长期目标而工作的状态"。历史学家托马斯·帕特森（Thomas Paterson）哀叹道："'危机管理'成了肯尼迪团队挂在嘴边上的词，而这个团队似乎就是靠这些机会成长起来的。"[15]

肯尼迪在大选中仅以微弱的优势获胜，但这并没有浇灭他追求无限变革的热情。他的整篇就职演说都在谈美国全球活动的"革命"——在"新一代美国人"的领导下"在自由遭遇最大危机时保卫自由"。在短促的号角声中，肯尼迪把冲锋号吹向了东南西北，吹向了茅草屋、村庄和海洋深处。"我们将付出任何代价，忍受任何重负，应付任何艰辛，支持任何朋友，反对任何敌人，以确保自由的存在与实现。"[16]

即便是今天，肯尼迪的话语依然鼓舞人心。我在小布什2005年第二次就任总统时的演讲中听到了肯尼迪那番话的回响。布什在那次演讲中提出了他对自由进程的设想。当时我是美国的贸易代表,正准备就任副国务卿。我是坐在国会的门廊里听到这番讲话的。总统呼吁制定一套充满基础价值观的外交政策,我为此而动容。但是,当想到前方的挑战时,我又不由得深吸一口冷气。肯尼迪在1961年的号召肯定很激动人心。他当时才刚刚开启第一个总统任期,身边的团队成员都是新人,而整个国家正洋溢着乐观的情绪。但是我好奇的是,他任命的那些官员有没有也考虑一下手段、目标和方法。我喜欢积极的外交,但这种外交的好处是要通过大量的提问和实用规划来实现的。

肯尼迪总统向对手抛出谈判的机会,尤其是在"科学释放出可怕的破坏力量"这个问题上进行谈判。他以这样的姿态把自己对这个国家的武装和自由的呼吁结合在一起。他既不想要"不稳定的恐怖均势",也不想"建立一种新的均势,而是要创造一个新的法治世界,在这个世界中,强者公正、弱者安全、和平将得到维护"。[17] 如果能听到这番话,那可能伊莱休·鲁特会绽开笑容,伍德罗·威尔逊会鼓掌喝彩,而西奥多·罗斯福则将既怀疑又羡慕。

就职典礼前一天,肯尼迪会见了艾森豪威尔总统。在最理想的状态下,美国权力的和平交接,包括对过渡期的准备,都体现了对前任所做出的努力的一种认可和对继任者的未来期许。艾森豪威尔是一位对外表现亲和力的大师,他向新的总统团队透露,自己在战争与和平时期都走到事业巅峰的秘诀就是冷静计算。他提醒他的继任者,全球仍有很多存在战争风险的地方,包括古巴、柏林和老挝。积极行动主义遭遇到了老辣的经验。在听了艾森豪威尔对"钢丝上跳舞"的核政策的冷静评价之后,肯尼迪的弟弟、即将出任美国总检察长的鲍比·肯尼迪(Bobby Kennedy)感到有些不安。[18]

第一次古巴危机

肯尼迪总统遇到的第一次危机是在古巴爆发的。西奥多·罗斯福和伊莱休·鲁特都很清楚这个地方的战略重要性。菲德尔·卡斯特罗（Fidel Castro）于1959年1月1日发动革命成功，接着就收到了苏联抛来的橄榄枝。这一事变促使中央情报局策划了一个反革命入侵行动。艾森豪威尔催促中央情报局尽快完成准备工作，同时又给他们加上了一些限制和条件，把决定行动的权力留给了他的继任者。肯尼迪似乎对这一计划并无把握，但他感觉到了时间压力。当上总统之前他一直在批评艾森豪威尔和尼克松的无所作为，而且他本来就是一个喜欢冒险的人。因此，他对行动开了绿灯。

1961年4月17日，1 400名古巴流亡分子试图在猪湾（Bay of Pigs）登陆，结果惨败。这次灾难性的冒险从始至终就没有什么成功的机会。总统和他的左膀右臂们没有做好功课就贸然做了决定。总统的一位助手解释道："白宫没有人想显得自己软弱。"猪湾的坏消息不断传回美国的时候，中央情报局和海军都要求肯尼迪授权美国空军出击，但他拒绝派美国人上战场，也不愿意冒险让包括柏林在内的其他地方的局势升级。总统承担了失败的责任，随后又开除了中央情报局的几个领导人。[19]

肯尼迪吃到了教训。就在肯尼迪处境艰难之际，艾森豪威尔公开对他表示了支持。不过在此之前，他先给肯尼迪上了一课。"总统先生，"这位将军问道，"在你批准这个计划之前，你是否让所有人都站在你面前辩论一番，好让你自己了解到它的好处和坏处，然后再做决定呢？"肯尼迪承认他没有这样做。积极行动主义需要工作人员有别出心裁的想法，但也要谨慎行事才行。[20]

维也纳危机

肯尼迪遇到的第二场危机出现在维也纳。这位总统希望能尽早与赫鲁晓夫举行会晤，不过在猪湾惨败之后，他又担心苏联人趁美国虚弱之际索要过多的条件。与许多美国领袖一样，肯尼迪认为只有与赫鲁晓夫当面交谈，才能让对手明白自己想要传达的理性的声音。肯尼迪和赫鲁晓夫的议程完全不同，沟通方式也是鸡同鸭讲。肯尼迪想要表达理性，但同时又表现出坚定的决心，以这样的方法来降低核战争的风险。赫鲁晓夫想要通过把西方盟国赶走的方式来解决柏林问题。他的方法符合苏联人的一贯风格，即围困和威胁对手。只要肯尼迪能放弃柏林，那么赫鲁晓夫愿意改善和美国的关系。他把肯尼迪通过秘密渠道传递的信息看成一种示弱的表现，因为他判定这位总统无法直接面对咄咄逼人的美国好战派。这位老共产党人觉得肯尼迪是一个既无能力也无经验的年轻人，孱弱到在古巴都无法坚持到底的地步，而且很可能会在压力下做出让步——"就是个还穿着短裤的小男孩"。[21]

这次肯尼迪做了充分的准备，但他听到的都是馊主意。乔治·凯南告诉总统，赫鲁晓夫会很谨慎。美国驻苏联大使卢埃林·汤普森（Llewellyn Thompson）虽然后来给出了很巧妙的建议，但当时认为赫鲁晓夫想要一次积极的会面。中央情报局告诉总统的信息也差不多。[22] 在这种与对手展开会谈的峰会上，总统尤其要做好两手准备：一方面要计划好自己的说辞与谈判手段，另一方面还要考虑如何应付对方的各种行为。能在美国升到最高层的政治家都对自己的人际交往能力和直觉很有信心。每当美国人会见那些来自不同体制国家的领导人的时候，他们都需要准备好按照多种不同的规则行事。

6月3日维也纳峰会开幕。赫鲁晓夫一开始就从气势上压倒了肯尼迪。劳伦斯·弗里德曼（Lawrence Freedman）写道，苏联人"并没把峰会当成解决冷战问题的手段，而是把它当成了冷战的战场"。赫鲁晓夫开场就展开了意识形态的辩论。肯尼迪一直铭记着1914年的历史，以及由误判导致的毁灭性战争，因此他试图说明现在双方需要停止让事态升级。但是，斯大林时代的苏联人能升到最高层，靠的可不是辩论错误行为会带来什么样的风险，或是解释怎样解决棘手的问题。这些行为对于1961年的苏联人来说就是示弱的表现。肯尼迪说赫鲁晓夫"失控了"，咆哮着说："误判！误判！误判！……你应该把这个词带走，锁到冷柜里，再也不要用它！我烦死这个词了！"[23]

赫鲁晓夫知道自己想要什么：柏林。他用自己曾经威胁过艾森豪威尔的那一套威胁起了肯尼迪——他要和东德单独签订一个和平条约，而这将威胁到西方盟国在柏林的利益以及西柏林的生存。自从柏林空运以来，这座城市就成了美国脊梁的象征。肯尼迪坚决反对。他说，美国之所以在柏林，并不是因为"某国的默许"，而是因为美国是横穿欧洲一路打过来的。如果美国放弃柏林，西欧也就无法指望美国去保护自己，而这是美国国家安全的关键所在。"我们不能接受。"肯尼迪表示。他对老挝的态度就不一样了，他可以接受让敌对的势力共存于一个中立政府之内。[24]

赫鲁晓夫的回答似乎吓坏了肯尼迪。他说："在新的、更可怕的战争手段出现之前，让我们把战争更好地进行下去吧。"——不过，双方代表团都没有把这句狠话写进会议记录里。赫鲁晓夫又说，"和平还是战争"，取决于美国的决定。肯尼迪则在最后警告称，可能会出现"一个寒冷的冬天"。[25]

这位总统开始认识到，他推崇的理性外交只能建立在强硬的态度基础上，还要有实力的支持。肯尼迪担心自己可能没有在赫鲁晓夫面前展现出决心。在回国的路上经停伦敦之时，肯尼迪把自己的印象告诉了英国首相麦克米伦。这位精明的英国老将记录道："这位总统完全被苏联领导人的冷酷和野蛮给压垮了。这让我想起了哈利法克斯勋爵和内维尔·张伯伦试图与希特勒先生对话时的表现。"[26] 这位年轻的总统在他的盟友那里也处在了信任危机的边缘。

离开维也纳之前，苏联人给了美国人一份文件，上面要求美国在"6个月之内"让出柏林。苏联政府在6月10日公开发布了这份最后通牒。气氛紧张起来，肯尼迪此时已经"完全顾不上想其他事情"了。[27]

为柏林危机做准备

总统请来迪安·艾奇逊，让他帮助制定柏林问题的应急方案。这位前国务卿重拾冷战早期的外交原则：调动起美国的力量来显示决心，与盟友协同起来，让公众做好心理准备，但不要让他们害怕。艾奇逊预料到苏联人将会考验美国人的决心。他对与苏联政府的谈判是否能解决分歧持怀疑态度，但他知道，无论怎样，肯尼迪都需要在一个手握可靠权力的位置上行动。总统的一些幕僚认为艾奇逊对待苏联的方式缺乏"政治"元素，他们希望通过谈判来解决赫鲁晓夫的抱怨。

总统接受了艾奇逊的大部分计划，但他想要留一点操作的空间。他决定显示自己的决心，加强手中的力量，并唤起公众的支持——同时避免陷入无法回头的对抗之中。有了猪湾和维也纳的经验之后，肯尼迪想要重新拿回做出关键决策的权力，同时保留一定的弹性，既坚定地反对敌人，又不关闭谈判交涉的大门。[28]

7月25日，肯尼迪面向全世界发表了电视讲话。这位总统清晰地表达了美国的政策："我们不能，也不会允许他们把我们赶出柏林，无论是让我们逐步撤离，还是用武力驱赶。"他指出了谁是侵略者："如果战争开始，那么它一定是由莫斯科发动的，而不是柏林。"为了支持美国的立场，这位总统要求建设六个新的陆军师，提高紧急空运能力，他还授权三军增加兵员、动员预备役，并扩大民防设施的建设。肯尼迪提出准备好防辐射掩体，以此显示美国不惜考虑核战争的选项。总统也获得了公众对他的支持。盖洛普民意调查显示，85%的美国人愿意冒战争的风险坚守柏林。国会以一边倒的表决结果同意为扩军提供经费。[29]

肯尼迪的演讲既彰显了力量，也表明了愿意尝试用外交手段解决问题的想法。他甚至还留下了一个暗示。肯尼迪把西柏林称为美国的关键利益所在，而没有提到1945年那个把德国旧都一分为四的《四强协定》。西柏林成了这位总统的其他讲话和外交话语中一直挂在嘴边的词。这不是讲稿作者的笔误。[30]

肯尼迪感觉到，虽然赫鲁晓夫表现得十分好战，但他可能也隐藏着一个弱点：东德人民正在通过柏林逃离这个国家。苏联人的威胁让这一问题变得更严重了。7月，3万名东德人跑到了西柏林的难民营里，这是苏联1953年镇压东柏林骚乱以后单月逃亡人数最多的一次。乌布利希警告苏联政府，"如果现在这种边境开放的局面继续下去，崩溃就是无法避免的了"。每当美国总统们处于压力之下（而助手们又纷纷逞能）的时候，他们往往难以停下来思考敌人的痛处。肯尼迪能做到这一点，而且还能做得更多——他既评估了赫鲁晓夫的问题，还提供了一个让苏联人可能用来解决问题的机会。但是，肯尼迪在这么做的同时又制造了一个新的问题，而他对这个问题还没有给出明确的答案：如果美国做出一个被视作放弃捍卫其在柏林的权利的举动，柏林、西德和西方盟友们是否能经受得住士气上的打击？[31]

柏林墙

8月13日零点刚过，苏联军队便包围了柏林。与此同时，东德警察叫停地铁列车，沿着东西柏林的边界建起了一道铁丝网。8月19日，东德人开始建造一道将会分割柏林28年的墙。乌布利希想要把西方盟国赶走，并关闭空中走廊，这样无论是东柏林还是西柏林的人就都无法离开了。这道墙是他的应急计划。赫鲁晓夫坚持要求快速行动，既要让东德民众保持安静，也不要激怒西方。[32]

美国人和他们的盟友既感到吃惊，也感到愤怒。他们从没有认真地考虑过建墙的可能性，也没有做任何准备。柏林可能会像1953年一样爆发示威活动。苏联人和东德人可能会采取第二步措施，即封锁整个城市。华盛顿决定表现得冷静一点，降低人们对战争一触即发的预期。肯尼迪乘船出海了——然后发表了一份温和的声明。他并没有急匆匆地赶回白宫去做这件事情。肯尼迪私下对奥唐奈尔说："一堵墙虽然很糟糕，但总比打仗好。"肯尼迪的想法与公众的印象高度一致，他认为苏联人和东德人的做法非常丑陋：他们正在创造一个难看的、肉眼可见的、具象的符号，象征着苏联的强权。

美国政府低调的反应与柏林人的感受形成了鲜明的反差。柏林和德国其他地方的人都愤怒了。他们感觉自己遭到了背叛。东柏林和西柏林的人都从没有接受过这堵墙。柏林人将誓死反对它，并将最终把它推倒。[33]

在这之前，总统班子里的艾奇逊曾提醒肯尼迪要把注意力放在德国上，而不是莫斯科上。他认为美国应该把精力集中在德国政府和人民身上。当时以教授身份为白宫提供顾问意见的亨利·基辛格也同意艾奇逊的观点，他建议肯尼迪推动实现所有德国人的自决权和统一。斯迈泽总结道，肯尼迪的团队"想要用外交手段改善与苏联政府的关系，并抵挡赫鲁晓夫的威胁"，而基辛格则认为"外交的首要目标应该是巩固西方联盟"。[34]

盟友们的意见出现了分歧。麦克米伦有意在柏林问题上寻求妥协方案。但是，对于戴高乐而言，就算肯尼迪打退堂鼓，他大概也不会介意，因为这样正好可以让德国人明白，欧洲人是不能把希望寄托在美国人身上的。阿登纳出言谨慎，他担心和盟友的关系破裂，同时还怀疑赫鲁晓夫正阴谋策划在未来的选举中把他赶下台。[35]

资深战时记者、肯尼迪的朋友爱德华·R.默罗8月13日正好在柏林。他对一位同事说："我想知道总统有没有意识到局势的严重性。"默罗当时是美国新闻总署的署长。他给肯尼迪发去一封电报，警告他柏林墙的问题可能会演变成一场政治和外交灾难。他担心盟友对美国丧失信心，进而导致同盟破裂。这不仅将发生在柏林，还将发生在德国、欧洲和其他地方。"此刻危在旦夕的，是一种很容易过期的东西，那就是'希望'。"默罗总结道。[36]

西柏林的投资额直线下降，年轻人开始离去。市长维利·勃兰特写信给肯尼迪说，"第二幕"肯定会跟着这第一幕上演。"柏林将会变成一个贫民区，不仅要丧失掉它为自由民提供庇护的功能和作为统一希望的象征，而且也会和西德失去联系。到时候人们可能就无法逃往柏林，而只能逃离柏林了。"他催促美国释放出信号以恢复信心。肯尼迪被批评之声搞得很心烦——勃兰特的信所暴露的政治风险也让他头疼——但是他也承认这件事确实很严重。赫鲁晓夫已经隔绝了西柏林。他仍然想把美国人赶出去。肯尼迪开始着急了。他对美国驻柏林使团的长官说:"苏联人已经拿走了一大片萨拉米香肠,而且成功地把它吃下去了……现在可能又贪婪地想再多吃几片。"[37]

资深战地记者玛格丽特·希金斯(Marguerite Higgins)刚刚访问过德国,她也是肯尼迪的朋友——她在白宫的椭圆形办公室里见到了总统,并表达了她的担忧。肯尼迪把勃兰特的信和自己的挫败感告诉了她。希金斯给肯尼迪提供了一份对任何总统来说都很宝贵的礼物——诚实的建议,哪怕这样的建议令人不爽。"我必须实话实说,"她回答道,"越来越多的人怀疑你会出卖西柏林人。"希金斯力劝肯尼迪请已经退休的柏林空运英雄卢修斯·克莱上将到柏林去(她已经提前问过克莱是否愿意走一趟),还建议让副总统林登·约翰逊也一起去。[38]

克莱上将重返柏林

肯尼迪要求克莱以总统"私人代表"的身份重返柏林。克莱是前总统艾森豪威尔的密友,曾在1952年劝说艾森豪威尔从欧洲回到美国竞选总统的行动中发挥过重要作用。克莱意志坚定,一直被认为是一个喜欢擅自做主的人。肯尼迪委派他去是冒着一定政治风险的。肯尼迪的幕僚们担心克莱可能会成为"又一个麦克阿瑟"——这位专横的将军在朝鲜战争期间抗命不从,导致杜鲁门总统不得不将其革职。肯尼迪的幕僚反复警告总统,只要美国与苏联发生冲突,就有可能会爆发核战争。[39]

克莱对总统的态度很尊敬，而且他在私下明确表示，自己不会采取任何给总统添麻烦的行动。不过，克莱也带来了一个关于柏林问题的全新观点。斯迈泽写道："克莱认为，乌布利希想要那堵墙，不仅是为了把西柏林围起来，还想让它变成中立地带，最后再将其占领。"[40] 克莱的这番话让肯尼迪的思维从幕僚们的建议里跳了出来。

克莱判断，如果德国人对美国和西方感到失望，他们就可能会选择中立化。他想要鼓起德国人的勇气，让他们坚持下去。克莱猜测这种有分寸的强硬态度可以吓退苏联人。他是把苏联人和东德人分开来看待的。克莱想让苏联继续对德国共产党员保持严密的控制。他认为东德人正在冒险挑起严重冲突，并同时挑战苏联和美国对柏林的控制。

克莱建议立即通过高速公路把一支1 500人的作战部队调入柏林。8月20日，也就是边界关闭一周后，增援部队抵达柏林。副总统林登·约翰逊和克莱一起加入了欢迎的队伍。护送车队擦着东柏林的边境开进城市的路上，紧张的肯尼迪每隔20分钟就要查看一下最新的情况。克莱不顾英国首相麦克米伦和美国军方的反对，在高速公路上设置了护送车队和巡逻队。他还坚持在东西柏林之间的边境上布置巡逻队。[41]

一个东德人逃进了被东柏林包围的村庄斯坦因施图肯，东德警察威胁要抓住他。这个小村子属于西柏林的辖区，但与西柏林并不接壤，中间隔着100米。克莱请求向这块飞地派出军队，但遭到了美国陆军的拒绝。克莱乘坐自己的私人直升机飞到了村里，在那里待了1小时来安抚村民。东德卫兵用武器对准直升机，但不敢开火。在回去的路上，克莱要求直升机每周开往这个村子一次，以显示美国的存在，并把难民运送出去。[42]

克莱承担了先斩后奏的风险。如果提前请示，肯尼迪几乎肯定不会授权他们这么做。但是，克莱是带着一个目的去冒险的，他想要挑战那些侵犯美国基本权利的行为，尤其是来自东德人的行为。他对所有的骚扰都不屑一顾。克莱说，他不愿因被"升级理论"束缚住手脚而不对东德人的试探做出任何反应。克莱相信，被动的态度将导致"已经被蚕食的地位继续被蚕食"。相反，他决定向东德人放出信号，让他们知道自己的攻击行为会给苏联人制造风险。他下令在西柏林的一个隐蔽处模拟建造了一小段柏林墙，让美军的工兵实验各种拆除方法。美军的欧洲司令官知道了克莱的做法后，下令停止实验，并拆除了那段墙，但是，苏联的情报机关已经把照片发回了莫斯科。华盛顿那边则被蒙在鼓里。[43]

查理检查哨危机

克莱在柏林这块棋盘上下了一盘大棋。他的最后一招是在10月底把坦克"棋子"放到查理检查哨。美国官员有权坐车巡视整个柏林而无须出示证件。东德卫兵对他们没有管辖权。乌布利希想让西柏林人知道，自己有实力吓退孱弱的美国人。在没有事先和苏联商量的情况下，东德人就坚持要求盟国公民在进入东柏林的时候出示护照。英国和法国官员照做了。在克莱的指挥下，美国人做出了自己的回应：他们增加了武装护卫，而且还驾车在东德卫兵面前来回行驶。当东德人试图阻拦他们的时候，美国人要求让苏联官员到场——以此强调真正的权力在谁手里。

10月25日早上，两名身着便服的美国士兵在查理检查哨向规则发起挑战。东德卫兵拦住他们，要求出示证件。美国人坚持要苏联官员到场。这时,新上任的苏联政治顾问自己走了过来——他告诉美国人,他们必须遵守东德的规定。乌布利希此前已经迫使赫鲁晓夫支持他。

克莱把坦克派了过去。在这些坦克的注视下,数队美军士兵护送着汽车进出检查哨,东德人则闪到了一边。苏军的指挥官和克莱一样,也是一位重披战袍的退休将领,他曾在1945年带领苏军打进柏林。这位指挥官发现美国的一些坦克上装配了推土铲,增大了美军直接向东柏林核心区域突进的可能性——那片区域里有各个政府部门,甚至还有苏联大使馆。10月27日,苏联人把自己的坦克也派了过来,但在数量上只是和美国人的坦克相当。苏联人有两个目的:预防美国人突进,同时看守住东德人。那位苏联元帅让自己手下的一名军官控制住检查哨。他们试图遮挡住自己的徽章并假装成东德人,但此举徒劳无功。

克莱认识到苏联人正在控制场面。一辆美国汽车再次冲过检查哨,逼得东德人跳到一边躲闪。美国坦克向东西柏林的分界线驶近,苏联坦克也开了过去。时间从下午进入傍晚时分。在探照灯的照射下,摄影记者们记录着冷战期间唯一的一次美苏坦克直接对峙的场面。克莱对媒体发布了一条通告:"所谓东德人可以阻拦我们的谎言已经破产了。"

在华盛顿那边,肯尼迪的幕僚们希望克莱能后退一步。麦克米伦则在伦敦对克莱的做法大发雷霆。肯尼迪总统想在做决策之前和老将军私下聊聊。两个人在华盛顿时间10月27日下午6点、柏林时间次日零点左右通了电话。总统身边围满了工作人员,而他本人靠在椅背上,把脚放到桌子上,显示出一副胸有成竹的样子。总统告诉克莱:"不要慌。"克莱回答说他情绪稳定,但是"我们担心……华盛顿的人是不是慌了"。总统安抚他说:"我身边确实有很多人慌了，但是我没有。"实际上，肯尼迪并没有把宝全押在克莱身上。他的弟弟罗伯特已经开始通过秘密渠道与苏联展开撤走坦克的谈判。10月28日上午10点30分，苏联坦克开始撤退。美国人的坦克也在一个半小时之内撤走了。

克莱实现了几个重要的目标。柏林人的士气大振。他们的信心正在恢复，并终于在1963年6月肯尼迪访问时喷涌出来。美国驻军在这场对峙后有了更强的使命感。在猪湾事件和维也纳的不愉快事件之后，整个世界——包括美国那些紧张的盟友——看到了美国那装甲支持下的决心。

在二战结束后首次驻柏林任职时，克莱是很尊重苏联的军方领导人的。在苏军攻占柏林16年后，克莱感觉到，苏联人并不愿意把自己的命运交到东德人的手中。赫鲁晓夫后来提醒乌布利希，让他安分守己一点。如果苏联人决定与美国对抗，那也要由苏联人自己做主。东德的主权不包括自作主张地挑战各大占领国。[44]

然而，克莱在华盛顿付出了代价。在那里，谁也不可能打赢和白宫工作人员之间的战争（贝克国务卿经常这么跟我说）。肯尼迪不喜欢认输，或者说不喜欢在美国人面前表现得像输了一样，所以即使克莱使用的不是他设想的方法，他可能也会肯定克莱的成果。这位总统喜欢倾听各方面的声音，并始终对克莱保持着联络渠道的畅通。但是，肯尼迪的主要幕僚们并不想要更多的误判风险。一些人愚蠢地向在华盛顿的苏联人批评了克莱。国务卿迪安·腊斯克下令停止用武装部队护送文官进入东柏林进行侦察。美国的文官被禁止前往东柏林，每天只有一辆没有武装的车可以例外。[45]

克莱于1962年5月离开柏林。那个时候，危机的气氛已经缓解了，柏林墙建好后的逃亡风潮也平息了。克莱甚至还鼓励通用汽车和其他美国公司在柏林设立办公室并投资。罗伯特·肯尼迪曾访问柏林，克莱督促他劝总统也过来。克莱走的那天有70万柏林人前来送行，他有充分的理由对这些人说自己完成了任务。他声称自己的心将留在柏林，而且只要这里需要他，他就还会回来。[46]

柏林与德国的未来

当上总统不到一年，肯尼迪就学到了很多，包括对假设提出挑战、鼓励内部辩论的同时保持控制权、谋取公众的支持、向苏联发出信号、使用秘密渠道外交，以及在核对抗中"保留退路"等。这位总统发现，苏联人同样担心对抗升级。肯尼迪还有很多要学的东西，包括靠实力谈判和引导盟国的政治。他需要这些经验，因为赫鲁晓夫还没有在柏林问题上善罢甘休。[47]

肯尼迪的团队知道，柏林这锅热水还将继续沸腾下去。在东德人建了柏林墙，以及秋天的对抗之后，美国人在这座城市的问题上已经没有什么好和苏联谈的了。美国人现在认识到了柏林人的信心是非常脆弱的。一旦美国人释放出错误的信号，柏林人就会大批逃出，使这座城市变成一座空城。总统班子的解决方法是在那些涉及"两个德国"的问题上提供更多帮助，同时继续完成战后的安置工作。

肯尼迪和幕僚们希望让欧洲结束过去十几年的冷战状态，进入一种新的局面。腊斯克提出在一些苏联人要求了多年的问题上做出妥协——但杜鲁门和艾森豪威尔都拒绝了——包括东德的主权、划定德国边界、禁止两德发展核武器，并且在盟国间签订一个互不侵犯的条约。他甚至还设想建立一个包括东德在内的国际通道委员会，让这个机构控制西柏林的交通。对于欧洲人尤其是德国人来说，这些想法并非仅仅是外交上的细节。美国似乎是准备承认两德分离的合法性，并放弃两德统一的想法。美国这是在为了保住自己的既得利益而放弃更重要的利益。苏联外长安德烈·葛罗米柯（Andrei Gromyko）害怕在任何事情上达成一致，这使美国人避免了做出太多让步。[48]

肯尼迪和腊斯克不断地在苏联面前放弃自己的立场。国务卿腊斯克准备了一份"原则纪要"，列出了所有让步条件，还补充了新内容，包括设立东西德联合委员会。那些年一直在柏林担任外交官的斯迈泽把腊斯克的提议称为"自助餐外交"——把所有能做出的让步都摆到台面上，任赫鲁晓夫挑选。为了让这些选项看起来更诱人，腊斯克使用了苏联在公文和讨论中所使用的语言。他在3月把一份非正式的草案交给了葛罗米柯，却没有给德国人和法国人看。这些盟友4月才看到"最终"版本。英国人很热情。法国官员强烈反对，指出草案中没有提到自由选举、统一，以及区分西德和东德的原则。法国人警告称，美国这样做可能会引发西德政府做出爆炸性的反应和危险的举动。美国人不仅忽视了德意志联邦共和国的政治基础，还试图越过德国人去协商德国人的命运。从戴高乐的角度来看，他可能会庆幸美国人把阿登纳推向法国，因为法国才是西德唯一可靠的朋友。

国务院只给了西德人24小时——后来又延长到48小时——对那份纪要做出回复。阿登纳气炸了。他确定美国的这些新"原则"威胁到了柏林、西德、欧洲安全，以及德意志联邦共和国在西方联盟中的成员资格。肯尼迪年轻的团队似乎没有意识到，他们捡起的是苏联人从20世纪50年代开始就一直想实现的想法，即让德国中立化——同时把东德置于苏联的掌控之下。老迈的德国总理阿登纳想让肯尼迪手下那些以"智囊"著称的人能把历史的经验也考虑进去，并且对历史认识得更深刻一些。那份原则纪要很快就被泄露给了德国媒体和《纽约时报》。阿登纳否认是自己泄露的，但肯尼迪大怒。美国公众的反应让肯尼迪和腊斯克与苏联人谈判的前景黯淡了许多。美国人不明白为什么要对东德的独裁者和苏联人的霸凌做出让步。他们给白宫寄去了无数的黑色"张伯伦式雨伞"，提醒美国不要像20世纪30年代的英国（以及肯尼迪的父亲）绥靖希特勒一样去绥靖苏联人。[49]

肯尼迪的积极行动主义遇到了苏联的以不变应万变，这显露出了外交活动中的一个弱点，那就是太急于"解决"问题：美国人是在跟自己谈判。由于苏联人始终无动于衷，美国就不断做出更多让步。更糟糕的是，除了让赫鲁晓夫瞧不起以外，这些让步换不来任何东西，因为那位固执的苏联领导人想要的是柏林，而不是谈判出来的欧洲问题解决方案。欧内斯特·梅和菲利普·泽利科根据肯尼迪的谈话录音对古巴导弹危机进行了研究。他们的结论是"赫鲁晓夫的行动更多是发自本能，而不是计算后的结果"。[50] 这位苏联领导人嗅到了肯尼迪的弱点，其中一部分原因就是美国后来明明显示出自己有能力坚定地说不，却在一开始疯狂地寻找自己能做出让步的地方。我突出强调的一些故事能说明，提出动议的时机是非常关键的。这说明，一个人要懂得什么时候隐忍不发——什么时候不采取行动——这种能力也是很重要的。

赫鲁晓夫的计划

1962年3月，赫鲁晓夫私下给肯尼迪发去消息，声称柏林应该变成一个非军事化的自由城市。7月，这位苏联领导人又提出了一个明确的意见,要求用联合国警察部队代替柏林的西方驻军,并且,在解决德国问题的永久性和平条约缔结之后,联合国部队也要撤出。西柏林将变成一个自由城市,与西德没有任何关系。之后,北约和华约就可以减少在中欧的驻军,并缔结一个互不侵犯条约。赫鲁晓夫邀请肯尼迪到苏联去参加签约仪式,以完成这项成就。肯尼迪拒绝了提议,并重申在柏林驻军是美国的核心利益。但是,他还是试图让谈判的大门保持开启。肯尼迪建议把谈判聚焦在"实用"措施上,避免谈论那些对方无法接受的话题。[51]

9月下旬,赫鲁晓夫改变了策略。他表示自己会暂时搁置德国问题,直到11月中旬的美国国会选举结束,以此来帮助肯尼迪。正式的外交往来暂停了,但警示灯却开始不断亮起。赫鲁晓夫会见了正在莫斯科访问的美国内政部部长斯图尔特·尤德尔(Stewart Udall)。赫鲁晓夫要求美国军队撤出柏林。他表示自己可以等到11月的选举结束之后,但那时肯尼迪就必须做出选择:"要么开战,要么签署和平条约。"与以往不同的是,赫鲁晓夫还加上了一句:"现在我们可以踢你的屁股。"这位苏联领导人说,他要把肯尼迪置于一个必须为美国采取行动的位置上。为了表达对肯尼迪的轻蔑,这位老共产党员表示,美国总统"有理解能力,但是没有胆量"。至于阿登纳和戴高乐,"他们马上就会识相起来",因为"如今的战争一旦打起来,就没有巴黎,也没有法国了"。赫鲁晓夫给西德驻苏联大使也传递了相似的信息,暗示说他正准备强行把西柏林变成一座自由城市。这位控制欲极强的苏联领导人还加了一句:"肯尼迪正等着我们把他推到悬崖边上——和谈还是打仗?当然,他不想打仗,他会妥协的。"10月,葛罗米柯又直接给肯尼迪发去了一则消息。他的说法和赫鲁晓夫的类似,但措辞没有那么直白。他说,西柏林"这颗烂牙必须拔掉"。[52]

古巴导弹危机

10月,柏林危机在一个意想不到的地方——加勒比海——来到了最紧迫的时刻。有一段时期,历史学家们把古巴导弹危机当成一个单独的事件来研究,但是现在很多人都认为,搞定柏林问题是赫鲁晓夫把中程核导弹部署在古巴的重要目的,甚至是首要目的。[53] 苏联的外交行动表明,美国需要铭记自己传统上的大陆安全目标,包括注意这个国家南方侧翼的安全,并认识到北美和全球权力映射之间的新关系。

赫鲁晓夫计划先把导弹在古巴安装好,然后于1962年11月前往联合国解决柏林问题。赫鲁晓夫想把他在联合国提出的柏林问题解决计划作为一个避免古巴导弹危机升级的"妥协"方案。苏联人不需要用核导弹去保卫古巴。他们的目的是威胁美国,并迫使肯尼迪让步。为了准备在秋季摊牌,苏联人建造了横跨东德的石油管道,并在东西德边境上驻扎了大量部队。他们没有为军队的行动做任何伪装。这种大规模的军力展示会加强威慑力,迫使德国人和其他西方盟国让步。用赫鲁晓夫的话来说,就是"马上识相起来"。[54]

这一次,肯尼迪对战略实力的对比有了新的了解。他曾在1960年说过美国的导弹水平"比不上苏联"。到了1962年10月,这位总统已经十分确定,双方的导弹确实有差距,但美国才是大大领先的那一方。卫星图像和间谍,再加上U-2侦察机从空中拍摄的照片都说明,美国在洲际导弹方面的领先优势巨大。苏联人的洲际弹道导弹(ICBM)数量比美国人之前估计的要少很多,而且苏联已经部署了的第一代洲际弹道导弹甚至还存在一些问题。比数量上的差异更重要的是,美国的一份国家情报评估显示,美国的"第二次打击"能力至少是不亚于"苏联的第一次打击能力"。1962

年10月,总统授权国防部副部长发表演说,公布美国的导弹、战略轰炸机和导弹潜艇的数量——这些数字加在一起就能表明,美国与苏联相比处于战略优势地位。为了保证苏联政府能得到消息,美国把数字和照片都通报给了北约各成员国,这样苏联情报机构就肯定会报告给中央。[55]

10月中旬,中央情报局发现了古巴的苏联核导弹,并认定苏联政府正试图扭转战略平衡态势。一份国家情报评估显示,如果苏联人成功部署这些核武器,苏联政府"可能就会认为,其在柏林等其他冲突场合威逼美国的风险将会降低"。几十年后,梅和泽利科在研究了苏联档案后认为,虽然赫鲁晓夫和他的同僚们"非常重视古巴,但他们在讨论导弹部署的时候却极少提到其威慑美国以使其不敢入侵古巴的作用。他们谈论战略核问题的时间要多得多。柏林是他们最担心的问题,在讨论中不断被提起"。[56]

古巴与柏林

1958年和1961年,赫鲁晓夫的两次最后通牒最终都不了了之。东德人希望苏联政府能再强硬一些。1962年3月,苏联新任驻美大使阿纳托利·多勃雷宁(Anatoly Dobrynin)在前往华盛顿就职前见到了赫鲁晓夫。"赫鲁晓夫对德国和柏林问题的关心超过了其他所有话题。"多勃雷宁回忆道。赫鲁晓夫声称美国人在核威胁的问题上"格外傲慢",并表示"现在是时候把他们的长臂剪短了"。梅和泽利科在他们关于古巴导弹危机的著作结尾处写道:"我们相信,赫鲁晓夫1962年时的柏林问题战略的关键之处,就是古巴的导弹。美国驻苏联大使汤普森和伦敦的专家也是这么认为的。"[57]

肯尼迪从一开始就认识到了古巴导弹和柏林之间千丝万缕的联系。他第一次在演讲中提醒美国公众注意苏联导弹的时候就警告苏联政府，不要对柏林采取不友好的行动。10月19日，肯尼迪对参谋长联合会议成员们说，美国如果进攻古巴，就会给苏联一个接管西柏林的借口。他强调："我们的问题不仅仅是古巴，也是柏林。而且，在我们认识到柏林对欧洲的重要性，以及对我们的盟友的重要性之后，我们就会知道这个问题为什么会成为一个两难选择。"按照劳伦斯·弗里德曼的说法，肯尼迪"把古巴看成柏林危机的延伸；他无论对古巴采取什么行动，几乎都会不可避免地招致苏联对柏林采取行动"。柏林人很快就明白了古巴发生的事情对他们来说意味着什么。他们赞美肯尼迪，说他们知道"肯尼迪正在像为自己战斗一样为**他们**而战斗"。[58]

关于肯尼迪是如何运用高超的外交手段迫使赫鲁晓夫把导弹撤走的，历史记录能充分地说明问题。[59]在一个美国占据军事优势的环境里，苏联的行为显得太得寸进尺，而肯尼迪充分利用了这一点。他提出了强硬的要求，并精心计划了每一步的行动——其背后依靠的是充足的军事实力、与盟友的合作，以及公众的支持——每一步都把重心放在他的核心目标上。他给了赫鲁晓夫避免冲突升级——尤其是升级到使用核武器——的时间和机会，同时又"保持了热度"。"检疫隔离区"的设置显示了美国人的行动决心，同时又给了他的对手一个停下来权衡后果的机会。肯尼迪给赫鲁晓夫留了一条退路，并使用私人渠道来提供让步。苏联的一位外交部副部长曾提议进攻柏林以转移矛盾焦点，但赫鲁晓夫没有选择在柏林摊牌以加剧古巴导弹危机造成的风险。肯尼迪要求，如果苏联开始封锁柏林，克莱将军就要立即前去应对。[60]

随后，苏联人从古巴撤退，从而改变了柏林危机的进程。美国及其盟友在苏联咄咄逼人的举动面前给出了强硬的回应，显示出了力量——这也是克莱将军曾经试图在柏林使用的方法。赫鲁晓夫的咆哮现在已经不那么管用了。苏联对柏林的骚扰仍在继续，但其行动变得更加小心，也没有那么自信了。[61]

冷战缓和

肯尼迪这次终于展示出了自己的力量，现在他可以按照自己最青睐的方式去缓解冷战的紧张气氛了，尤其是要降低核战争的风险。1963年6月，美苏同意开通一条热线电话，以供在紧急情况下建立快速联系。1963年8月，两国又签订了《部分禁止核试验条约》（Limited Test Ban Treaty），禁止在大气层进行核爆炸。这一条约的军事意义并不重大，但这是美苏第一次共同做出军控的努力。[62]

一些研究冷战的学者认为，柏林危机与古巴导弹危机是东西方关系发展路径上的转折点。从1961年到1963年的经验中产生的决心、威慑和议论最终导致了发生于1989年到1990年的剧变。柏林、德国和欧洲的未来将由下一代人在下一个时代决定。西方同盟的边界线将会是柏林墙——而不是易北河、莱茵河或英吉利海峡。在整个世界上，柏林和柏林人都将成为一个象征。[63]

让我们再回到1963年6月26日，肯尼迪总统在柏林大学发表了第二次演讲。这是一次更为冷静的政策宣讲。他强调了谈判的重要性。他谈到了德国统一，但也提醒人们要有耐心，因为统一进程"不会快，也不会容易"，而且其他国家"需要比今天更清晰地看到它们自己的真实利益"。[64]肯尼迪的这番话将在27年后得到验证。

保卫冷战前线

我们现在已经知道冷战是怎么结束的了。时间已经过去了这么多年,我们很难想象当时的紧张气氛和长期的对峙给人造成的恐惧感。1947年到1949年间,美国在匆忙的第一反应之下决定建立一个同盟体系,把美国的安全与横跨大西洋和太平洋的广阔土地捆绑在一起。1950年到1953年的朝鲜战争战况惨烈,且陷入了僵局,这说明这种新的外交策略成本很高,难度也很大。在那几十年间,历任美国总统都需要决定怎样才能最好地保卫漫长的冷战前线。德怀特·艾森豪威尔希望美国公众把注意力集中到经济建设上,并且让他们在经历了大萧条、二战、对欧洲危机的恐惧和朝鲜战争后回到正常状态中去。艾森豪威尔预计美国和苏联阵营的斗争将会是一场持久战。这个国家面对的是"长期责任",而不是"短期紧急状态"。美国想要获胜,就必须有忍耐力。他通过秘密操纵的行动把冷战的战场限制在次要问题上,同时通过炫耀核霸权来维护核心利益。但是,艾森豪威尔没有对盟友做出新的、最高等级的军事承诺。在他的8年总统任期内,美军没有一名士兵战死。[65]

约翰·F. 肯尼迪和艾森豪威尔一样,都继承了一个庞大的美国同盟体系。这个同盟体系使美国在历史上第一次把大量的陆军部队、舰队和航空队部署到了全球各个地方。1963年,美国在31个国家拥有275个大型军事基地,派驻海外的军事相关人员超过100万名。[66]与艾森豪威尔不同的是,肯尼迪所面对的苏联有了更多的核导弹,有能力把美国的大片领土变成废墟。不难想象,肯尼迪既想保持强大的威慑力,又想避免任何一方出现误判。偶然事件总是有可能发生的,人有时也会看不到信号。坐在首都办公室里的领导人和前线的战士都可能反应过度乃至陷入恐慌。[67]

评价肯尼迪外交：德国、积极行动主义和危机管理

肯尼迪的冷战外交故事给了我们三点思考。第一点，肯尼迪和他的幕僚们最开始是把注意力集中在苏联政府身上，而马歇尔和艾奇逊——尤其是后者——都把美国的盟国作为首要的战略重点。美国经过长期的斗争，在西方民主国家的公众意见和愿望的支持下，建造了一个跨大西洋的同盟，并让成员国结成经济、政治和军事力量的伙伴关系。那两位早期的冷战斗士得出的结论是，在此之后，与苏联人的谈判要么就不会有成果，要么就根本无法进行。

由于缺乏耐心，肯尼迪曾主动和赫鲁晓夫谈条件。他一开始把柏林视为一个人质——它的存在使任何试图缓解核紧张气氛的外交倡议都无法奏效。与他相反，艾奇逊和克莱认为，只有坚定地支持柏林和西德才能保卫跨大西洋同盟，而这个同盟是美国在冷战中的实力基础。随着时间的推移，肯尼迪比他的幕僚们更清楚地认识到了柏林的价值——它是一个生机勃勃的西方世界桥头堡，暴露出苏联共产主义的缺点。柏林提醒着每一个人，美国有意愿为欧洲的安全站岗。这座分裂的城市还创造了美国与德意志联邦共和国之间情感上和实际上的纽带，而这个欧洲中部的国家将决定冷战的命运。

颇具讽刺意味的是，就在冷战接近 1989 年到 1990 年的终点之时，这一战略视角的分歧又重新出现了。我会在第 17 章讲到，当时的总统老布什与德国总理赫尔穆特·科尔强力联手，让一个民主的德国完成了和平统一并加入了北约和当时的欧共体。英国首相玛格丽特·撒切尔（Margaret Thatcher）在这个问题上犹豫了，其中部分原因是她不想得罪苏联领导人米哈伊尔·戈尔巴乔夫，也有些惧怕德国统一后的实力。法国总统弗朗索瓦·密特朗（François Mitterrand）起初也不喜欢德国统一的前景。德国统一之后，比

尔·克林顿总统的俄罗斯事务顾问斯特罗布·塔尔博特（Strobe Talbott）对老布什和他的国务卿贝克提出批评，说他们"主要的目的是支持他们的保守派同党赫尔穆特·科尔，因此站在了一个重要盟友的一边"。塔尔博特认为"快速统一所造成的干扰性后果"削弱了戈尔巴乔夫的权力。[68] 在那个时候，塔尔博特认为帮助戈尔巴乔夫要比信守同盟承诺和保卫德国的制度，并让德国成为泛大西洋安全系统中的一个合作伙伴更为重要。

美国永远都不应该认为自己和德国的伙伴关系是理所当然的。考虑到德国的面积、经济实力和地理位置，这个国家将会像过去一样，在欧洲的未来中扮演决定性的角色。美国在冷战的几十年中，尤其是成功的尾声阶段中赢得了和德国的特殊关系。如果美国政府无视持续破坏这种关系的后果，那将是非常愚蠢的。

肯尼迪——与几十年后的布什和贝克一样——也认识到了柏林人和德国人对美国外交的重要意义。柏林人不想成为强势政治人物手中的棋子。从1948年到1949年，以及1961年到1962年，柏林人都站在西方世界的前线上抵挡住了外部威胁。美国如果放弃他们，那就将造成不可估量的损失。在1989年和1990年，柏林人和其他两德人民一起发动了通过外交途径完成统一的进程。美国和联邦德国利用人民的热情促成了民主的统一，而不是让两个不同体制的国家结合在一起。

第二点思考是关于肯尼迪的积极行动主义的。肯尼迪渴望成为"进攻的一方"，以便抢占辩论的主动权，并改变战略判断的结果。对于这一点，我是很敬佩的。绝大多数政府官僚机构，包括庞大的美国联邦政府各部门，都倾向于只是被动地做出反应。领导人总是难以改变现状或重新思考已形成惯例的行为方式。艾奇逊已经通过定义政策规划的作用说明了这一点。此外，肯尼迪能够小心地争取美国公众的支持，这展示了他作为民主领袖的技巧。

即便如此，肯尼迪还是认识到了，冲动的积极行动主义或是欠思考的行动都是危险的。要想让积极行动主义有效果，就要先研究一个问题的历史，对设想提出挑战，并考虑第一步行动之后每一步的计划。这样有助于理解其他人是怎么看待这个问题的。在与对手较量的时候，积极行动者需要知道对方的经验、思维方式甚至政治文化。肯尼迪是在总统任期内边学习边成长的——从一开始的草率行动到后来的谨慎权衡各种选项。

肯尼迪能够运用他活跃的思维以创造性的方式解决问题。他想要给自己留一条"退路"，也考虑了如何在不撕破脸皮的情况下让赫鲁晓夫做出让步。在国际关系中，两个对手在大多数情况下都会长期共存，所以高层外交和谈判往往既需要实现一些目标，也应估计到未来还需要更多轮的交涉。美国只有在极少数情况下才能彻底摧毁一个对手，但即便是在这种情况下——例如二战时的德国和日本，以及后来的伊拉克、阿富汗和利比亚——美国官员也必须密切关注战火熄灭后新崛起的力量。

作为一个积极的谈判者，肯尼迪必须学会什么时候要隐忍不发。由于他愿意谈判——且急切地希望找到创造性的解决方案——肯尼迪还需要证明自己可以坚守强硬的立场，且有拂袖而去的勇气。特别是在那些权力压倒理性的地区——最显著的就是中东地区——按照实用主义的原则是需要展示力量的。实用主义者也会寻求解决方案，但有的时候时机并未成熟。这个时候就需要后退一步，考虑如何让形势和环境发生变化——无论是权力还是认知。

第三点，肯尼迪的风格太容易引发危机。他那聪明、自信且精力充沛的团队沉迷于危机管理，甚至是享受这种刺激的感觉。在古巴导弹危机的高潮过后，肯尼迪团队给《星期六晚邮报》(*Saturday*

Evening Post）发去了一篇自吹自擂的（且不准确的）当事者自述。罗伯特·麦克纳马拉在这篇文章里的形象格外好。他对他们这种新的外交风格进行了总结。"再也没有战略这种东西了，"这位手握重权的国防部部长说，"只有危机管理。"[69]

管理者如果眼里只有危机，就可能考虑不到那些关系到长期战略利益的紧要问题。1963年11月21日，也就是肯尼迪前往达拉斯进行竞选活动的前一天晚上，他与国家安全委员会工作人员迈克尔·福里斯特尔（Michael Forrestal）谈到了越南问题。后者即将前往柬埔寨。肯尼迪看起来很累，并且想要沉思一会儿。"你知道，等你回来以后，我想让你来找我，"肯尼迪对福里斯特尔说，"因为我们必须开始计划我们在南越的下一步行动了。我想要开始一次全面且非常深刻的回顾，看看我们是怎么进入这个国家的，以及我们当时以为自己在做什么，现在又认为自己能做什么。我甚至还在想，我们是不是应该在那里。"这位行动主义者，坚信自己"能做到"的总统开始成熟了，成了一个擅于分析且更有反思精神的政治家。对于肯尼迪和越南来说，时间已经不够了。第二天晚上福里斯特尔刚抵达西贡（胡志明市的旧称），就听到了李·哈维·奥斯瓦尔德（Lee Harvey Oswald）刺杀肯尼迪的消息。肯尼迪没能解决越南危机就撒手人寰了。[70]

第 14 章

越南政策的失败与教训：林登·约翰逊

请求帮助

1964 年 5 月，林登·约翰逊总统在政坛上正是连战连捷的时候。前一年 11 月肯尼迪总统意外遭到暗杀之后，约翰逊巧妙地让这个国家的方向重新回到了已牺牲的领袖生前制定的国会议程上。在这个国家失去舵手之后，约翰逊出色地接过了他的衣钵。

在 20 世纪 50 年代，约翰逊曾是一位优秀的参议院多数党领袖。他知道如何操纵华盛顿的权力杠杆，尤其是在国会。1964 年 1 月，他向贫困宣战，并通过《经济机会法》(Economic Opportunity Act)调动起了社会服务力量。2 月，这位总统设法让在肯尼迪任期内搁置的税务法案得以通过。同一个月里，众议院批准了约翰逊主导的《民权法案》(Civil Rights Act)，该法案影响极为深远。这位总统设法在 5 月底之前结束了参议院对该法案的辩论。6 月初，一些参议员为阻止该法案的通过，故意用冗长的辩论拖延时间，这是参议院历史上首次有人针对一部民权法案采取这种做法，但约翰逊还是克服了这一困难。约翰逊的一系列成功使他在 11 月的大选中靠自己赢得了总统席位。接下来，约翰逊就可以继续他毕生的事业了——建立一个"伟大社会",实现未完成的罗斯福新政和跑偏了的杜鲁门"良政"都没能实现的目标。约翰逊知道,这些民主党前辈的内政梦想都是被战争所破坏的。

然而,1964年5月,从越南传来的坏消息还是打乱了总统在立法工作上的前进步伐。法国总统夏尔·戴高乐呼吁举行谈判,将包括越南在内的东南亚"中立化"。接着,美国头号外交专栏作家沃尔特·李普曼开始在政坛制造风波。李普曼在5月21日拜访了从肯尼迪时期就一直担任总统国家安全事务助理的麦乔治·邦迪,两人话不投机。之后,李普曼就对约翰逊当局的越南政策提出了批评。李普曼写道,美国"没有赢得战争或结束战争的可靠政策","这条隧道的尽头看不到光"。在约翰逊所处的华盛顿权力圈子里,李普曼的意见是很重要的。[1]

5月24日,总统会见了国家安全委员会执行委员会的成员,与他们讨论越南、老挝和柬埔寨的问题。国防部部长罗伯特·麦克纳马拉直截了当地表示"形势正在走向最坏的地步,我们正在连战连败"。战争内阁督促总统"挑选并谨慎地编组部队以对抗北越"。唯一的问题就是现在就行动还是先等等看。[2]

5月25日,邦迪给约翰逊发出一份提议,建议升级在越南的军事行动。邦迪的想法杂乱无章,体现出的更多是热情而不是分析。他还表示,国务卿迪安·腊斯克和麦克纳马拉都同意这份提议,而且"关于上述主题,还有更多的想法没有写在这份提议里"。[3]这位国家安全事务助理未经仔细思考就建议美国进入一场战争。

5月27日临近中午的时候,约翰逊打出了三通讨论越南问题的电话,通话时间都不长。第一个电话打给了美国驻联合国大使阿德莱·史蒂文森(Adlai Stevenson),这也许是因为约翰逊知道史蒂文森会反对扩大战斗规模。这位民主党人曾两次参加总统竞选，也是民主党内自由派的发言人，因此他很可能会反对总统身边那些强硬路线者的意见。约翰逊的第二个电话打给了他的老朋友和导师、来自佐治亚州的参议员理查德·拉塞尔（Richard Russell）。此人是参议院军事委员会的主席，他认为越南问题是"我这辈子见过的最糟糕的困境"。这位参议员认为，南越的领导人们没有尽到自己的责任。他担心美国还会陷入一场大型战争之中，其中包括和中国开战的可能。这位参议员警告说，美国公众还没有准备好把军队派到越南去。拉塞尔希望美国撤出越南，但他不知道应该怎么做。1963年11月南越"越南共和国"第一任"总统"吴庭艳被暗杀后，西贡似乎就没有一个人能独揽大权了。拉塞尔建议寻找一位新的南越领袖，然后让他请美国撤走。

约翰逊对拉塞尔抱怨说，幕僚们和共和党人给他施加了压力，要他把更多的军事棋子摆到棋盘上来。他担心的是，美国对越南负有条约义务，而且越南失守可能会引发"多米诺效应"，导致其他东南亚国家倒向共产主义。约翰逊说，他的选择似乎只有两个，进去和出来。为了博取同情和支持，这位总统说，他如果决定撤出越南，恐怕就会遭到弹劾。约翰逊对美国驻南越代表亨利·卡伯特·洛奇表达了不满。这位前共和党参议员曾在1960年担任尼克松的竞选搭档。约翰逊怀疑洛奇会在1964年的晚些时候回国竞选总统。约翰逊和拉塞尔都对轰炸北越是否就能打垮北越政府的意志抱有怀疑态度。约翰逊还说，他的侍从是一名军士，有6个孩子，一想到要把他派去越南，"我就不寒而栗……我实在是没有这个勇气，而且我也找不到其他解决办法"。

然后，总统立刻给邦迪打了电话：

昨天晚上我没睡觉，一直在想这个事情，现在我就详细地跟你说说……我不知道现在到底是什么状况——看起来我们又要陷入一场朝鲜战争了。我简直要愁死了。一旦我们承诺出兵，我就想不到有什么全身而退的希望。我相信中国会介入此事。我不认为我们可以在离本土约 1.6 万千米的地方和他们作战……我就是认为我们不值得去打这一仗，也不认为我们能摆脱。这简直就是我遇到过的最糟糕的事情。

邦迪承认这个决定的重要性。两个人讨论了一下还有谁能给出建议。邦迪简单地给总统讲了如何升级军事行动，却并没有分析要不要这么做。在通话快要结束的时候，约翰逊又说回了李普曼的观点，并且表示自己想知道这位专栏作家有什么建议。当天晚些时候，邦迪安排总统会见了李普曼、麦克纳马拉和副国务卿乔治·波尔（George Ball），以讨论越南问题。[4]

5 月 27 日的这次讨论几乎包含了约翰逊总统和他的幕僚们在 1964 年和 1965 年上半年所争论过的所有议题。这段时间正是他们决定让美国卷入越南内战的关键时期。不过，历史学家们在研究约翰逊的这些讨论的时候一定要小心，不要轻易把总统说的话当真，即使是在私下讨论中说的话也是一样。政治高手的谈话总是有其目的的，或传递信息，或奉承讨好，或制造假象，或套出别人的想法以备今后使用——也有可能就是想获取信息。约翰逊在 5 月 27 日打出多通电话可能是真心想寻求建议，同时还有多重目的：让史蒂文森守住他的自由派阵地，以反制战争内阁；拉拢拉塞尔，这样一旦自己决定升级军事行动，就可以让拉塞尔站在自己这一边；给邦迪施加压力，让这位肯尼迪团队的遗老去试探幕僚们的战斗决心。[5]

林登·约翰逊

林登·约翰逊不是好战者。他在政治上没有欲望，也并不需要成为一位战争领袖。他甚至对自己最终选择的路线也并不看好。与肯尼迪不同，约翰逊对外交政策并不是很感兴趣。他想成为美国历史上内政功绩最大的总统。不过，他还是做出了大规模轰炸北越的关键决定，并指挥美国军队投入了一场规模不断扩大且旷日持久的地面战。[6]

乔·卡利法诺（Joe Califano）曾作为约翰逊的内政和经济政策顾问，在他的身边夜以继日地工作了近4年。在这之前，他还作为国防部副部长在罗伯特·麦克纳马拉的手下工作了4年。卡利法诺对约翰逊的洞察是细腻而坦诚的：

> 与我共事的那个林登·约翰逊既勇敢又野蛮，既慈悲又残酷，既拥有令人惊叹的智慧，也有着令人无语的迟钝。他有一种狡猾而神秘的本能，总是能一下子就找到盟友和敌人们的命门。他可以无私，也可以小气；可以体贴，也可以冷酷；可以大方，也可以任性；可以直来直去，也可以迂回婉转——且所有这一切都可以发生在短短几分钟内……
>
> 一旦他打定主意，他就会坚定地向成功的方向前进，不管什么人或什么东西阻挡都不会改变。他用他那异常充沛的精力——把盟友和敌人都耗到筋疲力尽——发起了一场社会革命，并控制了身边的所有人和事物。他给"马基雅弗利主义"这个词赋予了新的含义，正如他给了弱势群体以新的希望一样。[7]

为了到达美国政治的金字塔尖，想当总统的人都要有超乎常人的特质——好坏都有。想要理解美国外交实际上是怎么运作的，我们就要在各个政治领袖所处的时代环境里去理解他们的行为。越南战争的故事很大程度上是一部政治史。

决定参战

越南战争撕裂了美国。超过5.8万美国人的名字被刻到了越战纪念碑上。约150万到300万越南人死亡。战争的创伤在个人和民族的心理上都留下了深深的疤痕。[8]

历史学家已经撰写了大量关于这场战争的著作，包括对美国在1964年到1965年的若干决策的评价。[9]这个灾难般的失败故事给美国外交提供了一个反面教材。事情过后再回过头来看，可以让我们更清楚地认识到当时的人都犯了什么样的错误。在越战之后的几十年里，东南亚国家并没有像多米诺骨牌一样倒下。越南最后和美国重建了关系，不过现在越南全境都在一个共产党政府的统治之下。学习了其亚洲邻居的成功经验之后，这个设在河内的政府进行了经济改革，转为依靠市场和私营企业。越南政府甚至试图与曾经的美国敌人建立有限的安全合作关系。美国在越南掀起的是一场昂贵的、分裂的、漫长的和最终失败了的战争。这一决定对于现在的年轻人来说变得越发不可理解。

约翰逊、麦克纳马拉、邦迪、腊斯克和马克斯韦尔·泰勒及其他人怎么会败得这么惨？这些人既聪明又富有经验，在当时那种复杂的情况下，他们认为自己做出了合理的选择，但事实并非如此。为什么？

在所有关于1964年到1965年的一系列决策的研究中，弗雷德里克·罗格瓦尔的《选择战争》(*Choosing War*)是最好的一本著作。他在书中写道,关于何时和如何从冲突中脱身的决策"对历史学家来说极为重要,对未来的政策制定者也是如此"。历史学家约翰·普拉多斯(John Prados)在思考冷战后外交史的时候宣称:"知道何时停止也是一种智慧——在前途未卜的情况下按兵不动,以避免让冲突产生破坏性的升级;用计谋化解当地的危机;用一走了之——这些都是可能具有巨大价值的概念——的方式摆脱危机。"[10]

美国在阿富汗和伊拉克鏖战多年,全球还有很多地方要求美国介入。在这种情况下,何时介入、怎样介入、设立什么样的目标、付出怎样的代价,以及花费多少时间等问题对于今天的决策者来说都很重要。这个故事提出了一些在决定是否加入一场战争时值得思考的主题以及值得提出的问题。我们有一个约翰逊和他的幕僚们都不具备的优势:我们已经学到了一个惨痛的教训,即美国只靠军事实力可能无法实现其外交政策目标。

真的有选择权吗?

关于美国在越南的战争,包括前美国政府官员在内的许多早期批判者都坚持认为,美国从来就没有过真正的机会去选择是否要加入战争。例如,莱斯·盖尔布(Les Gelb)和理查德·贝兹(Richard Betts)就认为,美国的参战过程是早就注定了的。他们强调美国之前做出过的承诺,以及美国对自身信誉的担忧。这一点又被官僚主义的假设和实践所加强,并得到了美国公众意见的"冷战共识"的支持。关键人物们都被相同的意识形态所束缚,没能考虑其他的观点。[11]

约翰逊当局的战争内阁认定了美国不能解除与越南之间的关系。不过,罗格瓦尔教授认为,约翰逊还是有足够的灵活性去做出决策的。相当多的参议员都希望美国退出越南,包括著名的党派领袖和委员会主席。1965年初,约翰逊的新任副总统休伯特·汉弗莱(Hubert Humphrey)写了两篇很有说服力的备忘录,提出了反对军事升级的政治理由。主流媒体的意见是反对扩大战争规模。公众的看法可能不是很明确。美国的主要盟国都反对军事升级,并拒绝加入,只有澳大利亚催促美国采取行动,并表示要提供支持。虽然韩国派出了军队,但美国在东亚的伙伴总体表现冷淡。南越当局的领导权力四分五裂,疲于战争的越南民众则不愿打仗。南越民众对美国人心存疑虑。美国情报机构的报告显示出了北越政府的坚定和南越当局的悲观,还说明美国政府靠自己扭转这一局势的机会微乎其微。如果约翰逊决定撤退,共和党和一些有影响力的媒体将会做出谴责,而这又会使总统的支持率受损。如果共产党取得成功,那么共产主义势力就可能会以一种美国想不到的方式扩散,但是有见识的人都认为出现多米诺效应的可能性极小。通常情况下,一个地方的条件会决定其结果。总的来说,像约翰逊这样老谋深算的政治家可能是有机会避免让战争升级的,但他需要冒着让自己显得很软弱的风险。[12]

艾森豪威尔总统很熟悉这种事关个人和民族生死的决策。当约翰逊于1968年声明不再谋求选举连任之后,艾森豪威尔在自己的日记中评价道:"这位总统是在跟自己作战,同时积极地努力想要为[自己的]行动做出辩解……并催促这个国家不计成本地追求[他自己的]目的。他是被选为总统的,现在却想要找借口甩掉这个职位所应肩负的重担。"[13] 艾森豪威尔的评价很尖锐,但很有说服力。

戴维·哈伯斯塔姆1972年出版的畅销书《出类拔萃之辈》(*The Best and the Brightest*)提供了另一种很受欢迎的论点。哈伯斯塔姆是《纽约时报》的记者,曾在1964年发言赞成美国承担更大的责任。他在书中写道,约翰逊那些聪明且自命不凡的幕僚把总统给"带到沟里去了"。哈伯斯塔姆的说辞很适合20世纪70年代初期的反建制思潮。但是无论如何,档案显示,约翰逊这个悲惨故事的主角还是他自己。这位非常喜欢亲力亲为的总统知道自己在做什么,也知道他正走向失败。[14]

约翰逊遵从决定

1964年11月的总统选举之前,约翰逊不想在越南问题上做决定。他在1964年5月底打出的那几通电话和召集的几次会议背后有一个隐藏的目的,那就是既表现出他对问题很关注,同时又不用采取进一步的行动。

早在1964年2月20日,这位总统就告诉自己的国防部部长在公开场合应该如何谈论越南问题。他要求麦克纳马拉先从美国对越南的承诺说起。美国可以派海军陆战队去,但美国军队很快就会陷入一场战争的深渊之中。约翰逊接着又解释说,美国可以采取绥靖政策并撤出越南,但那样做是不行的。美国人的正确选项是训练越南人,并为他们该如何保卫自己提供建议。美国当初就是这样使希腊和土耳其阻挡住共产主义势力扩张的。从年初到年底,约翰逊一直在提醒自己圈子里的人要"维持现状"。1964年3月,参谋长联席会议成员要求准备进攻并封锁北越。总统告诉他们,自己现在只是一个"托管人",等着自己或者另外一个人赢得大选。无论是国会还是美国的母亲们都还没有做好"和我们去参战"的准备。华尔特·罗斯托是当时的美国国务院政策规划办公室主任,后来又成为约翰逊忠实的国家安全事务助理。用约翰逊的话来说,罗斯托在会上"吵着要去北越打一场小小的战争"。总统让罗斯托闭嘴。"总统自己都不知道当局的立场,"约翰逊直白地说,"所以*你*就更不可能知道了。"[15]

随着时间的推移和南越形势的恶化,总统越来越担心两件事情。第一,他不想成为第一位战败的总统,"逃跑,并放弃太平洋"。他要求麦克纳马拉找一个"可以给我们一些打赢战争的军事计划"的将领。约翰逊还没做好行动的准备,但他可以看见"我们正在走向失败"。第二,他需要把潜在的政敌洛奇大使从西贡打发走,同时又保证自己在选举中不被人借此发难。约翰逊还得找到一个洛奇的继任者,这个人可能需要像古罗马的地方总督那样领导越南的政治军事行动,就像卢修斯·克莱在德国和柏林所做的那样。[16]

东京湾决议案

8月初,总统抓住了一个他已经为之做好了准备的机会。北越的鱼雷艇攻击了一艘美国驱逐舰(但未对美舰造成伤害)。当时这艘驱逐舰正在北越海岸附近执行电子侦察任务。同时,南越部队也在附近进行秘密活动。约翰逊意识到,北越人可能是认为美舰与南越在沿海地区发起的攻势有关,因此才决定袭击美舰。尽管如此,这位总统还是下令让美国海军回到这个区域进行巡逻,并加强了部署。随后,海军又报告遭到了第二次夜间袭击,但当晚到底发生了什么却是众说纷纭。多年以后,麦克纳马拉才断定那天根本没有发生过任何攻击,而他把美军的错判归咎于能见度太低,以及对声呐信号的误读。北越始终坚称没有进行过第二次袭击。2005年到2006年,美国国家安全局公布了一份内部审查报告,结论是多个失误导致了对所谓第二次攻击的错误报告。[17]

约翰逊根本没想过要仔细调查。早在两个月前,也就是《民权法案》等待参议院审议的时候,邦迪就建议国会授权对北越使用武力——但是他承认发起行动的时机选择很重要。约翰逊从那时起就一直在等待,现在他可以动手了。

8月4日早上,所谓的第二次攻击的消息还没有传到华盛顿,约翰逊就已经命令邦迪起草一份要求使用武力的决议案了。邦迪建议先想一想再做决定,约翰逊却回击道:"我没有问你是怎么**想**的,我是让你去**做**。"这位总统告诉麦克纳马拉做好准备,只要越南再次尝试海上袭击,就要给予还击。8月4日临近中午的时候,华盛顿收到了从东京湾(北部湾的旧称)传来的第二次夜间攻击的报告。报告内容含糊不清,但约翰逊已经做好了准备。他知道麦克纳马拉会支持发生了两次攻击的说法。下午6点15分,约翰逊在与国家安全委员会成员进行了短暂的会面之后做出指令,要求海军出动64架次飞机,对北越的巡逻艇基地和石油设施进行攻击。6点45分,总统会见了国会领导人,并呈交了他要求法律授权的请求。8点01分,也就是在约翰逊最后的准备阶段,联邦调查局提醒他,该机构在密西西比发现了3名失踪的民权工作者的尸体。约翰逊想让联邦调查局先通知家属,再公布消息。9点02分,约翰逊与他在国会的联络官取得联系,询问他如果美国对北越进行轰炸,并要求军事授权,这是否会对总统班子提出的反贫困法案造成影响,因为该法案当时正处于审议的关键阶段。9点15分,麦克纳马拉给总统打去电话,提醒他美国发动攻击的时间略有延后。约翰逊犹豫是不是要发表电视讲话，但麦克纳马拉指出，决定行动的消息应该由总统亲口说出来。10点06分，约翰逊联系到他在即将到来的总统选举中的对手、参议员巴里·戈德华特（Barry Goldwater），把自己的讲话稿给对方念了一遍。约翰逊为戈德华特增加了一些海军袭击目标的细节，希望把他拉到自己这边。戈德华特回答说："和往常一样，美国人将会团结在一起。"最后，总统在晚上11点36分发表了电视讲话。他解释道："我们不想要一场大规模的战争。"8月7日，参议院以88票赞成、2票反对的结果通过了约翰逊的"东京湾决议案"，10位没有参加投票的参议员也公开表示了支持。众议院的投票结果是416票赞成，无人反对。[18]

到了11月，约翰逊把越南问题看作一个政治问题，而不是军事问题。他表现得很坚决，但又不显得好战。戈德华特呼吁采取更多军事行动的行为让这位共和党人看起来很危险。在总统竞选活动中，约翰逊声明："我们不想让美国小伙子们去和亚洲的小伙子打仗……不想参与到7亿人的内战中，也不想在亚洲卷入一场地面战争。"邦迪担心，总统的这番政治说辞将来可能会打他自己的脸，因为当局看起来很有必要在晚些时候采取军事行动。[19]

在约翰逊担任总统的最初11个月里，他对越南问题的处理是非常出色的——不逊于他在内政问题上的成就。他没有采取大规模的新行动。8月，这位总统以压倒性的优势获得了国会的授权，这让他可以在需要的时候发起更大规模的军事行动。11月，约翰逊在大选中获得了60%的普选票，以压倒性优势凭借自己的实力继续坐在了总统宝座上。他的胜利也帮助民主党在国会获得了压倒性的多数席位。约翰逊很看重政治权力和灵活性，现在他似乎已经二者兼备。但是，越南还是"一团糟"。

错在哪里？

在之后的 6 个月里，总统在他的战争内阁的参谋之下做出了一系列致命的决定。6 个因素主宰了他们的思考和结果：

（1）近代历史的力量；
（2）信誉；
（3）总统的经验与心理；
（4）美国对军事力量的自信；
（5）把军事实力和外交结合在一起；
（6）幕僚的失败。

上述因素为未来的美国外交提供了反面教材。

（1）近代历史的力量

历史上的重大事件可以用来与当下的问题进行对比，从而提示风险、引导成功，但这种对比往往是很牵强的。人们把地名或是某个关键词记在脑子里，一想到这些词就会回想到过去的历史事件。把近期的历史事件提出来是一种常见的政治操作，但并不是通过过去来理解当下问题的一种好方法。

美国在越南问题上的决策者大多是从 20 世纪 30 年代走过来的。对于他们来说，"绥靖""慕尼黑"这些关键词代表着错误的、一厢情愿的和虚弱的姑息做法，助长了野蛮人的野心。他们亲眼看到，20 世纪 30 年代那些发生在看似遥远而又无关紧要的地方的战事，成了全球统治权竞赛的第一批行动。他们被召集起来去抵抗并摧毁那些因绥靖政策而得利的暴君。[20]

美国的年青一代领导人刚在二战中获胜就要面对冷战的考验。这是一种新型的较量，既存在于两大阵营之间，甚至也存在于国家内部。美国在历史上第一次加入并领导了同盟。教科书上用图表的方式列出了一连串安全伙伴体系——北大西洋公约组织、东南亚条约组织、中央条约组织，以及一些双边联盟——美国全都参与其中。这些安全组织反映了美国政府在20年间践行凯南的遏制思想的努力。这一思想很有力，但定义并不清晰。

美国的领导人在思考美国在这些新同盟体系中的承诺范围时都是一事一议的。肯尼迪的团队——现在成了约翰逊的团队——曾经应对过来自其他分裂地区的威胁，包括柏林、德国和朝鲜半岛。他们也曾支持过肯尼迪对南越当局的承诺。到1963年为止，美国已为这一承诺派出了1.6万人，每天的开支达到100万美元。撤退的想法对于这些成功的领导人来说是十分陌生的。他们曾经目睹了美国在"一战"后受到的收缩回"美利坚堡垒"的诱惑，也见到了这样的收缩让这个国家乃至整个世界所付出的惨重代价。

1954年，艾森豪威尔总统曾给遏制理论增加了一个推论，他把他的多米诺理论应用到了包括越南在内的东南亚。共产主义者想要占领东南亚的粮食产区和其他资源。共产主义的扩张还影响到了邻近的群岛国家，日本和韩国身处共产主义者所在的亚洲的前景难料。尽管如此，中央情报局还是在1964年6月完成了一项后来被称为"多米诺理论之死"的重大研究。该机构承认越南的陨落将"严重地"损害美国的权威和信誉，且该地区的其他国家也会试图接纳共产主义。但是，该机构仍然声称，"我们不相信失去南越和老挝将导致远东的其他国家迅速地接连共产化"，只有柬埔寨可能是个例外。邦迪知道中央情报局的预测，但并没有采信。在关于短期行动的政策辩论中，对可能出现的最坏结果的担忧往往会左右参与者的情绪。多年以后，邦迪回忆道："对于约翰逊来说，多米诺理论其实是一个内政问题。"这个理论是艾森豪威尔将军发明的——尽管他没有依据这一理论而采取军事行动。按邦迪的说法,"凡是有意于竞争政治职位的人,都无法提议放弃越南"。[21]

对于约翰逊来说,所有的近代历史都是政治史,而且他已经从自身的经历中汲取了经验。无论对哪一任总统来说,只要对共产主义采取软弱的立场,就等于在政治上给自己判了死刑。他对多丽丝·卡恩斯·古德温说:"我知道,从共产党接管中国的那一天起,哈里·杜鲁门和迪安·艾奇逊就失去了影响力。我相信失去中国是乔·麦卡锡崛起的重要原因。我还知道,与失去越南所可能带来的后果相比,所有这些问题加在一起都只能算是鸡毛蒜皮的小事。"后来的史学家们可能不会同意约翰逊对过去的解读,但是在那个时候,他并不愿意承担政治风险。[22]

美国的决策者们刚刚经历过朝鲜战争。但是,他们运用这些经验的方式却不尽相同,这说明类比可以有很多种方法。朝鲜战争是一场不受欢迎的长期陷于僵局的战争。艾森豪威尔认为,正是因为他威胁使用核武器,朝鲜战争参战各方才在1953年达成停战协议。约翰逊担心中国插手越南问题。邦迪关注的则是美国公众对朝鲜战争的支持。在那场长达3年的战争中,为了"一个艰难的但是在道义和政治上都无比正确的抉择",美国付出了约3.5万名战士的生命。1961年,肯尼迪对越南和朝鲜做出了一个更关键的对比。肯尼迪认为,朝鲜战争并非美国打响的,且有联合国的支持,这两点与越南战争的情况有所不同。还需要注意的是,朝鲜半岛的地理条件有利于发挥美军的能力,也有利于美国的终极防御战略。[23]

约翰逊的战争内阁重温了美军二战胜利的余晖,以及自己在柏林和古巴问题上的危机管理成功案例。尽管二战结束后的调查对美军进行战略轰炸的有效性提出了疑问,但现代的美国空军看起来仍然是极其强大的。"强制外交"在20世纪60年代的安全研究中是个热门概念，而空袭可以为这种外交所用，给对手释放强烈的信号。华盛顿的这些好战者面对着未知的前途，而且"没有快速的解决方案"，但约翰逊想起，在珍珠港事变之后，谁也不知道美国需要多久才能取得胜利。[24] 这些人的经验使他们期望并相信最好的结果会出现，而且他们肯定不曾假设过美国会输掉这场战争。谁也没有把法国在越南的悲惨经历当作警示或指导。

如果约翰逊的班子能再看看更早一些的历史，他们会学到有益的经验。阿尔弗雷德·塞耶·马汉早就根据他对海洋史和地理的研究，为美国勾勒出了太平洋战略的框架。马汉认为，美国的安全边界无论怎么扩展，都不应该超过西太平洋诸岛的范围。二战之后，日本成了这一海洋安全边界的支柱。考虑到日本在东北亚的安全史（美国早在罗斯福调停日俄战争的时候就已经对这些历史有所了解），美国人可以设想把朝鲜半岛当作一个大陆前哨站。正如迈克尔·格林所指出的："美国的太平洋大战略的真正目标是防止这一地区被一个敌对的霸权所主宰。"

与朝鲜半岛不同的是，越南看起来像是通向一场亚洲陆地战争的入口，而马汉曾警告过美国不要卷入这样的战争。1961年，已退役的道格拉斯·麦克阿瑟将军访问华盛顿，与肯尼迪总统讨论越南问题。罗伯特·肯尼迪回忆道，麦克阿瑟说他们"如果到亚洲大陆上去打仗，那将是愚蠢的，而且东南亚的未来应该在外交谈判桌上决定"。[25]

约翰逊的班子还忽略了近代的经济史。马歇尔计划已经认识到了（遵循亚历山大·汉密尔顿的精神，且与20世纪30年代的认识相反），经济复苏是欧洲安全的先决条件。到了1960年，日本的经济成功已经为亚洲的其他国家提供了一个样板。美国的贸易政策给日本提供了一条通向繁荣和权力的非军事化路径。日本的一位经济学家在1962年根据其"雁行理论"预测日本的经济现代化可以引发新的地区增长动力。韩国和东南亚各国正在向出口型增长的方向迈进,而这种经济模式促成了"东亚经济奇迹"。

参议员麦克·曼斯菲尔德(Mike Mansfield)认为亚洲的民族主义可以支持美国的战略利益,这种观点对上述区域经济视角构成了补充。曼斯菲尔德认为越南会避免中国的影响。曾在1962年与中国发生边界冲突的印度,也可能因为帮东南亚换取了经济和政治崛起的时间而对美国的战略安全目标有所助益。越南可能会落入河内的共产党人之手,但美国更重要的战略利益还是在区域层面。经济发展——加上对地区均势环境下区域内部敌对关系的管理——可以为多米诺理论提供一个战略替代方案。如果西奥多·罗斯福在世,他一定会理解这种逻辑,就像他于大约60年前在东北亚所做的那样。但是,约翰逊的班子却没能对那段历史以及经济和安全的关系给予重视。[26]

(2)信誉

强大的国家除了会用行动来影响其他国家,还会用声誉和心理去影响它们。势力范围庞大的政权每天都会面对太多的问题,难以监视和控制。秩序的守卫者们需要依靠自我管理,而自我管理需要秩序守卫者以兑现承诺和威胁的意愿为支撑。基辛格极力强调信守承诺的重要性:"信誉对一个国家的作用就像它对一个人的作用一样。"[27]

美国的同盟系统引发了一系列关于信誉的问题。其他国家想要知道美国是否值得信赖;美国想要其他国家承担风险,并为维护共同利益而付出相应的代价。1964年5月,约翰逊在他那几通电话里提到了条约义务,但他也问到了其他国家能做出什么贡献。邦迪在多年之后写道,美国介入越南事务所依据的"主要"原则就是美国

"不能当纸老虎。不要以为我们做出承诺的时候真的没有意识到重大风险"。即使是对军事升级持怀疑态度的乔治·凯南也在1966年提出,美国的"威信"使得美国更倾向于在越南采取行动。[28]

从另一个角度来讲,当官员们听到有人用"信誉"这个词来证明行动的正当性时,他们最好是能要求对方给出一个完整的解释。即使是理性无法解释的行动,信誉也能被当成一个借口来使用。在越南问题上,信誉成了美国支撑自身向前迈步的手杖。

国防部助理部长约翰·麦克诺顿(John MacNaughton)解释了1964年9月信誉问题所延展出来的逻辑。他提出的"好医生"理论阐述了美国在悲观情绪和失败的前景面前依然选择军事升级的理由。纵然是失败也"将……会表明美国愿意出手,并有助于增强盟国对美国这个盟友的信心"。军事升级"将表明美国是一个'好医生',愿意信守承诺、保持强硬立场、承担风险、流血牺牲并重创敌人"。[29]

其他人也接受了麦克诺顿的牺牲论。1965年2月,邦迪呼吁美国采取军事行动以表明决心。他无法预测成功的概率。"即使行动失败了,采取这样的政策也是值得的。它至少可以回击那些批评我们什么都没做的人。这样的指责对很多国家来说都是重要的,包括我们自己。"在他的这番话里,国际信誉和国内政治信誉被混为一谈。到了3月,邦迪的表态更加直白了:"问题:从美国政治的角度来考虑,哪种选择更好?是现在就'输',还是派出10万人以后再'输'?答案暂时是:后者。"[30]

副国务卿乔治·波尔反对军事升级,主张从越南撤退。他需要反驳同僚们关于维护信誉的说法。波尔对这个问题提出了直截了当的断言,他说,相比于陷入一个无底的沼泽,及时止损反而会赢得更多的尊重。他观察到,美国在亚洲的伙伴——日本、泰国和菲律宾——都缺乏让美国更深地介入当地事务的热情。欧洲盟友也不鼓励美国这么做。中立国希望能以政治方式解决问题,并让美国退出越南。如果美国陷入一场漫长、昂贵而无谓的战争——更糟的情况是在一场消耗战后失败——苏联人和中国人并不会更敬畏美国的权力。波尔强调称,首先需要承担责任的是南越当局,它必须展现出战斗并鼓舞公众的坚定决心。从事后诸葛亮的角度来看,波尔的观点合乎逻辑,但他无法回答如何维护约翰逊自身信誉的问题。[31]

约翰逊对所有的选项都是从个人政治利益的角度去分析的。短期来看,如果这位总统承认失败和共产党的胜利,那么他在国内的政治声誉就会受到打击。他对杜鲁门"失去"中国后所遭受的影响仍记忆犹新。整个20世纪50年代,约翰逊目睹了"对共产主义立场软弱"这个标签是如何让民主党和他的同僚们抬不起头来的。约翰逊的雄心和梦想是战胜美国国内的顽疾,此时如果从越南抽身而退,无论如何都会影响到他在内政问题上的努力。美国还没有任何一任总统输掉过战争。正如迈克尔·格林所指出的那样:"没有先例表明,彻底的失败是一个可能出现的场景。"对于约翰逊来说,在越南问题上的信誉对他的政治前途乃至个人命运来说都是生死攸关的。[32]

(3)总统的经验与心理

一些历史学家把越南战争称为麦克纳马拉的战争,但是弗雷德里克·罗格瓦尔指出,越南政策背后体现的还是约翰逊的意志。[33]他虽然当上了总统,但在思维方式上还是那个精明的参议院多数派领袖。参议院领袖的直接权力没有众议院议长那么大。参议员的任期更长,参议院的规则也更宽松,这使他们有更大的独立行动的自由。参议员之间的联盟是不断变化的,而参议院领袖必须持续地组织起不同的联盟才能发挥作用。这位领袖必须知道其他99个人的兴趣、优势和劣势。领袖所需要的技巧是说服别人,而不是下达命令。领袖的权力很大程度上来源于其解决问题的声誉,而且其通常是通过谈判这种方式来解决问题的。[34]

当上总统之后,约翰逊还是在为他的政策建立联盟。他做什么决策都会考虑选票问题。他不喜欢不同意见。他总是要求幕僚们在内部达成一致,而不是鼓励他们进行辩论以做出最好的选择。他不喜欢公开讨论,因为那样可能会让事态超出他的掌控范围。肯尼迪在猪湾事件之后曾用辩论的方式来获取信息和洞见,同时依靠鲍比·肯尼迪和其他人来保持拥有更多的可选项以供决策。1961年底,肯尼迪曾经否决了麦克纳马拉、邦迪、腊斯克和泰勒提出的在越南采取军事升级行动的请求。

约翰逊的议事方式有种舞台管理的感觉,讨论早已被预先安排好,并划定了界限。戈登·戈德斯坦(Gordon Goldstein)曾写过一本关于邦迪的著作,颇有洞见。邦迪提醒戈德斯坦,要想追溯越南战争的决策过程,仅仅依靠文字记录是不行的,甚至连约翰逊的谈话录音也未必靠得住:"邦迪经常提醒〔戈德斯坦〕,只靠档案记录是无法辨识出事态的真正发展状态的。他建议〔戈德斯坦〕要当心,不要'因为只看书面记录而忽视了其中未言明的政治意味'。"[35]

约翰逊总是用他那掌控联盟——包括内部和外部的联盟——的精湛技艺来解决眼前的问题。曾担任约翰逊助手多年的乔治·里迪(George Reedy)说,约翰逊"会思考,但是不会反思;会为了实现目标而独辟蹊径,却不会衡量目标是否正确;在人与人的较量之中总是胜人一筹,却并不知道这种较量可能毫无意义"。[36]

繁忙的总统往往没有时间听取"背景信息"或是关于各种影

响事物的因素的复杂讨论。作为政策顾问来说,"太啰唆"或"太学究气"都会断送自己的政治前程。实用主义的顾问会直截了当地定义一个问题,并给出解决方案。如果顾问的性格能和蔼一些,幽默一些,那就更好了。这种对眼前问题的政治计算帮助约翰逊赢得了总统职位,但是,在压力巨大的环境之下,白宫的总统班子就会因过度依赖这种计算而犯错。约翰逊没能认识到,他最擅长的技能其实也是他的弱点。

由此,约翰逊的外交就变成了和外国人在政治上讨价还价。约翰逊根本不在乎其他国家的政治动机,他总是按自己熟悉的美国模式来对那些国家下判断。约翰逊曾有一次以开玩笑的口吻表达了一个看法:"外国人不像我熟悉的那些家伙。"[37]

约翰逊在做军事战略方面的决策时,用的也是在政治上谋求一致意见的那一套方法。1965年7月,这位总统通过秘密渠道——国防部副部长赛勒斯·万斯(Cyrus Vance)和当时在西贡的麦克纳马拉——与威廉·威斯特摩兰(William Westmoreland)上将讨价还价,问他能接受派出多少个营的部队去越南。邦迪后来抱怨说,历史学家们研究了书面记录后,认为约翰逊当时是在副国务卿乔治·波尔的反对之下权衡是否要接受麦克纳马拉的军事升级建议的。实际上,邦迪回忆说,约翰逊"已经和麦克纳马拉一起做出了决定,他只不过是想让每个人都在最大程度上感受到自己在决策过程中被询问了意见而已"。[38]

约翰逊在1964年底和1965年初做出的一系列关键决定看起来都像是为了在议会争取到更多人的支持。他确定了一条能让他的顾问、将军和国会面对的阻力最小的路线。约翰逊认为自己的做法是渐进的,为未来保留了更多的灵活性,而这是所有政治家都喜欢的方式。实际上,约翰逊对短期利益的计算强化了这个国家对一个长期事务的投入力度。这位总统不愿意对可能出现的结果、代价和危险做一场认真的辩论,因为这可能会泄露并干扰约他1965年的政治计划。[39]

当约翰逊决定为避免在越南问题上失败而寻找一个军事方面的答案时,他便让幕僚们为这个政治问题——他认为这是一个政治问题,而不是外交政策问题——制定一个解决方案。11月,这位总统在他当选的前一天在国家安全委员会内设立了一个工作小组,以"立刻集中地"研究越南问题的若干选项。约翰逊想要在如何打赢战争,或至少避免失败的问题上达成一致。1964年底,这个小组已经制定了一系列军事升级的选项,但约翰逊还是催促泰勒(他在1964年7月从参谋长联席会议主席的位子上转任驻南越"大使")和威斯特摩兰上将提出一个美国地面部队的行动方案。泰勒难以想象失败,但他担心反游击战需要投入大量兵力,且成功前景堪忧。他反对让美国地面部队介入。1965年1月,邦迪和麦克纳马拉给约翰逊一份名为《岔路口》的备忘录,催促他决定到底是进行军事升级还是通过谈判寻求某种解决方案。他们的分析中有一个巨大的漏洞,那就是他们没有给出具体的军事步骤,也没有说应该如何获得外交成果。邦迪和麦克纳马拉效仿总统的做事方法,他们提供的只是一份政治方案,而不是军事和外交政策战略。

2月,越共袭击了波来古(Pleiku)的一个"南越指挥部",造成9名美国人死亡,另有137人受伤。没过多久,美军就断定他们需要支援部队以维护这些基地,于是就叫来了海军陆战队。很快,海军陆战队的巡逻范围就超过了基地的界限,巡逻变成了攻击性的地面行动。海军陆战队抵达越南后不到一个月,五角大楼又派出了第173空降旅。[40]到了1965年夏天,总统的主要关注点已经集中在了军队的层面——以及是否要动用预备役部队和国民警卫队。他还是没有一个军事–外交战略。

约翰逊现在成了战争的主人,他感觉自己已经进退维谷。约翰逊怀疑,如果自己不能采取进一步的措施,罗伯特·肯尼迪就会批评他软弱。艾森豪威尔也在一旁虎视眈眈。他警告说,只要美国进入一场战争,就必须打赢。

约翰逊的心理中包含着崇高的目标。他相信对于越南来说,美国是一支正义之师,没有以前殖民帝国的那种动机。美国没有靠帝国主义行径谋取经济利益的需求。相反,如果越南人能获得和平,约翰逊将把罗斯福新政带给他们。1965年4月,这位总统在约翰斯·霍普金斯大学发表演讲时为北越提供了一个约翰逊式的发展项目。这个项目建立在罗斯福的田纳西河流域管理局的经验基础之上,将为湄公河沿岸提供食品、水和电力。[41]

约翰逊当时的注意力都集中在"伟大社会"提案上,他十分担心越南问题会分流他的政治能量。约翰逊是个政治计算家,他算出自己能主宰国会的时间还有两年左右。1965年,国会批准了他那里程碑式的投票权法案,以及医疗法案。他不能承受因为从越南撤退而失去议员的支持和公众的关注这一后果。

2008年《外交史》(*Diplomatic History*)期刊发表了一篇关于越南问题和"伟大社会"的激烈辩论。辩论的发起者是哈佛大学教授弗朗西斯·巴特(Francis Bator),他曾作为邦迪的副手为约翰逊工作。巴特在论文中称:"约翰逊相信——而且他知道如何计算票数——如果他在1965年从越南撤退,那么他的'伟大社会'肯定就会泡汤……这个计划在国会就将胎死腹中。"多位著名学者纷纷发表评论,有些赞同,有些反对。[42] 无论巴特是否正确,也不管"伟大社会"是否值得美国在越南付出那么大的代价,这一问题对美国外交的启示在于,总统需要将外交行动和复杂的内政问题放在一起计算——还要兼顾机构和个人的利益与责任。

约翰逊选择了"大炮加黄油"政策。他决定不让美国公众提前做好作战的准备。他试图否认战争对经济造成的风险。他没有动员起国家的资源,也没有调动预备役。他没有推动国会做出决议以澄清他的路线。他甚至都没有在第一时间发表演说解释自己的用意。这位总统在华盛顿政治圈里是一位权术大师,他认为自己可以把战争看作既往政策的加强和延续,并以此实现师出有名。他认为,一旦美军士兵开始在战斗中伤亡,美国人就会团结在他们的总统周围。这个判断是正确的。他还认为,美国的力量总会占得上风。[43] 这个判断是错误的。当约翰逊发动的战争深陷无尽的泥沼之时,他的信誉就会被自己一手摧毁。

(4)美国对军事力量的自信

美国人自共和国建立之初就尊崇成功的军事领袖,他们也认为美国人总能在战争中获胜。不过,美国人对他们的军队却并不总是尊崇的。二战的胜利使美国的军人重新获得了尊重。冷战则在历史上第一次使美国有了维持大规模常备军的需要,还推动美国把军队派往世界的各个角落,守护"自由的堡垒"。越战之后,军队努力自省,在志愿部队的基础上重建了职业化部队和恢复战斗力。此举在美国赢得了更多的赞赏。

然而,军队的成功和战斗力会给美国的外交政策制造诱惑。文官领导人可能会过高估计军事力量所能实现的目标。1964年到1965年,派遣美国战斗部队的决定成了测试政治意愿的试金石。人们认为,让美国战士到南越去,将会提升南越的士气,并且能够展示美国实现目标的决心。

美国军队曾在1941年到1945年间克服了巨大的危险。后来,朝鲜战争陷入了令人失望的僵局，但美国的战斗经历显示出了这支军队的抗压能力、适应能力、勇气，以及毁灭性的火力。对于朝鲜战争不尽如人意的结果，人们提出了一种观点——每次军事失利之后都会有这样的观点，即责任应该归咎于缺乏热情的文官领导人。

军队必须相信他们能取胜。他们知道自己需要适应敌人和战场所带来的各种不确定因素。这些素质，再加上数十年间积累的个人经验，使 1964 年到 1965 年的美军有了一种不屈不挠甚至有些狂妄自大的气质。正如邦迪在数十年后回忆的那样：" 没有人问……这将会是一场什么样的战争，以及我们必须准备好付出什么样的损失。1965 年的军队几乎是被训练得**不去问**这样（懦弱？）的问题。" 不仅是军事领袖没有仔细思考目标、意义、代价乃至地理局限就上了战场，邦迪的备忘录显示出他对美国地面部队的战斗力也相当没数，即使是在他给总统提供派出不同数目的部队的选项时也是如此。解释不了军事目标的时候，他就会回到尝试和试探的逻辑上去。他只是假定，只要美国做出像朝鲜战争时一样的努力，美军就会获胜。[44]

1964 年到 1965 年，文官和将领都陷入了一种消耗战略之中。美军为战斗和行军做好了准备，却没有准备打一场反游击战争。美国认为占绝对优势的美国空军将打垮敌人的军队，切断补给线，摧毁北越领袖和民众的决心。美国人尊重越南敌人的韧性，但对他们的战斗意愿和忍耐力持有怀疑态度。

越战之后，美国陆军和海军的将领们比以前更喜欢对军事目标及实现目标的手段提出疑问。他们鼓励文官领袖去解释军事成就可以如何为外交政策目的所服务。他们试图指出，尽管美国的军事实力很强大，但仅靠军事实力是无法实现很多目标的。

H. R. 麦克马斯特（H. R. McMaster）是一位正在崛起的军官，

拥有辉煌的战斗记录。他指责参谋长联席会议在越战期间"玩忽职守",没有直率地向总统表达他们的观点,视野也局限在狭窄的军事范畴内。[45] 反对者可能会说,这些参谋长——他们当时要求对北越发动更大规模的攻击——是错了,但不是玩忽职守。作为美军总司令,约翰逊才是那个决定军事战略的人。在为特朗普总统担任国家安全事务助理之后,麦克马斯特已经对文官政府和军方在最高层的复杂关系有了更清楚的认识。

讽刺的是,美军在越战中学到的教训和后来的职业化改革,都使美国的军事实力看起来更像是解决后来的许多外交问题的潜在手段。罗纳德·里根总统派兵去格林纳达,老布什所做出的入侵巴拿马、解放科威特的决定,都显示了美军的战斗力。但是这些行动的规模都有限,且有清晰的目标。从1991年开始到现在的历史已经证明,要想决定如何让美国的军事实力为其外交工作做贡献,难度有多大。

(5)把军事实力和外交结合在一起

本杰明·富兰克林用美国在萨拉托加的胜利推动法国同意成为美国的第一个盟友。约克镇大捷推动富兰克林与英国议和。托马斯·杰斐逊以美国民兵进攻新奥尔良为威胁,迫使拿破仑卖掉了路易斯安那。另一方面,林肯与英国谈判解决了"特伦特号"危机,因为他想在同一时间内只打一场战争。西沃德让墨西哥边境的联邦军队暂停行动,以此作为手段促使法国撤退。西奥多·罗斯福把大白舰队派往世界各地,以吓阻潜在的敌人。他还在彼此竞争乃至交战的大国之间进行调停,并就外交解决方案达成一致意见。西奥多·罗斯福能够认识到军事力量的局限性。1947年到1949年间,这位联盟缔造者在安全承诺的支持下,将美国的经济实力用于欧洲的安全复苏。德怀特·艾森豪威尔靠核威慑战略在冷战期间建立起了恐怖的平衡。约翰·肯尼迪指挥美军为自己在柏林和古巴问题上的谈判提供帮助。

然而，在越南，约翰逊的班子自欺欺人地认为，美国的军事实力可以取代对外交解决方案的需求。美国将会在军事上获胜，或至少能够在之后的谈判中掌握更大的主动权，以达成某种内容并不明确的解决方案。

1964年到1965年的故事遗漏了一个重要的幕后人物：国务卿迪安·腊斯克。这位美国的头号外交官对谈判不感兴趣，也没有精心设计解决方案的选项。他认为，只有在美军扭转战局之后，他才能认真考虑外交成果的问题。腊斯克也看到了杜鲁门的国务卿和国防部部长之间的冲突是如何让总统班子耽于内耗的。他是团队合作的忠实信徒。他的领导——总统本人——把外交视为一种软弱的标志，因此对其敬而远之，除非北越政府接受美国的条件。邦迪的备忘录虽然篇幅巨大，却从没有认真审视过，美国的军事实力或使用军事实力的威胁是否可以在1964年底到1965年初之间用作谈判的手段。[46]

美国人总是倾向于在战争期间把政策指挥棒交给战争部和国防部。伍德罗·威尔逊将第一次世界大战的战事交给约翰·潘兴（John Pershing）将军，却很少考虑到1918年的停战将如何带来一个成功的和平局面。罗斯福在二战期间把国务院束之高阁，而且对战胜后会发生什么并没有清晰的想法。杜鲁门允许麦克阿瑟带领军队向鸭绿江的中朝边界前进，促使中国介入朝鲜战争，并让战争多打了两年。这件事让杜鲁门懊悔不已。从来没人讨论过是否可以推进到一条比三八线靠北很多，但位于鸭绿江的中朝边境之南的防御线为止，只留一个残破的朝鲜政权作为中国和韩国之间的缓冲区。

外交谈判需要刺激手段，而刺激手段中就包括使用武力。基辛格观察到："美国的国家政治体中有一个普遍的观点，即把军事和外交看成两个不同的、实际上彼此独立的行动阶段。这种观点认为军事行动偶尔可以为谈判创造条件，但一旦谈判开始，军事和外交行动似乎就按照各自的内在逻辑运行了。"他解释说，即使是"长期被视为外交会议典范"的1815年维也纳和会，也用了威胁开战的手段去促成长期持续的解决方案。[47]

第一次海湾战争期间，我观察了事态从外交层面到战争层面的转变。国务卿贝克用高超的技巧集结起了一个34国组成的联盟，反对萨达姆·侯赛因（Saddam Hussein）入侵科威特，而且贝克和布什总统也是好友。即便如此，当军队集结、军旗扬起之后，人们还是把注意力集中在了胜利之上，不再考虑战争结束后会发生什么。然而，在1990年到1991年之间，布什总统决意要打一场有限战争，把伊拉克逐出科威特。贝克着手在联盟胜利和重塑安全格局的基础上，启动以色列和阿拉伯国家之间的和平进程。但是，即便是如此老练的外交政策团队，也没能彻底地思考伊拉克和地区安全的结局应该是怎样的。实际上，第一次海湾战争之后，美国在国事方面遇到的挑战比之前的还要严峻得多。有人曾问印度陆军的参谋长从1991年的海湾战争中得到了什么结论，这位将军回答说，不要跟美国打仗——除非你有大规模杀伤性武器。在第一次海湾战争中，美国常规部队的压倒性优势使潜在的对手们越发想要获得大规模杀伤性武器，以及能够运载这些武器的导弹。胜利，哪怕是压倒性的胜利，也不会自动产生出最好的外交结果。

1964年到1965年之间，在决定美国对越南政策的过程中，没有人分析过进行军事升级威胁是否会有助于以一种可以接受的——哪怕是不那么令人满意的——方式来解决问题。1964年10月，副国务卿乔治·波尔列出了可能的政治解决方案。他建议先停火,之后南越当局可以和民族解放阵线和解,在西贡组成一个不稳定的联盟,也可以举行一场国际会议,迎接一个中立的南越。[48]

比尔·邦迪(负责远东事务的助理国务卿、麦乔治·邦迪的弟弟)大体同意波尔对越南前景的看法和对地区影响的评估。但是,邦迪认为军事升级将会让美国处于更有利的位置。一旦让华盛顿接手战争,美国从越南抽身的灵活性就会降低,北越政府在谈判中达成自己既定目标的决心也会增强。[49]

在此前的1963年和1964年,北越政府中似乎有一些人想要避免让美国采取军事升级行动。北越不害怕与美国一战,但是一些关键的领导人不想看到因战争而出现屠杀。[50]1963年12月,越共中央委员会在内部表示,党中央愿意考虑通过一个长期的、由"复杂的形式和方法"组成的"分阶段"进程来战胜南越伪政权,且没有规定实现这一目标的时间。南越当时刚刚经历过几次政变,显露出虚弱之势,但北越不想与美国人陷入全面战争之中。

1964年春天,美国让一个加拿大密使给北越政府传话。这位密使与北越总理会面了两次。总理表示愿意想办法让美国以一种能保留面子的方式撤出越南。但是,美国政府想要通过密使传达的并不是和解意愿,而是最后通牒。美国的"强制外交"威胁将采取军事升级行动,并要求北越停止支持南方的民族解放阵线。没有人想过用军事威胁来帮助美国通过谈判撤出越南。罗格瓦尔回忆道,在1965年1月和2月,北越人一直在"发出信号表示愿意对话,且对话的主要目标是让美国从冲突中抽身"。1965年2月,美国开始系统性空袭,北越的立场也随之变得强硬。约翰逊采取军事升级行动是为了解决一个政治问题,而且他认为显示力量有助于在未来和北越的谈判中获取更多利益。他的这一判断大错特错。

1965年中期的时候,这位总统问他的幕僚们:"我们自己怎样才能脱身?"幕僚们回应说,应该再派更多的军队去,然后谈判。到了1965年底,美国派往越南的地面部队已多达18万人。但是,没有人想过该怎样把军事实力和外交结合在一起。[51]

(6)幕僚的失败

约翰逊总统在1964年到1965年间做出了若干关键的决定。不管怎么说,他的幕僚们对他和国家的服务水平都是不及格的。汤姆·威克(Tom Wicker)在评价约翰逊在越南政策上的几个参谋时说:"他可以看看自己身边,有鲍勃·麦克纳马拉这样懂技术的、麦乔治·邦迪这样有智慧的,还有迪安·腊斯克这样懂历史的。"[52]那他到底缺少了什么呢?

总统身边的团队是很重要的。绝大多数幕僚都想减轻总统的负担。他们想方设法为总统提供支持和鼓励。这种愿望是很好的,但是白宫的空气过滤器并没有清除掉溜须拍马的味道。包括总统自己在内,没有一个人想听到坏消息。白宫西翼*的气氛总是匆匆忙忙、缺乏耐心的,没有时间让幕僚们安抚总统,以让他接受一条遭到反对的路线。传递不受欢迎的消息的人是要付出代价的。反对派可能会给这些人贴上消极、软弱、失败主义者甚至叛徒的标签。即使没有这些问题,那些对总统说不的人也至少会耗光个人资本。那些不同意总统意见的人可能会出于对通过选举赢得总统宝座的人的尊重而闭口不言。(我总是看到有人保证会对总统提出逆耳忠言,但等他们真的进了总统的椭圆形办公室后,就把那些话咽回肚子里去了。这样的情形总是会令我感到震惊。)从实践的角度来看,幕僚

---

* 白宫西翼是总统及幕僚工作的地方。——译者注

们必须有选择地谏言。反过来说，总统会征询那些信得过的同僚和朋友的意见。如果他在当上总统之前没有认识有远识卓识且判断力强的人，那么他在白宫的生涯就会变得更有风险。

1964年围绕在约翰逊身边的幕僚还是肯尼迪在任时的那一拨人。当时他们试图和那位新上任的、风格迥异的总统建立关系。美国的总统没有与之地位相当的人，但他们还是需要与其一起共事的人。总统对这些共事者也许不应期望过高，但他们最应该关心的就是如何帮助总统做出最好的决策，并取得好的结果——而不是把幕僚自己的权力最大化。西沃德、海约翰、鲁特、休斯、马歇尔、艾奇逊、舒尔茨、斯考克罗夫特和贝克扮演的都是这样一个角色。

作为国家安全事务助理，邦迪的角色对约翰逊来说格外重要，因为总统手下没有幕僚长。[53] 只有很少的人能经常在私人场合见到总统，国家安全事务助理和三军参谋长都属于这个小群体。他们可以判断总统的心情，思忖提出议题的时机，并建议让其他人参与进来。如果需要有人推动总统重新思考自己的选择，他们是最合适的人选。在越南问题上，邦迪为迎合约翰逊的偏见而调整自己的建议。他避免做出会令总统不舒服的结论。多年之后，戈登·戈德斯坦花了很长时间和邦迪交谈，试图了解当时发生了什么。他的结论是，邦迪"不愿挑战已经占主导地位的共识，尤其是当这个共识深得总统支持的时候"。邦迪认为自己的角色是"一个职员，知道总统做出的重大决策，然后在决策的实施过程中努力提供帮助"。但是，如果连邦迪都不敢提出具有挑战性的问题，那么还能指望谁去这样做呢？[54]

国家安全事务助理完全可以从上述五个方面着手——研究近代历史的借鉴意义、审视维护"信誉"的价值、弥补总统心理中的缺陷、挑战美国军事实力的有效性，并坚持把军队和外交行动结合起来。与腊斯克不同,肯尼迪当年已经可以分辨出保卫柏林和保卫西贡在战略层面的不同。[55] 邦迪从来没提出过这个问题,更没有像马汉那样评估美国在太平洋地区的海洋战略,也没有指出亚洲大陆对美国的核心安全利益影响有限。邦迪的处理排除了撤离越南的选项,原因如他所言:"我看不到在1965年抛下越南、甩手而去的任何可能。"[56] 泰勒上将也无法想象让美军撤离。讽刺的是,泰勒在朝鲜战争中的经验曾让他得出过这样的结论:"美国永远都不应该再在亚洲打一场地面战争,至少不能在没有核武器的情况下打。"[57] 邦迪和泰勒是华盛顿和西贡的关键人物,但他们两个人都没有促使美国评估维持一个非共产党统治的南越是否重要,美国是否可以达成这个目标,为这个目标需要投入多少部队、承受多大损失,以及美国如何寻求战争之外的解决方案,哪怕这样的方案不那么诱人。约翰逊特别重视麦克纳马拉的意见。麦克纳马拉从1964年3月起就对南越的前景感到悲观。他也不认为越南对美国的安全利益有什么重要的意义。他的鹰派立场似乎只是出于对总统的忠诚,因为后者已经明确表示他不会接受失败。[58]

约翰逊的幕僚没能挑战总统的见解——原因可能是他们同意这些见解,也可能是缺乏想象力,或被忠诚所困。如果这些幕僚做出的是不同的决定,那么他们可以用四种技巧来改变历史进程。

第一,国家安全事务助理可以让更多的机构参与辩论。中央情报局一直在发出警告。例如,1964年6月,中央情报局的一份评估指出,南越的前景堪忧,且南越当局的反游击行动没有效果。中央情报局"怀疑能否获得战争的胜利",并呼吁"通过谈判达成某种解决方案"。美国驻西贡的使馆——包括泰勒的副手在内——也一直在发回悲观的报告。参谋长联席会议在1964年4月和9月两次发起战事,而这两次行动都警示美国,对北越的轰炸将激起更强硬的抵抗,同时也伤不到南方的越共。事实上,这些轰炸促使北方加强了在南方的游击队力量。[59]

1964年10月,副国务卿乔治·波尔准备了一份长达64页、措辞尖锐的备忘录,反对军事升级,建议和解。麦乔治·邦迪后来表示把这份备忘录直接转给了约翰逊,当时离总统选举还有最后几周时间,约翰逊正忙于连任选战活动——这也就意味着他不太可能有时间阅读长篇备忘录。邦迪和总统似乎把波尔当成一个内部的"邪恶代言人",用他的行动向批评者(或许还有未来的史学家)表明,他们在决策过程中曾考虑过很多选项。[60] 助理国务卿比尔·邦迪对波尔做出了回复,并对波尔的很多结论都表示同意。麦乔治·邦迪可以用这份回复来突出争端的焦点。

1965年2月,就在总统表现出准备采取军事升级的关键步骤的迹象之时,新任副总统休伯特·汉弗莱给总统呈交了两份颇有见地的备忘录,反对扩大战争规模。汉弗莱的观点着眼于内政,而不是国际影响。"止损总是很难",汉弗莱承认这一点,但他认为1965年应该是"政治风险最小的一年"。他警告称,军事升级未必能得到公众的支持,也会制造出政治上的麻烦。约翰逊非常生气,他可能认为他的副总统只是在将其立场记录下来。约翰逊把副总统排除出了越南政策的决策层。[61] 国家安全事务助理邦迪本来可以请副总统与几位参议员合作,包括参议院军事委员会主席理查德·拉塞尔,对外关系委员会主席威廉·富布赖特,还有老牌"亚洲通"、多数党领袖麦克·曼斯菲尔德。邦迪可以把中央情报局的简报给这些参议员看,然后让他们帮助约翰逊找个台阶下。他还可以利用麦克纳马拉和泰勒的疑虑大做文章。

第二,邦迪需要改变辩论的主题。邦迪与其把决策的关键放在美国的政治意愿上,不如追问一下南越当局有没有意愿,目标是否一致,以及是否能承诺为南越人民而战。

第三,作为决策进程的管理者,邦迪可以给辩论增添大量的内容。他可以指挥手下人在准备军事升级方案的同时研究可能的和解方案和外交手段。如果腊斯克仍然保持消极态度,波尔和比尔·邦迪可以询问一些盟国——例如英国、加拿大、法国和澳大利亚——的意见,它们派驻越南的官员都很了解情况。

第四,麦乔治·邦迪或许可以给约翰逊提供几个实用的替代方案——既有政治选项,也有政策选项。中央情报局局长约翰·麦科恩(John McCone)是一位德高望重的保守派。他可以把情况告知前总统艾森豪威尔和几个关键的参议员,准备好让他们在政治上提供帮助。事实正相反,麦科恩于1965年4月在失望中辞职了。约翰逊在参议院的民主党朋友们可以帮他设计一个政治策略,使他能在南越当局失败的情况下全身而退。拉塞尔提出让南越人民要求美国离开,这个想法是值得研究的。在这段时期的大部分时间里,美国政府一直都在担心南越那些走马灯式频繁更换的领导人会害怕大量美军驻扎在那里,因为美国的阴影已经笼罩了他们那脆弱的政治合法性。泰勒——作为一个成功的将军、肯尼迪兄弟的朋友,以及身在越南的人——可以为美军撤退提供政治、军事和外交方面的掩护。麦克纳马拉可以准备方案以保卫泰国、菲律宾和其他前线国家,同时促进它们的经济发展。麦乔治·邦迪还应该准备几个新的外交主张——就像尼克松和基辛格将会做的那样——以转移华盛顿政治圈子的注意力。谨慎地从越南撤退——提前通过谈判确定好撤退时间表,在此期间南越当局有机会重新振作起来,但也可能不行——可以使总统把能量全都用在"伟大社会"的工作之中。

邦迪可以在他掌管的决策过程中,通过非正式的工作把这些手段拼合在一起。所有的条件都是具备的。邦迪最大的挑战在于说服总统，让他征询更多人的意见，以此来保护他。事实正相反，邦迪把这个圈子的范围限制得死死的，而且得以把辩论的主题局限在前提和选项上。他的战略总的来说就是"［假定］投入更多的兵力就可以阻止游击队取得胜利，而随后的僵局和在这个过程中付出的代价都将最终迫使越南共产党在他们的目标上做出妥协"。但是这个假设并没有经过验证。[62] 从 1964 年 10 月约翰逊就任总统之前，到次年 2 月波来古之战后美国做出空袭北越的决定之时，邦迪都没有组织过哪怕一次国家安全委员会的会议。他坐在一架飞机的驾驶舱里，却开着自动驾驶模式飞向了战争。

实用主义政治的失败

在 1964 年到 1965 年之间，约翰逊总统面临一个关于越南的战略问题。他需要决定的是，美国的遏制战略——这个战略已通过这个国家新结成的联盟体系来实施——是否要求美国拯救南越当局，帮助它击败其内部和外部那些坚定的敌人。约翰逊把这个问题当成了一个政治问题。他把注意力集中在这个问题对其短期内政权力的影响之上。约翰逊过高估计了美国用军事实力来解决外交问题的能力。他没能把军事行动和外交联系起来。他从来没有研究过越南在其区域战略中的位置。这并不是说美国应该排除在越南及整个地区做出任何威胁和干预的选项。实用主义的外交是一门艺术，而不是一道根据固定公式运算的数学题。

约翰逊主要的幕僚们依靠的是各种特殊的危机管理方法，这些还是他们从肯尼迪那里学来的——但他们没有肯尼迪的质疑精神，也没有能力拆解问题以检验各种假设和可能性。肯尼迪能做到超然世外，这可以帮助他进行冷静的计算。国务卿贝克似乎也有类似的能力。这些人可能看起来很友好，但是他们评估问题和行动的时候却很冷酷。贝克曾用貌似玩笑的口吻认真说道："我想让你知道，我会尽我所能坚持下去。"与之相反，对于约翰逊来说，他遭遇的每一个问题似乎都是棘手且关乎其个人的。

危机管理的方法促使约翰逊的幕僚们只顾眼前的政治操作，而不考虑一旦美国无法取得胜利，随之而来的各种后果是否符合美国的利益。他们缩小了对问题的反应范围，不去面对关于长期目标、现实目的，以及实现目标的手段等棘手问题。他们放任总统用自己的政治倾向来主宰外交行动。颇具讽刺性和悲剧性意味的是，这位最重视政治的美国总统却没能认识到，美国公众不会支持一场只为信誉而战的、代价高昂的战争。约翰逊的战争最后走向了实用主义的反面——沦为无意义的牺牲。

第 15 章

战略转型与美国式现实政治：
理查德·尼克松和亨利·基辛格

改变世界的一周

1972年2月17日，理查德·尼克松总统离开安德鲁斯空军基地，踏上前往中国的长途旅行的第一程。"空军一号"起飞的时候，他还不知道自己此行能不能见到中国共产党的传奇领袖毛泽东主席。[1]

尼克松是一位积极的反共分子，他为这次出访做了精心的准备。之前的几个月里，他一直为这次旅行的历史意义而激动——他将成为第一位访问中国的在任美国总统。对于美国人来说，中国总是迷人而矛盾的——在过去的30年里，美国曾与中国人并肩作战，也曾与之为敌。美国人认为中国存在巨大的商业潜力，但现在经济前景黯淡。他们曾试图让中国人变成基督徒，并让中国实现现代化，也曾被中国人的抵抗所刺痛。毛泽东领导的共产党建立起革命政权已经20多年了，美国甚至仍然拒绝承认中华人民共和国。尼克松告诉媒体，他的这次冒险"就像去月球一样"。[2]

尼克松想让自己以最佳的状态抵达中国。他中途在夏威夷休息，然后又在关岛停留。这两个地方都是美国在太平洋上的基地，是世纪之交时的总统威廉·麦金利留下的财产。尼克松练习了如何使用筷子。他从关岛飞到上海，在那里匆匆吃了早餐。中国的一名领航员兼无线电报务员登上了飞机。美国人是在经过长时间谈判后勉强同意让中国人帮忙引导"空军一号"飞向北京的。[3]

2月21日上午11点30分，尼克松抵达了中国首都。当天的天气寒冷，天空被尘霾笼罩。他抵达的时间保证了自己可以及时登上美国晚间黄金时段的新闻节目。尼克松独自一人走下舷梯，中国国务院总理周恩来在下面迎接他。尼克松把手伸向了周恩来，照相机的快门声响成一片。总统和总理同乘一辆车驶向北京市区。周恩来在车上说："你的手伸过了世界上最辽阔的海洋来和我握手——25年没有交往了。"两个人都意识到了这次握手的历史象征意义：1954年，在日内瓦举行的一次关于越南和朝鲜问题的国际会议上，美国国务卿约翰·福斯特·杜勒斯对周恩来伸出的手视而不见。外交往来是通过姿态实现的，象征意义非常重要。1954年，周恩来试图对美国提出一个解决两国突出分歧的方案，但杜勒斯没有理会。1972年，美国在海约翰的精神指引下，表现出了尊重的姿态，并重新对中国敞开了大门。[4]

相反，中国在接待这个超级大国时释放出的是一种谨慎的信号。这两个国家将会平等地会面。在机场，两国国旗并排飘扬。参加欢迎仪式的人包括25名官员和一支仪仗队，但没有群众。候机楼上悬挂着一幅中文标语，内容是谴责帝国主义者和资本家。欢迎仪式持续了15分钟。对于一次载入史册的世纪性飞机着陆来说，这个礼遇并不隆重。亨利·基辛格跟在总统后面走下飞机的时候，周恩来的话里多了一分个人色彩。"啊，老朋友。"周总理对总统的这位国家安全事务助理如此说道。基辛格此前曾两次访问中国，为尼克松的访问做准备，并与周恩来长时间会面。在之后的几十年里，中国人都把与自己互相尊重的外国人称为"老朋友"。[5]

尼克松抵达的时候，毛泽东已经做好了准备。这位病中的领袖数月来第一次刮了胡子，剪了头发，穿上一套新衣服和一双新鞋。这位已经78岁的革命者近来身体状况不好，尽管并不信任他的医生，但最后还是同意接受一些基本的治疗，以便以更好的状态会见美国总统。[6]

尼克松的访问让毛泽东很激动。随着"空军一号"的驶近，他不断接到关于其行程的报告。毛泽东本想等尼克松一到就马上会见，但周恩来说服他同意让尼克松先去钓鱼台国宾馆下榻。下午2点30分，毛泽东等不及了，他催促周恩来带尼克松到红墙环绕的中南海来。这里邻近紫禁城，是共产党领导人们居住的地方。这片清幽的区域里的很多建筑都可追溯到中国的最后一个封建王朝。只有极少数的外国人进入过这片有着湖泊、树林和宅院的园林。周恩来转达了主席对基辛格的问候，后者表示自己表面看上去很冷静，但同时感到既振奋又欣慰。尼克松与毛泽东的会面将向全世界和中国人民发出信号："伟大的舵手"欢迎这一新时代的到来。[7]

尼克松步入毛泽东的书房时，一位助手搀扶着主席站了起来。这位主人缓步走向总统，热情地握住了尼克松的手，并握了很长时间。只有中国的摄影师被允许在场，他们捕捉到了这一时刻。两个人都知道，这张照片将马上传播到全世界。[8]

按照中国的惯例，会场内的椅子是弧形排列的。两位领袖坐下之后，尼克松试图以世界观的话题来打开局面。总统强调，"一个国家的内政哲学"不重要，重要的是这个国家的对美政策和对世界的政策。毛泽东则把关于其他国家的具体问题——"所有那些麻烦的问题"——都交给周恩来，并表示自己喜欢"哲学问题"。尼克松称赞毛泽东的文章和诗词，毛泽东则认为自己的那些东西没什么。毛泽东说尼克松的《六次危机》(Six Crises)"写得不错"。基辛格插话说,他已经让他在哈佛大学的学生阅读毛泽东的著作。之后,两位领袖又一块开起了这位国家安全事务助理的玩笑。周恩来则安静地坐着,只是在毛泽东说出一些自嘲的话时才会笑出声来。[9]

毛泽东用隐晦甚至玩笑式的语言对苏联、日本、韩国——特别是中国台湾,那是他一生的敌人蒋介石的地盘——发表了简短的看法。这位老共产党员说他给尼克松"投了一票",并且喜欢右翼人士。尼克松则回应称,在美国,"右翼能做到那些左翼只能说到的事"。基辛格则插话说:"那些左派都是亲苏的。"[10]

这场对话原计划持续15分钟,实际上进行了一个多小时,不过翻译在其中占去了一半的时间。周恩来不断看表,毛泽东则问他们今天谈论的内容是否已经足够。会谈结束时,尼克松想让主席知道,他这位总统是说话算数的。毛泽东缓步把尼克松送到门口,并在此时透露自己身体有恙。[11]

著名著作《尼克松在中国》(Nixon in China)的作者玛格丽特·麦克米伦(Margaret MacMillan)把这场谈话定性为"令人奇怪地毫无成果……尼克松试图为未来的对话打好基础,但毛泽东却顾左右而言他"。有一些人——尤其是基辛格和为他做记录的助手温斯顿·洛德(Winston Lord)——后来则认为从毛泽东那神秘莫测的话语中品出了重大的含义。尼克松也感到了那一时刻的令人敬畏的力量。美国人重新阅读谈话记录时,才发现毛泽东的话中"由寓言和直接或隐含的意思所组成的多层设计"。事实也许如此。毛泽东在台湾问题上间接地表示,这座岛屿的状态应该由中国人民解决,且一定不能受到美国的干预。我感觉,后来的一些人对毛泽东的语意有所夸大,这源于这一外交转折点上的历史人物会谈的戏剧性,也是为了提高见证者的地位。[12]

真正重要的信号是会面本身：双方都愿意搁置严重的分歧，发展新的关系。在美国人看来，毛泽东是一位战略家，能意识到美国人提供的可能性，并热情地接受它们。尼克松则在这位领导人身上看到了与自己相同的特质，能在机会出现的时候"只争朝夕"。尼克松离开后，毛泽东评论说，他喜欢性格直率的尼克松，不像左派分子那样"说话拐弯抹角，说的是一套，实际的意思是另外一套"。尼克松对中美关系改善将给美国带来的益处做出了直接评估，毛泽东表示尊重。1974年，毛泽东对英国首相爱德华·希思（Edward Heath）说，尼克松"知道自己代表什么，想要什么，也有实现目标的精神力量"。但是，毛泽东并没有被基辛格的魅力和智慧火花所打动，他觉得基辛格"只是个有趣的小家伙。他每次来见我都紧张得浑身发抖"。[13]

尼克松把自己的这次访问总结为"改变世界的一周"，[14]他是对的。实际上，他所开启的这次转变直到现在仍震撼着世界。全球人民将会继续追问，太平洋两岸的两个大国是否可以携手合作。

历史与现实政治

在彼此接近的过程中，双方都很谨慎。两国都认为自己是世界的中心。中国相信自己是世界革命的风暴之源，把马克思主义和民族主义有力地结合在了一起。美国认为自己是"自由世界"的领袖、全球资本主义的代理人。西方的法律秩序守护者想要与东方力求改变一切的革命者讨论哲学和利益。

此外，历史的阴影也笼罩着它们大胆的行动。美国人对中国很着迷，这至少可以追溯到罗伯特·莫里斯1784年的"中国皇后号"之旅。在200多年的时间里,两国的关系在友好和敌对之间来回摇摆。中国珍视自己的古老文明,美国则阐释了一个新的文明。美国商人梦想着打开中国市场的大门,传教士则希望"拯救"中国人的灵魂。海约翰和西奥多·罗斯福阻止了殖民列强瓜分中国的图谋,查尔斯·埃文斯·休斯甚至试图帮助中国保卫其主权。实际上,美国人一直都想保持中国的完整,同时改造中国的人民——让他们变成基督徒、商人和共和主义者。每当中国人对美国的"善意"不屑一顾之时,美国就会回之以敌意。1972年,这两个国家试图克服20年的隔绝和猜忌。尼克松和毛泽东在各自的政治生涯中都遭遇过许多危险,这一次两人都在赌博。[15]

尼克松是个敢于承担风险的人。他的政治生涯建立在热心的反共活动上,以此积累了政治资本,但他此刻却决定把这些资本用在打开红色中国的大门之上。他还押上了很重的地缘政治——乃至历史——赌注。这位总统相信,美国在二战后建立起的超级霸权不会一直保持下去。漫长而痛苦的越南战争增加了转变时期的考验,因为尼克松担心在这场战争中的失败会使美国人向内收缩,滋生新的美国孤立主义。与此同时,苏联的权力似乎正在扩张。按照尼克松的推测,中美关系的恢复将把世界引入一个新的多极化格局之中。美国可以凭借灵活的外交手段在竞争对手之间纵横捭阖,从而打造一个大国之间的和平新秩序。没有人能完全理解中国的潜力。尼克松冒险访问一个意识形态领域的对手,这将为美国缔造新的国际权力平衡增加可能性。[16]

尼克松后来写道,他在为访问中国期间的会谈做准备时做了一些笔记,其中强调了他对美国优越制度的信心,认为其将最终战胜中国与之竞争的意识形态。美国国内在20世纪60年代末出现了动荡局面,但尼克松还是想让中国人认识到"美国的体制不会四分五裂"。尽管如此,尼克松和基辛格都没有以其乐观论调为出发点与中国交往。不管是为了讨好中国人,还是对未来美国的实力有所怀疑,尼克松在与中国探讨新的行动方式时均提到了美国的局限性。尼克松的现实政治和罗纳德·里根的复兴主义相比,两者的基调——以及其基础假设——的差别是惊人的。我将在下一章讲到这一点。[17]

作为一个革命者,毛泽东是从中国数亿人中一路打拼到最高位置上的。他也是一个主动追求风险的人。基辛格来到中国一天后,毛泽东安排周恩来发表了一份声明,其内容是这位主席最喜欢的主题之一:"天下大乱。"毛泽东认为,混乱的世界将催生出历史性的变革。[18]

毛泽东把马克思主义意识形态和中国的实际情况结合了起来。他知道中国在"文革"开始后处于危险的孤立状态,外部强敌环伺,内部疲弱不堪。苏联于1968年入侵捷克斯洛伐克,且这一行动被列昂尼德·勃列日涅夫(Leonid Brezhnev)以一套理论合法化,即苏联有权干预那些落后的社会主义国家的内政。这件事让中国人感到不安。1969年夏天,中苏边境发生军事冲突,这让毛泽东更加感觉到危险的迫近。中国人甚至还听到传言说,苏联可能会对中国的核计划进行外科手术式的打击。毛泽东可以设法让远方的"蛮族"和中国的邻国——其中当然包括苏联,但也包括日本和印度——相互抗衡。贫穷的中国需要经济援助,但中国自己不能开口要求获得援助。[19]

强国领袖们都更看重生存和成功,对意识形态的一致性就不那么在意。1970年5月,毛主席发表了一篇名为《全世界人民团结起来,打败美国侵略者及其一切走狗!》的文章。基辛格发现,当毛泽东把美国当作全球均衡体系的一部分来看待的时候,他就会无视自己的那些反帝国主义言论,认为那些只是"放空炮"。毛泽东说,中国主要的安全威胁是苏联,来自美国的侵略是小问题。[20]

基辛格曾提醒尼克松,中国的外交风格是先提出原则。一旦中国人阐明了大方向上的原则,他们在具体的战术问题上是可以很灵活的。中国的学者也对我表达过同样的观点。相反,美国人则习惯于直接讨论解决问题的想法。他们怀疑中国人偏好的方式太抽象,只会浪费时间,或者会偏离制定行动方案的艰巨任务。[21]

第一轮会谈之后,尼克松很享受向周恩来陈述其战略原则的挑战。他知道毛泽东会阅读会谈记录。美国总统解释了自己为什么想逐步实现与中国关系的正常化。尼克松承认中美在台湾问题上的分歧会给双方关系造成龃龉,但他希望寻求一个和平的解决方案。他想让中国知道,美国人是认真的、可靠的;中国需要用美国来制衡那些攻击性的国家,例如印度,当然还有苏联。尼克松希望日本不要再走上军国主义之路,而美国在日本的存在可以阻止这种可能成为现实。尼克松还提到了他在国内的政治反对派——从支持台湾的右派到不想惊扰苏联人的左派,再到满足于现实的官僚机构。他解释道,他愿意承担政治风险缘于他对原则的信仰,以及对中国的开放态度。[22]

尼克松和基辛格反复向中国领导人保证,美国不会和苏联或其他国家合谋来伤害中国。为了证明他们的决心,美国人把涉及苏联军事实力的高度机密信息交给了中国,包括中苏边境的军事部署情况。基辛格还表示,如果中国提出请求,他还可以提供更多的细节。中国人也确实提出了请求。基辛格把美苏会谈的保密信息也分享给中国,包括两国的核军控的讨论。

尼克松和基辛格先后表示,他们想让中国向北越政府施压,以在越南问题上达成和解。美国人知道他们不能直接要求中国援助,他们需要让中国看到美国在这个地区的积极作用,而越南持续的流血冲突破坏了这种作用。与之类似的是,两个国家也不会唐突地组成一个对抗苏联的联合阵线,而是会用两者的关系给苏联政府制造不确定性,阻滞苏联的敌对行为,并迫使苏联竞争合作的机会。基辛格喜欢用一个词——"模糊性",指的是潜在的力量和操纵能力。这些都是现实政治的手段。正如基辛格所解释的那样:"〔克服分歧的〕实际问题将会因为中美关系的友好化而得到解决,而不会是通向友好化的途径。"[23]

现实政治也与站位、形象,以及隐藏在身份和地位背后的权力暗示有关。尼克松在中国访问期间既通过战略对话,也通过象征符号来交流。这位总统和他的职员明白媒体的作用,特别是电视。在这个时代,区区几个电视频道就可以影响公众舆论。尼克松需要用这次访问的戏剧性和神秘性来让人们兴奋起来,从而压倒那些反对中国的美国选区的力量。他也明白,访问中的那些照片将成为他历史地位的标志。

身为宣传大师的中国人也被美国媒体事无巨细的规划所震惊了。白宫的先遣队指示"空军一号"降落到一个特定的地点,只是为了让尼克松走下舷梯见到周恩来和欢迎队伍的时候,能有一个良好的摄影角度。为了确保万无一失,美国人还在测量过跑道后在确定好的位置上做了记号。周恩来对尼克松的形象建设表示怀疑:"一个人的形象取决于他的所作所为……我们不相信世界领袖是自封出来的。"[24]基辛格虽然来自美国,却很理解中国人的文化,他显然也有一些周恩来那样的不满情绪,对"尼克松白宫团队对公关的偏执"嗤之以鼻。[25]但是,无论是周恩来还是基辛格都不需要面对再次竞选连任的压力。

实际上,尼克松的公关手段是为一个更大的目标服务的。正如基辛格后来所写的，总统的"首要目的是重掌美国外交的主动权"。这两位现实政治的大师"再也找不到像中国领导人那样适合尼克松式外交的对话者了"。[26]

基辛格访华

为了准备尼克松的访问，基辛格曾两次前往北京。这两个国家——没有正式的外交关系，而且一直无法顺畅地沟通——一度找不到方法向对方释放愿意对话的信号。然而，到了1971年春天，周总理通过巴基斯坦人向美国发出了邀请，希望美国派出一位特使访华，为总统的访问做铺垫。虽然周恩来强调双方要讨论的第一个问题就是美国撤出台湾，但他也补充说，双方可以自由地提出"各自关切的重要问题"。尼克松和基辛格意识到，中国政府愿意讨论覆盖范围很广的各种议题，而不仅仅是就台湾问题进行辩论。[27]

中国人同意为这次访问保密，不过并不知道美国人为什么坚持要求秘密访问。尼克松有好几个动机。他喜欢戏剧性——大胆地搞出一个既成事实可以甩开他在国内的对手。这位总统和基辛格也不信任他们自己的官僚机构，认为那些人会制造障碍、泄露消息并延缓进程。他们担心公众的关注会减小运作的空间，而且批评之声可能会促使中国在搞清楚尼克松的目的之前就反悔。中国人提议在对话开始后公开发布消息。[28]

现在，也就是50年之后，我们很难想象基辛格出访时所面对的不确定性。基辛格估计中国人的谈判态度会很强硬。他已经做好了中国人要求美国从台湾撤军的准备。除了将向中国提供的简报，他还准备了80页的笔记，上面列满了美国对各种议题的立场。但是基辛格认识到，自己也是有好牌可以打的。中国人希望自己被承认为一个大国，而美国总统的访问将为此提供"引人注目的证明"。[29]

基辛格带了几个国务院的外交官员作为自己的随员，但他没有把这次秘密访问通报给国务院和国防部。他和尼克松都不知道，海军派了一位速记员兼文书去协助国家安全委员会的文件准备工作，这位负责任的仆人复制了那些文件并转交给了他在五角大楼的主人们。[30]

7月9日午后不久，基辛格飞抵北京的一个军用机场。中国人把基辛格接到钓鱼台国宾馆。在之后的48小时内，基辛格与周恩来在这里进行了总计17小时的对话。在从机场驶往钓鱼台的路上，一位中国官员给美国人讲述了1954年杜勒斯拒绝与周恩来握手的故事。这一次，基辛格主动把手伸向了周恩来，中国的照相机记录下了这次历史的逆转，准备日后公开。美国人此时显然已经知道了，中国人在外交中很看重尊严，且希望双方能够互相尊重。

两人谈到接近午夜。中国作为东道主给了基辛格先做开场白的机会——在中国，一般都会让客人先发言（如果中国人在海外，就会让主人先发言）。外交官往往喜欢先听听对方会提出什么——或是透露、假定、泄露什么。这一次，基辛格想要先确定对话的战略高度。他不想提出"一份双方之间存在摩擦的问题清单"。

基辛格曾经在另外一个场合解释过，他外交思想的精髓是这样的："了解我在努力去做的事情，了解主题，了解与我打交道的人的历史和心理。还有一些人与人之间的默契……与我正在谈判的对象建立一些私人关系。这可以减少双方的摩擦，[不过他们]不会因此就做出本来并不打算做出的让步。"[31]

基辛格恭维了一番周恩来和中国。在两天的时间里，两人都被对方的魅力所感染。基辛格发现周恩来的睿智、机敏、精明的优雅和自律十分令人着迷。在1972年的时候，周恩来已经是一个拥有历史地位的大人物了，是历经多年斗争的幸存者。基辛格对他发自内心的敬仰是可以理解的。然而，这位美国特使还有重要的信息要传达。基辛格首先表达了对中国的民族自豪感的尊重。他说，"我们是在平等的基础上走到一起来的"，"中国的成就、传统、意识形态和实力"使它有资格以一个平等成员的身份参与到影响亚洲和世界和平的所有事务中去。他们不需要就意识形态的优劣展开争论，历史会做出抉择。周恩来同意，称平等的双方之间"一切事情都必须按照互惠的方式来"，而且双方先要在基本原则上达成一致，才能展开针对具体问题的工作。[32]

基辛格想要解释一下美国总统对世界的看法。他后来写道，他和周恩来"一起花了几个小时，从实质上界定清楚了双方互相理解的那些无形的东西"。基辛格坦诚相告，尼克松和之前的总统是不一样的。美国的霸权并不可取，这种霸权会使美国可能"在任何时间陷入世界任何一个角落的任何一场斗争之中"。美国的"传教士倾向"曾导致它用巨大的代价去追求一些并不重要的东西。相反，尼克松的行动将会"依据当下的现实，而不是对过去的梦想"。[33]

基辛格陈述了自己的现实政治态度，他的看法虽然悲观，却更为睿智——他没有把目光仅局限在解决越南问题和减少美国在台湾的驻军上面。基辛格认识到，这一地区当下的时局正在向对美国及其盟友不利的方向发展。他断言"我们不会阻挡根本上的演化"，以及"我们不会提出一个让历史停滞的条约"。他推测，许多问题会自然解决，或是随着其历史背景一起淡出舞台。[34]

我猜想，基辛格这是试图说明，强大的美国不会对中国构成威胁，也不会对更大范围内的和平局面构成威胁。他知道双方对彼此都怀有强烈的戒心。尽管如此,基辛格还是需要保证总统的访问能够成行,并得到积极的接待。为此他需要扫清两个障碍——中国台湾问题和越南问题——而这两个问题都是"短期内无法解决"的。[35] 基辛格还表示,尼克松不会继续挥霍美国的实力,这就相当于给中国吃下了一颗定心丸,保证美国会把力量和注意力集中在值得的地方。但是,我对基辛格在谈论美国时的这种宿命论的腔调还是不太赞同。我不会过多地依赖尼克松和基辛格领导一个衰退中的大国的技巧。相比于现实政治策略,我更喜欢实事求是的风格:美国的外交官可以在不过分夸张的前提下展现美国在历史上所表现出的韧性、潜力、能力,以及在经济和技术上完成自我革新的潜能。事实上,有分寸的语气能够传达实际的力量。我认为,美国对外国所表达的信息永远都应该是:美国既是一个好朋友,又是一个可怕的对手。

周恩来关心的根本问题是台湾。为了确保让美国人明白他的意思,周恩来把第二天与基辛格会面的地点定在了人民大会堂的福建厅,而福建正是与台湾隔海相望的省份。周恩来一开始就讲了一段措辞尖锐的话,让客人大吃一惊,然后才回到他平时的那种彬彬有礼的风格。毫无疑问,他是在毛泽东的授意下这么做的。"天下大乱",周恩来引用了毛泽东很爱说的一个短语。他对两个超级大国、美国特工在中国台湾和印度支那的活动,以及日本的军国主义都表达了不满。或许是为了告诉美国人——还有他自己国家的人民——中国不害怕苏联人、美国人或其他任何一个国家的人,周恩来强调了"人民战争"在对抗外国入侵时的力量。最重要的是,台湾问题不是一个孤立的问题,它是美国承认中华人民共和国的基础条件。不能有"两个中国"。尼克松必须设法解决这个问题,否则就不必来访问了。[36]

基辛格礼貌地给予了回应。他提醒周恩来,是中方表示欢迎尼克松来访问的——所以中国政府当然可以决定让他什么时候来,但是,两个国家有许多问题要解决,而访问将会显示出双方有能力解决这些问题;在这之后,双方关系的正常化将是不可避免的。基辛格说,他已经提及美国从台湾撤军的计划,他甚至还表示美国为这个岛提供"保护"是一个历史性的错误。基辛格用他很喜欢的一句话表示:"也许历史会使问题自动得到解决。"他的这些表态可能让中国政府提高了在台湾问题上的期望值,从之后的近半个世纪历史来看尤其如此。[37]

基辛格报告称,他试图避免在他所说的"中国共产党的教条"问题上因双方看法的分歧而形成对抗。周恩来则发起了一场犀利但仍在外交范畴内的辩论。辩论涉及亚洲各项议题:印度支那、日本、朝鲜半岛、印巴冲突,当然还有苏联。中国不想表现得很渴望让美国来帮助自己对抗苏联,而是用微妙的说法点出了双方在这个问题上的共同利益。基辛格告诉中方代表,美国现在最关心的就是如何结束越南战争。他试图说服中方,如果越南以一种体面的方式——让美国不违背自己承诺的方式——实现和平,那就是对中国有利的,因为美国可靠的名声将会让中国政府受益。这两个有着巨大差异的国家和双方领导人分享了信息和看法,以此来建立信任。正如基辛格后来所记录的那样,他们需要跨越"20年的互相忽视","建立起足够的信心,从而把第一次会面转化为一个进程"。[38]

为了向中国示好,基辛格还对美国的盟友做出了贬损式的评价。他说美国政府对日本的做法"极其幼稚",扶持起了一个经济上的对手,而且这个对手将来也许还会对美国构成军事上的威胁。基辛格希望中国能把美国与日本的盟友关系看作对日本政府可能存在的军国主义倾向的约束,但周恩来回答说,美国的盟友"将被它们自己的人民赶下历史舞台"。基辛格还表示美国不应该保留在韩国的驻军,他认为这个问题也可以"自动解决"。他在台湾问题上发出的信号是:关键的问题是美国是可信赖的,而不是偏向于某个特定的政治结果。[39] 在中美经历了20年的恶语相向之后,基辛格需要建立和中国人的关系,这一点我是赞成的。但是,我认为在这个问题上,他对日本和韩国的消极态度削弱了美国的筹码。作为一位熟悉欧洲现实政治的战略家,基辛格忽视了美国的马汉主义战略,也就是确保在亚太地区的海洋势力范围。美国政府可以凭此对自己的联盟和市场的力量做出实事求是的评价。[40]

周恩来和基辛格的会谈还需要有一个切实的成果:宣布尼克松总统访华的消息。考虑到象征符号在外交中的核心地位,这份由400个单词组成的声明中的遣词造句都有着重要的意义。在由哪一方发出邀请的问题上,双方僵持不下——双方都想让对方显得更主动。后来,在基辛格不得不启程的前一个小时,双方才找到了折中办法。其中一部分原因是中方代表需要请示毛泽东,而他当时已经睡觉了;而且,周恩来也要在晚间招待朝鲜来的客人。用词考究的声明起草者们最终同意这样表述——"了解到尼克松总统表达了访问中华人民共和国的愿望之后",中国邀请他来促成双方关系的正常化,并在双方共同关心的问题上交换意见,"尼克松总统欣然接受了邀请"。双方同意在7月15日晚间(美国时间)发布声明。基辛格在启程飞回美国之际给总统发去了表示成功的暗语"尤里卡"(eureka),然后迅速赶往加州向尼克松汇报情况。[41]

7月15日,尼克松在伯班克的一个电视演播室里录制了一段7分钟的演讲,并在其中朗读了双方同意的声明文本。尼克松解释道,中美之间的新关系是"一次驶向和平的旅程,并不针对其他任何国家"。但是,它实际上当然是针对某个国家的。苏联政府已经领会到了美国现实政治的新"三角外交"手法。[42]

基辛格给总统写了一份27页的报告，陈述了他在北京的会谈过程。为了迎合尼克松想要让自己留下政治遗产的想法，基辛格写道，"我们已经为您和毛泽东揭开历史的新篇章打好了基础"，"传遍全球的巨大冲击波"将会造成"一场革命"——前提是美国人能"掌控这一进程"。但是，基辛格也警告尼克松不要有"幻想"。"深刻的分歧和多年的隔绝横亘在我们和中国人之间……而且，如果我们的关系恶化，他们就将成为无法安抚的敌人。"中国共产党人是"高度意识形态化的，对他们的信仰近乎狂热"。基辛格意识到，中美关系正常化的开端将让"苏联人惊恐"，"震松日本"系在美国"停泊处"的缆绳，"引起台湾的剧变"，并加重印度"已经很强的敌意"。然而，基辛格对中美恢复邦交充满希望。中国人将"精力集中在本质问题上，避免了言语攻击和争辩"。这一点与苏联人形成了反差，后者无视各种概念，而且在谈判中并不想试图说服对方，而是"一路死缠烂打，直到把你耗得精疲力竭……"。[43]

尼克松和基辛格预见到，如果美国能精心拟定一个现实政治的对华政策，其潜力将是巨大的。北越可能会担心失去盟友的支持。苏联人将会设法清除障碍，使其领导人与尼克松举行峰会，改善与美国的关系。甚至连美国的盟友们也会认识到，美国的支持是需要它们自己争取的，而不是凭空掉下来的。美国公众将会看到，白宫有能力灵活地扮演"世界领袖"的角色。选民们则会发现，这位战时总统其实是一个爱好和平的人。

并不是所有的美国人都感到欢欣鼓舞。加州州长罗纳德·里根在一份公开声明上签了字，对尼克松缓和对苏和对华关系的政策表示不满。基辛格会见保守派领袖们，以缓解他们的焦虑。他对这些人说，尼克松在国会、越南和其他国家的问题上都面临着各种各样的现实限制。这位总统正在熟练地进行周旋：他没有放弃任何还没有失去的东西，并且巧妙地运用外交手段让敌人（包括国内和国外的敌人）相互抗衡。听了基辛格的话，批评者们问道，为什么美国总统不能直截了当地告诉他们，美国需要什么才能恢复在军事（也许还包括经济）上的优势。现实政治那一套看起来并不可靠——甚至可能会出卖自己的利益。到这个十年的尾声之时，缓和、恢复邦交和现实政治——全是外来词汇[*]——就都不再流行了。[44]

《上海公报》

1971年10月20日，基辛格公开访问北京，准备起草一份将在总统访问结束时发表的中美联合声明。他和周恩来在5天多的时间里会谈了约25小时，话题涉及世界事务和历史。[45]

公报是外交活动中的标准工具。一般来说，双方的工作人员会提前谈判，有时会圈定有限的几个关键分歧，留待大人物们解决。公报通常都包括表达善意和愿望的泛泛之谈、不出意料的共识表述，以及关于双方分歧的模糊措辞。看公报的人需要擦亮眼睛，寻找字里行间的微妙变化。公报偶尔也会显示出真正的突破或大胆的提议。公报虽然看上去平淡无奇，甚至像是陈词滥调，但它有时确实可以为未来的工作提供一个框架，或是为后续的行动路径提供参考坐标。

---

[*] détente（缓和）和rapprochement（恢复邦交）是法语，realpolitik（现实政治）是德语。——译者注

基辛格给中国提供了一份冗长乏味的草案。毛泽东不喜欢。接到毛泽东的指示后，周恩来与基辛格对峙起来。他申明，现实就是两个国家有巨大的分歧，双方应该诚实地承认这些分歧。周恩来用基辛格的名作*来反对基辛格，说美国人现在就像拿破仑战争之后的梅特涅，想要镇压革命并维持旧秩序。周恩来提醒道，美国人曾经也是革命者。他们应该承认，一代人的和平必须建立在能够折射出未来希望的动乱之上，而非依靠恢复邪恶的旧制度。中方代表提供了他们对公报的想法。他们的草案表现出了革命情怀、整体方针和对重大问题的观点，也给美国留出了在相同议题上表达观点的空间。

舞台已经搭好，就等外交艺术大师们创作出一份名垂青史的文件了。谈判过程弄不好就会偏离轨道。基辛格后来解释道，在最初的惊讶平息之后，他逐渐对这种不同的公报结构和表达方式产生了好感。"我开始意识到，这种十分新鲜的方式或许能解决我们的困惑。"[46]双方都可以在探索共同点的时候保护自己不受国内强硬派的指责。第一项任务是修改措辞，使其既能体现出分歧，又不至于过火。

随后，关于分歧的讨论就成了外交探索的实验室。基辛格后来回忆说，他曾"提出删掉中方草案中的一处过激言论，作为交换，周恩来也可以要求删掉美方草案中的某处他所反对的内容"。"我们这样做是不会有结果的，"周恩来表示反对，"如果你能说服我为什么我们的言论是过激的，那我就同意让你删掉。"基辛格解释说，周恩来的做法是为长期的重要目标着想，而并非出于善意。中国需要建立信心，"像辩论赛那样计算得分有违中国的利益"。随

---

*　此处指《重建的世界》。——译者注

着讨论继续,基辛格也暗示道,在一些敏感的议题,尤其是台湾问题上,尼克松能做的可能比他现在能说的多,尤其是在1972年大选之后。[47]

在高强度的24小时工作之后,周恩来和基辛格拟就了一份新型的公报草案。"超过一半的篇幅都用于陈述双方在意识形态、国际事务、越南、中国台湾等问题上互相冲突的观点……诡异的是,"基辛格继续写道,"把这些异议一样样地列出来,反而让那些双方达成共识的议题显得更加重要。"他们知道世界各国政府都会仔细研读这份公报。美国和中国的关系将继续走向正常化,这"符合所有国家的利益"。中国和美国将"减少国际军事冲突的危险"。两国都不谋求地区霸权,并且都将反对其他国家谋求霸权的行为。任何一方都不准备代表任何第三方进行谈判,也不准备同对方达成针对其他国家的协议或谅解。身为历史学家的基辛格认为,自己的这件作品建立了一个"抵御苏联在亚洲扩张的心照不宣的同盟,就像英国和法国在1904年签订的《英法协议》(第一次摩洛哥危机期间,这份协议在西奥多·罗斯福的帮助下得以存续)一样"。[48]

在台湾问题上的措辞成了双方辩论最激烈的议题。基辛格引用了美国20世纪50年代提出的一种说法:"美国认识到,在台湾海峡两边的所有中国人都认为只有一个中国,台湾是中国的一部分。美国政府对这一立场不提出异议。"这一表述让周恩来颇为欣赏。美国明白,虽然中国政府曾经表示不愿使用武力来解决中国统一的问题,但共产党也从未放弃过这一选项。公报草案的起草工作还没完成,但是周恩来在送别基辛格时第一次开口说了英语:"尽快回来享受愉快的对话(Come back soon for the joy of talking)。"[49]

实际上,尼克松在1972年2月访华期间还需要和周恩来、基辛格以及他们各自的同事一起,通过深夜和清晨的多次会谈完成公报的起草工作。他们还需要解决的分歧包括毛泽东对革命的号召，以及其他三个议题：贸易与交流、近期发生的印巴战争，以及台湾问题。[50]

公报的起草者把革命热情弱化为"重大变化和巨大动荡"。他们对南亚政策各自做了表述，但其中又含有一些相同的语句，以此体现出双方在这一问题上的共识和分歧。公报在贸易和交流方面的表述则因后来发生的一系列事件而变得颇具讽刺性。中国对外国人来华充满戒备心理，对贸易和旅游的兴趣不大。基辛格解释说，"感性的公众压力"使得公报必须使用积极的语言，但贸易规模将会"无穷小"，交流也并"不会改变客观现实"。基辛格承认，他对经济的感觉一直是他的一个弱项。美国人有通过贸易和私人企业家塑造国际关系的传统，但尼克松和基辛格已经丢掉了这种本领。[51]

不出意料，双方争执时间最长的还是关于台湾问题的措辞。基辛格对周恩来坦言："麻烦在于，我们并不是彼此不理解，而是彼此不同意。"中方想要的是美军撤出台湾以及台湾和大陆统一的明确日期。尼克松则重申了一个中国的原则，并保证逐步减少美国驻军，不让日本插手台湾，并且不支持"台独"活动。最终的文件使用了基辛格此前对一个中国的表述，重申了"和平解决"的意愿，并承诺"逐步"减少武装力量和军事设施，直至实现"从台湾撤军的最终目标"。从那时到现在已过了大概50年，美军也早就撤出台湾了，但美国仍通过"与台湾关系法"（Taiwan Relations Act）保持着多种类型的干预，中国政府也仍在等待着解决台湾问题。[52]

在总统为期一周的访问行将结束之际，基辛格把公报的终稿拿给国务卿威廉·罗杰斯（William Rogers）和国务院的专家们看。这个时候，基辛格为他高度保密的草案撰写过程付出了代价。美国国务院的东亚问题专家们表达了对草案的疑虑，尤其是草案中提到了美国对日本和韩国的防务承诺，却没有提到对中国台湾地区的类似承诺。专家们重新提起了1950年的往事，当时的国务卿艾奇逊在谈论美国的防卫范围时没有把韩国包括进去，结果朝鲜战争很快就爆发了。基辛格在他的回忆录里说，国务院的这些抱怨纯粹是小题大做。他不得不用十分抱歉的语气把这些人的担心告诉中方人员，结果激怒了中方。中国官员反驳道，中国其实并不需要这份公报。当时毛泽东已经批准了中方谈判人员送交的草案，而美国不但要修改，改的还是关于台湾的部分。最终，草案中弱化了美国对日本和韩国的提及。为了表示对美国的惩罚，中方坚持修改另外一处措辞，以加强美国不在"亚太地区"寻求"霸权"的道德义务。[53]

这种收尾阶段的一波三折在公报草案的谈判中是很少见的。在这种情况出现的时候，已经筋疲力尽的谈判者一定要保持自律，盯紧主要目标，并继续用创造性的方式解决问题。从另一个方面来说，草案的起草者如果总是试图在最后时刻占便宜，而且又给不出合适的理由，那么这种人就会丧失信誉，而信誉对谈判的成功又是至关重要的。

2月27日这个周日的下午，中美双方在上海签署联合公报，并于次日发表了该公报。尼克松总统于28日离开了中国。基辛格为美国记者们召开了一场新闻发布会。这些记者全程跟随总统访问，此时已筋疲力尽。基辛格把自己为一些可能被问到的问题，尤其是台湾问题（基辛格很会预测记者的问题，他已经把该问什么问题的建议给了记者），所准备的答案提前告知了中方人员。这新闻迭出的一周显然已经在美国国内造成了轰动。盖洛普民意调查显示，有98%的人知道尼克松的此次访问，这一数字创下了盖洛普的历史纪录。[54]

在后来的很多年里,基辛格为《上海公报》所做的工作得到了合理的赞誉。他在自己的著作里给这份公报赋予了特殊地位,称其为现实政治的样本。基辛格声称,《上海公报》"为之后十年的中美关系提供了一份路线图"。他回忆道,两国用来表达理解的语言在一年之内就变得"更加明确,且更加全球化"。"中美关系……从尖锐的敌对和隔绝状态变为**事实上的**同盟,以对抗显著的威胁。"请注意,基辛格在这里对"同盟"这个词的使用,它指的是更接近于美国长期反对的那种19世纪的同盟,而不是20世纪中叶美国相继与欧洲和亚洲结成的那种安全、经济和政治方面的伙伴关系。美国20世纪中叶的伙伴关系可能更接近于西沃德在南北战争后为美国各州所设想的那种经济、政治乃至邦联式的松散关系。基辛格所说的中美之间的事实同盟是"一个框架的一部分,这个框架反映了两个国家在国家利益重合之处互相支持对方的意愿"。尼克松和基辛格的"新和平结构"依靠的是对双方自身利益的计算,而不是双方共同的信念。[55]

现实政治把同盟视为一种工具,而不是一种长期的、建立在以共同的经济和政治价值观为基础的共同安全利益之上的伙伴关系。美国人的外交活动从一开始就包含有现实政治的因素——我们在前面的章节中已经讲过华盛顿、汉密尔顿、杰斐逊、门罗和约翰·昆西·亚当斯在外交领域的现实政治手段,美国人有时会沉溺于有实际好处的现实政治手段之中,尼克松和基辛格就是如此。但是,美国关于国际关系的其他思想流派却一直保持着影响。讽刺的是,基辛格虽然喜欢通过重构国际关系的平衡来实现秩序,但他的这种做法却被证明达不到稳定的效果,因为美国政府还需要满足美国政治和外交的其他传统。

1969年的美国与世界

理查德·尼克松是冷战期间九任总统中的第五任。当他于1969年1月上任的时候，对抗中的美国和苏联加起来共有3.7万枚核弹，总的爆炸力相当于广岛原子弹的100万倍。尼克松认识到，美国无论是与苏联还是与中国开战，都相当于"举国自杀"。他渴望实现伍德罗·威尔逊的梦想，即终结大国之间的"大"战争。尼克松想搭建一个"永久和平"的结构，作为自己的政治遗产。[56]

然而，尼克松从上任的第一天起就成了一位战时总统。白宫幕僚长H. R. 霍尔德曼（H. R. Haldeman）在一部口述史中提到："无论你考虑的是尼克松总统任期中哪一方面的问题，永远都不要忽视越南问题，那是尼克松第一个任期内压倒一切的因素。它无时不在，无处不在，影响着每一次讨论、每一个决定、每一次机会和每一个问题。"尼克松曾担任艾森豪威尔的副总统，他最开始似乎想学习那位将军在朝鲜问题上的策略，以迅速结束越南战争。但是，这位新上任的总统低估了他的北越对手，误读了中苏关系，对南越缺乏认识，而且误判了最重要的一点——美国公众支持军事升级的意愿（更不用说支持威胁使用核武器的意愿了）。即便如此，尼克松还是认识到他必须迅速减少美军的人数，他也确实这么做了。美国在1969年上半年的伤亡人数几乎占到了尼克松整个总统任期内的一半。[57]

尼克松领导的是一个严重分裂的国家。正如基辛格所反思的那样："美国人的理想主义……已经使其用自己的武器打败了自己……在越南问题上辩论的双方都把自己的目标视为道德正确，从没有想过如何跨越彼此之间的鸿沟。"尼克松必须领导一场撤退，而这是战争和外交活动中最危险的一种做法。基辛格说，美国公众

"既想要战争结束,又不想要美国人认输"。美国于1970年入侵柬埔寨后,基辛格对一位专栏作家说:"这个把戏……就是上演一场大撤退,然后在另一个地方出现,这样美国在国内还能令人信服地保持一个强权的形象。"[58]

尼克松总统意识到,越南战争本身是一场灾难,对他的战略计划也是一种阻碍。越南问题让美国无法集中精力应对东西方的竞赛,也限制了它从中苏的紧张关系中渔利,以及在1967年的阿以战争之后处理中东的不稳定因素所造成的风险的能力。尼克松担心,公众对越南战争的失望情绪或许会让美国向内收缩,转向新的孤立主义和消极立场。[59]

随着美国人的后退,苏联人感觉自己正在前进。此时的苏联已经摆脱了20世纪60年代初核武器和导弹数量都远逊于美国的窘境,建立了全球最大的核武库。苏军新增了小型舰队,对美国通往欧洲和亚洲的航路形成了新的威胁。对捷克斯洛伐克的军事干涉和勃列日涅夫主义的出台都显示了苏联坚决维护其阵营并约束不听话的东欧国家的决心。苏联人正在把大量武器运往中东国家,希望这些国家能帮助自己扩大在地中海地区和全球能源中心的影响力。

基辛格看到了苏联政府内部一种危险的组合。苏联自斯大林之后在"决策过程中就缺乏一个强有力的中心点",20世纪70年代的那些迟钝而粗心的领导人可能会禁不住动用强大的军队,进行具有攻击性的、破坏稳定局面的冒险行动。苏联的制度已经失去了意识形态上的吸引力,一些社会主义国家正在显示出民族主义和独立自主的倾向。苏联政府为了维护统一不惜动用武力。[60]

美国军队随着人员的缩减而捉襟见肘。在1969年到1972年之间,美国政府将其军队人数从340万裁减到230万,这是自朝鲜战争前以来的最低水平。除了缩减在越南的军队人数,美国还把在日本和韩国的驻军减少了三分之一,把在菲律宾的驻军人数减少了一半。尼克松在1969年提出的新"学说"要求盟友为自己的防务提供人力。关于核武器的新战略是"足够"进行"稳定的遏制",而不再是"占压倒性优势"。正如罗伯特·奥斯古德(Robert Osgood)和后来的迈克尔·格林所总结的那样,尼克松新制定的"大战略"要求的是"**军事上收缩,但政治上不脱离**"。[61]

美国越来越在乎成本。自1962年以来,美国政府每年都出现预算赤字,只有一年除外。林登·约翰逊的"大炮加黄油"政策导致经济萎靡、通货膨胀高企、美元地位下降。欧洲和日本虽然在军事上是美国的盟友,但在经济方面却成了美国强有力的对手。到尼克松访问中国的时候,他已经不得不让美元贬值,并打破实行固定汇率制的布雷顿森林体系。这进一步加剧了通货膨胀,并威胁到了贸易和投资机制——在过去的20多年间,这些机制一直是美国同盟体系的补充。

汉密尔顿曾勾勒出一幅现实主义的美国外交政策蓝图,将其作为打造美国经济实力的补充。尼克松和基辛格的目标是重塑国际权力政治体系,以适应他们已经接受的美国经济实力的相对衰落。

尼克松和基辛格的现实政治的规则

尼克松总统和肯尼迪一样,也把自己视为一个外交政策的总统。离开副总统职位之后,他曾四处游历,会见领导人和专家,探寻洞见,并为第二次登顶的机会做准备。外交官员们还记得尼克松的"对知识的巨大好奇心",有一个人还补充说尼克松是"所有到访过的大人物中最了解外交事务的一个"。[62]

这位未来的总统把知识方面的基础工作与一个设想结合起来，这个设想就是超级大国该如何在历史上留下自己的印记。尼克松对基辛格说："国家必须有伟大的思想，否则它们就不再伟大。"他对霍尔德曼解释说，美国正面临着"挥霍掉强国地位"的风险。他的政治直觉提醒他，越南的灾难会形成长期的危险。这位总统不会"犯那种只会把危机处理得更好的错误"。"只有在我们极好地履行了海外义务的时候，我们才能继续保持伟大国家的身份。"尼克松总结道。[63]

尼克松感觉到了时代的洪流，他作为领袖所面对的挑战是"给历史一个推力"。为此，他需要做出"大胆的决定"，"承担风险，做令人兴奋的事"，甚至"孤注一掷"。尤其是在美国的民主环境下，考虑到当时全国的悲伤情绪，尼克松认为自己必须"振奋人心"。只做到一半程度的措施不会有任何效果，而"能力和意志力"会成为外交资产，"胆量"将赢得政治支持。尼克松反思道，纵观历史，这样的领袖所需要付出的代价就是孤独，以及不被旧秩序的卫道士们所理解。领袖需要在面对这些对手时反败为胜。[64]

1968年初，尼克松对政治记者、中国通白修德（Theodore White）说："如果我能当选总统，我要做的第一件事就是接触红色中国。"在之后的一代人时间里，没有人能在不与中国合作的前提下玩转全球事务。尼克松猜测，他也许可以"设法让苏联和中国互相对抗"。1968年11月大选结束后，尼克松与基辛格当面讨论了世界局势以及国家安全事务助理的职位问题。这位新当选的领袖将他的诸多思考之一——需要重新审视对中华人民共和国的政策——带进了白宫。

在约翰逊执政时期，基辛格曾经对越南进行了两次深入的实地走访，为当局收集情报。但是，从背景和职业来说，基辛格是一个欧洲专家，主要的研究方向是苏联和核武器。1969年2月，这位就职不久的新总统给了基辛格一份备忘录，指示他来研究如何与中国政府接触。基辛格对他的军事助手亚历山大·黑格（Alexander Haig）说："我们的领袖已经脱离了现实。他刚刚命令我把幻想转化成现实。"当年夏天，霍尔德曼提醒基辛格，总统真的很想在第一个任期内访问中国。那位国家安全专家回答道："希望渺茫。"[65]

基辛格学会了如何适应总统对大胆行动的偏好，并将其和自己对谋略、模糊性与微妙性的喜爱结合起来。基辛格倾向于做一个"战略谈判者"，并在一个将由他倾力打造的包含显性实力和隐性实力的框架内行动。基辛格知道尼克松的本能就是永远"都想全盘通吃"。他们的现实政治政策反映的是两人内心冲动的混合。[66]

尼克松在1969年发表的第一次就职演说，与肯尼迪8年前那次振奋人心的演说十分不同。尼克松呼吁美国人克服分歧，支持"一个谈判的时代"，而不是"一个对抗的时期"。[67]

尽管如此，尼克松这位大胆的领导人还想有更多的建树，而不仅仅是适应艰难的环境。这位总统相信他可以重塑权力的地图，从而在各个大国之间缔造持久的和平。他试图证明，美国失去统治地位这件事也可以有其建设性的一面。这在美国政治中并不是一个受欢迎的想法。基辛格提到了尼克松在1972年初接受《时代》周刊采访时所说的一句话："当一个国家在与其潜在的竞争对手的关系中变得无比强大的时候，战争的危险就出现了……我想，如果我们拥有一个强大、健康的美国，并且与欧洲、苏联、中国和日本互相制衡……[创造出]一种平衡状态，那么我们的世界就会更好、更安全。"[68]

与基辛格对复杂性的解释相比，尼克松对权力平衡的渴求有着更积极的作用。这位总统相信美国是一支正义之师。基辛格从来不会否认这一点,但他怀疑道德主张在国际关系中的有效性。基辛格理解两者的差异,他声明总统是在依靠威尔逊主义的措辞来呈现"一个理想主义的美国可以持续扮演的角色"。尼克松想要沿用威尔逊的"国际主义以及对美国的不可或缺性的信仰"。基辛格在很多年后写道:"威尔逊主义和**现实政治**是可以融为一体的。"[69]

基辛格的方法与尼克松大体一致,但有着细微的差别。他在毕业论文,即第一本著作《重建的世界》中提倡的观点是,欧洲的权力平衡可以预防侵略。相反,美国人把欧洲的那种互相构成威胁的同盟视为冲突的前兆。基辛格指出,19世纪的欧洲协调寻求的是稳定,而不是完美。在不断变化的权力均势体系之中,摩擦和谋略是必要的组成部分。他认识到,有时需要打破常规思维,采取大胆的行动。按照基辛格的说法,挑战在于在永恒的变化之中寻求稳定。整个体系必须避免那种会推翻既有秩序的革命。尼尔·弗格森(Niall Ferguson)著有一本质量不错的基辛格传记,他颇具挑衅性地把这本书命名为《基辛格:理想主义者》,其部分原因就是基辛格想要避免国际社会中毁灭性的秩序瓦解。[70]

尼克松和基辛格都能看到不同问题和各个国家之间的种种联系。从麦克纳马拉叫嚣"危机管理已经取代了战略"到尼克松和基辛格的这种认识,美国领导人完成了极大的思想转变。这两个人能把不同的政策连接到一起,而这些政策在其他人眼里只是彼此不相关的问题而已。有一些人对尼克松和基辛格持有批评意见,认为他们总是喜欢把区域冲突视为东西方强权交锋的大棋局中的兵卒之争。基辛格把自己的总体看法定义为"无缝的现实网络",在这张网里,强权之间很可能在同一时期内既有冲突,又有合作。[71]

基辛格在1968年的一篇论文中评估了美国的定位:"在40年代

和50年代，我们是救济者；60年代末期和70年代，我们必须为一个能够促进其他国家的主动性的结构做出贡献。"其他国家需要分担责任。政治家们需要认识到各种互相重叠的关系之间的联系。他更直截了当地指出，美国在经历了"几乎持续十年的衰退"之后已经在"吃老本"了，且无法再恢复昔日的统治力。1969年底，他对媒体说，"我们已经失去了"马歇尔计划时期"特定的环境"。其他国家比那时更加自信了，也扮演着比那时更重要的角色。"共产主义阵营不再是铁板一块"，我们"面对的问题是，美国也许要在一个自己不再一家独大的世界里对国际关系的重建提供帮助"。[72]

根据基辛格对历史的研究，单极化向多极化的转型将会既对美国有利，也对世界有利——前提是美国能应对并理解这一变化。制衡力量的存在"将约束我们偶尔的冲动……改变我们对绝对的、'终极的'解决方案的偏爱"。美国外交可以依赖"策略、创意和想象"来营造"一个新的富有创造力的时代"。[73]

基辛格的观点及论证过程建立在他对美国外交政策传统的反对之上，他通过多年的研究归纳出了这些传统。基辛格既是教授，也是外交的实践者，他反对那些被他认定为"美国民间传说"的东西。他认为美国把道德原则和正当性加诸自己与世界的互动之上的做法是错误的，这类"传说"限制了美国的灵活性。美国官员只会墨守法规，却疏于对权力的计算。他们寻求的是临时的、技术性的解决方案，而不是结构和均衡。他们易冲动而不善于谋划。按照基辛格的说法，这些美国例外主义的神话已经使遏制战略变得僵化，成了一种教条的神学，或是一种刻意寻找误解的强迫症。[74]

基辛格想要让美国人了解世界的复杂性。他主要参照的是欧洲历史。他过分地简化，甚至夸张地演绎了那些合力创造出美国外交传统的思想和经验。基辛格低估了美国复兴的能力，也低估了新型的霸权和领导地位,其中一部分原因是他没有领会美国的经济传统。但是基辛格当时正在创立一种重要的观点,这种观点不出意料地包含言过其实的成分。他的现实政治理念也在美国的外交万神殿中占有一席之地。[75]

基辛格警告称,世界可能会变成一个蛮荒之地。二战后,美国努力为世界上的很多地区营造了新环境,这些地区理应能在友好关系、合作乃至规则的基础上进行治理。但是,敌对状态在世界上仍然屡见不鲜。基辛格提醒道,安全和稳定不是天上掉下来的,高超的外交行动必须依赖于对武力和经济实力的使用进行复杂的计算。基辛格认为,谈判是"让步的交易",只有在"梦想中的谈判"里,美国人才能让对方做出所有让步。[76]

罗伯特·达莱克(Robert Dallek)曾写过一本关于尼克松和基辛格两人的传记。他认为基辛格"从未改变过认为秩序优先于正义或抽象的道德上的善的想法"。基辛格对尼克松观点的总结其实也体现了他自己的观点:"和平与和谐不是事物的自然秩序,它们只是一个危险的世界中暂时出现的绿洲。在这个世界里,稳定必须靠警觉的努力才能得到维持。"在尼克松即将结束访华回到美国之际,基辛格报告说:"我们放弃了实力上的绝对优势地位……我们现在的地位和历史上任何一个国家的地位并没什么区别。我们需要智慧和判断力才能生存,而且我们不能只依靠我们自己认定的道德优势和压倒性的生产力。"[77]

三角外交

尼克松与中国建立关系,使两个超级大国的对峙转变成了"三角外交",而美国人试图成为这个三角关系的轴心。基辛格在他的《大外交》里解释说:"只要中国对苏联的恐惧比对我们的恐惧更多一些,中国就会受自身利益的驱使而和美国合作。"尼克松"无论在中苏矛盾冲突中明确地支持哪一方,都不符合美国的利益。美国只有在和两个共产主义大国的关系比它们彼此的关系都更近时,其谈判话语权才是最强的"。[78]

基辛格的历史参照点是欧洲的现实政治。他曾在1968年的一篇论文里解释了这一逻辑,那篇论文回顾了俾斯麦的欧洲多极化策略:"如果普鲁士能保持住和每个竞争对手的关系都比它们之间的关系更近,从而为自己创造出最多的选项",那么"它就可以利用刻意形成的孤立状态,把合作关系兜售给出价最高的一方"。[79]

三角外交需要的是"敏捷",基辛格说:"我们需要想办法不用自己的力量,而是像在柔道运动里一样,借用对手的力量,把他推向我们想让他去的方向。"他拒绝把自己的做法笼统地称为"打中国牌"——这种说法的意思是,美国与中国改善关系,激怒苏联,从而为美国创造讨价还价的机会。"我们的看法是……这种三角关系本身就能对每一方都构成压力。"美国无论是对苏联还是对中国都表示自己在和另外一方合作,"这本身就造成了压力,但是我们并没有施加任何威胁"。美国政府追求缓解和苏联的关系,重建和中国的关系。与此同时,美国的开放态度使中苏都增强了对美国的信心。尼克松和基辛格想要的是与两个共产主义强国关系的"结构性发展",这种发展对美国和其中任何一方的关系或是美国和双方的关系来说都是有价值的,也会在其他冲突中成为美国与第三方关系之中的有利条件。三角外交的这种多维度特质有助于解释基辛格的一个晦涩难懂的说法:"外交的本质恰恰就是在追求长期目标的过程中积累细微的差别。"[80]

在尼克松和基辛格的现实政治之中,"细微差别"和"模糊性"不应仅仅停留在外交策略的范畴,还应为战略目标服务。首先,他们想避免核战争;其次,当局想要"[抑制]苏联的扩张,并设法让美国在冷战冲突中占优势";最后,尼克松想要在各个强国之间打造一种更稳定的"结构性和平"。[81]

"世界咨文":现实政治的教材

尼克松和基辛格在外交运作还没结束的时候就想把现实政治的理论教给美国人。他们想得到更多的政治支持。他们的计划是打破错误的历史习惯,并教会美国人为什么需要用不同的思路去制定外交政策。

尼克松总统每一年都会交给国会一份《美国外交政策年度报告》,这些后来被称为"世界咨文"的报告对总统的国情咨文形成了补充。基辛格和他的国家安全委员会的职员负责准备这些篇幅很长的报告。他后来写道:"对于那个时期的研究者来说,这些报告为他们绘制出了一幅最好的尼克松时代外交政策路线图。"他还惋惜地说道:"许多记者和外国领导人"都忽视了这些报告中的概念和暗示,因为他们都习惯于把注意力放在日常的……外交活动"新闻"上。1970年2月的第一份报告是最好的一份。[82]

基辛格总结了这些报告的"基本主题":"美国外交政策将……符合对国家利益的分析,美国将依据政治考虑而不是对法律原则的理解而行动。"[83] 第一份报告实际上是1970年国际形势下的现实政治指南。它宣布"国际关系的战后时期"已经结束。这份报告列出了一个"持久的和平框架"所需要的组成部分,"尼克松主义"是这个框架的基础，它指出了"伙伴关系"中各方应共同承担责任。尼克松当局想重新定义美国在冷战初期做出的"承诺"：之前的承诺是美国的一系列义务，现在尼克松则想讨论盟友和朋友们如何定义和解释相互的责任。报告中有一条重要的信息："我们的承诺必须符合我们的利益，而不是反过来。"这句话也许看似平淡无奇，但林登·约翰逊正是在这个问题上犯了错误，让自己对越南的承诺破坏了美国对自身利益的计算。这些外交政策报告力求完整——试图将关于地区、经济和科技政策的讨论统合起来，作为一个整体战略来讨论——这种构思本身就标志着其与约翰逊的危机管理风格分道扬镳。在尼克松的很多没有直接表达出来的战略思想中，有一条就是"不要再出现类似越南的问题了"。[84]

现实政治与美国经验

总统和他的国家安全事务助理为他们挑战美国外交政策的传统而自豪。他们是局外人。正如玛格丽特·麦克米伦所说："即使不赞成心理历史学的历史学家，也会发现自己对理查德·尼克松的诱惑无法抗拒。"[85]

这两个人计划对美国的外交发动一场革命，这符合他们对当权派一贯的不信任。他们十分鄙视那些把美国拖入越南泥沼的自由派狂热分子。他们的传记作者达莱克总结道，这两个人是"自私的角色，做着重塑世界事务的美梦"，而且"没有什么顾忌"。这一描述可能也适用于他们的许多前辈。无论如何，尼克松和基辛格大胆改变战略的行为确实极大地加强了他们把控制权掌握在白宫手里的欲望。正是他们的现实政治方法使他们陷入了"持续的阴谋和权术"之中。另一位传记作者沃尔特·艾萨克森写道："他们两个人都喜欢暗中操纵，不喜欢与其他人分享功劳，并且幻想自己遗世独立。"两人都渴望青史留名，并且对批评之声感到不安。[86]

这些特点很容易造成漏洞，对总统来说尤其如此。他们破坏了公众对把欧洲现实政治移植入美国外交传统的信心。但不管怎么说，现实政治还是在这里扎下了根。为了反击批评之声，基辛格祭出了多种招数，包括自嘲、才华、魅力、惊人的毅力以及许多优秀的著作。与丘吉尔一样，基辛格认为自己将名垂青史，因为历史将由他来书写。

除了尼克松，基辛格认为只有一个美国总统称得上外交政策方面的榜样，那就是西奥多·罗斯福。他写道，罗斯福和尼克松一样，都依靠"权力的平衡来促进稳定，并认为一个强大的美国对全球均势的形成是必不可少的"。[87] 我记得罗斯福确实认识到了亚洲和欧洲需要权力平衡，他通过调停来恢复平衡的技巧也很高超。罗斯福还想在一个更大的北美洲地区范围内把美国的权力最大化，这块大陆是这个国家向外投射力量的根据地。但是，就像约翰·昆西·亚当斯一样，罗斯福在外交政策方面的现实主义之外还相信美国的共和主义理想，也很重视国家荣誉，他把以上三者融合在一起。罗斯福甚至还想在条件允许的情况下探寻推动国际法治的途径。他的现实主义和权力平衡外交只是内涵更加丰富的美国经验和思想集合中的一部分。

此外，基辛格写道，在尼克松之前的 20 世纪历任总统之中，除了罗斯福，没有任何人"把美国的理想主义视为诸多因素中的一种，或是以长久参与的角度看待未来，而不是将其当作通过特定行动达成的固定终点"。[88] 这样说就过分了，杜鲁门、艾森豪威尔和肯尼迪都是反例。罗斯福认识到了权力政治的必要性。就算是在

20世纪20年代和30年代,实用主义的政治家也是在国内政治的边界内来系统性地发挥美国的国际领导力的——直到美国在二战后进入新的同盟时代。

评价

尼克松访华即将结束的时候,上海市革命委员会安排这位总统参观上海工业展览馆。他用放大镜看了雕刻在一小片象牙上的毛主席诗词。周恩来在好几天以前就为尼克松讲解了这首著名的诗作。周恩来说,梅花盛开的时候,也就是它们将要凋谢的时候了。与之相似,那些重大事件的发起人可能等不到享受结果的时候。这位深谋远虑的总理提醒尼克松:"你可能看不到它(中美关系重建)的最后胜利。"基辛格听后不以为然。仅仅两年后,尼克松就在耻辱中下台了。[89]

美国人希望他们对中国的开放——以及制衡苏联的新手段——可以帮助美国体面地退出越南。北越人把尼克松访华视为中国的立场发生了改变,他们痛斥中国"背叛"了自己,周恩来则出面安抚北越人。苏联也在与中国比赛,显示其对北越的共产主义同志们的支持。即便如此,当尼克松用毁灭性的空中力量挫败了1972年北越发起的大规模攻势之后,中国和苏联都没有明确表示要让美国付出代价,美国国内的反应也不像美国1970年攻击柬埔寨之后那么激烈。美国政府面临的主要问题是北越的军事实力、北越政府完成统一的决心,以及南越当局的抵抗无力。三角外交无法改变越南战场和美国的现实。迈克尔·格林恰当地总结道:"[尼克松的政策]是**可预测的**撤退,而他对武力的使用却是**不可预测的**,这种矛盾在政治大后方是不可持续的。"[90]

美国现实政治的首要目标是苏联，而其效果则好坏参半。基辛格第一次访问北京促使苏联解除了尼克松和勃列日涅夫举行峰会的阻碍。峰会于1972年5月在莫斯科举行，也就是在尼克松访华之后。尼克松和勃列日涅夫签署了第一阶段限制战略武器会谈（SALT I）的核武器控制条约，并同意按照某种方法缓和欧洲的对抗局势。勃列日涅夫虽然担心中国，但他的注意力和利益都集中在西方。苏联的经济已停滞不前，苏联政府希望西方的粮食、设备和消费品——再加上更正常的贸易关系——可以提高苏联人的生活水准。勃列日涅夫还担心实力日益强大的联邦德国。苏联人想要解决欧洲在二战后遗留的边界问题，包括民主德国的边界问题。苏联政府中的头号美国问题专家格奥尔基·阿尔巴托夫（Georgy Arbatov）认为，苏联需要缓和柏林的紧张局势，并保住民主德国；与美国谈判的重要目的应该是在这些问题上达成协议，而不是去搞三角外交。[91]

基辛格迅速抓住了柏林和德国问题上的机会。美国现在有了一位联邦德国盟友，那就是当年的柏林市市长维利·勃兰特，他现在已经当上了总理。勃兰特实行了新的"东方政策"（Ostpolitik），以缓和与民主德国、东欧国家和苏联之间的紧张关系。美国人的现实政治为机敏的盟友创造了机会。1971年，西方盟友们最终和苏联及民主德国在柏林问题上达成协议——这一协议一直维持到1989—1990年。[92]

按照白宫的说法，由于其表现出了把各种问题联系在一起的意愿，苏联同意进行更大范围的合作。美国的表态虽然很强硬，但事实却似乎是，尼克松从与苏联的冲突中抽身而出了，以防这些冲突破坏传统议程。苏联人继续在全世界扩张势力范围，也并没有降低对美国及其盟友公开指责的调门。尼克松依靠表现得像个外交家、参加峰会、控制核武器以及把自己塑造成和平大使等做法获得了很多国内政治利益,他不想让这些利益付诸东流。现实政治的剧情可以一时堵住国内批评者的嘴。几年之后,罗纳德·里根采取了一种截然不同的方式来对待苏联。[93]

美国在太平洋的盟友更难适应现实政治以及对中国的开放。经济竞争和对抗加重了战略转型所带来的紧张气氛:日本的经济对美国制造业造成了挑战,而旧的布雷顿森林体系的货币汇率制度已经过时了。尼克松把现实政治中的那份大胆的劲头用在了经济部署上,但又没有基辛格注入传统外交政策中的那份精巧和细致。尼克松让他的财政部部长、得克萨斯州前州长约翰·康纳利(John Connally)在国际经济方面发挥领导作用。康纳利是林登·约翰逊的门徒,他用通俗的语言解释了他在经济上实行的现实政治:"外国人要来搞我们了……我们的任务就是先搞垮他们。"[94]

对中国重新敞开大门,这本身就是一项功绩。达莱克写道,基辛格认为"美国与中国正在发展的友谊仅次于美国和英国的友谊"。基辛格陶醉于他与毛泽东和周恩来的讨论——以及中国放在他身上的注意力。考虑到中国的国土面积、历史和潜力——再加上中美关系的不断摇摆——基辛格对中国的兴趣是可以理解的。但是,《上海公报》中所预言的中美关系正常化还是因为尼克松的下台和毛泽东的去世而停滞了。双方都在对方那里开设了联络处,未来的总统老布什出任美国驻北京的联络处主任。吉米·卡特(Jimmy Carter)完成了对中华人民共和国的承认,并终止了和台湾当局的所谓"正式外交关系"。国会对卡特的做法感到不满,并于1979年通过了"与台湾关系法",与这个岛屿建立了一种新型的关系,并提供安全支持。[95]

现实政治政策也被列为一项外交成就，用基辛格的话来说，它是一种"无形资产"。尼克松为美国争回了主动权。实际上，他让自己成了一句谚语的主角："只有尼克松能去中国。"这位总统总是把自己的中国之旅和登月行动相比。实际上，美国1969年成功实现载人登月，1972年尼克松访华，这两件事情都象征着麻烦缠身的美国还有创新能力，可以创造出新的，甚至是超乎想象的机会。[96]

尼克松知道清晰的理念对重塑公众意见有着重大的作用。基辛格试图用演讲——包括在美国各地城市中发表的一系列"内陆"演讲——去解释当局的外交政策。他深入地讨论了对自由的捍卫、对和平的追求、人道主义目标，以及国会对行政自由度的限制所带来的风险。但是，当读到基辛格的话——"问题在于我们是否有勇气面对复杂性，是否能在处理模糊的问题时保持内心的坚定"——的时候，我们还是能感觉到把现实政治嫁接到美国外交传统中绝非易事。美国人从历史上就习惯于为一个崇高的目标而奋斗，而基辛格对"结构"和"微妙"的解释很难与这种习惯相抗衡。[97]

罗伯特·达莱克穿透辞藻的外衣，点出了尼克松和基辛格的缓和大国关系政策的本质：它是对遏制战略的一种现实主义的调整，也是对威慑战略的一种补充。在美国外交政策于困境中挣扎的年代里，这些战略避免了美国陷入核战争或是让苏联取得重大胜利。[98]

基辛格担任国务卿期间也把他对现实政治的洞见与艰苦的谈判结合起来，缔造出了一项伟大的外交成就：在1973年以色列与众多阿拉伯邻国的战争之后，基辛格重建了中东的安全关系，有效地把他的苏联对手逐出了这一地区。这位国务卿促成了埃及和以色列的长期停火，以此为一份历史性的和平条约打下了基础。基辛格向阿拉伯国家证明，谈判成功靠的是美国，而不是苏联。他还促使石油输出国组织（OPEC）停止石油禁运，并重新设计了美国的能源安全外交策略。[99]

1976年，罗纳德·里根州长与杰拉德·福特总统争夺共和党的总统候选人提名。他提出用"超越"来取代"缓和"。"证据表明，我们现在是世界第二，而在这个世界上，位居第二即使不是致命的，也是十分危险的。"缓和政策并没有使苏联减少导弹和军队部署，也没有阻滞其在亚洲和非洲的进攻性行动，苏联政府的表态并没有显示出其对一种新的权力平衡的接受程度。苏联人看起来像是不可靠的伙伴，而美国人担心缓和政策削弱了西方的防御和决心。[100]

尼克松和基辛格没能增强美国的经济实力，也没认识到经济实力能让美国在棋盘上多几个棋子，甚至或许能重新设计一张棋盘，这使他们看上去像是在熟练地管理着美国的衰落进程。汉密尔顿、林肯、西沃德、赫尔、克莱顿和范内瓦·布什的思想本可以帮助他们。

基辛格后来沮丧地承认，他无法在外交政策上创造稳定的一致意见。他痛苦地发现，来自左派和右派的批评意见使得意识形态和人权的重要性压倒了地缘政治和谈判。正如斯蒂芬·塞斯塔诺维奇（Stephen Sestanovich）所观察到的那样："按照基辛格的说法，他代表着谨慎的温和主义路线，而与他作对的是美国那些不负责任的极端分子。"然而，塞斯塔诺维奇总结道，基辛格的弱点在于，作为国务卿，他没能"保住自己的中心地位"。在权力巅峰坐了8年之后，基辛格的弱点反映出了敌人、错误、嫉妒以及真正的分歧的不断积累，这是可以理解的。[101]尼克松和基辛格的现实政治也需要由美国的其他外交传统来补充。

第 16 章

国家复兴与价值观：罗纳德·里根

威斯敏斯特之旅

1982年6月8日中午，罗纳德·里根总统抵达伦敦威斯敏斯特宫的皇家画廊。在这个温暖的夏日，这位总统首先与伊丽莎白二世女王一起骑马游览了温莎大公园。里根原本希望能在议会的威斯敏斯特大厅讲话，但是工党议员和其他一些人不让总统进入那个大厅。尽管如此，玛格丽特·撒切尔（Margaret Thatcher）首相个人却表示对总统的发言很有兴趣，于是里根就遵从了她的意愿。[1]

皇家画廊以壮观的雕像来纪念英国历史上勇敢的国王和女王，大厅的窗户上装饰着彩色玻璃，墙上挂着两幅巨型画作，表现的是拿破仑战争时期的特拉法加和滑铁卢两场大捷。大厅中有一块来自敦刻尔克码头的木头，象征着英国人1940年在这里英勇的撤退行动。木头后面是一座玻璃纪念碑，纪念的是408名在两次世界大战中牺牲的上议院议员。这样的环境很适合这个时刻，因为正是在这一天，女王的军队正在遥远的马尔维纳斯群岛（福克兰群岛）勇敢地与阿根廷军队作战，试图再次夺取这片群岛。当时战争已经接近尾声。[2]

然而，里根在威斯敏斯特宫的发言既不是关于王室的，也不是关于军事的。相反，这位总统想要称颂的是民主与和平。他手下的工作人员对发言选择在威斯敏斯特宫感到很高兴，因为这个名字还有另一层历史含义：1946 年，温斯顿·丘吉尔在密苏里州富尔顿市的威斯敏斯特学院发表了"铁幕"演说，这预示着冷战的开始。将近 40 年之后，里根想要在英国的威斯敏斯特告诉丘吉尔的继承者们冷战应该怎样结束。[3]

英国是里根为期十天的欧洲访问中的一站。这是他就任总统后首次出访欧洲。他已经在梵蒂冈与波兰籍教皇约翰·保罗二世（John Paul II）会面，并在凡尔赛参加了一场艰难的 G7 经济峰会。[4] 实际上，威斯敏斯特宫的这次演讲的准备工作早就开始了——它不仅可以追溯到里根个人在数十年的冷战期间为个人自由和自由市场的力量奔走呼号，还可以追溯到美国外交史最早的那些时光。我在本书开篇就讲述了本杰明·富兰克林是如何在白厅忍受枢密院的羞辱的——那个地方离威斯敏斯特宫不远——这件事情让一个自豪的英国人变成了美国的爱国者。里根总统提到了富兰克林的敌人、英王乔治三世，但他表示自己已经接受了玛格丽特·撒切尔首相的建议，"过去的事就让它过去吧"。[5]

里根出现在威斯敏斯特的时候，美国正在走背运。1982 年的初夏给人的感觉是西方在冷战中的一个低点。在法国举行的 G7 峰会一片愁云惨淡，从 1977 年到 1982 年全球经济的增长微乎其微。美国经济从 1981 年 8 月开始衰退，并且要到 1982 年 11 月才会触底。经济衰败削弱了公众对西方各国政府的支持。时运不佳，情绪低落，民众对国家的信心遭到动摇，人们纷纷质疑西方一开始为什么要发动冷战。G7 峰会上，美国还和它的欧洲盟友——尤其是英国——发生了一场激烈的辩论。双方争议的焦点是美国的一项制裁计划，这项计划旨在打击那些帮助建设苏联至欧洲的油气管线的公司。美国人想要封堵这条管线是因为波兰统一工人党刚刚镇压了国内的反对派。[6]

欧洲和美国的大量民众组织游行，呼吁和平和"核冻结"，也就是停止军备竞赛。里根想要部署中程的"潘兴"导弹和巡航导弹，以反制苏联刚刚服役不久的多种武器，但他要先争取欧洲和美国对这项计划的支持。美国及其北约盟友已经同意实施"双轨外交"，以生产更多枚导弹的方式说服苏联人回到削减武器的谈判桌上来。里根政府想要消除所有的导弹，这个目标令许多军控专家都表示怀疑。欧洲公众抗议部署美国导弹的做法，这使北约各国难以履行它们的承诺。[7]

里根需要对三组听众，即美国人、欧洲人和苏联人发言，他们的态度分别是焦虑、怀疑和敌对。美国经济的深度衰退威胁到了美国公众对里根大幅增加国防预算计划的支持。批评者们认为这位年迈的总统只是一位过气的演员，无法把握外交政策的复杂性。国家安全委员会的工作人员理查德·派普斯（Richard Pipes）承认，英国的精英阶层把里根视为"一个纯粹的傻子"。苏联人寻找一切机会以挫伤西方的信心，离间美国和欧洲，并阻止美国导弹的部署。[8]

伦敦的《泰晤士报》提醒说，里根的访问是"多年来最重要的一次美国总统出访"。里根知道利害所在。他后来用他标志性的清晰语言写道，他知道自己必须表达出"我们好几个欧洲盟友的关切，它们各个都忙于应付核冻结运动。为这一运动煽风点火的人把我描述成一个冲动的牛仔，时刻准备拔出我的核左轮手枪，让这个世界迎来末日"。[9]

几乎所有的工党议员都拒绝聆听里根的演讲。但是，总统还是赢得了一个得体的演讲环境。下议院议长和大法官身穿长袍，头戴

第16章　国家复兴与价值观：罗纳德·里根　　525

假发,站在里根的两侧。5名英国皇家卫兵身着深红色制服,手持战戟,挺立在他的身后。和美国的早间新闻节目一样,BBC也向广大听众直播了这次演讲。里根演讲的时候没有看稿子,玛格丽特·撒切尔对此十分惊讶。这位首相没有发现,讲台旁边有一些透明的板子,那就是电子提词器(英国发明的一种设备)的屏幕,而不是安全盾牌。(她很快就接受了这个新事物,里根也送给她一套提词器。)里根的演讲与肯尼迪在柏林的即兴演说不同,这位总统极其用心地计划、修改并编辑了讲稿。[10]

在威斯敏斯特的演讲

里根开篇先讲了这次旅行的一些见闻,然后把话题引到他来到"家里……在你们的宅子里"和"民主的圣殿"。他讲了两个主题,其中之一就是英美共同享有的、对"自由制度"的挚爱。他将这里与柏林墙进行对比,称后者为"可怕的灰色伤口"。他赞扬了波兰团结工会"在欧洲文明中心"的抵抗。

这位总统以乐观的态度重新提起了丘吉尔在他那个年代面临的挑战——"并不脆弱的民主之花"与极权主义之间的竞争。他承认世界正面临着巨大的威胁,包括全球核战争甚至人类的毁灭。这位总统承诺通过谈判去减少核武器规模,而不仅仅是控制这些武器,从而促进和平。

之后,里根把民主与和平这两个主题联系在一起,警告人们当心拥有最危险武器的国家。他不相信"苏联想要战争",但称它渴望"战争的果实,以及权力和主义的无限扩张"。西方在这一"转折点"的"使命"是"维护自由与和平"。

与丘吉尔一样，里根也做出了展望。他声称苏联正在面临一场危机，历史发展正在变得不利于那些拒绝"人类自由和尊严"的国家。苏联无法供养自己的人民，大量难民正在逃离，苏联正面临着"思想和意志的叛变"。"美国、英国和法国的新经济学派否定国家权力和集体主义，它们正在释放'人类'想要过上更好生活的'冲动'。"

接着，总统开始夸赞东道主英国，称其贡献了"伟大的文明思想：个人自由、代议制政府，以及上帝之下的法治"。里根表示，现在这些思想已经具有了普遍的感召力。他把话题拉回大西洋彼岸，谈起了距离他的听众十分遥远的中美洲。为了建立起听众的关联感，这位总统用了一个很受欢迎的方法：他告诉他们，中美洲的女性和老年人正在冒着生命危险去投票。之后，他进一步加强这种关联感，称赞了英国勇士在更加遥远的南大西洋抵御武装进攻的行动，称他们"师出有名"，而不"仅仅是为了抢地盘"。

里根解释道，"民主之花"虽然并不娇弱，但也需要"浇灌"。美国的朋友不应该只因为苏联有了核武器就袖手旁观。毕竟，苏联主席列昂尼德·勃列日涅夫已经强调"思想和制度的竞争必须继续下去"，并且发现信仰的竞争"完全有利于缓和紧张局势与维护和平"。里根向他的听众保证，他已经认识到有必要"在迫使改变发生的过程中谨慎地保持节奏"，并解释说，他并不期望"马上就发生变革"。但是，无论如何，民主国家都应该"申明自身的终极目标"。

宣扬过原则之后，这位总统又谈到了实际的步骤。他想"通过政治基金会、公共部门和私人部门以及欧洲理事会来加强民主的基础设施——新闻自由、工会、政党和大学"。[11]

里根否定了莱昂·托洛茨基（Leon Trotsky）共产主义必将战

胜资本主义的马克思主义观点，而且预言它将"留在历史的灰堆中"。这位总统断言，实现这一目标的前提条件有两个：一是北约的军事力量，二是削减核武器的大胆提议。但是，"最终的决定因素［将是］对意志和思想的测试，对决心的考验"。

在演讲的最后，里根赞美了英国人和美国人——尤其是前者——在历史上表现出的决心。英国人知道如何在最黑暗的时候鼓起希望，战胜敌人。英国这个"自治的摇篮""议会之母"懂得民主制度的精神力量。在当下这一代人的"紧急"时刻，里根知道，英国人不会在敌人的攻势下退缩。

这位总统的展望比任何一个听众所期待的都更有洞察力。不过，他在一个问题上犯了错误。里根声称"我提出的这个任务将比我们这一代人的寿命更持久"，但事实上，冷战在不到十年后就和平地结束了。然而，从美国民主的长期视角来看，里根的说法又是正确的，美国外交政策在这方面的努力将会一代代继续下去。[12]

新的信息与政策

里根曾对他的助手理查德·艾伦（Richard Allen）讲过，他对冷战的处理方式是简单而直接的："我们赢，他们输。"1981年，里根在当上总统后的第一次新闻发布会上解释说，"缓和政策一直是我们的一厢情愿"，因为苏联人保留了"犯下任何罪行、撒谎和欺骗的权利"以"实现他们的目的"。在担任总统的第一年，里根从没有在讲话中解释过美国将如何赢得冷战的胜利。1982年5月，里根在他的母校尤里卡学院发表演讲，陈述了他的战略原则，这一战略刚刚由他的行政班子写入第32号国家安全决策文件（NSDD

32）中。尤里卡演讲的关键主题是"以实力促和平"。里根想与勃列日涅夫对话，但他认为对话只是军事实力建设的一部分，这样的建设是为了恢复实力平衡、技术控制、真正的武器削减，并适应地区冲突形势的动态变化。勃列日涅夫轻蔑的回应未能打动里根。[13]

里根在威斯敏斯特的讲稿是他和演讲稿写手托尼·多兰（Tony Dolan）以及许多编辑合作完成的，力求完整地展现出他的冷战战略。他们使用了国家安全委员会工作人员汤姆·里德（Tom Reed）和理查德·派普斯的想法。里根在讲稿上下了很大功夫，以求展现自己的思想。罗伯特·罗兰（Robert Rowland）和约翰·琼斯（John Jones）有一本关于这次演讲的精彩著作，其中写道，在威斯敏斯特演讲的59个段落中，里根本人撰写或编辑了至少33个半。[14] 多兰承认，总统对讲稿的贡献比上述数字所显示的还要大，因为他和其他写手使用了总统自己在30多年来的著作中所使用的"习语和想法"。卢·坎农（Lou Cannon）是一名记者，后来又成为传记作家，他从里根从政初期起就一直报道这位加利福尼亚人。坎农总结道："里根在这次演讲中所传递的信息，与多兰还是个婴儿而里根还在小卡片上写演讲稿的时候所传递的信息大部分是相同的。"里根在稿子里加入了"灰堆"的比喻，但他希望把意识形态原则和国家竞争区分开来。他还强调，意识形态的冲突不一定导致战争。里根厌恶苏联，但同时他不想因为一个闪失就导致核灾难。坎农后来写道，里根的威斯敏斯特演讲显露出"原则性和实用性的结合，这也是里根对苏政策的标志性特点"。[15]

里根的白宫内部发生了多次关于塑造政策的演讲的大讨论，在他的第一个任期内更是如此。写手们总是想让讲稿更犀利一些，而高级官员则不想让文字太耸人听闻。另一位著名的里根传记作者史蒂文·海沃德（Steven Hayward）发现，多兰在早期的草稿中称苏联为"邪恶帝国"。这个标签还没得到总统审阅,就被新闻主任戴维·格根(David Gergen)删掉了。但是,多兰第二年又尝试了一次,这次成功了。[16]

虽然很多人都参与了讲稿的撰写,但威斯敏斯特演讲中所传递的信息毫无疑问是里根自己的意思。尼克松和基辛格的缓和政策已经过时了。冷战史学家约翰·加迪斯曾说过:"在可预见的未来,世界还会是老样子。"里根无法接受这样的预言变为现实。用缓和的方式来实现遏制的关键因素,即稳定、相互威慑、共存、长期可持续性,被换成了新的概念:转型性的民主变革、大幅削减乃至废弃武器、局势变迁,以及奋斗与胜利。[17]

里根想用一种新型的外交方式来实现他的新目标。他扩大了竞争的范围,把思想的辩论也加入进来,其中就包括吉米·卡特总统发起的"人权之战"。里根对苏联人非但没有妥协,还想让他们接受西方的民主政治原则。这位总统不仅想"赢",他还想让他以前的敌人"转变信仰",接受他的意识形态。[18]正如坎农后来写的那样,威斯敏斯特的演讲里浓缩了里根对冷战的看法,他认为冷战"既是军事实力的较量,也是思想和经济的竞赛"。加迪斯教授总结道:"里根看到苏联已经失去了意识形态上的吸引力,也正在失去它曾经拥有的某种程度的经济实力,且它已经不再天然享有超级大国的地位。为什么不加快它的解体速度呢?"[19]

反应

最开始,外界对里根演讲的评价并不热情。这位总统的表现得到了赞扬,但大多数评论家关心的似乎只是这位美国领导人的形象。英国媒体的反应不佳：里根的语气听起来是"强硬派"，他的观点"过于简单化"了。即使像伦敦的《泰晤士报》这样对讲稿文字表示欣赏的媒体，也质疑它缺乏具体的提议；这份讲稿听起来与全球各处正在发生的危机"无关"。左翼报纸所能给出的最好评价也就是"平庸"或者"没什么值得记住的"。[20]

美国大多数新闻媒体的报道都充斥着偏见。《纽约时报》的标题是《总统呼吁全球民主的十字军东征：20世纪50年代的感觉又回来了》，并说这位演员出身的总统"表演才能强于国务才能"。有的评论比这更尖锐，称总统是"莽撞的""有敌意的""粗鲁的"。电视评论员则从"老古董里根"和"老一套"到"幼稚"，怎么说的都有。国家事务记者卢·坎农是最熟悉里根的人，只有他一个人意识到里根"是想要打一场思想的战争，而不是武器的战争"。但是，坎农也认为"里根似乎是在自己跟自己辩论"。这是一个有趣的洞察，其正确性将在未来的数年内显现。许多美国人只是不相信里根所说的就是他的本意，还有少数保守派担心他说的就是本意。这些疑心重重的冷战斗士担心里根轻视苏联的军事潜力，并认为这位总统进行军备限制的意愿过于强烈了。[21]

撒切尔首相称赞这场"伟大的演讲"，称其是一场"大胜"。她所回应的不仅仅是那位她敬仰的演讲者。撒切尔是一位坚定的政治家，懂得思想的力量。她将林肯葛底斯堡演讲中"未竟的事业"和里根刚刚在威斯敏斯特所做的预言联系起来。撒切尔还在她的讲稿上用手写的方式补充了一句艾森豪威尔上将的观点："我们的一切思想和行为都必须受到一条真理的制约。对所有生活在自由之中的人来说，团结乃是他们唯一可靠的保障。"[22]

里根在莫斯科也有听众。苏联政府无比愤怒。塔斯社和《消息报》(Izvestiya)发表了一篇措辞尖锐,甚至有些侮辱性的回应。用约翰·加迪斯的话来说:"从来没有一位美国总统说过这样的话,而这些话的效果显然让苏联政府深感不安。"里根笑着说:"这么说我们戳到其痛处了。"他曾试图对苏联人民讲话,并认为自己已经引起了他们的注意。这位总统感觉到了他们对变革的渴望。在1988年里根最后一次以总统身份访问苏联后,约翰·帕特里克·迪金斯(John Patrick Diggins)可以看到苏联人有多么尊重甚至信任里根。"里根越是批评苏联体制,苏联人民就越注意听。"[23]

关于里根在总统任期内的表现,早期的分析和历史著作都沿用了新闻媒体的腔调,大部分人都对威斯敏斯特演讲视若无睹。历史学家们难以理解演讲和政策之间的关系,尤其是在演讲本身没怎么谈到实践计划的情况下。身为传播学教授的罗兰和琼斯做了一个很有说服力的对比:一方面是里根把英国议会称为"一个人的拉长的影子",另一方面是威斯敏斯特演讲随着时间的推移而"拉长的影子"。站在远一点的地方观察,人们就会发现里根的威斯敏斯特演讲"完整地"[且成功地]表达了他的"冷战战略",在措辞方面也无懈可击。他的话"告诉苏联人和自由世界,苏联人吓不倒美国,也赢不了军备竞赛"。这次演讲提出了"里根"为实现民主与和平这一"双重目标"所设计的、"最完整的路线图"。坎农也同意这一观点。里根知道自己在做什么。他在1989年声明,威斯敏斯特演讲是"我以总统身份做出的最重要的演讲之一"。当时已经卸任的他相信,那篇演讲的作用不仅是激励了美国及其盟友。里根说:"我认为,我们的真诚帮助了苏联人,让他们得以面对自己的弱点和不确定的未来。"[24]

演讲与政策

H. W. 布兰兹（H. W. Brands）在他撰写的里根传记中，用"那场演讲"的故事来开篇。1964年总统大选即将举行之际，巴里·戈德华特参议员在与林登·约翰逊的较量中已经注定要败北。共和党找来了演员和电视主持人出身的罗纳德·里根，让他在几百名支持者面前发表一场30分钟的电视演讲。里根刚开始有些慢热，但随后就找到了节奏。到了演讲结束的时候，这位政治新人已经使美国各地客厅里的观众们激动起来。尽管林登·约翰逊还是以巨大的优势击败了戈德华特，但里根却上升到了新的政治高度。从此之后，里根的支持者总是以崇敬的语气谈起"那场演讲"所带来的唤醒作用。在那本传记的最后，布兰兹教授解释道："极少有总统像里根那样在意自己演讲里的词句。"[25]

实际上，早在20世纪40年代后期和50年代，还是好莱坞明星的里根就已经精通把传播、思想和政策融为一体的技巧了。作为美国演员工会的领导人，里根认为与苏联的对抗是善与恶的永恒战争中的一个部分。他认为，西方最强大的武器就是它的制度。里根相信，西方民主国家能够赢得冷战的胜利。事实上，如果美国及其盟友能保持决心，苏联人最终就会承认西方社会的优点，并修改他们的制度。[26]

在当上总统之前的20年，里根对美国的政治与政策中的问题进行了思考和写作。在1954年到1962年间，他走访了通用电气公司分布于全美的135家工厂，与员工们座谈。在里根的加州州长任期（1967—1975）结束后，他同意录制每周5天、每天5分钟的广播评论，约5 000万人每天收听这些评论。这位前州长放弃了一个每周两次的电视评论机会，因为他觉得电视观众会看腻他这个人。

在广播中，唯一的介质就是他的声音，唯一的信息就是他的语言。脚本都是他自己写的。里根的安保先遣员回忆说，里根"总是在写东西"——无论是在飞机上、在坐车前往他自己的牧场的路上，还是周末在家的时候。里根写作的时间是有限的。为了演讲，他自创了一套卡片系统和速记法，这样他的演讲就显得自然流畅，而且可以拉近他与观众的距离。[27]

里根在撰写广播脚本和演讲稿的时候，会思考问题并考虑如何表达自己的信念。多年之后，这位总统的多名国家安全事务助理之一巴德·麦克法兰（Bud McFarlane）对时任国务卿乔治·舒尔茨（George Shultz）说，他实在搞不明白里根为什么"懂得这么少，却做成了这么多"。原因似乎是，里根把专注和信念结合在了一起。写作磨炼了他这两方面的能力；之后，他还能在听众那里反反复复地检验这些能力。[28]

里根是乐观的，他赞扬他的同胞们。他对在自由市场和个人自由的魅力支持下的"理想主义的民族主义"有一种信仰。在当选总统之前，他的语言风格有些叛逆，但又很有进取心，这也符合他反对党领袖的身份。但是，他的声音一直都很能宽慰人心。[29]

里根 1975 年到 1979 年间的广播评论中，有一些直白的标题能让我们看到他当总统后实行的一些政策的基础，如"两个世界""美国的力量"等。与尼克松和基辛格不同的是，里根认为和平不会是实力均等的强权之间彼此平衡的结果。由于两种政治制度是对立的，美国只能在"支配权力与臣服权力"之间做出选择。[30]

里根成为总统之后，全世界都知道他是"伟大的传播者"。已故的理查德·达曼（Richard Darman）曾任白宫幕僚长和秘书长，掌管总统办公室进出的包裹。他曾告诉我，里根其实是"伟大的编辑"。乔治·舒尔茨还记得，总统"对口头语言有强烈的兴趣和喜好"。舒尔茨回忆说，有一次他把一份自己的演讲草稿拿给里根看，里根表示这份草稿"令人极其满意"。稍微停顿了一下后，这位总统解释道："如果是我来做演讲，那我会用一种不同的方式。"在舒尔茨的追问下，里根又解释道，舒尔茨的演讲是写来供人阅读的，而自己要"与人交谈……这是不一样的"。为了让舒尔茨弄懂，里根随便翻开讲稿中的一页，做了四五处修改，并且在页边用插字符号插进了"故事"这个单词。舒尔茨这才知道作为编辑的里根是如何把讲稿改出完全不同的调子的，身为总统的里根知道如何打动他的听众。[31]

里根不只是一位熟悉台词的演员。H. R. 布兰兹写道："里根说话的时候并没有表演，他的语言的力量来自他对自己所说的以及美国和美国人民身上所有美好事物的全身心的信仰。"舒尔茨认为，里根作为传播者的力量来自这位总统"在头脑中处理一个问题并抓住其本质的能力，以及他坚定的信念"。[32]

里根的思考强调的是思想和想象力。他的传记作者海沃德称赞说，里根的洞察来自发现，而不是演绎。布兰兹写道，总统是一个"思想者，也是重大原则的传播者"。这些原则既给里根的冷战战略带来了启发，也指引了他的国内政策。有了这些原则之后，总统就把添加细节的工作交给了其他人。[33]

里根通过故事、掌故和幽默让自己的演讲生动起来。他的故事在听众的头脑里形成了印象深刻的"语言图画"。他常用"掌故分析"的方法来解释问题。这位总统还会借"幽默的息怒作用"来缓解困境。[34]

总的来说，里根的演讲和风格使他成为一位制定政策方向和动员支持力量的大师。布兰兹也写过富兰克林·罗斯福的传记，他说里根"是继罗斯福之后最具说服能力的政治演说家，集信念、专注和幽默于一身"。除此之外，里根还是一位颇有吸引力且经常被低估的政治领袖。卢·坎农讲述过20世纪60年代中期里根刚刚步入政坛的时候，对手们是如何贬低这位曾经的演员的。1965年见到里根之后，坎农说自己"无法理解为什么有人想和这样一个自信而友好的人作对"。[35]

政策基本原则

1980年总统选战期间，睿智的政治战略家斯图尔特·斯潘塞（Stuart Spencer）在一个安静的时刻问里根，为什么他想当总统。"结束冷战。"这位总统候选人回答道。"怎么结束？"斯潘塞问道。"我不知道，但是总会有办法的。"里根确信地说。根据缓和战略的设计师们的说法，这一战略需要巧妙的外交政策，把平衡与遏制结合在一起。当苏联在20世纪70年代持续扩张的时候，卡特总统想用缓和战略来缓解对峙局面，但效果不佳。里根则对这种巧妙和复杂的要求敬而远之。他在就任总统之前写给朋友的一封信中解释道："我一直以来都认为，我们在许多问题上寻求复杂的答案，实际上是为了避开那些明显的、简单的答案，因为这些答案虽然简单，却很难实现。"[36]

里根总统既想动摇苏联的统治，又想与之接触。他认为，美国的经济只要能自由地繁荣发展，就可以赢得科技竞赛。孱弱的苏联经济跟不上美国的节奏。之后，如果苏军必须从东欧撤退，那么这些国家的公民就会选择独立的道路。里根相信，只要美国领导人表现出更愿意与苏联合作而不是对抗的倾向，美国人民就会支持大规模的军备建设计划。最终，里根想要终结苏联体制并销毁核武器。

在整个过程中，总统的几个目标之间可能会显得互相冲突，但是里根非常乐观，他并不打算在这些目标中做出取舍。詹姆斯·格雷厄姆·威尔逊（James Graham Wilson）在他对冷战终结过程的研究中指出，里根对政策基本原则的处理方式高度依赖于国务卿乔治·舒尔茨在执行方面的创造性发挥。在里根第一个任期的国内政策以及第二个任期的税务政策和国际经济工作上，詹姆斯·贝克也起到了类似的作用。[37]

1981年1月的时候，美国的前景看起来很黯淡。《时代》周刊1975年就曾发问："资本主义能活下来吗？"而1981年的情况比那时候还要糟糕。油价暴涨和经济滞胀导致失业率和通货膨胀率高企。越战结束之后，阿富汗、伊朗和中美洲的形势也相继逆转。从中央情报局泄露出来的情报动摇了美国人对本国制度的信心，甚至动摇了他们的道德使命感。苏联似乎正处于上升期。尼克松和基辛格与苏联达成限制战略武器协议后的十年间，苏联的陆基和海基弹道导弹数量远超美国，比例达到4∶1。苏联在欧洲部署了新型的SS-20中程火箭，以震慑北约各国。1981年12月，波兰的团结工会运动被镇压，这显示苏联并不打算放松对东欧的控制。就连第三世界那些弱小的发展中国家也来对抗美国，它们提出了一系列经济上的要求，其目的似乎是建立一套新的国际经济秩序。公共知识分子们最喜欢的主题——他们总是喜欢这个主题——就是"美国的衰落"。[38]

里根的复兴计划的第一步，就是重塑美国的自信。"[他]成功的关键和富兰克林·罗斯福一样，即重建美国人对自己国家的信心的能力。"里根开出的药方很简单：政治制度和经济制度是相伴而行的，它们能够一起释放出个人和民族的创造力、能量和产业潜力。里根宣称，在正确政策指引下的美国经济是"世界上最伟大的奇迹之一"。他同时感受到,在信息时代的科技之下,全球正在经历"深刻的转型"。"自由市场、低税率、自由贸易"是"我们必须在这场斗争中部署的和平武器,以此为人类赢得未来"。经济实力也与和平紧密相关。1982年,这位总统在一封信中写道:"我一生中经历过四场战争,没有一场是因为我们太强大而招致的。"[39]

里根想用五项基本原则来重振美国人的精神,并让这个国家走上正确的道路。总统在包括威斯敏斯特演讲在内的多次讲话中号召人民为此而奋斗,并解释了他的政策目的。

第一,这位总统需要释放出美国的经济潜力。在1978年12月的一次演讲中,里根曾解释道,一个"成功的战略"需要"包括政治、经济、军事和心理方面的措施"。他还补充说:"我们有太多时候都只把注意力集中在军事层面。"亚历山大·汉密尔顿若听到这番话肯定会很欣慰。当上总统之后,里根需要确定实践层面的优先事项。1981年1月,白宫幕僚长詹姆斯·贝克给新总统提出了一份"有三个优先事项的百日计划,这三个事项……是经济复苏、经济复苏和经济复苏"。实现这一目标的工具是减税、削减开支和放松管制,并通过货币政策来平抑通货膨胀。[40]

第二,里根想强化美国的军事实力。他相信美国的财力是能承受军备竞赛的,而苏联则承受不了。此外,美国的新式武器也会得益于国家在科技方面的优势。里根在和平时期的军事扩张是历史上规模最大的一次,他的扩张强调质量和数量并重。实际上,军事扩张从卡特总统时期就已开始了。到了1985年,国防部的预算已经几乎达到了1980年的两倍。从战略的角度来讲,里根把军事实力视为"让国家实力在外交竞技场上发挥作用的黏合剂"。[41]

第三,占据了军事实力的制高点之后,这位总统想通过谈判来削减最危险武器的数量。他特别想要消除核武器。里根认为军备竞赛是冷战的产物，而不是起因——他不指望只靠军控谈判就能结束冲突或是改善双边关系。正如查尔斯·埃文斯·休斯曾试图把海军军力的削减与东亚安全的政治问题联系在一起，里根也试图把核武器的竞赛放到冷战的大背景下去考虑。但是，里根与休斯不同的是，他能投入的预算要比休斯多得多。这位总统在1983年的时候说，"如果他们想搞军备竞赛"，苏联人就必须"玩命才跟得上"。里根相信，美国在签署限制战略武器条约后已经落后于苏联，他必须先把军备实力提上来，才能通过谈判减下去。谈判者一般都不会把自己的讲价策略公之于众，但里根却坦率地把自己的计划说了出来——这是为了让他的对手和支持者们都相信，他是认真的。[42]

这位总统特别讨厌核武器。1983年，五角大楼向他汇报了关于全面核战争的统一作战行动计划（SIOP），他听后深感不安。核威慑理论中"确保相互毁灭"（MAD）的逻辑让里根感到困扰，他不知道该如何结束这种状态。里根曾反复说过："核战争不可能有赢家，也永远都不能打。"他在1985年于日内瓦首次会晤苏联领导人米哈伊尔·戈尔巴乔夫（Mikhail Gorbachev）的时候也是这么说的。里根的总统班子早些时候曾提议销毁美国和苏联的所有中程导弹，作为武器部署和谈判"双管齐下"战略的一部分。这一提议符合里根的提议。后来的一些分析家认为，里根后来向销毁核武器方向做出的行动，其思想根源就在这次提议之中。双方早先曾在非正式的对话中提议大幅削减中程导弹数量，但没有要求完全销毁。里根拒绝了这一方案，坚持"0比0"的原则。[43]

里根的第四项基本原则是促进西方制度，同时否定苏联制度。这也是威斯敏斯特演讲的中心思想。总统班子对这一政策的表述有一个演进过程。[44]

在第二个总统任期内，里根在舒尔茨的鼓励下扩展了其民主化政策，突破了珍妮·柯克帕特里克（Jeanne Kirkpatrick）的分类。他在1986年初说道，美国人民将"反对任何形式的极权，无论这极权是左派还是右派"。美国逐渐减少了对菲律宾、韩国、智利和南非的领导人的支持，同时为这些国家的政治转型提供了宽松的环境。[45]

第五，里根相信美国人需要一个针对核武器的"保险政策"。他一直在为彻底消除"确保相互毁灭"和核武器的梦想而奋斗，但这位务实的总统也想要一些保护。他不知道自己的战略防御计划（SDI）最后能提供什么样的防护。[46]里根多次意识到，只要美国展现出可以在未来防御导弹的前景，苏联就会更加担心美国的科技优势，以及自己赶上美国脚步所需要付出的成本。不过，这位总统也向苏联提出，愿意与对方分享美国的发明成果。他坚守的原则是找到一个防御核武器的技术方案。这个信念十分强烈，因此他无法接受通过谈判来限制战略防御计划的现场试验，即使是以此为交换条件的一部分以促成美苏共同销毁战略核武器也不行。乔治·舒尔茨回忆道，战略防御计划是一个"谈判筹码"，它迫使戈尔巴乔夫做出了重大让步，但美国是绝不会真的把这个筹码交换出去的。战略防御计划需要一直作为一种威胁和刺激因素而存在下去。里根从来没有放弃这样的希望：美国人的聪明才智可以为美国的安全提供一个关键的屏障。[47]

总统相信，他的任务就是牢牢抓住这些政策基本原则。他能把这些原则阐述得比其他任何人都好。他用历史和现实故事来宣传这些原则。他知道如何以他的原则为基础进行谈判，同时不放弃任何一项原则。H. W. 布兰兹写道，里根最强大的地方就是他的专注力。这位总统传递的信息从来没有变过，只是细节有所不同而已。[48]

里根不是一个亲力亲为的执行官。他传递的信息和政策基本原则留下了相当大的辩论和内部冲突空间。他很少澄清他的指示。这位总统依靠其他人去解决冲突，但只要他的幕僚们还坚持强烈的乃至敌对性的意见，这些冲突就会一直存在。我们固然可以说总统能够从听取各种意见中获益，但是持续不断的内斗增加了失误、自相矛盾，以及在一次又一次危机中栽跟头的风险。[49]

与里根互补的舒尔茨

国务卿乔治·舒尔茨把自己的回忆录命名为《动荡与胜利》（*Turmoil and Triumph*）。[50] 书中对里根总统班子的内部纷争所做的记录毫无疑问属于"动荡"，而最后的结果对舒尔茨和整个国家来说都称得上"胜利"。詹姆斯·格雷厄姆·威尔逊对里根和舒尔茨之间非同寻常的搭档关系进行了解读，并详细地解释了这位国务卿为什么是里根外交政策的非常有价值的补充。舒尔茨后来发现，里根有"能力打破当前的固有思维，去支持他对美好未来的愿景；他有一种天生的、自然的能力，能把根植于这个民族最深处的价值观和渴望表达出来；他还做好了准备，无论遇到什么压力、轻蔑和挫折，他都会坚守他的愿景"。[51]

国务卿要想发挥作用，就必须像舒尔茨一样了解他的总统，这样才能在遵从老板的指令的同时为他提供帮助。这种帮助应该包括巧妙地弥补总统的不足。舒尔茨崇敬里根。两人的理念和幽默感十分契合，国务卿赢得了总统的信任。舒尔茨的内心很强大，能顶住各种批评的打击，舒尔茨又很有韧劲，能把那些批评都顶回去。最重要的是，这位国务卿懂得里根通过面对面的接触把原则付诸实践的冲动,并鼓励他这样去做。[52]

舒尔茨后来回忆道,总统"喜爱谈判,而且他和我会互相讲起我们在劳工领域共同经历过的故事"。1982年中上任时,这位国务卿也想起了他的朋友、时任联邦德国总理赫尔穆特·施密特(Helmut Schmidt)说过的一句话:"形势危险,这里没有人与人之间的接触。"舒尔茨决心创造条件,让总统能见到苏联的高级官员,并最终坐下来谈判。里根随后和戈尔巴乔夫举行了五次峰会,他们也是冷战期间两个超级大国之间会面最多的一对领导人。[53]

舒尔茨与里根一样,对美国的自由企业引擎持乐观态度。舒尔茨拥有麻省理工学院的工业经济学博士学位,他对信息时代的市场转型很感兴趣。他相信,所有的经济体在正确政策的指引下都有能力做出改变,苏联也是如此。当戈尔巴乔夫开始他的"新思维"实验,试图重组经济结构时,舒尔茨给苏联领导人提供了世界经济的入门教程,并向其阐述苏联为什么被远远地落下了,以及需要修改什么东西。他通过明白无误的建议传达出了美国的自信,一位同事把舒尔茨对苏联的指导称为"心理战"。[54]

舒尔茨倾向于与苏联进行大范围的接触,并在与苏联的议程中体现美国的利益和价值观。这种方法和国防部部长卡斯帕·温伯格(Caspar Weinberger)、国家安全委员会顾问比尔·克拉克(Bill Clark)以及中央情报局局长威廉·凯西(William Casey)的设想是有矛盾的。他们错误地担心,与苏联人面对面的接触将会导致喜欢空想的里根让出美国的优势。这些国防鹰派分子还担心,如果美苏的紧张关系得到缓解,国会和公众投资于军队的意愿可能就会降低。

舒尔茨与苏联接触的做法抛弃了尼克松、基辛格和里根的第一任国务卿亚历山大·黑格所一直坚持的路线。到了1984年初,舒尔茨已经能够在一个由四项议程所组成的框架内灵活运作，这四项议程是人权、地区冲突、军控和双边关系。他还任命外交系统内的苏联问题专家杰克·马特洛克（Jack Matlock）进入国家安全委员会，接替理查德·派普的职位。这一任命使得国务院和国家安全委员会之间建立起了关键的协同机制。最重要的是，总统夫人南希·里根（Nancy Reagan）也站在舒尔茨的这一边。[55]

舒尔茨从经济的视角去看待长期战略，这符合里根对经济自由、贸易与合作的基本信仰。两个人都意识到了北美洲的重要性。1979年底总统选战活动开始的时候，里根就曾表示："对于我们自己来说，未来安全的关键可能就在于墨西哥和加拿大将会变得比现在强大得多……我们不应该再把这两个最近的邻居当成外国人了。"我还记得，1987年，具有里程碑意义的美加自由贸易协定谈判陷入僵局的时候，舒尔茨曾催促当时的财政部部长贝克介入并接管谈判。贝克在1988年谈成了协议。[56]

修辞外交

1983年，就在舒尔茨搭建自己与里根的关系的时候，总统还在利用演讲塑造自己的对苏外交风格。3月8日，总统在美国全国福音派协会发表演讲。他抓住机会，在演讲的最后谴责苏联，称其为"邪恶帝国"。演讲是在佛罗里达的奥兰多进行的，现场听众都是美国人。当他们听到总统讨论的话题从流产、公立学校的祈祷、十诫转移到对军备控制的解释时，大概颇感惊讶。但是，宗教界对核冻结运动的支持让里根颇感不安。他反对那种认为超级大国在道德上平等的想法，也反对由此而来的推论，即核冻结可以带来和平，因为双方"犯了同等的错误"。他解释说，核冻结的想法是"一个非常危险的错误"。里根在演讲结束的时候又谈起了自己曾在威斯敏斯特谈过的一个主题，他警告称，世界上的这场斗争是对意愿和信念的考验，而不是对炸弹和火箭的测试。

这位总统后来声明，他是"故意"用"邪恶帝国"这个词组的。奥兰多的这场演讲本应属于"国内"的范畴，所以白宫职员就没有让国务院和国家安全委员会审阅讲稿。曾想在里根的讲稿中写上"邪恶帝国"而未果的写手托尼·多兰又做了一次尝试；而曾在1982年把这个词组删掉的戴维·格根在听说是总统想要使用这个劲爆的词组之后，便没有再做阻拦。舒尔茨后来写道，他不知道总统计划用这个"从来没有经过谨慎或系统的策划研究的"词组。这位国务卿感觉自己在这场战役中输给了总统班子里那些试图阻挠总统与苏联接触的人。舒尔茨鼓励总统把他的想法直接讲给苏联人听。[57]

3月23日，总统果然这么做了——但方式出人意料。里根此时仍然对核冻结运动浩大的声势感到窝火，他在电视上对全国民众发表了讲话。他请求公众联系国会，表达他们对自己加强军备计划的支持。之后，他更进一步，回顾了国民对曼哈顿计划的支持——正是这一计划使美国人（在范内瓦·布什的帮助下）制造出了第一批核武器。"如果自由的人民知道，他们的安全不是建立在美国威胁将立即对苏联的攻击采取报复行动之上，而是建立在我们可以在战略弹道导弹抵达我们或我们的盟友的领土之前就拦截并摧毁它们，那么他们是否能安心生活？"这位总统呼吁科学界发明一种用来防御而非报复的设施。此时他刚刚启动了战略防御计划。[58]

舒尔茨认识到，里根虽然用修辞外交来反对核冻结运动和超级大国道德平等论——以及支持导弹防御计划——但他仍有使用个人外交手段的空间。1983年4月6日,这位总统在日记中写道:"国家安全委员会的一些职员的路线太过强硬了,他们认为我们不应以任何形式接近苏联人。我认为我也是强硬派,而且绝对不会采取绥靖政策,但我确实想尝试让苏联人看到,只要他们用**行动**表明自己愿意与自由世界同行,那么世界就会变得更好。"[59]

到了1984年1月,里根已经准备好用演讲发出另一个信号。自1983年下半年开始,美苏之间的关系已经紧张到了危险的程度。苏联人退出了日内瓦的军控谈判。他们还击落了一架因迷航而误入苏联领空的韩国民航客机。北约的一次演习似乎让苏联政府高度戒备,后者担心美国会实施先发制人的核打击。里根得到消息说,苏联人的恐惧加剧导致所有国家都感受到了更大的风险。媒体则戏谑地把现实和乔治·奥威尔(George Orwell)在小说《一九八四》中描写的乌托邦放在一起比较。

另一方面,北约正在部署中程导弹。美国的国防建设进展顺利,进一步的支持取决于正在发出的和平信号的效果。美国对加勒比海地区的格林纳达实施了一次快速入侵,除掉了这个古巴前哨站的威胁,并解救出了一批美国医学生。这些学生对此深表感激。里根的民众支持度正在上升。1984年也是选举年,里根、南希和他的政治顾问们都想强调,总统像重视实力一样重视和平。[60]

1月16日,这位总统在白宫的东厅"就美苏关系向全国和其他国家"发表了电视讲话。里根相信他必须用自己的声音来对抗苏联的宣传。这位总统利用即将在第二天于斯德哥尔摩举行的欧洲裁军会议作为引子,并且选择在上午讲话,这样欧洲的观众就可以在白天收看。里根宣告他中止美国国力下滑趋势的努力已经成功,并夸耀了经济复苏、国防重建、巩固同盟以及捍卫民主价值观等成就——所有这些成就合在一起,加强了美国的威慑力,威慑让世界更加安全——但这还不够。这位总统希望和苏联人一起就和平问题展开一次严肃而有建设性的对话。他提议寻找双方在地区冲突、武器削减等方面的共同利益,并改善"建立在行动上,而非口头上"的工作关系,其中也包括"公民的个人权利"。他在此处为四个议程埋下了伏笔,而这些议程将在里根剩余的总统任期内成为美苏关系的框架。[61]

在演讲的结尾,里根用了一个他很喜欢的招数。他虚构了苏联和美国的两个家庭,一个是"伊万和阿尼娅",另一个是"吉姆和萨莉",并探讨了他们在生活与家庭、工作和兴趣、恐惧和希望等方面的相似之处。里根想要超越"政府结构和哲学观念"的差异,去追寻共同利益。[62]

里根早就想与苏联领导人会面了。他以个人名义给戈尔巴乔夫之前的三任苏联领袖——列昂尼德·勃列日涅夫、尤里·安德罗波夫(Yuri Andropov)和康斯坦丁·契尔年科(Konstantin Chernenko)——都写过信,但这些人冷漠的回复令他感到失望。他开玩笑说,"如果这些人一个接一个地在我之前死掉",那么他就无法取得任何进展。1985年初,戈尔巴乔夫的崛起让形势发生了改变。里根在和这位相对年轻的苏联领导人建立关系的过程中,仍继续用他的修辞外交实现美国的战略。1987年6月,里根站在柏林的勃兰登堡门前高呼:"戈尔巴乔夫先生,拆了这堵墙吧!"总统的国务卿、国家安全事务助理和大多数白宫高级职员都强烈要求从讲稿中删掉这句话。他们担心这会让总统显得很傻,让联邦德国总理赫尔穆特·科尔感到尴尬,激怒戈尔巴乔夫并让民主德国人产生不切实际的希望。里根对白宫副幕僚长肯·杜伯斯坦(Ken Duberstein)说:"我要保留这句话。"里根这是在催促戈尔巴乔夫向世人证明,苏联领袖是致力于改革的。这位总统在柏林的演讲延续了他在威斯敏斯特描画出的战略。这句话也不是只说一句就完了。里根后来反复重复过这句话,包括在面向全国的一次电视演讲中、在与共和党参议员的对话中,以及在反共大会的讲话中。在他离开总统职位前,他把这一要求重复了14遍。虽然民主德国人加固了柏林墙,但美国情报机构的报告显示,苏联政府要求东柏林放松对柏林墙两侧的行动限制。[63]

根据斯蒂芬·塞斯塔诺维奇的说法,即使是在里根1988年5月最后一次访问苏联期间,这位总统仍是"一个尽管可能有些挑衅性,但依旧和蔼可亲的客人"。里根在意识形态方面仍保持攻势。他在戈尔巴乔夫的母校莫斯科国立大学发表演讲,主题又回到了威斯敏斯特演讲的主旨上,而讲稿则是针对苏联听众的特点量身定制的。他站在一座巨大的列宁雕像之下,表示对革命的欢迎——但不是1917年的那场革命。他把"科技或信息革命"和"思想自由、信息自由、通信自由"联系了起来。他预见到,企业家——而不是政府政策制定者——将成为未来的探索者。

这位总统概述了全球的民主化进程,并鼓励莫斯科的学生们参与进来。苏联人可以在教堂、法庭、工会大厅、议会和市场参与民主活动。他是在"对你们这片土地上真正伟大的心灵说话"。

里根在莫斯科的演讲赞扬了美苏在军备控制问题上的进展。但是,与1982年时一样,他希望武器可以服从于一种更崇高的动机:"一种内在的呼唤——那种赤手空拳的真理所具有的不可抗拒的力量。"他还重新提起了历史:"美国人总是[试图]和老对手交朋友。"这位阻止了美国衰落势头的复兴主义者也一样,不把曾经的敌人转化为朋友,他是不会罢休的。[64]

然而,作为一名外交人员,里根还是为与苏联领导人合作而做出了调整。因为"邪恶帝国"这个称呼,苏联人恨了里根5年,他们对里根对共产主义的持续攻击表示轻蔑。在莫斯科峰会举行之前的几周,戈尔巴乔夫和苏联驻美大使阿纳托利·多勃雷宁都发出信息,要求里根不要让苏联领袖难堪。当里根在莫斯科的红场上与戈尔巴乔夫站在一起的时候,一位美国记者问他是否还认为苏联是一个邪恶帝国。里根犹豫片刻后说:"不是。"记者问为什么,这位总统回答道:"我当时说的是另一个时代的另一个时候。"[65]

谈判家里根

历史学家和其他里根外交的分析人士都不喜欢过度依赖总统的演讲去做研究,哪怕他在演讲中说过的话后来都得到了验证。他们试图把言辞与具体的政策行动直接联系起来。其中缺失的一环——尤其是在美国对苏政策方面——就是里根的个人外交,尤其是他作为一个谈判家的能力。[66]

乔治·舒尔茨懂得里根领导之术中的这个层面。总统想要拉近自己与对手之间的距离。里根回忆道:"我努力用老演员的共情技巧,想象自己是在用另一个人的眼睛去看待世界,并努力帮助观众们通过我的眼睛看到这样的世界。"他尝试着理解戈尔巴乔夫的顾虑。里根的为人能令人感到温暖。但是,里根的共情、理解乃至善良都没有导致他在行动中退让。他不喜欢放弃,甚至不喜欢妥协,他宁愿对敌人保持压力。特别是在对待苏联的问题上,里根拒绝"各退一步"的做法。他后来这样提醒自己的国家安全团队:"我们不着急。"[67]

1983年2月15日,舒尔茨把苏联大使多勃雷宁带进白宫,与里根聊了两小时,由此开启了个人接触的进程。多勃雷宁已经在华盛顿工作了20年，为人幽默且随和。里根很享受和他的谈话。这位总统要求苏联人允许7位居住在美国驻苏大使馆地下室内的五旬节派基督徒安全地离开使馆，并最终离开苏联。里根说，如果苏联同意这么做，他不会大张旗鼓地宣扬这件事。多勃雷宁不得不推动安德罗波夫总书记批准此事，最终苏联人允许五旬节派教徒在4个月内悄悄地离境前往以色列。里根也悄悄地批准了一笔向苏联销售粮食的交易，双方开始建立信任。[68]

一年多之后的1984年3月5日，也就是里根发表"邪恶帝国"和"战略防御计划"的演讲，以及安德罗波夫去世之后，里根对他的顾问们说，他希望与克里姆林宫的新领导人康斯坦丁·契尔年科举行一场峰会。病中的契尔年科对总统的邀请回应得并不积极，不到一年后就去世了。不过，里根还是在1984年9月见到了古板、教条且长期担任苏联外交部部长的安德烈·葛罗米柯。两人的交流并不顺畅，但乐观的总统在结束会谈后仍相信他能让苏联人和自己保持接触。11月，里根以压倒性的优势再次当选总统，苏联政府随即同意回到以销毁核武器为最终目标的军控谈判之中。[69]

1985年3月11日，戈尔巴乔夫接替已经去世的契尔年科，成为苏联的新任领导人。同一天，里根总统给苏联人写信，提议举行峰会。这一次，苏联领导人已经做好了推进的准备。7月，戈尔巴乔夫给葛罗米柯安排了一个虚职，换上思想开放、头脑灵活的格鲁吉亚共产党书记爱德华·谢瓦尔德纳泽（Eduard Shevardnadze）担任外交部部长，让他帮助自己发展"新思维"。最终里根和戈尔巴乔夫同意于1985年11月在瑞士日内瓦会面。[70]

里根开始学习一门被国家安全委员会职员们称为"苏联概论"的课程。杰克·马特洛克准备了21篇文章，每篇长达8页到10页。这些文章介绍了这个国家的历史和苏联人的心理。他用人格化的方法分析苏联人，解释了他们的自豪感和不安全感，并淡化了"人民生活为马克思列宁主义意识形态所主导"的印象。善于共情的里根急切地去了解苏联人的性格。除了"课内学习"，他还看了苏珊·马西（Suzanne Massie）写的东西作为补充。马西是一位研究沙皇俄国的通俗历史作家，她相信"俄国人的灵魂"在经历了20世纪苏维埃政权时期后仍然活着。里根欣赏她做出的这种区分，他想把苏联人从苏维埃的"压迫"下解放出来。[71]

经过学习之后，里根口述了4页的笔记，其内容是他对戈尔巴乔夫的评估。里根总统总结了戈尔巴乔夫的目标和局限，同时也把注意力集中在他的重要表态上。如果两个国家不能在削减武器方面达成一致，那么就"只有军备竞赛一条路可走"。他将向戈尔巴乔夫明确表示，"我们绝不会允许他们在这样一场竞赛中获胜"。美国永远都可以比苏联花更多的钱。这位总统知道，民主制度下，公众对政府的预算是有约束的——但是他将把这些约束撑到极限，从而在他的任期内取得冷战的胜利。[72]

在充满象征意义的超级大国峰会上，两位领导人就战略武器、战略防御计划、军队建设、地区冲突和人权问题展开了辩论。有些时候，里根的发言似乎是讲给会议室之外的听众听的。里根自信地提出了各种断言，而且似乎对苏联人的反驳无动于衷，这让戈尔巴乔夫表现出了失望。他认为里根是一只"政治恐龙"。这位苏联领袖似乎急于谈论具体的事务，同时又不让自己显得过于着急，于是在双方之中扮演起了智力占优势且更加强势的角色。里根在谈判中经常用友好但又超然而坚定的语气去反复强调自己的信念，戈尔巴乔夫不是第一个因此与里根发生争论的谈判者。[73]

里根似乎是在另一个层面上操作，而且他回国时比之前更加乐观了。他认为自己已经把核心观点告诉了对方，并将最终说服对方。他的外交并不依靠说服对方做出妥协，他的方法是建立信任，而且他认为自己已经在这条路上迈出了第一步。他后来说道："戈尔巴乔夫的态度很强硬，而且坚信共产主义比资本主义优越，但是我总算是在当上总统将近5年之后，见到了一位可以和我谈话的苏联领导人。"里根邀请戈尔巴乔夫于1986年到美国继续他们的谈话，而那位苏联领导人则提议里根于1987年回访苏联。[74]

里根认为形势在日内瓦会议后取得了进展，不过他的顾问们大多不这么认为。现在，这位总统正带头向与苏联人合作的方向迈进，拖着他的手下们一起往前走。日内瓦会议结束两个月之后，苏联人提议在2000年之前销毁核武器，试图以此在新闻传播中占据有利位置。美国官员们想要贬斥这个计划，称其为宣传攻势。里根则有不同意见，他建议美国欢迎这一目标，并催促苏联尽快展开具体的工作。"为什么要等到世纪末呢？"他用嘲讽的口吻对舒尔茨说。[75]

然而，命运和其他决定改变了历史的走向。1986年4月，切尔诺贝利核电站反应堆爆炸并造成核污染，苏联官僚机构愚蠢地试图隐瞒这一事件，结果未能成功。戈尔巴乔夫既尴尬，又感到震惊。国际油价大幅下跌，这使苏联的预算大受影响。里根在保持压力的同时欢迎对话的机会。美国退出了第二阶段限制战略武器条约（SALT II treaty）。卡特在这一条约上签了字，但国会一直没有批准。美国继续在本土部署巨型MX洲际导弹，并在欧洲部署中程导弹。里根批准进行更多的核试验，并对战略防御计划保持信心。1985年末，这位和蔼的总统向国家安全委员会表达了他钢铁般的决心："我们是**想要**和平。他们是**需要**和平。"[76]

整个1986年，中央情报局的评估一直强调苏联的实力正在上升，且苏联的意图仍然具有威胁性。国防部部长温伯格和中央情报局局长比尔·凯西也用悲观的论调附和中央情报局分析员们的警告。他们这样做的一部分原因是当时的财政赤字纪律对预算形成了制约,而他们想让国会保持对军事的投资力度。[77]

5月,舒尔茨督促总统打破美苏关系中不断扩大的死结。他指出,如果美国不做出改变,那么美国的亲密盟友英国和联邦德国就会面临政治风险。法国总统弗朗索瓦·密特朗鼓励戈尔巴乔夫继续尝试与里根合作。这位法国领导人对里根的常识和直觉表示尊敬,他评价这个美国人"不是一个机器人,他是一个有血有肉的人"。9月,戈尔巴乔夫提议在不做太多事先准备的情况下举行会晤,里根同意了。他们于10月在冰岛的雷克雅未克会面。[78]

雷克雅未克的这场戏剧性会晤后来成了大量回忆录和分析文章的主题。[79]在这场会晤的日日夜夜里,里根展现出了他作为谈判家的特质。在抵达冰岛的时候,戈尔巴乔夫感觉全世界的舆论都支持他大胆的"新思维"。他决定在军控问题上提出出乎意料的让步和主张,以此来引诱和考验里根。戈尔巴乔夫不知里根是否会同意,但无论如何,这位年轻的苏联领导人都将设置议程,赢得国际社会的好感,然后再与下一任美国总统推动具有历史意义的军控议程。但是,戈尔巴乔夫离开冰岛的时候却是两手空空,他的让步被留在了谈判桌上。他对媒体说:"我们不会撤回提议。"没过多久,苏联做出的让步就成了后续谈判的基础。正如舒尔茨后来所说:"我们已经知道了苏联人的底线。"

戈尔巴乔夫表示愿意让苏联和美国一起销毁所有的中程导弹,里根并未表示同意。这位总统提出的路径是先将战略进攻性武器的数量减半,然后销毁所有的弹道导弹,再消除所有的战略武器,最后销毁所有的核武器。但是他拒绝放弃战略防御计划的试验自由,因为这一计划是他的"保险政策",用来预防核武器被销毁后又重新出现的风险。这位总统反复比喻说，战略防御计划只是一个纯防御性的"防毒面具"。

按照我的解读，里根与戈尔巴乔夫的争论显示出他在另外一个层面上的重大利益。他这是在告诉美国人民，他不会放弃防御战略导弹的承诺。最成功的那些总统都有一种直觉，知道何时放弃一个会破坏他们与美国公众之间的联系的承诺。里根告诉戈尔巴乔夫，放弃战略防御计划"绝对会让我在国内遭受沉重的打击"。他要求苏联"给他个人行个方便"，"用一个词"允许美国在实验室外进行战略防御计划试验。戈尔巴乔夫回答说，这不是一个词的问题，而是一个原则问题。里根犹豫了片刻，然后给舒尔茨一张纸条："我错了吗？"舒尔茨低语道："没有，你是对的。"

当戈尔巴乔夫向政治局报告雷克雅未克会谈的情况时，他的语气显露出他仍认为自己和苏联在意识形态与全球宣传攻势上占据上风。他解释了自己是如何和苏联的头号敌国以及这个敌国的个人代表斗争的，并称这些代表"显示出了极端的原始主义、穴居人般的眼界，以及智力上的不足"。这位总书记总结道，更严重的问题在于，美国人对苏联的体制存在误判："他们相信美国也许可以通过军备竞赛在经济上拖垮我们，可以给我和整个苏联领导层制造障碍，破坏苏联解决经济和社会问题的计划，从而煽动起大众的不满。"他在会见一个来访的美国议员代表团时又进一步解释说，里根当局"相信苏联在一个角落里，可以被挤压"，美国正"等着我们溺水"。[80] 他说对了。

在里根简单却有力的信念面前，戈尔巴乔夫在智力上的狂妄自大就像鸡蛋碰石头一样，被砸了个粉碎。戈尔巴乔夫应该将里根在威斯敏斯特的演讲当回事。这位总统想要和对方讨论并说服对方，并且愿意考虑戈尔巴乔夫的顾虑。但是里根也知道，美国的谈判筹码要比苏联多得多,他不会在基本原则上做出让步。此外,里根还会向苏联施压——以帮助"解放"苏联人民,同时在苏联失败的制度前方点亮一盏明灯。

与此同时,这位冷静的美国领袖在削减甚至销毁核武器的问题上也是个浪漫主义者——有些人会说他是空想家。里根最亲近的盟友玛格丽特·撒切尔坚决地提醒他,美国的核威慑是保卫欧洲和泛大西洋安全的关键力量,尤其是在苏联在常备军方面具有明显优势的情况下。我们很难理解里根销毁美苏核武器的计划将如何起到作用。其他国家还是可以拥有核武器,还有更多的国家可以研发这些武器。里根总是凭着直觉去改变世界,这个提议就是一个最好的例子。[81]

从结果来看,戈尔巴乔夫对销毁核武器的渴望导致他不再提起自己留在雷克雅未克谈判桌上的那些条件,希望凭此尽快达成协议并给自己的国家减轻负担。到1987年初,虽然《削减战略武器条约》的谈判尚在进行中,但苏联人仍同意开始销毁中程导弹的进程。在这一整年中,苏联对美国的一系列其他要求做出了让步,其中涉及部署在亚洲的导弹、一种近程导弹,以及对战略防御计划研究的象征性限制。美国还在地区冲突中施压,包括要求苏联撤出阿富汗,并取消对尼加拉瓜的军事援助。最后,苏联人甚至放弃了把《削减战略武器条约》和战略防御计划联系在一起的做法,这使得国务卿贝克在1991年最终结束了《削减战略武器条约》的谈判。[82]

1987年12月,里根和戈尔巴乔夫在华盛顿举行第三次峰会,两位领导人签署了《中程核力量条约》(INF),同意销毁美国和苏联一整个级别的导弹。里根的下一个目标是通过《削减战略武器条约》将核武器削减50%。戈尔巴乔夫不再和战略防御计划较劲,但他希望美国承诺不退出《限制反弹道导弹系统条约》(ABM)。

美方在冰岛会谈的时候曾经考虑过这个选项，但是此时却并非如此，无论怎样，里根都不会限制战略防御计划。戈尔巴乔夫对里根在柏林的演讲表示不满，而总统只是把对方的指责当作一场友好辩论中的一部分。戈尔巴乔夫赢得了公众——尤其是华盛顿群众——的赞誉。里根笑着把所有的政策筹码都摆在桌上，努力争取拿到更多的筹码，同时守住自己的意识形态阵地。[83]

这样的形势延续到了1988年5月底里根对莫斯科的访问过程中。这位总统正是在这次访问中在莫斯科国立大学发表了演讲。由于里根的总统任期行将结束，双方都没指望能在这段时间里在军控方面取得重大进展。无论如何，里根仍是15年来第一个访问苏联的美国总统，上一次是1973年尼克松与勃列日涅夫的峰会。戈尔巴乔夫正在为他的国内和国际政策转型寻找公共外交支持。5月29日双方第一次进行一对一的会谈，戈尔巴乔夫提议发布一份联合政治声明，内容包括国家平等、不干涉别国内政，以及国家挑选自己的社会政治制度的自由。戈尔巴乔夫还令人震惊地寻求美国对苏联的平等地位和合法性的肯定。里根表示自己会考虑一下，接着，他拿出了一张人权问题的清单。戈尔巴乔夫恼火地说，他也希望帮助美国解决其贫困和种族歧视问题。里根接着又把话题引向了宗教自由，他表示自己是以私人身份提出这个问题的，目的是避免尴尬。在这次访问的最后一次会谈中，戈尔巴乔夫又连催带哄地试图说服里根同意发布那份政治声明。里根对他的要求表示理解，但还是拒绝了。作为谈判家，里根曾辛勤地为预防战争甚至销毁核武器而工作，但他绝不会在思想领域的竞争中退缩。[84]

斯蒂芬·塞斯塔诺维奇观察道，里根"发自内心地喜欢戈尔巴乔夫，这使他的保守派同僚们对他的战略本质产生了误解，也让历史学家们直到今天仍感到困惑"。里根的"和蔼掩盖了他的雄心所涉及的范围"。但是，戈尔巴乔夫拥有与里根一样的竞争意识，他对里根的这一点是心知肚明的。苏联跟不上美国的节奏。与他在雷克雅未克会谈后的自信表现相反，戈尔巴乔夫1987年底告诉政治局的同僚们，他们需要一个新的方向，因为"我们别无选择。我们已经……把自己推到极限了"。[85]

里根的外交：以实力为后盾的思想斗争

里根总统把冷战当成一场思想的战斗。他对戈尔巴乔夫和苏联人的共情从未使他偏离自己追求意识形态胜利的初心。约翰·加迪斯仰慕里根"透过复杂现象看到简单本质的能力"。这位总统相信自己可以攻击苏联的弱点，宣扬西方的长处，从而打破"心理僵局。他最喜欢的武器就是公开演讲"。里根认识到，军事武器很重要，但使用它们的时候一定要格外小心。他避免与苏联发生直接的军事冲突，而是将他的军备积累当作其言辞攻势的一部分。[86]

长期为里根担任政治助手的马丁·安德森坚持认为，里根有一个"简单……优雅，而且十分激进"的"大战略"，"从未完整表述过"。里根相信核战争一旦开打就没有赢家。用"确保相互毁灭"来进行威慑是不道德的，他追求的是用大幅削减的方式来控制武器。苏联是一个不可信任的"邪恶帝国"，而且美国的市场经济要比苏联的中央计划经济强大得多。里根要一边预防核战争，一边劝服苏联人：他们赢不了这场战争，而且改变符合他们自己的利益。"里根相信，"安德森总结道，"[苏联人]会采取最符合自身利益的行动，而且当他们必须做出正确的事情的时候，他们就一定会去做。他认为困难在于让他们认识到最符合自身利益的是什么，以及明白无误地向他们证明,除此之外,他们别无选择。"[87]

里根写出了他的计划:"在一场全力以赴的竞赛中,我们是更强的一方,而且敌人最终会因为没有取胜的希望而放弃。之后,一个以和平为信仰的高尚国家就会伸出友谊之手,对敌人说:'这个世界上有我们共同生存的空间。'"最终的"胜利"就是让以前的敌人改变信仰:"我们越是把注意力集中在苏联内部的压制上……苏联社会在若干年后不再残忍而隐秘的可能性就越大。到那个时候,和平就能得到保证了,这不仅因为苏联人害怕我们的威慑,还因为他们已不再想清除掉国内外所有反对他们的人。"[88]

约翰·迪金斯认为里根是"一个政治浪漫主义者,对现实情况缺乏耐心"。但他不仅仅是一个浪漫主义者。里根的意识形态指引他把注意力放在了苏联在实践中的弱点。H. W. 布兰兹总结道:"里根的政治实践是灵活的实用主义。"国务卿舒尔茨鼓励里根会见他在外交政策上的主要对手,并与他们谈判,为取得实际成果创造机会。白宫幕僚长、后来成为财政部部长的贝克在经济问题上也起到了相似的作用。舒尔茨和贝克都有敏锐的政治嗅觉和出色的谈判技巧,他们都很欣赏里根的特殊才能,也知道如何以最好的方式与这些才能形成互补。他们都尊重里根的基本原则,也知道在自己谈判的时候应该在何时,以及以何种方式请示总统。[89]

里根对历史很熟悉,也深知自己在美国历史上的位置。他能用久远的美国经验来审视并解释他的思想。在重读他的演讲稿时,我对这一发现感到震惊。他的言辞打动人心,他的思想富于启发性。他讲的故事能把听众带入一种具有美国南方乡土气息的幽默感之中,就像一位祖父在讲故事一样。

不管批评多么猛烈,处境多么艰难,里根始终坚持他所相信的东西,这一点让我印象深刻。除此之外,他这个人很正派,哪怕是和对方有严重的分歧，他也不会怨恨对方。我希望他的乐观主义能够永远成为美国外交的一部分。我们需要想办法将里根的优势与不太容易导致危险冲突和崩溃的行事方法联系起来。

里根的成功具有历史意义。[90]人们还有一种感觉，那就是他有一个特点，就像拿破仑最受手下将军们爱戴的特点一样：好运气。我不确定他的外交方式换到别的时间或地点是否也能成功。即使是在里根的时代，这位总统也在广义的中东地区栽了跟头。那个区域无视他的修辞外交，并且让里根当局的干预以惨败告终。里根需要乔治·舒尔茨、詹姆斯·贝克和霍华德·贝克这样的一流人才，来维持每天实际事务的运转。当国家安全委员会的工作人员过于狂热且盲目地在伊朗和尼加拉瓜展开秘密行动——以及国家安全委员会和白宫幕僚长未能凭借法律和常识监督好他们——的时候，"伊朗门"事件差点导致里根下台。

在考虑未来的政策时，里根的外交政策原则和我前面指出过的外交传统能够匹配得很好。美国的政策应该始终坚守自己的立国理念，即使是领导人以实用主义的态度解决当下的问题时也应如此。里根坚守把北美视为一个整体的观念。他知道经济实力的关键基础作用，也知道贸易与美国利益和思想自由之间的联系。他尊重同盟伙伴之间的双向纽带，即便他愿意作为领导人去挑战一些过时的假设。里根明白，他需要让自己的政策获得公众支持，也需要与国会进行合作。他还相信一些对美国和世界来说都更加宏大的目标。

第五部分

结束与开始

(1989—)

第 17 章

后冷战国际体系：乔治·H. W. 布什

关于同盟领导方式的一堂课

1989 年 5 月 29 日，老布什总统正在布鲁塞尔参加他的第一次北约峰会。当时各国外长正在就一份北约公报的内容进行讨论，我就坐在国务卿贝克的身后。这一天的谈判开始时很顺利。仅仅一周之前，老布什总统向他的北约盟友们提出了一个大胆的计划：同时大幅削减在欧洲心脏两边对峙的军队，并使双方军力相当。老布什的计划比里根的核军控议程又多迈出了一步。这位此前的副总统在 4 个月前就任总统，他想对戈尔巴乔夫发起挑战，迫使他撤出并削减他那让欧洲陷入真正分裂状态的地面部队。

布什的提议还有一个附带的好处，有益于美国与联邦德国之间的关系。1987 年的《中程核力量条约》已经消除了中程导弹，欧洲境内只剩下了短程核力量（SNF）。北约官员想要对这些导弹进行现代化改造。但是，正如联邦德国政治领袖福尔克尔·吕厄（Volker Rühe）所说："导弹的射程越短，德国人就越危险。"因此，联邦德国想要通过谈判来削减短程核力量，并提议使用新型导弹。

玛格丽特·撒切尔怀疑联邦德国想要销毁所有的短程导弹。如果是这样的话，那么欧洲就在事实上无核化了。苏联人在常规部队层面仍然占有压倒性的优势，而北约的战略一直都是靠核力量来威慑对方。撒切尔和其他盟友警告称，如果美国的核威慑与欧洲的核威慑脱钩，那么美国人总有一天会明白，他们将独自承担为保卫欧洲而陷入核战争的风险。

布什的提议降低了对核威慑的需求。如果以苏联为首的华约不再拥有明显占据优势的常规部队——准确地说，是两个阵营的实力相当——那么北约就不用再强调核防御了。不管怎样，美国都准备保持一定的短程核力量。但是，布什、贝克，以及总统的国家安全事务助理布伦特·斯考克罗夫特（Brent Scowcroft）意识到，站在政治前线上的是他们的盟友联邦德国。戈尔巴乔夫正在使人们燃起冷战终结的希望。美国人不想让盟友联邦德国把北约视为障碍。布什是一个好胜的人，他不喜欢别人将他与那位活力十足的苏联领导人放在一起，做出对他不利的比较。布什的提议对戈尔巴乔夫来说是一个挑战，要求他在冷战前线的中央用实际行动来兑现自己的表态。

我在 5 月 29 日下午的任务是与其他 15 个北约成员国的代表商谈一份北约的声明。到了傍晚时分，我们把讨论出的草案交给各自的外交部部长。我感到很愉快。这份声明草案欢迎并写入了总统的计划。我们还没有就短程核力量的问题该如何表述达成一致，但是美国对三个"加括号的"选项都可以接受。我这样一个第一次坐上椭圆形的北约谈判桌并且比其他人年轻很多的新人，已经可以用相对友好的方式达到我们的目的。相反，英国首相玛格丽特·撒切尔的前助手、英国驻北约大使迈克尔·亚历山大（Michael Alexander）爵士惹恼了很多人。亚历山大就坐在我的右手边，在我们讨论草案文本的时候，我能感觉到他吸引到自己身上的怒火。

部长们对尚未达成一致的文本展开辩论，这场辩论延长到晚上，再延长至第二天凌晨。在这个过程中，我越来越不安。坐在英国外交大臣杰弗里·豪（Geoffrey Howe）身后的亚历山大经常往前跨一步，在豪的耳边低语；然后，豪就会对一个看似并不重要的地方提出反对意见。豪看起来并不自在。大家都知道他和撒切尔不合，而且他似乎是在按照亚历山大的指令行事。

最令我感到惊奇的是，每当豪提出一个观点的时候，贝克都会发言对英国人表示支持。我认为自己的上司是在毫无缘由地挥霍其他盟友对我们的好感，我们不需要附和豪提出的要求。于是我就问贝克他为什么总是附和豪的那些狡辩。

贝克的回复相当于给我上了一堂同盟领导课。他说："这些年来我一直看着玛格丽特·撒切尔把罗纳德·里根控制得死死的。在一些深夜和清晨，我的朋友乔治·H.W. 布什需要决定到底是谁在领导这个同盟，是他还是她。每次在这样的场合，我都想让他能尽量轻松地说：'玛格丽特，吉姆[*]每一步都跟杰弗里站在一起。现在该我们来做决定了。那么我决定……'"

我想的只是会议室里正在进行的谈判，而贝克已经想到了好几步之后。在跟我说完后不久，贝克走向谈判桌的另一边，那里坐着联邦德国代表团。联邦德国的外交部部长汉斯–迪特里希·根舍（Hans-Dietrich Genscher）是一位老谋深算的自由民主党领袖，也是总理科尔的盟友。根舍站起来，走向了贝克。谈判桌上的交谈声顿时停了下来，美国和联邦德国都是那天晚上的重要角色。

根舍警惕地斜眼看着贝克。贝克则用友好的语气说："汉斯–迪特里希，我想杰弗里现在处境比较困难，我们得帮他一把。"根舍露出了笑容，然后立即笑着回答："哦，那个可怕的女人！"根

---

[*] 此处指贝克。——译者注

舍是一位大师级的政治家和外交家,他立即就明白贝克不是豪的支持者。根舍看出来了,贝克是同时在好几个层次上谈判。

第二天,也就是5月30日,各国政府首脑批准了部长们的工作成果。关于授权新一轮短程核力量谈判的问题,声明中规定,这一步骤要等到北约和华约开始根据双方同意的方案削减常规部队之后再进行。此外,短程核力量谈判将以部分削减为目标,这与美国的目标是吻合的。布鲁塞尔的政府首脑们和欧洲各地的人民都认识到,在这样一个关键的时刻,乔治·H.W.布什是整个同盟的领导人。这位总统前往联邦德国,访问了科尔总理的家乡——莱茵兰-普法尔茨州,并在那里发表了具有里程碑意义的讲话。他的主题是,美国和联邦德国应该成为"领导层中的伙伴"。他的愿景是"一个完整而自由的欧洲"。[1]

布什构思北约峰会上的提案——以及在1989年全年将其发展完善——的故事,诠释了他在结束冷战问题上与美国盟友的合作方式。

布什和贝克

无论是从出身、视野、性情还是行事风格来说,总统布什都是一个天生的同盟领袖。在家庭的培养下,他有一种为国家和不幸的人负责和服务的意识。从19岁生日前几天成为美国海军最年轻的飞行员起,到忠诚地担任罗纳德·里根的副总统,布什在这些年间经历了一个美国担任全球领袖的时代。他在外交政策领域知识丰富,也热爱外交工作,但是他对直觉的依靠要胜过分析。1988年的共和党全国代表大会上,布什在发表接受总统候选人提名的演讲时解释说,他的人生旅程就是一个不断接受并完成各种使命的过程。[2]

乔治·H.W.布什是一个天生的绅士,个性中带着一种真实的庄重感,这一点使他区别于绝大多数政治领袖。他善于共情,让人感到亲切而温暖。布什还很"审慎"——这是他很喜欢用的一个词——也很小心,这有时会损害他在民主政治的大众中的声望。但是,布什也是非常好胜的。他总是不满足,总在寻求行动——无论是参加划船或"快速高尔夫"比赛、找人还是达成目标,都是如此。一个自负的人会在自己彬彬有礼的外表下行动。布什的许多亲密合伙人都曾被他问过:"如果你这么聪明,那为什么总统是我呢?"[3]

在担任副总统的8年间,布什代表里根总统千里奔走,出访过全球很多地方,为这位新总统搭建起了极好的国际关系网络。他曾担任中央情报局局长、美国驻联合国大使,还在中美恢复正式外交关系之前担任过驻华联络处主任。但是,不可避免的是,这位美国副总统只是个替补,再怎么说也只能作为二号人物出场,而不是那个掌权的人。当选总统之后,布什必须为自己的国家及其领导的同盟建立起自己的领导风格。

布什总统的管理风格反映出了他的教养和个人习惯。里根喜欢预先写好讲稿的演说,而且能把演说利用得出神入化。布什对演说没有那么自信,但是他喜欢通过电话和私人信笺与其他领导进行直接的、非正式的接触。这位总统用给予其他领导人关注的方式来取悦他们。他向他们提出很多问题,征询他们的意见。我还记得,1989年12月中旬,布什总统和法国总统弗朗索瓦·密特朗在圣马丁岛举行一对一会谈,我是那次会议的记录员。当时柏林墙刚刚打开,德国和欧洲的未来正面临着巨大的不确定性。布什分别安排了与撒切尔在百慕大的会面,以及和密特朗的会面,与他们保持密切的个人联系,并且推动他们朝美国的方向靠拢。在与密特朗就欧洲的突发事件进行了一次小组会谈之后，布什又临时增加了一次与法国总统的一对一会谈。布什一开始先评价了密特朗在中东问题上的知识，然后征询这位法国领袖的意见。大概45分钟之后，我的手因为长时间速记已经有些发僵了，法国总统才终于说完。布什在中间只插进了几句恭维和附和的言语。当我们起身离场的时候，我想不通总统为什么不从美国的视角上谈几点看法。如果是我的顶头上司、国务卿贝克来谈，他肯定会找机会来陈述自己的观点。不过，当我看到密特朗满意地离去时，我开始欣赏布什的风格了。我们之前已经明确了我们在德国、北约、欧洲和苏联问题上所关注的重点，布什总统现在想用一对一谈话的机会来让他的盟友感觉到自己的重要性。密特朗飞回法国的时候，他一定会被美国总统的殷切期望、兴趣以及尊重的姿态所激励。布什可能也对他的伙伴对中东的看法留下了一些印象。

布什总统和国务卿贝克之间有一种非凡而又复杂的关系。自托马斯·杰斐逊和詹姆斯·麦迪逊以来，还没有哪位总统和他的国务卿能把两人的才华结合，制造出如此高效的搭档关系。布什和贝克的友谊是在数十年的个人成就与苦难、合作与竞争，以及共同利益与分歧中建立起来的，他们之间潜在的彼此信任、尊重和保护形成了一种兄弟般的关系。他们有共同的经历、幽默感，以及强烈而又克制的成功欲。两人都很自信，但都不傲慢，而且他们知道如何从对方身上汲取最好的东西。作为总统，布什是头号人物，贝克在公开场合总是对他的朋友以及总统办公室充满了尊重。在私底下，贝克有时会对布什的判断或行为表现出失望。但是，贝克之后就会回到工作状态中去。他是一名律师兼法律顾问，兼具政治洞察力、高超的战略和细节掌控力、无可匹敌的谈判技巧，以及把事情做成的行动力。他们两人都是行动派，且他们都知道两个人的组合将形成强大而有效的美国领导力——他们以克制的态度来行使这种领导力，从而营造了一种蕴含着更大力量的气场。

在布什就职前的几天，这个新的团队就得到了一次传达他们搭档关系性质的机会。亨利·基辛格曾在布什当选后向他提出建议，称自己可以与戈尔巴乔夫对话，讨论在美苏之间建立秘密联系渠道的问题。这位前国务卿将于1月前往莫斯科参加一场之前就已经安排好的会议。基辛格此时已被公认为美国外交政策的智者，他公开发表文章称有必要在欧洲发展出一种新的东西方政治结构。布什同意了基辛格的主动请缨。在莫斯科，基辛格对戈尔巴乔夫说，布什的国家安全事务助理（以前是基辛格的副手）布伦特·斯考克罗夫特可以代表布什和美国与苏联对话。戈尔巴乔夫对这个提议很感兴趣，他提议让苏联前驻美大使、基辛格的老对手阿纳托利·多勃雷宁代表苏联，通过这一被严密控制的渠道与美国对话。基辛格立刻在1月21日给白宫写了一份报告。几天之后，戈尔巴乔夫打电话祝贺布什出任总统。布什说他将面见基辛格，亲自听取他的汇报。之后，这位总统解释说，这一美苏联络渠道将由詹姆斯·贝克掌管。贝克将第一时间征询美国的北约盟友们的意见。这位总统希望贝克能与舒尔茨十分欣赏的苏联外长谢瓦尔德纳泽建立密切的工作关系。"吉姆·贝克跟［我的］关系很近。"布什强调说。[4]

1989年1月的世界

1989年1月，欧亚大陆的东西两个边缘地区都在不断地变化，两者之间主要由苏联统治的广阔空间也正暗潮汹涌。基辛格从自己的历史视角出发警告称，帝国一旦失去控制权，就会在其内部和外部释放出巨大的能量。[5] 1989年初，政治家们都在揣测未来会是什么样，但是几乎没有人预见到历史的真实走向。自然，一些人还是顽固地坚持他们所掌握的基本原则。

1988年12月，戈尔巴乔夫在纽约的联合国总部发表讲话，谈了他在军控方面的愿望。在与即将离任的里根以及刚刚当选的布什会面时，这位苏联领导人催促美国加快谈判的节奏。里根曾经想在自己任期内达成具有历史意义的核武器协议，但是《削减战略武器条约》的谈判已经陷入僵局多年，其障碍在于复杂的技术问题——尤其是关于巡航导弹和轰炸机的问题——而且这一协议与战略防御计划的关系问题也一直没有解决。关于化学武器的谈判在核查方面遇到了复杂的问题。在围绕新的《欧洲常规武装力量条约》（CFE）谈判之中，北约和华约阵营共23国的代表为一系列重大的议题吵得不可开交。

作为一个公众人物，戈尔巴乔夫既兴奋，又感到不安。欧洲人对他大胆的做法和充满活力的性格印象深刻。他们的领导人欣赏苏联领袖的政治主张，但不知道他葫芦里卖的是什么药，他是否会成功，以及他们自己应该如何应对。美国政界保持着警觉。当时贝克已经被布什任命为国务卿，但还没有得到国会的确认。我还记得自己跟他一起对参议员们进行了礼节性的拜访。即使是自由派的民主党人也提醒我们，里根的浪漫主义倾向可能导致他与戈尔巴乔夫走得过近，他们建议布什的总统班子仔细评估美国该如何站位。1989年4月的一份《国家情报评估》（NIE）就是这种担忧情绪的典型体现。这份文件的结论是，苏联在可预见的将来"还会是西方的主要对手"。[6] 情报界把戈尔巴乔夫的举动解读为苏联改变了竞争的性质，把注意力更多地放在了政治和经济议题上。这样的新战术可能会动摇北约各国的凝聚力，削弱军队的决心，并激起公众的同情心，导致西方对苏联政府做出更多的让步。

西方还面临着其他风险。戈尔巴乔夫的改革可能会加强苏联的经济，并且在不改变苏联威胁并主宰欧洲的计划的前提下更轻易地获取先进科技。还有一种可能是，戈尔巴乔夫改革失败，并且被强硬派取而代之。在过去，只要苏联的铁腕稍微放松一点，苏联集团内部就会到处出现要求得到更多自由的呼声，然后旧秩序的维护者就会用强硬手段进行镇压。

最大的风险来自东欧。波兰的团结工会虽然在1981年遭到镇压，但该运动仍然不断要求政治公开化，甚至要求将自己的组织合法化。在匈牙利，执政的社会主义工人党实验了市场经济改革乃至政治改革。但是，东德和捷克斯洛伐克的执政党强硬派领袖拒绝了戈尔巴乔夫以及本国国民的要求。在冷战的早些时候，那些最温和的改革运动在波兰、匈牙利和捷克斯洛伐克都未获得好的结果。

西欧有自己的小算盘。美国想搞明白欧洲更深层次的政治、经济和货币一体化对跨大西洋伙伴关系和世界经济的影响。欧共体成员国于1986年签署了《单一欧洲法案》（Single European Act），欧共体委员会主席雅克·德洛尔还推出了"欧共体92"（EC92）计划，准备建立一个单一市场。支持单一市场的将是一个欧洲货币体系，它将最终发展成欧洲货币联盟。美国人担心欧洲人会在加深内部一体化程度的同时，在对美贸易中设置更高的外部壁垒。欧共体对农业设置的补贴、配额和规定已经让美国农民和牧民备受打击，而美国农业界为美国开放贸易和抵制保护主义的努力提供了关键的支持。1986年，里根当局曾推动在关贸总协定（体现了科德尔·赫尔的原则）框架下启动新一轮的乌拉圭回合全球贸易谈判。美国政府担心"欧共体92"计划将破坏乌拉圭回合和国际贸易。

虽然关于戈尔巴乔夫和欧洲的消息占据了媒体的显要位置，但世界的其他部分也在积极地渴望着变化。拉丁美洲整个20世纪80年代都在债务危机中挣扎，它们在获得新的资金支持时被要求进行经济改革。1988年底，墨西哥在美国的帮助下成为第一个通过谈判获得部分债务豁免的国家。其他拉美国家很快便纷至沓来。美国和加拿大在1988年批准了具有里程碑意义的自由贸易协定。墨西哥以及后来的其他国家都开始掂量它们与美国签订自由贸易协定是否能刺激经济增长，从而吸引投资，帮助偿债，并协助拉丁人与东亚人——以及很快将会出现在面前的东欧人——竞争。

在太平洋的另一边，东南亚的各个经济体都在学习日本、韩国、中国台湾、中国香港和新加坡创造的东亚经济奇迹。出口导向型的增长前景很美好——只要发达经济市场保持开放，且本国官员能管理好汇率并进行内部改革就行。但是，日本和韩国的贸易保护主义和顺差威胁到了美国公众对贸易体制的支持，而东亚经济体的增长靠的就是这个贸易体制。

一条新的、比其他国家大得多的巨龙在中国苏醒了。自从邓小平引领中国对世界开放，到此时已经过了10年，年轻一代的中国人希望加快改革的步伐。戈尔巴乔夫则对苏联共产党以前的控制方式提出了挑战。

布什的班子对全球的转型乃至变革做了全景式的研究，他们对地图上的一个地方给予了最多的关注，那就是联邦德国。自马歇尔计划的时代起，美国的西欧复兴与整合战略一直有赖于与德意志联邦共和国的合作。反复出现的柏林危机成了一种鲜明的人性化符号，象征着美国人对德国自由的承诺。北约的使命既有赖于对联邦德国的防御，也有赖于德国联邦国防军，这支德国军队是盟军统一指挥的军事力量中的一部分。借用卡尔·冯·克劳塞维茨的术语来说，在终结冷战的行动中，联邦德国将会是政治上的"突破重点"

（Schwerpunkt）。

戈尔巴乔夫的示好对联邦德国人来说格外有吸引力。他对西方的开放态度似乎证明，在分裂的欧洲内部，联邦德国政府实行"东方政策"以缓解各处紧张局势的做法是明智的。许多德国人希望，更加积极的政治和经济联系能让双方的恐惧感有所缓解。从历史上来看，德国人曾经认为自己是一个中欧国家，兼顾东西两侧。冷战期间，联邦德国把自己的命运和西方绑定。一些联邦德国人现在想要重新平衡与东方的关系。即使是在残酷的战争过后，俄罗斯对联邦德国来说仍具有吸引力，二者在移民、帝国、商业，以及二战后的罪行等各个层面存在联系。戈尔巴乔夫很让联邦德国人着迷。他们不禁希望，戈尔巴乔夫的开放政策会让苏联放松对东德的严密控制，这样他们的德国同胞和亲人就能过上更好的生活。

如果北约和华约之间爆发战争，联邦德国和民主德国可能就会成为一片核爆过后的废土。戈尔巴乔夫呼吁和平与进一步的军备控制。北约已经批准对短程核力量进行现代化改造，但这一想法遭到了联邦德国公众的抵制。除此之外，以联邦德国总理科尔和外交部部长根舍为首的执政联盟将于1990年底面对选举的挑战。

布什的议程

布什从当上总统开始就决定成为一位以同盟为重的总统。这种方式适合他的个人风格和经验。在对政治、安全和经济形势做出一番研判之后，布什也认为自己需要先巩固自己的国际政治基础，再与戈尔巴乔夫接触。布什想直接听取盟友们的意见，并与其建立私人联系，以方便他今后可以在短时间内就能直接与这些领导人通话。

在与身边的顾问们——尤其是贝克和斯考克罗夫特——谈话后，布什的想法更加坚定了。贝克曾以白宫幕僚长和财政部部长的身份与许多盟国领导人一起工作过。斯考克罗夫特在国家安全领域的工作重点就是同盟管理，虽然他脾气有些暴躁，但也是愿意倾听意见的人。新上任的国防部部长理查德·切尼（Richard Cheney）也很熟悉同盟体系。他曾为杰拉德·福特总统工作过，对安全事务很有兴趣，而且美军在冷战中的文化就是在军事行动中和盟友并肩携手。在刚刚过去的总统选战活动中，布什曾承诺，他上任后将会立即派新任国务卿出访全部15个北约盟友。1989年2月10日，贝克和总统一起访问了渥太华，开启了兑现承诺之旅。此后，贝克马不停蹄地在8天时间内会见了15国的总统、首相、总理或部长。

在渥太华，他们见到了加拿大总理布莱恩·马尔罗尼（Brian Mulroney）、外交部部长乔·克拉克（Joe Clark）以及马尔罗尼的幕僚长德里克·伯尼（Derek Burney）。这次会见巩固了布什最初的想法。马尔罗尼是布什的好友，说话简明扼要。戈尔巴乔夫已经在同盟的政治后院里激起了公众的联想，而布什则需要采取主动措施，也许应该出访东欧。美国必须询问盟友的意见，"采取攻势，拯救同盟，不能被［戈尔巴乔夫］牵着鼻子走"。也许应该"攻入他的禁区"，也就是东欧。谨慎的布什不想掀起一场革命，他不想看着苏联人的坦克开上布达佩斯和华沙的街头。但是，美国还是可以表示其支持什么样的意识形态。美国可以探索与东方那些更加开放的政权之间的建设性合作。

在被问到除东欧外，同盟还需要优先做哪些事时，布什列出了三个任务。他需要巩固同盟，并对德国给予特别的关注。他将会推进和苏联的对话，包括在军控方面提出新方案。美国还需要和欧共体合作，以防"欧共体92"计划变成一个保守主义的计划。（我还记得，总统担心的是，按照"欧共体92"计划的设计，欧洲经济一体化的完成之年，正好是布什的连任选举之年。）[7]

布什在与戈尔巴乔夫比赛，但是他会用自己的方式去比。这位总统和贝克一起与盟友交换了意见，摸清了这些盟友之间的分歧，并确保他们有能力在北约的体系之下协同一致。做完这些工作之后，布什希望能立刻行动起来。美国人想把联邦德国人留在自己身边。布什知道，他在与戈尔巴乔夫的竞赛中需要采取主动措施，他要用行动来检验戈尔巴乔夫是不是真的愿意在东欧、军事对峙乃至苏联的自身体制等问题上改变政策。斯考克罗夫特和他的副手鲍勃·盖茨（Bob Gates）以及国防部部长切尼都比布什更谨慎，他们更倾向于先等等，看戈尔巴乔夫会做什么——以及他是否能做成。贝克与这些人完全不同，他看出自己的总统朋友很渴望采取攻势。贝克的方法是先为运作和谈判做好铺垫。贝克想要把事情做好。总统班子不知道戈尔巴乔夫是否能保住自己的位子（事实上，贝克对此表示怀疑），但是贝克认为，只要戈尔巴乔夫还在位一天，美国就应该行动起来，"往自己的篮子里放东西"。[8]

白宫制订计划，准备让总统访问西欧和东欧，以推动他的议程。但是，一起事件干扰了这一计划——也提供了机会。日本的裕仁天皇于1989年1月7日去世，日本政府计划于2月24日举行葬礼。布什年轻时曾作为海军飞行员与日本人作战，而且裕仁天皇是一位充满争议的战时领袖，但布什还是决定参加天皇的葬礼，以示自己对这个太平洋上的关键盟友的尊重。此外，这次访问还给了布什一个对中国进行短暂"工作访问"的机会。对布什这位前驻华联络官来说，访问中国既可以重游故地，也可借机在戈尔巴乔夫访问北京之前听取中国人的意见。

在与邓小平会见期间（我也在座），布什询问这位性格活跃的小个子领导人对苏联的看法。邓小平讲了一个关于蚕与桑叶的故事，听得我们一头雾水。邓小平举起手，五指张开，并解释说，中国就像是一片桑叶，桑叶的边缘在几个世纪间被蚕食了，它对邻居苏联不会感到放心。[9]

贝克的行动

布什要靠贝克来推进他的议程，首先要处理的就是美国与盟友的关系。贝克在自己的回忆录中说，他在2月初对北约各国的穿梭访问有几个实际的目的。贝克认识到，与盟国领袖建立私人关系将有助于即将到来的谈判。他需要在私人场合直接倾听对方的观点。他对每一个盟国都进行了访问，因为他认为小国会更容易支持美国的想法——"只要他们感受到我们是在认真听取他们的意见"。实际上，荷兰外交大臣汉斯·范登布鲁克（Hans van den Brock）在棘手的短程核力量问题上为贝克提供了一个解决思路：他认为，如果把军控计划和现代化改造结合在一起，或许就可以解决德国的政治敏感问题。最终，贝克发现，他的总统朋友虽然很热衷于阅读情报机构的评估报告，但他最依赖的还是通过私人关系获得的洞见。[10]

老练的外交官会用他们的外部人脉去影响内部的争论。（这种做法在处理行政机构与国会的关系时也是适用的。）适时地借助一些外部人士——尤其是那些有威望或有权势的人物——的看法或行动，往往可以撬动政府内的讨论。好的信息可以成为权力的来源。

为了满足总统的兴趣，贝克每天晚上都会给他一份一页纸的"夜间笔记"，上面写的都是他个人获得的情报信息。每天晚上——尤其是在外访问期间——丹尼斯·罗斯（Dennis Ross，政策规划主任）或是我都会起草一份一页纸的报告，其中包括我们自己对当天会议的想法。这份报告会和中央情报局的简报一起在第二天早上送到总统面前。即使是在美国的时候，我也会和国务院的执行秘书处一起准备一份"夜间笔记"，用几段话的篇幅记述会议或事件。[11] 公共事务助理秘书玛格丽特·塔特怀勒（Margaret Tutwiler）一直和马林·菲茨沃特（Marlin Fitzwater）以及白宫新闻办公室保持着频繁的联系。从布什参加 1980 年的总统选战时开始，她就一直与布什和贝克共事。

贝克刚刚从欧洲回来就和总统一起转赴亚洲。之后，他又去维也纳参加由 35 国参与的欧洲安全与合作会议的一场会晤。在主会议上，美国承诺从联邦德国撤走最后一批化学武器，重申美国对《禁止化学武器公约》的支持，并宣布与澳大利亚一起开展一项计划，让私人产业参与到禁止化学武器的进程中来。但是，贝克印象最深的却是他与各国分别举行的双边会议。波兰外长和匈牙利外长都谈到了激进的乃至革命性的政治变革运动。他们都表示苏联看起来是持支持态度的。东欧人不想让美国人缺席。波兰和匈牙利的改革派认识到他们可能会遭到强烈的反对，他们需要美国人帮助他们运作，并巩固他们的变革成果。[12]

3月7日，谢瓦尔德纳泽在维也纳的美国大使官邸会见了贝克。这里也是肯尼迪 1961 年会见赫鲁晓夫的地点。但是，几乎 30 年过去了，双方的腔调已经和上一次完全不同。谢瓦尔德纳泽希望在削减常规武器方面尽快取得进展。苏联人表示愿意削减坦克、装甲运兵车和大炮的数量。他们希望通过谈判美国人能同意减少航空母舰和直升机的数量并缩减军队规模。在与贝克的一对一会谈中，谢瓦尔德纳泽所传递出的最重要的信息远远超过了军控的范畴。他试图解释戈尔巴乔夫的"新思维"。他想让贝克理解苏联国家和社会内部的"革命"动力,这场革命只可能让苏联人的士气更高。谢瓦尔德纳泽相信,苏联的"新思维"将让这个国家成为西方的"可靠伙伴"。贝克强调了总统对"新思维"的支持。谢瓦尔德纳泽说,他想与贝克在未来的会议中更具体地讨论苏联的内部转型问题。当面听到谢瓦尔德纳泽的这番表态之后,贝克不可能意识不到,戈尔巴乔夫和谢瓦尔德纳泽正在快速地向激烈变革的方向迈进。[13]

第二天,也就是3月8日,贝克与布什总统进行了两周一次的例行非正式会见。贝克向布什汇报了东欧正在加快变革速度的情况。美国需要制订计划,在经济上对改革派给予支持,并加快这些国家的政治变革进程。他敦促布什尽快访问波兰和匈牙利。

贝克也谈到了谢瓦尔德纳泽的急切表态,但是他感觉到苏联人没有什么计划。他们还在摸着石头过河。美国或许有机会给"新思维"这种模糊的概念注入实质性的内容。美国可以主动引导苏联和东欧的行动。反之,美国如果不积极作为,就会让苏联人成为主导者,哪怕苏联政府并不清楚其匆忙的行动会带来什么样的结果。布什需要提出他自己的主张——马上就要。[14]

与贝克相反,斯考克罗夫特几天之前刚给总统发过一份备忘录,提醒总统不要"过早做出激进的提议"。这位国家安全委员会顾问已经在几周前安排多个部门共同起草一份"战略研究"。他的想法是,新的总统班子应该先后退一步,考虑一下总统可以怎样给政策打上自己的烙印。贝克认为这份"战略研究"既没有"战略",也不是严肃的"研究",这些官僚机构和从上一届政府留任下来的官员们很可能只是把过去的立场重述了一遍而已,最多也就是做了些许修改。布什任命的新官员大部分还没有得到参议院的确认。贝克的团队只是审核了在这个过程中所产生的文件,以确保它们不会限制行动自由。国家安全委员会中更有创造力的成员们也认为,那份"战略研究"是"模糊且没有重点的"旧话重提。贝克后来将其称为"一团糨糊"。[15]

戈尔巴乔夫和苏联的行动让总统身边的顶级幕僚们产生了不同的反应。布什询问了一些苏联问题专家的意见,这些专家争论的问题是:"新思维"到底是苏联的"缓兵之计",还是一场彻底的变革?如果是前者,那么苏联之后还会加强与美国的竞争;如果是后者,苏联就会像捷克斯洛伐克1968年的那些改革者一样,选择一条"人性化的社会主义"路线。贝克认为这种争论纯属"玄学"。1989年春天,两派的观点各有优缺点。贝克说:"我关心的是,在这两种不同的可能性都存在的时候,我们应该采取怎样的行动才能让我们的外交收益最大化,风险最小化。"贝克支持采取积极行动。他认为,戈尔巴乔夫能否成功主要取决于苏联内部的各方面因素。贝克想让戈尔巴乔夫取得成功,但他认为美国的努力只能"略微"影响改革的前途。但是,美国可以在国际舞台上为苏联将要面对的艰难抉择提供帮助——通过正面和反面的刺激,美国或许可以鼓励苏联朝着有利于共同利益的方向前进。

为了引导盟友和苏联人,美国需要尽快做好铺垫工作。"国际政治和国内政治一样,静止不动的靶子通常都是最容易被击中的。"贝克解释道。相反,斯考罗夫特和切尼恰恰倾向于"按兵不动":等待一段时间,让戈尔巴乔夫自己提出让步。他们的这种策略可能会放任戈尔巴乔夫离间同盟,并让美国错失逼迫苏联人接受巨大变革的机会。[16]

然而,外交活动家们没有权利享受在同一时间只处理一个问题的惬意。3月2日到3日,也就是赶往维也纳之前,贝克向参众两院的共和党和民主党议员呈交了一份处理尼加拉瓜桑地诺(Sandinista)民族解放阵线问题的计划,同时请求国会对尼加拉瓜的这一反对派抵抗力量提供人道而非军事上的援助——此前的援助物资到 3 月底就会消耗殆尽。贝克的提议建立在由哥斯达黎加组织的中美各国领导人所提出的原则之上。他想推动尼加拉瓜人建立自由选举制度，同时向苏联人施压，让他们削减对政府军的军事援助。到了维也纳，贝克对谢瓦尔德纳泽提出了这一要求。

贝克曾经自言自语似的对我说，他认为自己或许可以利用与国会的关系帮助总统尽快搞定尼加拉瓜问题的提案。布什当选总统的时候，参众两院都控制在反对党的手里。许多民主党人都喜欢贝克和布什，更重要的是还信任他们。但是，贝克还是在 3 月之内花了整整 22 天，反复穿梭于参众两院的两党议员之间，才最终让他们在尼加拉瓜问题上达成一致。[17]

1989 年 3 月 30 日，布什、贝克和一小部分同僚举行了一场非正式的会议，共同探讨欧洲近期发生的各种事件。斯考克罗夫特提议把苏联军队赶出中欧和东欧。作为一名优秀的国家安全事务助理，他大概也发现了，总统想听到的是能够让美国掌握主动权的建议。斯考克罗夫特建议苏联和美国都从中欧撤出全部驻军，贝克则提出撤出坦克部队。国防部和参谋长联席会议的成员们震惊不已。布什手下的高级官员们提出的都是大胆甚至激进的想法。4 月，美国人和欧洲人反复穿梭于大西洋两岸，交流对跨大西洋安全问题的看法。正如布什和贝克所设想的那样，这是一个认真的咨询过程。[18]

在总统出访欧洲并参加北约峰会之前，贝克还有一次重要的行程。5 月 10 日，贝克飞抵莫斯科，开始了他对苏联的第一次访问。国防部部长切尼刚刚发表评论说戈尔巴乔夫"终将失败"，贝克需要安抚戈尔巴乔夫和谢瓦尔德纳泽，重申美国对改革的支持。贝克还想淡化处理被媒体强烈关注的军控问题。他呼吁双方在地区事务（包括中美洲和阿富汗）和跨国议题（如核不扩散、反恐以及环境等）上投入更多精力。他希望关于安全问题的讨论能够超越各种武器系统的范畴。

与谢瓦尔德纳泽交流之后，贝克对苏联人在东欧问题上的看法有了更深的理解。他也同意在日内瓦重启削减战略武器对话。美国的新任首席谈判代表是前驻联邦德国大使理查德·伯特（Richard Burt），他被认为是一个聪明且进取心十足的解决问题能手，深谙战略层面上的收益与风险。

贝克夫妇来到谢瓦尔德纳泽夫妇的住所共进晚餐。在此期间，贝克敏感地察觉到了主人夫妇对他们的祖国格鲁吉亚的感情，以及他们对苏联公民身份的疏离感。4月初，苏联军队在格鲁吉亚的第比利斯用武力镇压了一场骚动，导致20名示威者死亡。谢瓦尔德纳泽夫人的发言让人感觉她对格鲁吉亚的认同感远超对苏联的认同感。

贝克在克里姆林宫与戈尔巴乔夫的会谈使他得到了另外一种印象。戈尔巴乔夫大步流星地走入会场，激情澎湃，言谈举止传达出来的仿佛是在不耐烦地下指令。他明确表示自己很了解西方媒体，也知道怎么和它们打交道。这位苏联领袖希望打消美国人对"新思维"改革动力的疑虑，也想证明自己坚信两个超级大国必须向打造建设性关系的方向迈进。戈尔巴乔夫希望与布什定期会面。他还要求削减战略武器对话和欧洲常规武装力量对话尽快取得成果，不要浪费时间。

会谈临近结束的时候，戈尔巴乔夫宣布苏联将从东欧撤走500枚战术核武器。如果美国愿意配合，苏联人或许会在1991年之前撤走所有部署在东欧的战术核武器。他还戏谑地补充说，"身处欧洲的我们"认为这是一个"迫切的问题"。戈尔巴乔夫很清楚北约内部正在争论短程核力量的问题；他还知道苏联人已经完成了短程导弹的现代化，其数量以1 400对88的优势碾轧美国。贝克用常规部队规模和导弹数量的不均衡来反驳戈尔巴乔夫，他还表示自己很清楚戈尔巴乔夫的行为有什么样的"政治吸引力"。到了贝克从克里姆林宫离开，准备飞往布鲁塞尔并向北约盟友通报情况的时候，苏联人已经在媒体上公布了戈尔巴乔夫的提议。媒体都对苏联的这一出人意料之举进行了重点报道。[19]

贝克不喜欢被苏联人捉弄，但他是个很有纪律性的人，默默接受了自己被戈尔巴乔夫设计占了便宜的现实，并从中得出了重要的结论。布什总统必须在两周之内为北约峰会准备一个大胆的提议。戈尔巴乔夫将于6月访问欧洲——毫无疑问，届时他将会像给贝克那样，也给布什一个"意外"。贝克后来称，如果布什不能以创造性的方式在北约发挥领导力，他将"可能在外交舞台上被戈尔巴乔夫抢尽风头"。贝克还给美国发回了一份政治评估报告。戈尔巴乔夫纵然可以做样子给海外的民众看，但他的表演在国内却反响平平。戈尔巴乔夫依靠来自国外的赞誉来维护自己在苏联的地位。贝克知道，最优秀的民主领袖都会设法巩固自己在国内的基本盘，从而使自己在遇到挫折的时候多一些回旋余地。[20]

布什的计划

关于短程核力量的争议持续在联邦德国政坛发酵，并进一步威胁到北约峰会的成功前景。北约各国的国防部部长于4月底达成一致，把就短程核力量现代化问题做出决定的时间推迟到1990年之后。然而，联邦德国政界不满足于这样的结果。波恩泄露出的一则消息称，联邦德国的联合政府想要立即举行东方与西方之间的短程核力量谈判。布什给科尔打电话表示不满，他认为联邦德国政府把自己的立场和公众意见绑得太紧，损害了北约制定解决方案时的灵活性。撒切尔也十分生气。科尔以联合政府的复杂性为自己辩护。在第二通电话中，科尔请求布什派一位使节去联邦德国。贝克结束对莫斯科的访问之后，斯考克罗夫特的副手鲍勃·盖茨和我改道去了波恩，试图与联邦德国人在短程核力量的问题上达成共识。我们的讨论进行得不错——但是没有结果。贝克回到美国几天后，总统在得克萨斯农工大学发表演讲，主题是如何与苏联"超越遏制"。媒体批评这篇演讲缺乏具体的提议。[21]

布什知道他在月底就将面临北约峰会不欢而散的风险。这位总统本来就缺乏耐心，贝克的报告显然又加深了他的焦虑，于是他催促国防部部长切尼及其手下编制一个大规模削减欧洲常规部队的方案。贝克和斯考克罗夫特发现，欧洲常规部队的问题应该与短程核力量的现代化和谈判问题放在一起考虑。常规部队规模的大幅削减——以及双方实力的均衡化——将会降低北约通过短程核力量威慑对方的需求。如果苏联红军大量撤出部署在中欧和东欧的军队，这一举动将会向推动改革和自主的改革者发出明确的政治信号。而未来的苏联领导人将很难重新增加部署在中东欧的兵力。减少常规部队的数量将有助于戈尔巴乔夫降低庞大的军事开支，并缓解苏联社会的军事化倾向。美国人还意识到，美国在欧洲——尤其是联邦德国——的大规模驻军和军事行动使美军与平民的关系十分紧张，减少美军的部署将有助于提高驻军的可持续性。所有这些设想有一个大的外交前提，那就是盟国可以推迟短程核力量的现代化和谈判，同时让欧洲常规武装力量谈判改变欧洲的军事布局。[22]

与许多外交战略一样，贝克和斯考克罗夫特的设想需要以实际步骤作为支撑，步骤的关键是其具体内容和承诺。首先，美国需要证明欧洲常规武装力量谈判是可以很快出结果的。其次，美国人需要在这一谈判中提出一个有魄力的提议，勾勒出协议的基本轮廓。国家安全委员会的职员罗伯特·布莱克维尔（Robert Blackwill）和菲利普·泽利科已经开始准备这一提议。他们两人在复杂的常规军备控制事务上都有工作经验。[23]

布什决定把谈判目标设定为（在更低的水平上）平衡双方的坦克、火炮和装甲车数量，以及战斗机和直升机的数量——后面这两种武器都是北约占优势。美国可以把目前32万人的驻军规模削减15%，苏联则需要把派驻在东欧的大量军队削减一半以上。美国还要求快速行动，用6个月到一年的时间完成谈判，然后在1992年或1993年完成裁军。

国防部部长切尼和他的手下对此计划提出强烈反对。他们认为这些提议会让北约的其他国家大为震惊。切尼担心这样的效果将会"撕裂同盟"，而不是巩固同盟。但是，切尼同贝克和斯考克罗夫特都是好朋友，他也很尊重总统。这一团队平静而有效地解决了分歧。另外一边，参谋长联席会议主席威廉·克劳（William Crowe）提出激烈的反对意见，他认为总统计划实施的这些步骤只是"公关行为"。布什听他说完后驳回了他的意见。"我就想这么办，"他说，"不要总是告诉我为什么不能这么办。告诉我它怎么才能办成。"[24]

到了1989年5月中旬，布什有了一个大胆的计划。但是，他需要尽快获得北约领导人的同意。这些人已经习惯了渐进式的外交。总统悄悄地派副国务卿拉里·伊格尔伯格（Larry Eagleburger）和国家安全委员会副主任鲍勃·盖茨访问几个重要的北约国家，解释了美国的想法。为了让欧洲人确信这两个人是在代表自己讲话，布什提前给这些领导人都打了电话。科尔大喜过望。密特朗当时正在缅因州拜访布什，他也批准了计划。撒切尔不喜欢这个计划——

而且她毫不委婉地向美国使节表示了自己的不悦。在去往布鲁塞尔的路上和在罗马期间，布什一直在推销他的计划。大多数盟友都很高兴，并且松了一口气。[25]

以上事件为我在5月29日准备的北约公报铺平了道路，也为贝克在当天深夜进行的工作和谈判打好了基础。我们大概在凌晨2点完成了65段长的公报草案。在各国首脑的晚餐会上，撒切尔首相在短程核力量导弹谈判的问题上向布什施压。她提醒布什："我们坚决不能在这件事上让步。""你不会让步的，对吧？"她又加了一句。当天夜里的会议开了很长时间，其间，贝克两次给总统打电话汇报进展。贝克可能并不需要请示什么，但他要确保自己的老板已经准备好了在协议谈成后就立即签字。

到了5月30日早上，各国领导人见面并审阅公报。撒切尔的语气很热情。布什认为她的积极性部分来自她想要表现得和美国想法一致的心理。贝克促成了协议，确保总统对此满意，并且让撒切尔的代表能够在汇报时声称自己已经在谈判中帮英国争取到了所有能争取到的利益。[26]

戈尔巴乔夫和谢瓦尔德纳泽对北约的提议做出了积极的回应。北约和华约立即解决了常规武装力量谈判的基础结构问题。各方在第二年签署了条约。这是历史上覆盖范围最广、强度最大的军控协议。短程核力量的议题则在1989年到1990年间发生的一系列事件的冲击下被逐渐淡忘。

当时和后来的评论家都很少注意到，美国的谈判重点已经从里根时期的核武器转到了布什时期的常规武装力量。（贝克也完成了复杂的削减战略武器谈判，双方于1991年签署了《削减战略武器条约》。）但是，布什和贝克对于终结冷战问题的思路还是集中在美苏对峙的"中央阵地"，也就是苏军对中东欧的占领和控制上。

第17章　后冷战国际体系：乔治·H. W. 布什　　　　583

欧洲的分裂是冷战的核心问题，美国及其北约盟友要想终结冷战，就必须抚平这道伤疤。从战略上讲，接下来的行动方向自然要转到东欧——乃至东德——的土地上来。

总统在北约峰会结束后访问了波恩和美因茨，这让他有机会解释自己的战略设想并加强与联邦德国领导人的私人关系，这样的关系将在数月之后体现出不可估量的价值。[27]科尔总理在莱茵河一艘游轮上招待了布什，并带他参观自己的家乡所在的州——这个州在6月份有一场重要的地方选举。布什在美因茨发表演讲，解释了自己终结冷战的方式。斯考克罗夫特后来称，布什的这次演讲带着"德国腔调"。总统陈述了自己战胜历史造成的分裂、实现"欧洲的完整和自由"的提议。布什称赞了东欧出现的积极变化。他强调了北约不久前在削减武器问题上采取的决定性步骤。布什承认欧洲统一和对抗氛围缓和的重要性。他支持戈尔巴乔夫的公开化政策。实际上，布什呼吁开放东柏林。在所有这些挑战面前，这位来自大西洋彼岸的总统号召德国人成为美国"在领导层的合作伙伴"。有一些德国人听到后很高兴，另一些人则对德国当出头鸟心存疑虑。无论如何，总统都帮德国人做好了在一些即将到来的重大问题上与美国合作的准备。[28]

美国在一个月前还被欧洲人视为行动跟不上形势，现在却成了开路先锋，反过来催促盟友们把目光放长远一些。实际上，布什总统在5月中旬的一次采访中表示他欢迎德国统一的想法。他的提议让德国人有了追寻梦想的自由——在条件许可的情况下。斯考克罗夫特在回忆录中说，我们中的某个人在美因茨演讲稿里加入了德国统一的内容，但后来又把它删掉了。我们最后保留的表述是"整个德国和整个东欧的自决权"。到了那一年的年底，"统一"这个词又被重新提起。[29]

布什东行

在 5 月份巩固了同盟之后，布什总统已经做好了在东欧这片戈尔巴乔夫的"禁区"与苏联展开较量的准备。陈旧的铁幕背后正在发生一系列事件，布什深为这些事件的速度之快、转折之剧烈而兴奋。布什曾以副总统的身份于 1983 年和 1987 年分别访问过匈牙利和波兰。我还记得，在峰会结束后的这段过渡时期里，总统把美国在东欧需要优先解决的问题用手写在了一张纸上，然后交给了贝克。

1989 年初的东欧正处于巨大的变化之中。在波兰，3 月和 4 月举行的圆桌谈判商定在 6 月举行议会选举。团结工会在选举中以压倒性优势获胜，但是，过渡阶段的安排还是给统一工人党在议会中预留了位置。政府在名义上仍由沃伊切赫·雅鲁泽尔斯基（Wojciech Jaruzelski）将军领导，但实际上已陷入混乱。同样是在 6 月，匈牙利执政党社会主义工人党中的一部分改革派准备在 1990 年 3 月实现多党制选举。匈牙利政府也开始拆除奥地利边境线上的铁丝网。此举无意间为东德人在 1989 年夏天的逃亡打开了一个巨大的口子。[30]

布什很想见到波兰和匈牙利的关键人物。5 月份在莫斯科的时候，贝克曾对谢瓦尔德纳泽说过，布什计划在巴黎的 G7 峰会之前于 7 月访问这两个国家。谢瓦尔德纳泽鼓励布什进行访问，并表示东西方之间进行更多的常规联系将会发挥建设性的作用。布什表现得小心翼翼：一方面鼓励东欧的运动，另一方面避免刺激那些想要逆转或粉碎这些运动的势力。[31]

总统于温暖的 7 月 9 日晚间抵达华沙。第二天一大早，我前往国务卿贝克下榻的国宾馆，在一间小小的等待室内准备与他会面。

这时，我注意到墙上挂着一幅醒目的画作：画的是一名波兰枪骑兵追赶一名俄罗斯哥萨克骑兵。政府的官方建筑内悬挂这样的画作看起来耐人寻味。

在波兰，布什一边参加各种具有象征意义的活动，一边与波兰人讨论这个国家的政治进程和经济需求。他在无名烈士墓和二战波兰犹太人纪念碑前都献上了花环。这位总统见到了统一工人党领导人雅鲁泽尔斯基和团结工会领导人莱赫·瓦文萨（Lech Walesa），他与团结工会、统一工人党和天主教会的人物共进了午餐，他还在波兰新组建的色姆（Sejm）议会发表了讲话。在这样一个历史性的时刻，布什倾听了波兰人的想法，提供了支持，并低调地为他们的转型提供了实用的建议。这位总统知道波兰的经济问题很严重，债台高筑的问题给马上就要开展的经济结构调整工作投下了阴影。作为一个经济同盟的领袖，布什的主要任务是与G7、国际货币基金组织、世界银行以及最重要的欧共体合作，组织起对波兰的实质性支持，帮助波兰开启一个将维持这个国家数年的进程。[32]

第二天，总统到访了莱赫·瓦文萨位于格但斯克市区边缘的简朴住所，这座港口城市是团结工会的诞生地。之后，布什到造船厂发表了讲话。这是总统在波兰期间唯一的一次大型公开活动，他不想出现在那种群众可能会出现过激反应的场合。白宫方面认为瓦文萨和团结工会可以在自己的家乡节日里控制住场面。我还记得自己当时被拥入现场的大量群众所震撼，他们热情、激动，但又很有秩序。在通向广场上的团结工会工人纪念碑的道路上，数以千计的人列队站在两旁。我们所到之处人满为患——有些人甚至爬到了造船厂中那挂满彩旗的塔吊上，到场的大约有25万人。瓦文萨不断用英语说着："上帝啊，上帝啊。"我能看到，一贯谨言慎行的布什也不禁为这样的景象而动容。他在演讲中谈到了波兰的命运和梦想、波兰人的勇气和骄傲。后来,他谦虚地写道:"群众听到什么都会欢呼。"[33]

7月11日,布什抵达布达佩斯。由于雷暴的影响,他所乘坐的飞机延时着陆。等到这位总统抵达克苏特广场时,又有大批的群众在那里等着他。他们都被大雨淋透了,但仍热情不减。匈牙利总统先发表了15分钟的讲话,这些人就在大雨中耐心地多等了15分钟。布什甩掉雨伞,走到麦克风前,撕碎了提词卡片,讲了几句话。(我也参与了讲稿的准备工作,看到他脱稿讲话,我一开始是有点失望的,因为世界听不到他的完整表达了——但是布什对那个时刻的气氛有着更好的把握。他可能会说,这就是他能当总统的原因。)布什简短的发言没能达到肯尼迪在柏林墙边那次即兴演讲的那种振奋人心的效果,但是群众热爱这位总统和他所支持的一切。布什看到讲台附近的一位老妇人浑身湿透,看起来很冷,就本能地脱下自己的雨衣,走下讲台,然后把雨衣披在了这位祖母一样的妇人身上。群众用欢呼来表示对这一举动的赞赏。过后,颇具绅士风度的布什才想起来那件雨衣本来是属于一位特工的。他表示很抱歉,然后又给了那位特工一件新雨衣。[34]

第二天,总统会见了社会主义工人党内的一些人物,然后在大学发表了一篇颇具思考深度的演讲。他承诺加强交流、开放贸易,并设立一个企业基金。匈牙利人对市场经济基础原则的掌握似乎比波兰人要好。[在晚餐期间,我问一位卡尔·马克思经济大学的匈牙利教授对自由市场了解多少。他回答说,他多年前学习过农业经济学,而且他的课本来自美国中西部的一家赠地大学(land-grant university)。][35]

总统继续赶路,到巴黎参加密特朗总统做东的经济峰会。为了纪念攻陷巴士底狱200周年,密特朗组织了一场盛大的阅兵仪式，其中包括一些高速装甲车，每辆车都是根据法国历史上打赢的重大战役的名字而命名的。作为一位通晓历史的东道主，密特朗想要庆祝的是法国在全球的影响力。他邀请了非洲和其他前法国殖民地的领导人，希望借此鼓励这些国家与法国在经济发展方面进行新的合作。

白宫同意布什参加阅兵，并以此为条件要求密特朗把 G7 的议程重点重新放回到东欧问题上来。布什从波兰和匈牙利一路走来，亲眼看到了一些情况。美国和联邦德国呼吁大西洋两岸的国家对东欧正在发生的事件做出建设性的响应。G7 同意放宽对波兰债务的要求，并重新排定还款计划。这些债务中的大部分都是从欧洲的银行里借出来的。马歇尔计划过去 40 年之后，美国人想让西欧人支付东欧的改革成本。贝克曾经做过财政部部长，知道如何从实用的角度出发把财务援助和市场改革结合在一起。他意识到需要由某个实体来协调二者之间的关系。贝克设计了一个由欧共体委员会组织的"G24"，以此作为条件换取各国同意召开一次大会，通过结构性的经济改革把援助和债务计划联系到一起。这项工作也促成了欧洲复兴开发银行的建立。欧洲将承担的任务赢得了密特朗的支持。新的计划将使欧洲与国际货币基金组织和世界银行在宏观经济、制度和私营产业等方面的改革中密切合作。

布伦特·斯考克罗夫特在他的回忆录里说，美国媒体想让总统多扮演领导角色，少询问其他国家的意见。我当时想的是，那些批评者没有抓住战略重点。美国想让整合在一起的西欧国家为"欧洲的完整和自由"承担更多的责任。美国外交可以在实现美国目标的同时节约美元，而且欧共体主导的进程自然会为包括中欧和东欧国家的"更广泛的"欧共体（很快会成为欧盟）开辟道路。如果东欧国家加入欧共体，那美国人除了可以帮助这些他们认为将产生新政权的国家，还有可能通过它们使美国与欧共体的关系更紧密。美国事实上正在通过分担责任和成本实现共同目标并进行新的安排，并以此展现了其在联盟和联合体中——在安全、政治和经济议题上——的领导力。[36]

离开巴黎之前，布什与密特朗一起在爱丽舍宫进行了一次非正式对话。布什谈到了东欧问题，他想听听密特朗对戈尔巴乔夫的看法。这位法国领导人讲述了戈尔巴乔夫的方向感、他所面临的日益严重的问题，以及他的恐惧和疲劳。布什说，现在或许正是他与戈尔巴乔夫见面的时机。即使美国人和苏联人还没有达成军控协议，但他们还是需要进行对话。密特朗说，戈尔巴乔夫很"紧张"。那位苏联领导人想要和布什建立私人关系。密特朗还是认为苏联政府会对东欧保持严密的控制。但是，如果只是坐等"新思维"失败，那么情况就会变得更糟。

布什回到美国在巴黎的大使馆，与贝克和斯考克罗夫特坐在一个花园露台上。总统对他的朋友们说，他想会见戈尔巴乔夫。布什的下一站是马耳他，他将在被汹涌的海洋风暴包围的岛屿上参加一场峰会。[37]

同盟领袖

对于布什在终结冷战的过程中的表现，史学界的传统观点是，新的总统班子在 1989 年的大部分时间里都处于"暂停"状态，因为布什正在思考该怎么做。根据这些说法，低调的布什一直在犹豫，直到柏林墙开放以及马耳他峰会引发一场外交风波之后，他才不得不采取行动。[38]

我讲的故事已经说明，这种"暂停"的说法是严重的错误。这个误解的影响很大，因为它妨碍了人们深入理解布什的同盟外交。布什确实走上了一条与里根不同的路——但是他没有中断东西方之间的外交。布什决定在与戈尔巴乔夫接触之前先巩固同盟。这位总统尤其注重加强与联邦德国的关系，特别是通过解决前一任留下来的短程核力量的纠纷来实现这一目的。布什由此提议建立美国和联邦德国的伙伴关系，这一关系在1989年底被证明拥有不可估量的价值。

布什还需要通过以协商为主——但有时也很大胆——的领导风格让北约团结起来。他的欧洲常规武装力量谈判起到了这个作用，尤其是在他把这一谈判和对短程核力量纠纷的巧妙处理结合在一起之后。

这位总统与西欧的伙伴关系扩展到了对欧共体深度整合的欢迎，以及对全球贸易扩张的支持和不加限制。布什还意识到，欧共体在经济上越强大，其对东欧的吸引力和支持作用就会越强。

布什用1989年的上半年来低调地推动东欧的转型。他在与戈尔巴乔夫竞赛——同时尽量不去威胁他。布什获得了外交方面的影响力，他没有用这种影响力去交换利益，而是用这种影响力在一系列事件中建立起好势头。他维持的那些关系将在很快就会到来的日子里起到帮助作用。在国内，贝克和拉里·伊格尔伯格筹划了一揽子提案，要求国会授权启动对中东欧国家提供的多种新援助项目。国会在11月批准了这一提案，即《援助东欧民主法案》（SEED）。[39]

总统上任后头6个月的议程安排得满满当当，根本就不是什么"暂停"。还需要补充的是，布什对日本和中国进行了重要的访问，贝克则平息了尼加拉瓜和中美洲其他一些地方的冲突。考虑到新总统任命顶级官员及这些人选得到国会批准都需要时间，极少有新的总统班子能在上任第一年的7月就做成这么多事情。

当铁幕被撬开、柏林墙的大门开放之后，总统仍坚持他的同盟领袖战略。他的重点一直是德国——以及确保统一后的德国加入北约和经过整合后的欧共体。研究俄罗斯的人很关心"俄罗斯人的问题"，布什则十分警醒地认识到他需要先解决"德国人的问题"。德国实现统一和民主这一未来将构成西欧、中欧和东欧的未来——以及跨大西洋关系——的基础。要想实行一个有效的对苏政策，美国和欧洲就必须联合在一起。布什继承了1947年到1949年间美国同盟体系建立者们的战略逻辑，并且以他自己的风格把这种逻辑展现了出来。

一些评论家提出了问题，他们关心布什是否能为"保住"戈尔巴乔夫而做出更多努力，还关心布什强调帮助科尔和联邦德国把统一作为目标的做法是不是被误导了。[40] 在布什的世界观里，美国对盟友的承诺——尤其是对联邦德国的承诺——比跟苏联政府打交道更重要。美国多年来一直保持着对联邦德国和其他盟友的承诺，而且保持其与欧洲盟友们的伙伴关系也会更有利于美国，它们将会帮助美国应对苏联、东欧和世界经济等方面的问题。美国和欧洲的伙伴关系还可以成为西方世界迎接未来挑战的坚实基础。

美国当局的政策应该优先考虑北约与西欧，还是优先考虑苏联？这不是一个新的问题。我已经讲过，肯尼迪在探索与苏联的新的共处方式时曾力排众议，发现了西柏林、联邦德国和北约的关键作用。里根接触到了戈尔巴乔夫，但他是在巩固了同盟于20世纪80年代初期在一些东西方关键议题上所达成的共识之后才这样做的。这些都是建立在对美国实力的现实——但不完全是现实政治——的评估基础上的，其前提是跨大西洋盟友的力量和采用西方制度的社会之间的联系。

布什坚信美国有鼓励各国人民"寻求自由"的任务，这种信念也在他塑造"欧洲优先"战略的过程中起了作用。在1988年底和1989年初，基辛格和其他人曾推测美苏将进行秘密的高层谈判，以在欧洲确立一个新的东西方政治安全架构。当人们批评这一设想是"新雅尔塔体系"之后，这一试探舆论反应的说法很快就销声匿迹了。[41] 布什想要的是一个"完整而自由的欧洲"，而不是重新平衡权力并再次在两个对手中间建立一道"封锁线"。

布什和贝克希望戈尔巴乔夫成功，但他们都是很现实的人，知道戈尔巴乔夫面临着国内政治和经济改革方面的挑战。他们相信，戈尔巴乔夫的成功与否主要依赖于苏联领袖自己的选择。他们鼓励戈尔巴乔夫进行一场有更大成功可能的全面改革，例如采纳格里戈里·亚夫林斯基（Grigory Yavlinsky）的"500天计划"。但是，戈尔巴乔夫不断回避他必须进行的经济改革。戈尔巴乔夫的悲剧在于——正如贝克早在评估苏联政府的"新思维"在外交政策领域的表现时就意识到的那样——这位苏联的末代领袖很清楚他不喜欢什么，也大概知道自己想要达到什么目的，却无法跨过两者之间的鸿沟。[42]

新的世界秩序？

1991年1月13日晚，也就是布什命令美国和联军投入第一次海湾战争的前夜，他在日记中写下了自己的愤怒。他必须决定是后退还是"向前一步……以帮助建立一个新的世界秩序"。他对世界秩序的思考可能源于他与布伦特·斯考克罗夫特的谈话，后者则有可能传达了基辛格对这一话题的浓厚兴趣。[43]

布什并不擅长在概念问题上进行学术讨论。他可能认为这类讨论太理论化了——或者是容易引起大脑缺氧。这位总统认为自己的任务是做决策，而决策的基础是咨询、研究、经验、直觉以及对国家的责任感。他还相信他知道如何领导别人——包括最重要的贝克，还有斯考克罗夫特、切尼、科林·鲍威尔将军以及协助他们的团队——并学习他们身上最好的东西。

无论如何，作为同盟领袖，布什的工作方向是在冷战和平结束后变动的世界秩序中找到美国的位置。布什和贝克通过外交活动组织起海湾战争联盟，这也是总统领导方式的一个例证。布什在解放科威特后就结束了战争，这显示出他对权力使用的克制，以及坚守联盟使命的决心。与之相似的是，贝克召集以色列和阿拉伯人举行面对面的会谈，展现出了他的积极和雄心：借助战争胜利的势头，并运用"把事做成"的力量。[44]

布什决定与墨西哥和加拿大进行《北美自由贸易协定》（NAFTA）的谈判，这也为世界秩序增加了一个组成部分。总统认为这一协定具有经济和外交政策的双重属性。他想推动美国及其邻国经济的发展，并由此深化这块大陆上的政治伙伴关系。如果一个更具竞争力的美国能在更大的北美洲范围内活动，那么美国的全球影响力也会更大。

正如布什曾呼吁欧共体委员会主席德洛尔让"欧共体92"整合计划与全球经济的进一步开放结合起来那样，这位总统同样想把《北美自由贸易协定》和关贸总协定的乌拉圭回合联系起来。美国用《北美自由贸易协定》的前景来说服全球的经济体——尤其是欧共体——达成关贸总协定的协议。在总统任期的最后几个月里，布什的贸易和农业谈判代表与欧共体在棘手的农业补贴和市场准入问题上达成了一致。克林顿总统接过布什班子的接力棒，于1994年与其他116个经济体达成协议，创建了世界贸易组织。

贝克曾在1989年亚太经合组织（APEC）的创建过程中起到了帮助作用。他在担任财政部部长期间就意识到了快速发展的亚太地区的重要性。他在G7集团内部试验了经济协调的做法，并考虑过组建一个由亚太各国财政部部长所组成的小组。冷战行将结束之时，贝克试图建立一个横跨太平洋两岸的贸易和投资网络，以补充美国的双边安全同盟，他的目标是在美国人把目光瞄向东亚的经济和政治潜力之际促进太平洋两岸国家的关系。克林顿总统在贝克的基础上把财政部部长会议升格为领导人峰会。

布什与贝克一砖一瓦地为美国建立起了冷战后的政治、经济和安全关系的基础。整合程度更高的北美洲将与欧洲、东亚和波斯湾形成多重联系。这个名单有朝一日还会加上非洲。美国将与联合国系统、地区组织和多边经济机构合作，以维护基本安全，拓展机会并共同承担责任和支出。这位总统用国际组织和机构来延展美国的权力，而不是将权力拱手交出。布什脑海里的世界秩序是许多张互相交织的网——而不是分层的、单极的或平衡的权力系统——而且美国必须在所有这些网的中心点上。在布什的领导风格之下，美国将善于磋商和小心行事——同时也会积极而敏捷地行动。

美国经济在1990年到1991年之间的短暂衰退毁掉了布什在国内的支持率。他违背了自己在1988年做出的不提升税率的承诺，然后失去了自己所在政党的支持。他提升税率是为了达成一个预算方案，控制开支，并加强美国在走向海湾战争之前的团结形势。

1992年8月中旬，贝克重返白宫出任幕僚长，我也跟着他当上了副幕僚长。我们发现，那些关于布什成功的外交政策的记录起到了反作用。人们抱怨说，如果布什真有能力领导全世界，为什么就不能照顾好国内的人呢？我为总统准备了第二个任期的经济计划，也就是"美国复兴议程"。该计划包含多个项目，力求在美国进行国际开放市场谈判的情况下，帮助美国人适应新的市场环境。这样做的目的是把布什那可信的国际领导力与帮助美国人适应变化的补充性提议联系起来。[45]

我不知道布什是否接纳了我的建议，当时我们已经没有多少时间了。在经历了40多年的冷战、12年的共和党总统执政，以及焦虑和衰退之后，美国选民们想要寻求变化。

美国外交也会有变化。但是，布什的继任者们却难以提供稳定而成功的方向。

第 18 章

美国外交的五个传统

寻找纲领

1993年8月18日，克林顿总统的国家安全事务助理托尼·莱克（Tony Lake）在他位于白宫西翼的办公室召集了一小群人，讨论一个问题。克林顿的外交政策正在跟跟跄跄的起步过程中，莱克想找到一个高屋建瓴的概念，作为冷战结束后美国的外交指导思想。他发起了一项名为"凯南大奖赛"（Kennan Sweepstakes）的活动，以寻找一个替代凯南的遏制理论的外交纲领。与莱克合作紧密的杰里米·罗斯纳（Jeremy Rosner）开始撰写一份"大战略"论文，以论述"扩展"（enlargement）理论。9月21日，莱克在约翰斯·霍普金斯大学的高级国际研究学院发表了名为"从遏制到扩展"的演讲，为这一理论试水。一周后，总统在联合国大会发言时采用了"民主扩展"的理念。这一说法似乎从来没有被广泛接受。到了克林顿的第二个任期，他又补充了一个概念，即美国是"那个不可或缺的国家"。[1]

2001年9月11日的恐怖袭击发生后，小布什总统宣布开启"全球反恐战争"，然后又在第二个总统任期内补充了"自由议程"。

贝拉克·奥巴马（Barack Obama）将政策方向转为"别做蠢事"和信赖"历史的弧线"，体现出了一种收缩战线的倾向。唐纳德·特朗普总统重拾"美国优先"的说法。为了迎接冷战后的挑战，学者们开始对"大战略"进行新的研究。[2]他们争论的主题主要包括霸权、首要地位、离岸制衡、现实主义（包括古典现实主义、新现实主义和民主现实主义等多个流派）、自由国际主义、多边主义和其他许多概念。

我的故事表明，美国外交如果能换一种方式，也许会更加有效。关于国际关系和纲领的各种概念能为辩论提供理论基础，却无法指导政策制定者的实际行动。务实的美国外交人员总是需要解决他们所处时代的问题。他们会考虑战略参照物——包括地理、经济、权力和政治——但是更重视灵活性、适应性，并且会尝试任何可能奏效的方法。实际上，纲领化的标签——比如中立、不结盟、多米诺理论乃至遏制——都会时而体现出限制性，或至少是误导性，而不是有效性。此外，正如国务卿贝克在他的回忆录中所说："几乎所有的成就都在其成功中埋下了一颗会在未来成为问题的种子。"[3]一个时代的指导纲领可能会阻碍关于下一步行动的创造性思考。

根据美国的外交经验，我总结出了五个传统，可供制定战略时参考。这五个传统组合在一起，就是一个理解美国在世界上所扮演角色的思考框架。

北美洲基本盘

地缘政治战略都是以欧亚大陆为重心的，即便是美国人的地缘政治战略也是如此，他们关于中心地带和边缘地带的讨论主要关注欧洲和东亚。最近，战略学家开始讨论欧亚大陆的咽喉要地，包括中东、海湾地区以及南亚和东南亚。他们在考虑印度越发重要的作用。中国的"一带一路"倡议的前景吸引了他们的注意力，因为这一计划有可能重新打开欧亚大陆内部的陆上通道，并提升中国的影响力。

地缘政治思想家们把北美洲看成一个位于欧亚大陆外围的偏远地区。与之类似的是，战略学家们把南美洲和非洲视为资源的产地，以及人口增长和移民的来源——非洲在这方面越来越明显。

与之相反的是，美国的外交传统正是从北美洲开始的。为了主宰这块本土所在的大陆，美国曾与英帝国、法帝国、西班牙帝国、俄罗斯帝国以及原住民展开战斗和谈判。后来，美国又与加拿大和墨西哥争夺领土。美国还想把加勒比海变为自己的内海。

美国对北美洲的主宰不是与生俱来的。没有任何一个国家在欧洲、东亚和中亚、中东或南美洲建立过这样的霸权。而且美国的疆域也不受地理障碍的局限。举个例子，1846—1848年的美墨战争之后，詹姆斯·波尔克总统还想获得墨西哥北部和下加利福尼亚的领土。被派往墨西哥城的谈判代表尼古拉斯·特里斯特（Nicholas Trist）不顾总统对他的召回令，与墨西哥签下了条约，因为他认为这个条约可以让美国给墨西哥留点面子，这样双方就可以在之后逐步恢复关系。与之相似的是，不列颠哥伦比亚的居民曾在西沃德的鼓励下短暂考虑过加入美国，从而使美国西北部各州和阿拉斯加连成一片。[4]

到了20世纪初，美国的领土边界似乎稳定了下来，但是它和邻居之间的关系并没有稳定下来。墨西哥革命表明，不光强大的邻国，弱小的邻国也会对安全构成威胁。美国在1916年差点和墨西哥发生第二次战争。1917年，德国表示愿意与墨西哥合作以占领美国西南部领土，这表明欧洲人仍在威胁美国的本土。

在之后的几十年里，美国人把注意力转向了更远的地方。但是，富兰克林·罗斯福还是有意用"好邻居政策"来确保美国的南翼不会受到纳粹的侵犯。科德尔·赫尔和威尔·克莱顿用贸易与采购商品的方式阻挡德国在南美洲的渗透。

冷战期间，苏联试图在古巴部署导弹的行为让美国面临最危险的核战争一触即发的挑战。古巴支持中美洲和南美洲的共产主义游击队。

加勒比海周边的国家面临着跨国威胁——特别是犯罪和贩毒组织的威胁。犯罪组织与跨国恐怖主义活动有关联。克林顿和小布什当局多年来一直与国会紧密合作以支持"哥伦比亚计划"，帮助保卫哥伦比亚的制度。美国的外交政策在今天所面对的主要挑战之一——大批来自危地马拉、洪都拉斯和萨尔瓦多的移民和难民——肇因于中美洲小国的暴力、犯罪、腐败，以及弱势的政府和脆弱的经济。

老布什当局在1991年到1992年就《北美自由贸易协定》展开谈判，这是因为当局认识到墨西哥正面临着历史性的政治和经济转型。执政的革命制度党（PRI）在20世纪的几十年当权时间里创造了一个法团主义的国家。墨西哥社会里的各种机构——工会、媒体、企业、学校、法院和警察、军队等——都被纳入一个由革命制度党控制，并最终由墨西哥总统掌控的层级体系里。但是，这种旧的政治结构在20世纪80年代开始瓦解，使墨西哥的未来难以预料。腐败和有组织的暴力和犯罪网络渗透进了旧体制，并随时准备感染任何一种新体制。

卡洛斯·萨利纳斯（Carlos Salinas）明白，墨西哥必须在一个变化的全球经济中参与竞争，但投资者们却将目光投向了中东欧的新市场经济体。墨西哥则受石油产量和价格下跌的影响而陷入债务危机。

《北美自由贸易协定》不仅仅是一个贸易协定。它提供了一个框架，使得美国和加拿大可以在框架内支持墨西哥的民主化、公民社会的开放和经济增长。老布什当局把《北美自由贸易协定》看作一个在诸多议题上深化合作的基础，这些议题包括移民和劳动力、环境、经济及外交政策。正如西沃德在19世纪所预见的那样，美国的"引力"可以让墨西哥向更接近于美国的民主、制度和公民社会的方向转变。

北美贸易关系的潜力可能对三个国家（美国、加拿大和墨西哥）都有帮助。许多年以前，科德尔·赫尔就意识到加拿大是美国最重要的贸易伙伴，他与加拿大的协议是其复兴全球贸易体系的计划中最核心的部分。1988年，美国和加拿大达成了一份全面的、现代的自由贸易协定。正在改革的墨西哥则可以让两国经济变为大洲经济。随着墨西哥人收入的增加，墨西哥对美国和加拿大的进口和出口都将增长。这三个经济体经过深度整合后将具备更强的全球竞争力。

由于历史的原因，美国、加拿大和墨西哥都对各自的独立与主权有着高度的保护意识。因此，《北美自由贸易协定》创造了一个现代的、尊重国家敏感问题的经济整合模式，这一模式与欧盟的"共享主权"计划形成了鲜明的反差。

我目睹了由此产生的行为变化。加拿大和美国在整个20世纪内都是安全方面的盟友，但是随着两国的经济通过《美加自由贸易协定》和《北美自由贸易协定》被深度整合，两个社会的距离被进一步拉近了。在整个20世纪80年代，墨西哥的外交政策经常通过反对美国的立场来突显其国家的独立性。到了2001年我成为美国贸易代表的时候，我在全球贸易议题上关系最密切的合作伙伴就是加拿大和墨西哥的同僚。这三个国家在其他的国际经济政策、外交政策、情报和环境事务上的合作都得到了大幅度的深化。

在21世纪，美国应该把北美洲看成自己的大陆基本盘。基本盘越强大，就越有利于美国在全球范围内扩展自己的权力。美国的视野应该包括这三个国家内的5亿人民。整合后的基础设施将有助于加强制造业、农业、服务业、资源开发、科技和创新等领域的联系和竞争力。掌握技术或受教育水平更高的劳动力群体可为三国所共享（在尊重各自国籍的基础上），他们将通过三国对人力资本的投资而茁壮成长。能源将自给自足乃至出口。三国不仅共享空气、水、土地、生物多样性、野生动植物和迁徙物种等自然馈赠，还将在国际经济和外交政策上结成伙伴关系，在安全方面进行紧密合作以应对所有类型的区域威胁。在与世界的其他部分打交道的时候，这三个国家将加强联系，首先关注其所在的半球面临的挑战。

具有这些属性和规模的北美洲将成为与中国和印度相当的强大力量。墨西哥和加拿大在面对当今地区性问题——例如中美洲和委内瑞拉的不稳定、移民、自然灾害、气候变化和北极问题等——时应该是天然的伙伴。

200多年前，美国改变了其北美洲优先的战略，但北美洲将仍然是美国的基本盘。美国的全球外交有赖于一个健康而友好的邻里环境。

贸易、跨国主义与科技

从独立开始，美国就把贸易视为自由的一种表现形式。美国的缔造者们认为贸易新规则可以改变国际体系。他们并不是仅仅把贸易视为一种获取经济收益的形式，毕竟美国革命就是从抗议英国政府对贸易税收的控制开始的。伦敦和其他几个帝国中心曾通过征服来拓展贸易，通过帝国殖民地来维持主宰权。美国人希望结束欧洲通过排他性安排占有其财富的企图。[5]

1776年，国会将贸易列为其头等大事。约翰·亚当斯负责起草1776年的"条约计划"，为商业协议创建一个模板。亚当斯的模板打击了重商主义。他的核心原则是"国民待遇"，这个要求比获得最惠国地位的要求更为大胆。有了国民待遇后，"美国的商人和船只〔如果载有货物的话〕将在外国享有与该国商人和船只相同的地位"。[6] 1778年，富兰克林把这一协议模板用在了和法国的谈判上，由此确立了美国签订的最早的两个条约中的一个。

美国人紧跟先锋派政治经济新思想的脚步。他们受到了亚当·斯密在1776年出版的《国富论》的影响。斯密认为，贸易各方都可以从贸易中获益。贸易往来不是一个零和交易。本杰明·富兰克林在1781年声明："我发现自己更倾向于采纳一个现代的〔观点〕，它假设每个国家都不对贸易设置任何障碍将会是对它们最有利的做法。"托马斯·杰斐逊写道："我认为给贸易往来以完全的自由将使整个世界获益。"他认为对贸易的限制是为私人利益服务，而不是为公共利益服务的。[7]

斯密承认自由贸易理论存在例外情况，例如在涉及国防因素的时候；而且，在某些特定情况下，国家可以通过报复措施来获得最惠国待遇。美国需要征收关税来增加财政收入，这是一个实际问题。美国人首先寻求的是消除殖民时代的优惠和歧视。

美国人还有一个更大的目标：他们想改变国际政治和经济秩序。1785年，约翰·亚当斯在给邦联议会的外交国务秘书约翰·杰伊的信中明确阐述了这一目标。亚当斯宣称他想要"在世界的商业贸易体系里进行一场**新教运动**那样的**改革**"。[8] 美国人的计划是用独立国家自主选择的贸易自由取代帝国主义的重商主义。

1785年，亚当斯和杰斐逊被指派进行为期两年的谈判，以达成美国式的新贸易条约。但是，在《邦联条例》之下，他们并没有谈判的权力。詹姆斯·麦迪逊在数年后说，管理对外贸易的需求是美国起草宪法的一个主要的、强烈的动机。[9]

新宪法刚一生效，汉密尔顿就用贸易规章和海关收入来激活他的新经济体系。汉密尔顿不喜欢保护性的高关税，这与他后来为保护主义所做的辩护相矛盾。他更倾向于用奖励金（补贴）来刺激新的制造业，或是只在一段时间内征收较低水平的附加关税。[10]

国父们认为贸易将成为这个新国家的主要外交政策。[11] 美国从一开始就鼓励跨国关系和私营组织的参与。一个公平的贸易体系需要合同、对私有财产的尊重、信用证以及法制。个人权利成为人权的一部分。

杰斐逊错误地认为他能把美国的贸易权力转化为一种外交政策武器。1807年到1809年间，由于对英国和法国在拿破仑战争期间捕获美国船只和海员的行为感到愤怒，杰斐逊禁止了美国通过海路的所有出口。这一政策对美国的伤害比对欧洲的伤害大得多。在两个多世纪的时间里，美国人持续用贸易方面的制裁，以及最近的金融方面的制裁来削弱敌人，或至少是在不挑起战争的情况下表达自己的不悦。[12]

美国对贸易的兴趣带动了海军的发展。巴巴里海盗船在地中海上对美国商船的攻击促使华盛顿和亚当斯两任总统委托建造或购买了6艘重型护卫舰。杰斐逊把这些护卫舰部署到地中海，从此不再缴纳贡金。[13] 此后，海军帮助美国打开了许多新的市场，其中最明显的就是日本市场。对中国巨大贸易潜力的幻想吸引了美国商人和形形色色的人物：传教士、教育家、医生和护士、雇佣兵、工程师、矿工和铁路建造者，以及各类冒险家。海约翰的"门户开放"政策与亚当斯1776年的"条约计划"一样，都是十足的美国概念。

第一次世界大战中，威尔逊把他对中立性的维护建立在美国的贸易权利基础之上。战后，美国官员认识到了德国的赔款、美国的外债以及债务人对美国出口以换取美元的能力之间的关系。但是，国内政治阻碍了美国政府制定出全面的解决方案。查尔斯·道威斯（Charles Dawes）和欧文·杨（Owen Young）拼凑出了一个债务和赔款重组方案作为权宜之计。[14] 大萧条时期的保护主义使美国无力复苏，而且助长了欧洲国家社会主义式的自给自足经济和日本的"大东亚共荣圈"的势头。美国人需要重温这些惨痛的教训，以学习经济和安全之间的关系。

在国会的（暂时）支持下，赫尔的贸易协定开启了国际贸易体系漫长的复苏进程。赫尔的协定中的核心原则——非歧视、无条件最惠国待遇，以及用关税来取代数量限制——构成了关贸总协定和后来的世界贸易组织的理念基础。

二战结束后，克莱顿从两次世界大战战间期的经济失败中吸取了教训，并吸收了赫尔的原则，建立了一个恢复、增长和发展的国际经济体系。马歇尔、克莱顿和艾奇逊的经济设计与美国的新联盟秩序相辅相成。

在东亚，二战后的开放贸易体系使日本有能力追寻增强经济实力和民主稳定的发展路径。日本曾在20世纪20年代考虑过这条路径，但最终放弃了。韩国、中国台湾和东南亚经济体也走了类似的出口导向型经济增长道路。

美国对私人行动和独立实验的依赖创造了一种鼓励科技创新的环境。范内瓦·布什把美国在二战中占据科技优势的经验应用到了战后时代：他力促联邦政府对基础科学领域持续投资——与大学和企业合作——以探索科技领域无尽的前沿。他的"三重螺旋"模式依靠的是美国私营部门的创新能力。历史进程表明，与苏联那种闭关自守的国家计划模式相比，美国的科学文化和跨国体系要优越得多。

在很多关键节点上，通常是在冲击之下，美国都曾迫使国际贸易、金融和科技体系做出调整。二战之后，美元成为主要的储备货币。20世纪70年代，美国放弃了布雷顿森林体系的固定汇率制，启动了浮动（有时会盯住美元）汇率体系。20世纪70年代，石油输出国组织的崛起迫使美国试验了多种能源安全手段。近年来，科技、市场和环境的创新再次改变了能源和环境政治。

美国会时不时地调整经济体系以促进发展。美国和其他发达国家会向发展中国家提供贸易优惠。美国和其他国际金融中心的银行把来自石油生产国的石油美元转移给那些因大量借债而陷入债务和汇率危机的发展中国家。美国和其他国家的财政部长利用公共多边金融机构——特别是国际货币基金组织和世界银行——去帮助处理这些经济问题。

在数十年的时间里，美国政府一直在引领着贸易、投资和科技方面的新规则的制定工作。贸易中的商品已由传统的工业品扩展到农产品、服务、知识产权保护、投资和争端解决等诸多领域。美国用双边自由贸易协定和区域协议证明了新规则在反腐败、透明化、通关流程、信息科技标准、环境和核心劳动标准等方面的作用。今天，国际经济必须为数据的使用、隐私、安全、存储和转移制定出规则。

当美国经济难以适应国际贸易和经济的变化时，公众和国会对开放的支持度就会降低。汇率的波动和人为操纵会对许多行业的劳动者造成伤害。一些发展中国家成了极具竞争力的威胁者。美国人抱怨对外贸易缺乏互惠性。美国那些用来帮助人们适应变化的项目都远远没有达到预期效果。

美国目前正在重新评估自己与全球的联系。历史上，美国的开放——包括对商品、资本、人和思想的开放——让自身占据了优势。竞争能促使美国发现并修正自己的错误。但是，美国在历史上的某些时期内也曾因为跟不上变化的步伐或其他方面的恐惧而选择收缩。

今天，全球化和碎片化的力量向相反的方向拉扯，制造出了政治紧张态势，安全、科技、疾病、移民、环境、金融和信息流等领域的挑战很有可能增加而不是减少。与此同时，人民需要得到安全感。美国的"三重螺旋"以及科技领域的创业家精神面临着中国举国体制的挑战。美国人需要再次决定他们想要的是什么样的国际贸易、科技和经济体系。1776年的精神指向的是自由、改革、创新和机遇，过去70年富有灵活性的安排也是如此。如果美国割断与传统经济和安全机制的联系，其后果将是代价惨重且危险的。

同盟与秩序

美国曾在150年的时间里认为同盟政治只与欧洲的帝国、重商主义和战争有关。新生的美利坚民族重视独立，重视探索用现代方法重塑各个国家及其人民之间关系的自由。美国强烈的主权意识导致它拒绝对其他国家做出安全承诺，尤其是较长时间的安全承诺。

到了1947年至1949年，美国大幅扭转了方向。它成了一个规模超过以往所有同盟的同盟网络的领袖。在这个过程中，美国重新定义了同盟，并且在实际应用中不断调整这一概念。

美国与欧洲和加拿大一起建立了一个区域性的政治-安全同盟，并且建立了北约这个组织来支持它，甚至还将军事指挥权统一了起来。美国的安全保证包括愿意以核威慑来支持军事防御。美国还发起了其他的区域性同盟，包括东南亚条约组织（SEATO）和中央条约组织（CENTO），但这两个组织内部的政治和军事联系没有北约那样紧密。

在亚太地区，美国的同盟政策采取了车轮辐条的形式——美国政府对东亚的各个伙伴做出一系列双边防御承诺，但这些亚洲伙伴没有协助美国防御的义务。美国把它与韩国、日本和台湾当局的协定用于约束和防御。美国在1979年1月1日正式承认中华人民共和国之后就终止了和台湾当局的"同盟"，但国会又用"与台湾关系法"替换了对台湾当局的防御承诺。对于澳大利亚和新西兰，美国和它们都建立了对等的安全关系。

在西半球，1947年的《里约热内卢条约》为《北大西洋公约》提供了先例，但这一条约后来演变为一个约束力较小的共识，没有与之配套的安全组织。

美国提供了一系列暗示性的安全承诺，主要是在中东和波斯湾地区。例如，以色列拥有充分的国防自主权，随时都能保家卫国，但是它仍然期望美国为它的生存提供保障。多个阿拉伯国家境内都有美军基地，它们与美军合作，共享情报并寄希望于美国的保护。

冷战期间，这些同盟和伙伴关系使美国沿着欧亚大陆的边缘获得了多个入口。冷战之后，美国把自己的许多盟友视为同一个民主和平区内的伙伴。美国扩大了北约的范围，以覆盖中东欧新出现的政权；它要求盟友提供支持——甚至派出军队——作为与冷战后各种威胁做斗争的联盟的一部分。"9·11"事件发生后，北约盟军和其他伙伴加入了美军在阿富汗的战斗。军事互通、训练、计划、情报的使用和后勤的共享都成为对美军有价值的资产。盟友和伙伴为美军在全球的部署提供了有价值的基地和港口。

几乎所有这些盟友和伙伴都参与了美国帮助建立、资助和扩展的国际市场经济。就像汉密尔顿和西沃德在许多年前所期望的那样，美国的经济展现出了一种磁石般的吸引力。美国用一张由经济关系交织成的复杂的网络拉近与伙伴的关系。维持这一体系——包括这一体系对能源、海洋航路和空中航路以及安全的保障——对美国及其盟友都有益处。

冷战结束已经 30 多年了，不断变化的观点和假设拖住了美国领导的同盟网络的前进脚步。经济竞赛限制了合作——哪怕问题还是原来那些老问题。盟友们面临着不断变化的威胁——诸如网络攻击——以及对威胁的不同认知。国内政治使一些国家更难接受美国的领导和要求。如果美国人感觉不到本国利益所受到的潜在威胁，他们可能就会犹豫是否要保护那些与自己的政治制度不同，或是友好度和可信度参差不齐的国家。美国政府希望盟友能更多地分担责任。这种紧张关系也不是新出现的：50 多年前的尼克松主义就要求盟友承担更多的区域安全责任。

美国未来必须决定对这一同盟体系做出什么样的承诺。如果没有美国的关注和支持，同盟内部协商、妥协与合作的进程和习惯就将瓦解。美国领导的体系一直依赖于一项突出的特质：信任。美国可能会向伙伴提出难以实现的要求或与之争吵，但其他国家最终还是会出于美国的善意和自身利益而保持合作。

如果美国放弃自己的同盟秩序，美国仍将保有强大的安全和经济实力，但是其政治角色——以及其影响的性质——将会发生巨大的变化。世界秩序将会更像是1900年的列强争霸格局。美国、中国和印度可能将成为最重要的大型民族国家，发挥各自的经济、军事和政治影响力。欧盟也会依仗其经济实力参与竞争，政治地位可能也不错，但是如今的欧洲军队规模有限，政治整合的不足也使欧盟无法形成单一的战略观点。英国在脱欧后的实力要打上一个问号。俄罗斯由于其在地理、电脑网络、能源和军事上的重要地位，仍将对世界格局构成影响。日本也可能有影响力，这个国家未来的战略很大程度上取决于它与美国以及中国的关系。

这样一个多极化系统可以通过互相平衡的联盟来寻求安全稳定。经济和其他方面的关系很有可能将更依赖于交易而非既定的规则。中小型国家可能将被牵拉得更接近大国的势力范围。这些大国也许会坚决维护一些主要服务于地区霸权利益的经济安排。

没有了同盟网络之后，美国可能将重拾建国后的最初150年内所提倡的那些国际制度。贸易、金融与科技创新的纽带将变得更加重要。保证北美洲基本盘的强大和安全将对美国至关重要。美国也许会在各个共和国之间寻求伙伴关系。像西奥多·罗斯福那样拥有相关技能的美国领导人可能将在其他地区扮演调停者的角色，而尼克松和基辛格的现实政治外交可能会在一位机敏的总统手中复活。

如果美国需要适应一个没有美国同盟网络的新国际秩序，那么美国外交就将面临重大的挑战。任何一届总统和国会都不应该因无知而放弃这一体系。美国人需要理解他们的同盟和经济网络在历史上的重要作用——以及组成网络的理由。

美国最明智的路线就是调整并升级同盟秩序。美国在冷战结束后改变了同盟，以及国际经济机构和贸易体系的角色。美国可能会减少安全方面的承诺，它不应做出自己无法兑现或不会履行的承诺。

美国在欧洲和亚太地区的主要盟友能够让美国的外交更加完善，如果美国政府能够铭记老布什总统展现过的同盟领导技巧，那么这种辅助作用就会更强。美国应该逐渐通过新的北美洲伙伴关系和同盟来增强自己的实力。在那些没有同盟的地方，美国政府可以利用我着重讲述的那些事例，与印度以及美国在亚洲、拉美和非洲的伙伴一起打造新的影响力网络。美国应该强调经济和科技的联系、共和国之间的联系、有关军备限制的区域安全安排、帮助解决争端的法律机构，以及及时的调停。老式的欧洲式现实主义——甚至现实政治——很难和美国的政治传统相容。但是，一种实用的美国式现实主义——以共和党和约翰·昆西·亚当斯的权力原则为源头，并根据当今的形势进行调整——将为未来的世界秩序做出令人欣喜的贡献。

公众和国会的支持

美国的外交取决于舆论场，而不是宫廷政治或战略家的计划。美国最成功的政治家可以读懂并塑造公众的意愿。

富兰克林维护他在大陆会议中的盟友，以加强自己在法国的影响力。他强调共和国的善意，以保持国内的政治受众对他的信心，并利用共和国的理念去争取欧洲那些有启蒙思想的受众的支持。富兰克林还依靠自己在实践中运用权力政治的技巧去获取法国的财政和军事支持，并为美国的独立争取到极好的条件。

汉密尔顿在国会中赢得了关键的投票，从而为新生的美国建立起了经济基础。但是，公众的情绪阻止了他恢复与英国友好关系的计划。

在购买路易斯安那的过程中，杰斐逊既利用又操纵了公众的情绪。拿破仑的代表判定英国人或美国人可能会夺取新奥尔良，而国会的征兵举动吸引了拿破仑的注意。为了赢得时间以通过谈判拿下这块北美大陆上具有价值的土地，杰斐逊派了深受西部人信任的门罗去巴黎。

作为杰斐逊的门徒，麦迪逊顺从公众意见发动了战争，而没有选择和平解决的方案。他在1812年宣战时强调了英国对自然权利的侵犯及其在海上的进攻行为。但是，麦迪逊的支持者是西部和南部那些"好战的鹰派"，他们希望消灭美国边疆地带的原住民，并占领加拿大。"麦迪逊先生的战争"面临着多重的先天缺陷：缺乏新英格兰和纽约的政治支持、军事准备不足，以及经费捉襟见肘。汉密尔顿创立的国家银行的特许权已经过期，他组织一支强大军队的计划也已被国会束之高阁。美国竭力维持，让战争以平局收场——并签订了恢复战前状态的和平条约。美国人相信他们统治这块大陆是上天注定的，但他们的手段却没能与这样的愿望相匹配。

约翰·昆西·亚当斯难以理解美国民主权利不断扩展的政治趋势。与他的政治对手安德鲁·杰克逊将军不同，亚当斯没有那种平易近人的气质。他也没能像一度成为他的对手最终又成为他的同僚的亨利·克莱那样争取国会的票数。但是不管怎样，亚当斯在外交工作中对美国行动独立性的维护还是符合国民的立场的。他明白，公众希望让北美洲——甚至包括南美洲——不受欧洲政治的干扰，同时保持美国的自由不断扩张。他高举共和国的自豪旗帜。与此同时，亚当斯想让美国人避开欧洲的冲突——以避免受到诱惑而在远离自己国土的地方应对威胁。亚当斯的主张抓住了美国人的心理。他们把亚当斯保护独特半球的想法与他们的扩张主义冲动合二为一。他对欧洲的警惕在美国人心中种下了厌恶美国卷入欧洲安全事务的种子。

波尔克总统大胆的大陆扩张计划遭到北方的抵触，因为他们担心实行奴隶制的州将越来越多。约翰·昆西·亚当斯和来自伊利诺伊州的新任国会议员亚伯拉罕·林肯都反对1846—1848年的美墨战争。

在"特伦特号"事件中，林肯和西沃德成功地在公众的愤怒情绪之下避免了与英国的战争。他们选择了一条实用的路线，即同一时间内只打一场战争，并且借鉴美国早期的海事权利原则设计出了对公众的解释。西沃德用外交照会和媒体来表达他的观点。他意识到，随着时间的推移，公众要求美国采取行动的强大呼声将逐渐失去热度。这位精明的政治家不仅对在国际上采取行动的时机有精准的判断，还对何时呼吁国内民众的支持有敏锐的政治嗅觉。

林肯和西沃德都知道，美国可以塑造外国舆论。他们开始把国际公众外交纳入思考范围。他们欢迎英国民主政治的变化和反对奴隶制的态度。

海约翰在英国的帮助下提出了"门户开放"的主张，但他坚持认为这一主张的所有权应归于美国人。他认识到，海外与美国在民族、种族和宗教上的联系都可能会影响到美国的公众意见。

即便是在亚洲和欧洲调停冲突之际，西奥多·罗斯福也仍然关注着美国公众对美国卷入外国事务的反感态度，以及国会对此的警惕。反日与反华的情绪和暴力让他感到窘迫。屠杀事件让他感到厌恶。他在幕后调停摩洛哥危机，以避免受到参议院的批评。但是，罗斯福从来没有简单地迁就公众意见，他积极地设法教育公众。罗斯福把"大白舰队"视为唤起美国人自豪感的符号。

伍德罗·威尔逊显示出了自己对公众意见的敏感性。在备感压力的 3 年时间里，他设法调和了美国人长期保持的两种互相冲突的信念：他必须在远离欧洲战争的同时维护中立国在海上的权利。威尔逊在 1916 年大选中之所以受到欢迎，是因为他避免了让国家陷入战争之中。他需要让美国为战争的可能做好准备，这是他一生中必须打的几场重大的政治战役之一。

当威尔逊最终决定参战的时候，他围绕着美国的外交传统来解释自己的决定。他对中立做出了新的定义，并以此重写了国际政治规则。他说自己是把门罗主义应用到了全世界。威尔逊仍然排斥旧式的同盟，他承诺创造一种新型的集体安全。起初，威尔逊的设想在国内和国外都广受欢迎。

威尔逊的希望没能抵挡住海外的传统安全需求，也拗不过参议院对自己被宪法授予的特权的格外珍视。威尔逊或许本可以让参议院批准《凡尔赛和约》并批准美国加入国联。他应该在他的代表团里加入参议员——就像查尔斯·埃文斯·休斯几年前所做的那样——或至少加入一些能够影响他的那些共和党对手的人。

鲁特的保留意见为威尔逊提供了一条让《凡尔赛和约》和加入国联得到批准的路径。但是，威尔逊选择了另外一条道路，即向美国公众陈述他的理由。他的这种做法以前曾取得过成功，但这一次，威尔逊失败了。在最后一次决定性的投票中，威尔逊呼吁民主党人拒绝折中的保留意见，从而封死了议案得以通过的道路。

休斯在 1921 年出任国务卿，他意识到他需要重新确立行政机构在外交政策中的领导地位。参议院在挫败了一位总统之后也想控

第 18 章 美国外交的五个传统　　613

制未来的政策。休斯利用公众呼吁裁减海军的运动重新设置了议程。他在东亚安全制度的谈判中设计出了一种战略，将公众的利益和国家利益结合到了一起。为了提高成功率——包括让参议院批准条约的成功率——休斯与两党内的重要参议员结盟。他知道自己需要什么样的条款才能让参议院投票通过。

与休斯关系密切的鲁特也明白如何将长期规划与近期的政治需求结合起来。鲁特和休斯都是谈判大师，能够同时应对国内外的不同听众。鲁特相信，司法体系——包括规则的发展与和平解决争端手段的发展——是逐步发展完善的。他有很好的方向感，也有足够的耐心。鲁特知道，即使是一般性的成果也可以收获经验和信心，同时赢得更广泛的公众支持。他不会因为追求完美而放弃一步步变好的可能性。但是，公众和国会——特别是后者——对美国主权的敏感限制了这个国家对国际法律约束的承诺，直到今天依然如此。

赫尔利用他在富兰克林·罗斯福的民主党联盟中的地位，以及他与国会的关系，击败了他在总统班子里的对手。那些人提倡易货贸易和对贸易实施管控。这位国务卿赢得了国会的授权，启动了以降低贸易壁垒和建立贸易原则为目标的谈判。那些原则将成为一个更开放的贸易体系的基础。但是，赫尔和他的盟友必须抵挡住或者调和好保守主义者的利益。国会在贸易领域拥有宪法所赋予的权力，也有其经济利益，这使得国会总是想将美国的政策带离自由贸易的轨道。后来数年之间，如果想在国会发起扩展行政机构谈判权的投票，就必须找到强有力的政治推动力。美国贸易谈判者必须动员起出口商的支持，同时避免让各派保护主义势力联合起来。马歇尔和克莱顿等领袖曾数次成功地解释了为什么贸易给美国的经济、金融和安全目标带来的好处远远大于坏处。

富兰克林·罗斯福面对着一个艰巨的政治任务，那就是让正处于萧条期的美国为第二次世界大战做好准备。公众对"一战"的结果不满，并对再次卷入世界大战产生了抵触情绪。1937年，罗斯福试图用"隔离演说"来促使美国人考虑与心向和平的国家合作，反对侵略者和"强盗国家"。但是，罗斯福无法让民众充分理解他的想法，他们担心美国会在不经意间被拖入海外的灾难之中。罗斯福后退一步，用了一个美国人民更熟悉的配方：他把中立宣言、对朋友的供应和信贷，以及对敌人的经济制裁结合在一起。在日本袭击珍珠港，德国也愚蠢地决定向美国宣战之后，美国便不得不提前行动了。[15]

战争胜利之后，杜鲁门、马歇尔、艾奇逊、克莱顿和洛维特动员起了国会和公众对1947年到1949年间形成的新同盟秩序的支持。杜鲁门当局十分倚仗范登堡参议员的领导能力和技巧。范登堡认为，他面对的挑战是组织起国会内的联盟——尤其是赢得他的共和党同僚的支持。在为期40多年的冷战中，在范登堡的榜样作用的激励下，两党内都出现了几个范登堡衣钵的继承者。如果没有这样的国会议员，美国就很难维持一个成功的外交政策。这些议员与行政机构里的鲁特、休斯和贝克这样的官员通力合作，而这些官员也懂得如何组织起国会内的联盟。

艾森豪威尔担心美国公众在冷战早期所表现出的政治和感情热度无法持续。他重拾汉密尔顿的原则，着力强调国民经济实力的重要性。艾森豪威尔指挥手下开展了一项名为"日光室"的规划工作，试图确立美国的优先行动事项。他建立了一个国家安全行动流程，以系统化地应对那些不可预知事件带来的不可避免的干扰。

肯尼迪认为艾森豪威尔的方法把美国人搞得过于自满了。他试图用迎接更大挑战的方式去激励美国人。当肯尼迪面对柏林危机与古巴导弹危机的时候，他谨慎地动员整个国家去支持他的立场。随着肯尼迪对核灾难的危险越来越担心,他开始对国民发表讲话,要求从限制核试验做起,以控制这些毁灭性武器。

约翰逊担心,一旦他放弃对越南共产党的战争,公众就会放弃对他的支持,但他却正因为坚持战争而丢掉了总统职位。林登·约翰逊始终不敢迎接挑战——向美国人解释为什么撤退是更好的选择,甚至说服他们接受失败。相反,他选择了军事升级,并希望通过谈判来缔结和平。

尼克松和基辛格面对着一个艰巨的使命,那就是让美国从一场血腥的、代价高昂的且最终失败了的冒险中撤退。尼克松担心这样的经历会让美国人放弃其在世界各地的责任。他与基辛格采用了一种以谋略和制衡为主的现实政治政策,并希望借此让一个受伤的国家恢复状态,以抵御敌人,同时教育美国人,告诉他们纯粹的权力政治的必要性。

美国人赞赏尼克松和基辛格的成就,尊重这两人的外交技巧。但是,之前已经与林登·约翰逊翻脸的国会却对他们失去了信任。公众对现实政治的不满与日俱增,其中有一些人反对政策与美国价值观脱节,另一些人则拒绝对苏联人实行缓和策略,还有很多人不喜欢"美国只是一个多极世界里众多国家中的一员"的理念。尼克松和基辛格努力为他们的外交战略争取公众支持,但没能成功。

吉米·卡特试图用人权议题来重塑美国的外交政策,但他在世界各地的一连串动乱之中左支右绌。形势的变化更凸显了美国的衰弱形象。经济滞胀和能源危机让国民倍感前途灰暗。

里根告诉美国人,他们可以克服当时的种种困难。他回顾了美国人勇敢的过去,并许诺未来会更好,以此来激励公众。他相信自己可以把经济复苏和军事复兴结合到一起。有了新的基础之后,里根挥舞起大旗，与苏联展开意识形态的对决。与此同时，里根还避免了与苏联发生直接的军事对抗。他知道军事冲突的风险是无法计算的，并且反复声明没有一个国家可以在核战争中获胜。

老布什利用美国的复兴势头以及多层次的实力，领导北大西洋公约组织结束了欧洲的冷战。他开始为美国的领导权构建一个冷战后的国际格局。老布什的国人钦佩他的外交技巧。但是，他们想让他把注意力更多地集中在国内的重要议题上，特别是在经济衰退期间。最后，他们把老布什送下了台。

如果没有二战和冷战的危机，美国将永远不会迈出领导世界的那一步，尤其是不会把军事力量部署到全球各地。战争对欧洲和亚洲的破坏把美国推上了金融和制造业的统治地位。与此同时，美国与法西斯主义的较量以及后来同苏联阵营的较量也巩固了美国在西方世界中的领导位置。

冷战结束之后，观察家们想知道美国是不是将继续扮演领导角色。实际上，美国领导的同盟秩序开始适应一系列更大范围的挑战。2001年9月11日发生的事件让美国人感到震惊。但是，漫长、战果不尽如人意且代价高昂的战争——再加上严重的金融和经济危机——使许多美国人开始退却。

美国仍然是自己所创造的同盟和经济网络的核心。尽管这些同盟和网络正在逐渐缩小，但它们将会在自身利益和制度动力的驱使下继续运作。今天的美国人比二战前的美国人更清楚他们与全球的联系。许多人为自己的国家感到自豪，并相信它仍将扮演积极的角色。美国未来在国际事务中的参与形式将取决于其政治领导力和政治事件。

美国的使命

从一开始,美国人就把自己的国家想象成是为了一个更大的使命而诞生的。美国的国家起源故事又给这种想法增添了一丝"天意"的味道。就像早期美国人所熟知的《圣经》中的摩西和以色列人一样,开拓者们经历了危险的旅程之后踏上了一片新的土地。那些后来者们相信自己是在建造一个"新世界"。

美洲的13个殖民地把代议制政府的传统扩展为自由与独立的事业。到18世纪末,美国人把自己视为启蒙思想的实际践行者。革命和独立之后,美国公民明白他们正在参加一场自我治理的实验。

美国人的使命超越了拓展领土、扩充人口和发展经济实力的目标:这个民族理应捍卫思想并将思想应用于实践之中。随着这个国家的实力不断增长,以及人们思想的变化,美国的使命也在改变。

最初,新生的共和国只是想在一个帝国林立的世界里生存下去。君主国家担心美国对自由和自我治理的革命信仰会危及国王的神圣秩序。早期美国人的跨国主义让个人——而不是国家——成了变革的驱动者。革命性的共和主义思想在法国点起火种并蔓延到拉美各殖民地,其火焰很可能会点燃美国内部的党派之争。

在困难的情况下,美国的第一代领袖们设计出了一个实用的妥协方案:用约翰·昆西·亚当斯的话来说,美国人将"祝愿所有人获得自由",但"只主宰自己的自由"。美国人采取中立的态度,以降低内部分裂的风险。美国避免卷入那些可能影响美国实验前景的外国冲突。美国还在扩张方式上做出了一个历史性的选择:增加拥有共和政府的州,并且使其与已有的州地位平等。但是,扩张也伴随着重大的妥协——奴隶制在南方各州的扩张,以及驱逐、同化甚至消灭美洲原住民行动的展开。

按照美国宪法设计的制度，权力是由公民授予一个权力有限的政府的。这与欧洲的体制相反，欧洲国家的合法性和权威是自上而下、通过国家的权力实现的。美国人依靠的是个人和社群的主动性。新的美国政府试图打开海外国家的大门，帮助美国人和平地追求他们的目标。新的美国外交期望商人、船长、传教士、机械师和冒险家能够带头创造一个新的跨国秩序。

一些美国人希望更加热情地欢迎来自外国的共和主义者。亨利·克莱把来自拉美新生共和国的使节和本杰明·富兰克林在美国革命时期的出使经历做了比较。克莱认为，美国至少也要用商业贸易来表示对这些共和主义同辈的欢迎。他希望这些共和国能与美国合作打造一种新的国际秩序。这种国际秩序由独立国家组成，并尊重中立权利。但是，宗教、种族和文化的分歧阻止了"美国体系"继续向西半球以外发展。

林肯在他的葛底斯堡演讲中解释了美国内战对全球的影响。内战检验了美国或任何一个"生于自由"并"致力于所有人皆平等的理念"的国家是否可以"长久地生存"。美国人发动内战的动机与同时期中国的太平天国运动，以及德国的统一战争相比，都有极大的不同。

一个共和政体的联邦可以为联邦制国家提供一个模板。1867年，加拿大各省组成了一个联邦。墨西哥合众国（墨西哥的正式国名）在驱逐了一个来自欧洲的冒牌统治者之后重新赢得了独立。美国则通过购买领土扩大了联邦的范围。美国的思想和经济的力量像磁铁一样，吸引其他的国家主动与之联合。

美国认为，它已经显示出了一个共和国应该怎样建立一种构建在思想——而不是血缘或民族——之上的民族主义。第一次世界大战迫使人们考虑这样一个问题，即帝国的废墟之上将诞生什么类型的国际秩序。威尔逊宣称美国想要"让这个世界对民主制度来说是安全的"。

美国人相信，法制是民主政体的先决条件和不可或缺的元素。美国鼓励尊重国际法，并设法在实践中建立法律组织机构。随着时间的推移，美国对个人权利的捍卫与它对国际法的尊重结合在一起，促进了国际人权运动的发展。

在第二次世界大战期间，罗斯福为美国将要赢得的和平描绘出了振奋人心的愿景。美国和英国于1941年缔结的《大西洋宪章》宣布了安全、贸易、自我治理、自由等方面的原则，以及一个和平的世界格局。罗斯福提出的"四大自由"包括言论自由、信仰自由、免于匮乏的自由和免于恐惧的自由。

战争结束后，美国帮助那些被征服的敌人以民主国家的身份复苏，用自己的实力为这些国家提供保护，并且用一种新的秩序来帮助它们变得富有。美国时断时续地回到了自己的反殖民传统上去，支持那些从旧帝国中诞生的独立主权国家：它提供安全、贸易等公共物品，以及发展机会。美国还依靠自身的跨国能力在文化、教育、网络、科技和思想等软实力方面为这些国家提供支持。

冷战期间，美国成了西方阵营的领袖——它是在综合考虑了自身利益和理想主义之后承担起这一角色的。冷战后，美国人感觉到自己的使命发生了变化。

有一些国家反对美国自封的角色，另外一些国家则只是想置身事外。一些美国人想要后撤——专注于国内的使命，卸下负担，并反对民族傲慢情绪。一种新的思潮认为，国际主义和跨国主义是与美国的民族主义相冲突的。美国人长期以来一直对强加在他们自己的民族行动自由之上的东西十分敏感。

不管怎样，美国人从来都不认为民族主义和国际主义是对立的。美国的建国一代认为他们的共和国要为全世界的更大使命服务。不知满足的美国人相信他们可以推广新的、更好的国际秩序。即使是在美国享受霸权的时候，它也没有躺在功劳簿上睡觉。这个国家甚至持续挑战着在自己的帮助下建立起来的国际体系。美国的经验反映出它有能力对受到欢迎的趋势做出实用主义的调整。

过于狭隘地定义美国的民族主义，就无法启发美国的外交政策，并将阻碍美国真实实力的发展。美国的存在不是为了在联合国的名册上增加一个名字。美国外交最深层的传统是推进美国的思想。

后　记

从传统到今天

四任总统

历史学家才刚刚开始研究最近 25 年间的几位总统。政治斗争仍然主宰着对他们外交政策的解读。

比尔·克林顿和小布什都是成功的州长，但他们都没有设想过自己会把工作重点放在外交政策上。可是，一系列的事件迫使他们在变化的世界秩序中对美国的角色给出新的定义。具有讽刺意味的是，虽然这两位总统都干了两个任期，但他们的工作框架却都是只有一个任期的老布什留下来的。大多数历史学家都把老布什看作冷战落幕时小心翼翼的管家，但实际上，老布什也把目光转向了北美洲、贸易、同盟、核裁军乃至气候变化。他在整合程度更高的欧盟、中东欧、俄罗斯、波斯湾与中东、美洲国家、中国、日本、各个经济体快速发展的亚太地区、从索马里到朝鲜的热点地区所做的初步工作塑造了两位继任者的工作蓝图。他的预算方案预演了克林顿的措施并预示了将近 20 年的强劲经济发展。在看到近几年两党之间的激烈辩论之后，我猜测历史学家们会认识到，两位布什总统和克林顿的外交政策有着很多的共同之处，与他们的继任者相比更是如此。

贝拉克·奥巴马说他尊重老布什的外交，但是奥巴马把美国外交引向了一种不够坚定的收缩态势之中——与老布什的引导和谨慎的同盟领袖策略形成了鲜明的反差。在漫长的伊拉克战争和阿富汗战争之后，以及在全球金融危机的不确定性之中，奥巴马的警觉和民族自我批评能力是可以理解的。他的怀疑态度使他与俄罗斯、伊朗和古巴等宿敌展开了接触。但是，奥巴马并不喜欢把他的外交调整和美国角色的重新设计结合在一起。他从来都不热衷于美国人应该在世界上实现一个特定使命的想法。

奥巴马总统第一次与主要的外国领导人进行讨论的时候，我恰好是与总统一起在场的唯一的美国人。英国首相戈登·布朗（Gordon Brown）于2009年4月初在伦敦召集了G20峰会。他试图让世界上的主要经济体对仍在蔓延中的金融危机做出一个集体的应对。[1] 这次峰会一开始是一场工作晚餐会，参加者只有各国政府首脑以及国际货币基金组织、联合国和世界银行的领导人。布朗请奥巴马先发言。这位总统显得有些犹豫，且发言漫无边际。他所说的话显得自己很了解情况，但是根据我对奥巴马的智谋和讲话技巧的了解，我原本希望他能利用这次机会定义出各国面对的挑战，然后解释美国将会怎么做，以此来树立信心，或至少是对布朗充满热情的努力做出强烈的呼应。但是，我认识到，奥巴马才刚刚当选，而且他要小心地与这些对美国不乏抱怨的领导人打交道。餐会结束时，我鼓励了总统。奥巴马回答说，他不想第一个展开讨论，但布朗告诉他美国必须开这个头。我肯定了布朗的说法："总统先生，你确实需要第一个开口。其他人会等着你来定调子。"奥巴马总统对我总是很和蔼，而我也看着他巧妙而有效地处理了后来出现的国际经济问题。他在海外很受欢迎，但是他天生的矜持加强了外界对他的"不自信"的印象——这与布什父子和克林顿的领导风格形成了鲜明的反差，虽然他们之间有着很大的差异。

历史学家们可能最终会把奥巴马在外交上的沉寂视为唐纳德·特朗普的强烈反转的前兆。特朗普强调他与过去——包括美国人领导的同盟秩序、贸易和经济网络——的决裂。与持续发展伙伴关系的外交风格相比，特朗普更喜欢交易型的行为方式。

我会在全书的最后按照"五个传统"的视角来简述一下美国过去几十年间的外交政策。

北美洲

老布什完成了《北美自由贸易协定》的谈判，但比尔·克林顿需要让它获得通过。为此，他组织了一场横跨两党的政治攻势。之后，克林顿帮助墨西哥度过了1994年的金融危机和它自己的民主转型。克林顿提出了举行"美洲国家首脑会议"的倡议——其愿景是实现整个半球的民主化——还发起了关于建立"美洲自由贸易区"的谈判。这位总统在政策上做的没有说的多，但是他确实是西半球愿景的热情拥护者。

小布什就任总统后第一次出访的目的地是墨西哥。他与北美洲的两个伙伴国家一起改善边界合作，加深贸易关系。在第二个总统任期内，小布什虽然忙于战争事务，但还是发起了"北美安全与繁荣联盟"，把地方政府和商业组织与交通、金融服务、环境以及情报共享等方面的国家工程联系起来。这位总统还对中美洲的贸易、发展和民主提供了帮助，其中一部分是通过与墨西哥的合作来完成的。小布什推动国会通过了移民改革——但从长期来看，这一改革并没有好处，且造成了一些令人不安的问题。[2]

贝拉克·奥巴马虽然维持了与邻国的关系，但他始终没有认识到北美洲的战略潜力。在总统所属的政党中，《北美自由贸易协定》变得在政治上不受欢迎，于是总统班子就不会提及《北美自由贸易协定》，也放弃了向公众公开情况的努力。如果一场辩论中只有一方的人在发言，那就很难产生赢家。对于小布什打造三边制度化关系的工程，奥巴马任命的官员们也缩小了其规模。但是，在墨西哥总统费利佩·卡尔德龙（Felipe Calderon）把目标对准国内的犯罪和贩毒组织——以及试图改革法院和警察——的时候，奥巴马默默地提供了重要的协助。副总统乔·拜登（Joe Biden）领导了一次行动，试图阻止中美洲的国家分裂以及犯罪组织对政府的绑架。但是，随着美国经济的复苏步伐不断加快，非法移民和寻求庇护者的问题成为地区关系中最重要的议题。

唐纳德·特朗普把美墨边境的一堵墙变成了一个标志性的政治议题。他认为包括墨西哥人在内的中美洲人是危险的，并威胁他们。特朗普当局并不认为墨西哥的经济健康是北美洲人的一件幸事。不过，在经历了25年的深度整合之后，北美洲大陆上的三个社会之间已经建立起了弹性很强的纽带，因而经受住了特朗普终结《北美自由贸易协定》的动议，以及墨西哥总统安德烈斯·曼努埃尔·洛佩斯·奥夫拉多尔（Andrés Manuel López Obrador）曾经的反对立场。经过重新谈判，三国签订的《美国-墨西哥-加拿大协定》（USMCA，简称《美墨加协定》）使《北美自由贸易协定》中的绝大部分内容得以保留，并对一些条款进行现代化改造，增加了一些限制，还加入了劳工和环境方面的条款。不幸的是，《美墨加协定》如果不续约，就将在生效16年后作废。美国人可能需要重新认识到，一个健康的、强大的本土大陆能为美国的全球政策提供最好的基础。

贸易、跨国主义和科技

1992年11月，老布什在大选中失利后，他的总统班子在全球关贸总协定的贸易谈判中与欧共体委员会达成了一个关键的农业协议。克林顿的班子拿过接力棒，于1994年与其他100多个经济体一起完成了乌拉圭回合，将关贸总协定改造成新的世界贸易组织。克林顿熟练地利用1993年《北美自由贸易协定》得以通过以及第一次亚太经合组织峰会召开的机会做出表态，暗示称如果欧洲人和其他国家阻碍全球贸易协定的谈判，美国就会追求区域性的贸易自由化。

这些贸易成就支持了克林顿和莱克关于扩大世界市场经济规模的愿景。到了20世纪90年代末，信息科技的发展以及更加开放的贸易和资本市场让人们看到了深化全球化的机会与风险。

然而，克林顿面对着越来越多的反对贸易的政治阻力，尤其是在他自己的党内。这样，他也就放慢了一开始的势头。他的团队集中精力克服日本的保护主义，然后在中国加入新成立的世界贸易组织上起到了推动作用。20世纪90年代后期，克林顿的财政部团队对东亚、拉美和俄罗斯等新兴市场施以金融援助。国会没能延长对这位总统的贸易谈判授权，而克林顿发起新一轮世界贸易组织谈判的努力也在西雅图的反全球化示威活动中化为泡影。

2001年，小布什命令我重新激活贸易议程。即使是在"9·11"事件发生过后，这位总统仍然强调称，开放的贸易和经济改革可以帮助他挫败——用他自己的话来说——"孤立主义、保护主义和本土主义"。[3] 他的班子重新获得了国会的谈判授权，并实行了一种竞争性自由化的战略，在全球、地区和个别国家等不同层面上工作。小布什完成了与17个国家的自由贸易谈判，完成了中国和中国台北加入世界贸易组织的工作，延长了《非洲增长与机遇法案》（最初由克林顿总统签署）的有效期，并启动了（但没有完成）新的全球和跨太平洋贸易协议的谈判。

与克林顿和小布什相反，奥巴马在第一个任期内对贸易采取了收缩的策略。与富兰克林·罗斯福和赫尔不同，奥巴马错失了在一场破坏性的经济衰退发生后利用贸易开放来帮助世界经济复苏的机会。相反，奥巴马的第一任贸易代表抛弃了通过谈判达成协议的想法。由于金融危机动摇了全球的借贷体系，美联储不动声色地用美元互换协议稳定了其他市场。此举明确地提醒各国美元有多么重要，即使是在欧元区。作为世界银行的行长，我与我的朋友、世界贸易组织总干事帕斯卡尔·拉米（Pascal Lamy）一起说服金融监管者和银行家们不要掐断对发展中经济体的贸易融资。

2013年，奥巴马的新贸易团队开始推进小布什的跨太平洋伙伴关系协定（TPP），这是美国与另外11个国家（其中6个已经与美国签署了自由贸易协定）达成的区域协议。2015年，共和党控制的国会为投票表决扫清了道路，但是总统班子却没能及时达成协议。

特朗普让美国退出了跨太平洋伙伴关系协定。他自豪地宣称自己是一个保护主义者、一个"关税人"。在特朗普看来，贸易保护主义和对移民的敌意是对自己的政治基本盘释放出的信号，表明他对过去政策的否定态度。特朗普认为他可以削减美国的贸易赤字。他不关心如何在服务业、科技和数据等尖端领域制定国际规则。自赫伯特·胡佛以来，还没有哪位美国总统这样全身心地拥抱保护主义。与20世纪30年代科德尔·赫尔的战略相比，特朗普签订的协议条款与乔治·皮克（George Peek）的"管理贸易"政策有更多的相同之处。

同盟与秩序

在德国统一谈判期间，老布什开始了北约的转型进程，让这个组织在冷战后承担起保证包括中东欧在内的跨大西洋地区安全的使命。克林顿和小布什又发展了来自东欧的新北约成员。当欧洲人无法结束南斯拉夫解体后的血腥战争之时，克林顿当局用北约的空中力量迫使交战方通过谈判达成一个脆弱的和平协议。法国重新加入北约的军事一体化体系。"9·11"事件发生后，北约第一次启动了出自范登堡之手的章程第五条中规定的集体防御响应，以帮助美国在阿富汗作战。

然而，北约的凝聚力和使命感还是减弱了。当美国为格鲁吉亚和乌克兰加入北约打开通道的时候，俄罗斯占领了这两个国家的一部分领土。法国、德国和其他国家反对小布什对伊拉克的进攻，这种进攻制造了痛苦的情绪。欧洲人大幅削减了军费开支，不过对俄罗斯的焦虑正在重现，这促使这些国家重新思考削减军费的决定。北约减慢了应对新出现的威胁的准备工作，这些威胁包括俄罗斯的混合战术以及网络攻击。北约需要考虑如何应对俄罗斯对北约东部前线，尤其是波罗的海国家的威胁。土耳其的兴趣越来越集中在奥斯曼帝国的故土上，而不是未来的欧洲-大西洋关系上。

北约盟友之间的争议并不是什么新鲜事。但是在以前，美国承担着设计解决方案的责任。特朗普则相反，他对北约的态度模棱两可。他把欧洲首先视为一个经济上的对手。他与专制领导人打交道似乎比与民主领导人相处更为得心应手。

苏联的解体，以及俄罗斯向后帝国时代的痛苦转型不可避免地带来了一些挑战。克林顿、小布什和奥巴马都试图与俄罗斯建立建设性的关系，但是俄罗斯政府认为自己没有得到尊重。俄罗斯想和美国平起平坐,而不是给美国当小弟。普京调动了俄罗斯的各种力量——核武器、能源、网络以及特定用途的军事力量——从而让俄罗斯重新回到其欧亚大陆强国的传统位置上去,在东西方之间纵横捭阖。趁着美国在大西洋和太平洋的同盟关系削弱,以及对民主的信心发生动摇的机会,普京治下的俄罗斯影响力有所提升。普京想要的是强国的外交。

冷战后的历任美国总统都认识到,俄罗斯的核武库构成了一个独一无二的挑战。他们曾试图降低核材料被盗或被出售的风险,并想通过谈判减少核武器的储备数量。美俄核外交为合作避免核扩散提供了基础。美俄之间最新的核武器控制协议将过期时间定在了2021年,且特朗普当局没有表示出对续期的兴趣。

布什父子、克林顿和奥巴马都致力于把美国的太平洋同盟改造成一个互相支持的网络。为此,他们需要让日本扮演更重要的角色并建立更多的关系。小布什深化了情报合作。克林顿、小布什和奥巴马鼓励日本政府承担更多与美军之间的共同责任。日本虽然已经和澳大利亚、印度以及东盟国家建立了关系,但日本和韩国之间的宿怨还是没有化解。朝鲜拥有核武器,且政权不稳定,对日韩两国都形成了威胁。本书中所讲的故事提醒我们,发生在东北亚的问题总是会波及更远的地方。特朗普对美国同盟义务的怀疑和他的保守主义倾向加重了亚洲人的焦虑感,尤其是在中国的区域影响力日趋加强的情况下。如果美国这些疑虑重重的伙伴正在私下准备改变美国领导的秩序,我们不应该感到惊讶。从接受中国,到发展自己的核威慑力量,都是这些国家可能会考虑的选项。

小布什迈出了战略上的重要一步,那就是承认印度为合法的核国家。在数十年的时间里,美国的政策一直是透过印巴冲突来看印度的。小布什则将印度视为在欧亚大陆乃至全球外交领域的潜在合作伙伴——在安全、经济方面，且双方的政治制度相似。他与巴基斯坦"脱钩"。奥巴马的"阿富汗-巴基斯坦"外交造成了传统的印巴逻辑复苏的风险，但他的班子最终还是回到了小布什的战略方向上来。印度的注意力主要放在经济发展上，包括通过发展与中国的关系来促进经济发展，这是可以理解的。特朗普狭隘的贸易思维定式使他抬高了美印之间的贸易壁垒，他还提出自己可以在印巴之间调停，并因此激怒了印度政府。

站在2020年的当口来看，中国的崛起将给世界秩序带来最重大的变化。在1989年之后，老布什做了很多努力来维持和中国的关系。克林顿重拾了美国的长期战略，那就是将中国整合入世界经济体系，同时鼓励双方在其他领域进行合作。克林顿的团队还希望能通过加强与日本的同盟关系、建立一个多边的关系网络，以及美国海军在西太平洋的部署来约束中国的行为。

2005年，在担任副国务卿期间，我在一次演讲中说明了中国已采取的融入国际体系的步骤：中国是世界贸易组织、国际货币基金组织、世界银行和联合国安理会的成员，并参与从臭氧消耗到核武器的诸多领域的条约。中国已经从美国领导的国际秩序中获取了巨大的利益。我呼吁中国在国际体系中前进一步，即从"成员"身份转变为"负责任的利益攸关方"。[4]

这次演讲回顾了小布什当局在2005年主动发起的一项与中国的战略对话。我们讨论了长期观点——包括一些细节——视野超越了当时的议程。我离开国务院之后，财政部部长汉克·保尔森（Hank Paulson）启动了一项战略经济对话。奥巴马第一个总统任期内的团队又操作了一项高层经济和外交对话，但是奥巴马当局似乎把对话的重点从战略讨论转移到了就一系列具体事务进行沟通上。到了奥巴马的第二个任期，对话的进程就停滞了，美国也失去了与中国的发展之间的密切联系。与此同时，中国也开始寻找新的方向。中美双方在认知上的差距日益扩大，它们对对方的失望与日俱增。

特朗普的关注点是美国对中国的贸易逆差，他用关税作为砝码推动谈判，并且让中美经济关系脱钩。美国是自己决定这样做的，而不是和盟友一致行动。双方没有就这两个最大的强国该如何合作和竞争，或是如何角逐地区和世界秩序的塑造权而展开任何战略讨论。

在中东和波斯湾，克林顿延续了贝克的做法，推动阿拉伯和以色列的和平谈判，并取得了一定的进展。但是，克林顿无法化解以色列人和巴勒斯坦人之间的猜疑与分歧。小布什上台后先是暂时抽身，但他也为两国间达成解决方案做出过努力。对和谈进展感到沮丧的奥巴马选择了放弃，特别是在阿拉伯国家发生的动乱让旧有秩序陷入动荡之后。

克林顿遇到的挑战是萨达姆·侯赛因的卷土重来以及他对制裁的规避。在20世纪90年代期间，人们越来越担心恐怖分子拥有大规模杀伤性武器。"9·11"事件后，小布什认为他不能承受萨达姆开发这种武器的风险。一连串的突发事件警告了总统，让他看到了美国遭遇袭击并出现大量人员伤亡的可能。随着时间的推移，我们现在已经很难想象当时的美国人对本土遭到更多袭击的恐惧感有多么强烈。这位总统需要情报顾问自愿站在公众情绪的对立面，谨慎地解释伊拉克武器计划的不确定性。在1964年到1965年间，林登·约翰逊身边的顾问们没有一个人可以认真地把从越南撤退视为一个可以替代军事升级的选项。在2002年到2003年间，小布什手下的核心人物中也没有一个人提出用威慑策略取代先发制人的军事打击。没有人知道如果制裁制度失效，且萨达姆获得大规模杀伤性武器，结果将会怎样。小布什总统把自己的总统职位押在了一场战争上，而战争永远是国务工作中最不可预测且最不稳定的因素。

在早期的战斗和阿富汗、伊拉克政权崩溃之后，小布什的顾问们似乎对接下来的行动产生了两种看法，糟糕的计划反映出他们没有明确的方向。一部分人逃避国家重建工作，只想尽快撤退，另一部分人则希望与阿富汗人和伊拉克人合作以"建立民主国家"。到了2005年初我转入国务院任职的时候，这场辩论仍未平息。在总统的第二个任期内，小布什加速推进自己的"自由议程"。2007年，小布什调整了他在伊拉克的政治军事战略，准备实施一个增兵和镇压叛乱的计划。按照该计划，美国与当地的部落领导人合作对抗宗派主义者的暴力行动和基地组织的袭扰。

奥巴马希望从伊拉克和阿富汗撤军。他认为美国有些过度扩张了，尤其是在金融危机期间。与他在民主党内的大多数对手不同，奥巴马从一开始就反对伊拉克战争。他知道美国公众很反感那些要付出大量人员伤亡和财政投入的长期战争。特朗普虽然嘴上说得很厉害，但他也不想在海外做出承诺或采取军事行动。

不过，奥巴马和特朗普在伊朗问题上的做法是不一样的。奥巴马通过谈判达成了一项协议，以限制伊朗人开发核武器的风险。但是——与查尔斯·埃文斯·休斯不同——奥巴马没有用地区安全战略来配合他的军控目标。相反，他希望紧张局势的缓解能带来更多的合作举动。特朗普猛烈抨击这一弱点，他选择对伊朗施加更强大的经济压力。他也许会选择保留奥巴马的协议，同时推动盟友们限制伊朗的导弹制造和冒险主义行为。但是，特朗普的政治原则之一就是和前任总统们反着来。特朗普的处理方法使得美国必须加强与沙特阿拉伯以及波斯湾地区各小国的关系。其结果就是，在老布什总统解放科威特约25年之后，美国仍然深陷于没有正式同盟关系的地区安全秩序的泥沼之中。

自冷战结束之后，美国在地缘政治和经济领域之外的活动就一直不成系统。老布什谈判并批准了美国的一个气候变化条约，这一条约所构成的协议框架呼吁各国制订行动计划并确立科学的反馈机制。直到今天，这个框架仍是联合国在气候变化方面的行动基础。[5] 克林顿的做法则过了头，他同意了1997年的《〈联合国气候变化框架公约〉京都议定书》（简称《京都议定书》）。这一议定书建立了一个集中化的责任模式，且只适用于发达国家。参议院以95票反对、0票赞成的结果表达了自己的否定态度。[6] 小布什在他的第二个任期内认识到，碳的排放和吸收主要取决于一群大型发达国家和发展中国家的一致意见，但他领悟得太晚了，在任期内已经没有时间完成任何事情。2015年，奥巴马重拾老布什的框架模式，在巴黎同意了各国一致做出的政治承诺。特朗普则退出了这一协议。

小布什强调用创新的体系来保卫全球的健康，特别是撒哈拉以南非洲的健康。这位总统的"防治艾滋病紧急救援计划"成了国际卫生界最大的对抗某一特定疾病的计划。小布什的疟疾计划也加快了全球对抗这一世界上最严重的衰竭性疾病的行动速度。

科学、健康和技术的发展使得国际社会需要制定新的制度以鼓励行动并抵御威胁。流感和严重急性呼吸综合征（SARS，曾称"传染性非典型肺炎"）这样的传染性疾病也需要小布什看重的那种行动和预防措施。网络安全——乃至网络战争——也将在未来造成困扰。对于潜在的冲突，国际社会还没有一个清晰的规则，就像范内瓦·布什第一个预料到原子弹将改变外交和战争方式的时候，关于核武器也没有一个清晰的规则一样。

美国目前实行的是交易型外交，依靠威胁和不确定性来增加自己在"一锤子买卖"中的谈判筹码。这使美国缺乏未雨绸缪的能力。

公众和国会的支持

1991年3月,老布什领导34国联军取得第一次海湾战争的胜利之后,他的支持率飙升到了89%——比杜鲁门在1945年欧洲胜利日后的支持率还高,也超过了艾森豪威尔、肯尼迪、约翰逊、尼克松、福特、卡特和里根各自的最高纪录。[7]但是,美国经济已经从1990年10月起开始下滑,衰退趋势一直持续到1991年年中。1992年经济虽然开始复苏,但进程缓慢而痛苦。老布什违背自己竞选时许下的不增加税收的承诺,其部分原因也是担心在国家走向战争之际出现预算危机。1992年初,帕特里克·布坎南(Patrick Buchanan)在初选中挑战老布什时提出了孤立主义的"美国优先"口号,凸显了老布什总统地位的脆弱。罗斯·佩罗(Ross Perot)则用民粹主义的责难来向老布什发动攻势。比尔·克林顿——他的口号是"这是经济问题,傻瓜"——以43%的普选得票率赢得了大选。

克林顿的外交政策出师不利,在索马里、海地、卢旺达和巴尔干都遭受了挫折。他似乎不确定美国公众是否会支持美国在其人道主义利益似乎高于战略利益的地方进行军事干预。但是,克林顿赢得了一个建立在老布什基础上的预算方案,让国会通过了《北美自由贸易协定》和新的世界贸易组织协议,还让经济在整个20世纪90年代保持繁荣。克林顿在1994年失去了对国会的控制,但他赢回了关键的共和党人的支持,从而得以扩大北约的范围,并在巴尔干、中东和北爱尔兰扮演和平缔造者的角色。他的总统班子在20世纪90年代后期在全球到处援助处于金融危机中的国家和地区,这些行动很大程度上依赖于国际货币基金组织和世界银行的资源,国会所承诺的支持并不多。克林顿正好赶上了一个美国实力举世无双的时期。批评者认为,他浪费了这样一个罕见的机会,没能重新定义国际体系，以使这一体系符合美国的长期利益。

小布什成了一名"战争总统"。但是，他需要对那些令人晕头转向的敌人发动一场新型的冲突。美国人最开始是支持总统的。但是，随着胜利——乃至成功——变得越来越难以定义，小布什的支持率开始下滑。这位总统知道他打的是一场长期战争，还有诸多挑战民主政权的长期战争。他强调美国尊重伊斯兰教，认为它是一个和平的宗教。小布什致力于坚守美国——在北美洲、移民、贸易、人道主义救援和国际经济领域——的国际主义传统。与伍德罗·威尔逊一样，他也想让世界"对民主制度来说是安全的"；和威尔逊一样，当代价高昂的现实远远达不到他的期望时，小布什也引发了公众深深的失望。美国公众厌倦了战争和全球义务，但他们那时还没有抛弃这二者，直到 2008 年爆发了金融和经济危机。

奥巴马需要应对这场危机。他还面对着来自国内和国外的愤怒声讨，这些批评者认为危机是美国的傲慢所造成的。政治分歧加深了。从个人气质上来说，奥巴马适合在一个充满希望的政治行动中充当领袖，而不适合做一个制定规则的谈判者。美国经济的恢复速度慢得令人担忧。美国历史上的伙伴欧盟曾努力处理其货币区的弱点，却不再听取美国的建议。奥巴马在第二个任期内试图解决社会不公的问题，而不是继续推进前任总统遗留下来的经济议程。奥巴马和小布什都无法在移民问题上设计出一个妥协方案。

到 2016 年，美国公众似乎已经被 21 世纪以来接踵而至的令人失望的消息折腾得筋疲力尽——且充满了挫败感。长期的战争、金融的崩溃和迟缓的经济复苏、许多来自外国的抱怨以及边界的失控削弱了美国管好自己家务事的信心，更不用说管好全世界的事了。事情发展到这一步，美国已经到了反戈一击、指责别人和尝试一条新路的时候了。

美国的使命

布什父子和克林顿相信，美国应该努力接近查尔斯·汤姆逊在 1782 年所预言的"新美国时代"。奥巴马在感觉到公众的幻灭感后，变得更加谨慎，进取心更弱。特朗普做事随意，让人难以琢磨。他相信他可以利用美国的实力来达成交易，但是正如我所写的那样，他的交易是否能成功是很难说的事情。特朗普相信个人政治，不相信建立机制和关系能够为更大的使命服务。

我认为，美国塑造未来世界秩序的能力要比特朗普和他的许多批评者所想的都要高。亚历山大·汉密尔顿知道美国财政体系和经济的潜在实力。杰斐逊和约翰·昆西·亚当斯了解横跨整个北美洲大陆的美国有着无与伦比的优势。西沃德、里根、布什父子和克林顿看到了北美洲可以为美国提供机会，从而建立一个更宽广的基础。林肯知道共和主义者领导下的联邦代表着自我治理试验的延续，而这一试验将来可以波及远离美洲海岸的地方。

在 20 世纪二三十年代，美国人对世界不再抱有幻想。美国公众通过世界上最具破坏力的战争领悟到，美国承受不起从全世界撤退的代价。20 世纪 70 年代，美国人不确定他们的前景将会怎样。尼克松和基辛格知道美国不能直截了当地"回家"，所以他们制订了一个世界范围的计划，包括谋略、平衡和戏剧性的外交干预。但是，他们接受了美国地位将会衰落的预期。他们低估了范内瓦·布什所培养的创新能力，也低估了里根所坚信的有可能实现的美国复兴。

未来的美国总统可以吸取上述所有经验。他们可以重拾西奥多·罗斯福的调停和权力制衡技巧。他们需要尊重威尔逊的愿景的吸引力。他们还应该了解 1947 年到 1949 年间初次建立起的同盟和经济关系体系的好处和相互的责任。除了制定国家的外交政策，总统们还需要教育公众，告诉他们美国在世界上扮演的是什么角色。

我预计美国的领导人和公民将会继续以实用主义的精神应对这些挑战——尝试任何可以奏效的方法。就像托克维尔在近两个世纪前所观察到的那样："美国的伟大之处不在于它比其他国家高明，而在于它的纠错能力。"[8]

鸣　谢

　　我和妻子雪莉（Sherry）相识已经46年，她曾和我一起学习、研究并撰写有关美国外交史的内容。作为编辑、作者、顾问和伴侣，她理应获得比我能给予的更多的尊重和赞赏。谢谢你。

　　丹尼尔·查尔戴尔（Daniel Chardell）在他攻读哈佛大学历史学博士的3年多时间里勤奋而熟练地在研究、资料、编辑、注解等方面为我提供了协助，给我提建议，振奋我的精神。我期待着他未来的研究和学术成就，并将关注他对"应用历史学"的兴趣。

　　布里亚纳·莱曼（Breyana Lehman）负责打字和修订，是她让这本书的付梓成为可能。她总是保持着令人难以置信的专注度和准确度，甚至同时还能保持博然思维集团（Brunswick Group）华盛顿办公室的平稳运行。她的责任感让我叹服，我发自内心地感谢她。在这项工程的早期，莎拉达·斯特拉斯莫尔（Sharada Strasmore）和薇薇安·陈（Vivian Tran）也提供了帮助。

　　我格外感谢格雷厄姆·艾利森（Graham Allison）。他用无数种方式鼓励了我。他赞助了这个项目——然后督促、询问、审阅许多版草稿并发回建议，然后组织了一场由哈佛大学师生参加的研讨会，让他们阅读并评论我的手稿。认识格雷厄姆的人都知道他那无与伦比的活力和热情,这两点都让我受益匪浅。他正致力于激励"应用历史学"的发展,带领着新一代研究者和实践者把过去与未来的挑战联系在一起。

格雷厄姆为我的书组织的研讨会依靠的是与会的教授、资深同事和学术新秀们的慷慨、耐心和专注。所有人都愉快地阅读了本书样章并提供了颇有见地的建议。我十分感谢安妮·卡拉莱克斯(Anne Karalekas,她很快要出版一本罗伯特·洛维特的传记)、弗雷德·罗格瓦尔、埃雷兹·马尼拉(Erez Manela)、约瑟夫·奈、米甘·奥沙利文(Meaghan O'Sullivan)和文安立(Arne Westad)。此外,格雷厄姆未来的同事们——包括雅科夫·费金(Yakov Feygin)、朱利安·格维茨(Julian Gewirtz)、阿琼·卡普尔(Arjun Kapur)、杰森·凯利(Jason Kelly)、布兰登·门多萨(Brandon Mendoza)、阿卢普·穆克哈吉(Aroop Mukharji)、塔米奥·帕尔多(Tamio Pardo)、本杰明·罗德(Benjamin Rhode)、考尔德·沃尔顿(Calder Walton)和贾斯廷·维诺克(Justin Winokur)——也提供了出色的见解和评论。难能可贵的是,西蒙尼·奥汉隆(Simone O'Hanlon)让这项宏大的事业保持在正轨上!

菲利普·泽利科是美国的顶级外交史学家之一,也是我的前同事。他从一开始就是这项工程的支柱。菲利普指引我寻找资料,还阅读了本书的草稿。我们很愉快地围绕这项工作进行了多次长时间的讨论。他在弗吉尼亚大学组织了一场研讨会,与会的教师几乎覆盖了历史学的各个研究领域。这样我就可以看看他们对前几章的反馈。从这本书的尾注中就能看出,菲利普自己已出版的著作所涉及的范围之大令人难以置信。我很高兴地告诉大家,这位有才华又有钻研精神的学者还有很多著作将要问世。

我还十分感激约翰斯·霍普金斯大学的高级国际研究学院。两位院长瓦利·纳斯尔（Vali Nasr）和埃利奥特·科恩（Eliot Cohen）体贴地允许我进入学院内的梅森图书馆。在我们寻找书籍和其他资料的时候，图书馆馆长希拉·塔尔海默（Sheila Thalhimer）、约什·麦克唐纳（Josh McDonald）和他们的同事们给予了我无限的、友善的协助。我离开学校许多年，需要重新学习图书馆的资料搜索技巧，他们在这个过程中一直非常耐心。这座学院也是新成立的亨利·基辛格全球事务中心的所在地，该中心由担任主任的弗兰克·加文教授领导。弗兰克安排了一场晚餐会，让学者们一起讨论我的计划。他还召开了一次视频会议，与多所大学的师生讨论书中的一个章节。弗兰克鼓励学者们参与关于政策的辩论，这与本书的前提是吻合的。

我感谢耶鲁大学的教授约翰·刘易斯·加迪斯，他是一位伟大的、鼓舞人心的历史学家。他花时间阅读了我为本书撰写的大纲，并给出了意见。

麻省理工学院的约翰·多伊奇（John Deutch）督促我把国际科技政策也写进来，这才有了书中范内瓦·布什那一章，以及对科学和创新体系在外交政策中的关键作用的论述。我相信科技在权力和外交领域中的重要性一定会越来越强。

20年前，我第一次萌生了写一本美国外交史著作的想法。当时这个领域的权威——或许永远都是——欧内斯特·梅明智地建议我不要只把目光放在国务卿身上。梅还推荐了一位成就卓著的博士生来协助我，她的名字叫亚历克西丝·阿尔比恩（Alexis Albion）。亚历克西丝是一位杰出的历史学家。我在许多年后才发现她帮我收集的第一手材料是多么有用。幸运的是，在世界银行任职期间，亚历克西丝成了我的同事，让我可以再次从她的能力中获益。

我是在20世纪90年代末开始了写作这本书的漫长征程，当时史密斯-理查德森基金会的马林·斯特默基（Marin Strmecki）为我提供了一笔经费。后来的12年或更长时间里，这项计划因为我担任公职而被搁置。马林和史密斯-理查德森基金会对此格外耐心，我只能深深地表示感谢。我还要感谢当时的乔治敦大学外交学院院长罗伯特·加卢奇（Robert Gallucci），并向他表示歉意。我用他的图书馆账号借了许多书，而且借了太长时间。

当我把研究转化为书中的章节时，许多朋友都来帮助我。他们对草稿提出意见，或是回答问题。他们分别是：理查德·伯特、布鲁斯·弗格森（Bruce Ferguson）、杰夫·加滕（Jeff Garten）、戈登·戈德斯坦、查尔斯·鲍威尔（Charles Powell）勋爵、克里斯·施罗德（Chris Schroeder）和迈克尔·索利（Michael Thawley）大使。得克萨斯大学的威尔·英博登（Will Inboden）教授邀请我在克莱门斯中心的历史与国务研讨会上陈述书中的三章内容。我在研讨会上与各位同人交流十分愉快，也很受启发。黄勇（Dung Huynh，音译）和朴载瀚（Jaehan Park，音译）应邀阅读了其他章节，他们两人和威尔给出的反馈帮助我做出了有益的修改。马特·尼迈耶（Matt Niemeyer）是我多年来的好友和同事，在我开始写书的时候鼓励了我。可惜的是，他英年早逝，无法看到本书的付样。马特喜欢阅读传记和叙事型历史著作。我会以一个读者兼写作者的身份把他铭记在心中。

我非常感谢"十二"（Twelve）出版社的肖恩·德斯蒙德（Sean Desmond）和高水平的编辑团队——鲍勃·卡斯蒂略（Bob Castillo）、雷切尔·坎伯利（Rachel Kambury）以及校对马克·史蒂文·朗（Mark Steven Long）——他们一直乐于通过良好的指引、编辑上的指导和对细节的认真关注来支持我这个新作者。我欣赏他们的专业精神和友好的合作关系。我还要感谢代理商兼藏书家安德鲁·怀威利（Andrew Wylie），他教会了我如何向出版社提出一本书的写作计划，并把我介绍给了肖恩和"十二"出版社。

这本书综合了历史和我的个人评述，因此我还要大力感谢各位领导和同事。他们帮助我学到了外交和外交政策、经济政策、发展，以及官僚、国家和国际政治的实践与理念——无论是在美国政府、世界银行还是我在工作中打过交道的其他国家。他们之中有一些人的名字出现在了正文或注释里，但是我在心里写下了更多人的名字。

特别要指出的是，我对詹姆斯·A.贝克三世的尊敬之情贯穿全书。能与国务卿贝克一起工作，看他怎么做事，并且作为他的团队成员一起为历史性事件做出贡献，我感到极其幸运。无论我能贡献什么想法或点子，贝克总能将其改进。

我在序言中就说过，本书在本质上是建立在许多代真正的学者对约240年间发生的事件所做的研究和发现的基础上的。我力求对比不同的观点，在我认为有帮助的地方加入对第一手资料的研究。我还用我的洞见和判断补充了其他人的研究成果。但是，这本书依靠的是许多、许多其他人的研究。

我能够认识到这么多学者对历史的求索精神的最好方式，就是感谢雪莉和我的第一位外交史教授——詹姆斯·A.小菲尔德。菲尔德的著作仍在闪耀着光芒，他的学术成就也经受住了时间的考验。但是，他也是一位教师———一位掌握了有价值的细节的大师。菲尔德教授让历史变得鲜活起来，推动学生对假设的东西提出质疑，教他们如何在资料中挖掘信息，并且用他冷峻的幽默感让整个过程都轻松有趣。

还有很多人以很多方式为我提供了帮助，成书的一切责任由我自己承担。

注　释

序　言　美国的第一个外交官

1　R. M. Bache, "Franklin's Ceremonial Coat," *Pennsylvania Magazine of History and Biography* 23 (1899), 444–452, quote on 450. Cited in Walter Isaacson, *Benjamin Franklin: An American Life* (New York: Simon & Schuster, 2003), 345, 552.

2　Edmund Burke, "Edmund Burke, Esq., Letter to the Marquis of Rockingham," February 2, 1774, in *Letters of Edmund Burke: A Selection*, ed. Harold J. Laski (London: Humphrey Milford, Oxford University Press, 1922), 180. 引自 Lord Edmond Fitzmaurice, *Life of William, Earl of Shelburne*, vol. 1, 1737–1776 (London: Macmillan and Co., 1912). "Extract of a Letter from London,［19 February 1774］," in *The Papers of Benjamin Franklin*, vol. 21, *January 1, 1774–March 22, 1775*, ed. William B. Wilcox (New Haven: Yale University Press, 1978), 112。

3　Isaacson, *Franklin*, 347; Don Cook, *The Long Fuse* (New York: Atlantic Monthly Press, 1995), 286–88; Stacy Schiff, *A Great Improvisation: Franklin, France, and the Birth of America* (New York: Henry Holt, 2005), 128–133（对"条约文本42小时内送到伦敦"的说法持更强的怀疑态度）。

4　See "Franklin's 'Hints' or Terms for a Durable Union [between 4 and 6 December 1774]," *Papers of Benjamin Franklin*, vol. 21, 365–368.

5　Schiff, *Great Improvisation*, 409.

6　Gordon S. Wood, *The Americanization of Benjamin Franklin* (New York: Penguin, 2004), 195, 277, 引自富兰克林写给罗伯特·利文斯顿的一封信。信的原件见于 Doc. 1426, "To Robert R. Livingston," July 22, 1783, in *The Writings of Benjamin Franklin*, vol. 9, *1783–1788*, ed. Albert Henry Smyth (New York: Macmillan Company, 1907), 62。

7　Schiff, *Great Improvisation*, 294.

8　Both quotes from Schiff, *Great Improvisation*, 324, 338 (emphasis in original).

9　Richard B. Morris, *The Peacemakers: The Great Powers and American Independence* (New York: Harper & Row, 1965), 386–387.

10　Schiff, *Great Improvisation*, 412.

11　引自 Schiff, *Great Improvisation*, 295. For the original, see Franklin to Morris, March 7, 1782, in *The Revolutionary Diplomatic Correspondence of the United States*, vol. 5, ed. Francis

Wharton (Washington, DC: Government Printing Office, 1889), 228。

12 Morris, *Peacemakers*, 438–439, 548. For the original, see Franklin to Laurens, May 25, 1782, in *The Works of Benjamin Franklin*, vol. 9, ed. Jared Sparks (Boston: Hilliard, Gray, and Co., 1840), 290–291.

13 关于富兰克林在巴黎的谈判, 见 Schiff, *Great Improvisation*; Morris, *Peacemakers*, 192–199, 248–313, 334–385; Isaacson, *Benjamin Franklin*, 324–429; Wood, *Americanization of Benjamin Franklin*, 169–200; Cook, *Long Fuse*, 360–73; Gerald Stourzh, *Benjamin Franklin and American Foreign Policy* (Chicago: University of Chicago Press, 1969), 123–179。

14 Henry Kissinger, *Diplomacy* (New York: Simon & Schuster, 1994), 36.

15 George F. Kennan, *American Diplomacy*, 60th ann. rev. & exp. ed. (Chicago: University of Chicago Press, 2012), 99–102, 109.

16 Walter McDougall, *Promised Land, Crusader State: The American Encounter with the World Since 1776* (Boston: Houghton Mifflin, 1997).

17 William Appleman Williams, *The Tragedy of American Diplomacy*, 50th ann. ed. (New York: W. W. Norton & Co., 2009 [c1959]).

18 John Lewis Gaddis, *The United States and the Origins of the Cold War, 1941–1947* (New York: Columbia University Press, 1972), vii; idem., "The Emerging Post-Revisionist Synthesis on the Origins of the Cold War," *Diplomatic History* 7, no. 3 (July 1983), 175.

19 米德所划分的在美国外交政策领域相互竞争的四个学派是：汉密尔顿主义者，致力于通过贸易和经济繁荣来获取安全；威尔逊主义者，致力于保卫海外的民主制度；杰斐逊主义者，国内民主的守护者，同时对复杂的同盟持怀疑态度；杰克逊主义者，关注国家在物质层面而非意识形态上的安全。见 Walter Russell Mead, *Special Providence: American Foreign Policy and How It Changed the World* (New York: Alfred A. Knopf, 2001)。

20 David Milne, *Worldmaking: The Art and Science of American Diplomacy* (New York: Farrar, Straus and Giroux, 2015).

21 见 Jennifer Ratner-Rosenhagen, *The Ideas That Made America: A Brief History* (New York: Oxford University Press, 2019), 103–108; William James, *Pragmatism: A New Name for Some Old Ways of Thinking: Popular Lectures on Philosophy* (Cambridge, MA: Riverside Press, 1907)。

22 对于美国外交历史编纂问题的完整思考，见 Jerald Combs, *American Diplomatic History: Two Centuries of Changing Interpretations* (Berkeley: University of California Press, 1983)。

23 Henry Kissinger, *A World Restored: Europe After Napoleon* (New York: Grosset & Dunlap, 1964), 331。

24 Ernest R. May and Richard E. Neustadt, *Thinking in Time: The Uses of History for Decision-Makers* (New York: Free Press, 1986), 263.

25 Fredrik Logevall, "Why Did We Stop Teaching Political History?" *New York Times*, August 29, 2016. 要深入了解这场辩论，请参阅 Fredrik Logevall and Daniel Bessner, "Deprovincializing the United States: The History of the U.S. in the World After the International and Transnational Turns," unpublished manuscript; Hal Brands and Francis J. Gavin, "The Historical Profession is Committing Slow-Motion Suicide," December 10, 2018, *War on the Rocks*, https://warontherocks.com/2018/12/the-historical-profession-is-committing-slow-motion-suicide/。

26 James A. Field Jr., *America and the Mediterranean World, 1776–1882* (Princeton: Princeton University Press, 1969) 3, 4.

第1章 以经济和金融构建权力体系：亚历山大·汉密尔顿

1 见 G. W. Parke Custis, *Recollections and Private Memoirs of Washington* (New York: Derby & Jackson, 1860), 349。Forrest McDonald questions Custis's account in *Alexander Hamilton: A Biography* (New York: Norton, 1982), 128. 还可见 Charles Rappleye, *Robert Morris: Financier of the American Revolution* (New York: Simon & Schuster, 2010), 454。关于莫里斯的工作，见 Ron Chernow, *Alexander Hamilton* (New York: Penguin Press, 2004), 155。关于汉密尔顿成为乔治·华盛顿的助手，见 Willard Sterne Randall, *Alexander Hamilton: A Life* (New York: HarperCollins, 2003), 122。
2 Rappleye, *Robert Morris*, 454.
3 书信原文见 "From Alexander Hamilton to Robert Morris,〔30 April 1781〕," in *The Papers of Alexander Hamilton*, vol. 2, *1779–1781*, ed. Harold C. Syrett (New York: Columbia University Press, 1961), 604–635; "From Alexander Hamilton to James Duane,〔3 September 1780〕," in ibid., 400–418; "From Alexander Hamilton to—,〔December-March 1779–1780〕," in ibid., 236–251。关于汉密尔顿的提议的重要性，见 Chernow, *Alexander Hamilton*, 156; Randall, *Alexander Hamilton*, 231; McDonald, *Alexander Hamilton*, 40。
4 书信原文见 "From Alexander Hamilton to Lieutenant Colonel John Laurens,〔12 September 1780〕," in *Papers of Alexander Hamilton*, vol. 2, 426–428。见 Randall, *Alexander Hamilton*, 231。
5 见 "From Alexander Hamilton to Robert Morris, [30 April 1781]," in *Papers of Alexander Hamilton*, vol. 2, 604–635。
6 Chernow, *Alexander Hamilton*, 138.
7 重点看 *Federalist* numbers 11–36 in The *Papers of Alexander Hamilton*, vol. 4, *January 1787–May 1788*, ed. Harold C. Syrett (New York: Columbia University Press, 1962), 339–490。关于汉密尔顿对《联邦党人文集》的贡献，见 Chernow, *Alexander Hamilton*, 254–255。
8 McDonald, *Alexander Hamilton*, 156–161. 关于皮特父子，见 John Lamberton Harper, *American Machiavelli: Alexander Hamilton and the Origins of U.S. Foreign Policy* (New York: Cambridge University Press, 2004), 271。
9 原文见 "Eulogy on Nathanael Greene,〔4 July 1789〕," in *The Papers of Alexander Hamilton*, vol.5, *June 1788–November 1789*, ed. Harold C. Syrett (New York: Columbia University Press, 1962), 345–359。也可参见 Harper, *American Machiavelli*, 145。
10 McDonald, *Alexander Hamilton*, 35（粗体强调处为原文所加）。
11 McDonald, *Alexander Hamilton*, 135.
12 "From Alexander Hamilton to Robert Morris,〔30 April 1781〕," in *Papers of Alexander Hamilton*, vol. 2, 604–635. 对汉密尔顿财政规划的分析，见McDonald, *Alexander Hamilton*, 143–210; Chernow, *Alexander Hamilton*, 291–304; Randall, *Alexander Hamilton*, 373–403; Harper, *American Machiavelli*, 46–48。
13 McDonald, *Alexander Hamilton*, 164.
14 例如，可以参阅托马斯·杰斐逊的文稿编辑，同时也是杰斐逊研究者的朱利安 P. 博伊德（Julian P. Boyd）的作品：*Number 7: Alexander Hamilton's Secret Attempts to Control American Foreign Policy* (Princeton, NJ: Princeton University Press, 1964)。对博伊德的批判

性评价,见Harper, *American Machiavelli*, 74–75; Chernow, *Alexander Hamilton*, 393–395。
15 Chernow, *Alexander Hamilton*, 295.
16 见Harper, *American Machiavelli* 中的总结性章节,尤其是第273、275页。
17 Chernow, *Alexander Hamilton*, 393.
18 汉密尔顿后来与英国首任驻美公使乔治·哈蒙德有过类似的对话,后者于1791年底抵达美国。见 "Conversation with George Beckwith," October 1789, in *Papers of Alexander Hamilton*, vol.5, 482–490。见 Chernow, *Alexander Hamilton*, 294–295, 394; Harper, *American Machiavelli*, 49–50, 75–82, 93–96。
19 Harper, *American Machiavelli*, 49, 156.
20 原文见 "Remarks on the Treaty of Amity Commerce and Navigation Lately Made Between the United States and Great Britain〔9–11 July 1795〕," in *The Papers of Alexander Hamilton*, vol. 18, *January 1795–July 1795*, ed. Harold C. Syrett (New York: Columbia University Press, 1973), 404–454。见 Chernow, *Alexander Hamilton*, 392, 460, 461; Harper, *American Machiavelli*, 158。
21 关于"偏向英国的和平",见 Harper, *American Machiavelli*, 273。关于"过去与法国签订的条约所围成的'囚笼'",见 ibid., 104。关于避免与所有国家产生除商业关系以外的联系,见 ibid., 84。原文见 "Enclosure: Answers to Questions Proposed by the President of the United States to the Secretary of the Treasury〔15 September 1790〕," in *The Papers of Alexander Hamilton*, vol. 7, *September 1790–January 1791*, ed. Harold C. Syrett (New York: Columbia University Press, 1963), 37–57。
22 Harper, *American Machiavelli*, 169. 关于充满激情的实用主义,见 Chernow, *Alexander Hamilton*, 442。
23 关于建立一支陆军,见 Harper, *American Machiavelli*, 231–237; Chernow, *Alexander Hamilton*, 556–557。关于汉密尔顿对西班牙的应对计划,见 Chernow, *Alexander Hamilton*, 566–568。
24 为了避免后代忘记华盛顿的智慧,国会在后来的许多年里都会在华盛顿的生日当天朗读这篇演讲稿。Chernow, *Alexander Hamilton*, 505–509. 也可参见 Harper, *American Machiavelli*, 177。关于演讲的起源和影响,见 Felix Gilbert, *To the Farewell Address: Ideas of Early American Foreign Policy* (Princeton, NJ: Princeton University Press, 1961)。
25 见 Harper, American Machiavelli, 83, 165。关于起源,见 "The Defence No. V〔5 August 1795〕," in *The Papers of Alexander Hamilton*, vol. 19, *July 1795–December 1795*, ed. Harold C. Syrett (New York: Columbia University Press, 1973), 88–97。
26 书信原文见 "From Alexander Hamilton to Oliver Wolcott, Junior, 6 June〔1797〕," in *The Papers of Alexander Hamilton*, vol. 21, *April 1797–July 1798*, ed. Harold C. Syrett (New York: Columbia University Press, 1974), 98–101; "From Alexander Hamilton to William Loughton Smith, 5 April 1797," in ibid., 20–21。见 Chernow, *Alexander Hamilton*, 546–547。
27 见 Harper, *American Machiavelli*, 79, 181。原文见 "To George Washington from Alexander Hamilton, 15–22 July 1790," in *The Papers of George Washington*, vol. 6, *1 July 1790–30 November 1790*, ed. Mark A. Mastromarino (Charlottesville, VA: University Press of Virginia, 1996), 78–83; "From Alexander Hamilton to George Washington [5 November 1796]," in *The Papers of Alexander Hamilton*, vol. 20, *January 1796–March 1797*, ed. Harold C. Syrett (New York: Columbia University Press, 1974), 374–375。关于"坦率、善意和有良好的判断力",见 McDonald, *Alexander Hamilton*, 269。
28 James Thomas Flexner, *The Young Hamilton: A Biography* (Boston: Little, Brown, 1978),

449.
29　Harper, *American Machiavelli*, 56.
30　关于汉密尔顿和塔列朗，见 Allan McLane Hamilton and Willard Sterne Randall, *The Intimate Life of Alexander Hamilton* (New York: Skyhorse Publishing, 2016), 75, 195; Chernow, *Alexander Hamilton*, 465–466, 548–549。
31　Charles Maurice de Talleyrand-Périgord, *Memoirs of the Prince de Talleyrand*, vol. 1, ed. Duc de Broglie, trans. Raphael Ledos de Beaufort (London: Griffith Farran Okeden and Welsh, 1891), 185.

第 2 章　一个中立的大陆国家：托马斯·杰弗逊

1　关于杰斐逊对货币问题的笔记，见 *The Papers of Thomas Jefferson*, vol. 7, *2 March 1784–25 February 1785*, ed. Julian P. Boyd (Princeton, NJ: Princeton University Press, 1953), 150–203。国会于 1785 年采纳了杰斐逊的十进制货币系统，见 Willard Sterne Randall, *Thomas Jefferson: A Life* (New York: Henry Holt and Company, 1993), 361。关于 31 篇报告，见 Dumas Malone, *Thomas Jefferson:The Virginian* (Charlottesville, VA: University of Virginia Press, 1948), 411。
2　Randall, *Thomas Jefferson*, 362.
3　委员会要求杰斐逊呈交一份报告，准备一个西部领地组建临时政府的方案，见 *The Papers of Thomas Jefferson*, vol. 6, *21 May 1781–1 March 1784*, ed. Julian P. Boyd (Princeton,NJ: Princeton University Press, 1962), 603–612。
4　Randall, *Thomas Jefferson*, 362; Malone, *Jefferson the Virginian*, 412–413; Noble E. Cunningham Jr., *In Pursuit of Reason: The Life of Thomas Jefferson* (Baton Rouge, LA: Louisiana State University Press, 1987), 85–86; Jon Meacham, *Thomas Jefferson: The Art of Power* (New York: Random House, 2012), 173; John Ferling, *Jefferson and Hamilton: The Rivalry That Forged a Nation* (New York: Bloomsbury Press, 2013), 148–149.
5　"Jefferson's Observations on DéMeunier's Manuscript, 22 June 1786," in *The Papers of Thomas Jefferson*, vol. 10, *22 June–31 December 1786*, ed. Julian P. Boyd (Princeton, NJ: Princeton University Press, 1954), 58. 关于杰斐逊决定不再坚持谈论奴隶议题，见 Meacham, *Thomas Jefferson*, 174。
6　Joseph Ellis, *His Excellency: George Washington* (New York: Alfred A. Knopf, 2004), 212. 原始出处见 "Enclosure, 15 June 1789," in *The Papers of George Washington: Presidential Series*, vol. 2, *1 April 1789–15 June 1789*, ed. Dorothy Twohig (Charlottesville, VA: University Press of Virginia, 1987), 490–495。关于在《邦联条例》之下设计并执行一个西部领土政策的困难，见 George William Van Cleve, *We Have Not a Government* (Chicago: University of Chicago Press, 2017), 639–660。
7　See David Hendrickson, *Peace Pact: The Lost World of the American Founding* (Lawrence, KS: University Press of Kansas, 2003); idem., *Union, Nation, or Empire: The American Debate over International Relations* (Lawrence, KS: University Press of Kansas, 2009); Elizabeth Cobbs Hoffman, *American Umpire* (Cambridge, MA: Harvard University Press, 2013).
8　Charles A. Cerami, *Jefferson's Great Gamble: The Remarkable Story of Jefferson, Napoleon and the Men Behind the Louisiana Purchase* (Naperville, IL: Sourcebooks, 2003), 5.

9 Cerami, *Jefferson's Great Gamble*, 11, 40; Alexander De Conde, *This Affair of Louisiana* (New York: Charles Scribner's Sons, 1976), 27, 28, 95, 105.
10 实际上，拿破仑三世此时应该被称为波拿巴，因为他还没当上皇帝。我在这里用拿破仑是因为这个名字在历史上更常用。De Conde, *This Affair of Louisiana*, 86, 87, 91, 92; Jon Kukla, *A Wilderness So Immense: The Louisiana Purchase and the Destiny of America* (New York: Knopf, 2003), 204.
11 Cerami, *Jefferson's Great Gamble*, 32–33, 35–36.
12 Cerami, *Jefferson's Great Gamble*, 37, 41, 42; De Conde, *This Affair of Louisiana*, 91, 107, 111; Kukla, *Wilderness So Immense*, 216, 225–226.
13 Cerami, *Jefferson's Great Gamble*, 24, 32; De Conde, *This Affair of Louisiana*, 98.
14 De Conde, *This Affair of Louisiana*, 73, 113; Cerami, *Jefferson's Great Gamble*, 57.
15 在1804年之前，圣多米尼克一直是伊斯帕尼奥拉岛西部的名称。1804年，此地成为海地共和国。西班牙统治该岛东部，也就是现在的多米尼加共和国。两个国家在后文中都会出现。De Conde, *This Affair of Louisiana*, 98–102; Cerami, *Jefferson's Great Gamble*, 45–54.
16 De Conde, *This Affair of Louisiana*, 99–103. 皮耶罗·格雷杰西质疑了孔德所说的美国援助海地的内容，但他承认美国商人与海地叛军做交易，见Piero Gleijeses, "Napoleon, Jefferson, and the Louisiana Purchase," *International History Review* 39, no. 2 (2017), 241–242。
17 De Conde, *This Affair of Louisiana*, 102–104; Cerami, *Jefferson's Great Gamble*, 43, 68–69.
18 De Conde, *This Affair of Louisiana*, 113, 116–117; Cerami, *Jefferson's Great Gamble*, 57–59, 66.
19 利文斯顿的思维更开阔，他后来资助了罗伯特·富尔顿的蒸汽船试验，开启了一个航海的新时代。1809年，他发表了"Essay on Sheep." Kukla, *Wilderness So Immense*, 235–238。
20 关于利文斯顿和他的外交风格的讨论，见Cerami, *Jefferson's Great Gamble*, 74–90; Kukla, *Wilderness So Immense*, 239–245。利文斯顿的观点在Frank Brecher, *Negotiating the Louisiana Purchase: Robert Livingston's Mission to France, 1801–1804* (Jefferson, NC: McFarland & Co.,2006) 中亦有呈现。布雷彻还收录了利文斯顿交给拿破仑的关于殖民地的备忘录的英文译本。
21 De Conde, *This Affair of Louisiana*, 112; Cerami, *Jefferson's Great Gamble*, 118.
22 Cerami, *Jefferson's Great Gamble*, 118–119; De Conde, *This Affair of Louisiana*, 117.
23 最后，这些商人中的一员埃勒泰尔·伊雷内（Eleuthère Irénée），创办了一家成功的火药公司。
24 Cerami, *Jefferson's Great Gamble*, 134–140, De Conde, *This Affair of Louisiana*, 114–115, 130.
25 Cerami, *Jefferson's Great Gamble*, 139.
26 Cerami, *Jefferson's Great Gamble*, 142–143.
27 见Edward Channing, *The Jeffersonian System*, 1801–1811 (New York: Cooper Square, 1968), 60–72; De Conde, *This Affair of Louisiana*, 119–122; Cerami, *Jefferson's Great Gamble*, 123–125。
28 De Conde, *This Affair of Louisiana*, 121–122.
29 De Conde, *This Affair of Louisiana*, 124.

30 De Conde, *This Affair of Louisiana*, 127–129, 132–134; Cerami, *Jefferson's Great Gamble*, 124–127.
31 1794—1796 年，门罗在大革命时期的法国担任美国公使。他被指责为在英法两国间保持中立，但是从门罗的宣言中可以看出，美国对法国抱有深切的同情之心。美国和英国签订《杰伊条约》后，美国与法国的关系恶化，促使美国把门罗从法国召回。门罗之后于 1799 年当选弗吉尼亚州州长。
32 书信原文见 "From Thomas Jefferson to Thomas Mann Randolph, 17 January 1803," in *The Papers of Thomas Jefferson*, vol. 39, *13 November 1802–3 March 1803*, ed. Barbara B. Oberg (Princeton: Princeton University Press, 2012), 341。见De Conde, *This Affair of Louisiana*, 135。
33 关于与英国结盟的可能，见 Cerami, *Jefferson's Great Gamble*, 144, 165。有研究者对杰斐逊考虑与英国结盟的真诚度持怀疑态度，见 Robert W. Tucker and David C. Hendrickson, *Empire of Liberty* (New York: Oxford University Press, 1990), 110–116。关于英国代办的建议，见 De Conde, *This Affair of Louisiana*, 135。
34 "From Thomas Jefferson to the Senate and the House of Representatives, 18 January 1803," in *Papers of Thomas Jefferson*, vol. 39, 350–354。见 De Conde, *This Affair of Louisiana*, 136–137。关于刘易斯与克拉克远征行动的综述，见 Stephen E. Ambrose, *Undaunted Courage: Meriwether Lewis, Thomas Jefferson, and the Opening of the American West* (New York: Simon & Schuster, 1996) 及其他文献。
35 De Conde, *This Affair of Louisiana*, 136; Tucker and Hendrickson, *Empire of Liberty*, 117–122.
36 Cerami, *Jefferson's Great Gamble*, 181; De Conde, *This Affair of Louisiana*, 136。关于政府的支出，见 U.S. Bureau of the Census, *The Statistical History of the United States, from Colonial Times to the Present* (New York: Basic Books, 1976), 1115（在 940 万美元中，有 440 万是公共债券的利息）。
37 De Conde, *This Affair of Louisiana*, 151.
38 Cerami, *Jefferson's Great Gamble*, 123.
39 De Conde, *This Affair of Louisiana*, 141.
40 Cerami, *Jefferson's Great Gamble*, 126–128; De Conde, *This Affair of Louisiana*, 140, 157; Kukla, *Wilderness So Immense*, 267–268.
41 De Conde, *This Affair of Louisiana*, 142.
42 De Conde, *This Affair of Louisiana*, 153–154.
43 这位法国历史学家是马里·约瑟夫·路易·阿道夫·梯也尔（Marie Joseph Louis Adolphe Thiers）。见 De Conde, *This Affair of Louisiana* 的第 9 章，尤其是第 157–158 页。
44 De Conde, *This Affair of Louisiana*, 162–164; Cerami, *Jefferson's Great Gamble*, 92–94,163–164。关于利文斯顿的影响，见 Kukla, *Wilderness So Immense*, 255–256。拿破仑和马布瓦的讨论内容源自马布瓦的回忆。
45 Cerami, *Jefferson's Great Gamble*, 165–166; De Conde, *This Affair of Louisiana*, 163.
46 关于法国的口头承诺及之后的书面承诺，见 De Conde, *This Affair of Louisiana*, 95, 105。
47 De Conde, *This Affair of Louisiana*, 164–165.
48 法国曾想占领佛罗里达，但西班牙因考虑到墨西哥湾海岸的重要性而拒绝了法国，见 De Conde, *This Affair of Louisiana*, 169。
49 Cerami, *Jefferson's Great Gamble*, 180.
50 关于门罗的决定的讨论，见 Cerami, *Jefferson's Great Gamble*, 192–200。
51 关于讨价还价，见 Cerami, *Jefferson's Great Gamble*, 202–205; De Conde, *This Affair of*

Louisiana, 167–172。关于范围，见 Cerami, *Jefferson's Great Gamble*, 258; Monticello, "The Louisiana Purchase," https://www.monticello.org/thomas-jefferson/louisiana-lewis-clark/the-louisiana-purchase/。

52 关于是否符合宪法的讨论，见 De Conde, *This Affair of Louisiana*, 178, 180–185; Cerami, *Jefferson's Great Gamble*, 208–212。
53 引自 De Conde, *This Affair of Louisiana*, 191。
54 Cerami, *Jefferson's Great Gamble*, 214–215。
55 Cerami, *Jefferson's Great Gamble*, 223, 239。
56 亨利·阿丁顿首相后来要求巴林兄弟停止付款，但是霍普仍在巴林兄弟的暗中支持下继续支付。De Conde, *This Affair of Louisiana*, 172, 173; Andrew Roberts, *Napoleon* (New York: Viking, 2014), 325–326。
57 De Conde, *This Affair of Louisiana*, 124。在近期的一篇历史评论中，格雷杰西认为杰斐逊"没有起到任何作用"。见 Gleijeses, "Napoleon, Jefferson, and the Louisiana Purchase," 237。我认为这种观点低估了耐心、营造有利的环境、谨慎地使用威胁以及选择外交时机的作用。联邦党人曾呼吁立即采取军事行动（汉密尔顿可能会对此动心）；另一种可能是，总统以不自信和无所作为来应对问题。
58 Tucker and Hendrickson, *Empire of Liberty*, 125。
59 Cobbs Hoffman, *American Umpire*, 90。
60 Henry Adams, *History of the United States of America During the First Administration of Thomas Jefferson*, vol. 2 (New York: Charles Scribner's Sons, 1921), 48–49。

第 3 章　西半球战略和美国现实主义：约翰·昆西·亚当斯和亨利·克莱

1 Ernest May, *The Making of the Monroe Doctrine* (Cambridge, MA: Belknap Press of Harvard University Press, 1975), 1.
2 James Traub, *John Quincy Adams: Militant Spirit* (New York: Basic Books, 2016), 203; Samuel Flagg Bemis, *John Quincy Adams and the Foundations of American Foreign Policy* (Westport, CT: Greenwood Press, 1949), 231.
3 See Kissinger, *World Restored*.
4 关于坎宁提议时的形势，见 May, *Making of the Monroe Doctrine*, 1–4; Dexter Perkins, *A History of the Monroe Doctrine* (Boston: Little, Brown, 1955), 36–38; Jay Sexton, *The Monroe Doctrine: Empire and Nation in Nineteenth-Century America* (New York: Hill and Wang, 2011), 49–51。
5 关于海军的对比，见 May, *Making of the Monroe Doctrine*, 4。
6 关于国际对比，见 May, *Making of the Monroe Doctrine*, 11。
7 May, *Making of the Monroe Doctrine*, 6。引文原文见 "Mr. Rush to Mr. John Quincy Adams," August 23, 1823, no. 323, in *The Clayton-Bulwer Treaty and the Monroe Doctrine: A Letter from the Secretary of State to the Minister of the United States at London* (Washington, DC: Government Printing Office, 1882), 36。
8 关于坎宁在内阁中的策略，见 May, *Making of the Monroe Doctrine*, 122–128。
9 May, *Making of the Monroe Doctrine*, 190–191。
10 关于亚历山大与俄国，见 May, *Making of the Monroe Doctrine*, 66–85。关于俄国就北美洲问题颁布的谕旨，见 ibid., 79–80。关于人口规模，见 ibid., 66。关于地理情况，见 Traub, *John Quincy Adams*, 276–277。

11 关于亚当斯与图伊尔男爵的讨论，见 May, *Making of the Monroe Doctrine*, 194–196; Traub, *John Quincy Adams*, 276–277。
12 关于希腊，包括美国公众意见与媒体舆论，见 May, *Making of the Monroe Doctrine*, 9–10。
13 关于门罗的背景，见 May, *Making of the Monroe Doctrine*, 12–24。还可见哈里·安蒙（Harry Ammon）写的门罗传记，*James Monroe: The Quest for National Identity* (New York: McGraw-Hill, 1971)。
14 关于门罗的原则，见 May, *Making of the Monroe Doctrine*, 21。关于门罗引语的原文，见 Monroe to Thomas Jefferson, January 11, 1807, in *The Writings of James Monroe*, vol. 5, *1807–1816*, ed. Stanislaus Murray Hamilton (New York: G. P. Putnam's Sons, 1901), 2。
15 关于亚当斯，见特劳布写的传记，*John Quincy Adams*。还可见塞缪尔·弗拉格·比米斯的两部里程碑式的研究著作：*John Quincy Adams and the Foundations of American Foreign Policy* (New York: Knopf, 1950)，以 及 *John Quincy Adams and the Union* (New York: Knopf, 1956)。关于日记中的引语，见 JQA, *Memoirs of John Quincy Adams*, vol. 4, ed. Charles Francis Adams (Philadelphia: J. B. Lippincott & Co., 1875), 388。
16 引自 Bemis, *John Quincy Adams and the Foundations of American Foreign Policy*, 243。
17 引自 Traub, *John Quincy Adams*, 69, 78。
18 引自 Perkins, *Monroe Doctrine*, 29。原文见 JQA, *Memoirs of John Quincy Adams*, vol. 4, 438。
19 斯特拉特福·坎宁是英国驻美国公使，也是外交大臣乔治·坎宁的堂弟。
20 引自 Traub, *John Quincy Adams*, 261–262。原文见 JQA, *Memoirs of John Quincy Adams*, vol. 5, ed. Charles Francis Adams (Philadelphia: J. B. Lippincott & Co., 1875), 252。
21 Traub, *John Quincy Adams*, 229.
22 Traub, *John Quincy Adams*, 231.
23 Traub, *John Quincy Adams*, 261.
24 JQA, *The Writings of John Quincy Adams*, vol. 7, *1820–1823*, ed. Worthington Chauncey Ford (New York: Macmillan Company, 1917), 469.
25 关于亚当斯的商业外交，见 Traub, *John Quincy Adams*, 261; Norman Graebner, "John Quincy Adams," in *American Statesmen: Secretaries of State from John Jay to Colin Powell*, ed. Edward S. Mihalkanin (Westport, CT: Greenwood Press, 2004), 23。
26 Traub, *John Quincy Adams*, 239.
27 见 May, Making of the Monroe Doctrine, x, xi, 35–36。不同的视角，见 Traub, *John Quincy Adams*, 270。
28 关于英国的霸凌，见 Traub, *John Quincy Adams*, 261。关于傲慢自大，见 Perkins, *Monroe Doctrine*, 39。在 May, *Making of the Monroe Doctrine* 第 28 页中有亚当斯的引语，原文见 JQA, *The Writings of John Quincy Adams*, vol. 1, *1779–1796*, ed. Worthington Chauncey Ford (New York:Macmillan Company, 1913), 478。
29 引自 May, *Making of the Monroe Doctrine*, 28。原文见 JQA, *The Writings of John Quincy Adams*, vol. 3, *1801–1810*, ed. Worthington Chauncey Ford (New York: Macmillan Company, 1914), 300。查尔斯·埃德尔用一个宏大的战略框架把亚当斯的生活和公务联系在了一起，见 Edel, *Nation Builder: John Quincy Adams and the Grand Strategy of the Republic* (Cambridge, MA: Harvard University Press, 2014)。
30 关于独立日演讲，见 Traub, *John Quincy Adams*, 256–259。关于演讲原文，见 JQA, *An Address Delivered at the Request of a Committee of the Citizens of Washington; on the Occasion*

of Reading the Declaration of Independence on the Fourth of July, 1821 (Washington, DC: Davis and Force, 1821)。

31　关于克莱，见 Robert V. Remini, *Henry Clay: Statesman for the Union* (New York: W. W. Norton, 1991); David S. and Jeanne T. Heidler, *Henry Clay: The Essential American* (New York: Random House, 2010)。还可见 May, *Making of the Monroe Doctrine*, 50–57。引自 Remini, *Henry Clay*, 155。原文见 *Annals of Congress*, 15th Congress, 1st Session, 401–404。

32　引自 Traub, *John Quincy Adams*, 250。原文见 Louisa Catherine Adams, *A Traveled First Lady: Writings of Louisa Catherine Adams*, ed. Margaret A. Hogan and C. James Taylor (Cambridge, MA: Belknap Press of Harvard University Press, 2014), 252。

33　关于克莱的政治战略，见 May, *Making of the Monroe Doctrine*, 173–181。

34　关于克莱的演讲，见 Remini, *Henry Clay*, 174–175。原始讲稿见 Henry Clay, *The Life, Correspondence, and Speeches of Henry Clay*, vol. 5, ed. Calvin Colton (New York: A. S. Barnes & Co., 1857), 243。

35　关于克莱在列克星敦的演讲，见 May, *Making of the Monroe Doctrine*, 180。讲稿原文见 Henry Clay, *The Life, Correspondence, and Speeches of Henry Clay*, vol. 1, ed. Calvin Colton (New York: A. S. Barnes & Co., 1857), 241。

36　Traub, *John Quincy Adams*, 258–259.

37　May, *Making of the Monroe Doctrine*, 191, 197.

38　关于亚当斯和图伊尔的讨论，见 May, *Making of the Monroe Doctrine*, 196, 199; Traub, *John Quincy Adams*, 276–277, 279; Perkins, *Monroe Doctrine*, 40。

39　关于内阁会议的讨论，见 May, *Making of the Monroe Doctrine*, 198–200; Traub, *John Quincy Adams*, 279–280; Perkins, *Monroe Doctrine*, 41–42。

40　May, *Making of the Monroe Doctrine*, 200–208; Traub, *John Quincy Adams*, 280–281.

41　May, *Making of the Monroe Doctrine*, 204, 208–210.

42　May, *Making of the Monroe Doctrine*, 210.

43　关于门罗的草稿与辩论，见 May, *Making of the Monroe Doctrine*, 211–218; Perkins, *Monroe Doctrine*, 43–44; Traub, *John Quincy Adams*, 281–282。

44　关于沃特，见 May, *Making of the Monroe Doctrine*, 220–221; Traub, *John Quincy Adams*, 285; Sexton, *Monroe Doctrine*, 61。

45　关于门罗照会的长度和上下文，见 Sexton, *Monroe Doctrine*, 47–48。关于文本，包括较少被提及的开头和结尾几段，见 ibid., 53–62。关于"公开外交"，见 Perkins, *Monroe Doctrine*, 62。关于亚当斯的反殖民思想，见 Traub, *John Quincy Adams*, 285。

46　May, *Making of the Monroe Doctrine*, 219–228. 关于门罗给杰斐逊的信，见 Monroe to Jefferson, December 4, 1823, in *The Writings of James Monroe*, vol. 6, *1817–1823*, ed. Stanislaus Murray Hamilton (New York: G. P. Putnam's Sons, 1903), 342–345。

47　关于坎宁的反应和回答，见 May, *Making of the Monroe Doctrine*, 240–244; Sexton, *Monroe Doctrine*, 65–66。

48　引自 Perkins, *Monroe Doctrine*, 56–57。

49　Perkins, *Monroe Doctrine*, 57–58.

50　引自 Remini, *Henry Clay*, 221–222。原文见 JQA, *Memoirs of John Quincy Adams*, vol. 6, ed. Charles Francis Adams (Philadelphia: J. B. Lippincott & Co., 1875), 224。

51　Cobbs Hoffman, *American Umpire*, 105; Perkins, *Monroe Doctrine*, 4, 387–389.

52　Traub, *John Quincy Adams*, 286.

53　Traub, *John Quincy Adams*, 286.

54 关于鲁特和休斯对门罗宣言的评价，分别参见 *The Monroe Doctrine: Its Modern Significance*, ed. Donald Marquand Dozer (New York: Knopf, 1965), 51, 87。
55 Ammon, *James Monroe*, 491.
56 Sexton, *Monroe Doctrine*, 61.
57 关于玻利瓦尔，见 Kinley Brauer, "Henry Clay," in Mihalkanin, *American Statesmen*, 129。关于巴拿马大会对美国的邀请，见 Remini, *Henry Clay*, 285; Perkins, *Monroe Doctrine*, 71; Sexton, *Monroe Doctrine*, 74; Heidler and Heidler, *Henry Clay*, 194; Traub, *John Quincy Adams*, 342。
58 关于克莱的指示，见 Remini, *Henry Clay*, 297–300。指示原文见 Clay to Richard C. Andersen Jr. and John Sargeant, May 8, 1826, in *The Papers of Henry Clay*, vol. 5, ed. James F. Hopkins and Mary W. M. Hargreaves (Lexington, KY: University Press of Kentucky, 1984), 313–344。
59 Remini, *Henry Clay*, 297–300.
60 Remini, *Henry Clay*, 287–297. 关于巴拿马大会的受欢迎程度，见 Traub, *John Quincy Adams*, 345; Sexton, *Monroe Doctrine*, 75–80; Heidler and Heidler, *Henry Clay*, 195。
61 Remini, *Henry Clay*, 300–301.
62 Traub, *John Quincy Adams*, 259-260.
63 对亚当斯的"共和国大战略"的记述，见 Edel, *Nation Builder*, 特别是第 2、4、8、61 和 62 页。

第4章 维护联邦与和平扩张：亚伯拉罕·林肯和威廉·西沃德

1 Kevin Peraino, *Lincoln in the World: The Making of a Statesman and the Dawn of American Power* (New York: Crown Publishers, 2013), 66–68; Dean Mahin, *One War at a Time: The International Dimensions of the American Civil War* (Washington, DC: Brassey's, 1999), 7; Walter Stahr, *Seward: Lincoln's Indispensable Man* (New York: Simon & Schuster, 2012), 269–273; Glyndon Van Deusen, *William Henry Seward* (New York: Oxford University Press, 1967), 282–284 (emphasis in original).
2 Peraino, *Lincoln in the World*, 116–117.
3 最需要看的是 Peraino, *Lincoln in the World*; Mahin, *One War at a Time*; Howard Jones, *Blue and Gray Diplomacy : A History of Union and Confederate Foreign Relations* (Chapel Hill, NC: University of North Carolina Press, 2010)。
4 根据施塔尔的说法，林肯说过"一次只打一场战争"的最有力证据是在1861年12月28日印刷的 *Norfolk (MA) County Journal* 中找到的，那里面说林肯"从没有说过一句比'一次只打一场战争'更有智慧的话"。此外，《纽约时报》在1865年4月29日报道称，西沃德的政策是建立在"总统的著名格言'一次只打一场战争'基础上的"。见 Stahr, *Seward*, 323, 618–619fn81。施塔尔认为马欣没有在他的著作《一次只打一场战争》中说明书名的来历，但他确实引用了林肯在论及墨西哥问题时写过的"一次只陷入一场麻烦"（233）。
5 关于对变化中的国际秩序的看法，见 D. P. Crook, *Diplomacy During the American Civil War* (New York: Wiley, 1975), 2–11, 185; Peraino, *Lincoln in the World*, 7, 65, 69, 174; Norman Graebner, "Northern Diplomacy and European Neutrality," in *Why the North Won the Civil War*, ed. David Herbert Donald (Baton Rouge, LA: Louisiana State University Press, 1960), 55–56。

6 关于"瓜分美洲"和巴麦尊，见 Crook, *Diplomacy*, 2–3。原文见 Lord Palmerston to Lord Clarendon, December 31, 1857, in Kenneth Bourne, *The Foreign Policy of Victorian England, 1830–1902* (Oxford: Clarendon, 1970), 334。经济数据见 Crook, *Diplomacy*, 8–12, 109; Amanda Foreman, *A World on Fire: An Epic History of Two Nations Divided* (London: Allen Lane, 2010), 9, 64; Mahin, *One War at a Time*, 83–87。

7 Crook, *Diplomacy*, 8.

8 关于邦联的观点，包括"棉花国王"，见 Crook, *Diplomacy*, 8–16。关于心照不宣的禁运，见 Mahin, *One War at a Time*, 21。

9 Foreman, *World on Fire*, 26–27.

10 Doris Kearns Goodwin, *Team of Rivals: The Political Genius of Abraham Lincoln* (New York: Simon & Schuster, 2005).

11 关于拉塞尔，见 John Taylor, *William Henry Seward: Lincoln's Right Hand* (Washington, DC: Potomac Books, 1991), 144–145。关于对西沃德外表的描写，见 Van Deusen, *Seward*, 225。也可见 Stahr, *Seward*, 213。

12 Mahin, *One War at a Time*, 258.

13 See Peraino, *Lincoln in the World*, 71, 75, 101; George Herring, *From Colony to Superpower: U.S. Foreign Relations since 1776* (New York: Oxford University Press, 2008), 255.

14 关于对布坎南当局的担忧，见 Peraino, *Lincoln in the World*, 96–97。关于西沃德的三点表态，见 Van Deusen, *Seward*, 293。

15 关于英国的态度、康华里的对比以及《泰晤士报》的引语，见 Mahin, *One War at a Time*, 24–25。

16 关于封锁的决定，见 Peraino, *Lincoln in the World*, 114–115, 121（包括林肯的引语）; Mahin, *One War at a Time*, 44–45; Crook, *Diplomacy*, 27–29。

17 关于英国的中立声明，见 Crook, *Diplomacy*, 32–37; Mahin, *One War at a Time*, 42–49; Peraino, *Lincoln in the World*, 114–115（包括西沃德的引语）; Stahr, *Seward*, 292–295; Van Deusen, *Seward*; Graebner, "Northern Diplomacy," 60。

18 关于美国的反应，见 Mahin, *One War at a Time*, 46–51; Crook, *Diplomacy*, 40; Stahr, *Seward*, 291; Peraino, *Lincoln in the World*, 114–115; Van Deusen, *Seward*, 301; Graebner, "Northern Diplomacy," 61。

19 关于"特伦特号"事件，见 Norman Ferris, *The Trent Affair: A Diplomatic Crisis* (Knoxville, TN: University of Tennessee Press, 1977); Mahin, *One War at a Time*, 58 on; Stahr, *Seward*, 307 on; Crook, *Diplomacy*, 43 on; Jones, *Blue and Gray Diplomacy*, 83 on。

20 1906年，梅森的女儿透露，邦联使者曾经请求负责管理邮件的英国官员把他们的文件锁起来，然后交给一位邦联的特派员。这位官员后来照做了。根据女王的公告，这些文件显然是违禁品，但是这些事实直到几乎 50 年后才为人所知。见 Mahin, *One War at a Time*, 60。

21 关于"毫无价值"，见 Mahin, *One War at a Time*, 62; Peraino, *Lincoln in the World*, 125。

22 关于"1 000 个人里有 999 个"，见 Peraino, *Lincoln in the World*, 125。

23 巴麦尊的引语见 Peraino, *Lincoln in the World*, 129。

24 巴麦尊的引语见 Peraino, *Lincoln in the World*, 129。

25 巴麦尊的引语见 Peraino, *Lincoln in the World*, 137。

26 Foreman, *World on Fire*, 181–182, 188; Stahr, *Seward*, 313–314.

27 这个假消息可能源自一个误会，西沃德用戏谑的口吻开了一个糟糕的玩笑，结果莱昂斯信以为真了。但是，这个粗心的举动却被英国人视为一个预言。西沃德还曾讥笑称，加拿大各省将成为"出色的州"。
28 Stahr, *Seward*, 316–317.
29 Peraino, *Lincoln in the World*, 162–163; Foreman, *World on Fire*, 190.
30 Stahr, *Seward*, 312.
31 Mahin, *One War at a Time*, 75.
32 Stahr, *Seward*, 316.
33 Peraino, *Lincoln in the World*, 157.
34 关于西沃德提议的文本，见 Mr. Seward to Lord Lyons, December 26, 1861, in *The Works of William H. Seward,* vol. 5, ed. George Baker (Boston: Houghton, Mifflin and Company, 1884), 295–311。
35 Peraino, *Lincoln in the World,* 161; Stahr, *Seward*, 320–321.
36 Mahin, *One War at a Time*, 81.
37 See Peraino, *Lincoln in the World*, 159–160.
38 关于奴隶贸易条约，见 Peraino, *Lincoln in the World*, 168–169。关于被运送到古巴的奴隶数据，见 Stahr, *Seward*, 337–238。关于承认海地和利比里亚，见 ibid., 335–336。
39 关于棉花市场，见 Mahin, *One War at a Time*, 86–94; Crook, *Diplomacy*, 72–79。关于法国外交大臣，见 Mahin, *One War at a Time*, 96–97; Graebner, "Northern Diplomacy," 68; Crook, *Diplomacy*, 81。关于下议院的辩论，见 ibid., 83–84。关于俄国，见 Stahr, *Seward*, 347–352。关于波兰，见 ibid., 364–365。关于英国和法国的纺织业，见 Peraino, *Lincoln in the World*, 204–205。
40 关于西沃德的表态，见 Mahin, *One War at a Time*, 126。
41 关于英国人的反应，见 Crook, *Diplomacy*, 95–97。关于"奴隶造反"、印度民族大起义和"垃圾"，见 Mahin, *One War at a Time*, 131–133。
42 1995 年，我帮助阿斯彭研究所组织了一次研讨会。英国的著名军事史学家迈克尔·霍华德（Michael Howard）爵士用欧洲人干涉美国内战的例子来提醒好心的美国人，在试图组织交战双方继续战斗之前，要仔细考虑这样做的后果。有的时候，实现和平需要让一方取胜，或是让双方继续战斗，直到他们认为再杀戮下去已毫无意义。Michael Howard, "Managing Conflict: Lessons from the Past," in *Managing Conflict in the Post–Cold War World: The Role of Intervention,* Aspen Institute (Queenstown, MD: Aspen Institute, 1996), 3.
43 Crook, *Diplomacy*, 91–93; Mahin, *One War at a Time*, 130.
44 Crook, *Diplomacy*, 93–105; Mahin, *One War at a Time*, 133-138.
45 关于大型集会，见 Crook, *Diplomacy*, 123。关于林肯的信和美国的支付款项，见 Peraino, *Lincoln in the World*, 216–217。关于英国人的支持和林肯写给曼彻斯特劳工的信，见 Foreman, *World on Fire*, 394–395。
46 Foreman, *World on Fire*, 319.
47 参阅，例如 Kori Schake, *Safe Passage: The Transition from British to American Hegemony* (Cambridge, MA: Harvard University Press, 2017), 84–117。大法官的引语见 Foreman, *World on Fire*, 212。
48 Crook, *Diplomacy*, 167; Mahin, *One War at a Time*, 142–160, 174 on. 关于商船队损失的内容，见 Rodney P. Carlisle, *Civil War and Reconstruction* (New York: Facts on File, 2008), 174。
49 关于"亚拉巴马号"的仲裁，见 Mahin, *One War at a Time*, 286。

50　关于墨西哥，见 Crook, *Diplomacy*, 155 on; Mahin, *One War at a Time*, 106 on。

51　关于联邦作为国际关系范例的重要性，见 David Hendrickson, *Union, Nation, or Empire: The American Debate over International Relations, 1789–1941* (Lawrence, KS: University Press of Kansas, 2009)。

52　西沃德的引语见 Peraino, *Lincoln in the World*, 70–71。关于亚洲贸易，见 Stahr, *Seward*, 502。

53　Stahr, *Seward*, 453–454。

54　这位贫穷的俄国公使想使用一种新式的外交工具，即国际电报，以使俄国政府抢在美国参议院休会前批准条约，却付不出 9 000 多美元的电报费。见 Stahr, *Seward*, 482–491, 包括第 485 页的电报账单。

55　Stahr, *Seward*, 497–500。

56　西沃德与蒲安臣共同起草了条约，后者曾在南北战争期间担任美国驻华公使。蒲安臣为了代表清王朝谈判而辞去了他的职位。他在与西沃德谈判的新条约中提出：禁止歧视在美国的中国劳工，并允许中国移民成为美国公民。美国在第 7 款中承诺欢迎中国人进入美国政府控制下的任何一个教育机构，这个有趣的创新条款开启了中美学生和知识分子的交流，这种交流延续至今。美国后来取消了条约中的一些条款，尤其是关于开放移民的，但关于主权和最惠国待遇的条款预演了海约翰在 19 世纪末提出的"门户开放"政策。关于西沃德的亚洲战略家地位以及"远西"，见 Michael Green, *By More Than Providence: Grand Strategy and American Power in the Asia Pacific Since 1783* (New York: Columbia University Press, 2017), 56–61, 77。关于中途岛和海军给国会的报告，见 Stahr, *Seward*, 494。关于夏威夷，见 ibid., 500。关于中美条约的条款，见 John Pomfret, *The Beautiful Country and the Middle Kingdom: America and China, 1776 to the Present* (New York: Henry Holt and Company, 2016), 65。

57　格兰特总统后来想要吞并多米尼加共和国，但参议院否决了他的条约。Stahr, *Seward*, 494–496, 519–520。

58　关于巴拿马，见 Stahr, *Seward*, 523–524。关于格陵兰和冰岛，见 ibid., 516。

59　林肯引语见 Peraino, *Lincoln in the World*, 2。

60　林肯引语见 Mahin, *One War at a Time*, 216。

61　关于林肯的演讲，见 Peraino, *Lincoln in the World*, 279, 282. See Abraham Lincoln, "Response to a Serenade," November 10, 1864, in *The Collected Works of Abraham Lincoln*, vol. 8, ed. Roy P. Basler (New Brunswick, NJ: Rutgers University Press, 1953), 101; idem., "Second Inaugural Address of Abraham Lincoln," March 4, 1865, The Avalon Project: Documents in Law, History, and Diplomacy, Yale University, http://avalon.law.yale.edu/19th_century/lincoln2.asp。

62　富布赖特的引语见 Peraino, *Lincoln in the World*, 299。

第 5 章　"门户开放"与中国问题：海约翰

1　John Taliaferro, *All the Great Prizes: The Life of John Hay, from Lincoln to Roosevelt* (New York: Simon & Schuster, 2013), 359–360.

2　Taliaferro, *All the Great Prizes*, 362–366; Green, *By More Than Providence*, 94–95; Pomfret, *Beautiful Country*, 106; Robert W. Merry, *President McKinley: Architect of the American Century* (New York: Simon & Schuster, 2017), 417.

3　Taliaferro, *All the Great Prizes*, 330. 书信原文见 Hay to Roosevelt, July 27, 1898, in *The*

Life and Letters of John Hay, vol. 2, ed. William Roscoe Thayer (Boston: Houghton Mifflin Company, 1915), 337。
4 Howard K. Beale, *Theodore Roosevelt and the Rise of America to World Power* (New York: Collier Books, 1962), 38. 关于杜利先生的背景，见 Warren Zimmermann, *First Great Triumph: How Five Americans Made Their Country a World Power* (New York: Farrar, Straus and Giroux, 2002), 352。
5 Beale, *Theodore Roosevelt*, 226–229. 见 Brooks Adams, *America's Economic Supremacy* (New York: MacmillanCompany, 1900)。
6 关于马汉的观点，见 Green, *By More Than Providence*, 80–85。见 Alfred Thayer Mahan, *The Influence of Sea Power Upon History, 1660–1783* (Boston: Little, Brown and Company, 1890)。关于"存在争议，且可以争议"，见 idem., *The Problem of Asia and Its Effect upon International Policies* (Boston: Little, Brown, 1900)。关于马汉对关税和"道德影响力"的看法，见 "The United States Looking Outward," *Atlantic Monthly*, vol. 66 (December 1890), 816–824。这篇文章经过小幅修改后又成为 *The Interest of America in Sea Power, Present and Future* (Boston: Little, Brown and Company, 1897) 这本书中的第一章。
7 Beale, *Theodore Roosevelt*, 226–229. See Mahan, *Problem of Asia*.
8 Eugene Trani, *The Treaty of Portsmouth: An Adventure in American Diplomacy* (Lexington, KY: University of Kentucky Press, 1969), 24–25.
9 Beale, *Theodore Roosevelt*, 31–32.
10 Hollington K. Tong, "China's Conditions at the Peace Conference," *Millard's Review of the Far East* 4, no. 9 (April 27, 1918), 305。这份声明的许多不同版本都被广泛引用，例如 Parker Thomas Moon, *Imperialism and World Politics* (New York: Macmillan Company, 1926), 321。
11 引自 Zimmermann, *First Great Triumph*, 446。原文见 Hay to Paul Dana, March 16, 1899, in *Life and Letters of John Hay*, vol. 2, 241。
12 See Thomas Pakenham, *The Scramble for Africa: 1876–1912* (New York: Random House, 1991).
13 S. C. M. Paine, *The Sino-Japanese War of 1894–1895: Perceptions, Power, and Primacy* (Cambridge: Cambridge University Press, 2002), 2.
14 关于日本的占领行动，见 Merry, *McKinley*, 415。
15 中国19世纪的数据见 Merry, *McKinley*, 414–415。
16 引自 Merry, *McKinley*, 416。
17 关于"中国皇后号"、早期美国贸易以及"胡狼外交"，见 Green, *By More Than Providence*, 22, 24。更宽泛的资料见 Arthur Power Dudden, *The American Pacific: From the Old China Trade to the Present* (New York: Oxford University Press, 1992); Foster Rhea Dulles, *The Old China Trade* (Cambridge, MA: Riverside, 1930); idem., *China and America: The Story of Their Relations Since 1784* (Princeton: Princeton University Press, 1946), 1–17。
18 中美贸易数据见 Zimmermann, *First Great Triumph*, 446; Taliaferro, *All the Great Prizes*, 354。关于棉花与其他出口和香港，见 Pomfret, *Beautiful Country*, 106。关于美国对亚洲出口的增长，见 Merry, *McKinley*, 414。
19 关于传教士，见 Green, *By More Than Providence*, 93。
20 Green, *By More Than Providence*, 80; Zimmermann, *First Great Triumph*, 7.
21 美国在1893年之前都只向国外派出公使，而非大使，这是为了表明共和主义对君主制国家大使的保留态度。Zimmermann, *First Great Triumph*, 50.
22 引自 Taliaferro, *All the Great Prizes*, 335。原始资料见 *Life and Letters of John Hay*, vol.2,

181。
23 Taliaferro, *All the Great Prizes*, 336.
24 Zimmermann, *First Great Triumph*, 82.
25 关于电话、电力以及国务院的规模，见 Taliaferro, *All the Great Prizes*, 335–336。
26 柔克义生于费城，长在法国，毕业于法国的圣西尔军校，然后作为法国外籍军团的军官在阿尔及利亚服役两年。他对佛教的兴趣促使他学习了梵文、中文和藏文。在作为美国驻北京的使团成员被派往中国后，这位勇敢的外交官两次从中国徒步旅行到喜马拉雅山区。他还曾在圣彼得堡和君士坦丁堡（伊斯坦布尔的旧称）担任公职，并在新墨西哥州经营了一个牧场。柔克义身高为1.93米，满头红发、留着大胡子，因而在国务院被称为"大酋长"。柔克义的背景见 Pomfret, *Beautiful Country*, 105–107; Taliaferro, *All the Great Prizes*, 326; Green, *By More Than Providence*, 94。也可见 Paul Varg, *Open Door Diplomat: The Life of W. W. Rockhill* (Urbana, IL: University of Illinois Press, 1952); Peter Stanley, "The Making of an American Sinologist: William W. Rockhill and the Open Door," *Perspectives in American History* 11 (January 1977), 419–462。
27 关于柔克义的任命，见 Taliaferro, *All the Great Prizes*, 349。
28 Pomfret, *Beautiful Country*, 107–108.
29 Taliaferro, *All the Great Prizes*, 357; Merry, *McKinley*, 416–417。书信原文见 Hay to Paul Dana, March 16, 1899, in *Life and Letters of John Hay*, vol. 2, 241。
30 Taliaferro, *All the Great Prizes*, 357–358; Merry, *McKinley*, 417.
31 Taliaferro, *All the Great Prizes*, 358. 舒尔曼引语的原始出处见 "Dr. Schurman Talks of China: How to Insure the Integrity of That Empire Is the Great Question in the Orient," *New York Times*, August 16, 1899, 7。
32 Taliaferro, *All the Great Prizes*, 359.
33 关于义和团运动和第二份"门户开放"照会，包括上述各段的所有信息和引语，见 Taliaferro, *All the Great Prizes*, 376–385; Pomfret, *Beautiful Country*, 108–113（包括柔克义在开头和结尾的引语）; Merry, *McKinley*, 419–428。关于海约翰的外交以及"门户开放"照会成形时的国内和国际背景的详细研究，见 Betty Talbert, "The Evolution of John Hay's China Policy" (PhD diss., University of North Carolina, 1974)。
34 关于和解，见 Taliaferro, *All the Great Prizes*, 385–389（包括海约翰劝说麦金利让军队驻守原地）; Pomfret, *Beautiful Country*, 114–116, 122–124（包括把赔款用于教育和建立清华大学）; Merry, *McKinley*, 428–430（麦金利关于对华友谊的引语，以及海约翰劝说总统不要撤出军队）。
35 关于柔克义的经济议程与如今经济议程的相似性、《排华法案》和"黄祸"、中国人的抗议以及西奥多·罗斯福的引语，见 Pomfret, *Beautiful Country*, 115–119。
36 引自 Taliaferro, *All the Great Prizes*, 386–387; Pomfret, *Beautiful Country*, 120。书信原文见 Hay to Alvey A. Adee, September 14, 1900, in Alfred L. P. Dennis, *Adventures in American Diplomacy, 1896–1906* (New York: E. P. Dutton & Company, 1928), 258。
37 鲁特引语见 Pomfret, *Beautiful Country*, 111。
38 Green, *By More Than Providence*, 107; Alfred Thayer Mahan, *The Interest of America in International Conditions* (Boston: Little, Brown, 1910), 178–183.
39 罗斯福写给塔夫脱的信在其他文本中被部分重提，见 A. Whitney Griswold, *The Far Eastern Policy of the United States* (New York: Harcourt, Brace and Company, 1938), 132。
40 见第8章。关于"门户开放"照会的意义及其后来在美国外交中扮演的角色，还可见 Green, *By More Than Providence*, 95, 121, 139, 149。

41 Kennan, *American Diplomacy*, 39.
42 Williams, *Tragedy of American Diplomacy*, 50.
43 关于美国对华出口的百分比，见 Green, *By More Than Providence*, 103。
44 Adam Tooze, *The Deluge: The Great War, America, and the Remaking of the Global Order, 1916–1931* (New York: Viking, 2014), 15–16.

第 6 章　欧亚间的权力平衡：西奥多·罗斯福

1　Tyler Dennett, *Roosevelt and the Russo-Japanese War: A Critical Study of American Policy in Eastern Asia in 1902-5* (Garden City, NY: Doubleday, Page & Company, 1925), 150; John Albert White, *The Diplomacy of the Russo-Japanese War* (Princeton, NJ: Princeton University Press, 1964), 148–150.
2　Raymond A. Esthus, *Double Eagle and Rising Sun: The Russians and Japanese at Portsmouth in 1905* (Durham, NC: Duke University Press, 1988), 1.
3　Raymond A. Esthus, *Theodore Roosevelt and the International Rivalries* (Waltham, MA: Ginn-Blaisdell, 1970), 25 (hereafter *TR*); Trani, *Treaty of Portsmouth*, 27–29.
4　关于英日同盟，见 Esthus, *TR*, 26。关于朝鲜半岛"中立区"，见 ibid., 27。朝鲜王后被日本人杀死后，国王逃到了俄国使馆。见 Seung-Young Kim, "Russo-Japanese Rivalry Over Korean Buffer at the Beginning of the 20th Century and Its Implications," *Diplomacy and Statecraft* 16, no. 4 (December 2005), 619–650。
5　Trani, *Treaty of Portsmouth*, 7, 8.
6　Beale, *Theodore Roosevelt*, 177–181; Trani, *Treaty of Portsmouth*, 8–9, 15; Esthus, *TR*, 26.
7　引自 Esthus, *TR*, 26。通信原文见 TR to Cecil Spring-Rice, March 19, 1904, in *The Letters of Theodore Roosevelt*, vol. 4, ed. Elting E. Morison (Cambridge, MA: Harvard University Press, 1951), 760。
8　关于"两千年"，见 John Milton Cooper, *The Warrior and the Priest: Woodrow Wilson and Theodore Roosevelt* (Cambridge, MA: Belknap Press of Harvard University Press, 1983), 34。关于"恶化的物质主义"，见 ibid., 36; John Blum, "Theodore Roosevelt: The Years of Decision," in *Letters of Theodore Roosevelt*, vol. 2, ed. Elting E. Morison (Cambridge, MA: Harvard University Press, 1951), 1491。
9　H. W. Brands, "Theodore Roosevelt: America's First Strategic Thinker," in *Artists of Power: Theodore Roosevelt, Woodrow Wilson, and Their Enduring Impact on U.S. Foreign Policy*, eds. William N. Tilchin and Charles E. Neu (Westport, CT: Praeger Security International, 2006), 39. 原文见 TR to Cecil Spring-Rice, August 13, 1897, in *Letters of Theodore Roosevelt*, vol. 1, ed. Elting E. Morison (Cambridge, MA: Harvard University Press, 1951), 644–649。
10　Beale, *Theodore Roosevelt*, 240–241; Trani, *Treaty of Portsmouth*, 39, 48–49.
11　见 TR to Cecil Spring-Rice, March 19, 1904, in *Letters of Theodore Roosevelt*, vol. 4, 759–761。也可见 Trani, *Treaty of Portsmouth*, 33。
12　Esthus, *Double Eagle*, 16; Trani, *Treaty of Portsmouth*, 31–34.
13　Beale, *Theodore Roosevelt*, 234, 243; Esthus, *Double Eagle*, 16.
14　Green, *By More Than Providence*, 98.
15　海约翰于 1905 年 7 月 1 日病逝，总统只能在之后的国务活动中独自掌舵。
16　Trani, *Treaty of Portsmouth*, 41–43; Beale, *Theodore Roosevelt*, 245–246.
17　Trani, *Treaty of Portsmouth*, 46–47.

18 日本的观点见 Esthus, *Double Eagle*, 18–20。
19 Trani, *Treaty of Portsmouth*, 51–52. 关于奉天及后续情况，见 Esthus, *Double Eagle*, 24–25。
20 Trani, *Treaty of Portsmouth*, 25.
21 引自 Beale, *Theodore Roosevelt*, 246; Trani, *Treaty of Portsmouth*, 53。通信原文见 TR to Hay, April 2, 1905, in *Letters of Theodore Roosevelt*, vol. 4, 1158。
22 Trani, *Treaty of Portsmouth*, 54–55; Esthus, *Double Eagle*, 29–36。
23 关于这场战斗和罗斯福的回应，见 Esthus, *Double Eagle*, 37–38。关于日本战旗，见 Trani, *Treaty of Portsmouth*, 56。
24 Esthus, *Double Eagle*, 40–41; Beale, *Theodore Roosevelt*, 245–246。备忘录原文见 Tower to Roosevelt, June 9, 1905, in Tyler Dennett, *Roosevelt and the Russo-Japanese War* (New York: Doubleday, Page & Company, 1928), 218–219。
25 Esthus, *Double Eagle*, 40–42; Beale, *Theodore Roosevelt*, 246–248; Trani, *Treaty of Portsmouth*, 56–58.
26 Esthus, *Double Eagle*, 44–46; Beale, *Theodore Roosevelt*, 250–251; Trani, *Treaty of Portsmouth*, 59–60.
27 Esthus, *Double Eagle*, 46.
28 TR to Henry Cabot Lodge, June 16, 1906, in *Letters of Theodore Roosevelt*, vol. 4, 1230, 1232. 关于俄国"腐败"的内容，引自 Esthus, *Double Eagle*, 47; "撒谎"的引言来自 Trani, *Treaty of Portsmouth*, 65。
29 TR to Henry Cabot Lodge, June 16, 1906, in *Letters of Theodore Roosevelt*, vol. 4, 1230. See Trani, *Treaty of Portsmouth*, 63.
30 关于日本人的指令，见 Esthus, *Double Eagle*, 58–59。
31 尼古拉引语的俄语原文见 Esthus, *Double Eagle*, 63 (fn22 and fn23)。
32 引自 Esthus, *Double Eagle*, 57。通信原文见 TR to Whitelaw Reid, June 30, 1905, in *Letters of Theodore Roosevelt*, vol. 4, 1258（粗体强调处为原文所用）。
33 关于维特观点的精彩论述，见 Francis W. Wcislo, *Tales of Imperial Russia: The Life and Times of Sergei Witte, 1849–1915* (New York: Oxford University Press, 2011)，特别是第 179–214 页。
34 Esthus, *Double Eagle*, 72。TR to William Howard Taft, July 29, 1905, in *Letters of Theodore Roosevelt*, vol. 4, 1290.
35 关于维特的俄语回忆录，请参考 Trani, *Treaty of Portsmouth*, 16。关于维特的战略，还可见 Wcislo, *Tales of Imperial Russia*。
36 关于铁路的故事，见 Esthus, *Double Eagle*, 77。
37 关于日本的要求，见 Esthus, *Double Eagle*, 82–83。
38 关于维特和俄国的回应，见 Esthus, *Double Eagle*, 84–91; Trani, *Treaty of Portsmouth*, 130–133; Beale, *Theodore Roosevelt*, 256–258。
39 关于8月15日到会议结束期间的谈判，见 Esthus, *Double Eagle*, 101–167。日本媒体的说法引自 ibid., 167，还可见 Trani, *Treaty of Portsmouth*, 136–155。
40 TR to William Howard Taft, April 20, 1905, in *Letters of Theodore Roosevelt*, vol. 4, 1162.
41 TR to Cecil Arthur Spring-Rice, May 13, 1905, in *Letters of Theodore Roosevelt*, vol. 4, 1178.
42 关于摩洛哥和阿尔赫西拉斯的讨论，见 Serge Ricard, "Foreign Policy Making in the White House: Rooseveltian-Style Personal Diplomacy," in Tilchin and Neu, *Artists of Power*,

17–22; Eugene Anderson, *The First Moroccan Crisis, 1904–1906* (Chicago: University of Chicago Press, 1930); Beale, *Theodore Roosevelt*, 306–334。关于施特恩贝格的错误，请参考 Ricard, "Foreign Policy Making in the White House," 30fn59; Beale, *Theodore Roosevelt*, 378–380。关于历史学家对罗斯福在让法国接受会议结果上所起作用的疑问，请参考 Ricard, "Foreign Policy Making," 20（以及他和比尔的解释的不同之处）。

43 可参考 Xu Qiyu, *Fragile Rise: Grand Strategy and the Fate of Imperial Germany, 1871–1914* (Cambridge, MA: The MIT Press, 2017), 173–185; A. J. P. Taylor, *The Struggle for Mastery in Europe* (New York: Oxford University Press, 1954), 441; Winston Churchill, *The World Crisis: 1911–1918*, abridged and rev. ed. (New York: Free Press, 2005), 19。

44 Trani, *Treaty of Portsmouth*, 2.
45 见 Trani, *Treaty of Portsmouth*, 156–157。
46 引自 Beale, *Theodore Roosevelt*, 333。
47 罗斯福外交的研究者威廉·N. 蒂尔金总结出了其"大棒"外交政策的五个核心原则。除了依赖美国海军所表现出来的军事实力，罗斯福还依靠"对其他国家采取公正的行动"，从不坑蒙拐骗，"只有在准备狠狠出手的时候才出手"，且"允许可敬的对手在失败时保留颜面"。William N. Tilchin, "Setting the Foundation: Theodore Roosevelt and the Construction of an Anglo-American Special Relationship," in Tilchin and Neu, *Artists of Power*, 63fn19.
48 Cooper, *Warrior*, 65.
49 比较之下，日本在1907年有13艘服役或在建的类似战舰。美国战舰的数据见 Herring, *From Colony to Superpower*, 349。日本战舰的数量见 Green, *By More Than Providence*, 101。
50 引自 Cooper, *Warrior*, 112。原文见 Theodore Roosevelt, *An Autobiography* (New York: Charles Scribner's Sons, 1920), 549。

第 7 章　重塑世界政治的理想与现实：伍德罗·威尔逊

1 关于威尔逊国会演讲的全文，见 "President Wilson's Declaration of War Message to Congress, April 2, 1917," Records of the United States Senate, Record Group 46, National Archives。关于塔马尔蒂的回忆，见 J. P. Tumulty, *Woodrow Wilson As I Know Him* (Garden City, NY: Doubleday, Page & Company, 1921), 256–259。对1917年4月2日的描述，见 Robert Ferrell, *Woodrow Wilson and World War I, 1917–1921* (New York: Harper & Row, 1985), 1–3; A. Scott Berg, *Wilson* (New York: G. P. Putnam's Sons, 2013), 433–438; John Milton Cooper, *Woodrow Wilson: A Biography* (New York: Alfred A. Knopf, 2009), 385–388。库珀对威尔逊使用被动语态的观察，见 Cooper, "Making a Case for Wilson," in *Reconsidering Woodrow Wilson: Progressivism, Internationalism, War, and Peace* ed. John Milton Cooper (Washington, DC: Woodrow Wilson Center Press; Baltimore, MD: Johns Hopkins University Press, 2008), 21。关于沃尔姆斯帝国会议，见 Cooper, *Warrior*, 321–323。还可见 Trygve Throntveit, *Power Without Victory: Woodrow Wilson and the American Internationalist Experiment* (Chicago: University of Chicago Press, 2017), 217–218。
2 Berg, *Wilson*, 393; Tooze, *Deluge*, 44.
3 关于美国人口及移民比例，见 Ferrell, *Woodrow Wilson*, 3。
4 关于美国陆军的规模及弹药数量，见 Ferrell, *Woodrow Wilson*, 14。
5 Cooper, *Wilson*, 395; Throntveit, *Power Without Victory*, 244.

6   关于威尔逊的被动回应式战术性对策，尤其可参考 John A. Thompson, "More Tactics Than Strategy: Woodrow Wilson and World War I, 1914–1919," in Tilchin and Neu, *Artists of Power*, 95–115。

7   引自 Thompson, "More Tactics Than Strategy," 115fn55。通信原文见 Wilson to Edith Galt, August 18, 1915, in *The Papers of Woodrow Wilson*, vol. 34, ed. Arthur S. Link (Princeton, NJ: Princeton University Press, 1980), 241。

8   引自 Philip Zelikow, "The Curious End of Neutrality," unpublished article (December 2018), 37n62。原文见 "An Interview by Ida Minerva Tarbell," October 3, 1916, in *The Papers of Woodrow Wilson*, vol. 38, ed. Arthur S. Link (Princeton, NJ: Princeton University Press, 1982), 327–328。

9   关于这种解释，见 Thompson, "More Tactics Than Strategy"。关于威尔逊"在协调外交领域的中等程度的"失败，见 Cooper, *Warrior*, 296–297。

10 "命运的嘲讽"被多次引用，可参考 Arthur S. Link, *Wilson the Diplomatist: A Look at His Major Foreign Policies* (Baltimore, MD: Johns Hopkins University Press, 1957), 5; John Milton Cooper, "Whose League of Nations? Theodore Roosevelt, Woodrow Wilson, and World Order," in Tilchin and Neu, *Artists of Power*, 163–164。威尔逊第一次就职演说的文本见"An Inaugural Address," March 4, 1913, in *The Papers of Woodrow Wilson*, vol. 27, ed. Arthur S. Link (Princeton, NJ: Princeton University Press, 1978)。还可见 Berg, *Wilson*, 427。

11 威尔逊当局提前准备了一份立法计划，他是第一个这样做的总统。关于威尔逊的内政成就，还可见 Cooper, "Making a Case for Wilson," 10–13。但是，威尔逊在非洲裔美国人问题上的做法却是一种严重的倒退。

12 关于威尔逊在国会的角色，见 Cooper, "Making a Case for Wilson," 17–18。关于打破美国国内的权力平衡和国际政治的权力平衡之间的对比，见 Lloyd Ambrosius, *Wilsonianism: Woodrow Wilson and His Legacy in American Foreign Relations* (New York: Palgrave Macmillan, 2002), 27–28。

13 关于在墨西哥"得到的教训"，见 Cooper, "Making a Case for Wilson," 13–14。关于"深刻革命"及其与法国大革命的比较，见 ibid., 23n4。关于威尔逊对"一场深刻革命"的声明，见 *The Papers of Woodrow Wilson*, vol. 50, ed. Arthur S. Link (Princeton, NJ: Princeton University Press, 1985), 748。

14 关于他妻子病榻边的描述，请参考 Berg, *Wilson*, 334。关于他对朋友说的话，见 ibid., 336。

15 关于最初以传统中立立场做出的回应，见 Lloyd E. Ambrosius, *Wilsonian Statecraft: Theory and Practice of Liberal Internationalism During World War I* (Denver, CO: Rowman & Littlefield Publishers, 1991), 35–36; Cooper, *Warrior*, 272–273。引语和对内部冲突的担心，见 idem., *Wilson*, 263。原文见 Wilson, "Message to Congress," 63rd Congress, 2nd Session, Senate Doc. 566 (Washington, DC: Government Printing Office, 1914), 3–4。

16 威尔逊内弟的评论见 Cooper, *Warrior*, 274–275。

17 Berg, *Wilson*, 338。威尔逊对美国变成"军事国家"的担心，引自 Thompson, "More Tactics Than Strategy," 98。原始出处见 "From the Diary of Colonel House," August 30, 1914, in *The Papers of Woodrow Wilson*, vol. 30, ed. Arthur S. Link (Princeton, NJ: Princeton University Press, 1979), 462。

18 到了9月，罗斯福写了一篇文章呼吁建立"一个对和平和正义有作用的世界联盟"，这比威尔逊第一次公开表示对类似机构的支持早了两年。但是罗斯福对建立一个联盟以保障安全的承诺后来并没有保持下去。关于罗斯福的观点，见 Cooper, *Warrior*,

276–280。关于"军事理想主义",见 ibid., 327。
19 关于经济影响,见 Cooper, *Wilson*, 263–264; Berg, *Wilson*, 340–341(包括纽约证券交易所)。
20 关于船只购买法案,见 Cooper, *Wilson*, 270; Berg, *Wilson*, 341–342。
21 威尔逊的引语见 Cooper, *Warrior*, 274。
22 威尔逊对佩奇发表的关于应对英国封锁的评论,见 Thompson, "More Tactics Than Strategy," 107。关于英国封锁战术的详细描写,见 Arthur S. Link, *Woodrow Wilson: Revolution, War, and Peace* (Arlington Heights, IL: AHM Publishing Corp., 1979), 32–35。还可见 Cooper, *Wilson*, 265–266。
23 Cooper, *Wilson*, 264–265; Berg, *Wilson*, 243.
24 Cooper, *Wilson*, 269, 273.
25 Berg, *Wilson*, 350–351。豪斯的观点与英国战争大臣乔治·康沃尔·刘易斯勋爵在 1862 年底对巴麦尊首相阐述的观点相类似。
26 Ambrosius, *Wilsonian Statecraft*, 37; Cooper, *Warrior*, 275; Berg, *Wilson*, 350–351. 关于采访内容,见 Cooper, *Wilson*, 275–276。
27 Cooper, *Warrior*, 293–294; Cooper, *Wilson*, 267, 276–277; Berg, *Wilson*, 353–354.
28 德国潜艇数据见 Cooper, *Wilson*, 275。
29 威尔逊与布莱恩的辩论引语,见 Cooper, *Wilson*, 277–278。
30 关于 1915 年 4 月对"美国优先"的使用及其含义,见 Cooper, *Wilson*, 278。关于 1916 年 6 月对这一概念的进一步讨论,见 Berg, *Wilson*。
31 伊迪丝·高尔特的背景见 Berg, *Wilson*, 355–358。
32 那个时代的美国人会记住那个 5 月 7 日,就像后代人记住 1941 年 12 月 7 日,或 2001 年 9 月 11 日一样。在 20 世纪 20 年代,记者马克·沙利文(Mark Sullivan)根据采访写成了一本畅销书《我们的时代》。书中记述了美国人会记起自己是在什么地方听到灾难发生的消息的,也会记得当天的事件和他们的所思所感。关于马克·沙利文,见 Cooper, *Wilson*, 285; and idem. *Warrior*, 288–289。沙利文的《我们的时代》共六卷,在 1926 年到 1935 年间陆续出版。见 Mark Sullivan, *Our Times: The United States, 1900–1925* (New York: C. Scribner's Sons, 1926–35)。
33 罗斯福和豪斯的引语见 Berg, *Wilson*, 362–363。原始出处见 Theodore Roosevelt, " Murder on the High Seas," May 9, 1915; House to Wilson, May 9, 1915, in *The Intimate Papers of Colonel House*, vol. 1, ed. Charles Seymour (Boston: Houghton Mifflin Company, 1926), 434。
34 德国人的广告,见 Berg, *Wilson*, 363。
35 关于报纸编辑的"民意调查",见 Cooper, *Wilson*, 285。
36 Cooper, *Wilson*, 286. 原文见 Wilson to W. J. Bryan, June 7, 1915, in *The Papers of Woodrow Wilson*, vol. 33, ed. Arthur S. Link (Princeton, NJ: Princeton University Press, 1980), 349。
37 关于威尔逊的外交步骤,见 Cooper, *Wilson*, 286–289。
38 布莱恩的引语见 Berg, *Wilson*, 368。对布莱恩辞职的讨论,见 Cooper, *Wilson*, 290–294。
39 关于两名老资格民主党议员的表态,见 Cooper, *Wilson*, 291。
40 关于蓝辛,见 Eugene Trani, "Robert Lansing (1864–1928)," in Mihalkanin, *American Statesmen*, 314–324。关于威尔逊的决定,见 Cooper, *Wilson*, 294–295。
41 关于对海军和陆军的指令及第一批提议,见 Cooper, *Wilson*, 297–298。
42 关于对"阿拉伯号"事件的处理,见 Cooper, *Wilson*, 300–301, 303–304; Berg, *Wilson*, 369。

43 Cooper, *Wilson*, 308–309; Berg, *Wilson*, 386–389（包括"国家安全"和"国家尊严"的内容）。

44 关于"听起来太像罗斯福的做派了"的引语，见 Cooper, *Warrior*, 299。关于国会解决方案的失败，见 Cooper, *Wilson*, 312–314。

45 关于陆军-海军法案，见 Cooper, *Wilson*, 310–312。

46 关于豪斯-格雷备忘录，见 *Wilson*, 315–318; Berg, *Wilson*, 385。安布罗修斯的 *Wilsonian Statecraft* 对豪斯得到的指令、他使用的手段以及他超出指令范围行事的情况和结果有详尽的描写。关于豪斯的"狡诈特质"，见 Cooper, *Warrior*, 293–294。除了"萨塞克斯号"事件，美国在 1916 年还险些与墨西哥发生战争。潘乔·比利亚（Pancho Villa）3 月 9 日攻击了新墨西哥州边境的哥伦布镇，总统随后派潘兴将军进入墨西哥实施报复性攻击。最终，两个国家在一个调停委员会主持下达成和解。当民主党在 1916 年的选战活动中宣称"他让我们避免了战争"的时候，他们指的更多是墨西哥而不是欧洲。见 Cooper, *Wilson*, 319–322。

47 关于"萨塞克斯号"危机，见 Cooper, *Wilson*, 323–325; Berg, *Wilson*, 395–396; Ambrosius, *Wilsonian Statecraft*, 68–70。

48 威尔逊的引语见 Cooper, *Wilson*, 326。原始出处见"President on Defenses: In Speech to Anti-Militarists He Says Force Must Back Up Opinion," *New York Times*, May 9, 1916, 1。

49 关于在强制和平同盟会和扫墓日的演讲、威尔逊的引语及其与"十四点原则"之间的联系、国联和民主党纲领，见 Cooper, *Wilson*, 326–328; idem., *Warrior*, 301–302; Ambrosius, *Wilsonian Statecraft*, 71–73。

50 关于 C. E. 休斯的背景、共和党的分裂，以及选战活动，见 Cooper, *Wilson*, 336–338, 346–347。其中，第 338 页是关于"活鸡毛掸子"和"留着胡子的威尔逊"的内容，第 347 页是关于北达科他农民的内容。休斯的更多背景见第 8 章。

51 关于与英国的纠纷和威尔逊的引语，见 Cooper, *Wilson*, 342–343; Berg, *Wilson*, 418。

52 关于"和平、战备和进步主义"，见 Cooper, *Wilson*, 334。

53 关于关键州的选举结果和信息，见 Cooper, *Wilson*, 358–359。

54 关于威尔逊的信，见 Ray Stannard Baker, *Woodrow Wilson: Life and Letters*, vol. 6, *Facing War: 1915–1917* (New York: Charles Scribner's, 1937), 365。关于"和平攻势"的背景，见 Cooper, *Wilson*, 363–365; Berg, *Wilson*, 417–420; Ambrosius, *Wilsonian Statecraft*, 75–77。还可参考 Zelikow, "Curious End of Neutrality," 48n88。

55 可参考 Link, *Wilson the Diplomatist*, 60, 73–83; idem., *Woodrow Wilson: Revolution, War, and Peace*, 58–59; Ambrosius, *Wilsonian Statecraft*, 77–79。

56 See Zelikow, "Curious End of Neutrality."

57 Zelikow, "Curious End of Neutrality," 10.

58 见 Zelikow, "Curious End of Neutrality," 20–32，特别是 ibid., 28fns47–48。

59 关于伯恩斯托夫自作主张，见 Zelikow, "Curious End of Neutrality," 30–31 和 55fn104。关于比利时的主权和中立，见 ibid., 26–27 and 50。关于美国驻德国使馆发出的消息，见 ibid., 67–68fns131–132。关于德国对比利时的计划，其他学者提出了各不相同的观点。例如，林克就认为德国想保持比利时"附庸国"的地位。对此的一种回应，见 ibid., 31fn34。

60 泽利科对英国寻求妥协方案的意愿的观点，见 Zelikow, "Curious End of Neutrality," 37–47。特别是其中引用的"兰斯道恩勋爵关于和平解决方案的备忘录"，见 ibid., 45–47fns83–84。

61 See Zelikow, "Curious End of Neutrality," 48, 31fn54.

62 凯恩斯的引语见 Zelikow, "Curious End of Neutrality," 9, 12, 15, 43fn77。关于美联储举动的更多内容，见 Cooper, *Wilson*, 364。

63 关于打了折扣的照会和蓝辛，见 Zelikow, "Curious End of Neutrality," 65–67。还可见 Cooper, *Wilson*, 365–366; Berg, *Wilson*, 418–420。

64 关于豪斯跟伯恩斯托夫的对话和伯恩斯托夫的引语，见 Zelikow, "Curious End of Neutrality," 67。关于劳合·乔治，见 ibid., 68–69。

65 关于威尔逊的《无胜利的和平》演讲，见 Cooper, *Warrior*, 312–315（包括引语和罗斯福的反应）。还可见 Ambrosius, *Wilsonian Statecraft*, 80–81; Cooper, *Wilson*, 369–373; Berg, *Wilson*, 421–423; Zelikow, "Curious End of Neutrality," 69（包括英国对"不需要官方予以关注"的引语）。演讲全文见 Wilson, "An Address to the Senate," January 22, 1917, in *The Papers of Woodrow Wilson*, vol. 40, ed. Arthur S. Link (Princeton, NJ: Princeton University Press, 1983), 533–539。

66 Zelikow, "Curious End of Neutrality," 69, fn139 包括贝特曼的引语和美国大使对德国的表态。对德军的评价见 Cooper, *Wilson*, 373; Zelikow, "Curious End of Neutrality," 69。

67 关于"黄种人"的内容和对国会的演讲，见 Cooper, *Wilson*, 375–376。还可见 Ambrosius, *Wilsonian Statecraft*, 83。

68 齐默尔曼的电报见 Cooper, *Wilson*, 378; Ambrosius, *Wilsonian Statecraft*, 84–85。

69 威尔逊号召参议院改变规则，使其有能力缩短辩论的时间。这一呼吁促成了结束辩论程序的创立。关于用长时间辩论来阻挠议案通过的行为（以及新的结束辩论规则），见 Cooper, *Wilson*, 378–380。

70 关于威尔逊的第二次就职演说、通向战争的步骤、疾病和采访引语，见 Cooper, *Wilson*, 380–383。

71 关于中立国在国际秩序中的角色，以及中立概念从"旧"到"新"的转变，见 Hendrickson, *Union, Nation or Empire*, 306–308。还可见 Brooke Blower, "From Isolationism to Neutrality: A New Framework for Understanding American Political Culture, 1919–1941," *Diplomatic History* 38, no. 2 (2014)。

72 Hendrickson, *Union, Nation, or Empire*, 306–308.

73 Sigmund Freud and William C. Bullitt, *Thomas Woodrow Wilson, Twenty-Eighth President of the United States: A Psychological Study* (Boston: Houghton, Mifflin, 1966).

74 可参考 Ambrosius, *Wilsonianism*; Tony Smith, *America's Mission: The United States and the Worldwide Struggle for Democracy in the Twentieth Century* (Princeton: Princeton University Press, 1994), xv。

75 Cooper, "Making a Case for Wilson," 21.

76 Arthur Link, "The Higher Realism of Woodrow Wilson," *Journal of Presbyterian History* 41, no. 1 (March 1963), 1–13; Ernest May, *The World War and American Isolation: 1914–1917* (Cambridge, MA: Harvard University Press, 1959), 437; Francis Gavin, "The Wilsonian Legacy in the Twentieth Century," *Orbis* 41, no. 4 (Autumn 1997), 632; David Halberstam, *The Best and the Brightest* (New York: Random House, 1972), 56. 更宽泛的内容，见 Martin Walker, "Woodrow Wilson and the Cold War: 'Tear Down This Wall, Mr. Gorbachev,' " in Cooper, *Reconsidering Woodrow Wilson*, 279, 282。

77 见 Trygve Throntveit, *Power Without Victory: Woodrow Wilson and the American Internationalist Experiment* (Chicago: University of Chicago Press, 2017)。不过威尔逊并不认为自己是一个"实用主义者"。还可参考 idem., " 'Common Counsel': Woodrow Wilson's Pragmatic Progressivism," in Cooper, *Reconsidering*

Woodrow Wilson, 25。

78 Kissinger, *Diplomacy*, 55; see Thomas J. Knock, "Kennan Versus Wilson," and Kennan, "Comments," in John Milton Cooper Jr., and Charles E. Neu, eds., *The Wilson Era: Essays in Honor of Arthur S. Link* (Arlington Heights, IL: Harlan Davidson, 1991), 330.
79 McDougall, *Promised Land, Crusader State*, 146.
80 Ambrosius, *Wilsonian Statecraft*, xii–xvi（引语在 xv and xvi）。
81 Walker, "Woodrow Wilson and the Cold War," 296.
82 这一洞察也是受到了 Thompson, "More Tactics Than Strategy," 95–110 的启发，并试图建立在其基础之上。
83 泽利科也对威尔逊的外交政策程序和美国政府缺少工作人员（与伦敦甚至柏林相比）的问题提出了批评，见 "Curious End of Neutrality," 2, 34–37。
84 Zelikow, "Curious End of Neutrality," 2.
85 有关凯恩斯的观察，见 Cooper, *Wilson*, 373。
86 Walker, "Woodrow Wilson and the Cold War," 296. 还可见第 9 章伊莱休·鲁特设计的选项，即让参议院有保留地批准《凡尔赛和约》。

第 8 章　军备控制和华盛顿会议：查尔斯·埃文斯·休斯

1 Roger Dingman, *Power in the Pacific: The Origins of Naval Arms Limitation, 1914–1922* (Chicago, IL: University of Chicago Press, 1976), 196. 原始出处见 *London Times*, November 12, 1921。其他关于会议开幕的描写，见 *The Washington Conference, 1921–22: Naval Rivalry, East Asian Stability and the Road to Pearl Harbor*, ed. Erik Goldstein (Newbury Park, UK: F. Cass, 1994), 26–28; Margot Louria, *Triumph and Downfall: America's Pursuit of Peace and Prosperity, 1921–1933* (Westport, CT: Greenwood Press, 2001), 47–49; Merlo Pusey, *Charles Evans Hughes*, vol. 2 (New York: Macmillan, 1951), 466–473; Tooze, *Deluge*, 396–397。
2 关于寇松的建议，见 Louria, *Triumph*, 41。关于 H. G. 威尔斯，见 ibid., 48。原始出处见 H. G. Wells, *Washington and the Riddle of Peace* (New York: Macmillan, 1922), 68。
3 Goldstein, *Washington Conference*, 27.
4 Pusey, *Hughes*, 467.
5 Pusey, *Hughes*, 467. 关于哈定的演讲，见 Warren G. Harding, "Address of the President of the United States at the Opening of the Conference on Limitation of Armament at Washington, November 12, 1921" (Washington, DC: Government Printing Office, 1921)。
6 关于休斯演讲的保密情况，见 Pusey, *Hughes*, 464–465。
7 演讲全文见 Charles Evans Hughes, *Address of Charles E. Hughes, Secretary of State of the United States and American Commissioner to the Conference on Limitation of Armament, on Assuming the Duties of Presiding Officer at the Conference, Washington, D.C., November 12, 1921* (Washington, DC: Government Printing Office, 1921)。关于背景和观众在演讲中的反应，见 Pusey, *Hughes*, 467–471; Louria, *Triumph*, 48–49; Dingman, *Power in the Pacific*, 197。
8 Pusey, *Hughes*, 471–472; William Allen White, *Autobiography* (New York: Macmillan, 1946), 600.
9 关于英国海军上将和《曼彻斯特卫报》，见 Pusey, *Hughes*, 470–471。原始出处见 H. W. Nevinson, *Manchester Guardian Weekly*, November 18, 1921, 384。关于罗斯福在日记中对

英国人反应的观察，见 Goldstein, *Washington Conference*, 27–28。

10 关于日本的电报费，见 Pusey, *Hughes*, 473。关于林·拉德纳，见 Pusey, *Hughes*, 472。关于《纽约时报》的报道，见 Dingman, *Power in the Pacific*, 197。

11 关于对休斯的风险的评估，见 Pusey, *Hughes*, 464。

12 关于贝尔福的引语和英国的评估背景，见 Dingman, *Power in the Pacific*, 198–199。丁曼还更广泛地讨论了英国、日本和美国内部的官僚—政治辩论。

13 但是，强大的德国舰队在覆灭过程中从来没有和英国敌人进行过战斗。德皇的军官遵照命令把已经投降的军舰开到苏格兰，以便让敌人瓜分，但他们却故意让船进水，使其沉没在了斯卡帕湾的海底。关于英国停止造船和节省开支，见 Tooze, *Deluge*, 398; Dingman, *Power in the Pacific*, 200。

14 关于日本的声明和内部辩论，见 Dingman, *Power in the Pacific*, 201–203; Tooze, *Deluge*, 398–399。

15 《华盛顿海军条约》的文本见 Appendix 1 in Emily Goldman, *Sunken Treaties: Naval Arms Control Between the Wars* (University Park, PA: Pennsylvania State University Press, 1994), 274 on。关于参议院的批准和投票，见 Charles Evans Hughes, *The Autobiographical Notes of Charles Evans Hughes*, ed. David J. Danelski and Joseph S. Tulchin (Cambridge, MA: Harvard University Press, 1973), 245。关于总体的投票情况，见 Goldstein, *Washington Conference*, 133。

16 条约和声明的影印版见 appendices in Goldman, *Sunken Treaties*, beginning at 273。条约列表还可见 Richard Morris, ed., *Encyclopedia of American History*, bicentennial ed. (New York: Harper & Row, 1976), 379。还可以看本章尾注 15 中提到的资料。洛奇的引语见 Pusey, *Hughes*, 499。

17 "How Hughes Measures Up with the 'Veteran Diplomats,'" *Literary Digest* 71, no. 12 (December 17, 1921), 38–39, quoting Harold Phelps Stokes.

18 对华盛顿会议的成就和缺陷的评估，见 Goldstein, *Washington Conference*, 134–137。

19 *Times* of London quoted in Pusey, *Hughes*, 411。原文见 *Times* (London), March 3, 1921。《当代评论》的评价见 *Current Opinion* 70 (April 1921), 440–443。英国大使的引语见 Hughes, *Autobiographical Notes*, 214–215。

20 见 Louria, *Triumph*, 19。还可见 *World's Work* 41 (April 1921), 529–530; Hughes, *Autobiographical Notes*, 209（引用了休斯 1924 年的观点）。

21 彭罗斯的引语见 *Literary Digest* 68 (March 5, 1921), 12。

22 Pusey, *Hughes*, 441–442.

23 债权人数据见 Hughes, *Autobiographical Notes*, 253。对美国经济能力的评价，见 Louria, *Triumph*, 3。关于衰退，见 Goldstein, *Washington Conference*, 126。1920年到 1921年的经济数据，见 Dingman, *Power in the Pacific*, 146。

24 See Louria, *Triumph*, 9–10.

25 关于法国的立场，见 Goldstein, *Washington Conference*, 192 on。关于法国的主要目标，还可参考 Tooze, *Deluge*, 401。

26 见 Goldstein, *Washington Conference*, 4–6；关于英国和劳合·乔治的政治，见该文献第 29 页，关于自治领，见第 61 页。还可见 Dingman, *Power in the Pacific*, 112and 162–163。

27 关于日本，见 Louria, *Triumph*, 38–40; Goldman, *Sunken Treaties*, 35–36, 59–68; Tooze, *Deluge*, 399。关于军费开支占预算的近乎一半，见 Pusey, *Hughes*, 454; Louria, *Triumph*, 138。

28 关于毒气，见 Louria, *Triumph*, 12–33。关于西班牙大流感，见 Niall P. A. S. Johnson and Juergen Mueller, "Updating the Accounts: Global Mortality of the 1918–1920 'Spanish' Influenza," *Bulletin of the History of Medicine* 76, no. 1 (Spring 2002)。

29 关于古典外交的衰落，见 Louria, *Triumph*, 10。

30 关于"三叉戟的没落"和英国的内部争论，见 Dingman, *Power in the Pacific*, 17–33。

31 关于英国的全球和地区政策，见 Goldstein, *Washington Conference*, 39。

32 见 Dingman, *Power in the Pacific*, 97–104。关于"橙色战争计划"，见 Green, *By More Than Providence*, 131–136。

33 见 Dingman, *Power in the Pacific*, 116–121。关于平等不等于均等，见 Goldstein, *Washington Conference*, 277。

34 见 Dingman, *Power in the Pacific*, 48–63（"头号假想敌"在第 60 页），1920 年的建造计划在第 122–123 页。见 Tooze, *Deluge*, 399, and Thomas H. Buckley, *The United States and the Washington Conference, 1921–1922* (Knoxville, TN: University of Tennessee, 1970), 59。

35 关于日本对中国东北的看法，见 Louria, *Triumph*, 60–61。还可参考 Goldman, *Sunken Treaties*, 63。

36 关于巴黎条约的结果，见 Dingman, *Power in the Pacific*, 88。

37 See Dingman, *Power in the Pacific*, 143。

38 Dingman, *Power in the Pacific*, 143–146。

39 包括《纽约时报》的引语，见 *Literary Digest* 68 (March 5, 1921), 12；编辑的引语见 Hughes, *Autobiographical Notes*, xvii。

40 部分描述见 Louria, *Triumph*, 17。引语和他幽默的一面，见 Hughes, *Autobiographical Notes*, xii。

41 关于杰克逊-弗兰克福特以及弗兰克福特的引语，见 Hughes, *Autobiographical Notes*, xxviii and xxix。

42 这位国务卿对行政也很有兴趣。他助力《罗杰斯法案》于 1924 年颁布。该法案重新组织了国务院，并为现代外交工作打下了基础。引语见 Hughes, *Autobiographical Notes*, xxii, xxiv, xxv，《罗杰斯法案》见第 203 页；媒体吹风会见 Louria, *Triumph*, 19,《罗杰斯法案》见第 83 页；休斯的行政能力和《罗杰斯法案》见 Dexter Perkins, *Charles Evans Hughes and American Democratic Statesmanship* (Boston: Little, Brown, 1956), 96。

43 Hughes, *Autobiographical Notes*, 201–202。

44 Hughes, *Autobiographical Notes*, 199。

45 关于休斯的建议，见 Pusey, *Hughes*, 455, 引自 *New York Times*, May 4, 1921。关于哈定-博拉，还可参考 Dingman, *Power in the Pacific*, 148–151（"死亡贩子"在第 150 页）；Louria, *Triumph*, 25–27。

46 Louria, *Triumph*, 26; Pusey, *Hughes*, 455。

47 关于格迪斯的会议，见 Dingman, *Power in the Pacific*, 149–150; Louria, *Triumph*, 34–35; Tooze, *Deluge*, 395。

48 见 Dingman, *Power in the Pacific*, 152（关于邀请）and 169–171（关于帝国会议）；Pusey, *Hughes*, 455–458; Hughes, *Autobiographical Notes*, 242–243; Louria, *Triumph*, 35–36; Goldstein, *Washington Conference*, 15–17。

49 见 Dingman, *Power in the Pacific*。其中，关于博拉和洛奇，包括"潘多拉的盒子"，在第 153 页；预备会议在第 154 页；爱尔兰在第 172、176 页；Louria, *Triumph*, 37–41; Pusey, *Hughes*, 457–459。

50　关于张伯伦和《旁观者》的引语，见 Goldstein, *Washington Conference*, 19。《旁观者》原文见 "The Washington Conference," *Spectator*, November 19, 1921, 657–658。
51　关于贝尔福的任命、计划和指示，见 Goldstein, *Washington Conference*, 21–26；Dingman, *Power in the Pacific*, 173–177。
52　关于日本，见 Dingman, *Power in the Pacific*, 178–195（包括加藤友三郎大将的角色）。关于休斯对币原喜重郎的安抚及日本同意参加，见 Louria, *Triumph*, 40。关于休斯得到日本将会接受邀请的保证，见 Pusey, *Hughes*, 459。
53　见 Goldstein, *Washington Conference*, 192–200; Louria, *Triumph*, 41（包括法语作为官方语言）。
54　中国的困境，见 Goldstein, *Washington Conference*, 249–265; Tooze, *Deluge*, 402–407。
55　对欧洲外交的不信任，以及与格迪斯的谈话，见 Pusey, *Hughes*, 457–458。其中引用了《国务卿与英国大使（格迪斯）的谈话备忘录》, September 20, 1921, in *Foreign Relations of the United States*, 1921, vol. 1, Doc. 88 (hereafter *FRUS*)。
56　关于休斯的会议组织，见 Louria, *Triumph*, 41–42。
57　参考 Louria, *Triumph*, 42, 46（关于美国代表团）; Hughes, *Autobiographical Notes*, 240, 247; Pusey, *Hughes*, 459–460（关于哈定对鲁特的不确信）。
58　作者对理查德·伯特大使的采访，2019 年 9 月 5 日。
59　关于休斯对美国提议的发展，见 Hughes, *Autobiographical Notes*, 241–246。参议员对未来海军建造和防务工程比例的看法，以及"标尺"的设定，引自 Philip C. Jessup, *Elihu Root*, vol. 2 (New York: Dodd, Mead & Company, 1938), 449。关于与海军的合作，见 Louria, *Triumph*, 43–47; Pusey, *Hughes*, 460–465。
60　关于会议组织、媒体吹风会和休斯的主席工作，见 Pusey, *Hughes*, 474–475。
61　美国人和英国人的计算差异与需要计算在吨位限制内的补给、弹药和燃料有关，也与英国担心其在未来因其他国家在海洋战争中的创新而变弱有关。美国人计算后认为，英国人的 3.5 万吨相当于美国人的 3.7 万吨。见 "Memorandum by the Secretary to the British Empire Delegation of a Conversation at the Department of State, December 15, 1921," *FRUS*, 1922, vol. 1 (Washington, DC: U.S. Government Printing Office, 1938), 122–125。
62　Pusey, *Hughes*, 476–481, 包括加藤友三郎的提议、代表团对防务设施的看法，以及贝尔福-休斯在战列舰调整上的合作。日本对比例的看法，见 Dingman, *Power in the Pacific*, 187–195, 条约谈判在第 201–207 页，其中截获电报在第 203 页。防务设施见 Hughes, *Autobiographical Notes*, 246–247。Goldman, *Sunken Treaties*, 121–130。
63　身为将军的罗斯福于 1944 年的登陆日在犹他海岸登陆，重返法国。他于 1944 年 7 月 12 日在法国因心脏病发作而去世。
64　关于法国，包括法国的逻辑、被侮辱感，以及与罗斯福的交流、葡萄酒和香槟的损失，还有白里安的决定，见 Louria, *Triumph*, 53–55。还可见 Pusey, *Hughes*, 481–484。关于法国内部辩论的细节，见 Goldstein, *Washington Conference*, 200–212。
65　其他舰种，包括保留"萨拉托加号"和"列克星敦号"，见 Pusey, *Hughes*, 484–486。
66　关于在战争中限制使用潜艇和毒气弹的条约，见 the appendix in Goldman, *Sunken Treaties*。
67　关于休斯对条约起草的监督，以及法语和英语的文本，见 Pusey, *Hughes*, 468, 488。
68　关于《四国条约》, 见 Pusey, *Hughes*, 491–500, 包括休斯起草条约、不用"同盟"这个词、洛奇对大会的发言以及参议院的保留意见。还可见 Louria, *Triumph*, 57–58。关于大英帝国的考虑，见 Goldstein, *Washington Conference*, 74–78。

69 关于中国在会议上的位置、作用和弱点、英国"恢复原状"的愿望、日本的利益、中国的十点原则、《九国公约》的准备工作,以及关税、邮局及其他议题上的结果,见 Goldstein, *Washington Conference*, 249–265。关于"新加坡战略",见 Goldstein, *Washington Conference*, 67。还可见 Pusey, *Hughes*, 501–503,以及该战略与美国"门户开放"政策的关系。见 Louria, *Triumph*, 57–62,包括"门户开放"、中国东北、铁路、海关以及电台频率。图兹做了一个很好的总结,包括英国人谈到的"爱国主义作秀",以及对中国做出了比以往更多的承诺,却"失去了机会",见 *Deluge*, 402–406。还可见 Wunsz King, *China at the Washington Conference, 1921–1922* (New York: St. John's University Press, 1963), 38–39。《九国公约》的三点原则,见 Goldman, *Sunken Treaties*, 9,"协调利益冲突"在第 132–137 页。

70 关于美英在山东和东北问题上的中日双边谈判中的调停,见 Pusey, *Hughes*, 503–506,包括美国公众的态度、休斯对日本施压和中国学生围堵外交官,以及 36 次会议。关于日本对从《朴次茅斯和约》中获得的权利以及在中国东北的权利,还有从山东撤军等问题的看法,见 Louria, *Triumph*, 59–62。

71 见本章尾注 69 和 70 中引用的材料,特别是 Tooze, *Deluge*; Goldman, *Sunken Treaties*; David Armstrong, "China's Place in the New Pacific Order," in Goldstein, *Washington Conference*,包括历史学家的观点。

72 See Akira Iriye, *After Imperialism: The Search for a New Order in the Far East, 1921–1931* (Cambridge, MA: Harvard University Press, 1965).

73 关于英美关系的紧张、"背信弃义"的英国,以及英国的"保险政策",见 Goldstein, *Washington Conference*, 30, 127–128。

74 见 Iriye, *After Imperialism*,"经济外交政策"在第 3 页,日本对美国的出口和资本流动在第 9 页和第 26 页。纽约市的影响比不上伦敦当年,见 Tooze, *Deluge*, 401。

75 See Ernest May, foreword to Goldstein, *Washington Conference*.

76 关于早期的一次引人注目的努力,见 Adam Tooze, *Crashed: How a Decade of Financial Crises Changed the World* (New York: Viking, 2018)。

77 关于 3.5 亿美元的年度海军预算,见 Goldstein, *Washington Conference*。关于后来在要塞基地上的花费,见 Hughes, *Autobiographical Notes*, 246–247。关于海军新战术的发展,见 Goldstein, *Washington Conference*, 149。Green, *By More Than Providence*, 141–143(包括第 141 页提到的尼米兹的论文)。美国海军对作战部队的部署,见 Tooze, *Deluge*, 401。

78 See Hughes's address to the American Historical Association, "Some Aspects of Our Foreign Policy," in *Annual Report of the American Historical Association for the Year 1922*, vol. 1 (Washington, DC: Government Printing Office, 1926), 251–269.

79 见 Goldstein, *Washington Conference*,"神圣的百分比"在第 136 页,后来的会议在第 137–144 页。

80 对华盛顿会议的解读的变化,见梅在 Goldstein, *Washington Conference* 中撰写的前言。还可见 Harold and Margaret Sprout, *Toward a New Order of Sea Power: American Naval Policy and the World Scene, 1918–1922* (Princeton: Princeton University Press, 1940)。戈德斯坦的论文提供了更广的国际视野。从军控的视角考察华盛顿会议的经验在冷战中"粉碎军备控制的正统观念"的作用,见 Goldman, *Sunken Treaties*, 3–32。

81 See Goldman, *Sunken Treaties*, 3–8.

82 关于"过程",见 Dingman, *Power in the Pacific*, xii。关于把各个条约视为"一个工

具", 见 Green, *By More Than Providence*, 137。
83 作者2019年9月5日对伯特大使的采访。在今天的东北亚把地区安全和军控结合在一起处理的案例,见 Robert B. Zoellick, "How to Negotiate with Kim Jong Un," *Wall Street Journal*, February 24, 2019, A17。

第 9 章　国际法与国际合作：伊莱休·鲁特

1 在1899年的海牙会议上,各国政府创立了常设仲裁法院。根据参议院于1900年批准生效的条约,美国总统提名4名美国人进入仲裁团名单。因此,国联的秘书长通过国务院把信交给鲁特和另外3人。但是,1920年参议院否决了美国加入国联的计划之后,国务院就不再理睬国联发来的消息。实际上,写给鲁特和另外3人的公函就存在国务院的"死信"文件夹里,无人回复。鲁特8月才知道这些信件的存在,并写信给休斯要求寻找这些丢失的邮件。休斯立即找到了这些邀请函并转寄给鲁特。之后,鲁特和另外3名仲裁团成员需要确定下一步该怎么做。鲁特决定拜访在华盛顿的国务卿休斯。关于这些信的故事,见 Jessup, *Root*, vol. 2, 425–426; Richard Leopold, *Elihu Root and the Conservative Tradition* (Boston: Little, Brown, 1954), 155–156; Pusey, *Hughes*, 595–597。
2 关于1919年到1920年的鲁特和国际法庭,见 Jessup, *Root*, vol. 2, 418–422; Leopold, *Root*, 143–144。
3 关于美国公众对国际法庭的支持,见 Perkins, *Charles Evans Hughes*, 89。
4 关于德·瓦泰尔,见 Cobbs Hoffman, *American Umpire*, 181。原始出处见 Emer de Vattel, *The Law of Nations: Or, Principles of the Law of Nature, Applied to the Conduct and Affairs of Nations and Sovereigns*, trans. Joseph Chitty (Philadelphia: T. & J. W. Johnson, 1844), 277。
5 关于边沁,见 Cobbs Hoffman, *American Umpire*, 181–182。原始出处见 Bentham's "Plan for a Universal and Perpetual Peace," in *The Works of Jeremy Bentham*, vol. 2, ed. John Bowring (Edinburgh: William Tait, 1839), 546–560。
6 关于作为"多边规范之母"的"万国法",见 Hendrickson, *Union, Nation, or Empire*, 9。
7 关于韦伯斯特和让国际关系为美国政策服务的想法,见 Hendrickson, *Union, Nation, or Empire*, 9。原文见 Daniel Webster, "The Revolution in Greece," in *The Speeches and Orations of Daniel Webster* (Boston: Little, Brown and Company, 1914), 66。
8 关于罗斯福,见 Cobbs Hoffman, *American Umpire*, 198–199; Hendrickson, *Union, Nation, or Empire*, 295–296。演讲原文见 Theodore Roosevelt, "International Peace," reprinted in *Advocate of Peace* 72, no. 6 (June 1910), 146–147。
9 读者可以回头看第4章中关于"特伦特号"事件的描述,看看在这场纠纷中,国际法和荣誉感是如何几乎导致英国在1861年宣战的。关于"亚拉巴马号"索赔案和第一批外国法官的引入,见 Cobbs Hoffman, *American Umpire*, 135。大概10年之后,美国接受了巴黎一个仲裁庭的判决,该判决有利于在阿拉斯加捕猎海豹的加拿大猎人。见 ibid., 184。
10 Cobbs Hoffman, *American Umpire*, 184; Arthur C. F. Beales, *The History of Peace: A Short Account of the Organised Movements for International Peace* (London: G. Bell, 1931), 190–191。
11 关于奥尔尼的条约,见 Leopold, *Root*, 57。
12 关于苏特纳,包括其对沙皇的影响、与《汤姆叔叔的小屋》的类比以及诺贝尔奖,见 Cobbs Hoffman, *American Umpire*, 186–187。原文见 Bertha von Suttner, *Lay Down Your Arms: The Autobiography of Martha von Tilling*, trans. T. Holmes (London: Longmans, Green & Co., 1894)。

13 Cobbs Hoffman, *American Umpire*, 187–189.

14 关于鲁特和第一次海牙会议在仲裁问题上的工作,见 Jessup, *Root*, vol. 2, 75–79。关于本杰明·哈里森,见 Cobbs Hoffman, *American Umpire*, 189。

15 Cobbs Hoffman, *American Umpire*, 190.

16 关于阿拉斯加边界案,包括阿尔弗斯通(Alverstone)勋爵的裁决,见 Jessup, *Elihu Root*, vol. 1 (New York: Dodd, Mead, 1938), 389–401; Zimmermann, *First Great Triumph*, 451–452。

17 关于海约翰的仲裁条约、例外和参议院的保留意见,见 Jessup, *Root*, vol. 2, 79–80。

18 Walter Isaacson and Evan Thomas, *The Wise Men: Six Friends and the World They Made: Acheson, Bohlen, Harriman, Kennan, Lovett, McCloy* (New York: Simon & Schuster, 1986), 28.

19 关于鲁特早年间的经历,见 Jessup, *Root*, vol. 1; Zimmermann, *First Great Triumph*, 123–148; Leopold, *Root*, 172–189。鲁特外曾祖父在康科德桥战役中的表现,见 Jessup, *Root*, vol. 1, 3。律师协会的创立,见 Zimmermann, *First Great Triumph*, 128。汉密尔顿学院的毕业典礼演讲,见 ibid., 134。关于法学训练、"科学的"案例教学法和鲁特的古典法学意识形态,见 Jonathan Zasloff, "Law and the Shaping of American Foreign Policy," *NYU Law Review* 78 (2003), 239. Lodge quote from Jessup, *Root*, vol. 1, 453。

20 引语和收入数字见 Jessup, *Root*, vol. 1, 183。关于他对内战后宪法修正案的看法以及对弱势群体的维护,见 Zimmermann, *First Great Triumph*, 144 and 488。

21 罗斯福的引语见 Jessup, *Root*, vol. 1, 453; Leopold, *Root*, 72。

22 "正义胜过一切"的引语见 Zimmermann, *First Great Triumph*, 146。原始出处见 Root, "The Monroe Doctrine: Address at the Ninety-Ninth Annual Banquet of the New England Society of New York," December 22, 1904, in Elihu Root, *Miscellaneous Addresses*, ed. Robert Bacon and James Brown Scott (Cambridge, MA: Harvard University Press, 1917), 272。

23 Jessup, *Root*, vol. 1, 215,引自 Elihu Root, *Addresses on Government and Citizenship*, ed. Robert Bacon and James Brown Scott (Cambridge, MA: Harvard University Press, 1916), 503–504。鲁特实际上的作用远远超过殖民地管理者的角色。不久前的战争中滋生的丑闻和内讧摧毁了军队。军队的组织更像是边境警卫队,而不是现代的军队。在一些研究了德国的成功体制的军官的推荐下,鲁特取消了旧式的各自独立的办公室结构,代之以参谋长结构,包括作战部队和参谋机构之间的轮换机制。他还建立了一座新的军事学院,作为一个军队教育系统的基石。这个系统中包括教授具体的军事技巧、规划与战略。鲁特还启动了用国民预备役部队取代旧式民兵组织的进程。"一战"之后,作为鲁特之后最成功的战争部长之一的牛顿·贝克(Newton Baker)曾表示,大战期间美国军队大幅扩军的成功正是建立在鲁特的组织改革的基础之上。Jessup, *Root*, vol. 1, 240。

24 引自 Jessup, *Root*, vol. 1, 219。

25 见 Jessup, *Root*, vol. 1, 346–348,引自 *Annual Report of the Secretary of War*, pt. 1, vol. 1 (Washington, DC: Government Printing Office, 1899), 24。

26 关于鲁特对菲律宾的政策,见 Jessup, *Root*, vol. 1, 329–371,包括对塔夫脱的指示,以及委任状和菲律宾人的权利; Zasloff, "Law and the Shaping of American Foreign Policy," 291–299 ; Zimmermann, *First Great Triumph*, 386–395 and 403–417。引语见 Jessup, *Root*,

vol. 1, 348, 引自 Arthur Wallace Dunn, *From Harrison to Harding: A Personal Narrative, Covering a Third of a Century, 1888–1921*, vol. 1 (New York: G. P. Putnam's Sons, 1922), 257。

27 尽管体重重达 147 千克, 但塔夫脱还是在湿热的环境下走遍了菲律宾群岛, 亲自考察当地的情况。有一次塔夫脱生病之后, 鲁特还关心地询问他的健康状况。塔夫脱回答说, 这次康复之后, 他已可以骑马在山区进行长途旅行。鲁特立即用电报回复称: "不错, 马还好吗?"引自 Jessup, *Root*, vol. 1, 363。

28 《普拉特修正案》还规定, 古巴将把海军港口出售或租给美国。由此, 美国无限期地租下了位于古巴东端关塔那摩湾的一处海军基地。鲁特细心的法律工作的影响一直持续到今天。见 James Brown Scott, "Elihu Root: An Appreciation," *Proceedings of the American Society of International Law at Its Annual Meeting (1921–1969)*, vol. 31, April 29– May 1, 1937 (Washington, DC: American Society of International Law, 1937), 4–6。还可见 Zasloff, "Law and the Shaping of American Foreign Policy," 288–290。关于德皇的引语见 Jessup, *Root*, vol. 1, 314。关于关塔那摩, 见 Ibid., 326。

29 2001 年我担任美国贸易代表的时候, 巴西外交部长塞尔索·拉菲(Celso Lafer)引用了鲁特的一句话, 以表达我们所希望建立的关系。外交家寻求在前辈工作的基础上继续发展。见 Zimmermann, *First Great Triumph*, 473 (包括 "好邻居"); 关于 "好邻居", 见 Jessup, *Root*, vol. 1, 563。关于鲁特和拉美, 见 Leopold, *Root*, 63–67。

30 见 Zasloff, "Law and the Shaping of American Foreign Policy," 305–308, 引自 Elihu Root, "The Hague Peace Conferences, Address in Opening the National Arbitration and Peace Congress, in the City of New York (April 15, 1907)," in Elihu Root, *Addresses on International Subjects*, ed. Robert Bacon and James Brown Scott (Cambridge, MA: Harvard University Press, 1916), 130–131。

31 关于第二次海牙会议, 见 Jessup, *Root*, vol. 2, 67–82 (指示引自第 75–76 页); Leopold, *Root*, 54–57; Scott, "Elihu Root," 9, 33。

32 Jessup, *Root*, vol. 2, 79–81, 267.

33 中美洲法院延续到 1917 年, 然后被威尔逊当局破坏。Jessup, *Root*, vol. 1, 500–514; Scott, "Elihu Root," 10–11 (包括引语和 "第一个被赋予常设职能的国际法院"的表述)。当我在小布什总统的班子里担任美国贸易代表的时候, 我与 5 个中美洲国家和多米尼加共和国谈成了一个自由贸易协定, 以支持它们的经济整合与发展。如今, 中美洲需要美国支持它们的治理、反腐败以及对犯罪组织和贩毒活动的打击。

34 怀着对美加关系的预期, 鲁特下令把加拿大的国徽放进华盛顿的泛美联盟大楼(今天的美洲国家组织总部)里, 和其他美洲共和国的国徽放在一起。Jessup, *Root*, vol. 2, 99.

35 关于美加伙伴关系, 包括纽芬兰的仲裁案, 见 Jessup, *Root*, vol. 2, 83–99 and 284。

36 Scott, "Elihu Root," 25–30, 包括引语, 引自 49 Cong. Rec. 1822–1824 (1913), and 51 Cong. Rec. 8955 (1914)。

37 Scott, "Elihu Root," 8; Robert B. Strassler, ed., *The Landmark Thucydides: A Comprehensive Guide to the Peloponnesian War* (New York: Free Press, 1996), 351–353.

38 Jessup, *Root*, vol. 2, 374–376. 贡献列表见 Leopold, *Root*, 53。

39 见 Jessup, *Root*, vol. 2, 310–312, 包括他在 1870 年的经历和对德国的指责; 关于德累斯顿, 见 Zimmermann, *First Great Triumph*, 129。

40 Jessup, *Root*, vol. 2, 313, 包括引语。

41 Leopold, *Root*, 98。

42 关于新政治秩序, 见 Jessup, *Root*, vol. 2, 313。奥斯卡·施特劳斯(Oscar Straus)的引

注 释

语引自 Cobbs Hoffman, *American Umpire*, 197。原始出处见 Oscar Straus, "Rebuilding the Foundations of International Peace," *New York Times Current History*, vol. 4 (New York: New York Times Company, 1917), 908。

43　Elihu Root, "The Outlook for International Law," Presidential Address at the Ninth Annual Meeting of the American Society of International Law, Washington, December 28, 1915, in *Addresses on International Subjects*, 393–394.

44　Scott, "Elihu Root," 13–14, 引自 "Minutes of the Meeting of the Executive Council: April 27, 1918," *Proceedings of the American Society of International Law at the Meetings of Its Executive Council*, vol. 12/13, April 27, 1918, and April 17, 1919 (Washington, DC: American Society of International Law, 1919), 17–18。

45　Jessup, *Root*, vol. 2, 376; Leopold, *Root*, 129–130.

46　见 Leopold, *Root*, 122–127, 133–143, 保留政策的发展在第 138 页; Jessup, *Root*, vol.2, 383–409, 关于第十条的引语在第 392–393 页, 对欧洲的义务和 5 年期限在第 393 页; Zasloff, "Law and the Shaping of American Foreign Policy," 342–356, 对国际法的批评在第 342–345 页, 威尔逊的引语在第 353 页, 引自 Thomas J. Knock, *To End All Wars: Woodrow Wilson and the Quest for a New World Order* (Princeton: Princeton University Press, 1992), 259。

47　关于法国, 见 Jessup, *Root*, vol. 2, 401–402 (包括引语); Zasloff, "Law and the Shaping of American Foreign Policy," 356–361。

48　Leopold, *Root*, 141–143; Jessup, *Root*, vol. 2, 407–408.

49　See Elihu Root, "The 'Great War' and International Law," Presidential Address at the Fifteenth Annual Meeting of the American Society of International Law, April 27, 1921, in *Advocate of Peace Through Justice* 83, no. 6 (June 1921), 225–230; idem., "Steps Toward Preserving Peace," *Foreign Affairs* 3, no. 3 (April 1925), 351–57; idem., "The Codification of International Law," Report Submitted to the 23rd Conference on the Interparliamentary Union, Washington, DC, October 3, 1925, reprinted in *American Journal of International Law* 19, no. 4 (October 1925), 675–684.

50　关于鲁特为促使参议院批准世界章程而做出的努力, 见 Jessup, *Root*, vol. 2, 428–444; Leopold, *Root*, 162–168。

51　关于鲁特给范内瓦·布什的意见, 见 Jessup, *Root*, vol. 2, 472–473, 引自 Root to Dean Vannevar Bush, December 22, 1936, and Bush to Jessup, August 16, 1937。

52　在这方面, 鲁特的看法不同于塔夫脱-诺克斯的仲裁条约以及凯洛格-白里安的"和平条约"; 塔夫脱的观点是, 仲裁可以避免 1812 年、1846 年和 1898 年战争的发生。见 Hendrickson, *Union, Nation, or Empire*, 296。

53　见 Charles N. Brower et al., "The Legacy of Elihu Root," *Proceedings of the Annual Meeting (American Society of International Law)*, vol. 100, March 29–April 1, 2006 (Washington, DC: American Society of International Law, 2006), 203–216。所有引语都在其中。

54　Zasloff, "Law and the Shaping of American Foreign Policy."

55　可参考 Robert Keohane, *After Hegemony: Cooperation and Discord in the World Political Economy* (Princeton: Princeton University Press, 1984) and, with Joseph Nye, *Power and Interdependence: World Politics in Transition* (Boston: Little, Brown, 1977)。还可见 Richard Steinberg and Jonathan Zasloff, "Power and International Law," *American Journal of International Law* 100, no. 1 (January 2006), 64–87, 其中对一个多世纪国际法思潮的流变做出了有益的分类和描述。斯坦伯格和扎斯洛夫可能会把我的观点归类为"现实

主义和理性制度主义的混合物"（76）。
56 可参考 Joseph Nye, "Soft Power," *Foreign Policy*, no. 80 (Autumn 1990), 153–171; idem., *Soft Power: The Means to Success in World Politics* (New York: Public Affairs, 2004)。
57 关于国际法的有限好处的观点，见 Jack Goldsmith and Eric Posner, *The Limits of International Law* (New York: Oxford University Press, 2005)。关于对国家主权的保护的观点，见 John Bolton, "Should We Take Global Governance Seriously?" *Chicago Journal of International Law*, vol. 1, no. 2 (2000)。
58 Cobbs Hoffman, *American Umpire*, 218，引自 *Conference on the Limitation of Armament*, Washington, November 12, 1912–February 6, 1922 (Washington, DC: U.S. Government Printing Office, 1922), 268。汉密尔顿的引语见 "Legacy of Elihu Root," 216。原始出处见 "From Alexander Hamilton to Robert Morris," August 13, 1782, *The Papers of Alexander Hamilton*, vol. 3, *1782–1786*, ed. Harold C. Syrett (New York: Columbia University Press, 1962), 132–143。

第10章　自由贸易体系与和平：科德尔·赫尔

1　Cordell Hull, *The Memoirs of Cordell Hull*, vol. 1 (New York: Macmillan Company, 1948), 352.
2　Hull, *Memoirs*, 81.
3　Hull, *Memoirs*, 364.
4　Cordell Hull, "The World Waits," September 15, 1936, in *Vital Speeches of the Day* 2, no. 26 (October 1, 1936), 794–797.
5　Cordell Hull, "International Trade," November 1, 1934, in *Vital Speeches of the Day* 1, no. 4 (November 19, 1934), 107–111.
6　1792年的数据见 Douglas Irwin, *Clashing over Commerce: A History of U.S. Trade Policy* (Chicago: University of Chicago Press, 2017), 79。
7　Irwin, *Clashing over Commerce*, 86，也引自 Gerard Clarfield, "Protecting the Frontiers: Defense Policy and the Tariff Question in the First Washington Administration," *William and Mary Quarterly* 32, no. 3 (July 1975), 443–464（粗体强调处为原文所加）。
8　数据见 Irwin, *Clashing over Commerce*, 7, 154。
9　Irwin, *Clashing over Commerce*, 7–8.
10　Irwin, *Clashing over Commerce*, 303–305.
11　Irwin, *Clashing over Commerce*, 297.
12　Irwin, *Clashing over Commerce*, 306.
13　Irwin, *Clashing over Commerce*, 316.
14　Irwin, *Clashing over Commerce*, 309–310. 关于麦金利在泛美博览会上的演讲，见 William McKinley, *Last Speech of William McKinley, Delivered at the Pan-American Exposition at Buffalo, September 5, 1901* (Washington, DC: Government Printing Office, 1904)。
15　Irwin, *Clashing over Commerce*, 312–314.
16　Irwin, *Clashing over Commerce*, 338–339. 关于赫尔的角色，见 Hull, *Memoirs*, 80–81; Michael Butler, *Cautious Visionary: Cordell Hull and Trade Reform, 1933–1937* (Kent, OH: Kent State University Press, 1998), 3。
17　美国的制造业产值在全球的占比从1913年的36%增长到1926—1929年的42%，数据见 Irwin, *Clashing over Commerce*, 340, 344。
18 引语见 Irwin, *Clashing over Commerce*, 344–345，引自 William Diamond, *The Economic Thought of Woodrow Wilson* (Baltimore: Johns Hopkins University Press, 1943), 183。关于威尔逊的"十四点原则"，见 "President Woodrow Wilson's Fourteen Points," January 8, 1918, Avalon Project, Yale University, http://avalon.law.yale.edu/20th_century/wilson14.asp。
19 Hull, *Memoirs*, 82.
20 关税的下降有一部分可以追溯到国会对某些商品按照特定金额征收关税（而不是按照价格的某个百分比征收关税）的做法；在战时通货膨胀的情况下，进口商品价格上涨，这种特定金额的关税所占的百分比就下降了。Irwin, *Clashing over Commerce*, 346–347。关于洛奇的保留意见，见 "Senator Henry Cabot Lodge's Personal Copy of His 'Reservations' of the Treaty of Versailles" (1919), Records Relating to Treaties with Foreign Countries, 1789–2000, Record Group 46: Records of the U.S. Senate, 1789–2015, National Archives Catalog, https://catalog.archives.gov/id/5678178。
21 Irwin, *Clashing over Commerce*, 356–359.
22 无条件最惠国的概念可追溯到 1713 年的《乌得勒支和约》，系一个国家给予另一个国家的贸易特权。无条件最惠国将获得与其他所有得到承认的最惠国相同的好处。富兰克林于 1778 年与法国签订的《友好通商条约》中包括一个无条件最惠国的条款。Cobbs Hoffman, *American Umpire*, 92.
23 Irwin, *Clashing over Commerce*, 365.
24 关于斯穆特-霍利，见 Irwin, *Clashing over Commerce*, 371–410，包括第 388 页的 3 300 种产品；"互投赞成票"的引语在第 375 页，源自 House Democratic Minority Report, drafted by Hull，引自 H.R. Rep. No. 7-71 (1929), 11；1 028 个经济学家在第 386 页。
25 自 1930 年以来，国会再也没有对关税做出过全面的规定。事实上，1930 年的《关税法案》仍在法典名录之中，只不过实际的税率在几十年间已经下降了。这是行政机构经由国会授权后与其他国家谈判所实现的。见 Irwin, *Clashing over Commerce*, 397。可见 Milton Friedman and Anna J. Schwartz, *A Monetary History of the United States* (Princeton: Princeton University Press, 1963); Price Fishback, "U.S. Monetary and Fiscal Policy in the 1930s," in *The Great Depression of the 1930s: Lessons for Today*, eds. Nicholas Crafts and Peter Fearon (New York: Oxford University Press, 2013).
26 数据见 Irwin, *Clashing over Commerce*, 390, 394。
27 Irwin, *Clashing over Commerce*, 401. 斯穆特的引语见 71 Cong. Rec. 3537–3575 (1929)（引语本身在第 3548 页）。
28 Irwin, *Clashing over Commerce*, 401–408.
29 William Hard, "Mr. Hull Persists," *Current History* 40 (April 1934), 14–19.
30 关于赫尔的背景，见 Butler, *Cautious Visionary*, 1–14; Irwin F. Gellman, *Secret Affairs: Franklin Roosevelt, Cordell Hull, Sumner Welles* (Baltimore, MD: Johns Hopkins University Press, 1995), 23–29, 31（关于"幸存者"的引语）; Hull, *Memoirs*; Donald Drummond, "Cordell Hull," in *An Uncertain Tradition: American Secretaries of State in the Twentieth Century*, ed. Norman Graebner (New York: McGraw-Hill, 1961), 184。
31 Butler, *Cautious Visionary*, 4–5.
32 法利的引语见 Butler, *Cautious Visionary*, 6，引自 Frank Freidel interview with James A. Farley, Frank Freidel Interview File, Franklin D. Roosevelt Presidential Library, Hyde Park, New York。
33 Gellman, *Secret Affairs*, 29, 31.

34 关于智囊团，见 Gellman, *Secret Affairs*, 32，关于推迟和莫利，见 Butler, *Cautious Visionary*, 19–20。
35 关于伦敦会议，见 Butler, *Cautious Visionary*, 28–81; Gellman, *Secret Affairs*, 38–41; Hard, "Mr. Hull Persists," 16。
36 Hull, *Memoirs*, 356, 358，包括引语。
37 Hull, *Memoirs*, 357–361.
38 Irwin, *Clashing over Commerce*, 425–426.
39 Butler, *Cautious Visionary*, 95–96.
40 Irwin, *Clashing over Commerce*, 431.
41 Irwin, *Clashing over Commerce*, 433.
42 Hull, *Memoirs*, 370.
43 Julius Pratt, *Cordell Hull, 1933–44*, vol. 12 of *The American Secretaries of State and Their Diplomacy*, eds. Samuel Flagg Bemis and Robert H. Ferrell (New York: Cooper Square, 1964), 117–119. 赫尔的引语引自 Hull, *Memoirs*, 370。
44 Butler, *Cautious Visionary*, 100–101，皮克关于"贸易机构"的引语在第 101 页。
45 见 Butler, *Cautious Visionary*, 97–120。关于"单方面的经济裁军"，见 Pratt, *Hull*, 117。
46 见 Butler, *Cautious Visionary*, 97–120; Hull, *Memoirs*, 371–374，包括给罗斯福的消息中的引语。
47 Pratt, *Hull*, 115; Irwin, *Clashing over Commerce*, 447，引自 Stewart Patrick, *Best Laid Plans: The Origins of American Multilateralism and the Dawn of the Cold War* (Lanham, MD: Rowman & Littlefield, 2009), 124。
48 关于锰，见 Pratt, *Hull*, 120; Butler, *Cautious Visionary*, 123。
49 Butler, *Cautious Visionary*, 124–126.
50 见 Butler, *Cautious Visionary*, 127, 183（关于直到 1938 年的各项协议清单）。
51 关于加拿大，见 Butler, *Cautious Visionary*, 130–136。
52 关于英国，见 Butler, *Cautious Visionary*, 129, 137–155。赫尔的引语引自 Hull, *Memoirs*, 519–520。
53 见 Butler, *Cautious Visionary*, 137–155。赫尔的引语引自 "Memorandum of Conversation, by the Assistant Secretary of State (Sayre)," November 16, 1937, *FRUS*, 1937, The British Commonwealth, Europe, Near East and Africa, vol. 2, Document 58。
54 张伯伦的引语见 Irwin, *Clashing over Commerce*, 438, 439，引自 Arthur W. Schatz, "The Anglo-American Trade Agreement and Cordell Hull's Search for Peace, 1936–1938," *Journal of American History* 55, no. 1 (June 1970), 100。关于《慕尼黑协定》，见 Pratt, *Hull*, 128, 294–300; Whitney H. Shepardson and William Scroggs, *The United States in World Affairs, 1938* (New York: Harper & Brothers, 1938), 190–199。
55 关于德国和意大利，见 Butler, *Cautious Visionary*, 155–158（引语在第 158 页）。
56 关于日本，见 Butler, *Cautious Visionary*, 159–161，引自 "The Ambassador in Japan (Grew) to the Secretary of State," February 6, 1935, *FRUS*, 1935, Far East, vol. 3, 833。
57 Butler, *Cautious Visionary*, 171–174（选举），179–180; Irwin, *Clashing over Commerce*, 443–446.
58 Hull, *Memoirs*, 746–747.
59 关于盖洛普民意调查，见 Irwin, *Clashing over Commerce*, 448，修正提案和投票在第 449 页。
60 关于共和党纲领，见 Irwin, *Clashing over Commerce*, 450，1943 年的投票在第 452–454

页，筹款委员会的报告在第 454 页，引自 H.R. Rep. No. 403-78 (1948), 10。
61　协议清单见 Irwin, *Clashing over Commerce*, 440，数据和引语在第 439、441 页。
62　引语源自 Hull, *Memoirs*, 365。赫尔的有限作用，见 Drummond, "Cordell Hull," 184, 196–203。
63　关于战后规划和联合国的创立，见 Drummond, "Cordell Hull," 203, 206–208。
64　Irwin, *Clashing over Commerce*, 26，引自 Paul Douglas, *In the Fullness of Time: The Memoirs of Paul H. Douglas* (New York: Harcourt Brace Jovanovich, 1972), 476。
65　Irwin, *Clashing over Commerce*, 422–423，引自 Dean Acheson, *Present at the Creation: My Years in the State Department* (New York: W. W. Norton, 1969), 9–10。
66　克莱顿的引语见 Irwin, *Clashing over Commerce*, 464，引自 Gregory A. Fossedal, *Our Finest Hour: Will Clayton, the Marshall Plan, and the Triumph of Democracy* (Stanford, CA: Hoover Institution Press, 1993), 136。

第 11 章　马歇尔计划和北约：同盟体系的构建者们

1　5 000 万人的数字，见 Melvyn P. Leffler, *A Preponderance of Power: National Security, the Truman Administration, and the Cold War* (Stanford, CA: Stanford University Press, 1992), 1；52.2 万人的数字，见 Benn Steil, *The Marshall Plan: Dawn of the Cold War* (New York: Simon & Schuster, 2018), 2。
2　Forrest C. Pogue, *George Marshall*, vol. 4, *Statesman*, 1945-1959 (New York: Viking Press, 1987), 159，引自 George C. Marshall, *The Winning of the War in Europe and the Pacific: Biennial Report of the Chief of Staff of the United States Army, July 1, 1943 to June 30, 1945, to the Secretary of War* (Washington, DC: War Department, 1945), 118。
3　Leffler, *Preponderance of Power*, 11，引自 JCS 1769/1, "United States Assistance to Other Countries from the Standpoint of National Security," April 29, 1947。
4　See R. Alton Lee, "The Army 'Mutiny' of 1946," *Journal of American History* 53, no. 3 (December 1966), 557; Joseph T. Glatthaar, *The American Military: A Concise History* (New York: Oxford University Press, 2018), 89。
5　Leffler, *Preponderance of Power*, 106。
6　Leffler, *Preponderance of Power*, 25。
7　Lawrence Haas, *Harry and Arthur: Truman, Vandenberg, and the Partnership That Created the Free World* (Lincoln, NE: Potomac Books, 2016), 50。
8　David McCullough, *Truman* (New York: Simon & Schuster, 1992), 219。
9　McCullough, *Truman*, 191, 258。
10　Alexander De Conde, "George Catlett Marshall," in Graebner, *Uncertain Tradition*, 247。
11　Steil, *Marshall Plan*, 20。
12　McCullough, *Truman*, 469。
13　McCullough, *Truman*, 470, 480–481, 492–493; Leffler, *Preponderance of Power*, 44, 46。
14　Steil, *Marshall Plan*, 18–19; Leffler, *Preponderance of Power*, 63，引自 Memo for the President by John J. McCloy, April 26, 1945; "Assistant Secretary of State (Acheson) to Mr. Harry L. Hopkins, Special Assistant to President Roosevelt," December 26, 1944, *FRUS*, General: Political and Economic Matters, vol. 2, Doc. 438。
15　引自 Steil, *Marshall Plan*, 15–17。
16　Fossedal, *Our Finest Hour*, 16–25.

17 Fossedal, *Our Finest Hour*, 26–36.
18 Fossedal, *Our Finest Hour*, 12, 25, 36–38; Steil, *Marshall Plan*, 51.
19 关于贸易，见 Fossedal, *Our Finest Hour*, 60–61，采购在第 65–82 页。
20 Fossedal, *Our Finest Hour*, 108–109. 1946 年，杜鲁门总统提升克莱顿为副国务卿。
21 Benn Steil, *The Battle of Bretton Woods: John Maynard Keynes, Harry Dexter White, and the Making of a New World Order* (Princeton: Princeton University Press, 2013), 255–260; Fossedal, *Our Finest Hour*, 137–145.
22 Steil, *Bretton Woods*, 11.
23 Fossedal, *Our Finest Hour*, 182–183.
24 Fossedal, *Our Finest Hour*, 184–191. 英国到 2006 年才还完贷款。见 Finlo Rohrer, "What's a Little Debt Between Friends?" BBC News, May 10, 2006, http://news.bbc.co.uk/2/hi/uk_news/magazine/4757181.stm。
25 Fossedal, *Our Finest Hour*, 192–199（他的引语在第 198 页）。
26 Jean Edward Smith, *Lucius D. Clay: An American Life* (New York: Henry Holt, 1990), 356 on，包括克莱的引语，在第 356 页。
27 引语见 Smith, *Clay*, 350–352。
28 Smith, *Clay*, 352.
29 Leffler, *Preponderance of Power*, 116–121.
30 关于凯南和长电报的讨论，见 John Lewis Gaddis, *George F. Kennan: An American Life* (New York: Penguin Press, 2011), 216–228; Steil, *Marshall Plan*, 28–31; Pogue, *Marshall*, 155–156; Leffler, *Preponderance of Power*, 108–110。长电报原文见"Telegram, George Kennan to George Marshall," February 22, 1946, Wilson Center Digital Archive, https://digitalarchive.wilsoncenter.org/document/116178.pdf。
31 McCullough, *Truman*, 486–490.
32 Dean Acheson, *Present at the Creation: My Years in the State Department* (New York: W. W. Norton, 1969), 197–198; Leffler, *Preponderance of Power*, 110–111; Steil, *Marshall Plan*, 23–25.
33 Leffler, *Preponderance of Power*, 110–114; Steil, *Marshall Plan*, 24。
34 Acheson, *Present at the Creation*, 195–196.
35 Leffler, *Preponderance of Power*, 130–138（包括故事）; McCullough, *Truman*, 543–545。关于 20 年，见 Haas, *Harry and Arthur*, 115。
36 McCullough, *Truman*, 523.
37 Acheson, *Present at the Creation*, 200.
38 McCullough, *Truman*, 530.
39 Lawrence Kaplan, *The Conversion of Senator Arthur H. Vandenberg: From Isolation to International Engagement* (Lexington, KY: University Press of Kentucky, 2015), 87（引自范登堡的论文）and 169。
40 关于 47 天，见 Haas, *Harry and Arthur*, 2; Kaplan, *Conversion*, 1–3（"进取精神"的说法引自詹姆斯·赖斯顿在 1948 年的论述）。还可见 Hendrik Meijer, *Arthur Vandenberg: The Man in the Middle of the American Century* (Chicago: University of Chicago Press, 2017), 4–6, 70, 119。
41 Meijer, *Vandenberg*, 4.
42 Meijer, *Vandenberg*, 6–9; Kaplan, *Conversion*, 2–4.
43 Kaplan, *Conversion*, 3–4, 8, 11–14; Meijer, *Vandenberg*, 16.

44 范登堡相信，亚历山大·汉密尔顿代表了一种民族主义、保守主义和进步主义的超级混合物。这位政治活动积极的编辑写起文章来速度很快，在20世纪20年代出版了两本汉密尔顿的传记。1926年，G.P. Putnam's Sons 出版社出版了范登堡所写的美国史巨著，*The Trail of a Tradition*。Kaplan, *Conversion*, 17–19.
45 Kaplan, *Conversion*, 21–23, 25–27.
46 关于赖斯顿的引语，见 Haas, *Harry and Arthur*, 26。
47 范登堡发明了"搭便车"（hitch-hiked）和"新考验"（New Ordeal）的说法，并让"无聊事"（fiddle faddle）走红。Meijer, *Vandenberg*, 70, 119; Kaplan, *Conversion*, 30–34.
48 Kaplan, *Conversion*, 35–39; Haas, *Harry and Arthur*, 22.
49 Kaplan, *Conversion*, 42, 66, 74.
50 见 Kaplan, *Conversion*，赫尔在第87页，马歇尔在第90页。
51 Kaplan, *Conversion*, 97–98.
52 Kaplan, *Conversion*, 125–145；见 Haas, *Harry and Arthur*，杜鲁门的引语在第23页，"不可或缺的人"在第35–36页，杜鲁门关于"每一步行动"的指示在第60页。
53 Kaplan, *Conversion*, 145–150.
54 Haas, *Harry and Arthur*, 101.
55 Kaplan, *Conversion*, 160–161, 164, 167.
56 Acheson, *Present at the Creation*, 192–193.
57 杜鲁门的引语见 Mark A. Stoler, *George C. Marshall: Soldier-Statesman of the American Century* (Boston: Twayne Publishers, 1989), 154。
58 Pogue, *Marshall*, 144–145.
59 过去50年间，国务院的任何一位成员都无法想象，如果没有秘书处，那么该如何管理和评估那么多观点和行动请求。多年来，美国外交政策涉及数量巨大的活动和利益，其中许多都是国会指派的，而国务院那松散的矩阵式组织扩张的范围更远。现代的国务卿必须想好如何让秘书处为他们工作，而不仅仅是为"大楼"工作（外交部门把庞大的外交官办公室网络称为"大楼"）。Acheson, *Present at the Creation*, 213–215; Pogue, *Marshall*, 146–151.
60 艾奇逊是第一位与政策规划室一起工作的副国务卿，后来自己也当上了国务卿。他解释了为什么政策规划室的工作是极其难做的。他写道，规划部门的领导都会受到两种诱惑：第一种是把政策规划室变成替国务卿办事的"工具人"，因为国务卿可能会对国务院的惰性感到沮丧；第二种诱惑是让政策规划人员变成"百科全书编纂者"，把所有的数据和国家都分析一通，却分不清它们之间的区别。我还会加上第三种风险——特别是对那些成为政策规划领导的学术权威来说——撰写能够展示其知识水平的公开报告，却对实际工作中的决策毫无影响。史学家们需要谨慎地评价到底哪些文章是真正对决策人起到了作用的。Acheson, *Present at the Creation*, 214–215. 在一个类似的欧洲和国际体系发生剧变的时刻，国务卿贝克让我研究马歇尔的两项创新：政策规划室和执行秘书的设置。他希望我能帮他把"此时此地"与"未来"结合起来，同时免于陷入官僚机构里那些烦琐的事务之中。贝克国务卿的政策规划室主任丹尼斯·罗斯（Dennis Ross）是我的同事和朋友，他秉持马歇尔的创新理念，极好地激发出了全新的政策思考。
61 Pogue, *Marshall*, 147–148（引用了艾奇逊的采访）。我经常回想起马歇尔在多个执行类的岗位上所表现出的智慧。我在听到别人连篇累牍地汇报各种因素、挫折和不确定性之后，会说一句和马歇尔类似的话："你想让我解决什么问题？你建议怎么做？"Pogue, *Marshall*, 148; Acheson, *Present at the Creation*, 216.

62 Acheson, *Present at the Creation*, 217–218; Pogue, *Marshall*, 161–163; Steil, *Marshall Plan*, 22, 32–34; Leffler, *Preponderance of Power*, 142–144; McCullough, *Truman*, 541–542.
63 Leffler, *Preponderance of Power*, 143; Steil, *Marshall Plan*, 51. 原始出处见 "Memorandum on the Creation of a National Council of Defense," in William Clayton, *Selected Papers of Will Clayton*, ed. Frederick J. Dobney (Baltimore: Johns Hopkins Press, 1971), 198–199。
64 见本章尾注 62。"连轴转"的引语见 Steil, *Marshall Plan*, 32。
65 Leffler, *Preponderance of Power*, 7.
66 Steil, *Marshall Plan*, 33.
67 Acheson, *Present at the Creation*, 219; Steil, *Marshall Plan*, 35–36; Pogue, *Marshall*, 164–165; Kaplan, *Conversion*, 184–185.
68 See Acheson, *Present at the Creation*, 219; Steil, *Marshall Plan*, 36.
69 Acheson, *Present at the Creation*, 221–222; Steil, *Marshall Plan*, 37–41. 关于克莱顿，见 Fossedal, *Our Finest Hour*, 209。
70 Acheson, *Present at the Creation*, 221–222; Steil, *Marshall Plan*, 39, 43.
71 Steil, *Marshall Plan*, 43.
72 See "Special Message to the Congress on Greece and Turkey: The Truman Doctrine," March 12, 1947, in *Public Papers of the Presidents of the United States: Harry S. Truman, 1947*, vol. 3 (Washington, DC: Government Printing Office, 1963), 176–180.
73 Acheson, *Present at the Creation*, 223.
74 关于这句话的出处，见 Pogue, *Marshall*, 167; Acheson, *Present at the Creation*, 225; Fossedal, *Our Finest Hour*, 208。
75 Steil, *Marshall Plan*, 89–91.
76 Haas, *Harry and Arthur*, 152–153.
77 Leffler, *Preponderance of Power*, 146.
78 Acheson, *Present at the Creation*, 223.
79 Kaplan, *Conversion*, 184–191; Acheson, *Present at the Creation*, 223–225; Steil, *Marshall Plan*, 49（关于美国公众对联合国的倾向）。
80 Steil, *Marshall Plan*, 46–48.
81 Steil, *Marshall Plan*, 60.
82 Pogue, *Marshall*, 177（43 次会议）; Stoler, *Marshall*, 161（"石头屁股"）; De Conde, "Marshall," 252（"外交场合里……"）。关于维也纳会议的书籍，见 Steil, *Marshall Plan*, 71。
83 Steil, *Marshall Plan*, 82.
84 最近有一本研究马歇尔在中国的活动的著作，见 Daniel Kurtz-Phelan, *The China Mission: George Marshall's Unfinished War, 1945–1947* (New York: W. W. Norton and Company, 2018)。
85 Pogue, *Marshall*, 194–196，引自 Charles E. Bohlen, *Witness to History, 1929–1969* (New York: W. W. Norton, 1973), 263。
86 Pogue, *Marshall*, at 196；引语见 Steil, *Marshall Plan*, 85。原始出处见 "Editorial Note," *FRUS*, 1947, British Commonwealth; Europe, vol. 3, Doc. 133。
87 Steil, *Marshall Plan*, 86.
88 Gaddis, *Kennan*, 265.
89 Gaddis, *Kennan*, 266–267.

90 在外交实践和主张的问题上，我喜欢克莱顿的多面性：他把脚踏实地的观察和实用的经济学解释结合在一起。另外，他的团队在各个领域都留下了印记。Acheson, *Present at the Creation*, 231.
91 Fossedal, *Our Finest Hour*, 203，引自 Alan Bullock, *Ernest Bevin: Foreign Secretary, 1945–1951* (New York: W. W. Norton, 1983), 361。McCullough, *Truman*, 540.
92 Fossedal, *Our Finest Hour*, 215.
93 Irwin, *Clashing over Commerce*, 475–477; Fossedal, *Our Finest Hour*, 201–202.
94 Irwin, *Clashing over Commerce*, 477.
95 Fossedal, *Our Finest Hour*, 213.
96 Fossedal, *Our Finest Hour*, 213–214.
97 Fossedal, *Our Finest Hour*, 210, 211, and 213，引自 Joseph M. Jones, *The Fifteen Weeks* (New York: Viking, 1955), 226–228。
98 Acheson, *Present at the Creation*, 227.
99 Acheson, *Present at the Creation*, 227.
100 Fossedal, *Our Finest Hour*, 222–226。关于世界银行的贷款，见 Leffler, *Preponderance of Power*, 157。
101 Irwin, *Clashing over Commerce*, 48.
102 Fossedal, *Our Finest Hour*, 222–225; Irwin, *Clashing over Commerce*, 478–482.
103 Acheson, *Present at the Creation*, 231.
104 "Memorandum by the Under Secretary of State for Economic Affairs (Clayton)," *FRUS*, 1947, British Commonwealth; Europe, vol. 3, Doc. 136.
105 Acheson, *Present at the Creation*, 231.
106 Steil, *Marshall Plan*, 110.
107 Fossedal, *Our Finest Hour*, 228–229，引自 "May 27 and June 5: A Comparison of William Clayton's Memorandum and George Marshall's Speech," Alexis de Tocqueville Institution, December 20, 1989, adapted from Ross J. Pritchard, "William L. Clayton" (PhD diss., Fletcher School of Law and Diplomacy, 1955), 296–298。
108 Steil, *Marshall Plan*, 111.
109 关于马歇尔的演讲，见 "The Marshall Plan Speech," June 5, 1947, George C. Marshall Foundation, https://www.marshallfoundation.org/marshall/the-marshall-plan/marshall-plan-speech/。
110 Isaacson and Thomas, *Wise Men*, 413; Steil, *Marshall Plan*, 111–115.
111 Fossedal, *Our Finest Hour*, 235.
112 Irwin, *Clashing over Commerce*, 481，引自 William Clayton, "GATT, the Marshall Plan, and OECD," *Political Science Quarterly* 78, no. 4 (December 1963), 499。
113 Fossedal, *Our Finest Hour*, 248–251.
114 Irwin, *Clashing over Commerce*, 483–489.
115 Steil, *Marshall Plan*, 123–131，"资本主义危机"在第123页，"苏联间谍"在第127页，斯大林的新指示在第127–128页，凯南的引语在第109页，引自 Kennan interview with Harry B. Price, February 19, 1953, Folder: "January-June, 1953," Box 1, Oral History Interview File, Price Papers, Truman Library。
116 Steil, *Marshall Plan*, 147.
117 Steil, *Marshall Plan*, 147–175，凯南在第169–171页。
118 Steil, *Marshall Plan*, 174，引自 Ernst Hans van der Beugel, *From Marshall Aid to Atlantic*

Partnership: European Integration as a Concern of American Foreign Policy (New York: Elsevier, 1966), 72。

119　Pogue, *Marshall*, 238，引自作者1956年11月19日对马歇尔的采访; Steil, *Marshall Plan*, 249，引自1952年10月30日普莱斯对马歇尔的采访，收录于 Harry B. Price, *The Marshall Plan and Its Meaning* (Ithaca, NY: Cornell University Press, 1955), 65 ; Kaplan, *Conversion*, 194 ; 关于范登堡，见 Haas, *Harry and Arthur*, 174。

120　Steil, *Marshall Plan*, 194–197.

121　当局还必须密切关注国会中居于少数派地位的民主党。当一个党的执行部门必须和在国会中处于多数地位的另一个党合作的时候，当局在少数党中的朋友就很容易感到自己被忽视了。艾奇逊会见民主党参议院人士之后，在发表哈佛演讲前不久提醒马歇尔注意这一风险。Kaplan, *Conversion*, 198; Steil, *Marshall Plan*, 200. See "Memorandum by the Under Secretary of State (Acheson) to the Secretary of State," May 28, 1947, *FRUS*, British Commonwealth; Europe, vol. 3, Doc. 137.

122　McCullough, *Truman*, 565; Stoler, *Marshall*, 165，引自 Larry I. Bland, ed. *George C. Marshall Interviews and Reminiscences for Forrest C. Pogue*, 3rd ed., Tape 18, Recorded November 19, 1956 (Lexington, VA: George C. Marshall Foundation, 1996), 527 ; Steil, *Marshall Plan*, 189 ; 关于童子军，见 Pogue, *Marshall*, 247。

123　Steil, *Marshall Plan*, 213, 222; Kaplan, *Conversion*, 198.

124　Kaplan, *Conversion*, 200; Steil, *Marshall Plan*, 230。范登堡的引语见 Meijer, *Vandenberg*, 308。

125　Kaplan, *Conversion*, 200; Steil, *Marshall Plan*, 226, 260。关于345亿美元的预算，见 Haas, *Harry and Arthur*, 160。

126　Steil, *Marshall Plan*, 247，引自 Francis Wilcox and Thorsten Kalijarvi, interview with Harry B. Price, August 8, 1952, Folder: "August-December 1952," Box 1, Oral History Interview File, Price Papers, Truman Library。

127　Steil, *Marshall Plan*, 248，引自 94 Cong. Rec. 1915–20 (1948)。

128　Steil, *Marshall Plan*, 249，引自 Gallup poll, March 3, 1948。

129　Steil, *Marshall Plan*, 250.

130　Steil, *Marshall Plan*, 258–261.

131　Steil, *Marshall Plan*, 261.

132　Kaplan, *Conversion*, 201; Pogue, *Marshall*, 253–254.

133　Steil, *Marshall Plan*, 342, 包括援助计划的数额。

134　Steil, *Marshall Plan*, 356，其中也提出了论断，认为这一关于德国的政策一直持续到了冷战结束。

135　Steil, *Marshall Plan*, 81, 357.

136　Leffler, *Preponderance of Power*, 156，引自 Meeting of the Secretaries of State, War, and Navy, July 3, 1947, RG 107, Patterson Papers, Safe File, Box 3, National Archives; Department of State, *A Decade of American Foreign Policy: Basic Documents, 1941–1949*, rev. ed. (Washington, DC: U.S. Government Printing Office, 1985), 331。

137　Leffler, *Preponderance of Power*, 151–155.

138　See "Memorandum of Conversation, by the Under Secretary of State for Economic Affairs (Clayton)," June 20, 1947, *FRUS*, 1947, Council of Foreign Ministers; Germany and Austria, vol. 2, Doc. 374.

139　Leffler, *Preponderance of Power*, 187, 197–198, 211–215（康诺利的引语在第202页）。

140 Steil, *Marshall Plan*, 249, 引自 "The Ambassador in the United Kingdom (Douglas) to the Secretary of State," March 1, 1948, *FRUS*, 1948, Germany and Austria, vol. 2, Doc. 72。
141 McCullough, *Truman*, 603.
142 Steil, *Marshall Plan*, 252.
143 Steil, *Marshall Plan*, 253–255.
144 Steil, *Marshall Plan*, 269–274; McCullough, *Truman*, 630; Smith, *Clay*, 462–493.
145 Steil, *Marshall Plan*, 286, 引自 CIA 8-48, August 19, 1948, Folder: "NSC Meeting 18," Box 178, National Security Council—Meetings File, Subject File, President's Secretary's Files, Truman Papers, TrumanLibrary。
146 Steil, *Marshall Plan*, 292, 302; McCullough, *Truman*, 647.
147 McCullough, *Truman*, 648; Steil, *Marshall Plan*, 293, 302.
148 McCullough, *Truman*, 685–687.
149 Meijer, *Vandenberg*, 333–334; Steil, *Marshall Plan*, 301–302.
150 Haas, *Harry and Arthur*, 254–255.
151 Steil, *Marshall Plan*, 324.
152 Steil, *Marshall Plan*, 312.
153 Steil, *Marshall Plan*, 324.
154 Gaddis, *Kennan*, 329–330; Steil, *Marshall Plan*, 326.
155 Gaddis, *Kennan*, 349; Steil, *Marshall Plan*, 327–328.
156 凯南的引语见 Gaddis, *Kennan*, 339；Steil, *Marshall Plan*, 328，引自 Gaddis, *Kennan*, 369–370。
157 Pogue, *Marshall*, 323；引语见 Gaddis, *Kennan*, 321。
158 《基本法》的起草者曾列入了两个关于或有事项的特别条款。第 23 条授权德国的其他部分接受《基本法》和新的德意志联邦共和国。1957 年法国结束对萨尔兰的占领后，这个州根据这个条款加入了联邦德国。第 146 条预期在德国统一后通过"全德"选举产生一个国民大会，并协商制定新的宪法。1989 年到 1990 年，柏林墙开放之后，我和我的美国同事与德国伙伴们一样，都研究了这些已有 40 年历史的条款。我们同意德国的统一应按照第 23 条的规定来进行，这样就保留了西德的政府体制及其多年来积累下来的国际义务。西德对东德五个州和柏林的统一将会是一次接管，而不是合并。事实上，艾奇逊国务卿早在我们之前很久就预见到了这一天。1949 年的 5 月，他直白地表示，美国将"建立西德政府，不管遇到什么困难。任何统一都应建立在波恩宪法的基础上"。1990 年的德国统一协议删除了第 23 条。根据国务卿贝克的建议，删除行动是西德人私下进行的。见 Philip Zelikow and Condoleezza Rice, *Germany Unified and Europe Transformed: A Study in Statecraft* (Cambridge, MA: Harvard University Press, 1995), 201–202, 230–231; Steil, Marshall Plan, 330。
159 Steil, *Marshall Plan*, 251. 40 多年后，当欧洲人辩论要不要在北约内部创建一个欧洲人的团体的时候，我问一位德国的同僚西欧联盟（Western European Union，曾用名为 Western Union，1954 年西德和意大利加入后更名）是否能起到这个作用。他回答说："不可能。"他指出，西欧联盟曾经被用来针对德国，而且德国后来也只是勉强接受了该联盟的存在。国家对组织的早期心理联想会在很长一段时间内妨碍外交活动的作用。
160 Steil, *Marshall Plan*, 250, 253; Leffler, *Preponderance of Power*, 218.
161 到 1947 年底，苏联人已经有约 20 多次动员否决权以阻碍行动的记录。Haas, *Harry and Arthur*, 193, 230; Pogue, *Marshall*, 323; Meijer, *Vandenberg*, 312–318.

162 Meijer, *Vandenberg*, 313–317.
163 Acheson, *Present at the Creation*, 266.
164 Leffler, *Preponderance of Power*, 215.
165 Steil, *Marshall Plan*, 356.
166 Acheson, *Present at the Creation*, 276–286; Haas, *Harry and Arthur*, 257–273; Meijer, *Vandenberg*, 337.
167 Kaplan, *Conversion*, 224.
168 Steil, *Marshall Plan*, 320.
169 Leffler, *Preponderance of Power*, 17，引自 Acheson Testimony, February 16, 1951, U.S. Senate, Committee on Armed Services and Committee on Foreign Relations, *Assignment of Ground Forces of the United States to Duty in the European Area*, 82nd Cong., 1st sess., 1951, 78。
170 Haas, *Harry and Arthur*, 267–273; Kaplan, *Conversion*, 219–226（《北大西洋公约》的引语在第225页，粗体强调处为原文所加）; Steil, *Marshall Plan*, 319（关于"最伟大的防止战争发生的机制"的引语）。关于《大宪章》，见 Meijer, *Vandenberg*, 343。
171 Haas, *Harry and Arthur*, 276–277. 关于杰拉德·福特，见 Meijer, *Vandenberg*, 334。
172 引语见 Steil, *Marshall Plan*, 320–221。
173 Steil, *Marshall Plan*, 320–221; Meijer, *Vandenberg*, 343.
174 Steil, *Marshall Plan*, 320–221; Meijer, *Vandenberg*, 343.

第12章 科技创新与国际竞争：范内瓦·布什

1 Vannevar Bush, "Science, the Endless Frontier: A Report to the President by Vannevar Bush, Director of the Office of Scientific Research and Development, July 1945" (Washington, DC: United States Government Printing Office, 1945). 后面的引用来自1960年的报告重印本："Science, the Endless Frontier: A Report to the President on a Program for Postwar Scientific Research" (Washington, DC: National Science Foundation, 1960)。
2 引自 G. Pascal Zachary, *Endless Frontier: Vannevar Bush, Engineer of the American Century* (New York: The Free Press, 1997), 218。原文见 "At 80, Scientist Bush Looks Back at Eventful Years," *Boston Globe*, September 20, 1970 (Boston Globe Library)。
3 Bush, "Science," 2.
4 Bush, "Science," 9, 12.
5 Walter Isaacson, *The Innovators* (New York: Simon & Schuster, 2014), 263–264; Zachary, *Endless Frontier*, 261–275.
6 Isaacson, *Innovators*, 272–276.
7 Zachary, *Endless Frontier*, 279.
8 布什的引语在 Zachary, *Endless Frontier*, 197。
9 Isaacson, *Innovators*, at 217, 219; Zachary, *Endless Frontier*, 4. See Jerome B. Wiesner, "Vannevar Bush," in National Academy of the Sciences of the United States of America, *Biographical Memoirs*, vol. 50 (Washington, DC: National Academy of Sciences, 1979), 89.
10 史密斯把布什纳入一个更大范围的科学政策发展图景之中，见 Bruce L. R. Smith, *American Science Policy Since World War II* (Washington, DC: Brookings Institution, 1990), 3–6。史密斯指出这个发展过程有三个阶段，而布什的工作在第一阶段中起到了关

键作用。

11 Zachary, *Endless Frontier*, 8, 23; Isaacson, *Innovators*, 218.
12 Zachary, *Endless Frontier*, 8, 21–22. 维纳的引语出处，见 Norbert Wiener, *I Am a Mathematician: The Later Life of a Prodigy* (Cambridge, MA: MIT Press, 1964), 112。
13 见 Zachary, *Endless Frontier*, 4（引语）and 28（人员组织）。
14 见 Zachary, *Endless Frontier*, 8（道德规范）and 149（尤金·刘易斯所说的"公共创业者"）。
15 在我担任美国贸易代表的时候——领导一个小的、富有进取精神的机构，这个机构必须和其他许多机构协调工作——我告诉同事们的指导原则是："不断向前推进，直到对方说不，然后我们再研究下一步该怎么做。"Zachary, *Endless Frontier*, 4, 5, 90（布什的引语在第 5 页）。
16 Zachary, *Endless Frontier*, 23–28.
17 Zachary, *Endless Frontier*, 31–32.
18 布什和 Bumpus 的引语，见 Zachary, *Endless Frontier*, 38。
19 见 Zachary, *Endless Frontier*, 40（麻省理工学院）and 44–45（雷神）。
20 见 Zachary, *Endless Frontier*, 52（引语）and 270（二战中的使用）。
21 Zachary, *Endless Frontier*, 77, 270–271.
22 Zachary, *Endless Frontier*, 80.
23 Zachary, *Endless Frontier*, 79, 81–82（引语）。
24 见 Zachary, *Endless Frontier*, 89, 420（引语来自布什给埃里克·霍金斯的信）。早期的美国经验，见 Smith, *American Science Policy*, 17–28。
25 Zachary, *Endless Frontier*, 83.
26 Zachary, *Endless Frontier*, 99（国会）and 102（阿诺德）。
27 Zachary, *Endless Frontier*, 97（引语）。
28 Zachary, *Endless Frontier*, 96–97.
29 Zachary, *Endless Frontier*, 104–105.
30 引语见 Zachary, *Endless Frontier*, 108。
31 Zachary, *Endless Frontier*, 110–111.
32 Zachary, *Endless Frontier*, 112.
33 Zachary, *Endless Frontier*, 114, 115（"合同下的联邦制"），129（科学研究和发展办公室）。
34 Zachary, *Endless Frontier*, 124–228, 131（引语，粗体强调处为原文所加）。
35 Zachary, *Endless Frontier*, 123, 174（关于科学研究和发展办公室的史学家）。
36 Zachary, *Endless Frontier*, 168–170（布什的引语），171（邓尼茨），173。
37 Bush, "Endless Frontier," 5.
38 Zachary, *Endless Frontier*, 177–178.
39 Zachary, *Endless Frontier*, 190–196，布什的引语在第 198 页。
40 Zachary, *Endless Frontier*, 197，包括引语。
41 Zachary, *Endless Frontier*, 198–202.
42 McGeorge Bundy, *Danger and Survival* (New York: Random House, 1988) 39–51, 69–70, 105–107（"不可或缺"在第 39 页）。
43 Zachary, *Endless Frontier*, 209; Richard G. Hewlett and Oscar E. Anderson Jr., *A History of the United States Atomic Energy Commission*, vol. 1, *The New World, 1939–1946* (University Park, PA: Pennsylvania State University Press, 1962), 52.

44　Zachary, *Endless Frontier*, 208; Bundy, *Danger and Survival*, 46.
45　Zachary, *Endless Frontier*, 201–217.
46　Zachary, *Endless Frontier*, 218–219.
47　Zachary, *Endless Frontier*, 219–220.
48　See FDR's letter of November 17, 1944, reprinted in Bush, "Endless Frontier," 3–4.
49　Zachary, *Endless Frontier*, 222–223.
50　Bush, "Endless Frontier," 12（"自由的探索"），38（专利政策）。
51　Zachary, *Endless Frontier*, 225; Walter Millis, *Arms and Men: A Study in American Military History* (New York: Putnam, 1956), 302.
52　Zachary, *Endless Frontier*, 8.
53　关于媒体对报告的反应，见 Zachary, *Endless Frontier*, 257–259。例如,《华盛顿邮报》认为这份报告是"一个全面、谨慎的计划，为我们的科学发展引入了其所需要的来自联邦政府的推力，但又保持了我们的科学独立性，使其不受政府的控制"。见 Marquis Childs, "Washington Calling: 'Science, the Endless Frontier,'" *Washington Post*, July 20, 1945, 8。
54　"Preliminary Design of an Experimental World-Circling Spaceship" (May 2, 1946), 2, RAND Corporation, https://www.rand.org/content/dam/rand/pubs/special_memoranda/2006/SM11827part1.pdf.
55　Zachary, *Endless Frontier*, 231.
56　Zachary, *Endless Frontier*, 315. 见 National Security Agency, "Scientific and Technological Resources as Military Assets," memorandum from General Eisenhower, April 30, 1946, https://www.nsa.gov/Portals/70/documents/news-features/declassified-documents/friedman-documents/reports-research/FOLDER_065/41701309074063.pdf（粗体强调处为原文所加）。
57　Zachary, *Endless Frontier*, 334–335.
58　Zachary, *Endless Frontier*, 231–335.
59　Zachary, *Endless Frontier*, 232, 254, 332–333; Smith, *American Science Policy*, 52.
60　Zachary, *Endless Frontier*, 333.
61　Zachary, *Endless Frontier*, 369; James G. Hershberg, *James B. Conant: Harvard to Hiroshima and the Making of the Nuclear Age* (Stanford, CA: Stanford University Press, 1993), 560; Smith, *American Science Policy*, 48–49. 根据史密斯的说法，到 20 世纪 60 年代中期的时候，国家科学基金会的经费在联邦研发预算中只占不到 2%，在所有对基础科研的支持中占不到 15%（第 51 页）。
62　莱希的引语见 Zachary, *Endless Frontier*, 242。原始出处见 Harry S. Truman, *Memoirs by Harry S. Truman*, vol. 1, *Year of Decisions* (New York: Signet Books, 1965), 21。
63　Zachary, *Endless Frontier*, 242–244.
64　Zachary, *Endless Frontier*, 244–245.
65　Zachary, *Endless Frontier*, 292–294.
66　Russell Frank Weigley, *The American Way of War: A History of United States Military Strategy and Policy* (Bloomington, IN: Indiana University Press, 1977), 365–368; Zachary, *Endless Frontier*, 340.
67　Zachary, *Endless Frontier*, 361; Vannevar Bush, *Modern Arms and Free Men: A Discussion of the Role of Science in Preserving Democracy* (New York: Simon & Schuster, 1949), 2–3.
68　Zachary, *Endless Frontier*, 354–355. 关于奥本海默，见 ibid., 374–377。关于在《纽约时

报》上发表的评论，见 Vannevar Bush, "If We Alienate Our Scientists," *New York Times*, June 13, 1954。

69 Smith, *American Science Policy*, 38–39.
70 见 Zachary, *Endless Frontier*, 367，包括 70%。
71 关于技术出口控制，见 Smith, *American Science Policy*, 69–70。
72 Zachary, *Endless Frontier*, 383（布什的兴趣）, 390–391（航天火箭）, and 407（"大科学"模板）。
73 Zachary, *Endless Frontier*, 390–391, 395–396; Smith, *American Science Policy*, 71–72.
74 Zachary, *Endless Frontier*, 396; Smith, *American Science Policy*, 85; Harvey Brooks, "What Is the National Science Agenda, and How Did It Come About?" *American Scientist*, September–October 1987, 513.
75 Isaacson, *Innovators*, 156（与特曼的关系）, 263–264（计算机的发展）, 474–475（发明家之间的关系）。
76 Isaacson, *Innovators*, 480.
77 对"三重螺旋"的讨论，见"The Triple Helix Concept," Triple Helix Research Group, Stanford University, https://triplehelix.stanford.edu/3helix_concept。关于历史上的和竞争性的创新模式的思考，我依靠的是技术专家、企业家、教育家布鲁斯·W. 弗格森的建议。
78 1992 年，美国在参议院的建议和同意下批准了《联合国气候变化框架公约》。关于气候变化体制的发展，可见 Robert O. Keohane and David G. Victor, "The Regime Complex for Climate Change," *Perspectives on Politics* 9, no. 1 (March 2011)。
79 引语见 Zachary, *Endless Frontier*, 401–408。讣告原文见 "Dr. Vannevar Bush Is Dead at 84," *New York Times*, June 30, 1974, 1。
80 Smith, *American Science Policy*, 109; Harvey Brooks, "The Changing Structure of the U.S. Research System: A Historical Perspective on the Current Situation and Future Issues and Prospects," in Harvey Brooks and Roland W. Schmitt, *Current Science and Technology Policy Issues, Two Perspectives: Papers Presented at a Science Policy Seminar Series Organized by the Graduate Program in Science, Technology, and Public Policy, School of International Affairs, George Washington University* (Washington, DC: George Washington University, 1985), 17–18.

第 13 章　冷战中的危机管理：约翰·F. 肯尼迪

1 W. R. Smyser, *Kennedy and the Berlin Wall: "A Hell of a Lot Better Than a War"* (Lanham, MD: Rowman & Littlefield Publishers, 2009), 3–4. 还可见 Frederick Kempe, *Berlin 1961: Kennedy, Khrushchev, and the Most Dangerous Place on Earth* (New York: G. P. Putnam's Sons, 2011)，包括每天的情况。
2 Smyser, *Kennedy*, 4–5, 218–219, 221.
3 Smyser, *Kennedy*, 1–2.
4 Smyser, *Kennedy*, 4.
5 Smyser, *Kennedy*, 5, 221.
6 Smyser, *Kennedy*, 221–224. 斯迈泽还解释了为什么肯尼迪说的是"一个柏林人"（ein Berliner），而不仅仅是"柏林人"。很多年来，有传言说肯尼迪错误地使用了俚语，把自己称为一个"甜甜圈"（Berliner）。事实上，是两位翻译要求肯尼迪用"一个柏林人"的说法,因为只用"柏林人"意味着肯尼迪出生在柏林。他们指出,没有人会误以为总统是一个甜甜圈。见 Thomas Paterson, *Kennedy's Quest for Victory: American Foreign Policy, 1961–1963* (New York: Oxford University Press, 1989), 54。

7   Smyser, *Kennedy*, 5(肯尼迪夫人),226(邦迪)。
8   Smyser, *Kennedy*, 228. 见 Thucydides, *Peloponnesian War*, Greek Texts & Translations, University of Chicago, http://perseus.uchicago.edu/perseus-cgi/citequery3.pl?dbname=GreekFeb2011&getid=1&query=Thuc.%202.41.1。
9   Smyser, *Kennedy*, 232.
10 Smyser, *Kennedy*, xiii, 81. 还可见 Kenneth P. O'Donnell and David F. Powers with Joe McCarthy, *"Johnny, We Hardly Knew Ye": Memories of John Fitzgerald Kennedy* (New York: Pocket Books, 1973), 354。
11 Stephen Sestanovich, *Maximalist: America in the World from Truman to Obama* (New York: Vintage Books, 2014), 94(包括引语)。还可见 Ernest May and Philip Zelikow, *The Kennedy Tapes: Inside the White House During the Cuban Missile Crisis*, concise ed. (New York: W. W. Norton, 2002), xxxviii。
12 见 Campbell Craig and Fredrik Logevall, *America's Cold War: The Politics of Insecurity* (Cambridge, MA: Belknap Press of Harvard University Press, 2012), 178; Maxwell Taylor, *The Uncertain Trumpet* (New York: Harper, 1960); Paul A. Samuelson, *Economics: An Introductory Analysis*, 5th ed. (New York: McGraw-Hill, 1961), 829–830。
13 Lawrence Freedman, *Kennedy's Wars: Berlin, Cuba, Laos, and Vietnam* (New York: Oxford University Press, 2000), 27–31; Sestanovich, *Maximalist*, 103; David Milne, *America's Rasputin: Walt Rostow and the Vietnam War* (New York: Hill and Wang, 2008), 74; Craig and Logevall, *America's Cold War*, 224. 关于现代化理论,最重要的是 Michael Latham, *Modernization as Ideology: American Social Science and "Nation Building" in the Kennedy Era* (Chapel Hill, NC: University of North Carolina Press, 2006); idem., *The Right Kind of Revolution: Modernization, Development, and U.S. Foreign Policy from the Cold War to the Present* (Ithaca, NY: Cornell University Press, 2011); David Ekbladh, *The Great American Mission: Modernization and the Construction of an American World Order* (Princeton: Princeton University Press, 2010)。
14 Milne, *America's Rasputin*, 70.
15 关于"活力",见 Sestanovich, *Maximalist*, 95–96;关于"危机"气氛,见 Freedman, *Kennedy's Wars*, 9; McNamara quoted in Deborah Shapley, *Promise and Power: The Life and Times of Robert McNamara* (Boston: Little, Brown and Company, 1993), 103; Arthur Schlesinger Jr., "A Biographer's Perspective," in *The Kennedy Presidency: Seventeen Intimate Perspectives of John F. Kennedy*, ed. Kenneth W. Thompson (Lanham, MD: University Press of America, 1985), 22–23; Paul Nitze, *From Hiroshima to Glasnost: At the Center of Decision—A Memoir* (New York: Grove Weidenfeld, 1989), 251–252; Paterson, *Kennedy's Quest for Victory*, 7, 8。
16 John F. Kennedy, "Inaugural Address of John F. Kennedy," January 20, 1961, Avalon Project, Yale University, http://avalon.law.yale.edu/20th_century/kennedy.asp.
17 Kennedy, "Inaugural Address."
18 May and Zelikow, *Kennedy Tapes*, xl.
19 关于猪湾,见 Freedman, *Kennedy's Wars*, 123–146; May and Zelikow, *Kennedy Tapes*, xl–xlii; Sestanovich, *Maximalist*, 87–88, 97; Paterson, *Kennedy's Quest for Victory*, 14–15。肯

尼迪助手的引语也可见于 Hugh Sidey, *John F. Kennedy, President* (New York: Atheneum, 1964), 127。
20 May and Zelikow, *Kennedy Tapes*, xliv.
21 May and Zelikow, *Kennedy Tapes*, xlv–xlvi; Freedman, *Kennedy's Wars*, 54–56; Smyser, *Kennedy*, 57–72, 202.
22 May and Zelikow, *Kennedy Tapes*, xlv–xlvi; Freedman, *Kennedy's Wars*, 51, 54–57; Smyser, *Kennedy*, 57–64.
23 Freedman, *Kennedy's Wars*, 56; Smyser, *Kennedy*, 65. 关于肯尼迪对与赫鲁晓夫的这次会谈的叙述,见 O'Donnell and Powers, "*Johnny,*" 195。
24 Sestanovich, *Maximalist*, 98–99; May and Zelikow, *Kennedy Tapes*, xlvi; Freedman, *Kennedy's Wars*, 56–57.
25 Freedman, *Kennedy's Wars*, 57. 关于可能未记录的讨论,见 Smyser, *Kennedy*, 71–72。
26 May and Zelikow, *Kennedy Tapes*, xlvi.
27 Freedman, *Kennedy's Wars*, 64; Honoré Marc Catudal, *Kennedy and the Berlin Wall Crisis: A Case Study in U.S. Decision Making* (Berlin: Berlin-Verlag, 1980), 150; Arthur M. Schlesinger Jr., *A Thousand Days: John F. Kennedy in the White House* (Boston: Houghton Mifflin, 1965), 352.
28 关于艾奇逊的提议和肯尼迪的选择,见 Freedman, *Kennedy's Wars*, 68–71。
29 关于肯尼迪的讲话和民意调查,见 Freedman, *Kennedy's Wars*, 71; May and Zelikow, *Kennedy Tapes*, xlvii。肯尼迪提议的细节见 Sestanovich, *Maximalist*, 99–100。肯尼迪的讲话全文见 "Radio and Television Report to the American People on the Berlin Crisis," July 25, 1961, *John F. Kennedy: Containing the Public Messages, Speeches, and Statements of the President, January 20 to December 31, 1961* (Washington, DC: Government Printing Office, 1962), 533–540。
30 May and Zelikow, *Kennedy Tapes*, xlvii; Freedman, *Kennedy's Wars*, 71.
31 见 Freedman, *Kennedy's Wars*, 72(难民人数)and 75(意识到赫鲁晓夫的问题)。
32 关于柏林墙建造过程的详细描述,见 Kempe, *Berlin 1961*, 324–371; Freedman, *Kennedy's Wars*, 73–75。
33 Kempe, *Berlin 1961*, 341–342, 359–360, 371–380; Freedman, *Kennedy's Wars*, 76–77; Smyser, *Kennedy*, 104–106.
34 Smyser, *Kennedy*, 35–38.
35 关于阿登纳,见 Freedman, *Kennedy's Wars*, 77; 关于麦克米伦、戴高乐和阿登纳,见 Smyser, *Kennedy*, 43–52。
36 Smyser, *Kennedy*, 115–116; Peter Wyden, *Wall* (New York: Simon & Schuster, 1989), 166. 关于默罗的评估,见 "Telegram from the Mission at Berlin to the Department of State," August 16, 1961, *FRUS*, 1961–1963, vol. 14, Berlin Crisis, 1961–1962, Doc. 114。
37 Freedman, *Kennedy's Wars*, 77; Kempe, *Berlin 1961*, 376–380. 勃兰特给肯尼迪的信,见 "Telegram from the Mission at Berlin to the Department of State," August 16, 1961, *FRUS*, 1961–1963, vol. 14, Doc. 117。美国驻柏林使团的评估,见 "Telegram from the Mission at Berlin to the Department of State," August 16, 1961, *FRUS*, 1961–1963, vol. 14, Doc. 115。
38 Smyser, *Kennedy*, 114–116.
39 Smyser, *Kennedy*, 114–116, 125–127.
40 Smyser, *Kennedy*, 128.
41 Smyser, *Kennedy*, 117–123, 129–131; Kempe, *Berlin 1961*, 378–380, 383–390.

42　Smyser, *Kennedy*, 131–132.
43　Freedman, *Kennedy's Wars*, 89–91.
44　Smyser, *Kennedy*, 135–141; Kempe, *Berlin 1961*, 448–481; Freedman, *Kennedy's Wars*, 90–91.
45　Smyser, *Kennedy*, 145, 163–164.
46　Smyser, *Kennedy*, 165–166.
47　这些观点中有一些来自 Sestanovich, *Maximalist*, 107, 110。
48　Smyser, *Kennedy*, 172–176; Freedman, *Kennedy's Wars*, 112–116.
49　Smyser, *Kennedy*, 177–182（"自助餐"在第 178 页，"张伯伦式雨伞"在第 181 页）。
50　May and Zelikow, *Kennedy Tapes*, 417.
51　May and Zelikow, *Kennedy Tapes*, li; Smyser, *Kennedy*, 187–188.
52　Smyser, *Kennedy*, 189–190。尤德尔与赫鲁晓夫的对话，原始出处见 "Memorandum of Conversation Between Secretary of the Interior Udall and Chairman Khrushchev," *FRUS*, 1961–1963, vol. 15, Berlin Crisis, 1962–1963, Doc. 112。关于赫鲁晓夫与西德大使汉斯·克罗尔（Hans Kroll），见 Aleksandr Fursenko and Timothy Naftali, *Khrushchev's Cold War: The Inside Story of an American Adversary* (New York: W. W. Norton & Company, 2006)。458. 关于"烂牙"，见 "Memorandum of Conversation," *FRUS*, 1961–1963, vol. 15, Berlin Crisis, 1962–1963, Doc. 135。
53　关于古巴导弹危机的著述可谓汗牛充栋。最重要的有 Michael Dobbs, *One Minute to Midnight: Kennedy, Khrushchev, and Castro on the Brink of Nuclear War* (New York: Knopf, 2008); Aleksandr Fursenko and Timothy Naftali, *"One Hell of a Gamble": Khrushchev, Castro, and Kennedy, 1958–1964* (New York: W. W. Norton & Company, 1997); Mark J. White, *Missiles in Cuba* (Chicago: Ivan R. Dee, 1997); Max Frankel, *High Noon in the Cold War: Kennedy, Khrushchev, and the Cuban Missile Crisis* (New York: Ballantine Books, 2005); Sheldon M. Stern, *The Week the World Stood Still: Inside the Secret Cuban Missile Crisis* (Stanford, CA: Stanford University Press, 2007); Don Munton and David A. Welch, *The Cuban Missile Crisis: A Concise History* (New York: Oxford University Press, 2007); James G. Hershberg, "The Cuban Missile Crisis," in *The Cambridge History of the Cold War*, vol. 2, eds. Melvyn P. Leffler and Odd Arne Westad (New York: Cambridge University Press, 2010)。梅和泽利科在 *Kennedy Tapes* 中在对肯尼迪的磁带和近期苏联史料的研究的基础上，对柏林危机与古巴危机的联系给出了强有力的论证，见第 172–173 页。在格雷厄姆·艾利森的经典作品的第二版中，柏林与古巴的联系也比第一版中更加明显，见 Graham Allison, *Essence of Decision: Explaining the Cuban Missile Crisis* (Boston, MA: Little, Brown, 1971); Graham Allison and Philip Zelikow, *Essence of Decision: Explaining the Cuban Missile Crisis* (New York: Longman, 1999)。
54　关于"柏林在赫鲁晓夫古巴计划中的角色"，见 Smyser, *Kennedy*, 192–195，苏联在德国的输油管道和军事计划，见第 184–185 页；May and Zelikow, *Kennedy Tapes*, 427。
55　关于导弹差距的细节、国家情报评估，以及国防部副部长罗斯维尔·基尔帕特里克（Roswell Gilpatric）的演说，见 Freedman, *Kennedy's Wars*, 82–83。关于情报的细节，见 May and Zelikow, *Kennedy Tapes*, xlviii–xlix。
56　Freedman, *Kennedy's Wars*, 172; May and Zelikow, *Kennedy Tapes*, 416. 国家情报评估原文见 "SNIE 11-19-62: Major Consequences of Certain US Courses of Action on Cuba," October 20, 1962, in *CIA Documents on the Cuban Missile Crisis, 1962*, ed. Mary S. McAuliffe (Washington, DC: History Staff, Central Intelligence Agency, 1992), 215。

57   May and Zelikow, *Kennedy Tapes*, 426–427, 429; Anatoly Dobrynin, *In Confidence: Moscow's Ambassador to America's Six Cold War Presidents* (New York: Times Books, 1995), 65, 54.
58   Smyser, *Kennedy*, 197（肯尼迪的演讲）and 197–200（柏林人的反应）; Freedman, *Kennedy's Wars*, 173（参谋长联席会议）and 189（引语，粗体强调处为原文所加）。
59   可见 Dobbs, *One Minute to Midnight*; Fursenko and Naftali, "*One Hell of a Gamble*"; May and Zelikow, *Kennedy Tapes*; Allison and Zelikow, *Essence of Decision*。
60   May and Zelikow, *Kennedy Tapes*, 305; Sestanovich, *Maximalist*, 97; Smyser, *Kennedy*, 197–198.
61   按照梅和泽利科的总结："因为一些当时的美国人还看不清的理由，导弹危机的结束同样也成为柏林危机的结束。" May and Zelikow, *Kennedy Tapes*, 410. 关于对柏林的冲击，还可见 Smyser, *Kennedy*, 201。关于克莱的兴趣和个人评价，见 ibid., 203–204。
62   Craig and Logevall, *America's Cold War*, 212–213; Sestanovich, *Maximalist*, 111.
63   Smyser, *Kennedy*, xv.
64   Smyser, *Kennedy*, 227.
65   Sestanovich, *Maximalist*, 84. Eisenhower quoted in Robert A. Divine, *The Sputnik Challenge: Eisenhower's Response to the Soviet Satellite* (New York: Oxford University Press, 1993), 17.
66   Paterson, *Kennedy's Quest for Victory*, 5.
67   Craig and Logevall, *America's Cold War*, 211.
68   Michael Beschloss and Strobe Talbott, *At the Highest Levels: The Inside Story of the End of the Cold War* (Boston: Little, Brown, 1993), 470.
69   Sestanovich, *Maximalist*, 111.《星期六晚邮报》的原文见 Stewart Alsop and Charles Bartlett, "In Time of Crisis," *Saturday Evening Post*, December 18, 1962, 15–20。
70   Gordon Goldstein, *Lessons in Disaster: McGeorge Bundy and the Path to War in Vietnam* (New York: Times Books, 2008), 239. 历史学家长期以来一直在争论，如果肯尼迪还在位，他是会选择在越南陷入战争，还是设计出一个退出的策略。我们永远都不知道答案。戈德斯坦对这一问题的评论在第 229–248 页。弗雷德里克·罗格瓦尔是一位既研究肯尼迪，也研究越南问题的历史学家，他写过一系列有深度的评估。例如 "Kennedy and What Might Have Been," in *The Vietnam War: An Intimate History*, ed. Geoffrey C. Ward (New York: Alfred A. Knopf, 2017), an update of Logevall's earlier essay, "Vietnam and the Question of What Might Have Been," in *Kennedy: The New Frontier Revisited*, ed. Mark J. White (London: Palgrave Macmillan, 1998)。

第 14 章　越南政策的失败与教训：林登·约翰逊

1   Fredrik Logevall, *Choosing War: The Lost Chance for Peace and the Escalation of War in Vietnam* (Berkeley, CA: University of California Press, 1999), 109, 142; Goldstein, *Lessons in Disaster*, 111–112.
2   Michael Beschloss, *Taking Charge: The Johnson White House Tapes, 1963–1964* (New York: Simon & Schuster, 1997), 362. "形势正在走向最坏的地步"，原始出处见 Charles Mohr, "Johnson Directs Taylor to Press Vietnam on War," *New York Times*, December 2, 1964。关于战争内阁，见 "Draft Memorandum from the President's Special Assistant for National Security Affairs (Bundy) to the President," May 25, 1964, *FRUS*, 1964–1968, vol. 1, Vietnam,

1964, Doc. 173。

3　Goldstein, *Lessons in Disaster*, 113–114. 原文见 "Draft Memorandum," May 25, 1964。

4　所有引语见 Beschloss, *Taking Charge*, 362–273; Goldstein, *Lessons in Disaster*, 115。关于邦迪的角色，见 ibid., 5, 231–234。1954 年 4 月 7 日，艾森豪威尔在一次关于印度支那的新闻发布会上第一次清晰表述了后来被称为"多米诺理论"的想法："我们要想得更多一些，想想根据我们所说的'多米诺骨牌'原则，接下来会发生什么。我们架起了一串多米诺骨牌，然后推倒了第一块，那么最后一块必然也会很快倒下。因此，一旦我们开启这样一个分裂的过程，那么它就将会造成最严重的影响。"见 Editorial Note, *FRUS, 1952–1954*, Indochina, vol. 8, Part 1, Document 716。

5　关于约翰逊可能的动机，见 Beschloss, *Taking Charge*, 369–370。

6　Logevall, *Choosing War*, 392.

7　Joseph A. Califano Jr., *The Triumph and Tragedy of Lyndon Johnson: The White House Years* (New York: Simon & Schuster, 1991), 10.

8　Logevall, *Choosing War*, 335.

9　可　见 Leslie H. Gelb and Richard K. Betts, *The Irony of Vietnam: The System Worked* (Washington, DC: Brookings Institution Press, 1979); George C. Herring, *America's Longest War: The United States and Vietnam, 1950–1975*, 5th ed. (New York: McGraw-Hill, 2013); Stanley Karnow, *Vietnam: A History* (New York: Viking, 1983); Larry Berman, *Lyndon Johnson's War: The Road to Stalemate in Vietnam* (New York: W. W. Norton, 1989); idem., *Planning a Tragedy: The Americanization of the War in Vietnam* (New York: W. W. Norton, 1982); David E. Kaiser, *American Tragedy: Kennedy, Johnson, and the Origins of the Vietnam War* (Cambridge, MA: Belknap Press of Harvard University Press, 2000); Max Hastings, *Vietnam: An Epic Tragedy, 1945–1975* (New York: Harper, 2018)。

10　Logevall, *Choosing War*, 404–405. 还可见 John Prados, *The Hidden History of the Vietnam War* (Chicago: Ivan R. Dee, 1995). 拉里·伯曼的 *Planning a Tragedy* 也对本节所讨论的一系列决策给出了有力的分析。

11　See Gelb and Betts, *Irony of Vietnam*.

12　Logevall, *Choosing War*, xvi–xxi.

13　引自 Berman, *Planning a Tragedy*, 153。

14　David Halberstam, *The Best and the Brightest* (New York: Random House, 1972). 关于哈伯斯塔姆，见 Logevall, *Choosing War*, 288, 377。关于"带到沟里去了"，见 Craig and Logevall, *America's Cold War*, 236。关于邦迪和哈伯斯塔姆，见 Goldstein, *Lessons in Disaster*, 149。

15　Beschloss, *Taking Charge*, 248–250（麦克纳马拉），262–263（邦迪，"现状"），266–267（致邦迪，谈到参谋长联席会议），265–266（罗斯托，粗体强调处为原文所加）。

16　Beschloss, *Taking Charge*, 337–338（致麦克纳马拉，谈到军事计划），401（洛奇和克莱），410–411（"逃跑"）。

17　见 Robert J. Hanyok, "Skunks, Bogies, Silent Hounds, and the Flying Fish: The Gulf of Tonkin Mystery, 2–4 August 1964," *Cryptologic Quarterly* (2001), National Security Agency, https://www.nsa.gov/Portals/70/documents/news-features/declassified-documents/gulf-of-tonkin/articles/release-1/rel1_skunks bogies.pdf. 关于此事件的其他已公开档案，见 National Security Agency, "Gulf of Tonkin," https://www.nsa.gov/news-features/declassified-documents/gulf-of-tonkin/。

18　关于东京湾事件的背景和电话交谈，见 Beschloss, *Taking Charge*, 493–504。关于法案、

事故和投票，见 Goldstein, *Lessons in Disaster*, 116, 126–228（约翰逊的引语在第 126 页，粗体强调处为原文所加）。还可见 Logevall, *Choosing War*, 196–205。更广泛的信息见 Edwin Moise, *Tonkin Gulf and the Escalation of the Vietnam War* (Chapel Hill, NC: University of North Carolina Press, 1996)。

19　Goldstein, *Lessons in Disaster*, 129–130.
20　May and Zelikow, *Kennedy Tapes*, xvii–xviii.
21　关于"多米诺理论之死"备忘录，见 "Memorandum from the Board of National Estimates to the Director of Central Intelligence (McCone)," June 9, 1964, *FRUS*, 1964–1968, vol. 1, Doc. 209。邦迪的引语见 Goldstein, *Lessons in Disaster*, 139–140。关于对可能出现的最坏结果的担忧，见 Craig and Logevall, *America's Cold War*, 278。但是，一些历史修正主义者认为越南战争是必要的，因为这可以为其他脆弱的亚洲国家换取时间，"去加强它们的政治、经济和军事实力"。新加坡首任总理李光耀也持这样的观点。见 Green, *By More Than Providence*, 317。还可见 Michael Lind, *Vietnam, the Necessary War: A Reinterpretation of America's Most Disastrous Military Conflict* (New York: Free Press, 1999)。
22　Doris Kearns Goodwin, *Lyndon Johnson and the American Dream* (New York: Harper and Row, 1976), 252–253. 关于约翰逊担心失去公众对国际主义的支持，见 Lyndon Baines Johnson, *The Vantage Point: Perspectives of the Presidency, 1963–1969* (New York: Holt, Rinehart and Winston, 1971), 151–152。还可见 Green, *By More Than Providence*, 509。
23　Logevall, *Choosing War*, 386. 邦迪的引语见 Goldstein, *Lessons in Disaster*, 137–138。
24　Michael Beschloss, *Presidents of War: The Epic Story, from 1807 to Modern Times* (New York: Crown, 2018), 537–538.
25　Green, *By More Than Providence*, 322. 关于马汉，见第 5 章。麦克阿瑟的引语见 Goldstein, *Lessons in Disaster*, 235。
26　关于地区视角、日本、"雁行"和印度，以及麦克·曼斯菲尔德，见 Green, *By More Than Providence*, 318–319。
27　Jeffrey Goldberg, "World Chaos and World Order: Conversations with Henry Kissinger," Atlantic, November 10, 2016, https://www.theatlantic.com/international/archive/2016/11/kissinger-order-and-chaos/506876/. See also James Sebenius et al., *Kissinger the Negotiator: Lessons from Dealmaking at the Highest Level* (New York: Harper, 2018), 80–81.
28　邦迪的引语见 Goldstein, *Lessons in Disaster*, 166–167（粗体强调处为原文所加）。关于凯南，见 Green, *By More Than Providence*, 313。
29　Logevall, *Choosing War*, 272.
30　邦迪的引语见 Goldstein, *Lessons in Disaster*, 158, 167。
31　Logevall, *Choosing War*, 244–245. 我曾告诉国务院、美国贸易代表办公室和世界银行的同事，真正危险的不是犯错误，而是不承认也不改正错误。
32　Logevall, *Choosing War*, 388, 391–395; Green, *By More Than Providence*, 309; Berman, *Planning a Tragedy*, 146.
33　Logevall, *Choosing War*, 297–298.
34　Goldstein, *Lessons in Disaster*, 207，包括邦迪说约翰逊是"总司令在参议院的领导"的引语。
35　Goldstein, *Lessons in Disaster*, 28，"舞台管理"在第 208 页。
36　里迪的引语见 Logevall, *Choosing War*, 78–79。原始出处见 George E. Reedy, *Lyndon B. Johnson: A Memoir* (New York: Andrews and McMeel, 1982), 25。

37　Logevall, *Choosing War*, 75, 79. 相反, 贝克国务卿把他的政治嗅觉和技巧用于捕捉来自不同政治体制的领导人的动机。在他那名为《外交的政治》(*The Politics of Diplomacy*)的自传中, 贝克强调了政治洞察力和外交的融合(他在书的前言中解释了国际社会中的政治技巧)。

38　Goldstein, *Lessons in Disaster*, 208, 219 (粗体强调处为原文所加)。

39　Goldstein, *Lessons in Disaster*, 182。

40　Logevall, *Choosing War*, 255–256; Goldstein, *Lessons in Disaster*, 150–153; Berman, *Planning a Tragedy*, 36, 53. 伯曼的讲述重点是 1965 年夏天美国选择军事升级并派出地面部队的决策过程。

41　Goldstein, *Lessons in Disaster*, 169–170; Berman, *Planning a Tragedy*, 8。

42　Francis M. Bator, "No Good Choices: LBJ and the Vietnam/Great Society Connection," *Diplomatic History* 32, no. 3 (June 2008), 309. 关于巴特的文章的圆桌会议, 见 ibid., 341–370。

43　Berman, *Planning a Tragedy*, 146. 关于邦迪与总统的关键分歧, 见 Goldstein, *Lessons in Disaster*, 192–198。邦迪想要公开就越南战争的问题展开辩论, 而约翰逊则直截了当地说他不想公开讨论军事升级的事:"你的意思是说, 如果你的丈母娘只有一只眼睛, 而且正好在脑门中央, 那么她最好待在客厅中央, 让所有人都看着她!"

44　邦迪的引语见 Goldstein, *Lessons in Disaster*, 179, 182 (粗体强调处为原文所加); Berman, *Planning a Tragedy*, 91。

45　See H. R. McMaster, *Dereliction of Duty: Lyndon Johnson, Robert McNamara, the Joint Chiefs of Staff, and the Lies That Led to Vietnam* (New York: HarperCollins, 1997).

46　Logevall, *Choosing War*, 118, 336; Berman, *Planning a Tragedy*, 22.

47　Sebenius, *Kissinger the Negotiator*, 105.

48　Logevall, *Choosing War*, 243–246.

49　Logevall, *Choosing War*, 206, 247–248.

50　北越政权高层对于应该首先实现什么目标是有争论的。见 Pierre Asselin, *Hanoi's Road to the Vietnam War, 1954–1965* (Berkeley, CA: University of California Press, 2013)。还可见 Lien-Hang T. Nguyen, *Hanoi's War: An International History of the War for Peace in Vietnam* (Chapel Hill, NC: University of North Carolina Press, 2012)。

51　Logevall, *Choosing War*, 155–166 (北越的考虑、加拿大密使), 366 (引语), and 373 (18 万军队)。约翰逊的引语见 Goldstein, *Lessons in Disaster*, 177–178。

52　威克的引语见 Logevall, *Choosing War*, 390。

53　艾森豪威尔第一个设立了幕僚长这个职位, 肯尼迪和约翰逊都没有效仿, 尼克松又恢复了这一做法。卡特有一段时间曾试图不用幕僚长。其他的总统都任命了幕僚长, 但是这些幕僚长的角色和责任差异极大。见 Chris Whipple, *The Gatekeepers: How the White House Chiefs of Staff Define Every Presidency* (New York: Crown, 2017)。

54　Goldstein, *Lessons in Disaster*, 183.

55　Logevall, *Choosing War*, 37.

56　Goldstein, *Lessons in Disaster*, 19.

57　Logevall, *Choosing War*, 165. 关于泰勒, 见 Berman, *Planning a Tragedy*, 36。

58　Logevall, *Choosing War*, 127–128. See Robert S. McNamara, *In Retrospect: The Tragedy and Lessons of Vietnam* (New York: Random House, 1995).

59　Logevall, *Choosing War*, 165–166, 242; Goldstein, *Lessons in Disaster*, 141.

60　Logevall, *Choosing War*, 243–246. 关于邦迪把波尔的备忘录转给约翰逊, 见 Goldstein,

Lessons in Disaster, 131–132。关于约翰逊为什么会使用"邪恶代言人"这样一个标签，以及是如何使用的，可参考 Berman, *Planning a Tragedy*, 46。
61 Logevall, *Choosing War*, 346, 351; Craig and Logevall, *America's Cold War*, 238. 汉弗莱的备忘录原文，见 Memorandum from Vice President Humphrey to President Johnson, February 17, 1965, *FRUS*, 1964–1968, vol. 2, Vietnam, January–June 1965, Doc. 134。
62 Goldstein, *Lessons in Disaster*, 179.

第 15 章 战略转型与美国式现实政治：理查德·尼克松和亨利·基辛格

1 Margaret MacMillan, *Nixon in China: The Week That Changed the World* (Toronto: Penguin Canada, 2007), 7-8.
2 MacMillan, *Nixon in China*, 20. 关于"就像去月球一样"，见"An Interview with the President: 'The Jury Is Out,' " *Time*, January 3, 1972。关于中美关系，最近最好的一本书：Pomfret, *Beautiful Country*。
3 MacMillan, *Nixon in China*, 22. 关于中国的领航员、报务员、翻译和其他加入这次飞行的中国官员，见 "Nixon in China Itinerary, Feb. 17–28, 1972," USC U.S.- China Institute, https://china.usc.edu/nixon-china-itinerary-feb-17-28-1972。
4 MacMillan, *Nixon in China*, 33, 111.
5 MacMillan, *Nixon in China*, 23–25.
6 MacMillan, *Nixon in China*, 67.
7 MacMillan, *Nixon in China*, 23, 66, 70–71.
8 MacMillan, *Nixon in China*, 72; Robert Dallek, *Nixon and Kissinger: Partners in Power* (New York: Harper-Collins, 2007), 363.
9 MacMillan, *Nixon in China*, 73–75; Dallek, *Nixon and Kissinger*, 363–364.
10 MacMillan, *Nixon in China*, 74–75; Dallek, *Nixon and Kissinger*, 364.
11 MacMillan, *Nixon in China*, 75.
12 MacMillan, *Nixon in China*, 76–77; Dallek, *Nixon and Kissinger*, 364; Kissinger, *Diplomacy*, 327.
13 Dallek, *Nixon and Kissinger*, 364; MacMillan, *Nixon in China*, 72–76. 关于"分秒必争"，见 Richard Nixon, *RN: The Memoirs of Richard Nixon* (New York: Grosset & Dunlap, 1978), 563。关于毛泽东对尼克松和基辛格的看法，见 Edward Heath, *The Course of My Life: My Autobiography* (London: Hodder & Stoughton, 1998), 495。
14 MacMillan, *Nixon in China*, 6, 引自 Nixon, *RN*, 580。
15 关于中美关系的历史，见 Pomfret, *Beautiful Country*, for a history of ties; MacMillan, *Nixon in China*, 96–108; Sebenius, *Kissinger the Negotiator*, 191; Kissinger, *Diplomacy*, 719。
16 MacMillan, *Nixon in China*, 9.
17 Sestanovich, *Maximalist*, 180, 引自 Nixon, *RN*, 580。关于不同方法的比较，见 Joseph S. Nye "Between Complacency and Hysteria," *China-US Focus*, January 18, 2019, https://www.chinausfocus.com/foreign-policy/between-complacency-and-hysteria。
18 MacMillan, *Nixon in China*, 191, 引自 Chen Jian, *Mao's China and the Cold War* (Chapel Hill, NC: University of North Carolina Press, 2001), 267。
19 Pomfret, *Beautiful Country*, 444–446, 450–451; MacMillan, *Nixon in China*, 115; Kissinger, *Diplomacy*, 730.
20 Sebenius, *Kissinger the Negotiator*, xxv; Kissinger, *Diplomacy*, 728; Pomfret, *Beautiful*

Country, 445.
21 MacMillan, *Nixon in China*, 229；复旦大学的吴心伯教授向我表达了这个观点。
22 MacMillan, *Nixon in China*, 229–231.
23 Kissinger, *Diplomacy*, 723.
24 MacMillan, *Nixon in China*, 150–152（引语在152页），引自 "Memorandum of Conversation," January 7, 1972, National Security Archive, Electronic Briefing Book No. 70, "Negotiating U.S.- Chinese Rapprochement," Doc. 25, 4。
25 Dallek, *Nixon and Kissinger*, 329.
26 引语见 Kissinger, *Diplomacy*, 726, 730。
27 在谁将成为美国开路先锋的问题上，尼克松先是戏弄了基辛格一下，然后才让这位国家安全事务助理知道："行了，我知道……除了你，没有人干得了这差事。" Dallek, *Nixon and Kissinger*, 288–290; MacMillan, *Nixon in China*, 178–180; Pomfret, *Beautiful Country*, 452–454.
28 Dallek, *Nixon and Kissinger*, 290.
29 MacMillan, *Nixon in China*, 185–186; Pomfret, *Beautiful Country*, 452–454; Dallek, *Nixon and Kissinger*, 292–293.
30 MacMillan, *Nixon in China*, 186.
31 引语见 Dallek, *Nixon and Kissinger*, 150–151。
32 引语见 Dallek, *Nixon and Kissinger*, 295。
33 Henry Kissinger, *White House Years* (Boston: Little, Brown and Company, 1979), 746. 引语见 Sestanovich, *Maximalist*, 177–178，引自 *FRUS*, 1969–1976, vol. 17, China, 1969–1972, Doc. 139。
34 引语见 Sestanovich, *Maximalist*, 178，引自 "Memorandum of Conversation," July 9, 1971, *FRUS*, 1969–1976, vol. 17, China, 1969–1972, Doc. 139。
35 Sebenius, *Kissinger the Negotiator*, 192.
36 MacMillan, *Nixon in China*, 184, 191–192; Dallek, *Nixon and Kissinger*, 295–297; Pomfret, *Beautiful Country*, 454–455.
37 Pomfret, *Beautiful Country*, 454–455 探讨了基辛格在台湾问题上走了多远的问题。还可见 MacMillan, *Nixon in China*, 192–193; Sestanovich, *Maximalist*, 178。
38 Dallek, *Nixon and Kissinger*, 295–297，引自 Kissinger, *White House Years*, 745–746; Sebenius, *Kissinger the Negotiator*, 192，引自 Henry Kissinger, *On China* (New York: Penguin Press, 2011), 247–248。
39 Sestanovich, *Maximalist*, 178.
40 美国秘密与中国建立关系一定会让日本震惊。日本人曾经按照美国的意愿拒绝过中国的提议。一个月后尼克松再次震惊了日本人，他放弃了布雷顿森林体系的美元黄金兑换标准，并对进口商品加征10%的关税。美国有时需要处理和盟友之间的巨大分歧，而且日本的贸易保护主义也让美国不快。但是，尼克松和基辛格没有考虑日本这个政治和安全伙伴的利益。此外，美国曾经鼓励过的日本的"商业实力"战略也不可能一夜之间就改变过来。关于尼克松的经济举措，见 John Farrell, *Richard Nixon: The Life* (New York: Doubleday, 2017), 444–448。
41 MacMillan, *Nixon in China*, 194–198; Dallek, *Nixon and Kissinger*, 298, 300.
42 Farrell, *Nixon*, 442.
43 Dallek, *Nixon and Kissinger*, 293; MacMillan, *Nixon in China*, 196; Kissinger, *Diplomacy*, 727.

44　关于反应，包括里根的反应，见 Dallek, *Nixon and Kissinger*, 303–304。
45　MacMillan, *Nixon in China*, 205–210。
46　MacMillan, *Nixon in China*, 208–209; Sebenius, *Kissinger the Negotiator*, 174–175. 关于"十分新鲜的方式"，见 Kissinger, *White House Years*, 782。
47　引语见 Kissinger, *Diplomacy*, 727–728；MacMillan, *Nixon in China*, 209, 296（讲述台湾问题）。
48　Kissinger, *Diplomacy*, 728.《上海公报》全文见 MacMillan, *Nixon in China*, 330–334。还可见 "Joint Statement Following Discussions with Leaders of the People's Republic of China," February 27, 1972, *FRUS*, 1969–1976, vol. 17, China, 1969–1972, Doc. 203。
49　MacMillan, *Nixon in China*, 210, 253; Dallek, *Nixon and Kissinger*, 333.
50　MacMillan, *Nixon in China*, 293.
51　MacMillan, *Nixon in China*, 295. 关于"重大变化和巨大动荡"，见《上海公报》。2018 年，中国是美国最大的贸易伙伴，双方的货物和服务贸易总值达 7 370 亿美元。在美国大幅提高贸易壁垒，中国又实施报复行动后，加拿大和墨西哥又重新成为美国最大的贸易伙伴。每年访问中国的美国人达 200 万，访问美国的中国人则达到 300 万。约 36.3 万名中国人在美国学习，包括党派领导人和商界领袖的子女。见 Office of the United States Trade Representative, "The People's Republic of China: U.S.-China Trade Facts," https://ustr.gov/countries-regions/china-mongolia-taiwan/peoples-republic-china;U.S. Department of Commerce, "Fast Facts: United States Travel and Tourism Industry, 2018," https://travel.trade.gov/outreachpages/download_data_table/Fast_Facts_2018.pdf。据估计，"自 2013 年以来，中国接待的美国访客稳定在每年约 210 万的水平"。见 "Is China Attracting Foreign Visitors?" ChinaPower, Center for Strategic and International Studies, February 2, 2016, updated May 14, 2019, https://chinapower.csis.org/tourism/。国际教育协会的数据显示，在 2017—2018 学年，在美国的中国学生超过 36.33 万。见 Institute of International Education, "International Student Totals by Place of Origin, 2012/13-2017/18," *Open Doors Report on International Educational Exchange*, https://www.iie.org/Research-and-Insights/Open-Doors/Data/International-Students/Places-of-Origin。
52　MacMillan, *Nixon in China*, 252–253 and Shanghai Communiqué(《上海公报》)。关于"麻烦在于我们彼此不同意"，见 "Memorandum of Conversation," October 26, 1971, *FRUS*, 1969–1976, vol. E-13, Documents on China, 1969–1972, Doc. 55。关于台湾，见《上海公报》。
53　MacMillan, *Nixon in China*, 300–303.
54　MacMillan, *Nixon in China*, 305–306, 312（包括盖洛普民意调查），引自 Rosemary Foot, *The Practice of Power: American Relations with China Since 1949* (Oxford: Clarendon Press, 1995), 107。
55　Kissinger, *Diplomacy*, 728–729（引语，粗体强调处为原文所加）。
56　见 Farrell, *Nixon*, 350（冷战期间九任总统中的第五任）; Sebenius, *Kissinger the Negotiator*, xxv and Farrell, *Nixon*, 347（核武器）。引语见 Dallek, *Nixon and Kissinger*, 285 and MacMillan, *Nixon in China*, 14。
57　关于霍尔德曼、艾森豪威尔的类比，以及伤亡人数，见 Farrell, *Nixon*, 359, 361–363。
58　Kissinger, *Diplomacy*, 697, 包括引语。最后一句引语来自 Dallek, *Nixon and Kissinger*, 210。
59　Dallek, *Nixon and Kissinger*, 84; MacMillan, *Nixon in China*, 121.
60　Dallek, *Nixon and Kissinger*, 270.

61 Sestanovich, *Maximalist*, 168–169（军事数据）。奥斯古德的引语（粗体强调处为原文所加），见 Green, *By More Than Providence*, 337。
62 Dallek, *Nixon and Kissinger*, 99; MacMillan, *Nixon in China*, 12–13（引语）。在亚洲进行了长时间的访问后，尼克松在 1967 年 10 月的《外交事务》上发表了一篇文章，题为《越南之后的亚洲》。在这之后的许多年里，大多数人在提及这篇文章时都会引用这位后来成为总统的人在中国问题上释放出的信号："以长远的眼光来看，我们没有办法把中国永远遗忘在各个国家组成的大家庭之外，因为那将助长它的幻想。"但是，迈克尔·格林提醒我们，这篇文章把中国放在了一个更广阔的区域中不断演化的民族主义和多极化格局里。尼克松说美国需要一个长期战略——考虑日本、印度，还有东南亚和中国。这一战略符合多极化的格局、美国的利益和美国盟友的利益。毛泽东读了这篇文章，并且也让周恩来看了。见 Richard Nixon, "Asia after Viet Nam," *Foreign Affairs* 46, no. 1 (October 1967); Kissinger, *Diplomacy*, 721; Green, *By More Than Providence*, 326–327。关于毛泽东，见 Farrell, *Nixon*, 437。
63 前两句引语见 MacMillan, *Nixon in China*, 14；后两句见 Sestanovich, *Maximalist*, 169, 192。
64 全部引语见 MacMillan, *Nixon in China*, 10, 12; Sestanovich, *Maximalist*, 169, 173; Green, *By More Than Providence*, 346。
65 Green, *By More Than Providence*, 327, 347; Farrell, *Nixon*, 437–438（包括白修德）; MacMillan, *Nixon in China*, 51–52, 58. Niall Ferguson, *Kissinger*, vol. 1, *1923–1968: The Idealist* (New York: Penguin Press, 2015), 尤其是关于基辛格对越南的访问，在第 637–656 页。基辛格后来还指出，中苏 1969 年的军事对抗改变了中国政府的想法，也给尼克松采取大胆的行动提供了机会。
66 Sebenius, *Kissinger the Negotiator*, 71（战略谈判者）; Sestanovich, *Maximalist*, 170（"全盘通吃"）。
67 见 Dallek, *Nixon and Kissinger*, 94, 285; Craig and Logevall, *America's Cold War*, 253。第一次就职演说的讲稿，见 Richard Nixon, "First Inaugural Address of Richard Milhous Nixon," Avalon Project, Yale University, https://avalon.law.yale.edu/20th_century/nixon1.asp。
68 引语见 Kissinger, *Diplomacy*, 705。
69 见 MacMillan, *Nixon in China*, 49（基辛格和尼克松的分歧）。引语见 Kissinger, *Diplomacy*, 705–707（粗体强调处为原文所加）。
70 见 Kissinger, *A World Restored*; Ferguson, *Kissinger*; MacMillan, *Nixon in China*, 49–51。
71 MacMillan, *Nixon in China*, 122（整合、"无缝网络"）。见 Kissinger, *Diplomacy*, 719, 他在这里把外交比成国际象棋："一个棋手控制的格子越多，他的选择就越多，给对手的限制也越多。与之类似，在外交中，一方的选择越多，另一方的选择就越少，就越需要在追求自己的目标时多加小心。"
72 关于 1968 年的论文，见 MacMillan, *Nixon in China*, 49。论文全文见 "Central Issues of American Foreign Policy," in "Essay by Henry A. Kissinger," *FRUS*, 1969–1976, vol. 1, Foundations of Foreign Policy, 1969–1972, Doc. 4. Sestanovich, *Maximalist*, 170, 引自 Henry Kissinger, *The Necessity for Choice* (New York: Harper & Bros., 1961), 6. Green, *By More Than Providence*, 324。原始出处见，"White House Background Press Briefing by the President's Assistant for National Security Affairs（基辛格），" December 18, 1969, *FRUS*, 1969–1976, vol. 1, Foundations of Foreign Policy, 1969–1972, Doc. 47。
73 Sestanovich, *Maximalist*, 170, 引自 "Essay by Henry A. Kissinger," *FRUS*, Doc. 4; Kissinger, *White House Years*, 66。

74 关于"民间传说"和易冲动,见MacMillan, *Nixon in China*, 49; Dallek, *Nixon and Kissinger*, 71; Kissinger, *Diplomacy*, 676, 709–710; Sebenius, *Kissinger the Negotiator*, 82–84 (关于神学和强迫症)。

75 MacMillan, *Nixon in China*, 49–50; Dallek, *Nixon and Kissinger*, 71; Kissinger, *Diplomacy*, 683.

76 MacMillan, *Nixon in China*, 49; Kissinger, *Diplomacy*, 742, 744.

77 开头和结尾的引语见 Dallek, *Nixon and Kissinger*, 46, 370。中间基辛格的引语见 Kissinger, *Diplomacy*, 705。

78 关于三角外交,见 Sebenius, *Kissinger the Negotiator*, 165; Kissinger, *Diplomacy*, 729 (粗体强调处为原文所加)。

79 Sebenius, *Kissinger the Negotiator*, 167,引自 Henry Kissinger, "The White Revolutionary: Reflections on Bismarck," *Daedalus* 97, no. 3 (Summer 1968), 912–913。

80 Sebenius, *Kissinger the Negotiator*, 167, 178, 179,引自 Kissinger, *White House Years*, 764–775; Kissinger, "Transcript of the American Secretaries of State Project: Henry A. Kissinger," interview with R. Nicholas Burns, Robert Mnookin, and James K. Sebenius, November 6, 2014; Kissinger, *Diplomacy*, 741。

81 Sebenius, *Kissinger the Negotiator*, xiv, xv.

82 Kissinger, *Diplomacy*, 711.

83 Kissinger, *Diplomacy*, 711.

84 报告中所有的引语,见 "U.S. Foreign Policy for the 1970s: A New Strategy for Peace," reprinted as "Report by President Nixon to the Congress," February 18, 1970, *FRUS*, 1969–1976, vol. 1, Foundations of Foreign Policy, 1969–1972, Doc. 60。

85 MacMillan, *Nixon in China*, 15.

86 Dallek, *Nixon and Kissinger*, 81, 111; Walter Isaacson, *Kissinger: A Biography* (New York: Simon & Schuster, 1992), 209; Green, *By More Than Providence*, 325 ("暗中操纵")。

87 Kissinger, *Diplomacy*, 705, 712.

88 MacMillan, *Nixon in China*, 304–305.

89 MacMillan, *Nixon in China*, 261.

90 MacMillan, *Nixon in China*, 264; Sebenius, *Kissinger the Negotiator*, 134–135. 麦克米伦和塞贝纽斯在中国对北越的支持问题上意见不同,分别见两本书的第 264 页和第 135 页。见 Green, *By More Than Providence*, 330 (关于越南的矛盾,粗体强调处为原文所加)。

91 MacMillan, *Nixon in China*, 313; Dallek, *Nixon and Kissinger*, 375; Sebenius, *Kissinger the Negotiator*, 137, 141 (包括阿尔巴托夫)。

92 Dallek, *Nixon and Kissinger*, 287; Sebenius, *Kissinger the Negotiator*, 136–141.

93 Sestanovich, *Maximalist*, 171, 182–183.

94 Sestanovich, *Maximalist*, 169–170; Green, *By More Than Providence*, 342 (康纳利的引语)。

95 关于中国和英国,见 Dallek, *Nixon and Kissinger*, 467;关于"与台湾关系法",见 Green, *By More Than Providence*, 372。

96 Sestanovich, *Maximalist*, 175.

97 Sestanovich, *Maximalist*, 199. 这篇特别的演讲题为《外交政策的道德基础》,是基辛格在明尼苏达州的布卢明顿发表的。讲稿见 "Address by Secretary of State Kissinger," July 15, 1975, *FRUS*, 1969–1976, vol. 39, Foundations of Foreign Policy, 1973–1976, Doc. 59。

98 Dallek, *Nixon and Kissinger*, 305, 618.

99 Dallek, *Nixon and Kissinger*, 536; Craig and Logevall, *America's Cold War*, 280.

100 Sestanovich, *Maximalist*, 203（里根的引语）; Dallek, *Nixon and Kissinger*, 617（不可靠的伙伴）。
101 Kissinger, *Diplomacy*, 742–747; Sestanovich, *Maximalist*, 207.

第 16 章　国家复兴与价值观：罗纳德·里根

1　Robert C. Rowland and John M. Jones, *Reagan at Westminster: Foreshadowing the End of the Cold War* (College Station, TX: Texas A&M University Press, 2010), 63; Charles Moore, *Margaret Thatcher: The Authorized Biography*, vol. 1, *From Grantham to the Falklands* (New York: Alfred A. Knopf, 2013), 580. 演讲全文见 Ronald Reagan, "Address to Members of the British Parliament," June 8, 1982, Ronald Reagan Presidential Library & Museum (hereafter Reagan Library),https://www.reaganlibrary.gov/research /speeches/60882a。
2　见 "The Royal Gallery," United Kingdom Parliament, https://www.parliament.uk/about/living-heritage/building/palace/architecture/palace-s-interiors/royal-gallery/。
3　Steven Hayward, *The Age of Reagan*, vol. 2, *The Conservative Counterrevolution, 1980–1989* (New York: Crown Forum, 2009), 254.
4　H. W. Brands, *Reagan: The Life* (New York: Anchor Books, 2015), 444; Rowland and Jones, *Reagan at Westminster*, 54.
5　Reagan, "Address to Members of the British Parliament."
6　James Graham Wilson, *The Triumph of Improvisation: Gorbachev's Adaptability, Reagan's Engagement, and the End of the Cold War* (Ithaca, NY: Cornell University Press, 2014), 38–41; Kiron Skinner et al., *Reagan: A Life in Letters* (New York: Free Press, 2003), 293; Moore, *Thatcher*, 576–578.
7　Rowland and Jones, *Reagan at Westminster*, 56–58.
8　关于"三组听众"，见Richard J. Cattani, "Reagan's European Agenda: Money, Guns, and Image," *Christian Science Monitor*, June 3, 1982, 1; Rowland and Jones, *Reagan at Westminster*, 56–60。
9　Rowland and Jones, *Reagan at Westminster*, 59.
10　Rowland and Jones, *Reagan at Westminster*, 63–64; Hayward, *Age of Reagan*, 256. 关于提词器，见 Moore, *Thatcher*, 581。我与撒切尔的外交顾问查尔斯·鲍威尔（Charles Powell）勋爵 2019 年 3 月的谈话，谈及里根送给撒切尔的礼物。
11　1983 年，国会新建了一个国家民主基金会以追寻里根的愿景，美国国际开发署也把民主建设加入了自己的使命之中。见 Jones, *Reagan at Westminster*, 16–17, 104–105。
12　全部引语见 Reagan, "Address to Members of the British Parliament"。
13　"我们赢……"引自 Richard Allen, "Richard Allen Oral History," Presidential Oral Histories, Miller Center of Public Affairs, University of Virginia, May 28, 2002, https://millercenter.org/the-presidency/presidential-oral-histories/richard-allen-oral-history-assistant-president-national。关于里根担任总统后的第一场新闻发布会，见 Editorial Note, *FRUS*, 1981–1988, vol. 3, Soviet Union, January 1981–January 1983, Document 7。关于第32号国家安全决策文件，见 "U.S. National Security Strategy," May 20, 1982, Reagan Library, https://www.reaganlibrary.gov/sites/default/files/archives/reference/scanned-nsdds/nsdd32.pdf。尤里卡学院的演讲全文，见 "Address at Commencement Exercises at Eureka College, Eureka, Illinois," May 9, 1982, Ronald Reagan Presidential Foundation & Institute, https://www.reaganfoundation.org/media/128700/eureka.pdf。见Brands, Reagan, 254, 278–279; Hal Brands, *Making the*

Unipolar Moment: U.S. Foreign Policy and the Rise of the Post–Cold War Order (Ithaca: Cornell University Press, 2016), 72; Sestanovich, *Maximalist*, 222, 224; Wilson, *Triumph of Improvisation*, 9。

14   Rowland and Jones, *Reagan at Westminster*, 49.
15   Rowland and Jones, *Reagan at Westminster*, 45–53; Lou Cannon, *President Reagan: The Role of a Lifetime* (New York: Simon & Schuster, 1991), 317; Lou Cannon and Carl M. Cannon, *Reagan's Disciple: George W. Bush's Troubled Quest for a Presidential Legacy* (New York: Public Affairs, 2008), 324.
16   Hayward, *Age of Reagan*, 288.
17   Rowland and Jones, *Reagan at Westminster*, 86; John Lewis Gaddis, *The Cold War: A New History* (New York: Penguin Press, 2005), 198. 关于概念的转变, 见 Sestanovich, *Maximalist*, 241。
18   Sestanovich, *Maximalist*, 228, 240; Rowland and Jones, *Reagan at Westminster*, 34; Kiron Skinner, Serhiy Kudelia, Bruce Bueno de Mesquita, and Condoleezza Rice, "The Strategy of Campaigning," Hoover Digest, no. 1 (2008), 101.
19   Rowland and Jones, *Reagan at Westminster*, 35, 75, 87; Cannon and Cannon, *Reagan's Disciple*, 31; Gaddis, *Cold War*, 198.
20   关于媒体最初的反应, 见 Rowland and Jones, *Reagan at Westminster*, 89–102。"强硬派"的引语见 Richard Reeves, *President Reagan: The Triumph of Imagination* (New York: Simon & Schuster, 2005), 110。关于"过于简单化", 见 Steven Rattner, "Britons Reassured by Reagan's Visit," *New York Times*, June 12, 1982, A17。关于"无关", 见 Lou Cannon, "Soviets Assail Reagan's European Trip; President Gained His Major Goal," *Washington Post*, June 13, 1982, A1。关于"平庸", 见 Leslie Plommer, "Reagan Appeals to Brezhnev for Exchange of Views on TV," *Globe and Mail*, June 9, 1982, n.p.。关于"没什么值得记住的", 见 Nancy Banks-Smith, "Speech Day," *Guardian*, June 9, 1982, 9。
21   关于《纽约时报》的标题, 见 Hayward, *Age of Reagan*, 256。关于"表演才能强于国务才能", 见 Tom Morganthau, Thomas M. DeFrank, and John Walcott, "The Upstaged Summit," *Newsweek*, June 21, 1982, 34。关于"莽撞""有敌意""粗鲁", 见 Richard Cohen, "Leadership," *Washington Post*, June 13, 1982, B1; "Getting to Know Reagan," *Christian Science Monitor*, June 9, 1982, 24; John F. Burns, "Soviet Says Crusade by Reagan May Risk Global Catastrophe," *New York Times*, June 10, 1982, A17。电视评论员的引语见 Reeves, *President Reagan*, 109。关于坎农, 见 Rowland and Jones, *Reagan at Westminster*, 100; Lou Cannon, "President Calls for 'Crusade'; Reagan Proposes Plan to Counter Soviet Challenge," *Washington Post*, June 9, 1982, A1。
22   Rowland and Jones, *Reagan at Westminster*, 89. 撒切尔手写的艾森豪威尔的观点, 见 Moore, *Thatcher*, 581。
23   见 Rowland and Jones, *Reagan at Westminster*, 97–99, 包括苏联媒体、里根和迪金斯; Kiron Skinner, ed., *Turning Points in Ending the Cold War* (Stanford, CA: Hoover Institution Press, 2008), 97; John Lewis Gaddis, *Strategies of Containment: A Critical Appraisal of American National Security Policy During the Cold War*, rev. and exp. ed. (New York: Oxford University Press, 2005), 356。
24   Rowland and Jones, *Reagan at Westminster*, 15, 101, 103–104; Ronald Reagan, *Speaking My Mind: Selected Speeches* (New York: Simon & Schuster, 1989), 107, 108.
25   Brands, *Reagan*, 1, 741; Rowland and Jones, *Reagan at Westminster*, 30–31. 里根的总统任期

快要结束的时候,两名批评家——迈克尔·曼德尔鲍姆和斯特罗布·塔尔博特——试图解释里根与美国外交关系协会成员的相处之道。他们指出,里根会对演讲的词句字斟句酌,就好像演讲中宣布的政策是那些成员自己提出来的一样。Michael Mandelbaum and Strobe Talbott, *Reagan and Gorbachev* (New York: Vintage Books, 1987), 129.

26　Rowland and Jones, *Reagan at Westminster*, 26–29.
27　他也在报纸上发表专栏文章,但经常要靠曾担任自己助手的彼得·汉纳福德代笔。Brands, *Making the Unipolar Moment*, 71; Brands, *Reagan*, 186–187; Kiron Skinner et al., eds., *Reagan, in His Own Hand: The Writings of Ronald Reagan That Reveal His Revolutionary Vision for America* (New York: Touchstone, 2002), xiv–xxi.
28　关于麦克法兰,见George Shultz, foreword in Skinner, *Reagan, in His Own Hand*, x; Brands, *Reagan*, 734。
29　Cannon, *President Reagan*, 26; Brands, *Reagan*, 734(宽慰人心); Rowland and Jones, *Reagan at Westminster*, 30.
30　Skinner, *Reagan, in His Own Hand*, especially 4–14.
31　Rowland and Jones, *Reagan at Westminster*, 38;关于舒尔茨,见 Skinner, *Reagan, in His Own Hand*, ix。
32　Brands, *Reagan*, 734;关于舒尔茨,见 Skinner, R*eagan, in His Own Hand*, ix。
33　Hayward, *Age of Reagan*, 3–4; Brands, *Reagan*, 157.
34　Hayward, *Age of Reagan*, 3; Brands, *Reagan*, 12, 725.
35　Brands, *Reagan*, 734; Cannon, *President Reagan*, 12.
36　关于斯潘塞的故事,见 Wilson, *Triumph of Improvisation*, 9;关于缓和战略与卡特,见 Brands, *Making the Unipolar Moment*, 25, 36;关于里根,见 Skinner, *Life in Letters*, 396。
37　见 Skinner, *Life in Letters*, 396; Wilson, *Triumph of Improvisation*, 5。
38　Brands, *Making the Unipolar Moment*, 22–29, 53; "Can Capitalism Survive?" *Time*, July 14, 1975, 52–63.
39　关于罗斯福的引语,见 Brands, *Reagan*, 734;关于经济,见 Ronald Reagan, *An American Life* (New York: Simon & Schuster, 1990), 205;关于自由市场,见 idem., "Address to a Joint Session of Parliament in Ottawa, Canada," April 6, 1987, in *Public Papers of the Presidents of the United States: Ronald Reagan, January 1 to July 3, 1987* (Washington, DC: U.S. Government Printing Office, 1989), 339;关于四场战争,见 Skinner, *Life in Letters*, 391。还可见 Brands, *Making the Unipolar Moment*, 175–176; Wilson, *Triumph of Improvisation*, 14, 26。
40　Skinner, *Life in Letters*, 372; idem., *Reagan, in His Own Hand*, 9, 25;关于贝克,见 Wilson, *Triumph of Improvisation*, 10。
41　注意,里根打造军事实力的措施有很多种。Gaddis, *Cold War*, 225; Sestanovich, *Maximalist*, 224, 240; Wilson, *Triumph of Improvisation*, 18; Brands, *Making the Unipolar Moment*, 73,引自Reagan to Edward Langley, January 15, 1980, Box 3, Ronald Reagan Subject Collection, Hoover Institution。
42　关于军备竞赛是冷战的产物,见 Skinner, *Reagan, in His Own Hand*, 24。关于"玩命才跟得上",见 Brands, *Making the Unipolar Moment*, 78,引自 NSC Meeting, November 30, 1983, Box 91303, Executive Secretariat File, Reagan Library。Skinner, *Life in Letters*, 398;关于限制战略武器条约,以及先把军备实力提上来,再通过谈判减下去,见 Brands, *Reagan*, 413。

43 关于统一作战行动计划，见 Craig and Logevall, *America's Cold War*, 330; Sestanovich, *Maximalist*, 224, 226, 234。

44 关于演进，见 Sestanovich, *Maximalist*, 231–233。Wilson, *Triumph of Improvisation*, 21, 63–64。威尔·英博登正在写一本里根的传记，他对我强调说，里根试图通过挑战共产主义制度合法性的方式来削弱苏联的实力。

45 Brands, *Making the Unipolar Moment*, 41; Sestanovich, *Maximalist*, 231–233. 里根的演讲全文见"Text of the Reagan Message to Congress on Foreign Policy," *New York Times*, March 15, 1986, 4。

46 1979 年，里根访问了位于夏延山中的北美防空司令部总部。这个机构是为战略战争而工作的。访问结束后，里根的朋友兼顾问马丁·安德森劝说里根，称防御体系的缺失并不是因为科技水平不够，而是因为缺乏新的战略思考。1982 年，美国氢弹的设计者爱德华·泰勒（Edward Teller）呼吁尽快开展导弹防御系统的研究，以此作为反制核冻结倾向的一个措施。总统在 1983 年初和参谋长联席会议的成员一起讨论了这个想法，然后在同年 3 月 23 日的演讲中宣布了他的战略防御计划。见 Wilson, *Triumph of Improvisation*, 71–73; Hayward, *Age of Reagan*, 291–298。

47 Wilson, *Triumph of Improvisation*, 4, 70–71, 72–73（防御计划的保险性和不确定性）；Brands, *Making the Unipolar Moment*, 78（苏联的成本）；关于舒尔茨和"谈判筹码"，见 Brands, *Reagan*, 608–609。

48 Brands, *Reagan*, 270。

49 Wilson, *Triumph of Improvisation*, 5; Sestanovich, *Maximalist*, 242。

50 George Shultz, *Turmoil and Triumph: My Years as Secretary of State* (New York: Scribner's, 1993).

51 See Wilson, *Triumph of Improvisation*, 2, 5, 6; Brands, *Making the Unipolar Moment*, 71; Shultz, *Turmoil and Triumph*, 263.

52 Wilson, *Triumph of Improvisation*, 5–6.

53 Shultz, foreword in Skinner, *Turning Points*, xx.

54 Wilson, *Triumph of Improvisation*, 6, 63; Sestanovich, *Maximalist*, 238（"心理战"）。

55 Wilson, *Triumph of Improvisation*, 64, 65, 75; Hayward, *Age of Reagan*, 448.

56 关于里根对北美洲的看法，见 Skinner, *Life in Letters*, 509。

57 见 Ronald Reagan, "Remarks at the Annual Convention of the National Association of Evangelicals in Orlando, Florida," March 8, 1983, Reagan Library, https://www.reaganlibrary.gov/research/speeches/30883b。关于"故ое"，见 Sestanovich, *Maximalist*, 222。然而，威尔逊指出，这个词组并没有引起里根的注意。见 Wilson, *Triumph of Improvisation*, 71。关于讲稿撰写人员，见 Hayward, *Age of Reagan*, 288–291. 还可见 Shultz, *Turmoil and Triumph*, 267。

58 见 Ronald Reagan, "Address to the Nation on Defense and National Security," March 23, 1983, Reagan Library, https://www.reaganlibrary.gov/research/speeches/32383d。关于战略防御计划想法的起源和演讲，见 Wilson, *Triumph of Improvisation*, 71–73; Hayward, *Age of Reagan*, 291–298。舒尔茨直到演讲发表前不久才知道总统的主张，而且他反对总统对战略原则的攻击，认为其"破坏了稳定"，打击了盟国对美国核威慑的信心。舒尔茨的反应见 Hayward, *Age of Reagan*, 295。

59 Ronald Reagan, *The Reagan Diaries*, vol. 1, ed. Douglas Brinkley (New York: HarperCollins, 2009), 212（粗体强调处为原文所加）; Wilson, *Triumph of Improvisation*, 74。

60 Wilson, *Triumph of Improvisation*, 76–78; Brands, *Making the Unipolar Moment*, 69, 88–96;

Hayward, *Age of Reagan*, 343（关于《一九八四》）。
61　见 Ronald Reagan, "Address to the Nation and Other Countries on United States–Soviet Relations," January 16, 1984, Reagan Library, https://www.reaganlibrary.gov/research/speeches/11684a; Skinner, *Turning Points*, 34–37; Hayward, *Age of Reagan*, 346–347.
62　Reagan, "Address to the Nation and Other Countries on United States–Soviet Relations"; Hayward, *Age of Reagan*, 346–347.
63　见 Ronald Reagan, "Remarks on East-West Relations at the Brandenburg Gate in West Berlin," June 12, 1987, Reagan Library, https://www.reaganlibrary.gov/research/speeches/061287d；里根的引语见 Sestanovich, *Maximalist*, 227；关于里根想见苏联领导人，见 Wilson, *Triumph of Improvisation*, 85；关于工作人员的争论和里根的决定，见 Hayward, *Age of Reagan*, 1–2，关于重复使用那句话，在第 593–594 页；关于战略，见 Rowland and Jones, *Reagan at Westminster*, 116。无论如何，在 1988 年 9 月 23 日与苏联外长爱德华·谢瓦尔德纳泽的会谈中，里根还是提起了他在柏林的演讲，意识到"把柏林墙全部拆毁的建议或许是不现实的"。他承认苏联对德国分裂的强烈感受。之后，里根重申了他早前的提议，即允许柏林和德国的两个部分一起合作。见 "Memorandum of Conversation," September 23, 1988, *FRUS, 1981–1988*, vol. 6, Soviet Union, October 1986–1989, Doc. 177。
64　见 Ronald Reagan, "Remarks and a Question-and-Answer Session with the Students and Faculty at Moscow State University," May 31, 1988, Reagan Library, https://www.reaganlibrary.gov/research/speeches/053188b; Sestanovich, *Maximalist*, 239–240（包括引语）; Hayward, *Age of Reagan*, 606（包括列宁雕像）; Rowland and Jones, *Reagan at Westminster*, 116。
65　Sestanovich, *Maximalist*, 222；里根的引语见 Hayward, *Age of Reagan*, 606。
66　例如 Mandelbaum and Talbott, *Reagan and Gorbachev*, 129。
67　Sestanovich, *Maximalist*, 222–223; Reagan, *American Life*, 595; James Mann, *The Rebellion of Ronald Reagan: A History of the End of the Cold War* (New York: Viking, 2009), 260.
68　关于会谈，见 Wilson, *Triumph of Improvisation*, 69–70；关于五旬节派教徒的更多信息，见 Hayward, *Age of Reagan*, 285–286。
69　Wilson, *Triumph of Improvisation*, 85–87.
70　Wilson, *Triumph of Improvisation*, 89, 92–93.
71　Wilson, *Triumph of Improvisation*, 81, 97–98.
72　Hayward, *Age of Reagan*, 449; Brands, *Reagan*, 505; Sestanovich, *Maximalist*, 241.
73　Wilson, *Triumph of Improvisation*, 108–109; Brands, *Reagan*, 510–518.
74　Wilson, *Triumph of Improvisation*, 104; Brands, *Reagan*, 518; Reagan, *American Life*, 641.
75　Sestanovich, *Maximalist*, 234.
76　Brands, *Reagan*, 522–523; Brands, *Making the Unipolar Moment*, 105，引自 NSC Meeting, September 20, 1985, Box 91303, NSC Meetings, Executive Secretariat File, Reagan Library（粗体强调处为原文所加）。
77　Wilson, *Triumph of Improvisation*, 106–107.
78　Wilson, *Triumph of Improvisation*, 110–111，包括密特朗的引语。密特朗的引语见 Anatoly Chernyaev, *My Six Years with Gorbachev*, trans. Robert English and Elizabeth Tucker (University Park, PA: Pennsylvania State University Press, 2000 [1993]), 76。
79　可见 Kenneth L. Adelman, *Reagan at Reykjavik: Forty-Eight Hours That Ended the Cold War* (New York: Broadside Books, 2014); Sidney D. Drell and George P. Shultz, eds., *Implications of*

the *Reykjavik Summit on Its Twentieth Anniversary: Conference Report* (Stanford, CA: Hoover Institution Press, 2007)。雷克雅未克峰会在下列著作中也有重点论述：Jack F. Matlock, *Reagan and Gorbachev: How the Cold War Ended* (New York: Random House, 2004); John Lewis Gaddis, *The United States and the End of the Cold War: Implications, Reconsiderations, Provocations* (New York: Oxford University Press, 1992); Raymond L. Garthoff, *The Great Transition: American-Soviet Relations and the End of the Cold War* (Washington, DC: Brookings Institution, 1994)。

80 Brands, *Reagan*, 577–610，包括第 606 页（不会撤回提议），第 599 页（保险），第 600–603 页（对美国的承诺和最后一次尝试），以及第 610 页（戈尔巴乔夫对政治局说的话）。见 "Russian Transcript of Reagan-Gorbachev Summit in Reykjavik," October 12, 1986（下午）, published in FBIS-USR-93-121, September 20, 1993, in National Security Archive, Electronic Briefing Book No. 203, Document 16。关于"在一个角落里"和"等着我们溺水"，见 Matlock, *Reagan and Gorbachev*, 260。马特洛克写道，这些引语都来自他的会议纪要（341fn10）。

81 撒切尔的反应见 Brands, *Reagan*, 674–675。

82 关于苏联的让步，见 Wilson, *Triumph of Improvisation*, 123, 130; Sestanovich, *Maximalist*, 238。

83 Brands, *Reagan*, 680–685; Wilson, *Triumph of Improvisation*, 135–138.

84 Hayward, *Age of Reagan*, 606–607.

85 Sestanovich, *Maximalist*, 240；戈尔巴乔夫的引语见 Chernyaev, *My Six Years with Gorbachev*, 84。

86 Rowland and Jones, *Reagan at Westminster*, 115, 118; Gaddis, *Cold War*, 233.

87 Rowland and Jones, *Reagan at Westminster*, 116–117; Martin Anderson, *Revolution* (San Diego: Harcourt Brace Jovanovich, 1988), 72–75.

88 Brands, *Making the Unipolar Moment*, 73–74，引自 Reagan, "Are Liberals Really Liberal?" circa 1963, in Skinner, *Reagan, in His Own Hand*, 442; Reagan, "Soviet Workers," undated, Box 8, Ronald Reagan Subject Collection, Hoover Institution.

89 关于迪金斯，见 Rowland and Jones, *Reagan at Westminster*, 124；布兰兹的引语见 Brands, *Reagan*, 735。

90 从一个"现实主义者"的视角出发，对里根的成就和遗产的一个更关键的评价，见 Norman A. Graebner, Richard Dean Burns, and Joseph M. Siracusa, *Reagan, Bush, Gorbachev: Revisiting the End of the Cold War* (Westport, CT: Praeger Security International, 2008)，尤其是第 105–113 页（花费以及缓和战略的反转）和第 137–146 页（对两极格局的错误的先入为主的观念、促使冷战结束的因素，以及用错了地方的经验）。

第 17 章 后冷战国际体系：乔治·H. W. 布什

1 关于北约的公报，见 "NATO Summit: 'A Comprehensive Concept of Arms Control and Disarmament'：Report Adopted by the Heads of State and Government of the North Atlantic Council, Brussels, May 30, 1989," in *American Foreign Policy: Current Documents, 1989*, eds. Nancy L. Golden and Sherrill Brown Wells (Washington, DC: Department of State, 1990), 283-292。关于布什总统在美因茨的演讲，见 "A Europe Whole and Free: Remarks to the Citizens in Mainz, President George Bush," May 31, 1989, U.S. Diplomatic Mission to Germany, https://usa.usembassy.de/etexts/ga6-890531.htm。关于国务卿贝克对北约谈判的

记述，见 James A. Baker, *The Politics of Diplomacy: Revolution, War, and Peace, 1989–1992* (New York: G. P. Putnam's Sons, 1995), 92–96。还可见 George Bush and Brent Scowcroft, *A World Transformed* (New York: Knopf, 1998), 79–83。

2   见 George Bush, "Address Accepting the Presidential Nomination at the Republican National Convention in New Orleans," August 18, 1988, The American Presidency Project, UC Santa Barbara, https://www.presidency.ucsb.edu/node/268235。

3   在贝克的第二本回忆录里，他把其中一章命名为"吉米，如果你这么聪明，那怎么我成了副总统，而你没成呢？"见 James A. Baker III with Steve Fiffer, *"Work Hard, Study . . . and Keep Out of Politics!" Adventures and Lessons from an Unexpected Public Life* (New York: G. P. Putnam's Sons, 2006)。

4   Philip Zelikow and Condoleezza Rice, *To Build a Better World: Choices to End the Cold War and Create a Global Commonwealth* (New York: Twelve, 2019), 109–111。见 Henry Kissinger, "A Memo to the Next President," *Newsweek*, September 19, 1988, 34; idem., "The Challenge of a 'European Home,'" *Washington Post*, December 4, 1988, L。见 Bush and Scowcroft, *World Transformed*, 26–28。

5   Kissinger, "Challenge of a 'European Home.'"

6   见 NIE 11-4-89, "Soviet Policy Toward the West: The Gorbachev Challenge," April 1989, reprinted in *At Cold War's End: U.S. Intelligence on the Soviet Union and Eastern Europe, 1989-1991*, ed. Benjamin B. Fischer (Washington, DC: Central Intelligence Agency, Center for the Study of Intelligence, 1999), 227–254。

7   关于布什在渥太华的会谈，见 Zelikow and Rice, *Better World*, 113–114; Bush and Scowcroft, *World Transformed*, 62–63; Baker, *Politics of Diplomacy*, 86; Brian Mulroney, *Memoirs, 1939–1993* (Toronto: McClelland & Stewart, 2007), 651。

8   事实上，国家安全委员会的重要成员们——包括鲍勃·布莱克维尔、菲利普·泽利科和阿尔尼·坎特——都比斯考克罗夫特还更激进，但斯考克罗夫特还是允许他们按照自己的立场展开争论。关于内部辩论的完整描述，见 Zelikow and Rice, *Better World*, 108–111, 117–119, 172–173。

9   关于对日本和中国的访问，以及与邓小平的会面，见 Bush and Scowcroft, *World Transformed*, 91–96。

10   Baker, *Politics of Diplomacy*, 85–90.

11   国务卿和国务院需要让他们的想法持续不断地流入总统的耳朵。查尔斯·埃文斯·休斯就曾对哈定总统使用过一个类似的技巧——他在华盛顿海军会议那长达数个月的谈判过程中，每天早上都会和总统举行例会。当时白宫还没有那么多职员，也没有国家安全委员会的人去"引导"总统的时间安排、阅读和注意力，但休斯就已经采取了这样的预防措施。

12   贝克在维也纳的演讲，包括对化学武器的提议，见 "Our Purpose is to Improve the Security of Europe," in *American Foreign Policy: Current Documents*, 269–274。关于会谈，见 Baker, *Politics of Diplomacy*, 63–67。

13   Baker, *Politics of Diplomacy*, 63–67.

14   Baker, *Politics of Diplomacy*, 67–68.

15   关于斯考克罗夫特的备忘录和内部评估，见 Zelikow and Rice, *Better World*, 119–120; Baker, *Politics of Diplomacy*, 68。

16   Baker, *Politics of Diplomacy*, 68–70.

17   就在等待我们负责美洲事务的助理国务卿伯尼·阿隆森（Bernie Aronson）的确认消

注 释

息的时候，我带头与国会各团体展开了讨论。我还记得，当我们开始与手握更多票数的民主党讨价还价的时候，共和党人十分沮丧。大约三分之一的民主党人似乎都倾向于赞成，这些人和共和党人加起来已经足够形成多数了，但是民主党人还是坚持党团会议的立场。两党的成员——尤其是他们的工作人员——似乎都更想解决多年的宿怨。如果没有所有各方的信心以及对贝克的尊重——还有他对何时让步、何时接受折中想法和何时坚持立场的直觉——我们永远都达不成协议。之后，总统班子开始与其他中美洲国家、美洲国家组织、联合国、欧洲人、苏联人、国家民主基金会以及前总统卡特一起合作，迫使桑地诺民族解放阵线举行公平的选举，并允许大量观察员监督。1990年2月26日，反对派领导人比奥莱塔·查莫罗（Violeta Chamorro）在民主的选举中击败了丹尼尔·奥尔特加（Daniel Ortega）和桑地诺民族解放阵线。Baker, *Politics of Diplomacy*, 47–60. 不幸的是，奥尔特加的反对派后来成了内斗、腐败以及奥尔特加对安全机构持续操纵的牺牲品。奥尔特加于2006年重新当选总统，2007年上任。当时我已回到国务院担任副国务卿。在本书写作期间，奥尔特加和他的妻子、副总统罗萨里奥·穆里约（Rosario Murillo）对权力的滥用再一次激起了公众的强烈不满。

18 Bush and Scowcroft, *World Transformed*, 43–45; Zelikow and Rice, *Better World*, 136–137.

19 Baker, *Politics of Diplomacy*, 70–83. 关于国防部部长切尼对戈尔巴乔夫的评论，贝克解释说，他给总统打了电话，总统指示斯考克罗夫特让白宫和切尼的评论划清界限。贝克还说，这是他和切尼在"地盘"问题上唯一的一次严重冲突。他主要想表达的是，如果总统班子无法约束国防部在外交政策方面的表态，那么他们自己的外交活动就会受损。

20 Baker, *Politics of Diplomacy*, 83.

21 Bush and Scowcroft, *World Transformed*, 67–71; Baker, *Politics of Diplomacy*, 92. 关于在得克萨斯农工大学的演讲，见 *American Foreign Policy: Current Documents*, 363–366。

22 Bush and Scowcroft, *World Transformed*, 73–74; Baker, *Politics of Diplomacy*, 93.

23 Zelikow and Rice, *Better World*, 137–138.

24 总统为这次带头行动付出了政治代价。参谋长联席会议主席、科林·鲍威尔上将的前任克劳海军上将的心中埋下了怨恨的种子。1992年，比尔·克林顿需要证明自己在安全方面的能力不逊于经验更丰富的布什，而克劳就在此时为克林顿背书，并积极地支持他。克劳于1993年得到了克林顿的回报，被任命为美国驻英国大使。Zelikow and Rice, *Better World*, 137–138; Bush and Scowcroft, *World Transformed*, 73–74, 79–81; Baker, *Politics of Diplomacy*, 93–94.

25 Zelikow and Rice, *Better World*, 138–139.

26 Bush and Scowcroft, *World Transformed*, 82–83; Baker, *Politics of Diplomacy*, 95–96. 关于北约的公报，见 "A Comprehensive Concept of Arms Control and Disarmament"。

27 当我在波恩的时候，德国外交部部长根舍的幕僚长弗兰克·埃尔伯（Frank Elbe）找到我，进行了一番初次见面式的对话。埃尔伯后来告诉我，他和根舍是在看到了我和贝克在北约峰会上的互动后才决定与我进行接触的。我们的伙伴关系和友谊将在德国统一的谈判过程中起到重要作用。我们很快就会讲到这一点。

28 Bush and Scowcroft, *World Transformed*, 83; Bush, "A Europe Whole and Free."

29 关于布什对统一的说法，见 Arnaud de Borchgrave, "Bush Would Love Reunited Germany," *Washington Times*, May 16, 1989, A1；关于演讲，见 Bush and Scowcroft, *World Transformed*, 83。

30 Bush and Scowcroft, *World Transformed*, 112–116; Zelikow and Rice, *Better World*, 126–128, 151–152.
31 Baker, *Politics of Diplomacy*, 75–76.
32 Bush and Scowcroft, *World Transformed*, 112–123.
33 Bush and Scowcroft, *World Transformed*, 121–122.
34 Bush and Scowcroft, *World Transformed*, 124–128.
35 Bush and Scowcroft, *World Transformed*, 125–126.
36 Bush and Scowcroft, *World Transformed*, 128–129; Zelikow and Rice, *Better World*, 151–153, 162–166. 关于G7峰会，见"Declaration on East-West Relations," July 15, 1989, Munk School of Global Affairs & Public Policy, Trinity College, University of Toronto, http://www.g8.utoronto.ca/summit/1989paris/east.html。
37 Zelikow and Rice, *Better World*, 152–153; Bush and Scowcroft, *World Transformed*, 129.
38 关于对所谓"暂停"的历史评价的讨论，见Zelikow and Rice, *Better World*, 451fn33。早期的说法见Beschloss and Talbott, *At the Highest Levels*, 28–29, 41, 60, 165, 469。这种观点延续了几十年，包括一些赞同的说法。见Jeffrey Engel, *When the World Seemed New: George H. W. Bush and the End of the Cold War* (New York: Houghton Mifflin Harcourt, 2017), 86–99，包括一个关于"暂停"的章节。那些从戈尔巴乔夫和苏联人的视角出发研究冷战终结的书的作者总是秉持着这种狭隘的观点。见Jack F. Matlock, *Autopsy on an Empire: The American Ambassador's Account of the Collapse of the Soviet Union* (New York: Random House, 1995), 182–190, 195–200（"Washington Fumbles"）以及最近出版的传记：William Taubman, *Gorbachev: His Life and Times* (New York: W. W. Norton & Company, 2017), 465, 467–474（包括认为冷战当时已经"结束"的观点，尽管德国和欧洲仍处于分裂之中）。
39 Zelikow and Rice, *Better World*, 328–331, 482fn40.
40 可见Taubman, *Gorbachev*, 469–473; Beschloss and Talbott, *At the Highest Levels*, 470。
41 见Zelikow and Rice, *Better World*, 108–109，包括"新雅尔塔"和"雅尔塔二世"的说法（448fn6）。
42 贝克在回顾性（2011年）评论中论述了布什当局处理苏联问题的手段的效果，见Zelikow and Rice, *Better World*, 451fn33，即"我们带给了戈尔巴乔夫一点点痛苦，因为他无法得知我们到底在做什么，而到了5月一切就都结束了。在我与谢瓦尔德纳泽……在维也纳的会谈结束后［他可以知道美国在做什么了］，那大概已经是3月的事情了［3月7日］……从那个时候起［美国就一直在行动］……所以，我会认为这给国家造成了任何损失吗？一点儿也不会"。
43 Jon Meacham, *Destiny and Power: The American Odyssey of George Herbert Walker Bush* (New York: Random House, 2015), 456. 关于基辛格博士对"世界秩序"的持久的兴趣，见*World Order* (New York: Penguin Books, 2014)。
44 贝克总是把这句话挂在嘴边。对于他来说，"把事做成"是空谈家和实干家的区别所在。
45 George H. W. Bush, "Agenda for American Renewal" (Bush-Quayle'92 General Committee, 1992).

第 18 章　美国外交的五个传统

1. 关于莱克在高级国际研究学院的演讲，见 "From Containment to Enlargement: Remarks of Anthony Lake, Assistant to the President for National Security Affairs," September 21, 1993, https://www.mtholyoke.edu/acad/intrel/lakedoc.html。关于克林顿在联合国大会的讲话，见 "Address by President Bill Clinton to the UN General Assembly," September 27, 1993, U.S. Department of State, https://2009-2017.state.gov/p/io/potusunga/207375.htm。关于"凯南大奖赛"和"民主扩展"的演变，见 Douglas Brinkley, "Democratic Enlargement: The Clinton Doctrine," *Foreign Policy* (Spring 1997), 111–127。还可见 Derek Chollet and James Goldgeier, *America Between the Wars: From 11/9 to 9/11: The Misunderstood Years Between the Fall of the Berlin Wall and the Start of the War on Terror* (New York: PublicAffairs, 2008) 第 3 章，尤其是第 65–71 页。
2. 关于大战略，可见 Hal Brands, *What Good Is Grand Strategy? Power and Purpose in American Statecraft from Harry S. Truman to George W. Bush* (Ithaca: Cornell University Press, 2014); idem., *American Grand Strategy in the Age of Trump* (Washington, DC: Brookings Institution Press, 2018); John Lewis Gaddis, *On Grand Strategy* (New York: Penguin Press, 2018); Nina Silove, "Beyond the Buzzword: The Three Meanings of 'Grand Strategy,' " *International Security* 27 (2018)。
3. Baker, *Politics of Diplomacy*, 84.
4. Robert Merry, *A Country of Vast Designs: James K. Polk, the Mexican War, and the Conquest of the American Continent* (New York: Simon & Schuster, 2009), 361, 386, 408–410, 424–426.
5. Hendrickson, *Peace Pact*, 166–167, 174.
6. Irwin, *Clashing over Commerce*, 617. 还可见 Gregg Lint, "John Adams on the Drafting of the Treaty Plan of 1776," *Diplomatic History* 2, no. 3 (July 1978); Gerard Clarfield, "John Adams: The Marketplace, and American Foreign Policy," *New England Quarterly* 52, no. 3 (September 1979)。
7. Irwin, *Clashing over Commerce*, 68–69，引自 "From Benjamin Franklin to John Adams, 19 May 1781," in *Papers of Benjamin Franklin*, vol. 35, *May 1 Through October 31, 1781*, ed. Barbara B. Oberg (New Haven: Yale University Press, 1999), 83; "From Thomas Jefferson to John Adams, 31 July 1785," in *Papers of Thomas Jefferson*, vol. 8, *25 February to 31 October 1785*, ed. Julian P. Boyd (Princeton: Princeton University Press, 1953), 332。还可见 Thomas Jefferson, *Notes on the State of Virginia*, ed. William Peden (Chapel Hill, NC: University of North Carolina Press, 1955 [1785]), 176。
8. Hendrickson, *Peace Pact*, 174，引自 "From John Adams to John Jay, 10 August 1785," in *The Adams Papers: Papers of John Adams*, vol. 17, *April–November 1785*, eds. Gregg L. Lint et al. (Cambridge, MA: Harvard University Press, 2014), 321（粗体强调处为原文所加）。
9. Irwin, *Clashing over Commerce*, 51–52, 62.
10. Irwin, *Clashing over Commerce*, 86，引自 "The Continentalist No. V [18 April 1782]," in *The Papers of Alexander Hamilton*, vol. 3, *1782–1786*, ed. Harold C. Syrett (New York: Columbia University Press, 1962), 78–79; "The Federalist No. 35, [5 January 1788]," in *The Papers of Alexander Hamilton*, vol. 4, *January 1787–May 1788*, ed. Harold C. Syrett (New York: Columbia University Press, 1962), 477; "Alexander Hamilton's Final Version of the Report on the Subject of Manufactures, [5 December 1791]," in *The Papers of Alexander*

Hamilton, vol. 10, *December 1791–January 1792*, ed. Harold C. Syrett (New York: Columbia University Press, 1966), 301。有关讨论见第 10 章。

11 对今天的很多发展中国家和小国来说，贸易关系就是它们对美国的外交政策中最重要的事情。我还记得，国务卿科林·鲍威尔和希拉里·克林顿都告诉我，他们对大多数其他国家的外交部部长在与自己的会谈中聚焦于贸易议题而感到吃惊。

12 关于杰斐逊禁运政策的讨论，见 Irwin, *Clashing over Commerce*, 101–113。

13 见 Ian W. Toll, *Six Frigates: The Epic History of the Founding of the U.S. Navy* (New York: W. W. Norton & Company, 2006)。

14 关于美国 20 世纪 20 年代的债务、赔款，以及金融和贸易政策，见 Melvyn P. Leffler, *Safeguarding Democratic Capitalism: U.S. Foreign Policy and National Security, 1920–2015* (Princeton, NJ: Princeton University Press, 2017)，第 1—3 章。

15 关于"隔离演说"的讨论，见 Robert Dallek, *Franklin D. Roosevelt: A Political Life* (New York: Viking, 2017), 289–291。

后　记　从传统到今天

1 布朗是一位敏锐的经济史学者。他提到了科德尔·赫尔参加过的 1933 年伦敦经济会议。这次会议遭到惨败，并加剧了大萧条时期国际经济的崩溃。

2 布什总统在他的回忆录里提到，他本应把移民改革——而不是社会保障——作为自己第二个任期内的第一项重大行动。George W. Bush, *Decision Points* (New York: Crown Publishers, 2010), 306.

3 Bush, *Decision Points*, 306.

4 我对中国以及美国外交的建议是，要超越中国的参与问题，鼓励中国政府不仅把注意力放在形式上，还要放在规范上，而且要在这方面采取行动。美国、中国及许多其他国家在对抗保护主义、阻止大规模杀伤性武器和导弹的扩散以及反对恐怖主义等方面都有共同利益。这些国家需要在能源安全、气候变化、汇率政策、经济增长、发展和地区安全——包括朝鲜、中亚和波斯湾地区的风险——等问题上合作。台湾问题上的分歧需要用和平的方式来处理。正如罗纳德·里根所做的那样，美国可以为它的价值观辩护，即使是在它与中国有共同责任和管理冲突等方面合作的情况下仍然可以。

5 读者可在网上查阅《联合国气候变化框架公约》的文本，见 https://unfccc.int/resource/docs/convkp/conveng.pdf。布什的《清洁空气法》修正案也被用来抵御酸雨和臭氧层空洞，这一点与 1989 年生效的《蒙特利尔议定书》是一致的。

6 1997 年，参议院以 95 票赞成、0 票反对的结果通过了《伯德–哈格尔决议》（Byrd-Hagel Resolution），表示了对所有不要求发展中国家减少排放的气候协议的不满。这一决议导致美国在次年未能批准《京都议定书》。关于参议院的投票，见 https://www.congress.gov/bill/105th-congress/senate-resolution/98。

7 Meacham, *Destiny and Power*, 466.

8 引自 Edward Luce, *Time to Start Thinking: America in the Age of Descent* (New York: Atlantic Monthly Press, 2012), 3。托克维尔的两卷本《论美国的民主》（原法语书名为 *De La Démocratie en Amérique*）有众多译本。另一个常见的英语译本是这样写的："美国人的伟大之处不是仅在于他们比别人高明，而是在于他们能修复自己可能犯下的错误。"见 de Tocqueville, *Democracy in America*, vol. 1, trans. Henry Reeve (New York: J. & H. G. Langley, 1841), 250。